Kontaktadresse nach EU-Produktsicherheitsverordnung:
produktsicherheit@fischerverlage.de

Eine Publikation des Jack, Joseph and Morton Mandel Center for Advanced Holocaust Studies am United States Holocaust Memorial Museum, Washington, D. C., und des Zentrums für Holocaust-Studien am Institut für Zeitgeschichte, München

Alfred Rosenberg war Nationalsozialist der ersten Stunde und Chefideologe der NSDAP. Als solcher propagierte er die nationalsozialistische Ideologie in Schriften und Reden. Sein antisemitisches Werk ›Der Mythus des 20. Jahrhunderts‹ zählte zu den meistverkauften Büchern im »Dritten Reich«.
1933 übernahm er unter anderem die Leitung des Außenpolitischen Amts der NSDAP. Im Zweiten Weltkrieg wurde der »Einsatzstab Reichsleiter Rosenberg« zur wichtigsten Institution für den Raub von Kulturgütern in ganz Europa. 1941 zum Reichsminister für die besetzten Ostgebiete ernannt, war Rosenberg an der Ausplünderung Osteuropas und der Ingangsetzung des Holocaust führend beteiligt.
Nach 1945 wurde seine Rolle im NS-System lange unterschätzt. Seine erst 2013 entdeckten und hier komplett veröffentlichten Tagebuchaufzeichnungen zeigen die Perspektive eines führenden Nationalsozialisten auf nahezu alle Politikfelder des »Dritten Reichs«.

»Rosenbergs Tagebücher dürften umgehend ihren Platz unter den wichtigen publizierten Quellen zur Geschichte des ›Dritten Reiches‹ finden.«
Jörg Osterloh, Einsichten (Bulletin des Fritz Bauer Instituts)

Dr. Jürgen Matthäus, geboren 1959, ist Direktor der Forschungsabteilung am Jack, Joseph and Morton Mandel Center for Advanced Holocaust Studies des United States Holocaust Memorial Museum in Washington, DC.
Dr. Frank Bajohr, geboren 1961, ist Wissenschaftlicher Leiter des Zentrums für Holocaust-Studien am Institut für Zeitgeschichte und Professor an der Ludwig-Maximilians-Universität in München.

Weitere Informationen finden Sie auf www.fischerverlage.de

Jürgen Matthäus und Frank Bajohr (Hg.)

Alfred Rosenberg
Die Tagebücher
von 1934 bis 1944

FISCHER Taschenbuch

Die Zeit des Nationalsozialismus
Eine Buchreihe
Begründet und bis 2011 herausgegeben von Walter H. Pehle

Die hier vorgetragenen Meinungen sind die der Herausgeber und reflektieren nicht die Meinungen des United States Holocaust Memorial Museums oder des Instituts für Zeitgeschichte.

2. Auflage

Hedderichstr. 114, 60596 Frankfurt am Main

Karte auf S. 394/395: Peter Palm, Berlin
Printed in Germany
ISBN 978-3-596-03281-5

Inhalt

Dank

Diese Edition ist ein Gemeinschaftsprojekt des Jack, Joseph and Morton Mandel Center for Advanced Holocaust Studies des United States Holocaust Memorial Museum in Washington, D. C, mit dem Zentrum für Holocaust-Studien am Institut für Zeitgeschichte München. Ohne die Unterstützung durch die Direktoren beider Institutionen, Paul A. Shapiro und Andreas Wirsching, wäre das Projekt unverwirklicht geblieben. Darüber hinaus danken die Herausgeber Henry Mayer, Susanne Heim, Stephanie Haupt, Radu Ioanid, Jan Lambertz und Cristina Bejan sowie jenen Mitarbeiterinnen und Mitarbeitern im Zentrum für Holocaust-Studien, die intensiv an der Kommentierung des Tagebuches gearbeitet haben, u. a. Anna-Raphaela Schmitz, Dominique Hipp, Franziska Walter, Konrad Meinl und Giles Bennett. Dankbar sind wir darüber hinaus allen jenen Freunden, Kolleginnen und Kollegen, die uns bei der Identifizierung der im Tagebuch genannten Personennamen halfen.

Washington/München, im Februar 2015
Jürgen Matthäus
Frank Bajohr

I.

Einleitung

Alfred Rosenberg: Eine biographische Skizze

Der am 12. Januar 1893 im damals russischen Reval (estnisch: Tallinn) geborene Alfred Rosenberg entstammte einer deutsch-baltischen Familie und siedelte nach seinem Architekturstudium in Riga und Moskau Ende 1918 ins von Weltkriegsniederlage und Revolutionswirren geschüttelte Deutschland über. In München schloss sich Rosenberg rasch dem völkischen Milieu an und reüssierte mit einigem Erfolg als Verfasser politischer Kampfschriften mit betont antisemitisch-antikommunistischer Spitze. In der noch jungen NSDAP gehörte er vor allem aufgrund seines Anspruchs, aus eigener Erfahrung die wahre Natur »jüdisch-bolschewistischer Herrschaft« offenzulegen, zum engeren Kreis um Hitler und zum Stammpersonal des Parteiorgans *Völkischer Beobachter,* dessen Herausgeberschaft er 1923 übernahm. Angesichts seiner Frühschriften attestiert ihm sein Biograph zu Recht einen »geradezu monomanischen Antisemitismus«;[1] zu den einschlägigen Titeln gehören Rosenbergs erstes Buch *Die Spur des Juden im Wandel der Zeiten* (veröffentlicht 1920), das wir in Teil III auszugsweise abdrucken;[2] »Unmoral im Talmud« (1920); *Der staatsfeindliche Zionismus* (1922); *Die Protokolle der Weisen von Zion und die jüdische Weltpolitik* (1923) sowie zahllose judenfeindliche Zeitungs- und Zeitschriftenartikel, im von ihm seit 1924 herausgegebenen Periodikum *Der Weltkampf* sogar mit internationalem, an »die weiße Rasse« gerichtetem Anspruch.[3]

Seine weitere Karriere wäre ohne die beachtliche journalistische und konzeptionelle Produktivität dieser Jahre, die in der Parteileitung nur selten anzutreffen war, kaum vorstellbar. Sein publizistischer Fleiß glich offensichtliche Defizite als Propagandaredner und Organisator aus und untermauerte seine Stellung als Hitler-Vertrauter. Rosenbergs 1919 fertiggestelltes erstes Buch prägte zumindest teilweise die antisemitischen Passagen in Hitlers *Mein Kampf.*[4] Wahrscheinlich beeinflusste er auch indirekt das im Februar 1920 verkündete NSDAP-Programm, vor allem

Punkt 4: »Staatsbürger kann nur sein, wer Volksgenosse ist. Volksgenosse kann nur sein, wer deutschen Blutes ist, ohne Rücksicht auf Konfession. Kein Jude kann daher Volksgenosse sein.« Darauf deutet auch der Umstand hin, dass Rosenberg später als berufener Kommentator des Parteiprogramms fungierte.[5]

Als Hitler und andere NS-Größen nach dem gescheiterten »Marsch auf die Feldherrnhalle« am 9. November 1923 verhaftet wurden, versuchte Rosenberg, vom Parteiführer ermächtigt, die disparaten Flügel und Gruppen innerhalb der Organisation zusammenzuhalten. Zwar konnte er dazu beitragen, die Partei auf einen parlamentarischen Kurs hin auszurichten, doch fehlte es ihm an persönlicher Statur und interner Hausmacht, um sich in den Kompetenzkämpfen völkischer Fanatiker zu behaupten. Nach Hitlers Haftentlassung verlegte sich Rosenberg daher ganz auf seine schriftstellerische Tätigkeit. Neben seiner Schlüsselrolle als Herausgeber von und Autor für NS-Periodika gelang es ihm, sein Opus Magnum zu beenden, das als *Der Mythus des 20. Jahrhunderts* 1930 erschien und seinen Ruf als Spiritus Rector der Parteiideologie festigte. Anknüpfend an Houston Stewart Chamberlain und Paul de Lagarde konstruierte Rosenberg ein dichotomisches System, in dem sich »Rasse« und »Gegen-Rasse«,[6] Deutsche und Juden kategorisch gegenüberstanden; historisch angeblich tief verwurzelt, ließe sich dieser Gegensatz nur konfrontativ mit dem Sieg der einen oder anderen Seite überwinden. Kein anderer NS-Funktionär produzierte ein ähnlich ambitioniertes Denkmodell, und den Unterschied in der konzeptionellen Reichweite zu Hitlers Bestseller verdeutlicht schon der Vergleich der beiden Buchtitel. Nach 1933 wurde der *Mythus* trotz seines sperrigen Stils und eines esoterischen, über weite Strecken logisch kaum nachvollziehbaren Eklektizismus – beides Merkmale von Rosenbergs Konzeptschriften – bis Kriegsende mit mehr als einer Million Exemplaren zum Kassenschlager, der neben *Mein Kampf* als autoritativer Schulungstext, konformistischer Zitatensteinbruch oder zeitgemäßes Geschenk breite Verwendung fand.[7]

Rosenbergs Fähigkeit, ideologische Grundsatztreue mit taktischer Flexibilität und politischem Gespür zu kombinieren, zeigte sich seit der zweiten Hälfte der 1920er Jahre in seinem Bemühen, das Feld der Außenpolitik für sich zu reklamieren, das von anderen NS-Spitzen weitgehend ignoriert wurde. In seiner 1927 publizierten Schrift *Der Zukunftsweg einer deutschen Außenpolitik* erklärte er Russland zum Feind und betonte eine Übereinstimmung der deutsch-britischen Interessen. Er nahm damit Gedanken vorweg, die Hitler ein Jahr später in seinem zu Lebzeiten unveröffentlichten »zweiten Buch« zu Papier brachte.[8] Als Rosenberg nach dem Wahlerfolg der NSDAP von 1930 Reichstagsabgeordneter wurde, konnte er so als außenpolitischer Experte der Partei auftreten, was ihm kurz nach Hitlers Machtantritt die Leitung des Außenpolitischen Amts der NSDAP (APA) – eine inoffizielle Konkurrenzinstanz zum Auswärtigen Amt – einbrachte, gefolgt von seiner Ernennung zum Reichsleiter (2. Juni 1933) und »Beauftragten des Führers für die gesamte weltanschauliche Schulung und Erziehung der NSDAP« (24. Januar 1934).[9] Über alles, was im NS-Verständnis »jüdisch-bolschewistische« Angelegenheiten betraf, beanspruchte Rosenberg Mitspracherecht und konnte es nicht selten auch gegen mächtige Konkurrenten durchsetzen. Doch im Vergleich zu Göring, Ribbentrop oder Goebbels nahm Rosenberg bis 1941 in der Führungsriege des Regimes dennoch eine Randstellung ein, da ihm ein Ministeramt und damit staatliche Kompetenzen fehlten. Ehrgeiz besaß Rosenberg genug, doch machte er es sich durch seine kleinliche Streitsucht, geringe Kooperationsbereitschaft und Neigung zum Grundsätzlichen nicht eben leicht. So stimmte Hitler Mitte 1938 Rosenbergs Plan zur Schaffung eines nazifizierten Universitätsmodells in Gestalt der »Hohen Schule« zwar zu, schob die Gründung des als wissenschaftliches Pilotprojekt und politikbegleitenden Think-Tank konzipierten »Instituts zur Erforschung der Judenfrage« aber bis März 1941 hinaus, was den begrenzten politischen Einfluss des Reichsleiters verdeutlicht.[10]

Dies änderte sich jedoch im Lauf der ersten beiden Kriegsjahre. Im Oktober 1940 konnte Rosenberg den umkämpften Leitungsposten einer um die »Sicherung« jüdischer Kunstsammlungen, Archivbestände, Bibliotheken und anderer Werte bemühten Zentrale für sich verbuchen; in der Folgezeit wurde sein »Einsatzstab Reichsleiter Rosenberg« (ERR) europaweit zur erfolgreichsten Rauborganisation des Regimes, aus dessen überreichem Fundus sich neben Hitler und Göring auch deutsche Museen bedienen konnten.[11] Den eigentlichen Karrieresprung markierte jedoch der Überfall auf die Sowjetunion, in dessen Planungen Rosenberg im Vorfeld eingebunden war. Am 20. April 1941 wurde er zum »Beauftragten für die zentrale Bearbeitung der Fragen des osteuropäischen Raumes« ernannt. Seine »große Stunde«, das spricht aus den Tagebuchnotizen dieser Zeit, war nun gekommen, und Rosenberg bemühte sich nach Kräften, Hitlers Vertrauen durch Nutzung neuer, radikaler Möglichkeiten zur Durchsetzung nationalsozialistischer Ziele im Osten gerecht zu werden. Mit seiner formellen, allerdings erst Monate später öffentlich bekanntgemachten Ernennung zum Reichsminister für die besetzten Ostgebiete am 17. Juli 1941 wurde Rosenberg Herrscher über eine Region, die von der Ostsee bis zum Kaspischen Meer reichen sollte. Sie war ausersehen, die Versorgung von Wehrmacht und »Heimatfront« zu gewährleisten, wertvollen »Siedlungsraum im Osten« zu erschließen und langfristig die Unangreifbarkeit der deutschen Machtstellung in Europa zu sichern. Das Scheitern der deutschen Offensive Ende 1941 vor Moskau setzte den NS-Visionen engere Grenzen, doch umfasste Rosenbergs Machtsphäre mit den Reichskommissariaten Ostland und Ukraine immer noch mehr als eine halbe Million Quadratkilometer mit rund 30 Millionen Einwohnern; Rosenberg sah hier den Raum, in dem »die nationalsozialistische Weltanschauung sich erprobt«.[12]

Wie unten näher ausgeführt, gehörte Alfred Rosenberg zu den Hauptverantwortlichen einer Politik, die die deutsche Strategie des »Vernichtungskriegs« hinter der Front in Besatzungsalltag umsetzte, mit fatalen Folgen für die Betroffenen. Wenngleich er in seinen Denkschriften im Vergleich zu anderen NS-Größen für eine moderate Herrschaftspolitik gegenüber Ukrainern und einigen anderen nichtrussischen Volksgruppen eintrat, um dem deutschen Kriegseinsatz Ressourcen leichter zu erschließen, unterstützte er real eine radikale Ausplünderungs-, »Befriedungs-« und »Germanisierungs«-Politik, die Millionen von Zivilisten in der besetzten Sowjetunion das Leben kostete.[13] Juden gehörten seit den ersten Tagen der deutschen Besatzung zu den Hauptopfern von Massenerschießungen durch Wehrmacht, Einsatzgruppen und Polizei; mit der Einrichtung der Zivilverwaltung ab Juli 1941 suchten sich Rosenberg und seine Vertreter vor Ort in die neue Gewaltlandschaft einzufügen und beschleunigten so den Übergang zum Genozid.[14]

Als sich die militärische Lage verschärfte und rivalisierende Instanzen an Macht gewannen, verlor Rosenberg langsam an politischem Einfluss. Seinem Führer bis zuletzt treu ergeben, wurde Rosenberg nach Kriegsende von der US-Armee verhaftet und vor dem Internationalen Militärtribunal (IMT) in Nürnberg zusammen mit anderen Spitzenfunktionären des »Dritten Reichs« wegen Verbrechen gegen die Menschlichkeit, Kriegsverbrechen, Beteiligung an der Vorbereitung eines Angriffskriegs und Verbrechen gegen den Frieden angeklagt. In seiner Zelle setzte der einstige NS-Chefideologe seine emsige Schreibarbeit im Geiste der ihm ungebrochen gültig scheinenden Rassenutopie fort; bis heute finden seine »letzten Aufzeichnungen« in rechtsradikalen Kreisen Anklang.[15] Nach dem Schuldspruch in allen Anklagepunkten wurde das Todesurteil gegen Alfred Rosenberg am 16. Oktober 1946 vollstreckt.

Rosenberg und sein Tagebuch: Erkenntnisse und Probleme

Tagebücher von Zeitgenossen haben in den letzten Jahren das Verständnis des Nationalsozialismus und seiner Verbrechenspolitik besonders geprägt. »Zeugnis ablegen bis zum letzten« war Victor Klemperers erklärtes Ziel; auch andere Opfer der Judenverfolgung verstanden sich als Chronisten bedeutsamer Veränderungen, als sie ihre Erlebnisse, Gedanken und Gefühle in Gestalt von Tagebüchern dokumentierten. Dass diese Autoren die Ereignisse in ihren alltäglichen Dimensionen und noch unbestimmten Konsequenzen in keinen klaren Erklärungszusammenhang einbetten konnten, wie er sich erst aus größerer Distanz herstellen lässt, macht ihre Aufzeichnungen umso wertvoller für das Verständnis der Zeitläufte, von denen wir heute – aus der Rückschau – wissen, wo sie endeten.[16]

Tagebuchaufzeichnungen, in denen sich die subjektiven Perspektiven führender Nationalsozialisten auf das »Dritte Reich« widerspiegeln, sind dagegen extrem selten. Die Männer um Hitler gestalteten jene Zukunft, die ihre Opfer erleiden mussten. Deshalb geht von Egodokumenten aus der Hand führender Nationalsozialisten bis heute eine starke Faszination aus, scheinen sie doch die sinistre Aura ihrer Verfasser zu reflektieren und Aufschlüsse über die Triebkräfte der NS-Verbrechen zu liefern. Bei den führenden NS-Funktionären stand jedoch das Ahnen oder Wissen um den nächsten Schritt zur »Lösung der Judenfrage« oder anderer ideologischer Kernziele in eklatantem Missverhältnis zu der Bereitschaft, darüber persönlich Zeugnis abzulegen. Die meisten führenden Nationalsozialisten begriffen sich als »Männer der Tat«, die nicht zur Kontemplation oder gar kritischen Reflexion neigten, zumal diese Eigenschaften parteiintern nicht gerade geschätzt wurden. In der NS-Bewegung rangierte der »Draufgänger« stets über dem »Tintenritter«.

Darüber hinaus erzeugten die rapiden Veränderungen nach 1933 und die Dynamik der Ereignisse und Entwicklungen, angetrieben von der

NS-»Bewegung« im Verein mit anderen gesellschaftlichen Eliten, eine Atmosphäre hektischer Betriebsamkeit und Atemlosigkeit, die mit innehaltendem Nachdenken kaum vereinbar war. Und während die offizielle NS-Propaganda das immer gleiche Bild monolithischer Geschlossenheit, Einigkeit und Konsequenz zu vermitteln suchte, wussten vor allem führende Nationalsozialisten um die Realität des »Dritten Reiches«, in der die verschiedenen Herrschaftscliquen um Einfluss rangen und einander heftig befehdeten.

Die offensichtliche Diskrepanz zwischen Anspruch und Realität ließ sich deshalb in Tagebuchaufzeichnungen nur um den Preis des Selbstbetrugs ignorieren. Selbst wenn sie keinen Zweifel an der historischen Bedeutung, ja Präzedenzlosigkeit der Geschehnisse seit 1933 hatten, fehlte den meisten Männern um Hitler ein Geschichtsbewusstsein, welches das Gegenwartshandeln und den Ewigkeitsanspruch des Regimes hätte verbinden können. Begriffe wie »Endlösung« oder »Tausendjähriges Reich« dokumentierten einerseits das vermessene Postulat, Geschichte schlichtweg abschaffen und in einen Endzustand überführen zu wollen. Andererseits war die Gegenwartspolitik des Regimes durch überraschende und unvorhergesehene Wendungen geprägt, die selbst überzeugte Nationalsozialisten in massive Erklärungsnot brachten: zum Beispiel die Ausschaltung der SA 1934, der Pakt mit dem ideologischen Todfeind Stalin 1939 oder der Englandflug von Rudolf Heß 1941.

Aus all diesen Gründen haben die NS-Hauptakteure keine Tagebücher, sondern allenfalls – wie z.B. Heinrich Himmler – Kalendarien hinterlassen, die von ihrem ständigen Aktionismus zeugten.[17] Selbst die jüngst aufgefundenen privaten Briefe Himmlers[18] an Frau und Kinder lesen sich partiell wie ein verschriftlichter Taschenkalender. Die auf den ersten Blick lebhaften Gefühlsäußerungen des Reichsführers SS entpuppen sich bei näherem Hinsehen als sterile, sich ständig wiederholende Floskeln. Wenngleich Himmler in seiner dienstlichen Korrespondenz oder auch in seinen Reden gelegentlich durchaus gefühlsbetont agierte, gab sich der Reichsführer SS selbst dem engsten privaten Umfeld gegenüber zumeist empathielos und wenig reflexiv. Dies war sicher nicht nur dem Umstand geschuldet, dass ihm – anders als einigen seiner Untergebenen – die Praxis des Massenmords in ihren grausigen Details anscheinend als kaum vermittelbar und nur gegenüber ausgewählten Funktionsträgern zu erwähnendes Staatsgeheimnis galt. Vielmehr verspürte Himmler auch deswegen kein Bedürfnis nach Reflexion, weil er mit seinem Handeln im Reinen war und keinerlei Selbstzweifel hegte.[19]

Letztlich haben nur zwei führende Nationalsozialisten umfangreichere Tagebuchaufzeichnungen hinterlassen: Propagandaminister Joseph Goebbels, der über mehr als zwei Jahrzehnte ein persönliches Tagebuch führte – von 1924 bis 1945[20] –, und der NSDAP-Chefideologe und spätere Reichsminister für die besetzten Ostgebiete Alfred Rosenberg, dessen politische Notate aus dem Zeitraum 1934 bis 1944 wir mit dieser Publikation erstmals geschlossen und kontextualisiert vorlegen.[21] Beide waren fast über den gesamten Zeitraum des »Dritten Reiches« hinweg intim miteinander verfeindet, was ihren Aufzeichnungen auch die Funktion eines wechselseitigen Korrektivs gibt. So zeigt das Tagebuch Rosenbergs, der jede abfällige Bemerkung über Goebbels aus Parteikreisen registrierte und jede Demütigung seines Konkurrenten festhielt, dass Goebbels gerade bei der Kerntruppe der »alten Kämpfer« wenig beliebt war und seine Stellung im nationalsozialistischen Herrschaftssystem nicht überschätzt werden sollte.

Allerdings teilte der Propagandaminister mit seinem Rivalen die Neigung, ihm unliebsame oder zum Nachteil gereichende Vorkommnisse in seinen Notizen geflissentlich zu verschweigen. Insofern wäre es methodisch naiv, in den Tagebüchern von Goebbels oder Rosenberg etwas anderes als subjektive Perspektiven zu erwarten. Gewiss bieten sie keinen umfassenden Einblick in die NS-Herrschaft, wie dies Hans-Günther Seraphim behauptete, als er Mitte der 1950er Jahre einen Teil von Rosenbergs Tagebuch edierte: »Hier berichtet ein Eingeweihter über das Funktionieren des Parteiapparats, über das Agieren der NS-Regierung und ihrer Organe und gewährt in der nur für seine persönlichen Zwecke bestimmten, ungefärbten Niederschrift erregende Einblicke in die Denk- und Handlungsart Hitlers und seiner Gefolgsleute.«[22] Die Erwartung sensationsheischender Offenbarungen aus dem Zentrum der Macht mag naheliegen; sie ignoriert jedoch den problematischen Charakter derartig subjektiv gefärbter Quellen: Goebbels' und Rosenbergs Tagebücher spiegeln die tatsächlichen Ereignisse nur sehr partiell wider, wenn sie nicht zentrale Elemente der historischen Realität ganz ausblenden.

Es war kein Zufall, dass gerade Goebbels und Rosenberg Tagebücher schrieben, gehörte es doch ohnehin zu beider Kernaufgaben, die

Politik des »Dritten Reiches« reflektierend und deutend zu begleiten. Während Goebbels die NS-Politik in griffige tagespolitische Losungen übersetzen musste, konzentrierte sich Rosenberg eher auf das Weltanschaulich-Grundsätzliche, dessen Essenz er vor allem in Reden den versammelten NS-Parteifunktionären vortrug oder in der NS-Presse veröffentlichte. Dabei formulierte Goebbels wesentlich schneller und prägnanter als der schwerfällige Rosenberg, der oft wochen- oder monatelang keine Tagebuchzeile zu Papier brachte – auch deshalb, weil er in seinen diversen Funktionen mit dem Abfassen von »Meldungen an den Führer«, Denkschriften und Aktennotizen vollauf beschäftigt war. Seine Einträge zeichnen sich kaum durch längere narrative Passagen aus; es dominieren eher lakonische, skizzenhafte Bemerkungen. Zudem wimmelt es in Rosenbergs Aufzeichnungen von holprigen Formulierungen, Grammatikfehlern und schiefen Satzkonstruktionen, die die vorliegenden Einträge zu einer gelegentlich schwierigen Lektüre machen. Es mutet ironisch an, dass ausgerechnet dem Deutschbalten Rosenberg, der sich im »Dritten Reich« gerne zum Chefinterpreten deutschen Denkens und deutscher Kultur stilisierte, jegliches Einfühlungsvermögen in die deutsche Sprache fehlte.

Weder Goebbels' noch Rosenbergs Tagebuchaufzeichnungen waren für die Öffentlichkeit bestimmt. Als Goebbels 1934 dennoch Tagebuchaufzeichnungen aus dem Jahre 1932/33 veröffentlichte, stieß er damit in weiten Parteikreisen prompt auf eisige Ablehnung, die dem Propagandaminister eine egozentrische Selbstbeweihräucherung vorwarfen.[23] Diese Einschätzung dürfte nicht ganz unzutreffend gewesen sein, und auch Rosenberg benutzte sein Tagebuch, um seine Erfolge in glänzenderem Licht erscheinen zu lassen. Im Falle Rosenbergs dienten die oft rudimentären Aufzeichnungen allerdings vermutlich primär als Erinnerungsposten für spätere Zeiten (»um einmal im Alter diese Zeit wiedererstehen zu lassen«)[24] und häufig auch als Frustrationsventil. Passagen, in denen er »Eitelkeit und levantinische Anmaßung«[25] anderer kritisierte, Goebbels (»Eiterproduzent«)[26] oder Ribbentrop (»richtig dummer Mensch mit der üblichen Arroganz«)[27] hasserfüllt abqualifizierte, erinnern eher an Formulierungen verschworener NS-Gegner als an Äußerungen eines führenden Repräsentanten des Regimes. Auch das ostentative Selbstmitleid Rosenbergs und der Nimbus des Einzelkämpfers innerhalb des Führerkorps der »Volksgemeinschaft«, die aus vielen

Einträgen sprechen, hätten in einer weiteren Öffentlichkeit vermutlich für fassungsloses Erstaunen gesorgt. Sein Tagebuch schrieb Rosenberg also erkennbar allein für sich.

Auch wenn Rosenberg in der operativen Politik des »Dritten Reiches« spät zum Zug kam und oft – allerdings nicht so oft wie in der älteren Literatur behauptet – das Nachsehen hatte, stand seine Stellung im nationalsozialistischen Herrschaftssystem nie grundsätzlich in Frage. Sie beruhte vor allem darauf, dass Rosenberg, den Hitler wohl nicht ohne ironischen Unterton als »Kirchenvater des Nationalsozialismus« und später als »Torhüter des Ostens« bezeichnete,[28] der NSDAP und ihren führenden Funktionären stets das Gefühl gab, ihre ideologischen Grundsätze beruhten nicht auf Idiosynkrasien, Machtphantasien und Hassgefühlen, sondern seien im Gegenteil tiefenphilosophisch hergeleitet und wissenschaftlich grundiert. Rosenberg selbst war davon zweifellos überzeugt. Doch schon lange bevor er mit dem Tagebuchschreiben begann, bewegte sich sein Denken in weltanschaulichen Bahnen, die keinen Raum für kritische Analyse boten und die Wirklichkeit nur dann ins Bewusstsein dringen ließen, wenn sie seine bereits feststehenden Ansichten bestätigten.[29]

Rosenbergs ideologischer Rigorismus bestimmte die Grundrichtung seines politischen Handelns. Seine politischen Vorstellungen standen allerdings nicht von Beginn seiner Tätigkeit an unverrückbar fest, sondern veränderten sich partiell. Rosenbergs ideologische Grundsätze bestanden weniger aus einem prinzipiell unveränderbaren Katechismus als vielmehr aus basalen »Haltungen« in einem weltanschaulichen Feld, das nicht zuletzt durch Pragmatismus und Flexiblität gekennzeichnet war.[30] Dies gilt selbst für die »Judenfrage«. Da Juden für Rosenberg den ihm verhassten Internationalismus und Universalismus repräsentierten und er sie gleichermaßen für den Liberalismus und den Kommunismus verantwortlich machte, gehörte der Antisemitismus zu jenen grundsätzlichen Haltungen, an denen Rosenberg stets unerschütterlich festhielt. Sehr viel flexibler jedoch ging der NSDAP-Chefideologe mit der Frage um, wie Juden oder verschiedene Strömungen des Judentums konkret behandelt werden sollten. So verkehrte sich beispielsweise Rosenbergs anfänglich positive Einschätzung des Zionismus[31] schließlich ins Negative. Gestand Rosenberg den Juden zunächst noch grundsätzliche Rechte zu, gehörte er in den Kriegsjahren zu den Verfechtern eines rigorosen Vernichtungsgedankens. Die »christliche Kultur«, die Rosenberg noch in frühen Traktaten gegen die »jüdische Gefahr« mobilisieren wollte, verwandelte sich in späteren Ausgaben seiner »Werke« in eine »deutsche Kultur«.[32] Solche Transformationen gingen nicht zuletzt auf neue Möglichkeiten der politischen Praxis und auf Veränderungen der politischen Lage zurück, teilweise auch auf opportunistische Anpassung an den »Führer«.[33] Für Hitler wie für Rosenberg beruhte »Weltanschauung« zwar auf unveränderbaren Grundhaltungen, doch lieferte sie kein konkretes, ausgearbeitetes Handlungskonzept, das nach 1933 hätte umgesetzt werden können.[34]

In Rosenbergs Tagebuch artikulierte sich der mit unveränderlichen ideologischen Prinzipien einhergehende politische Pragmatismus in der wiederholten Äußerung, er habe eine bestimmte Idee schon immer verfolgt oder diese und jene Meinung tief verinnerlicht, nun aber seien die Bedingungen für ihre Umsetzung gegeben. Indem er jedoch die Politik des Regimes zugleich als Ausdruck vorgeblich ewiger, unverrückbarer Wahrheiten ausgab, legitimierte Rosenberg auch und gerade die verbrecherische Praxis nationalsozialistischer Herrschaft und erfüllte in der NS-Bewegung eine in ihrer Bedeutung kaum zu überschätzende Funktion. Auch wenn Rosenberg eine Aura des Selbstmitleids und der Unzufriedenheit umgab, konnten sich seine »Erfolge« beim Umsetzen der NS-Agenda – bei der Vorbereitung der deutschen Invasion Norwegens oder der Machtübernahme Marschall Antonescus in Rumänien, beim Plündern von Kunst- und Kulturgut im deutsch besetzten Europa, beim Verbreiten antisemitischer Parolen bis in den Nahen Osten und nicht zuletzt als Vordenker und Mitverantwortlicher der »Endlösung« – durchaus sehen lassen. Auf kaum einen anderen NS-Führer trifft der Begriff »Überzeugungstäter« so vorbehaltlos zu wie auf Rosenberg, der bis zuletzt glaubte, was er predigte, und unter Einsatz neuer, radikaler Methoden praktizierte, was er für selbstverständlich hielt.[35] Überdies zeigt sich an seinem Beispiel, dass nicht allein radikale Gedanken in eine radikale Praxis mündeten. Diese standen vielmehr in einem Wechselverhältnis, so dass die radikale Praxis auch die Radikalität der Gedanken beeinflusste.

Die vorliegende Edition und unsere Einleitung zielen nicht auf eine umfassende Biographie, die längst vorliegt,[36] oder eine Gesamtgeschichte der politisch-ideologischen Aktivitäten Rosenbergs, an der es weiter fehlt. Rosenbergs Aufzeichnungen bieten vor allem zahlreiche, oft punktuelle Einblicke in die verschiedenen Politikfelder des »Dritten Reiches« und deren subjektive Wahrnehmung durch den Verfasser, die stark durch ständige Kompetenzkonflikte geprägt ist. Dabei bilden die Außenpolitik des Regimes sowie vor allem das Verhältnis zu den Kirchen einen gewissen Schwerpunkt. Rosenbergs wie Hitlers ostentative Ablehnung christlicher Grundsätze tritt immer wieder deutlich hervor.

Angesichts der Vielfalt der im Tagebuch erwähnten Einzelaspekte wollen wir uns im Folgenden auf einige prägnante Aspekte des Tagebuchs und des historischen Kontextes konzentrieren. An erster Stelle wäre die Rekonstruktion und bedingte Neubewertung der Funktion zu nennen, die Rosenberg im »Dritten Reich« während jener Phase erfüllte, in der das Regime von der Judenverfolgung zur unterschiedslosen Judenvernichtung im Verlauf des Jahres 1941 überging. Deshalb haben wir über die Tagebucheintragungen hinaus auch Denkschriften, Reden und andere, zumeist von Rosenberg selbst verfasste (und einige hier erstmals publizierte) Schlüsseldokumente hinzugefügt, die seine Rolle in dieser entscheidenden Periode stärker verdeutlichen, als er dies in seinen Tagebuchnotizen tat. Zentrale ideologische Grundlagen für die sich kumulativ radikalisierende antijüdische Politik hatte Rosenberg bereits in den frühen zwanziger Jahren geschaffen. So gingen, wie eingangs erwähnt, die antijüdischen Ausführungen in Hitlers Buch *Mein Kampf* auch auf Rosenberg zurück, der bereits 1919 die Herrschaft der Bolschewiki in Russland als Reinform jüdischer Herrschaft bezeichnet hatte und mit der Fusion von Antisemitismus und Antibolschewismus die zweifellos wirkungsvollste Legitimation für den späteren Vernichtungskrieg gegen die Sowjetunion lieferte.[37]

An dem ideologischen wie taktisch-politischen Grundsatz, das »jüdische Parasitenvolk« an den »Bolschewismus zu ketten«, d.h. Bolschewismus und Judentum als vermeintlich untrennbare Einheit zu deklarieren, hielt Rosenberg, wie sein Tagebuch zeigt, hartnäckig fest.[38] Überdies blieb er davon überzeugt, dass es sich bei der unvermeidlichen Auseinandersetzung mit dem »Judentum« um einen »Weltkampf« handelte, wie auch der gleichnamige Titel der von ihm herausgegebenen Zeitschrift deutlich machte. Dabei stilisierte Rosenberg Deutschland stets zu einer hinterrücks angegriffenen Partei, die sich in ihrem Kampf gegen Juden im Recht befinde. Darüber hinaus förderte er antisemitische und völkische Bewegungen in den europäischen Ländern – mit dem Ziel einer antisemitischen Internationale und damit eines antiuniversalistischen Gegenentwurfs zum Gedanken der Vereinten Nationen. Nach dem Novemberpogrom 1938 fiel Rosenberg durch besonders radikale antisemitische Reden auf, obwohl er den Pogrom als unnütze Vernichtung von Sachwerten kritisiert hatte: ein prägnantes Beispiel für die Radikalisierung programmatischer Positionen durch die politische Praxis. Fast stereotyp tauchte in allen seinen Reden ab Januar 1939 die Formulierung auf, dass die »Judenfrage« in Europa erst dann gelöst sei, wenn der letzte Jude erst Deutschland, dann Europa verlassen habe, bis Rosenberg sich im November 1941, in bemerkenswerter Offenheit (wenngleich unter dem Siegel der Vertraulichkeit) vor der Presse für eine »biologische Ausmerzung des gesamten Judentums in Europa« aussprach.[39]

Nachdem Rosenberg im Frühjahr 1941 zentral in die geplante Neuordnung Osteuropas eingebunden worden war (Hitler: »Rosenberg, jetzt ist Ihre große Stunde gekommen.«[40]), wirkte er in der zweiten Jahreshälfte entscheidend daran mit, den »Ostraum« zum Schauplatz der »Endlösung« zu machen. Dass sich Rosenberg als Reichsminister für die besetzten Ostgebiete nicht allein mit der ideologisch-weltanschaulichen Orchestrierung des Holocaust befasste, zeigten seine diversen Initiativen, die auf Arbeitsteilung beim organisierten Massenmord abzielten. Auch bediente er sich aller verfügbaren Möglichkeiten weit jenseits seines eigenen Aufgabengebiets, als er beispielsweise die Deportation der deutschen und europäischen Juden in den Ostraum als Antwort auf die Verschleppung der Wolgadeutschen durch Stalin vorschlug. Vor seinen Nürnberger Richtern gab Rosenberg zu Protokoll, dass ihm »der Gedanke an eine physische Vernichtung von Slawen und Juden, also der eigentliche Völkermord, [...] nie in den Sinn gekommen«, geschweige denn von ihm »irgendwie propagiert« worden sei;[41] damit war er so weit von der Realität entfernt wie bei seinem früheren Räsonieren über »deutsches Wesen« und »ewige Werte«. Rosenbergs Aufzeichnungen geben insgesamt Anlass, über das Verhältnis von Zentrum und Peripherie in der Genese des Holocaust neu nachzudenken und Ersterem wieder vermehrt Beachtung zu schenken. Dies gilt auch für das komplexe Wechselverhältnis zwischen NS-Ideologie und politischer Praxis, das in Rosenbergs Tagebuch deutlich wird.

Seine Aufzeichnungen ermöglichen darüber hinaus einen interessanten Einblick in die Strukturen und Netzwerke des NS-Herrschaftssystems. Rosenbergs Dauerklagen über das Verhalten von Konkurrenten und die nahezu permanenten Cliquenkämpfe zeugen einerseits von den polykratischen Herrschaftsstrukturen des »Dritten Reiches«, in denen verschiedenste Funktionsträger einander bitter bekämpften.[42] Andererseits unterstreichen seine Ausführungen die überragende Rolle Hitlers in diesem System. Fast hündisch war Rosenberg – ähnlich wie Goebbels – auf seinen »Führer« fixiert und notierte akribisch auch kleinste Gunstbeweise wie Händedruck, Schulterklopfen und aufmunternde Worte. Auch abschätzige Bemerkungen des »Führers« über gerade abwesende Rosenberg-Konkurrenten wurden eifrig registriert, wobei Rosenberg gar nicht in den Sinn kam, dass es sich hier um ein subtiles Herrschaftsmittel Hitlers handelte. Denn dieser äußerte sich – wie das Tagebuch Goebbels' verrät – auch über Rosenberg in dessen Abwesenheit abfällig[43] und versicherte den jeweils Anwesenden seiner besonderen Wertschätzung: ein bewährtes Mittel der Loyalitätserzeugung, das zugleich die Konkurrenten gegeneinander ausspielte. Wenn Rosenberg ein Telegramm des »Führers« erhielt, bekam er bezeichnenderweise einen »Schreck« und erwartete angstvoll unangenehme Dinge, darin einem Schulbuben gleichend, der von seinem Lehrer eine Standpauke befürchtete.[44] Rosenberg setzte nie nach, wenn Hitler im direkten Gespräch die Argumente ausgingen oder sich in Gemeinplätze flüchtete. Er widersprach seinem »Führer« auch nicht, wenn dieser Rücksichten auf andere vorschob, wie beispielsweise bei Rosenbergs Ukraine-Plänen, die Hitler unter Verweis auf rumänische Interessen torpedierte. Seine Reden legte Rosenberg dem »Führer« häufig zur Genehmigung vor. Mit ähnlich unterwürfigem Gestus, ja kindlichem Stolz präsentierte Rosenberg die in ganz Europa zusammengeraubten Kunstschätze, aus denen sich Hitler persönlich Stücke für sein »Führermuseum« in Linz auswählen konnte.[45]

Im Vergleich zu Goebbels hielt sich Rosenberg deutlich seltener auf dem Obersalzberg auf oder war weniger häufig in der mittäglichen Runde um Hitler zugegen, die dieser meist zu ausgreifenden Monologen nutzte. Dennoch scheint an etlichen Stellen seiner Aufzeichnungen jener feixende Grundton der Männerrunden um den »Führer« durch, der nicht zuletzt der gegenseitigen Bekräftigung ideologischer Prinzipien und rücksichtsloser Absichten diente. Mitleidlos wurden dabei die Opfer des Nationalsozialismus verhöhnt, wenn sich Hitler ironisch als Bewahrer der »Humanität im Osten« gerierte und er Rosenberg scherzhaft als »Schriftführer eines von mir präsidierten Kongresses zur humanen Behandlung der Juden« vorschlug.[46] Bei seinen Monologen ließ Hitler seine Umgebung über grundlegende Auffassungen nicht im Unklaren; auch die anwesenden Personen stellten sich schnell darauf ein, indem sie sich in ihren Bemerkungen opportunistisch an dem orientierten, was der »Führer« gerne hören wollte: ein sehr effektives Mainstreaming der Meinungen, in dem abweichende Stellungnahmen kaum noch eine Chance hatten, Gehör zu finden.

Wenngleich Rosenberg in NS-Führungskreisen den Ruf eines prinzipienfesten Ideologen genoss, liefert er in seinem Tagebuch zahlreiche Beispiele dafür, dass sich Ideologie und Opportunismus keineswegs ausschlossen. So verwundert es kaum, dass Rosenberg 1939 den Nichtangriffspakt mit dem ideologischen Todfeind Stalin nicht goutierte. Er verkniff sich aber jeden Protest oder demonstrative Missfallensäußerungen gegenüber dem »Führer«, weil er es für »zwecklos hielt, über nicht zu Änderndes zu klagen«.[47] Hitler belohnte diese Grundhaltung sogleich, indem er sich »sehr warm« über Rosenberg äußerte, der doch »ein Politiker« sei und keinen offenen Widerstand geleistet habe.[48] Auch in der Behandlung der osteuropäischen Bevölkerung stimmten Hitler und Rosenberg keineswegs in allen Aspekten überein. Zwar waren sich beide in der radikalen Vernichtungspolitik gegenüber Juden und Bolschewiki vollkommen einig, differierten jedoch erkennbar in der Frage, wie und ob die verschiedenen Völker Osteuropas an der angestrebten deutschen Suprematie zumindest beteiligt werden sollten. Hitler verfolgte primär ein geopolitisches Konzept, das den künftigen »Lebensraum« bereits als letztlich leeren Raum definierte, in dem auf die dort lebende Bevölkerung keine besondere Rücksicht genommen werden müsse.[49] Rosenberg vertrat dagegen ein Herrschaftsmodell, das dem Nationalismus der osteuropäischen Völker Zugeständnisse machte, um vor allem Ukrainer und Balten, aber auch muslimische Gruppen langfristig gegen die russische Herrschaft in Stellung zu bringen. Hier brachte der Deutschbalte seine Kenntnisse osteuropäischer Mentalitäten ein, die in NS-Führungskreisen ansonsten äußerst dünn gesät waren. Wieder einmal drang Rosenberg mit seinem Ansinnen nicht durch, fügte sich jedoch opportunistisch, als er beispielsweise im Oktober 1941 in Erwartung eines kurz bevorstehenden »Endsieges«, aber auch aufgrund von Hitlers Rücksichtnahme auf die Interessen des rumänischen Bündnispartners, seine eigenen Pläne für einen ukrainischen Staat aufgab.[50]

Trotz seines Pragmatismus bei der Nutzung neuer Möglichkeiten und opportunistischer Anbiederei an den »Führer« hielt Rosenberg an wesentlichen ideologischen Grundhaltungen unbeirrbar fest, die er weder in seinem Tagebuch noch in seinen Aufzeichnungen im Nürnberger Gefängnis 1945/46 in Frage stellte.[51] In allen Angelegenheiten, die für ihn zu den ideologisch begründeten Notwendigkeiten zählten, zeigte Rosenberg einen auffallenden, mit Desinteresse gekoppelten Mangel an Empathie gegenüber ihren ebenso inhumanen wie verbrecherischen Konsequenzen – eine Mitleidlosigkeit, die den Leser immer wieder frappiert und die im Tagebuch ihren deutlichsten Ausdruck im fast völligen Verschweigen deutscher Vernichtungsmaßnahmen findet. Zwar demonstrieren Rosenbergs Aufzeichnungen, dass er in Einzelfällen zu menschlicher Anteilnahme und Mitgefühl sehr wohl in der Lage war, wenn er um gefallene Mitarbeiter trauerte oder Generalfeldmarschall Keitel zum Tod von dessen an der Ostfront getöteten Sohn kondolierte. Hält man sich jedoch vor Augen, dass dies in einer Sitzung geschah, in der sowohl Rosenberg wie Keitel implizit den Tod vieler Millionen Menschen in Osteuropa beschlossen und guthießen, dann wird deutlich, dass Rosenbergs Gefühlswelt durch eine höchst partikularistische Moral bestimmt wurde, die universal gültige Menschenrechte vehement ablehnte und dem Phantom eines ethnisch bereinigten, machtpolitisch abgesicherten »Tausendjährigen Reichs« verpflichtet war.[52]

Rosenbergs ideologisch determinierte Empathielosigkeit machte auch vor den eigenen »Volksgenossen« nicht halt: Symptomatisch dafür steht sein Tagebucheintrag zur weitflächigen Zerstörung Hamburgs durch die alliierte »Operation Gomorrha« im Juli/August 1943, der fast 40000 Einwohner zum Opfer fielen. Zynisch räsonierte Rosenberg über die Angriffe als »Wink des Schicksals« und bezeichnete sie als Chance zur »Wiederentdeckung des Ländlichen«.[53] Ähnliche Gefühlskälte und ideologische Verbohrtheit verrät Rosenbergs hartnäckiges Klammern an Durchhalteparolen, mit denen die steil ansteigende Todesraten unter deutschen Soldaten und Zivilisten als notwendige Opfer deklariert wurden, die auf dem Weg zum »Endsieg« nun einmal erbracht werden müssten. Die Schlacht von Stalingrad erschien ihm als »Heldentat so großen Ausmaßes wie keine andere« und als »Ausgangspunkt des Sieges.«[54] Da ist es nachvollziehbar, wenn Goebbels in anderem Zusammenhang über Rosenberg urteilte, dieser äußere sich »so kalt und provozierend, daß es einem davor graut«.[55]

In den letzten Kriegsjahren schlüpfte Rosenberg in seinem Tagebuch immer häufiger in die Rolle eines Kritikers der real existierenden Verhältnisse im »Dritten Reich«. Vor allem als ihm, dem Ostminister, ab 1943/44 das Herrschaftsterritorium sukzessive abhandenkam und sein Einfluss zusehends schwand, mutierte der NSDAP-Chefideologe zum Warner, der dem »Dritten Reich« insgesamt – nicht unzutreffend, aber auf das Private seines Tagebuchs beschränkt – einen Hang zur theatralisch-propagandistischen Selbstinszenierung attestierte, die politisches Handeln eher vorspiegele als realiter vollziehe. Dennoch erreichte Rosenbergs Kritik zu keinem Zeitpunkt eine Dimension, die das NS-System insgesamt in Frage gestellt hätte, was auf drei grundlegende Beschränkungen zurückzuführen war: Erstens fehlte Rosenberg – wie allen anderen NS-Führern auch – jegliches Sensorium für eine kritische Selbstwahrnehmung. Fehlentwicklungen entsprangen in seiner Perspektive immer dem Fehlverhalten anderer, während er die eigene Person, die ja durchaus Teil der kritisierten »Theatrokratie« war, stets jenseits aller Missstände verortete.[56] Zweitens hielt Rosenberg mit stoischer Konsequenz an seinen weltanschaulichen Grundüberzeugungen fest, die auch durch eine Konfrontation mit der Realität nicht erschüttert wurden. Vielmehr strukturierten die ideologischen Prinzipien auch die höchst selektive Realitätswahrnehmung, die wiederum im Zirkelschluss die Gültigkeit der ideologischen Norm bekräftigte. Wer wie Rosenberg das Phantasma eines »internationalen Judentums« als straff gegen Deutschland agierendes Kollektiv akzeptiert hatte und sich im Dauerstreit mit dunklen Mächten des Universalismus wähnte, sah – fern von jeder Realität – ständig Zusammenhänge, die die Geschlossenheit des Weltbildes bekräftigten und keineswegs dementierten. Und drittens nahm Rosenberg den Diktator von aller Kritik grundsätzlich aus. Wenn Hitler Fehlentscheidungen traf, war dies in Rosenbergs Perspektive nicht diesem selbst, sondern immer dem verderblichen Wirken und den falschen Ratschlägen anderer wie Bormann, Goebbels, Ribbentrop oder Himmler zuzuschreiben. Auf diese Weise hielt nicht allein Rosenberg am Gloriolenbild eines im Kern untadeligen »Führers« fest. Wie nicht zuletzt die regimeinternen Lageberichte zeigen, nahmen die meisten der damaligen Zeitgenossen Hitler von jeglicher Kritik aus und perzipierten zwar Missstände, waren jedoch davon überzeugt, dass diese den Wünschen Hitlers nicht entsprachen (»Wenn das der Führer wüsste«). Insofern verweist das Tagebuch Alfred Rosenbergs nicht nur auf typische Einstellungen und Verhaltensmuster des NS-Führungspersonals, sondern auch auf mentale Dispositionen, die in der gesamten deutschen Bevölkerung weit verbreitet waren.

Der Verbleib der Tagebücher nach 1945

Wie sich anhand seines Tagebuchs erkennen lässt, schuf Rosenberg die Basis für spätere Geschichtsklitterungen schon vor Kriegsende; nach 1945 feilten seine Adepten, unter ihnen leitende Beamte des ehemaligen Ostministeriums, schon aus Eigeninteresse weiter an der Legende des realitätsfernen, wohlmeinenden und von radikaleren NS-Größen ins Abseits gedrängten Denkarbeiters.[57] Die umfangreiche, wenngleich seit den Nürnberger Prozessen stark zersplitterte Aktenüberlieferung der Rosenberg'schen Dienststellen sowie die seit den 1950er Jahren für die Forschung verfügbaren Teile seiner Tagebuchnotizen waren nur partiell geeignet, Licht ins Dunkel zu bringen, solange unklar blieb, was Rosenberg darüber hinaus während der NS-Zeit privat aufgezeichnet hatte. Dass weitere Notizen existierten, stand aufgrund der sporadischen Veröffentlichung von Textverweisen und Zitaten, insbesondere durch den ehemaligen Nürnberger Anklagevertreter Robert M. W. Kempner, zu vermuten.[58] Aber erst im Dezember 2013, als die bis dahin nicht zugänglichen Originalseiten des Rosenberg-Tagebuchs dem United States Holocaust Memorial Museum (USHMM) übergeben und zeitgleich auf der Website des Museums veröffentlicht wurden,[59] fand die jahrzehntelange Suche nach dieser Quelle ihr Ende.

Was nach Kriegsende mit Rosenbergs Aufzeichnungen passierte, lässt sich nur teilweise rekonstruieren. Die hier erstmals veröffentlichten Passagen aus seinem Tagebuch zur zweiten Kriegshälfte bezeugen erhebliche Aktenverluste durch Bombenkrieg und Brandschäden; was darüber hinaus von Rosenbergs Stab gezielt vernichtet wurde, um es nicht in die Hände der Alliierten fallen zu lassen, bleibt wohl für immer unbekannt. Seit 1943 hatten Rosenbergs Dienststellen Akten, oft zusammen mit Kunstwerken, Bibliotheken und anderem Raubgut, bis in die hintersten Winkel des NS-Herrschaftsgebiets ausgelagert; mit seiner Verhaftung bemühten sich die alliierten Anklagebehörden, prozessrelevantes Material so umfassend wie möglich zu sammeln. Robert G. Storey, der als amerikanischer Anwalt für die Anklage im Nürnberger Prozess arbeitete,[60] bekundete Ende 1945, dass »die persönliche Korrespondenz und Tagebücher des Angeklagten Rosenberg, einschließlich seiner Parteikorrespondenz, hinter einer falschen Wand in einem alten Schloss in Ostbayern gefunden wurden«.[61] Noch während der Nürnberger Verfahren kam es jedoch zu Aktenverlusten. Dies galt nicht zuletzt für Rosenbergs Tagebuchaufzeichnungen. Die nachfolgenden Ausführungen, Teil der maßgeblich und über viele Jahre vom US Holocaust Memorial Museum betriebenen Suche nach den verlorenen Teilen des Tagebuchs, sollen helfen, Licht ins Dunkel dieser Provenienzgeschichte zu bringen, die für das Schicksal zahlreicher Aktenbestände nach 1945 nicht untypisch ist.[62]

In der zweiten Hälfte des Jahres 1945 wurden »die privaten Aufzeichnungen Alfred Rosenbergs« einschließlich »handgeschriebener Tagebuchnotizen« von der Abteilung für die Aufklärung von Kriegsverbrechen der US-Armee übernommen und in der Vorbereitung des Nürnberger Prozesses an jenes Büro weitergegeben, das für die Strafverfolgung von Kriegsverbrechen der Achsenmächte zuständig war.[63] Zum Anklageteam gehörte Dr. Robert Kempner, der als von den Nazis entlassener ehemaliger preußischer Ministerialbeamter bestens mit Geschäftsgang und Gebräuchen deutscher Spitzenbehörden vertraut war und nach dem Ende des Militärtribunals den sogenannten Wilhelmstraßen-Prozess verhandelte.[64] Neben Kempner sichtete ein ganzes Team eine kaum zu überschauende, stupende Materialmenge. Mitarbeiter suchten nach verfahrensrelevanten Dokumenten, gruppierten, was sie fanden, nach einheitlichen Kriterien in unterschiedliche Kategorien, und sortierten aus, was redundant schien. So gelangten grob als »Rosenberg files« bezeichnete Dokumente (Kopien, aber auch Originale) zum Centre de Documentation Juive Contemporaine (CDJC) nach Paris; andere Akten aus Rosenbergs Instanzenreich landeten im New Yorker YIVO Institute for Jewish Research, wo sie bis heute archiviert sind.[65]

Was an Nürnberger Material einstweilen zusammenblieb, gelangte nur bruchstückweise in den Gewahrsam der dafür vorgesehenen Aktenrepositorien. Im Herbst 1945 registrierten die amerikanischen Anklagevertreter Teile von Rosenbergs Tagebuchnotizen für die Zeitabschnitte vom 14. Mai 1934 bis zum 18. März 1935 sowie vom 6. Februar 1939 bis

12. Oktober 1940 unter den Nürnberger Dokumentennummern 1749-PS bzw. 198-PS.[66] Aus unbekannten Gründen wurde der Rest des Tagebuchs nicht als potentiell für den Prozess relevantes Beweismaterial angesehen und fiel daher aus dem Schema der Nürnberger Aktenverwaltung heraus. Nach Angaben von Fred Niebergall, Leiter der Abteilung für Dokumentenkontrolle, sollten alle Dokumente mit Ausnahme der für den Nürnberger Prozess vorgesehenen an ihn übergeben werden.[67] Allem Anschein nach dürfte Niebergall beides übernommen haben. Einer Aktennotiz vom Sommer 1946 zufolge wurden Tagebuchteile – »diary notes« – für 1936 sowie vage als »diary« beschriebene Dokumente für die Zeitabschnitte Januar bis Mai 1940, Februar bis Dezember 1941, und 1939 bis 1944 – an die Dienststelle des Militärstaatsanwalts (Judge Advocate General, JAG) der US-Armee in Wiesbaden abgegeben.[68] Die Aktennotiz unterschied zwischen »documents«, zu denen Rosenbergs Tagebuch gezählt wurde, und Kopien (»Photostats«); dennoch gelangten die für den Staatsanwalt in Wiesbaden vorgesehenen Originale in den Besitz von Robert Kempner, während nur der Tagebuchteil zu 1934/35 – die einzigen in Form eines gebundenen Tagebuchs verfassten Notizen Rosenbergs – im Original als JAG-Überlieferung ins US-Nationalarchiv (National Archives and Records Administration, College Park, MD; im folgenden NARA) gelangte.[69]

Verwirrung über den Verbleib von Rosenbergs Tagebüchern herrschte offenbar schon zur Zeit des Nürnberger Hauptverfahrens. Obwohl das Gericht im August 1945 entschieden hatte, Rosenbergs Verteidigung Zugang zu den Tagebuchnotizen zu gewähren, händigte Kempner sie nicht aus; das Material, vermerkte Rosenbergs Anwalt Alfred Thoma, »sei nicht auffindbar«.[70] Nach Ende des Nürnberger Prozesses bemühte sich die Anklagebehörde im Zusammenhang mit den Nachfolgeverfahren verstärkt, weiteren Aktenverlusten einen Riegel vorzuschieben, doch war dies angesichts von Materialfülle und Personalknappheit nur bedingt möglich. Auf einer der Sitzungen des »Document Disposal Committee« der Nürnberger Anklagebehörde wurde angeregt, doch regelmäßig die Papierkörbe zu untersuchen, »um den Verlust wichtigen Materials zu verhindern, das jemand weggeworfen hat ohne dessen Bedeutung zu verstehen«.[71] Nicht alle Mitarbeiter waren aktiv um Verhinderung von Aktenverlusten bemüht; 1980 äußerte sich Robert Kempner in einem Gespräch über den Umgang mit NS-Dokumenten bei Abschluss der Prozesse: »Es gab natürlich sofort 1949 interessierte und clevere Leute, die an solchen Dokumenten Bedarf hatten. Wenn so ein zuverlässiger Mensch zu einem kam und die Akten auf dem Sofa lagen, sagte man eben: ›Ich will davon nichts wissen‹ und ging aus dem Zimmer raus. Das Sofa war nachher leer.«[72] Gegen Ende der Nürnberger Verfahren stellte ihm Fred Niebergall eine Art Blankovollmacht aus in Gestalt der Ermächtigung, »Material der Nürnberger Kriegsverbrecherprozesse zu entnehmen und zu behalten, für Zwecke der Forschung und des Studiums, für Schreiben und für Vorträge«.[73] Von dieser Möglichkeit machte Kempner ausgiebig Gebrauch und überführte zahlreiche Nürnberger Originalakten in sein Haus in Lansdowne, Pennsylvania. Als Jurist wusste Kempner mit einiger Sicherheit, dass Niebergalls Ermächtigung keine hinreichende Grundlage für die widerrechtliche Aneignung von Staatseigentum darstellte; dennoch blieben die in Nürnberg gesammelten Dokumente bis zu Kempners Tod 1993 in seinem Privatbesitz. Der Großteil von Rosenbergs Tagebuchnotizen gehörte dazu.

Ende der 1940er Jahre und noch lange danach scheint Kempner entschlossen gewesen zu sein, Rosenbergs Tagebuch für seine eigene Publikationstätigkeit zu nutzen. Dazu trugen mehrere Faktoren bei: Ehemalige Parteigänger Hitlers bemühten sich unter den veränderten Vorzeichen des Kalten Krieges um Rehabilitierung; viele Deutsche nahmen gegenüber der angeblich alliierten »Siegerjustiz« eine wachsende Abwehrhaltung ein und neigten dazu, für die Verbrechen des Zweiten Weltkriegs allenfalls die Führungsspitze des NS-Regimes verantwortlich zu machen.[74] Entsprechend kämpferisch liest sich der knappe Kommentar, den Kempner einer 1949 in der Zeitschrift *Der Monat* veröffentlichten Auswahl von Rosenbergs Tagebuchnotizen zu Fragen der Religion vorausschickte. Dabei wandte er sich speziell gegen »Personen [...], die in Nürnberg als Kriegsverbrecher angeklagt waren« und die über Memoiren oder ähnliche Veröffentlichungen versuchten, »uns eine Vergangenheit vorzuzaubern, in der sie in der Rolle des besonnenen Ratgebers oder des tragischen Kämpfers ihr möglichstes gegen Unrecht und Barbarei taten«. Rosenbergs schon 1947 publizierte Gefängnisaufzeichnungen, veröffentlicht von zwei Journalisten, die ihm kritisch gegenüberstanden,[75] sah Kempner als »klassisches Beispiel«; der Vergleich mit Rosenbergs Tagebuch sollte die »innere Verlogenheit seiner Aufzeichnungen« belegen und zeigen, dass die NS-Führung beabsichtigt hatte,

»nach dem deutschen Siege die christlichen Kirchen in Deutschland völlig zu ›überwinden‹ und den Staat zum absoluten Herrn über Glaubensdinge zu machen«.[76]

Diese 28 Auszüge aus dem Zeitraum 1936 bis 1943 in *Der Monat* blieben bis jetzt die umfangreichste Veröffentlichung aus den in Kempners Besitz befindlichen Rosenberg-Tagebuchnotizen. In der Folgezeit scheint sich Kempner der Diskrepanz zwischen seinen hehren wissenschaftlich-pädagogischen Absichten und der dubiosen Aneignung einer Quelle, die er als seinen Privatbesitz ansah, bewusstgeworden zu sein, so dass er sie nur noch sehr selektiv zitierte; zudem ließ ihm seine Tätigkeit als Rechtsanwalt mit Kanzleien in Frankfurt am Main und Lansdowne wenig Zeit für die intensive Beschäftigung mit seinem Dokumentenschatz. Bei Quellenangaben aus diesem Fundus verwies er vage auf sein »Archiv« und seine Nürnberger Notizen, so dass Leser keine Möglichkeit hatten, Kempners Angaben nachzuprüfen.[77] Einigen wenigen offenbarte er mehr. Mitte 1950 schickte er einen Brief an André François-Poncet, zu dieser Zeit französischer Hochkommissar in Deutschland mit langer diplomatischer Karriere, nebst drei Originalseiten aus Rosenbergs Tagebuch, die von besonderem Interesse seien, »weil Ihr Name und Ihre Aktivitäten erwähnt werden«; die Seiten, so Kempner weiter, »wurden nicht als Asservate in die Nürnberger Prozesse eingeführt, sondern für die Ermittlungen vor Prozessbeginn verwendet«. Er hatte François-Poncet diese Notizen schon in Nürnberg versprochen; nun habe er sie wiedergefunden.[78] Ob Kempner noch andere Bekannte mit Original-Beutematerial bedachte, lässt sich anhand seines Nachlasses nicht klären; auszuschließen ist es jedenfalls nicht.

In den 1950er und 1960er Jahren verbanden sich mit dem Namen Robert Kempner zum einen die Nürnberger Strafverfahren, die einen enormen Quellen- und Dokumentenfundus hervorgebracht hatten;[79] zum anderen jedoch stand Kempner im Verdacht, sich privat Akten illegitim angeeignet zu haben. Er war beileibe nicht der einzige Nürnberger Prozessmitarbeiter, der NS-Dokumente als »Souvenirs« mit nach Hause gebracht hatte,[80] doch schien es sich angesichts der von ihm selbst publizierten Hinweise bei seiner Sammlung um eine besonders umfangreiche und historisch bedeutsame zu handeln. An dieser Nebenfront des primär auf zwischenstaatlicher Ebene geführten »Kampfs um die Akten« blieb es ruhig bis Mitte der 1950er Jahre, als im Zuge der Vorarbeiten für die Veröffentlichung der als Nürnberg-Dokument 1749-PS ins NARA gelangten Rosenberg'schen Tagebuchteile der Herausgeber, der Göttinger Völkerrechtler Hans-Günther Seraphim, bei Kempner wegen weiterer Teile anfragte. Seraphim hatte bereits alle 116 Tagebuchseiten für die Zeitabschnitte 1934/35 und 1939/40 erfasst, die ihm in kopierter Form am Göttinger Institut für Völkerrecht und am Amsterdamer Rijksinstituut voor Oorlogsdocumentatie (jetzt: Nederlands Instituut voor Oorlogs-, Holocaust- and Genocidestudies, NIOD) zugänglich waren.[81]

Kempner blieb in seiner Korrespondenz mit Seraphim unverbindlich, ehe er ihn im November 1955 in einem Brief mit konkreten Informationen überraschte. Er »habe jetzt die Rosenberg Tagebücher durchgesehen« und listete »folgende Jahre: 1936–1938; 1939 verschiedenes vom Februar, Mai, Juli, August, 24. September, 1. und 11. November, 3. Dezember; 1940 beginnt am 2. Januar bis Jahresende; 1941 beginnt im Februar, endet im Dezember; 1942 beginnend im Oktober, endend im Dezember; 1943 beginnend im Januar, endend im Dezember; 1944 beginnend im Mai, endend im Dezember«. Im Ganzen handele es sich um rund 400 handschriftliche Seiten; daneben habe er noch maschinenschriftliche Texte »über Besprechungen beim Führer« zum Beispiel am 29. September 1941.[82] »Von besonderem Interesse«, schloss Kempner kryptisch, »sind natürlich die Ausführungen Rosenbergs über Russland.«[83] Nach Erhalt der Auskunft, dass Kempner knapp das Vierfache dessen an Material hatte, was Seraphim für seine bereits vor Manuskriptabschluss stehende Edition eingesehen hatte, scheint der Göttinger Völkerrechtler in Lansdowne wegen einer gemeinsamen Gesamtausgabe des Tagebuchs angefragt zu haben. Erhalten ist Kempners Antwortschreiben vom Januar 1956, in dem er Seraphim anbot, auf einer seiner nächsten Deutschlandreisen das »wertvolle Material« zur Ansicht mitzubringen. Seraphim habe völlig recht, schrieb Kempner, dass eine Teiledition keinen Sinn mache; er habe in der Zwischenzeit noch mehr gefunden und regte eine gemeinsame Publikation »in größerem Stil« an, denn: »Das Material ist zu gut, und ich möchte keinesfalls, dass es zerflattert.«[84]

Zu einer Gesamtedition von Rosenbergs Tagebuchnotizen unter Beteiligung Kempners ist es jedoch nie gekommen. Ein Brief, in dem Kempner ankündigte, er sei in Europa und habe »einige Dinge mitgebracht, die Sie interessieren werden«, erreichte Seraphim nicht rechtzeitig.[85] Mitte April 1956 teilte ihm Seraphim mit, seine Teilausgabe *(Das politische Tagebuch Alfred Rosenbergs 1934/35 und 1939/40)* habe der Verlag bereits im Druck; das Buch sei zwar ein Fragment, aber doch geeignet, »wenigstens einen Eindruck von Rosenberg und den Menschen, mit denen er umging«, zu vermitteln, und vielleicht sei dies das beste Mittel, »die Unsinnigkeit seiner Doktrin und des NS überhaupt klarzulegen«. Zudem befürchtete Seraphim, »dass eine Veröffentlichung des ganzen Tagebuches mit den entsprechenden Dokumenten im Anhang und dem notwendigen Kommentar – vermutlich ein mehrbändiges Werk! – heute verfrüht wäre«.[86] Daraufhin empfahl ihm Kempner, eine Anmerkung einzufügen, die auf sein Material hinwies.[87] Seraphim tat dies in letzter Minute,[88] obgleich er damit seiner in der Einleitung geäußerten Vermutung widersprach, Rosenberg habe kein »durchgehendes Tagebuch« geführt.[89]

Bis jetzt stellte Seraphims Edition, ergänzt um 15 Dokumente aus dem offiziellen Nürnberger Fundus, die umfangreichste Sammlung von Rosenbergs Notizen dar. Dem Bemühen des Herausgebers um Quellentreue setzte die Qualität der Kopien Grenzen, die ihm als Vorlage dienten. Teilweise schwer lesbar und nicht immer zeitlich klar einzuordnen, verleiteten die Göttinger und Amsterdamer Reproduktionen zu zahlreichen, oft sinnentstellenden Fehlern, die sich beim Vorliegen der Originalseiten hätten vermeiden lassen. Dass für den Zeitraum 1934/35 das Originaltagebuch und für 1939/40 Kopien im NARA zugänglich waren, scheint Seraphim unbekannt gewesen zu sein.

Spätestens seit Kempners Schreiben von 1955 an Seraphim und den Münchener Historiker Helmut Krausnick, in denen er die in seinem Besitz befindlichen Tagebuchteile mehr oder weniger knapp aufgelistet hatte, dürfte sich im überschaubaren Kreis der mit der NS-Geschichte befassten Historiker herumgesprochen haben, dass der ehemalige Nürnberger Anklagevertreter bislang unzugängliche Quellen verwahrte. Ende 1962 wandte sich Reinhard Bollmus, der an einer Dissertation zur Stellung des Amts Rosenbergs im Instanzenwirrwarr des »Dritten Reichs« arbeitete, an Kempner mit der Frage, ob bzw. unter welchen Bedingungen er Zugang zu Rosenbergs Tagebuchnotizen erhalten könne.[90] Ähnlich wie in seiner Korrespondenz mit Seraphim scheint Kempner auch in diesem Fall hin- und hergerissen gewesen zu sein zwischen dem Drang, als Bewahrer wichtiger Quellen und Erkenntnisse zur NS-Geschichte Anerkennung zu finden, und dem Wissen um die widerrechtliche Aneignung seines Dokumentenschatzes. Deshalb reagierte er auf Anfragen ausweichend.[91] Als Bollmus 1970 sein bahnbrechendes Buch *Das Amt Rosenberg und seine Gegner* veröffentlichte, konnte er dort zum Schicksal des Rosenberg-Tagebuchs nur auf eine vom *Spiegel* Anfang 1963 angekündigte, angeblich von sowjetischer Seite geplante Quellenpublikation verweisen.[92] Über einen deutschen Journalisten fand Kempner heraus, dass das Moskauer Außenministerium weder über Originalnotizen Rosenbergs verfügte noch Editionsabsichten hegte.[93] Dennoch erwies sich das zu Zeiten des Kalten Krieges nicht (und selbst nach 1989 nicht vollständig) widerlegbare Gerücht, hinter dem »Eisernen Vorhang« seien Rosenbergs verschollene Aufzeichungen verborgen, als zählebig genug, um die zeitweilig evidente Schlüsselrolle Kempners weitgehend in Vergessenheit geraten zu lassen.[94]

Nach Kempners Tod 1993 trug die jahrelange Unklarheit über Umfang und Verbleib seines Nachlasses dazu bei, die Spekulationen über seine aus Nürnberg mitgebrachten NS-Originalakten noch zu verstärken. Kempners Erben wollten den in den USA befindlichen Teil des Nachlasses geschlossen am U.S. Holocaust Memorial Museum (USHMM) untergebracht sehen, doch standen diesem Wunsch zahlreiche Hindernisse im Wege. Als 1997 ein Team des Museums unter Leitung des damaligen Chefarchivars Henry Mayer in Kempners Haus in Lansdowne die Akten sichtete, bot sich ihnen ein Bild völliger Unordnung und chaotischer Vernachlässigung. Dass sich Rosenbergs Tagebuchnotizen in Kempners Besitz befunden haben mussten, war den Museumsmitarbeitern klar, doch fehlte von dem Material jede Spur. Erst im Frühjahr 2001 ging der Nachlass offiziell an das USHMM;[95] bis dahin war seiner weiteren Zersplitterung durch unbefugte Personen Tür und Tor geöffnet. Tatsächlich verschwanden Teile der Sammlung vor Übernahme durch das USHMM in dunklen Kanälen, die auszuleuchten Mayer noch über Jahre beschäftigen sollte. Im Herbst 2003 sorgte die gerichtlich angeordnete Übereignung von Akten an einen Altwarenhändler, der Material aus Kempners Haus entfernt hatte, für die nur partielle Übergabe von Originalen an das USHMM – die andere Hälfte durfte der Altwarenhändler verkaufen. Daraufhin erschienen besorgte Presseberichte über den fahrlässigen Umgang mit den Dokumenten.[96] Rosenbergs Tagebuchnotizen blieben verschollen, und die Suche ging unter Mithilfe staatlicher Ermittlungsbehörden und eines Privatdetektivs weiter. Erst zehn Jahre später, im Dezember 2013, konnten Mitarbeiter des U.S. Department of Homeland Security zusammen mit anderen Materialien 425 von Rosenberg handgeschriebene Tagebuchseiten beschlagnahmen und dem USHMM übergeben.[97]

Die Notizen umfassen den Zeitraum von April 1936 bis Dezember 1944; daneben gingen 2013 ähnliche Ausarbeitungen Rosenbergs – Aktenvermerke, »Meldungen an den Führer« und andere, meist maschinenschriftliche Dokumente – an das USHMM, wie sie bereits Bestandteil des dortigen Kempner-Nachlasses waren. Ob es sich bei diesen Notizen zusammen mit dem am NARA befindlichen (und in diese Edition integrierten) 73-seitigen gebundenen Tagebuch für 1934/35 um alle jemals von Rosenberg angefertigen Tagesaufzeichnungen handelt, muss bezweifelt werden. Kriegsverluste und durch Rosenberg oder seinen Stab gegen Kriegsende gezielt vorgenommene Zerstörungen sind ebenso wenig auszuschließen wie die Möglichkeit, dass in Zukunft aus unbekannter Quelle noch Tagebuchteile auftauchen. In mehreren Archiven haben sich Akten aus den Arbeitsgebieten Rosenbergs erhalten, die es zusammen mit der vorliegenden Tagebuch-Gesamtausgabe ermöglichen, Rosenbergs Aktivitäten und die Angaben des Tagebuchs zu kontextualisieren.[98] Aufgrund von Kempners oben erwähnter Aufstellung (in seinem Brief an Seraphim vom November 1955) scheint jedoch einigermaßen sicher, dass die im USHMM verfügbaren Seiten alle Teile von Rosenbergs Tagebuch enthalten, die der Nürnberger Ankläger zu dieser Zeit in seinem Besitz hatte.[99]

Die Tagebuchnotizen weisen für die folgenden Wochen und Monate Lücken auf:

- März 1935 bis April 1936;
- Februar bis Juli 1937;
- Februar bis Juli 1938; Ende Juli bis Oktober 1938;
- Juni bis Juli 1940;
- Mitte Oktober 1940 bis Ende Januar 1941; Anfang Juni bis Mitte/Ende Juli 1941; August 1941; Mitte bis Ende September 1941; Anfang Oktober bis Mitte Dezember 1941;
- Januar bis Anfang Oktober 1942;
- Anfang Februar bis Ende Juli 1943; Mitte August bis Ende Dezember 1943;

- Anfang 1944 bis Ende Mai 1944; Juni bis Ende Juli 1944; September bis Ende Oktober 1944.

Diese Lücken lassen sich teilweise mit Rosenbergs außerdienstlicher Schreibfaulheit erklären, die er bisweilen selbstkritisch offen benannte.[100] Hinzu kommen Teilverluste von Tagebuchseiten und Anlagen (bei Letzteren sichtbar dort, wo Rosenberg auf die ursprünglich seinen Notizen beigegebenen Dokumente verweist) während oder nach dem Krieg, besonders schwerwiegend für die Entscheidungsjahre 1941/42. Die nachhaltige Zerstörung von Aktenzusammenhängen innerhalb von und zwischen Rosenbergs Dienstbereichen seit Kriegsende schließt eine originalgetreue Rekonstruktion dessen, was er als Bestandteile seines Tagebuchs erachtete, aber vielleicht niemals geschlossen zusammentrug, wohl für immer aus. Die Auswahl der ergänzenden Dokumente im Teil III bleibt somit willkürlich; es handelt sich um solche Texte, in denen die Verfolgungspolitik des NS-Regimes und Rosenbergs Anteil an ihrer Konzipierung und Umsetzung sichtbar werden.

Hatte Rosenberg Muße, sich seinem Tagebuch zu widmen – etwa während seiner häufigen Aufenthalte in der Prominenten-Klinik Hohenlychen –, schrieb er ausgiebig, meist aus der Erinnerung, gelegentlich auf der Basis von Gesprächsaufzeichnungen, Besucherkalendern oder ähnlichen schriftlichen Unterlagen.[101] Bei der Auswahl seines Schreibmaterials war er in der Regel nicht wählerisch und bevorzugte lose Blätter;[102] gegen Kriegsende verwendete er sogar bereits beschriebenes Papier noch einmal. Neben den teilweise signifikanten zeitlichen Lücken deuten mehrfache Nennungen des gleichen Datums, fehlende Paginierung, häufige Schreibfehler und der uneinheitliche Gebrauch von Abkürzungen auf einen unsystematischen Schreibprozess hin, dessen verwirrende Wirkung durch die nachträgliche Zerstörung des Dokumentenzusammenhangs noch verstärkt wird. Bei der Rekonstruktion der Sequenz undatierter Tagebuchseiten haben wir uns von formalen und inhaltlichen Kriterien wie Handschrift, Tintenfarbe, Textfluss oder Erzählzusammenhang leiten lassen, ohne dass wir in jedem Fall zweifelsfrei Datierungsalternativen ausschließen konnten.

Alfred Rosenberg führte kein Tagebuch, in dem er seinen Gedanken über Erlebtes und Erstrebtes freien Lauf ließ. Oft fehlen Hinweise auf wichtige Ereignisse, insbesondere in der NS-»Judenpolitik«, entweder ganz, oder Rosenberg beließ es bei Andeutungen, deren Verständnis ein

Maß an Vertrautheit mit der Materie voraussetzte, wie es nur Teilnehmer an dem Geschehen – in erster Linie er selbst – haben konnten. Neben den eingangs erwähnten Faktoren, die für die Einstellung zu Tagebuchaufzeichnungen in der NS-Führung insgesamt gelten, spielten hier wohl auch Rosenbergs Tendenz zum Grundsätzlichen und seine fehlende Bereitschaft eine Rolle, sich in noch nicht entschiedenen Fragen eindeutig festzulegen. Da er jedoch in seinen Reden und Veröffentlichungen um die Ziele, teilweise auch die Methoden der angestrebten »Lösung der Judenfrage« kein Geheimnis machte, frappiert Rosenbergs Verzicht auf Reflexion zu diesem Thema in den überlieferten Teilen seines Tagebuchs umso mehr. Angesichts der dokumentarischen, hier teilweise in Teil III abgedruckten oder in den Anmerkungen erwähnten Hinterlassenschaft aus seinem Dienstbetrieb kann kein Zweifel bestehen, dass Rosenberg gerade im Zusammenhang mit dem Übergang zum systematischen Völkermord im Jahre 1941 mehr wusste und eine zentralere Rolle spielte, als er seinen Tagebuchnotizen anvertraute.

Rosenberg, das NS-System und die »Judenfrage«

Ordnung war für Alfred Rosenberg mehr als das sprichwörtliche halbe Leben. Wer wie er im Gefolge der Kriegsniederlage 1918 »das Weltgetriebe förmlich auseinanderfallen« und nur noch »lauter Verzerrtes, Vereinzeltes, Chaos« um sich sah,[103] suchte nach sinnstiftenden Orientierungsformeln, und wer wie er kein Verständnis für den Humanitätsgedanken der Aufklärung und die universalistische Gleichheitshoffnung des Sozialismus hatte, dem kamen die Kampfformeln vom »jüdischen Bolschewismus« und von »deutscher Rassenseele«, die er in seinem *Mythus des 20. Jahrhunderts* propagierte, gerade recht. Nach dem Ersten Weltkrieg hatten im tief verunsicherten deutschen Bürgertum antikommunistische Ideologeme mit antisemitischer Spitze Hochkonjunktur; im Umgang mit »dem Typus des russischen Juden, des Führers der Weltbewegung, dieser sprengstoffhaften Mischung aus jüdischem Intellektual-Radikalismus und slawischer Christus-Schwärmerei« empfahl selbst Thomas Mann Anfang Mai 1919 »mit aller aufbietbaren Energie und standrechtlicher Kürze« vorzugehen.[104] »Vernunftantisemit« – also Vertreter eines »kühleren, aber zielbewußten Antisemitismus der ›Geistigen‹« im Unterschied zum »brutalen, öffentlichen, aber im Grunde ziellosen Antisemitismus der Straße«[105] – war Rosenberg schon deshalb nicht, weil Affekt und Intuition sein Denken bestimmten; wo immer er das Werk »des Juden« oder seiner vielen Helfer zu erkennen meinte, fühlte er Wut und Hass, den er umgehend auf diese Gegner projizierte.[106] Für Rosenberg war Antisemitismus ebenso Fixpunkt seines manichäischen Weltbilds – hier »Kulturträger« in Gestalt des nordischen Typus, dort jüdische »Kulturvernichter« – wie emotionales Bedürfnis und unverzichtbare Grundlage nationalsozialistischer Politik.[107]

Die Konturen einer solchen Politik wurden dort am sichtbarsten, wo es um die vermeintliche Abwehr existentieller Bedrohung ging. Rosenbergs Humanitätsverständnis war rassistisch determiniert, doch traute er der Intuition mehr als wissenschaftlichem Denken. Biologistische Theorien, wie sie in unterschiedlicher Form viele seiner Parteigenossen umtrieben,[108] interessierten Rosenberg nur insofern, als sie den Primat des Kulturellen bestätigten. Nationalsozialistische Rassenkunde charakterisierte er 1938 als »Abschluss eines vielhundertjährigen Suchens und Selbstbehauptens europäischer Genien und Völker«; barbarisch sei nicht »die Verteidigung der von der Schöpfung herausgebildeten Lebensgestalt«, sondern »die ›weltanschaulich‹ begründete Züchtung und Erhaltung von Geisteskranken, Idioten, Judenbastarden oder Mulatten«, die die »Kulturkräfte aller Nationen« bedrohten.[109] Schon in seinem *Mythus* hatte Rosenberg gefordert, »Rassenschande« unter Strafe zu stellen.[110] Wie weit die deutsche »Verteidigung« gehen sollte, blieb Veränderungen unterworfen; gestand Rosenberg in seinem 1920 erschienenen Buch *Die Spur des Juden im Wandel der Zeiten* den Juden noch rudimentäre »Rechte« zu, so war davon seit den 1930er Jahren keine Rede mehr. Die entsprechenden Passagen verschwanden, zusammen mit anderen nicht mehr zeitgemäßen Formulierungen, aus späteren Ausgaben des Buchs.[111]

Als Leitfaden für die NS-Judenpolitik nach 1933 taugten Rosenbergs frühere Veröffentlichungen schon deshalb nur bedingt, weil sie das Phantom »des Juden« bis weit jenseits dessen am Werk sahen, was gesellschaftlich, ja sogar parteiintern als konsensfähig galt. Kultur war für den NS-Chefideologen eng mit Kult verwoben, und hier duldete er keine Konkurrenz. Gerade Rosenbergs Kritik an den christlichen Kirchen als jüdisch-»syrisch« unterwanderte Vertreter »undeutscher« Interessen unterschied seinen *Mythus* von Hitlers *Mein Kampf* und rief besonders auf katholischer Seite massiven Widerspruch hervor. Demgegenüber vermied Hitler eine vergleichbare Konfrontation mit den Kirchen und sprang Rosenberg öffentlich nicht bei, wenngleich er dem NSDAP-Chefideologen im persönlichen Gespräch wiederholt versicherte, dessen antichristliche Grundhaltung zu teilen.[112] Rosenberg konnte so sein Selbstbild als konsequenter Vorkämpfer der NS-Revolution kultivieren, der sich insgeheim mit seinem »Führer« einig wusste, doch machte er sich gleichzeitig in den Augen einiger rivalisierender Parteifunktionäre zum realitätsfernen, kompromisslosen Verfechter eines nur bedingt politikfähigen Fundamentalismus.[113]

Während Rosenberg mit dem Versuch, antijüdische und kirchenfeindliche Haltungen programmatisch miteinander zu verkoppeln, weitgehend scheiterte, war er bei der nachhaltigen Verknüpfung der Feindbilder »Jude« und »Bolschewismus« äußerst erfolgreich. Für seine bis in die zweite Hälfte der 1930er Jahre scheinbar vorhandene Empathie gegenüber den »vielen tragischen Grenzfälle[n]« sogenannter »Mischlinge«, die trotz erkennbarer Verdienste um deutsche Interessen und vermuteter »Ausmendelung« Objekte antijüdischer Diskriminierung wurden,[114] findet sich keine auf »Volljuden« bezogene Analogie. Hinter dem Abstraktum »Jude« verschwand das Einzelschicksal, das Mitgefühl hätte wecken können; Rosenberg deutete »Humanität« als gewaltsamen Vollzug geschichtlich-naturgesetzlicher »Wahrheiten« um und propagierte unablässig die Vernichtung des »jüdisch-bolschewistischen Weltfeinds«, die unter den Bedingungen des Kriegs noch dringlicher schien und dazu animierte, neue, bislang unerprobte Methoden zu nutzen. Ab Ende 1941 schließlich verfocht er auch die Gleichstellung von »Mischlingen ersten Grades« mit »Volljuden«, was – Rosenberg muss dies klar gewesen sein – auf ihre Ermordung hinauslief.

Nach der Festigung des Regimes im Innern richtete die NS-Führung den Blick nach außen. Dass die Sowjetunion die gefährlichste Bedrohung Deutschlands darstellte und »der Osten« zudem als Objekt territorialer Begierde die vielversprechendsten Aussichten bot, hatte Rosenberg seit Ende der 1920er Jahre immer wieder hervorgehoben. Im Zusammenhang mit dem Spanischen Bürgerkrieg und den Vorbereitungen zum Vierjahresplan schlug Rosenberg Hitler Mitte 1936 vor, »das bolschewistische Problem [...] erneut ins Zentrum nicht nur der theoretischen Politik, sondern des praktischen Handelns« zu rücken. Ein »antibolschewistischer Weltkongress« schien das geeignete Mittel, auch wenn man dabei zeitweilig auf die übliche Gleichsetzung von Bolschewismus und Judentum verzichten müsse, da »manche Staaten und Völker noch nicht so weit vorgeschritten sind, um die Judenfrage offiziell behandeln zu können«.[115] Rosenbergs Tagebuch bestätigt, dass Hitler bereit war, den Anregungen des Reichsleiters zu folgen. Im Oktober 1936 sprachen beide auf dem Obersalzberg ausgiebig über die »möglichen Konflikte der nächsten Jahre«. Während Hitler potentielle Auseinandersetzungen im Westen thematisierte – »Italien, England, Spanien usw.« –, lenkte der Deutschbalte seinen Blick nach Osten, mit einem »Plan der Sicherung aller an die Sowjet-Union grenzenden Staaten«.[116]

Was die vordringliche »Arbeit gegen den Weltbolschewismus« anging, sah Hitler in Rosenberg offenbar einen kompetenten Gesinnungsgenossen, der in der NS-Spitze seinesgleichen suchte. Wenngleich ihm zweifellos auch daran lag, der Eitelkeit des Reichsleiters zu schmeicheln, scheint Hitler schon zu dieser Zeit ernsthaft erwogen zu haben, Rosenberg mit Sondervollmachten auszustatten, um weitere Pläne für die Destabilisierung der Sowjetunion und die deutsche Expansion in den »Ostraum« zu entwickeln. Ende Juni 1937 legte Rosenberg eine »Denkschrift über Einrichtung und Ausbau einer Zentralstelle zur Abwehr des Weltbolschewismus« vor, die – »vertrauliche Dinge« ausdrücklich unerwähnt lassend – die Arbeit des APA zum Vorbild nahm und unter anderem die Sammlung von Informationen zu sowjetischen Führern vorschlug, mit besonderen Listen für die Juden unter ihnen.[117] Einstweilen konzentrierte Hitler sich jedoch auf andere außenpolitische Fragen, so dass die »Generalvollmacht« nicht zustande kam. Rosenbergs früh kundgetane Ostausrichtung und seine unbestrittene Sachkompetenz spielten zweifellos eine Rolle, als ihn Hitler im April 1941 zum »Beauftragten für die zentrale Bearbeitung der Fragen des osteuropäischen Raumes« und einen Monat nach Beginn des Angriffs auf die Sowjetunion zum Ostminister ernannte.

Mit seiner Reichstagsrede vom 30. Januar 1939 und der »Prophezeiung«, ein Weltkrieg werde die »Vernichtung der jüdischen Rasse in Europa« herbeiführen, gab Hitler dem zukünftigen Kampf gegen den »jüdisch-bolschewistischen Weltfeind« eine neue Richtung. Bereits zuvor hatte sich Rosenberg in öffentlichen Reden für die systematische Vertreibung der Juden aus Deutschland und Europa ausgesprochen.[118] Rosenbergs antijüdische Einstellung hatte sich nach dem Novemberpogrom 1938 deutlich radikalisiert, obwohl er den Pogrom als Desaster und unnütze Vernichtung von Sachwerten kritisiert hatte, für die er in seinem Tagebuch Goebbels verantwortlich machte.[119] Es war für Rosenberg typisch – und auch bei anderen führenden Nationalsozialisten sowie für den Nationalsozialismus insgesamt zu beobachten –, dass Fehlschläge nicht zu Mäßigung und Selbstbescheidung, sondern zur radikalen Flucht nach vorn führten. Kurze Zeit später bekräftigte Rosenberg gegenüber Diplomaten und Journalisten, »dass für den Nationalsozialismus die Judenfrage in Deutschland erst dann gelöst sein werde, wenn der letzte Jude das Territorium des Deutschen Reiches verlassen habe«.[120] Dies entsprach Rosenbergs Grundüberzeugung, wie er sie schon zuvor kundgetan hatte, doch ging er mit der Ansicht, dass eine »zerstreute Auswanderung das Problem nicht nur nicht löst, sondern rassisch und politisch Gefahren schlimmster Art für Europa und andere Länder heraufbeschwört«, einen Schritt weiter. Die »Judenfreundlichkeit« der Demokratien sei auf die Probe zu stellen und ein »jüdisches Reservat« für rund 15 Millionen Juden zu finden. Es bleibe »nach Ausschaltung unmöglicher Programme« als Ziel einer Massenumsiedlung nur Guayana und Madagaskar; Palästina kam nicht mehr in Betracht, da die zionistische Bewegung dort »ein alljüdisches Machtzentrum« schaffen wolle und – wie Rosenberg an anderer Stelle kundtat – Deutschland ein Interesse an guten Beziehungen zu »den Arabern« hatte.[121]

Der Hitler-Stalin-Pakt traf Rosenberg nicht nur völlig überraschend, sondern scheint – das lässt sein Tagebuch vermuten – sein Vertrauen in den »Führer« und dessen Kurs zumindest kurzzeitig erschüttert zu haben. Schwerer als die Aufwertung von Außenminister Ribbentrop, einer von Rosenbergs Erzrivalen, wog die Anbiederung an den sowjetischen Erzfeind, die von kurzfristigen Interessen im Vorfeld des Überfalls auf Polen bestimmt war: »Wie können wir noch von der Rettung und Gestaltung Europas sprechen, wenn wir den Zerstörer Europas um Hilfe bitten müssen?«[122] Mit einer Regierung zu paktieren, »die wir jetzt 20 Jahre als jüdisches Verbrechertum hingestellt hatten«,[123] sah Rosenberg nicht nur als Bruch mit NS-Kernidealen und als politische Zukunftsgefahr, sondern auch als persönlichen Affront, denn kein anderer Spitzenfunktionär der Partei hatte die jüdisch-bolschewistische Symbiose derart konsequent und ausdauernd angeprangert wie der Reichsleiter. Dennoch fand sich Rosenberg erstaunlich schnell mit der neuen Situation ab, in der er Hitler – wie auch später immer wieder – zugestand, militärische Notwendigkeiten besser abwägen zu können als er selbst. Die Schuld am weltanschaulichen Sündenfall schob Rosenberg prinzipienlosen Opportunisten in der NS-Führungsriege zu.

Rosenberg war sich bewusst, dass der Kriegsbeginn die Bedingungen politischen Handelns grundsätzlich veränderte, und bemühte sich nach Kräften, im Gerangel um einflussreiche Vollmachten Hitlers Gunst zu erringen. Doch seine Aussichten standen nicht gut, nachdem Heinrich Himmler Anfang Oktober 1939 zum »Reichskommissar für die Festigung deutschen Volkstums« (RKfdV) ernannt worden war und damit zum

Konkurrenten bei der »Umvolkung« des Ostens wurde – von anderen Regionen Europas ganz abgesehen, die später unter deutsche Herrschaft kamen und ebenfalls in Himmlers Kompetenzbereich zur Umsiedlung von Volksdeutschen und Aussiedlung unliebsamer Bevölkerungsgruppen fielen.[124] Verglichen mit Himmlers Machtzuwachs und seiner Bereitschaft zu radikalen Maßnahmen, die sich im besetzten Polen in den Mordaktionen der Einsatzgruppen und der beabsichtigten Deportation von acht Millionen Polen und Juden aus den annektierten Gebieten ins Generalgouvernement manifestierte,[125] wirkte Rosenbergs Berufung in Görings »Ministerrat für die Reichsverteidigung« wie ein Trostpflaster.[126] Während Hitler Rosenbergs diplomatische Initiativen gegenüber Großbritannien und Norwegen zumindest verhalten unterstützte, reagierte er auf das Bemühen des Reichsleiters um Ernennung zum »Beauftragten zur Sicherung der nationalsozialistischen Weltanschauung« sehr zögerlich.[127]

Dass sich Rosenberg mit seinem kompensatorischen Aktionismus gelegentlich keinen guten Dienst erwies, zeigen seine permanenten Beschwerden über Fehler von Himmlers Untergebenen im Umgang mit volksdeutschen Umsiedlern.[128] In ihren ideologischen Ansichten einschließlich der »Judenfrage« unterschieden sich die beiden Männer kaum, wie sich im Zusammenhang mit der »Endlösung« zeigen sollte. Auch teilten sie einige persönliche Gegnerschaften, etwa zu Goebbels. Auf die Dauer jedoch musste Rosenbergs Neigung zu kleinlicher Kritik und Überempfindlichkeit, wenn es um Aktivitäten anderer in von ihm beanspruchten Politikfeldern ging, Konflikte hervorrufen. Dennoch konnte Rosenberg trotz der für ihn unvorteilhaften Entwicklung immer noch mit Hitlers Unterstützung rechnen. Dies zeigte sich am 5. Juli 1940, als er mit der Koordinierung von Projekten zur »Sicherstellung« von in erster Linie jüdischen Kunst- und Kulturschätzen im besetzten Europa betraut wurde, nachdem zunächst Goebbels für diese Aufgabe vorgesehen war.[129] Ein halbes Jahr später konnte er stolz vermelden, sein »Einsatzstab Reichsleiter Rosenberg« habe Objekte im Wert von einer Milliarde Reichsmark nach Deutschland verschleppt.[130]

Darüber hinaus lieferten jüdische Bibliotheks- und Archivbestände die Basis für praktische Vorarbeiten hinsichtlich Rosenbergs »Hoher Schule«, indem sie die »Erforschung der Judenfrage« als einem der inhaltlichen Schwerpunkte dieser geplanten Neugründung ermöglichten und so sicherstellen sollten, dass künftige Generationen »begreifen, wieso wir uns über d. Juden so aufgeregt haben«.[131] Rosenberg wollte gerade in der »Judenfrage« Forschung eng mit Politik verkoppeln und dabei die neuen Möglichkeiten nutzen, die der Krieg mit sich brachte. In Weiterführung seiner früheren Ideen und offensichtlich mit Wissen um die Planungen anderer Instanzen verfasste er im Herbst 1940 einen programmatischen Entwurf zur »Aussiedlung« der »jüdischen Millionen« aus Europa in ein »Judenreservat« auf Madagaskar. Der deutschen Vorreiterrolle seien immer mehr Staaten, letztlich »die ganze weiße Rasse« zu folgen bereit; damit rücke das Ziel »einer restlosen Ausscheidung des Judentums aus Europa« in greifbare Nähe.[132] Zwar blieb Rosenberg in seinem Text der abstrusen Idee eines internationalen Joint Venture unter Beteiligung jüdischer Vertreter verhaftet, doch hatte sich sein Ton gegenüber früheren Reden und Veröffentlichungen verschärft. Warum »Juden auf Madagaskar« auf Anraten Hitlers unveröffentlicht blieb, lässt sich nicht klären.

Der um diese Zeit gefasste Entschluss des Diktators, das Bündnis mit der Sowjetunion gewaltsam zu beenden, brachte Rosenberg zurück in den Kreis der engsten Berater. Seinem Tagebuch zufolge erfuhr er vom »Eventualfall« erst im Frühjahr 1941 auf Umwegen. Ende Januar gab Hitler seine Zustimmung zur von Rosenberg lange geplanten Eröffnung des »Instituts zur Erforschung der Judenfrage« in Frankfurt am Main Ende März 1941, wobei auch Gäste aus dem Ausland eingeladen waren, um dem NS-Verständnis der »Judenfrage« als transnationalem Problem Rechnung zu tragen.[133] Bis dahin waren die Vorbereitungen zum »Unternehmen Barbarossa« bereits so weit gediehen, dass den Beteiligten die präzedenzlose Radikalität deutscher Kriegsführung klar sein musste. Dem Kriegstagebuch des OKW zufolge gab Hitler am 3. März 1941 die Marschrichtung vor: »Dieser kommende Feldzug ist mehr als nur ein Kampf der Waffen; er führt auch zur Auseinandersetzung zweier Weltanschauungen. […] Die jüdisch-bolschewistische Intelligenz, als bisheriger ›Unterdrücker‹ des Volkes, muss beseitigt werden.« Diese Aufgabe sollte in erster Linie Himmlers Apparat zufallen, doch Hitler hatte darüber hinaus im Sinn, »sobald wie möglich mit einem Minimum an militärischen Kräften sozialistische Staatsgebilde aufzubauen, die von uns abhängen. Diese Aufgaben sind so schwierig, dass man sie nicht dem Heere zumuten kann.«[134]

Wenige Tage später fragte Rosenberg über Bormann bei Hitler an, wie weit er angesichts »der grundsätzlichen Notwendigkeit der Lösung des Judenproblems für Deutschland und für ganz Europa« in seiner Rede zur Eröffnung des Frankfurter Instituts gehen und ob er Madagaskar als Ziel einer »territorialen Übersiedlung« nennen könne.[135] Mitte März änderten sich die Voraussetzungen für den Umgang mit der »Judenfrage«, als Hitler die Deportation von Polen und Juden ins Generalgouvernement wegen Transportschwierigkeiten unterband und Generalgouverneur Hans Frank versprach, seine Region werde im Laufe der kommenden 15 bis 20 Jahre »judenfrei« gemacht.[136] Mittlerweile eröffneten die Kriegsplanungen gegen die Sowjetunion jedoch andere Möglichkeiten, in deren Abwägung gegen Ende des Monats auch Rosenberg einbezogen wurde. Als sich RSHA-Chef Heydrich am 26. März 1941 mit Göring traf und ihm einen Entwurf zur »Lösung der Judenfrage« vorlegte, stimmte dieser »mit einer Änderung bezüglich der Zuständigkeit Rosenbergs« zu. Dass dabei weder an eine überseeische Lösung gedacht war noch ausschließlich für die Nachkriegszeit geplant wurde, verdeutlicht der nächste Satz Heydrichs. Demnach regte Göring an, »dass bei einem Einsatz in Russland wir eine ganz kurze, 3–4seitige Unterrichtung vorbereiten sollten, die die Truppe mitbekommen könne, über die Gefährlichkeit der GPU-Organisation, der Polit-Kommissare, Juden usw., damit sie wisse, wen sie praktisch an die Wand zu stellen habe«.[137]

Am gleichen Tag, an dem Heydrich mit Göring die »Lösung der Judenfrage« besprach, sollte Himmler nachmittags in Frankfurt im Zusammenhang mit der Eröffnungsveranstaltung des »Instituts zur Erforschung der Judenfrage« einen Vortrag »vor einem engen Kreise« halten, doch sagte der Reichsführer aus unbekannten Gründen ab.[138] Rosenberg hielt sowohl die Eröffnungsrede – unter dem Titel »Nationalsozialismus und Wissenschaft« – als auch den Hauptvortrag über »Die Judenfrage als Weltproblem«, der landesweit direkt per Rundfunk übertragen und in den nächsten Tagen breit in der NS-Presse rezipiert wurde. In seiner Antwort auf die nunmehr unter seiner Ägide institutionell gestellte »Judenfrage« spitzte Rosenberg rhetorische Versatzstücke, die er bereits früher bemüht hatte, weiter zu: »Für Deutschland ist die Judenfrage erst dann gelöst, wenn der letzte Jude den großdeutschen Raum verlassen hat. […] Für Europa ist die Judenfrage erst dann gelöst, wenn der letzte Jude den europäischen Kontinent verlassen hat.« Wenngleich Rosenberg als ausländische Konferenzteilnehmer nur wenige einflussreiche Gleichgesinnte gewinnen konnte,[139] schien er dennoch stärker denn je vom Potential der »Lösung der Judenfrage« als transnationalem Bindemittel überzeugt. Dem wissenschaftlichen Anspruch der Veranstaltung gemäß bemühte der Reichsleiter biologistische Formeln wie die eines »jüdischen Parasitismus« oder das Bild Deutschlands als Chirurg, »der nach langer Erforschung einer inneren Erkrankung durch einen operativen Eingriff eine lebensgefährdende Geschwulst entfernt«. Rosenberg sprach weiter von »Aussiedlung« und »jüdischem Reservat« als einzig praktikabler Lösung, ohne allerdings bestimmte Ziele zu erwähnen, zum Beispiel Madagaskar, das er zuvor favorisiert hatte.[140]

Rosenbergs Verzicht auf Benennung einer Region, in die die europäischen Juden deportiert werden sollten, entsprach seinem Stil, doch dürfte zum Zeitpunkt seiner Frankfurter Reden auch die Tatsache eine Rolle gespielt haben, dass sich mit der Planung des »Unternehmens Barbarossa« neue Perspektiven in einem Raum eröffneten, der im Mittelpunkt seines politischen Interesses stand und für den Hitler ihn schon vor Jahren als maßgebliche Autorität ausersehen hatte. In den letzten März-Tagen scheint Rosenberg von den Feldzugsvorbereitungen erfahren zu haben und konkret an ihnen beteiligt worden zu sein. Gerüchte hatte er mit einiger Sicherheit schon zuvor gehört, wohl nicht nur im Zusammenhang mit den von seinem APA im Auftrag anderer Dienststellen ausgearbeiteten »Volkstumskarten« zur Sowjetunion,[141] sondern wahrscheinlich auch im Kontext von Heydrichs »Endlösungs«-Auftrag. Die Nennung von Rosenbergs Namen durch Göring am 26. März deutet darauf hin, dass der Reichsmarschall den ihm fast freundschaftlich verbundenen Reichsleiter bereits ins Bild gesetzt hatte.[142] Auch dürften die Versuche leitender NS-Funktionäre, ihre Einflusssphären im Reich so rasch wie möglich »judenfrei« zu machen und dazu Hitlers Unterstützung zu gewinnen, Rosenberg nicht unbekannt geblieben sein. Dass das Generalgouvernement als »Judenreservat« und Auffangbecken für deutsche Juden auf absehbare Zeit nicht in Frage kam, schien seit dem von Hitler Mitte März befohlenen Deportationsstopp jedenfalls festzustehen.

»Ostraum« und »Judenfrage« ließen sich in Rosenbergs Gedankenwelt nicht trennen; umso weniger, wenn es gegen die Sowjetunion ging. Am 28. März 1941 direkt von der Frankfurter Konferenz zu Hitler berufen, um ihn zur eskalierenden Balkankrise zu beraten, nutzte Rosenberg die seltene Gelegenheit des Vier-Augen-Gesprächs, seinen »Führer« »nun direkt über Russland« zu befragen.[143] Was wir über diese Schlüsselbesprechung und die folgende am 2. April 1941 aus Rosenbergs Tagebuch erfahren (eine andere Quelle gibt es dazu nicht), ist trotz Rosenbergs Tendenz zum Summarischen höchst aufschlussreich. Rosenberg scheint mit dem Ausdruck seiner Besorgnis über »Wirtschaft ›ohne Ideologie‹«, Planungsignoranz von »Binnendeutschen« und Vernachlässigung der Verhältnisse »im Osten« bei Hitler durchgedrungen zu sein. »Klare Losungen« wie: »Gegen Moskowitertum und Judentum« und das Konzept einer nach Regionen differenzierten deutschen Besatzungspolitik – »Baltikum ein Protektorat, d. Ukraine selbständig mit uns verbündet« – erweckten den Eindruck von Sachkenntnis, Ideologiefestigkeit und Entschlossenheit, wie sie in dieser Kombination in der NS-Führungsriege selten waren. Ob Hitler tatsächlich »von vornherein die Absicht gehabt« hatte, Rosenberg mit in die Kriegsplanung einzubeziehen, hätte dieser ihn nicht unmittelbar darauf angesprochen, mag dahingestellt bleiben; seine 1936/37 signalisierte Bereitschaft, dem Reichsleiter zum gegebenen Zeitpunkt eine »Zentralstelle zur Abwehr des Weltbolschewismus« anzuvertrauen, deutet jedoch ebenso darauf hin wie sein Anfang 1941 gefasster Entschluss, die Wehrmacht der Last der Besatzungsverwaltung hinter der Front zu entheben. Angesichts der bereits beschlossenen weitgehenden »Sondervollmachten« Görings und Himmlers in den zu erobernden Teilen der Sowjetunion lagen Hitlers Absichtserklärung, Rosenberg »entscheidend eingeschaltet« zu sehen, allerdings auch machiavellistische Erwägungen zugrunde: Das Recht des Stärkeren, das im Osten praktiziert werden sollte, galt auch für die sich abzeichnenden Kompetenzkämpfe zwischen Himmler, Göring, Rosenberg und anderen.

Rosenberg machte sich mit seinem Jugendfreund und engen Mitarbeiter Arno Schickedanz sofort daran, eine Denkschrift über »Ost-Probleme« auszuarbeiten.[144] Das Ergebnis konnte er am 2. April Hitler vorlegen, nachdem beide vorher, wiederum unter vier Augen, »die russische Frage in aller Ruhe« besprochen hatten. Der Tagebucheintrag zum Abend des 2. April 1941 fällt mit dem emotional aufgeladenen direkten Hitler-Zitat über die »große Stunde« Rosenbergs aus dem Rahmen und scheint unter dem starken Eindruck des Augenblicks geschrieben worden zu sein; merklich schwankte Rosenberg zwischen dem Bestreben, seine Gefühle zu artikulieren, und der für ihn üblichen Scheu, die millionenfachen Opfer der geplanten Ostexpansion konkret zu benennen. Letztere galten ihm als ebenso unverzichtbar wie unvermeidlich. Ereignisse, die schon bald Realität werden sollten, erwähnte er in Anspielungen und bedeutungsschweren Auslassungen – »... Millionen ...« – oder nichtssagenden Abstraktionen (»die voraussichtliche Entwicklung im Osten«). Dass er Hitlers Ausführungen »heute nicht niederschreiben [...,] aber nie vergessen« wollte, eröffnet Raum für Spekulationen; auch darüber, ob Rosenberg nicht doch vielleicht *später* Hitlers Worte dokumentierte. Aus der Rückschau drängt sich die Vermutung auf, Hitler habe sich eindeutig über seine rassenpolitischen Erwartungen geäußert, insbesondere in der Frage des Schicksals der Juden in der Sowjetunion. Dass es nicht um harmlose Blütenträume ging, verdeutlicht Rosenbergs drohend-fatalistischer Schlusssatz: »Ob Millionen anderer der Durchsetzung dieser Notwendigkeit einmal fluchen werden, was tuts ...«; dennoch scheint es angesichts der komplexen Entwicklungen der folgenden Monate verfehlt, die kryptischen Zeilen als Beleg für einen zu dieser Zeit gefällten Entschluss der Regimespitze zu interpretieren, jüdische Männer, Frauen und Kinder systematisch und planvoll zu ermorden. Dagegen spricht die noch unklare Befehlslage – selbst auf Seiten Himmlers und seiner Führungsoffiziere;[145] auch pflegte sich Hitler über die Vernichtung der Juden sogar gegenüber engen Vertrauten stets nur in vagen Andeutungen zu äußern.[146]

Während der zweistündigen Unterredung mit Hitler am Abend des 2. April 1941 dürfte Rosenberg die gerade fertiggestellte Denkschrift »Betr. UdSSR« referiert haben. Darin unterbreiteten Rosenberg und Schickedanz Vorschläge zur »Schaffung einer mehr oder minder nur auf die Kriegszeit beschränkten Zentralstelle für die besetzten Gebiete der UdSSR« und zur »Durchführung einer scharf abgegrenzten Dezentralisation in den einzelnen national oder wirtschaftspolitisch zusammengefassten Verwaltungsgebieten«. Als »nationale oder geographische Einheiten« definierten sie sieben Regionen, die aufgrund ihrer unterschiedlichen Merkmale unterschiedlich behandelt werden sollten: Für »Großrussland mit Moskau als Zentrum« war eine »sehr nachhaltige Schwächung« vorgesehen, unter anderem durch »völlige Vernichtung der bolschewistisch jüdischen Staatsverwaltung«, und seine Nutzung »als Abschubgebiet für unerwünschte Bevölkerungselemente in größerem Ausmaße«. »Weißrussland mit Minsk bzw. Smolensk als Hauptstadt« galt als hoffnungslos rückständig und als »das zweitgrößte Judenreservoir der UdSSR mit völlig verjudeten Städten«; die baltischen Staaten Estland, Lettland und Litauen hatten das Potential, »deutsches Siedlungsgebiet der Zukunft unter Assimilierung der rassisch Geeignetsten« zu werden. Die »Ukraine und die Krym mit Kiew als Zentrum« sollten mittels »Errichtung einer Eigenstaatlichkeit« die deutsche Grenze gegen Osten sichern und als Rohstoffquelle dienen; »das Dongebiet mit Rostow als Hauptstadt« schien ähnlich rückständig wie Weißrussland; »das Kaukasusgebiet« weckte aufgrund seiner ethnischen Vielfalt und seines Ölreichtums deutsche Hoffnungen, während die Autonomie von »Russisch-Mittel-Asien oder Russisch-Turkestan«, der »Baumwollkammer Russlands«, die »englischen Verbindungswege nach Indien« bedrohen sollte.[147]

Rosenbergs Argument, »die Gesamtfrage der UdSSR« nicht allein unter der Perspektive der Zweckmäßigkeit zu betrachten, scheint seine Wirkung nicht verfehlt zu haben. Nach seinen Auskünften »über die soldatische u. menschliche Psyche der Russen unter schwerer Belastung, über den jetzigen jüdischen Anteil in der Sowjetunion u. a.« sicherte Hitler zu, »eine Zentralstelle, Generalkommissariat oder so« zu gründen, wobei der Auftrag »zunächst streng vertraulich als wissenschaftlich-theoretische Untersuchung« kaschiert werden sollte.[148] Wenige Tage später versuchte Rosenberg, angesichts der potentiellen Überschneidungen mit Görings und Himmlers Aufgabenbereichen Hitler dazu zu überreden, durch deutliche Kompetenzabgrenzung »von vorneherein klare Verhältnisse zu schaffen«.[149] Zwar stimmte Hitler laut Tagebuchtext zu und offerierte Rosenberg einen Platz im Hauptquartier, überließ es dann aber doch, wie es seinem Führungsstil entsprach, seinen mit kollidierenden »Sondervollmachten« ausgestatteten Funktionären, Streitigkeiten unter sich auszufechten.[150] Noch bevor Rosenberg am 20. April 1941 zum »Beauftragten für die zentrale Bearbeitung der Fragen des osteuropäischen Raumes« ernannt wurde, standen seine Gegner schon bereit, an erster Stelle Himmler, der sich kurz zuvor mit der Wehrmacht über die »Sicherungsaufgaben« seiner SS- und Polizeieinheiten hinter der Front geeinigt hatte.[151]

Rosenbergs Tagebuch zufolge zogen Himmlers Kompetenzansprüche umgehend den heftigen Protest des Reichsleiters nach sich, zumindest gegenüber dem als Vermittler tätigen Lammers. Die von Himmler reklamierte Selbständigkeit komme nicht in Frage; »die Teilung in militärische u. zivile Gewalt« sei schon schwierig genug, »eine Teilung der zivilen Gewalt selbst ist unerträglich«. Die Polizei könne »unmöglich eine Nebenregierung bilden« und »die politische Führung der notwendigen Exekutive« berauben. Ob Rosenberg gegenüber Lammers wirklich drohte, den Führerauftrag abzulehnen, lässt sich nicht klären, doch scheint er deutliche Worte gefunden zu haben: Himmler habe zum Osten selbst »keinen einzigen Gedanken« gehabt; seine »jungen Leute« hätten »herumgestümpert«, was auf die Misserfolge des Reichsführers bei der Umsetzung megalomanischer Umsiedlungsprojekte anspielte. Der Eintrag endet mit einem seltenen Zornesausbruch Rosenbergs »über die neuerliche Himmlersche Art, Dinge an sich zu reißen«, nicht um der Sache willen, »sondern nur, um eine neue Machtposition zu erlangen«, und mit dem Ausdruck der Sorge, »das Problem« könne Partei und Regime noch gefährlich werden.[152]

Die Ereignisse nach Beginn des »Unternehmens Barbarossa« belegen, dass sich Himmler und Rosenberg in »der Sache« durchaus einig waren, nämlich in der nachhaltigen »Befriedung« des Besatzungsgebiets, um dessen systematische Ausplünderung und ethnische Säuberung zu ermöglichen. Nicht die Aufgaben von SS und Polizei kritisierte der designierte Ostminister, sondern ihre Entscheidungsbefugnisse in von ihm beanspruchten Politikfeldern. Als er sich kurz darauf in der Reichskanzlei mit Heydrich zum »Ost-Gespräch« traf, lehnte Rosenberg dessen Vorschlag einer »Personal-Union zwischen Reichskommissar u. Höherem S. S. u. Polizei-Führer« ab und forderte stattdessen die »klare Unterstellung der Polizei-Exekutive unter mich bzw. d. Reichskommissare«.[153] Rosenberg trat in diesen Wochen auch deshalb offensiv gegenüber dem gefürchteten RSHA-Chef auf, weil das Image von SS und Polizei durch Fehlschläge bei der »Eindeutschung« des Ostens gelitten hatte: Zwar stellte die Vereinbarung Heydrichs mit der Wehrmacht über »Sonderaufgaben« bei der Bekämpfung von »Reichsfeinden« während des »Unternehmens Barbarossa« sicher, dass die Einsatzgruppen der Sicherheitspolizei (Sipo) und des SD eine wichtige Rolle bei der deutschen Herrschaftssicherung in der besetzten Sowjetunion spielen sollten und Konflikte wie im Polenfeldzug vermieden wurden,[154] doch waren die ambitionierten Pläne Himmlers für die »Umvolkung« Polens nicht über

Ansätze hinausgekommen.[155] Mehr als Andeutungen über seine Pläne konnte Heydrich Rosenberg nicht entlocken, was ihn angesichts der von Göring bereits Ende März angeordneten Einbeziehung des Reichsleiters in die »Endlösung der Judenfrage« beunruhigt haben dürfte. Ein Treffen Rosenbergs mit Himmler Ende Mai brachte keine Klarheit über die jeweiligen Einflussbereiche. In den Wochen vor Beginn des »Unternehmens Barbarossa« war offen, wer im Ringen um die Macht im Osten die Oberhand gewinnen würde. Himmlers Sorge über möglichen Kompetenzverlust klang auch in seiner gegenüber Bormann geäußerten Klage an, »[m]it oder gar unter Rosenberg zu arbeiten« sei »bestimmt das Schwierigste, was es in der NSDAP gibt«.[156]

Wehrmachts- und SS-Führung legten Richtlinien im Umgang mit sowjetischen Kommissaren, Partisanen und verdächtigen Zivilisten fest, die später zu Recht als »verbrecherische Befehle« bezeichnet wurden und ganz den Absichtserklärungen Hitlers entsprachen.[157] Gleichzeitig diskutierten deutsche Ministerialbeamte nicht weniger kriminelle Maßnahmen im Umgang mit den Ressourcen und der Bevölkerung in der Sowjetunion. Auch Rosenberg war dem Primat ökonomischer Ausplünderung verpflichtet – mit seinen erkennbaren katastrophalen Folgen für die einheimischen Bewohner, deren Versorgungsinteressen zurückzustehen hatten. Schon in der Denkschrift vom 2. April 1941 hieß es, die »Sicherstellung der zur Fortführung des Krieges für das Großdeutsche Reich eben notwendigen kriegswichtigen Lieferungen aus dem zu besetzenden Gebiet« habe absoluten Vorrang vor weiterreichenden politischen Plänen.[158] Am 2. Mai 1941 kamen unter Vorsitz von Paul Körner, Staatssekretär in Görings Vierjahresplan-Behörde und Leiter des Wirtschaftsführungsstabs Ost, die wichtigsten Ernährungsexperten zusammen, unter ihnen Herbert Backe, für Ernährung und Landwirtschaft zuständiger Staatssekretär des Beauftragten für den Vierjahresplan. Einer knappen Aktennotiz zufolge stimmten die Anwesenden überein, der Krieg sei »nur weiter zu führen, wenn die gesamte Wehrmacht im 3. Kriegsjahr aus Russland ernährt wird«. »Hierbei«, so hieß es lapidar weiter, »werden zweifellos zig Millionen Menschen verhungern, wenn von uns das für uns Notwendige aus dem Lande herausgeholt wird.«[159] Rosenberg selbst war auf der Sitzung nicht anwesend, besprach sich aber in diesen Tagen mit Keitel und Kriegswirtschaftsplanern[160] und überließ es Körner, die Anwesenden über seinen neuen Aufgabenbereich zu informieren.[161]

Die Prioritätensetzung zugunsten der Versorgung von Wehrmacht und Heimatfront kam auch in jenen Denkschriften zum Ausdruck, die in Rosenbergs Haus vor Beginn des »Unternehmens Barbarossa« in schneller Folge entstanden, wobei gleichzeitig den Verhältnissen in den jeweiligen Regionen Rechnung getragen wurde. Rosenberg als für die Ostgebiete zuständigem Reichsminister sollten regionale Verwaltungsleiter in Gestalt von Reichs-, General- und Gebietskommissaren unterstehen; die Detailplanungen konzentrierten sich auf die grenznahen Reichskommissariate Ostland (RKO) – die baltischen Staaten und Teile Weißrusslands umfassend – sowie auf das Reichskommissariat Ukraine (RKU).[162] Dass der Russlanddeutsche Backe für den Posten eines Reichskommissars (im Kaukasus oder in der Ukraine) vorgesehen war, verdeutlicht Rosenbergs Entschlossenheit, der »gesicherte[n] Belieferung des Deutschen Reiches mit Rohmaterialien und Lebensmitteln« höchste Priorität einzuräumen.[163] Doch ging es, wie Rosenberg kurz zuvor Hitler und Anfang Mai seinen zukünftigen Reichskommissaren versicherte, um mehr, nämlich um die Umsetzung zentraler NS-Ideale: »Dieser kommende Kampf ist ein Kampf um die Ernährung und Rohstoffversorgung sowohl für das Deutsche Reich als auch für den ganzen europäischen Raum, ein Kampf weltanschaulicher Natur, in dem der letzte jüdisch-marxistische Gegner niedergerungen werden muss, ein staatspolitischer Krieg, der eine neue staatliche Konzeption in sich birgt und das eigentliche Europa in entscheidender Weise nach Osten vorrückt.«[164]

Je intensiver sich Rosenberg in diesen Wochen mit seinem neuen Aufgabengebiet befasste, umso stärker wurde ihm – seinem Tagebuch zufolge – bewusst, »welch ein Raum ... welch eine Aufgabe all' jenen bevorsteht, die dort zu wirken haben werden«. Hitler habe ihm »das Schicksal eines Raumes anvertraut, der nach seinen Worten ›ein Kontinent‹ ist mit 180 Millionen Menschen« und angesichts seiner »Verödung« eine ganz andere Politik notwendig mache als im Westen.[165] Als Rosenberg Anfang Mai Hitler gegenüber bekannte, die »historische Aufgabe« stünde »immer größer vor mir«, versicherte ihm dieser bewegt, es sei doch »eine große positive Aufgabe«.[166] Einen Monat später erwähnte er vage »Gedanken und Gefühle, die mich alle Stunden bei der Arbeit für die Lösung der Ostfragen bewegen müssen«, um »[d]as deutsche Volk für kommende Jahrhunderte von dem ungeheuren Druck von 170 Millionen zu befreien«. Als »gänzlich unverbrauchte Persönlichkeit« fühlte sich Rosenberg Anfang Juni befähigt, »eine Aufgabe wahrhaft welthistorischen Ausmaßes« zu erfüllen, wobei er sich der Widerstände bewusst war: »drei Staatengebilde von rund 90 Millionen Menschen aus einer Konzeption heraus zu gründen und einen anderen Staat (Moskowien – Russland) mit allen Mitteln der Politik nach Osten zu wenden (wieder 60 Millionen), das erfordert für die Zukunft hartes Durchhalten der Tat auch im Alltag, unverschleißbare Nerven und – leider – Kleinkampf mit kleinen Geistern in Berlin u. Umgebung.«[167]

Dass die »Aufgabe« nicht allein Staatsgründungen und andere als positiv erachtete Maßnahmen umfasste, hatte Rosenberg bereits in seiner Denkschrift vom 2. April 1941 angedeutet, indem er »Großrussland« zum »Abschubgebiet für unerwünschte Bevölkerungselemente in größerem Ausmaße« deklarierte. Die politischen Konsequenzen für die betroffenen Bevölkerungen benannte Rosenberg nicht konkret. Dies freilich taten Backes Mitarbeiter im Wirtschaftsstab Ost, die Ende Mai für die als »Hungergebiet« vorgesehene sogenannte »Zuschuss-« oder »Waldzone« in brutaler Offenheit feststellten: »Viele 10 Millionen von Menschen werden in diesem Gebiet überflüssig und werden sterben oder nach Sibirien auswandern müssen«.[168] Ökonomische Ziele mischten sich mit rassen- und bevölkerungspolitischen Absichten; für Letztere fühlte sich Rosenberg – schon angesichts von Görings Dominanz in der Kriegswirtschaft und seiner eigenen Arbeitsschwerpunkte seit den 1920er Jahren – in erster Linie zuständig, wobei er den »Primat der Ernährung« zum Erreichen anderer Ziele erkannte. Rosenberg plante in Kategorien, die den Reichskommissaren die flexible Anpassung seiner allgemeinen Vorgaben an regionale Bedingungen erlauben sollten. Für das Reichskommissariat Ostland als »deutsches Protektorat« bedeutete dies, »durch Eindeutschung rassisch möglicher Elemente, durch Kolonisierung germanischer Völker und durch Aussiedlung nicht erwünschter Elemente dieses Gebiet zu einem Teil des Großdeutschen Reiches umzuwandeln«;[169] damit verbunden, ließ sich »auch eine restlose Ausscheidung des Judentums aus den Ostseeprovinzen« durchführen.[170] Konkrete Vorstellungen zum »Abschubgebiet« hatte Rosenberg zu dieser Zeit nicht; entsprechende Instruktionen für ein »Reichskommissariat Großrussland« sind nicht überliefert. Für die Ukraine war neben einer bedingten, deutschen Interessen unterworfenen Autonomie wie im Ostland eine »entscheidende Lösung« der »Judenfrage« geplant.[171]

Rosenbergs jahrzehntelange antisemitische wie antibolschewistische Obsessionen schlugen sich auch in seinen »Ostraum«-Planungen nieder. Sie blieben in ihrer praktischen Ausführung jedoch auffallend vage, und dies zu einer Zeit, als die Umsetzung langgehegter Ideen und konzeptioneller Entwürfe in greifbare Nähe gerückt schien. Wie sollten in den Reichskommissariaten die Juden »ausgeschieden« werden, und wer war dafür in Berlin zuständig? In den ersten Organisationsentwürfen seines Ministeriums sah Rosenberg Verbindungsmänner zum OKW, zum »Stellvertreter des Führers« und zur Polizei vor. Vier Hauptabteilungen waren unter anderem für »Fremde Volkstümer« zuständig, mit speziellen Abteilungen für Ukrainer, Russen, Weißrussen und andere Gruppen; Juden wurden nicht erwähnt.[172] Ende April 1941 hieß es zu den Aufgaben der Politischen Abteilung des Ministeriums: »Eine allgemeine Behandlung erfordert die Judenfrage, deren zeitweilige Übergangslösung festgelegt werden muß (Arbeitszwang der Juden, eine Ghettoisierung usw.).«[173] Damit waren zwei konkrete, der NS-»Judenpolitik« in Polen entlehnte Zwangsmaßnahmen genannt, doch ließ der Wortlaut offen, welche anderen Repressalien erwünscht waren und was nach der Übergangsphase geschehen sollte. Die Ereignisse nach Angriffsbeginn zeigten in aller Deutlichkeit, dass Rosenbergs Vertreter in den Reichskommissariaten noch Monate nach Beginn ihrer Tätigkeit keine klaren Anweisungen aus Berlin zum Umgang mit der »Judenfrage« erhalten hatten. Erst im Oktober 1941 wurde mit Erhard Wetzel, bis dahin Jurist im Rassepolitischen Amt der NSDAP, im »Hauptamt I Politik« unter Georg Leibbrandt und dessen Vertreter Otto Bräutigam ein »Rassereferent« ernannt, der dann – wie wir im nächsten Abschnitt sehen werden – eine wichtige Rolle bei der bereits weit fortgeschrittenen Radikalisierung der NS-Judenpolitik spielen sollte.[174]

Schon in der Planungsphase des »Unternehmens Barbarossa« werden anhand der Tagebuchnotizen und ergänzender Quellen drei Charakteristika von Rosenbergs Vorstellungen in der »Judenfrage« sichtbar. Erstens hielt er eine »Lösung« unabhängig von ihrem Zeithorizont – kurz-, mittel- oder langfristig – im direkten deutschen Einflussbereich für nicht weiter erwähnenswert, wobei weniger das Bemühen um Geheimhaltung als vielmehr die Selbstverständlichkeit dieses alten NS-Programmpunkts ausschlaggebend wirkte: Die Juden hatten zu verschwinden. Zweitens verzichtete er nun darauf, nachdem er in früheren Jahren diverse Wege zur »Entjudung« vorgeschlagen hatte und der Ostkrieg eine »zeitweilige Übergangslösung« eröffnete, die anzuwendenden Methoden konkret festzulegen. Zentrale Vorgaben hätten seine Vertreter vor Ort womöglich daran gehindert, alternative, unter Umständen weit effektivere Möglichkeiten zu nutzen. Drittens war er bereit, die über Ausbeutung und Segregation hinausgehenden Zwangsmaßnahmen stillschweigend anderen zu überlassen, solange seine politische Vorrangstellung gewährleistet schien. Dies erklärt, warum Rosenberg, der ansonsten gerne lange Denkschriften verfasste und keine Gelegenheit zur Konfrontation mit NS-Funktionären ausließ, die andere Ziele verfolgten, in dieser Frage trotz seines sichtbaren Statusgewinns als Ostexperte Hitlers erstaunlich wortkarg blieb und den Konflikt mit Himmler und Heydrich von vornherein auf Kompetenzstreitigkeiten begrenzte.

Es liegt nahe, diese Sachverhalte mit der verqueren Denkweise des unbelehrbaren Ideologen zu erklären, der in seinem Glauben an rassenbedingte »ewige Wahrheiten« vom naturgesetzlich determinierten Vollzug der »Endlösung« überzeugt war und sich folglich um die Details ihrer Verwirklichung nicht kümmerte. Die Ereignisse nach dem 22. Juni 1941 zeigen jedoch die Grenzen eines solchen Deutungsversuchs. Wie sehr Rosenberg nicht nur Dogmatiker, sondern auch Pragmatiker mit Spürsinn für sich bietende Chancen war, verdeutlichen seine bereits im Frühjahr 1941 entworfenen Propagandarichtlinien. Sie verliehen der Hoffnung Ausdruck, die »Judenfrage« könne »zu einem erheblichen Teil dadurch gelöst werden, dass man der Bevölkerung einige Zeit nach Inbesitznahme des Landes freie Hand lässt«. Vor allem in der Ukraine werde sie, so hieß es dort, »in großem Umfang zu Judenprogromen [sic] und Ermordungen kommunistischer Funktionäre schreiten«; den Deutschen bleibe dann nur noch die Aufgabe, »sich nach näherer Unterrichtung der übriggebliebenen Unterdrücker anzunehmen«.[175] Mit dieser schriftlichen Anweisung, judenfeindliche Mordlust in der einheimischen Bevölkerung als ersten Schritt einer totalen Vernichtung zu nutzen, dachte Rosenberg zu diesem Zeitpunkt weiter als Heydrich, der eigentlich Verantwortliche für die konzeptionelle Forcierung der »Endlösung«: Erst eine Woche nach Angriffsbeginn, als die Pogrombereitschaft einiger einheimischer Gruppen bereits Tausende von Todesopfern gefordert hatte, wies Heydrich die Chefs der Einsatzgruppen ausdrücklich an, den »Selbstreinigungsbestrebungen antikommunistischer oder antijüdischer Kreise in den neu besetzten Gebieten [...] kein Hindernis zu bereiten«.[176]

Wegen der zeitlichen Lücken in Rosenbergs Tagebuchnotizen vor Feldzugsbeginn existieren nur wenige Hinweise darauf, wie er sich die Umsetzung seiner Zielvorstellungen in der »Judenfrage«, die Transformation von Ideologie in Politik, in dem geplanten Vernichtungskrieg vorstellte. Durchaus bezeichnend ist seine Rede vor Mitarbeitern des im Aufbau begriffenen Ostministeriums zwei Tage vor Beginn des »Unternehmens Barbarossa«, die wir in Teil II in der Fassung des von Rosenberg bereits Anfang Juni handschriftlich erstellten Konzeptentwurfs wiedergeben. Dort bediente sich Rosenberg zum einen überkommener nationalsozialistischer Geschichtsmythen, um die »Notwendigkeit d. Sicherung deutscher Zukunft« zu begründen. Zum anderen benannte er neben der kurzfristigen Versorgungssicherung als politisches Ziel, »aus dem Territorium der Sowjet-Union Staatsgebilde organisch herauszuschneiden und gegen Moskau aufzubauen«, um Deutschland »für kommende Jahrhunderte von dem östlichen Albdruck zu befreien«. Im Zusammenhang mit den zu schaffenden geopolitischen »Blöcken« – »Groß-Finnland«, »Baltenland« (später umbenannt in »Ostland«), Ukraine, Kaukasien – hieß es zu Weißruthenien: »Auffangstation für unsoziale Elemente. Naturschutzpark«.[177] Dies klang wie eine geschönte Version des vom Wirtschaftsstab Ost im Mai in deutlicheren Worten beschriebenen Schicksals der Bevölkerung, das mit dem Begriff »Hungergebiete« klar umrissen war. Hatten die Autoren der wirtschaftspolitischen Richtlinien hervorgehoben, ihre Lagebeurteilung stehe »im Einklang mit den politischen Tendenzen« und habe »die Billigung der höchsten Stellen« gefunden,[178] betonte Rosenberg die fehlende deutsche Bereitschaft, »das russische Volk mit zu ernähren«, sagte »sehr umfangreiche Evakuierung« voraus und prophezeite »dem Russentum [...] sehr schwere Jahre«. Darüber hinaus forderte er »eine einheitliche innere Haltung« aller Beteiligten, damit »auch die Sondermaßnahmen auf allen Gebieten später einen <u>bestimmten</u> Stil und einen einheitlichen Charakter erhalten werden«.[179] Was »Sondermaßnahmen« und »Übergangslösung« konkret bedeuteten, zeigte sich in den Wochen und Monaten nach dem deutschen Angriff auf die Sowjetunion.

Das »Unternehmen Barbarossa« und der Übergang zum Genozid

Als am Morgen des 22. Juni 1941 drei Millionen Soldaten der Wehrmacht sowie Einheiten von SS und Polizei den Krieg nach Osten trugen, eröffnete sich der NS-Führung ein Raum, von dem sie sich die Lösung ihrer Probleme versprach. Als Voraussetzung galt allerdings die Ausschaltung jener Einflüsse, die der nachhaltigen »Sicherung« und Ausplünderung in Gestalt von »jüdisch-bolschewistischen Funktionären«, »Heckenschützen« oder »unnützen Essern« im Weg standen. Dass dabei ebenso rasch wie rücksichtslos vorzugehen war, stand innerhalb der Funktionseliten im »Dritten Reich« außer Zweifel und wurde durch Befehle, Richtlinien und Propaganda auch in der Truppe verbreitet. Angesichts einer auf den Hungertod oder das anderweitige »Verschwinden« von Millionen ausgelegten Strategie schien massenmörderische Gewalt vorgezeichnet, doch erfolgte der Übergang zum Genozid keineswegs automatisch, schlagartig oder nach einheitlichem Muster. Stattdessen prägte nach Beginn des »Unternehmens Barbarossa« die Interaktion zwischen zentralen Vorgaben und Ereignissen vor Ort die massive Radikalisierung des Verfolgungsprozesses, und es waren die Entscheidungen und das Verhalten einzelner Vertreter der beteiligten Institutionen, die Richtung und Intensität deutscher Gewaltmaßnahmen bestimmten.[180]

Wer zuerst kam, prägte die weiteren Entwicklungen maßgeblich. Rosenbergs Männer gehörten nicht dazu; erst ab Ende Juli – nach seiner Ernennung zum Reichsminister für die besetzten Ostgebiete[181] – trafen die ersten Vertreter der Zivilverwaltung im Besatzungsgebiet ein. Die Reichskommissariate Ostland und Ukraine wurden am 25. Juli bzw. 20. August 1941 gegründet; bis zur Besetzung der vorgesehenen Planstellen in der Berliner Zentrale und in den nachgeordneten Instanzen vergingen Monate. In der Zwischenzeit hatten die Truppen des Weltanschauungskriegs – Einheiten der Wehrmacht, Einsatzgruppen, Waffen-SS und Ordnungspolizei (Orpo) – zusammen mit mordbereiten

Kollaborateuren und verbündeten Truppen an vielen Orten entlang der Frontlinie tödliche Fakten geschaffen. Die erste Massenerschießung von Juden – mindestens 200 Männer und eine Frau – führten Sipo-, SD- und Orpo-Einheiten zwei Tage nach Angriffsbeginn im Grenzgebiet zu Litauen durch; teilweise noch vor Eintreffen der Deutschen vergingen sich Einheimische vor allem in der Westukraine und im Baltikum an den örtlichen Juden, wie Rosenberg dies schon im Frühjahr vorhergesagt hatte. Binnen weniger Wochen hatte sich der Massenmord an Juden als Regelmaßnahme deutscher Besatzungspolitik etabliert; seit Mitte August meldeten die beteiligten Einheiten steigende Zahlen erschossener Frauen und Kinder sowie die Vernichtung ganzer Gemeinden, jedoch in regional unterschiedlichem Umfang und mit wechselnder Begründung. Bis Ende 1941 waren dem Morden bis zu 800000 Juden zum Opfer gefallen, mehrheitlich durch Massenerschießungen, seit Herbst auch durch Tötung in sogenannten Gaswagen. Parallel verlief die Ermordung von sowjetischen Kriegsgefangenen, in dieser Phase mit noch höheren Todesraten als unter Juden, Krankenhausinsassen, »Zigeunern« und Angehörigen anderer unliebsamer Gruppen.[182]

Wenn dies die von Rosenberg erstrebte »Übergangslösung« der »Judenfrage« war, wies sie den Weg zur vollständigen Vernichtung. Im Reichskommissariat Ostland meldete der Chef der Einsatzgruppe A an das RSHA Anfang 1942 rund 230000 ermordete Juden, davon über 136000 in Litauen, 35238 in Lettland, 41828 in Weißruthenien (Rosenbergs »Naturschutzpark«) und 963 in Estland – Rosenbergs Herkunftsland wurde so die erste mit dem Prädikat »judenfrei« versehene Region. Die tatsächlichen Zahlen dürften noch höher gewesen sein.[183] Das RKU (ohne Ostgalizien, das – anders als von Rosenberg erwartet – Anfang August Franks Generalgouvernement unterstellt wurde)[184] expandierte seit September schrittweise nach Osten,[185] wobei das Verfolgungsmuster dem im RKO in den Grundzügen ähnelte. Bis Jahresende 1941 hatten deutsche Einheiten in der Ukraine Schätzungen zufolge über 410000 Juden ermordet, davon etwa 90000 in den zivilverwalteten Gebieten.[186]

Schon in dieser Phase wies die Gewaltwelle überregionale, ja europäische Dimensionen auf: Ende August, unmittelbar vor der für den 1. September vorgesehenen Übernahme des Gebiets in das RKU und in Absprache mit Rosenbergs Zivilverwaltern, ermordeten Polizeikräfte unter dem Höheren SS- und Polizeiführer (HSSPF) Friedrich Jeckeln bei Kamenez-Podolsk 23600 Juden, unter ihnen etwa 14000 polnische, tschechoslowakische und ungarische Staatsbürger, die ungarische Einheiten zuvor aus der Karpatho-Ukraine vertrieben hatten. Es handelte sich dabei um die größte »Einzelaktion« bis zur Ermordung von über 33000 jüdischen Männern, Frauen und Kindern in der Schlucht von Babi Jar bei Kiew Ende September.[187] Im RKO erfasste der Massenmord nicht nur vor Angriffsbeginn geflüchtete deutsche Juden, sondern ab Herbst auch Tausende Deportierter aus dem Reich. Angesichts der einschneidenden Bedeutung dieser Ereignisse in Rosenbergs Verwaltungsgebiet und aufgrund der signifikanten Lücken in seinem Tagebuch für die zweite Hälfte des Jahres 1941, die wesentliche Aspekte seiner Rolle im Dunklen lassen, soll im Folgenden diese Zeitspanne genauer ausgeleuchtet werden.

Der designierte Ostminister wurde umgehend in den Vernichtungsfeldzug eingebunden. Am 23. Juni, einen Tag nach Angriffsbeginn, traf sich Himmler mit den SS-Generälen Heydrich und Karl Wolff, um Rosenbergs »Einsatz Ost« zu besprechen, nachdem Heydrich Anfang Mai dazu von ihm wenig erfahren hatte.[188] Einen Tag später versuchte der Reichsführer im direkten Gespräch, Rosenberg von dessen im April bekundeter Ablehnung polizeilicher Kompetenzansprüche abzubringen. Himmler schlug ihm die Unterstellung der HSSPF im Besatzungsgebiet unter die Reichskommissare und eine analoge Vereinbarung für die nachgeordneten Hierarchiestufen vor. Überdies ernannte er am gleichen Tag Heydrich, den von Göring zum »Endlösungsbeauftragten« erklärten und mit der Leitung der Einsatzgruppen befassten SS-Führer, zum Verbindungsmann für Rosenberg. Dies dürfte auch dem weitgehenden Konsens zwischen beiden Männern im Umgang mit der »Judenfrage« geschuldet gewesen sein.[189]

Wann Rosenberg zuerst von Massenerschießungen in der besetzten Sowjetunion erfuhr, ist seinem Tagebuch nicht zu entnehmen. Die ab Ende Juni regelmäßig im RSHA zusammengestellten Meldungen der Einsatzgruppen blieben zunächst auf einen relativ kleinen Empfängerkreis im SS- und Polizeiapparat beschränkt,[190] doch zirkulierten in der deutschen Bevölkerung sehr rasch nach Beginn der Mordaktionen Gerüchte, die sich zunehmend verdichteten.[191] Ab Anfang Juli hatte Rosenberg nachweislich verlässliche Informationen über Massenmorde an sowjetischen Juden vorliegen, zunächst auf Pogrome beschränkt. Schon am 3. Juli, so vermerkte Rosenberg rückblickend in seinem Tagebuch, erhielt er »Malletkes Bericht über die Liquidierung von Juden durch d. Litauer«.[192] Am 11. Juli traf Otto Bräutigam, zu dieser Zeit Rosenbergs Verbindungsoffizier zum Befehlshaber rückwärtiges Heeresgebiet Nord, General Franz von Roques, in der litauischen Stadt Kaunas ein. Dort, so vermerkte Bräutigam in seinem Tagebuch, wurden »[u]nter unserer stillschweigenden Duldung [...] zahlreiche Judenpogrome von der litauischen Hilfspolizei durchgeführt«, und die deutsche Militärverwaltung hatte die Kennzeichnung und Arbeitspflicht für Juden angeordnet.[193] Bräutigam besprach sich direkt nach seiner Ankunft mit Roques, mit einiger Sicherheit auch über die »Judenfrage« im zwei Wochen später der Zivilverwaltung übergebenen Gebiet. Für die in Kaunas anwesende Wehrmachtsführung boten die antijüdischen Gewaltexzesse Gesprächsstoff; Roques hatte vor seinem Zusammentreffen mit Rosenbergs Verbindungsmann dem Befehlshaber der Heeresgruppe Nord, Generalfeldmarschall von Leeb, darin zugestimmt, »dass auf diese Weise die Judenfrage wohl nicht gelöst werden kann. Am sichersten wäre sie durch die Sterilisierung aller männlichen Juden zu lösen.«[194] Am 14. Juli war Bräutigam wieder in Berlin, um Rosenberg über die Zustände im neubesetzten Gebiet zu informieren.[195] Zwei Tage zuvor hatte Rosenberg einen Bericht von Fritz Todts Rüstungsministerium über die katastrophalen Zustände in einem Zivilgefangenenlager in Minsk erhalten.[196]

Als am 20. Juli 1941 der nun offiziell ernannte Ostminister nach fast siebenwöchiger Pause seine Tagebucheinträge fortsetzte, hatte er zwar historisch Bedeutsames zu vermelden, doch ging er auf die »Judenfrage« nicht direkt ein. Für den 16. Juli hatte ihn Hitler zusammen mit Göring, Keitel, Lammers und Bormann ins Führerhauptquartier einbestellt, um – so Rosenberg – »die Aufteilung des osteuropäischen Raumes, ihre Form, Zielsetzungen, Leitung usw.« zu besprechen und ihn in sein Amt einzusetzen.[197] Bislang war der Inhalt dieser Besprechung nur aus einem Aktenvermerk Bormanns bekannt;[198] der nun im Kontext verfügbare Tagebucheintrag Rosenbergs liefert weiter gehende, teilweise abweichende Aufschlüsse und wird gleichzeitig durch die Parallelüberlieferung aus der Perspektive Bormanns verständlicher. Dieser widmete etwa die Hälfte seines Vermerks der Wiedergabe von Hitlers einleitenden Bemerkungen, während sich Rosenberg mit dessen »grundsätzlichen politischen Ausführungen« nicht lange aufhielt und keine der von Bormann festgehaltenen gewaltgeladenen Programmaussagen Hitlers erwähnte: »alle notwendigen Maßnahmen – Erschießen, Aussiedeln etc.«; »Möglichkeit, auszurotten, was sich gegen uns stellt«; »den riesenhaften Kuchen handgerecht [...] zerlegen«; »jeden, der nur schief schaue, totschießen«.[199] Dass Hitler sich derart drastisch äußerte, scheint sicher – um die Dokumentation gerade dieser, besonders für Himmler nützlichen Passagen dürfte es Bormann mit seinem Aktenvermerk gegangen sein;[200] bei Rosenberg finden sich stattdessen lediglich einige Zeilen zu Äußerungen des Diktators über dessen Unwillen, vorschnell »endgültige politische Entschlüsse« und »staatsrechtliche Endlösungen« zu verkünden.[201] Diese Diskrepanz zwischen den beiden Quellen erhärtet die Vermutung, Hitler könne bei anderen Gelegenheiten einschließlich der Vier-Augen-Gespräche mit Rosenberg seine Vorstellungen ähnlich radikal formuliert haben, ohne dass der Reichsleiter dies in mehr als nur allgemeinen Redewendungen dokumentiert hätte. In der Tat spricht einiges dafür, doch leitet sich daraus noch keine Anweisung zur »Endlösung der Judenfrage« ab; auch in Bormanns Aktenvermerk findet sich hierzu kein Hinweis.

Bormanns Aufzeichnung folgend haben Historiker die Besprechung vom 16. Juli 1941 überwiegend als Beleg für die Schwäche des Ostministers gegenüber konkurrierenden Kräften in Partei und Staat gedeutet.[202] Rosenbergs Tagebucheintrag zeichnet dagegen ein anderes, nicht weniger subjektives Bild. Danach scheint er bei Hitler mit seiner schon in den April-Denkschriften entwickelten Empfehlung durchgedrungen zu sein, die deutsche Besatzungspolitik über die Rohstoff- und Ernährungssicherung hinaus am Ziel einer langfristigen, ethnisch-geographischen Kriterien verpflichteten Neuordnung des europäischen Teils der Sowjetunion auszurichten. Auch die »Sondervollmachten« Görings und Himmlers scheinen in Rosenbergs Aufzeichnungen weniger einengend als in Bormanns Vermerk; dass dem neuen Minister hier harte Auseinandersetzungen bevorstanden, war ihm schon vor seiner Ernennung klar. Die Besetzung der Reichskommissar-Posten sorgte für Zündstoff; am Ende obsiegten die Gauleiter Hinrich Lohse (RKO) und Erich Koch (RKU). Nach Ende der Besprechung war Rosenberg zufrieden, hatte er doch »eine Riesen-Aufgabe erhalten, wohl die größte, die das Reich zu vergeben hat, die Sicherung für Jahrhunderte, die Unabhängigkeitmachung Europas von Übersee«. Dass Flexibilität bei der Durchsetzung dieser Aufgaben gefragt war, bestätigte Hitler mit dem Hinweis: »alle Erlasse sind eben Theorie. Wenn sie den Notwendigkeiten nicht entsprechen, müssen sie geändert werden.«[203]

Einen Tag später besprach sich Rosenberg mit Himmler, Lammers und Bräutigam in der Nähe von Hitlers Hauptquartier; am Abend erhielt Rosenberg seine einstweilen nicht zu veröffentlichende Bestellungsurkunde als Ostminister zusammen mit Hitlers Anweisungen zur wirtschaftlichen Ausbeutung und polizeilichen Sicherung des Zivilverwaltungsgebiets.[204] Als Verbindungsmann zum Führerhauptquartier bestätigte Hitler Rosenbergs Adjutanten Werner Koeppen, der über die Gespräche im Umkreis des Diktators und dessen Äußerungen bei Tisch nach Berlin berichtete.[205] Parallel zur Ernennung der Verwaltungsbeamten in den Reichskommissariaten war Rosenberg mit dem Aufbau seines Ministeriums beschäftigt; seine Tagebuchnotizen reflektieren, welche Probleme die geringe Verfügbarkeit von »Ostexperten« und die Bedingungen vor Ort für eine Institution aufwarfen, die sich in Zeiten rapider Veränderungen als Neuling im Dickicht bereits vorhandener Dienststellen etablieren musste. War ihm mit Erich Koch im RKU ein notorischer Egomane und mit Lohse ein kaum weniger eigensinniger Gauleiter unterstellt, versuchte Rosenberg sein Ministerium mit Vertrauten, wenn möglich Russlanddeutschen wie seinem Intimus Arno Schickedanz und dem Leiter der Politischen Abteilung Georg Leibbrandt, zu besetzen. Eine Stütze fand er in seinem Vertreter mit Staatssekretär-Funktion, Gauleiter Alfred Meyer, der das Anwachsen des Ministeriums bis Mitte 1942 auf seinen maximalen Personalstand von rund 1600 mitorganisierte.[206] Hatte man für den »Osteinsatz« taugliche Männer gefunden, zog sich ihre Versendung durch logistische und andere Schwierigkeiten oft in die Länge;[207] vor Ort mangelte es nicht an Aufgaben und Problemen, bei deren Lösung früher angekommene Institutionen bereits Fakten geschaffen hatten.

Wie anfangs zentrale Politikvorgaben in konkrete Verwaltungsmaßnahmen im Besatzungsgebiet umgesetzt wurden, ist sowohl für die »Judenfrage« wie allgemein wenig bekannt. Was Hitler am 26. Juli mit dem soeben ernannten Reichskommissar Ostland Hinrich Lohse kurz vor dessen Abreise an seinen neuen Dienstort besprach, blieb ebenso undokumentiert wie Lohses »Anweisungen« über »die endgültige Lösung der Judenfrage« in seiner Rede vor Mitarbeitern in Kaunas einen Tag später.[208] Angesichts sowohl der vorangegangenen Absichtserklärungen Hitlers, »endgültige politische Entschlüsse« zu vermeiden, wie auch der späteren Ereignisse dürfte sich der Diktator gegenüber Lohse auf Allgemeinplätze beschränkt haben. Für Rosenberg ist anzunehmen, dass er bei seinen Reichskommissaren im Umgang mit der »Judenfrage« auf eine »zeitweilige Übergangslösung« drang, wie er sie Ende April in Gestalt von Arbeitszwang und Ghettoisierung gefordert hatte.[209] Gleichzeitig dürfte er – ohne ins Detail zu gehen – die »Sondervollmachten« von Sipo und SD betont haben, nachdem die von ihm empfohlene Politik der »freien Hand« gegenüber judenfeindlichen Einheimischen die gewünschten Pogrome gezeitigt hatte.

So spekulativ aufgrund der Quellenlage Aussagen zu den Weisungen Rosenberg an seine Reichskommissare in der »Judenfrage« bleiben müssen, so sehr deckt sich die hier umrissene Konstellation mit der Befehlslage in Himmlers Dienstbereich und mit der fortschreitenden Gewaltdynamik im Besatzungsgebiet. Auch die Einsatzgruppen hatten vor Angriffsbeginn keine klare Order erhalten, wie mit Juden zu verfahren war; noch am 2. Juli hieß es dazu in Heydrichs »grundsätzlichen Weisungen« an die HSSPF über die Aufgaben der Einsatzgruppen: Zu exekutieren seien neben allen kommunistischen Funktionären auch »Juden in Partei- und Staatsstellungen, sonstigen radikalen Elemente (Saboteure, Propagandeure, Heckenschützen, Attentäter, Hetzer usw.) soweit sie nicht [sic] im Einzelfall nicht oder nicht mehr benötigt werden, um Auskünfte in politischer oder wirtschaftlicher Hinsicht zu geben, die für die weiteren sicherheitspolizeilichen Maßnahmen oder für den wirtschaftlichen Wiederaufbau der besetzten Gebiete besonders wichtig sind«.[210] Die Gefahr, durch starre Festlegungen die dynamische Nutzung neuer, radikalerer Möglichkeiten zu behindern, schien den Berliner Verwaltungsspitzen offenbar größer als die Wahrscheinlichkeit, ihre Vertreter vor Ort könnten die den jeweiligen Verhältnissen entsprechenden »Notwendigkeiten«, so Hitler am 16. Juli, vernachlässigen und dabei übers Ziel hinausschießen. Wie sich rasch herausstellte, bestand für Himmler und Heydrich kein Anlass zur Sorge. Als Lohse in Kaunas eintraf, hatten Deutsche und ihre Helfer allein in Litauen bereits rund 20000 Juden und »Kommunisten« ermordet.[211]

Überraschend schnell passten sich Rosenbergs Männer an die örtliche

Lage an und beschleunigten damit die Gewaltspirale. Für Litauen hat Christoph Dieckmann nachgewiesen, dass in vielen Gebieten seit Ende Juli – nach Ernennung von Generalkommissar Theodor Adrian von Renteln – die Zahl der Massenerschießungen von Juden erheblich anstieg. Nachdem innerhalb weniger Wochen auch jüdische Frauen und Kinder in die Morde einbezogen worden waren, folgte ab Mitte August die Vernichtung ganzer Gemeinden, insbesondere auf dem Land, während die Überlebenden in Ghettos übersiedeln mussten, die Rosenbergs Gebiets- und Stadtkommissaren unterstanden. Neunzig Prozent aller litauischen Holocaust-Opfer wurden unter der Ägide der Zivilverwaltung ermordet.[212] Mit der Schaffung anderer Generalkommissariate im RKO – Lettland unter Otto Drechsler; Weißruthenien unter Wilhelm Kube (beide am 1. September 1941); Estland unter Karl Litzmann (5. Dezember 1941) – schritten die antijüdischen »Säuberungsaktionen« weiter voran, wobei als arbeitsfähig erachtete Juden teilweise ausgenommen wurden.[213] Im Reichskommissariat Ukraine, das seit September administrative Form annahm und bis Mitte November das Westufer des Dnjepr erreicht hatte, fielen nach den 1941 rund 90000 Ermordeten im nächsten Jahr mehr als 362 000 Juden den deutschen Mordaktionen zum Opfer.[214] In Weißruthenien lag die Zahl der jüdischen Ermordeten in den letzten beiden Monaten des Jahres 1941 bei etwa 60 000; die Mehrzahl der verbleibenden knapp 150 000 Juden sollte das Jahr 1944 nicht erleben.[215]

Das Besatzungsleben war sowohl durch exzessive Gewalt als auch durch scheinbare Alltagsnormalität gekennzeichnet. Im Ergebnis wurden die Zivilverwalter rasch in die destruktive Dynamik deutscher Herrschaft integriert.[216] Kaum weniger bedeutsam war die gelegentliche Anwesenheit der Berliner Spitzenfunktionäre. Während Rosenberg erstmals im Sommer 1942 seine Reichskommissariate besuchte,[217] hatten Himmler und Heydrich schon kurz nach Beginn des deutschen Angriffs die Tätigkeit ihre Vertreter im Besatzungsgebiet persönlich in Augenschein genommen und dabei jene belobigt, die gegenüber Juden und anderen »Reichsfeinden« durch besondere Gewaltbereitschaft hervorgetreten waren. Die SS- und Polizeispitze hieß damit nicht nur die bereits begangenen Massenmorde gut, sondern ermunterte die Einheitsführer sogar zu einem verschärften Wettlauf um noch höhere Erschießungszahlen.[218] Am 29. Juli 1941 besuchte Himmler RKO Lohse in

Kaunas, um mit ihm die Besetzung nachgeordneter Polizeiposten zu besprechen; einen Tag später besichtigten beide, zusammen mit HSSPF Hans Prützmann, die lettische Hauptstadt Riga, wo sich Vertreter von Wehrmacht und Sipo/SD bereits über die Notwendigkeit zur Ghettoisierung der Juden verständigt hatten.[219] Rosenberg, der weiter eifersüchtig bestrebt war, »Eingriffe Himmlers« in seinen Kompetenzbereich abzuwehren, und über »Arbeit ohne Ende« klagte,[220] saß derweil fernab im Reich und war weit stärker als die Berliner SS-Spitze darauf angewiesen, von seinen Untergebenen aus Berichten und Vorträgen über die Entwicklungen im Besatzungsgebiet zu erfahren.

Himmler und Heydrich scheinen aufgrund ihrer Besichtigungstouren und der einlaufenden Meldungen zu der Überzeugung gelangt zu sein, dass die angestrebte »Endlösung der Judenfrage« in der besetzten Sowjetunion nicht nur für die dort lebenden Juden, sondern weit darüber hinaus machbar war. Massenerschießungen hatten sich als hocheffizient erwiesen; negative Nebeneffekte – wie die psychische Belastung der Mörder – gedachten Himmler und Heydrich durch alternative Methoden abzustellen, die ab Ende 1941 zum Einsatz von »Gaswagen« in der besetzten Sowjetunion führten.[221] Als schwerwiegendes Problem präsentierte sich ihnen Rosenbergs Insistieren auf politische Entscheidungshoheit. Das Verhalten des frisch ernannten Ostministers bestätigte Himmlers bereits zitierte Meinung, die Zusammenarbeit mit Rosenberg sei eine höchst frustrierende Angelegenheit, doch hatte Göring im Frühjahr 1941 Heydrich nun einmal angewiesen, bei der Planung der »Endlösung« die »Zuständigkeit Rosenbergs« zu berücksichtigen.

Ein Ausweg aus diesem Dilemma war für die SS-Führung bereits in dieser Phase erkennbar, da Rosenbergs Opposition institutionellem Eigeninteresse entsprang und durchaus nicht beabsichtigte, Himmlers Männern ihre exekutiven Vollmachten streitig zu machen. Schließlich war man sich ja einig, dass die Juden unbedingt zu verschwinden hatten. Die Vertreter der Zivilverwaltung würden bei Dienstantritt vollendete Tatsachen vorfinden und im Kampf gegen »Reichsfeinde« der Polizei das Feld überlassen. Heydrich trug dieser Konstellation Rechnung, indem er am 31. Juli 1941 Görings Unterschrift unter eine »Ergänzung« seiner Beauftragung erbat, »die Judenfrage in Form der Auswanderung oder Evakuierung einer den Zeitverhältnissen entsprechend möglichst günstigen Lösung zuzuführen« und dazu einen Gesamtentwurf über

»die organisatorischen, sachlichen und materiellen Vorausmaßnahmen zur Durchführung der angestrebten Endlösung« vorzulegen. Rosenberg und sein Ministerium wurden in Görings »Ergänzung« nicht ausdrücklich erwähnt; stattdessen hieß es: »Sofern hierbei die Zuständigkeiten anderer Zentralinstanzen berührt werden, sind diese zu beteiligen.«[222] Damit hatte Himmlers Zentrale, was sie benötigte, um die besetzten Teile der Sowjetunion jenseits der »Ostjudenfrage« zum Ort der angestrebten »Territoriallösung« zu machen.

Himmlers Vorgehen dürfte Rosenberg nicht unlieb gewesen sein, da es den Vollzug der »Endlösung« stillschweigend zur Sache der SS machte und gleichzeitig der Zivilverwaltung die Möglichkeit ließ, auf ihre politischen Hoheitsrechte zu pochen. Am 1. August 1941 kam Lohse zu einer Besprechung nach Berlin und vermittelte Rosenberg weit mehr als seine »Eindrücke«, wie der Ostminister es in charakteristischer Vagheit in seinem Tagebuch vermerkte.[223] Das Protokoll der Besprechung »über die politische und wirtschaftliche Lage im Ostland« wurde dagegen deutlicher, indem Lohse neben der von Hitler angeordneten »Eindeutschung« als »Endziel« erwähnte, »die Juden sollten restlos aus diesem Gebiet entfernt werden«; etwa 10000 seien bereits »liquidiert« worden. Die Erschießungen gingen weiter, und Arbeitslager, auch für jüdische Frauen, seien geplant.[224] Die Zivilverwaltung war primär an den politisch-ökonomischen Aspekten der »Judenfrage« interessiert; für die Exekutivmaßnahmen sah Lohse andere zuständig – »die litauische Bevölkerung« für die bisherigen »Liquidationen«, Himmler für die noch kommenden. Wie die restlose »Entfernung« der Juden im RKO bewerkstelligt werden sollte, ließ Lohse offen, doch wiesen Massenerschießungen den Weg. Dass die Zivilverwaltung in welcher Form auch immer an einer solchen »Lösung« mitwirken würde, stellte keiner der Besprechungsteilnehmer in Frage, am wenigsten Rosenberg, der sie ja seit vielen Jahren gefordert und nun »im Osten« die Möglichkeit hatte, diese maßgeblich mitzugestalten.

Es konnte demnach kaum überraschen, dass Lohse einen Tag nach der Berliner Besprechung von seiner Abteilung II vorbereitete »vorläufige Richtlinien für die Behandlung der Juden« im RKO an HSSPF Prützmann schickte. Damit meldete die Zivilverwaltung ihre Kompetenzhoheit bei der Entscheidung darüber an, wer als Jude anzusehen und wie zu verfahren war. Rosenbergs Instruktionen vom Frühjahr boten wenig Konkretes; Klärungsbedarf bestand außerdem in der Frage des Verhältnisses zu Himmlers Apparat im administrativen Alltagsbetrieb. Die Richtlinien sahen für die Juden unter anderem Kennzeichnungspflicht, Berufsverbote, »hermetische Abschließung« in Ghettos, Vermögensbeschlagnahme, Zwangsarbeit und einen »notdürftigen Lebensunterhalt« vor. Für die Durchführung dieser Vorgaben ließ Lohse den General- und Gebietskommissaren »unter Berücksichtigung der örtlichen, insbesondere wirtschaftlichen Verhältnisse« freie Hand; eine Beteiligung von Himmlers Instanzen erwähnte der Entwurf nicht.[225]

Vollständige Abschottung und systematische Ausbeutung bei gleichzeitiger Minimalversorgung konnten nur auf physische Vernichtung hinauslaufen. Dennoch stieß Lohses Richtlinienentwurf bei Sipo und SD auf Widerstand. »Der Reichskommissar«, vermutete der Chef der Einsatzgruppe A, Walter Stahlecker, in einem Vermerkentwurf für Prützmann, »strebt offenbar im Ostland eine vorläufige Regelung der Judenfrage an, die der im Generalgouvernement geschaffenen Lage entspricht. Er berücksichtigt dabei einerseits nicht die durch die Auswirkungen des Ostfeldzugs geschaffene, andersgeartete Situation und sieht andererseits davon ab, die im Ostraum erstmalig mögliche radikale Behandlung der Judenfrage ins Auge zu fassen.« Wenngleich Stahlecker den RKO-Verantwortlichen Verharren in überkommenen Vorstellungen unterstellte, standen seine eigenen Ideen über die anzuwendenden Methoden keineswegs fest. Vordringliches Ziel sei es, »dass eine Vermehrung der Juden so schnell wie möglich unterbunden wird«; da eine Massensterilisierung »schon praktisch undurchführbar« sei, bleibe nur die nach Geschlechtern getrennte Umsiedlung in »Judenreservate« im RKO als Vorbereitung einer »Gesamtreinigung des europäischen Raumes von allen Juden« durch Deportation »in ein außereuropäisches Judenreservat«. Eine Erörterung des Sachverhalts war nach Ansicht Stahleckers schon deshalb erforderlich, weil Lohses Entwurf »grundsätzliche, schriftlich nicht zu erörternde Befehle von höherer Stelle an die Sicherheitspolizei erheblich berührt[e]«.[226]

Die Berliner Rahmenvorgaben zur »Judenfrage« erwiesen sich angesichts der Dynamik der Gewaltmaßnahmen im Dienstalltag als wenig praktikabel. In dieser Situation boten Zuständigkeitsfragen nachgeordneten Instanzen von Polizei und Zivilverwaltung eine gute Möglichkeit, ihre eigenen Vorstellungen über Ziele und Methoden in der Auseinandersetzung mit dem jeweiligen institutionellen Konkurrenten zu schärfen. Männer wie Stahlecker oder Lohse konnten sicher sein, damit Aufmerksamkeit bei ihren Vorgesetzten zu finden; bezeichnenderweise vermerkte Rosenberg in seinem Tagebuch nur »Auseinandersetzungen über Eingriffe Himmlers« und dessen »alte Sucht nach indirekter Herrschaft«, nicht aber den Inhalt des Konflikts.[227] Tatsächlich war man in der Sache nicht weit voneinander entfernt: Lohse fand sich bereit, seine Richtlinien durch den Hinweis auf davon unberührte »weitere Maßnahmen, insbesondere von der Sicherheitspolizei« zu modifizieren, so dass Stahlecker seinen Einsatzkommandoführern zufrieden mitteilen konnte: »Wenn auch jede Unterstützung der Dienststellen des Reichskommissars gerade in der Judenfrage für uns selbstverständlich ist, müssen wir doch unser Hauptaugenmerk z.Zt. auf die endgültige Lösung der Judenfrage mit ganz anderen als den vom Reichskommissar vorgesehenen Mitteln richten.«[228]

In der Folgezeit liefen die beiden Gleise der »Judenpolitik« in den Reichskommissariaten – Sipo und SD verantwortlich für »Staatsfeinde« und »Befriedung«, die Zivilverwaltung für Konzentration und Ausbeutung – am Zielpunkt »Endlösung« zusammen. Die Ereignisse im RKO zeigen, wie selbstsicher die neuernannten Zivilverwalter gegenüber den vor Ort schon präsenten Sachwaltern Himmlers auftraten. Rosenberg war es im Juli mit Rückendeckung Hitlers gelungen, Himmlers Versuch, die politische Kontrolle zu übernehmen, abzuwehren. Zugleich hatten es seine Vertreter im »Ostland« binnen weniger Wochen geschafft, mit der Verwaltung der Ghettos und der jüdischen Zwangsarbeit ein zentrales Politikfeld zu besetzen. Es kann keine Rede davon sein, dass – wie eine westdeutsche Nachkriegsermittlung 1965 behauptete – »das Ostministerium in die durch die Einsatzkommandos durchgeführte ›Endlösung‹ der Judenfrage nicht eingeschaltet war« oder als zahnloser, mit »Ostnieten« im Besatzungsgebiet schwach vertretener Papiertiger eine marginale Rolle spielte.[229] Rosenberg entschied sehr bewusst, in welchen Fällen er Konflikte mit Konkurrenten einging oder diese gewähren ließ: Einerseits ließ er Himmlers politische Kompetenzen nicht unhinterfragt gelten, selbst im Rahmen des RKfdV-Sonderauftrags zur »Eindeutschung« der Ostgebiete, der nach dem Überfall auf die Sowjetunion in Gestalt des »Generalplans Ost« noch weiter ausgebaut wurde.[230] Andererseits zeigte er wenig Interesse an der Durchführung von Gewaltmaßnahmen durch Himmlers Einheiten.[231] Proteste seiner Untergebenen gegen »Judenaktionen«, die den Aufbau einer geordneten Verwaltung untergruben,[232] nahm Rosenberg nur insoweit zur Kenntnis, wie sie ihm beim Kompetenzstreit mit SS und Polizei dienstbar schienen. Wohl kritisierte er brutales Ausleben von »falschem Herrentum« im Umgang mit anderen Volksgruppen in der zweiten Kriegshälfte gelegentlich als kontraproduktiv und bezeichnete das Massensterben der sowjetischen Kriegsgefangenen unter der Herrschaft der Wehrmacht Anfang 1942 unverblümt als »Tragödie größten Ausmaßes«.[233] An der fortschreitenden »Lösung der Judenfrage« hatte er jedoch nichts auszusetzen.

In einer Zeit, in der, wie Rosenberg seinem Tagebuch anvertraute, »die Geschichte uns über die Schultern schaut«,[234] machte ihn seine ideologische Überzeugung und taktische Flexibilität für »die im Ostraum erstmalig mögliche radikale Behandlung der Judenfrage« mindestens ebenso empfänglich wie Himmlers Einsatzgruppenführer. »Jetzt wo Juden u. Kommunisten ausgemerzt sind, lebt das Volk auf«, notierte er am 14. September zu den neuen Verhältnissen in Lettland, doch boten sich darüber hinaus, wie es sein Ministerium im gleichen Monat in Verwaltungsrichtlinien für das RKO formulierte, weit radikalere Möglichkeiten:

> »Alle Maßnahmen zur Judenfrage in den besetzten Ostgebieten müssen unter dem Gesichtspunkt getroffen werden, daß die Judenfrage nach dem Kriege für ganz Europa generell gelöst werden wird. Sie sind daher als vorbereitende Teilmaßnahmen anzulegen und bedürfen der Abstimmung mit den sonst auf diesem Gebiet getroffenen Entscheidungen. Andererseits können die bei der Behandlung der Judenfrage in den besetzten Ostgebieten gemachten Erfahrungen für die Lösung des Gesamt-Problems richtungweisend sein, da die Juden in diesen Gebieten zusammen mit den Juden des Generalgouvernements das stärkste Kontingent des europäischen Judentums bilden.«[235]

Diese Richtlinien, Teil der im Ostministerium im Sommer 1941 entworfenen und Anfang Oktober Hitler übergebenen »Braunen Mappe«,[236] entsprachen Rosenbergs seit 1940 öffentlich artikulierten Ambitionen, die »Judenfrage« einer europaweiten Lösung entgegenzubringen. Angesichts der fortschreitenden Gewaltdynamik ist es nicht überraschend, dass die Verwaltungsvorgaben offenließen, inwieweit die angeordneten »vorbereitenden Teilmaßnahmen« die für »nach dem Kriege« anvisierte

»Lösung des Gesamt-Problems« vorwegnehmen sollten. Es bedurfte der Konvergenz verschiedener Faktoren – in Berlin getroffene Entscheidungen, der Druck regionaler Hoheitsträger und die gewalttätige Entschlossenheit deutscher Funktionäre im Besatzungsgebiet –, um »den Osten« zum Ort der Judenvernichtung auf dem europäischen Kontinent zu machen. Der Ostminister trug dazu bei, diese Konvergenz herzustellen.[237]

Rosenberg, der »Osten« und die »Endlösung« bis Anfang 1942

Seit August beschleunigte die Zusammenarbeit zwischen Rosenbergs und Himmlers Sachwaltern im zivil verwalteten Gebiet die Ermordung jüdischer Männer, Frauen und Kinder in den Städten, die »Säuberung des flachen Landes von Juden« und die Konzentration der Überlebenden in Ghettos erheblich. Frühere Bedenken, auf diese Weise ließe sich die »Judenfrage« nicht endgültig lösen,[238] traten mit der wachsenden Effizienz der Erschießungskommandos und der Erprobung alternativer Tötungsarten zurück; gleichzeitig war dem Interesse der deutschen Kriegswirtschaft an Arbeitskräften Rechnung zu tragen, ohne dass dies dem Ziel nachhaltiger »Entjudung« widersprechen musste.[239] Der Umgang der Wehrmacht mit kriegsgefangenen Soldaten der Roten Armee führte drastisch vor Augen, welches Schicksal die Besatzungsmacht »unnützen Essern« zudachte: Ab September stieg hinter der Front die Zahl der hauptsächlich durch absichtsvolle Unterversorgung Ermordeten drastisch an. Allein in den letzten drei Monaten des Jahres 1941 starben jeweils zwischen 300000 und 500000 sowjetische Kriegsgefangene.[240]

Im Reich und in einigen Besatzungsgebieten forderten regionale Machthaber angesichts der Ostexpansion, mit der Deportation von Juden nicht bis nach Kriegsende zu warten. In der deutschen Botschaft in Paris wurde Ende August die Erwartung laut, die »fortschreitende Eroberung und Besetzung der weiten Ostgebiete« sei geeignet, »das Judenproblem in ganz Europa in kürzester Zeit zu einer endgültigen, befriedigenden Lösung« zu bringen;[241] in der zweiten Septemberwoche hatte das Auswärtige Amt im RSHA nachgefragt, ob die verbliebenen serbischen Juden nicht nach Polen oder Russland abgeschoben werden könnten.[242] Heydrich und sein RSHA arbeiteten eifrig an dem von Göring in Auftrag gegebenen »Endlösungs«-Plan, doch fehlte es ihnen seit dem Stopp für Deportationen ins Generalgouvernement und mit den schwindenden Aussichten für eine Massenverschiffung nach Madagaskar an geeigneten Zielorten, zumal die Verschickung nach Sibirien oder allgemein »hinter den Ural« auf absehbare Zeit nicht in Frage kam.[243]

Rosenberg versuchte in diesen entscheidenden Wochen den Blick der Regimespitze von Partikularinteressen auf das große Ganze und von räumlich amorphen, für die Nachkriegszeit vorgesehenen »Reservat«-Ideen auf eine bestimmte, deutsch beherrschte Region zu lenken, nämlich die von ihm verwaltete. Während seine Autonomiepläne für die Ukraine beim Diktator zunehmend auf Widerstand stießen und vor Ort von Reichskommissar Koch völlig ignoriert wurden,[244] nutzte er Anfang September Nachrichten über Stalins Plan zur Deportation der Wolgadeutschen für eine am 11. September zur Vorlage bei Hitler ausgearbeitete Initiative. Er schlug vor, den Alliierten zu drohen, »dass wenn dieser Massenmord durchgeführt werden sollte, Deutschland die Juden Zentraleuropas dafür büßen lassen würde«.[245] Wie gewohnt schwieg sich Rosenberg in seinem Tagebuch über konkrete Maßnahmen aus, doch notierte Bräutigam, der Reichsleiter habe »die Verschickung aller Juden Zentraleuropas in die östlichen, unter unserer Verwaltung stehenden Gebiete in Aussicht genommen« und ihn telefonisch beauftragt, »die Zustimmung des Führers zu diesem Projekt herbeizuführen«.[246] Unabhängig davon, ob Rosenbergs Initiative als präventiver Propagandaschachzug oder Vorwand für Massendeportationen gedacht war:[247] Hitler zeigte Interesse, wollte aber das Auswärtige Amt einbezogen sehen, wo man zur gleichen Zeit den Vorschlag des Pariser Botschafters zur Deportation der französischen Juden in die »weiten Ostgebiete« erwog.[248]

Am Nachmittag des 17. September 1941 scheint Hitler Außenminister Ribbentrop gegenüber seine Zustimmung gegeben zu haben, die Juden aus dem Reich und dem Protektorat »möglichst bald« zu deportieren.[249] Weder Rosenberg noch Himmler waren bei dieser Besprechung anwesend, doch erfuhr Letzterer offenbar noch am gleichen Tag davon, als er am Abend mit Ribbentrop zusammentraf. Himmlers Schreiben an Arthur Greiser, Gauleiter im »Reichsgau Wartheland«, vom 18. September 1941 weist darauf hin, dass sich Hitler über Umfang, Geschwindigkeit und Zielort der Deportationen nicht geäußert hatte; der Reichsführer nutzte dies, um die »Judenabwanderung« nach seinen Vorstellungen zu gestalten: 60000 Juden sollten zunächst ins Ghetto Litzmannstadt verschleppt werden, »um sie im nächsten Frühjahr noch weiter nach dem Osten abzuschieben«.[250] Rosenbergs spärliche Tagebuchnotizen aus diesen Wochen enthalten nichts zu diesen Ereignissen, die den Wettlauf von Hitlers Satrapen, ihre Regionen möglichst schnell »judenfrei« zu machen, noch beschleunigten. Dass dieses Ziel nur in Etappen zu erreichen war, ergab sich schon aus dem Mangel an Orten, die ohne Beeinträchtigung der militärischen Verkehrsverbindungen Deportationstransporte mit Tausenden von Juden aufnehmen konnten.

Am 4. Oktober 1941 traf sich Heydrich, dem Ende September zusätzlich zu seinen anderen Funktionen das Amt des stellvertretenden Reichsprotektors für Böhmen und Mähren übertragen worden war, mit Rosenbergs Vertreter Alfred Meyer und anderen Beamten des Ostministeriums, um die leidigen Zuständigkeitsfragen zu besprechen. Dabei kam, laut Aktenvermerk Heydrichs, als letzter Tagesordnungspunkt auch der »Plan einer totalen Aussiedlung der Juden aus den von uns besetzten Gebieten« zur Sprache, allerdings reduziert auf die Frage, ob die Zivilverwaltung angesichts der Verhältnisse im Osten »noch eigene Referenten und Sachbearbeiter für Judenfragen« haben müsste. Da die Vertreter des Ostministeriums hart blieben und »die Durchführung der Behandlung der Juden in jeder Beziehung sowieso in den Händen der Sicherheitspolizei« lag, verfolgte Heydrich diese Frage nicht weiter.[251] Wiederum sorgte nicht die Art der »Lösung der Judenfrage«, sondern Kompetenzrivalität für Streit zwischen Zivilverwaltung und Polizei; entsprechend konnte Heydrich – wie schon im August Stahlecker im RKO – Rosenbergs Verwalter gewähren lassen, solange sie seiner »Durchführung der Behandlung der Juden« nicht im Weg standen.

In diesen Oktobertagen kursierten bei den beteiligten Stellen verwirrende Meldungen über »den Osten« als Bestimmungsort und die Methoden neuer Judendeportationen. Am 7. Oktober meldete Koeppen aus dem Führerhauptquartier, Hitler sei entschlossen, sobald es der Transportbedarf der Wehrmacht zulasse, alle Juden aus dem Protektorat, aus Berlin und Wien zu »entfernen«, und zwar »nicht erst ins Generalgouvernement, sondern gleich weiter nach Osten«.[252] Himmler hatte demgegenüber am 18. September die Verschleppung der Juden des Reichs und des Protektorats nach Łódź im Warthegau (und nicht ins Generalgouvernement) angekündigt, um sie erst im Frühjahr 1942 »weiter nach dem Osten« zu deportieren. Am 10. Oktober besprach Heydrich in Prag mit SS-Offizieren, darunter Adolf Eichmann, die »Lösung von Judenfragen«, insbesondere Deportationen aus dem Protektorat. Mit

»Rücksicht auf die Litzmannstädter Behörden« sollten einstweilen »die lästigsten Juden herausgesucht« und nach Minsk und Riga verschleppt werden. Die Besprechungsnotizen behandelten vor allem die Ghettoisierung in Theresienstadt, erwähnten die besetzten Ostgebiete aber noch an anderer Stelle: Zum einen habe Eichmann veranlasst, dass die Führer der Einsatzgruppen B und C, Nebe und Rasch, deportierte Juden »in die Lager für kommunistische Häftlinge im Operationsgebiet [...] hineinnehmen« würden, zum anderen könnten »die zu evakuierenden Zigeuner [...] nach Riga zu Stahlecker gebracht werden, dessen Lager nach dem Muster von Sachsenhausen eingerichtet« sei. Die Zeit drängte; am 15. Oktober sollten die ersten Transporte abgehen. Hitler wünsche, »dass noch Ende d. J. möglichst die Juden aus dem deutschen Raum herausgebracht sind«; folglich seien alle »schwebenden Fragen« umgehend zu lösen.[253]

Was Heydrichs Offiziere im Bestreben um Erfüllung des Führer-Wunschs als konkrete Zieloption ausgaben, gehörte in Wirklichkeit zu den »schwebenden Fragen«. Geeignete Lager für kommunistische Häftlinge im Operationsgebiet der Einsatzgruppen B und C existierten nicht; ebenso wenig konnte von einem Sachsenhausen gleichenden Lager in Riga die Rede sein. Dort waren zu diesem Zeitpunkt Sipo und SD über KZ-Planungen nicht hinausgekommen.[254] Die Prager Besprechung zeigt, dass Rosenbergs Reich in diesen Tagen ins Zentrum der »Endlösungs«-Planung rückte. Himmlers Apparat musste sich mit dem Ostministerium über die konkreten Schritte verständigen, ebenso die im Rahmen der im August 1941 von Hitler gestoppten »Aktion T4« mit den »Euthanasie«-Morden befassten Stellen.[255] Als Rosenberg am 13. Oktober 1941 in Berlin von Generalgouverneur Hans Frank auf »die Möglichkeit der Abschiebung der jüdischen Bevölkerung des Generalgouvernements in die besetzten Ostgebiete« angesprochen wurde, verwies der Ostminister laut Frank auf »ähnliche Wünsche« anderer Behörden und sah kurzfristig keine Möglichkeit. »Für die Zukunft« sei er jedoch »bereit, die Judenemigration nach dem Osten zu fördern, zumal die Absicht bestehe, überhaupt die asozialen Elemente innerhalb des Reichsgebietes in die dünn besiedelten Ostgebiete zu verschicken«.[256]

Im Hinblick auf die angestrebte »Entjudung« konzentrierten sich die Zielvorstellungen der NS-Spitze nun eindeutig auf die Ostgebiete. Auch Rosenberg nutzte stärker als zuvor die bei ihm einlaufenden Meldungen über von SS und Polizei durchgeführte Gewaltorgien gegen Juden im Kompetenzstreit mit Himmler. Dabei verhielt er sich jedoch trotz der eskalierenden Brutalität weiterhin primär taktisch und meldete keinen grundsätzlichen Protest an. Mitte Oktober berichtete der Gebietskommissar im lettischen Libau über das »Moment der Unruhe« und das »allgemeine Entsetzen«, das die Erschießung jüdischer Frauen und Kinder in seiner Region erzeugt hatte; aus Weißruthenien vermerkte Anfang November Generalkommissar Kube Gewaltexzesse des Polizeibataillons 11, die er als »bodenlose Schweinerei« bezeichnete und an Göring und Hitler weitergemeldet sehen wollte.[257] Dazu kam es offenbar nicht; stattdessen beließ es Rosenberg bei Andeutungen gegenüber Himmlers Amtschef Gottlob Berger – »[m]anche SS-Führer sollen sehr gewaltsame Aktionen durchgeführt haben, ohne daß RFSS über alles im Bilde gewesen« sei – und bei vager Kritik gegenüber Lammers an mündlichen, Rosenberg unbekannten Anweisungen, die Himmler auf seinen häufigen Ostreisen örtlichen SS- und Polizeioffizieren gebe.[258]

Die Proteste der Zivilverwalter im Besatzungsgebiet gegenüber ihren Polizeiführern dürften dazu beigetragen haben, dass Himmler in dieser Zeit parallel zu den Deportationsplanungen ins RKO alternative Formen einer »Endlösung« in anderen Teilen des »deutschen Ostens« intensiver sondierte, zumal kein Ende des Dauerstreits mit Rosenberg in Sicht war. Zu diesen Alternativen zählten: Deportationen in die unter Militärverwaltung stehende weißrussische Stadt Mogilew, wo die Einsatzgruppe B bereits Mitte September 1941 »Probevergasungen« durchgeführt hatte und seit Mitte November unter HSSPF Erich von dem Bach-Zelewski ein Krematorium mit einer täglichen Einäscherungskapazität von 3000 Leichen geplant war;[259] der Ausbau des Konzentrationslagers Auschwitz im annektierten Ostoberschlesien einschließlich einer vergrößerten Krematoriumsanlage;[260] die Einrichtung des Vernichtungslagers Chełmno im Warthegau, wo die während der »Aktion T4« und regionalen Mordaktionen gewonnene Expertise zur Anwendung kam; schließlich der Neubau von Massenmordeinrichtungen im Bezirk Lublin des Generalgouvernements, wo Himmlers treuer Gefolgsmann Odilo Globocnik Anfang November mit der Errichtung des Vernichtungslagers Belzec begann.[261] Im November kritisierte Himmler gegenüber Heydrich ungehalten »diese ganze Petzbriefschreiberei« durch Vertreter Rosenbergs; er habe »deutlich ausgesprochen, dass selbstverständlich dort oben kein

Friede sein könne, wenn jeder unten weiß, dass er oben angesehen ist, wenn er viele Beschwerden über die SS und Polizei bringt«.[262] In der Sache jedoch – dass nämlich die Juden im Zusammenhang mit »Umvolkung« und »Befriedung« der Ostgebiete zu verschwinden hätten – waren Himmler und Rosenberg sich nach wie vor einig. Ähnliches galt für die sicherheitspolizeiliche »Überholung« der sowjetischen Kriegsgefangenen, um die »unverbesserlichen bolschewistischen, hetzerischen und kriminellen Elemente« auszusondern; nach Ansicht von Rosenbergs Abteilungsleiter Bräutigam verstand sich die »Liquidierung der Kommissare und Juden« von selbst.[263]

Anfang Oktober 1941 brechen Rosenbergs Tagebuchnotizen ab; Mitte Dezember fasste er dann religionspolitische Überlegungen Hitlers zusammen, und Ende des Monats folgte ein »kl. Querschnitt durch die Arbeit der letzten Monate« in Gestalt zumeist kalendarischer, sehr selektiver Einträge zu einigen teilweise entlegenen Themen. Weder die »Judenfrage« noch andere aus den Kernzielen deutscher Besatzungspolitik erwachsende Zwangsmaßnahmen werden erwähnt; ein paar Worte widmete Rosenberg immerhin dem Massensterben der sowjetischen Kriegsgefangenen.[264] Es ist unwahrscheinlich, dass Rosenberg zwischen Ende 1941 und Anfang Oktober 1942 – der Fortsetzung seiner Notizen – keine Zeit fand, Tagebuch zu führen; auch der unvermittelte Beginn des Eintrags vom 7. Oktober 1942 deutet auf in der Zwischenzeit Geschriebenes hin, das entweder nicht mehr vorhanden ist oder noch der Entdeckung harrt. Die erhalten gebliebenen Dienstakten des Ostministeriums und Quellen anderer Provenienz helfen nur bedingt, diese Lücke in einem Schlüsselabschnitt in der Geschichte des Holocaust zu schließen; die folgenden Bemerkungen fassen die wichtigsten Entwicklungen bis Anfang 1942 zusammen, sofern diese mit Rosenbergs Rolle bei der »Endlösung« in Verbindung stehen.[265]

Zwischen Mitte Oktober und Anfang November 1941 deportierten deutsche Polizisten annähernd 20000 Juden und 5000 »Zigeuner« aus dem Reich und dem Protektorat nach Litzmannstadt, wobei sowohl örtliche deutsche Verwalter als auch Himmler und Heydrich um die begrenzte Aufnahmefähigkeit des dortigen Ghettos wussten, an der auch die bereits laufenden Vorarbeiten zum Beginn von Massenvergasungen in Chełmno kurzfristig nichts änderten.[266] In Vorbereitung der vom RSHA geplanten Transporte ins RKO traf sich Eichmann Ende Oktober mit Rosenbergs »Rassereferent« Erhard Wetzel. Einem Brief zufolge, den Wetzel am 25. Oktober für Rosenberg entwarf, sollte Reichskommissar Lohse informiert werden, dass Viktor Brack, einer der Mitorganisatoren der »Aktion T4«, bei der »Herstellung der erforderlichen Unterkünfte sowie der Vergasungsapparate« – wahrscheinlich in Gestalt von »Gaswagen« – seine Mithilfe angeboten hatte. Eichmann habe »diesem Verfahren« zugestimmt und die Errichtung von Lagern in Riga und Minsk angekündigt, »in die evtl. auch Juden aus dem Altreichgebiet kommen«; Deportationen von Juden aus dem Reich, »die nach Litzmannstadt, aber auch nach anderen Lagern kommen sollen«, seien bereits unterwegs, »um dann später im Osten, soweit arbeitsfähig, in Arbeitseinsatz zu kommen. Nach Sachlage«, so Wetzel weiter, »bestehen keine Bedenken, wenn diejenigen Juden, die nicht arbeitsfähig sind, mit den Brackschen Hilfsmitteln beseitigt werden.« Die restlichen Juden sollten einstweilen, nach Geschlechtern getrennt, in Lagern untergebacht und im Frühjahr weiter »nach Osten« abgeschoben werden.[267]

Wetzels Briefentwurf scheint sich durch einen Besuch Lohses in Berlin erledigt zu haben.[268] Der staatsanwaltlichen Untersuchung zum Ostministerium aus den 1960er Jahren zufolge soll Rosenberg Wetzel geraten haben, die Finger »davon« zu lassen, womit die Frage nach den Mordmethoden gemeint war.[269] Wetzel bezog sich in seinem Entwurf auf einen vorangegangenen, nach 1945 nicht mehr vorhandenen Schriftwechsel, was die Dringlichkeit der Frage und die Verwirrung bei den Verwaltern im RKO andeutet.[270] Die Trennung der Juden in »arbeitsfähig« und »nicht arbeitsfähig« reflektierte die Zuständigkeitsabgrenzung zwischen Zivilverwaltung und Polizei ebenso wie die wirtschaftlichen Verhältnisse in den Ostgebieten; entsprechend der bereits eingespielten Aufgabenteilung blieb die Bereitschaft Rosenbergs, Himmler die exekutiven Aspekte der »Judenfrage« zu überlassen, unausgesprochen. Am 31. Oktober 1941 fragte Leibbrandt aufgrund einer Beschwerde des RSHA bei Lohse an, aus welchem Grund er die Ermordung von Juden im lettischen Libau untersagt habe. Eine Woche später nahm der Leiter der Politischen Abteilung des RKO, Karl Friedrich Trampedach, Beschwerden der Wehrmacht zum Anlass, den Gebietskommissar Wilna-Stadt anzuweisen, weitere Exekutionen von jüdischen Facharbeitern zu unterbinden und »grundsätzliche Anweisungen« anzufordern; am 9. November protestierte er schriftlich beim Ostministerium und bei Lohse, der sich gerade in Berlin aufhielt, gegen die angekündigten Transporte nach Riga und Minsk. Wenige Tage später beruhigte Leibbrandt Trampedach mit der Versicherung, die Deportierten würden weiter nach Osten verbracht; bei Fragen solle er sich an den HSSPF Ostland wenden.[271] Lohse antwortete auf Leibbrandts Anfrage vom 31. Oktober zwei Wochen später, er habe die »wilden Judenexekutionen in Libau untersagt, weil sie in der Art ihrer Durchführung nicht zu verantworten waren«. Der weitere Wortlaut von Lohses Schreiben spiegelt den Kenntnisstand von Rosenbergs Vertretern am Vorabend der Ankunft deportierter Juden aus dem Reich: »Ich bitte, mich zu unterrichten,« schrieb Lohse, »ob Ihre Anfrage v. 31. 10. als dahingehende Weisung aufzufassen ist, dass alle Juden im Ostland liquidiert werden sollen? Soll dieses ohne Rücksicht auf Alter und Geschlecht und wirtschaftliche Interessen (z. B. der Wehrmacht an Facharbeitern in Rüstungsbetrieben) geschehen? Selbstverständlich ist die Reinigung des Ostlandes von Juden eine vordringliche Aufgabe; ihre Lösung muss aber mit den Notwendigkeiten der Kriegswirtschaft in Einklang gebracht werden. Weder aus den Anordnungen zur Judenfrage in der ›braunen Mappe‹ noch aus anderen Erlassen konnte ich bisher eine solche Weisung entnehmen.«[272]

Zum Zeitpunkt von Lohses Anfrage war bereits der erste Transport mit deutschen Juden in Minsk angekommen; sechs weitere folgten bis zum 5. Dezember. Fast zeitgleich gingen fünf Deportationszüge nach Kaunas und von Ende November bis Mitte Dezember 1941 zehn Transporte nach Riga. Ihnen folgten von Anfang Januar bis Anfang Februar 1942 zehn weitere.[273] Insgesamt wurden in dieser Zeit etwa 32000 Juden ins RKO verschleppt, zusammen mit den 20000 zuvor nach Litzmannstadt deportierten Juden und 5000 »Zigeunern« deutlich weniger als die 60000 Juden, die Himmler gegenüber Greiser am 18. September genannt hatte. An den Zielorten im RKO herrschte Verwirrung, was mit den unerwünschten Deportierten geschehen sollte – nicht nur bei Rosenbergs Vertretern, sondern auch auf Seiten von Sipo und SD. Anfang November, vor der Ankunft der Deportierten in Minsk, erschossen deutsche Polizisten und ihre Helfer rund 12000 Juden des Minsker Ghettos.[274] Da das geplante Lager bei Riga noch im Aufbau war, wurden die ersten fünf Transporte mit rund 5000 Juden aus dem Reich nach Kaunas umgeleitet. Zwischen dem 29. November und dem 1. Dezember ermordeten deutsche Polizisten in Riga 1000 kurz zuvor aus Berlin eingetroffene Deportierte zusammen mit rund 14000 Juden aus dem Rigaer Ghetto; am 8./9. Dezember fielen mindestens 13000 Ghettoinsassen einer neuen Mordaktion zum Opfer, bevor alle weiteren Transporte aus dem Reich im Ghetto der lettischen Hauptstadt endeten.[275] Vor Ort erschien »Platz schaffen« für die Deportierten als bruchlose Fortsetzung vorangegangener Mordwellen, doch war die eine Form extremer Gewalt keine notwendige Voraussetzung für die andere: In Kaunas ermordeten Sipo und SD Ende Oktober annähernd 10000 »nicht arbeitsfähige« Juden, ohne die im November von Riga umgeleiteten rund 5000 Deportierten ins Ghetto zu verschleppen; stattdessen ermordete man sie unmittelbar nach ihrer Ankunft an einer der Erschießungsstätten am Rande der Stadt.[276]

In Berlin war man aufgrund der vorangegangenen Massenerschießungen und anderen radikalen Maßnahmen offenbar überzeugt, dass die Verantwortlichen vor Ort auch beim Fehlen konkreter Anweisungen wussten, was von ihnen erwartet wurde. Nach dem Krieg behauptete der neue, gegen Prützmann ausgetauschte HSSPF im RKO Friedrich Jeckeln, er habe am 10. oder 11. November von Himmler in Berlin den Befehl erhalten, dass »alle sich im Ostland befindenden Juden bis zum letzten Mann vernichtet werden müssen«.[277] Sollte der Reichsführer sich Anfang November gegenüber seinem Stellvertreter vor Ort tatsächlich derart deutlich geäußert haben, so machte er offenbar keine Unterscheidung zwischen einheimischen und deportierten Juden. Als Jeckeln die ersten aus Berlin nach Riga deportierten Juden Ende November erschießen ließ, handelte er sich einen Rüffel Himmlers ein, der am 30. November – zu spät – »keine Liquidierung« angeordnet hatte.[278] Im Ostministerium antwortete Bräutigam auf Lohses Anfrage vom 15. November erst am 18. Dezember 1941 mit drei scheinbar lapidaren, jedoch in ihrer Bedeutung fatalen Sätzen: »In der Judenfrage dürfte inzwischen durch mündliche Besprechungen Klarheit geschaffen sein. Wirtschaftliche Belange sollen bei der Regelung des Problems grundsätzlich unberücksichtigt bleiben. Im übrigen wird gebeten, auftauchende Fragen unmittelbar mit dem höheren [sic] SS- und Polizeiführer zu regeln.«[279] Von Deportationen »weiter nach Osten« war nun keine Rede mehr.

Was war zwischen November und Mitte Dezember geschehen, dass nach all der Konfusion in der »Judenfrage« nach Ansicht des Ostministeriums plötzlich Klarheit herrschen sollte? Als Bräutigam wenige Tage vor Weihnachten 1941 im Auftrag Rosenbergs seine kurze Notiz nach Riga schickte, hatten sich die Handlungsalternativen nach Ansicht der Verantwortlichen derart reduziert, dass faktisch nur noch Genozid durch gezielte Ermordung und »Vernichtung durch Arbeit« übrig blieb. Rosenberg war an diesem Entscheidungsprozess beteiligt. Am 14. November hatte er eine längere Besprechung mit Hitler, über die wir nichts aus dem Tagebuch, dafür aus einem Aktenvermerk des Ostministers erfahren. Wie immer blieb Rosenberg vage, ob nur in seinen schriftlichen Aufzeichnungen oder auch in seinen mündlichen Ausführungen gegenüber Hitler, lässt sich nicht sagen. Es ist unvorstellbar, dass er in einer seiner seltenen Audienzen beim Diktator neben all den besprochenen Trivialitäten wie den »bisher durchgeführten Arbeiten zum Aufbau des Ministeriums« die »Judenpolitik« im Osten nicht wenigstens in ihrem breiteren Kontext zur Sprache gebracht haben soll.[280] Rosenbergs Erwähnung der Tagung des »zentralen Planungsstabs Ost« gegenüber Hitler deutet darauf hin: In Fortsetzung seiner weitreichenden politischen Pläne vom Frühjahr 1941 hatte Rosenberg zum 30. Oktober Vertreter anderer Dienststellen, darunter Reichsminister Fritz Todt, zur konstituierenden Sitzung dieses Gremiums geladen. Dies geschah auch als Reaktion auf Koeppens Warnung von Mitte Oktober, angesichts »der außerordentlich scharfen und bestimmten Ausführungen des Führers über deutsche Siedlung und Germanisierung der besetzten Ostgebiete« könne das Ostministerium gegenüber dem RKFdV »zu einer Nebensächlichkeit herabsinken«, mit der Restfunktion, »die in Reservaten zusammengepferchten Slawen möglichst bald zum Auswandern oder Absterben zu bringen«.[281] Als »Einleitung einer Arbeit für 100 Jahre« in Gestalt der »Schaffung eines Siedlungsraumes für 15–20 Millionen Deutsche« sollten, so hieß es in der Niederschrift der Planungsstab-Sitzung, zunächst Verkehrserschließung – hier vor allem ambitionierte Straßenbauvorhaben –, Wirtschafts- und Siedlungsplanung im Vordergrund stehen; für das RKO stelle sich schon jetzt die Frage, wie das mit Vorrücken der Front anzuschließende »Gebiet zwischen Peipus- und Ilmensee« zu behandeln sei, ob »als ein Ansiedlungsraum für unbequeme Elemente« oder als deutsches Siedlungsgebiet.[282]

Genau diese Frage, die auf der Planungsstab-Sitzung unbeantwortet geblieben war, legte Rosenberg am 14. November Hitler vor. Für das Gebiet zwischen Peipus- und Ilmen-See hätte man »die Wahl, dieses

Gebiet mit auszuweisenden Elementen zu bevölkern oder es als deutsche Militärkolonie auszubauen«, um »hier die neue Grenze gegen das Slawentum aufzurichten«.[283] Hitler entschied sich für den Ausbau von Militärkolonien und damit gegen die Option, Deportationstransporte aus dem Westen »weiter nach Osten« zu schicken. Als Rosenberg einen Tag später mit Himmler zusammentraf, ging es neben dem Dauerthema Kompetenzabgrenzung auch um »die Behandlung des Judenproblems«. Himmlers Argument, »die Judenfrage sei im Osten im wesentlichen eine polizeiliche Angelegenheit und müsse daher von der Polizei bearbeitet werden«, verschloss sich Rosenberg nicht völlig, er insistierte aber auf seiner Federführung bei der »Gesamtpolitik« und der »Völkerführung«.[284] Man einigte sich am 19. November schließlich insoweit, als die HSSPF und SSPF den Reichs- bzw. Generalkommissaren »persönlich und unmittelbar unterstellt« sein sollten.[285] Damit wurden zwar die Konflikte zwischen Himmler und Rosenberg nicht beendet, doch auf regionaler Basis eine Funktionseinheit zwischen Polizei und Zivilverwaltung hergestellt, die eine tragfähige Basis für die weitere Zusammenarbeit beider Apparate im Rahmen der »Judenpolitik« bildeten.

Schon Rosenbergs frühe Schriften belegen, dass die NS-Führung zwischen Ostjuden und Juden in anderen Teilen Europas nicht klar unterschied; mit der deutschen Expansion in den amorphen »Ostraum« verschwand diese Differenzierung vollends; was blieb, war die Frage der Machbarkeit, und hier gab es in Regionen, die unter direkter deutscher Kontrolle standen, eindeutig bessere Möglichkeiten zu radikalem Vorgehen. Als Himmler am 17. November mit Heydrich, seinem Verbindungsmann zum Ostministerium, telefonierte, stand neben der Besprechung mit Rosenberg und den Verhältnissen im Generalgouvernement auch die »Beseitigung d. Juden« auf der Agenda.[286] Analog zur bürokratischen Praxis aufgrund der »11. Verordnung zum Reichsbürgergesetz« vom 25. November, nach der Juden beim Überschreiten der Reichsgrenze ihre deutsche Staatsangehörigkeit und die Rechte an ihrem Eigentum verloren, galt in den besetzten Ostgebieten nur die Unterscheidung zwischen Juden und Nichtjuden; stand die Zugehörigkeit zum Judentum fest, entschied die Antwort auf die Frage der Arbeitsfähigkeit über Leben oder Tod. Rosenberg war einer der konsequentesten Verfechter einer ganzheitlichen »Judenpolitik«, die nur in Anwendung auf alle Vertreter der »Gegen-Rasse« und auf gesamteuropäischer Ebene ihre Erfüllung finden konnte. In einer Rede am 18. November in Berlin, nach der offiziellen Bekanntgabe der Existenz seines Ostministeriums, formulierte Rosenberg seine Zielvorstellung sehr deutlich:

> »Zugleich ist dieser Osten berufen, eine Frage zu lösen, die den Völkern Europas gestellt ist: das ist die Judenfrage. Im Osten leben noch etwa sechs Millionen Juden, und diese Frage kann nur gelöst werden in einer biologischen Ausmerzung des gesamten Judentums in Europa. Die Judenfrage ist für Deutschland erst gelöst, wenn der letzte Jude das deutsche Territorium verlassen hat, und für Europa, wenn kein Jude mehr bis zum Ural auf dem europäischen Kontinent steht.«[287]

Doch Rosenbergs Vision, sein Einflussgebiet im Osten zum Schauplatz »einer biologischen Ausmerzung des gesamten Judentums in Europa« zu machen, war selbst für Deutschland nicht ohne weiteres zu realisieren. »Die Frage«, schrieb Goebbels über sein Gespräch mit Heydrich am 17. November, »lässt sich doch schwieriger an, als wir zuerst vermutet hatten«, da die Juden aus dem Reich angesichts des Bedarfs der Kriegswirtschaft kurzfristig nicht in gewünschtem Umfang deportiert werden konnten.[288] Mit dem Stocken der deutschen Offensive gewannen militärische Prioritäten an Bedeutung. Am 20. November protestierte der Wehrmachtsbefehlshaber im RKO, Generalleutnant Walter Braemer, gegen die Verschärfung der besonders im weißrussischen Minsk ohnehin prekären Sicherheits- und Transportlage durch Deportationen von Juden aus dem Reich.[289] Schon die Anwesenheit der bis Jahresende nach Minsk verschleppten 6000 bis 7000 deutschen Juden im Ghetto, unter ihnen mit dem Eisernen Kreuz dekorierte Weltkriegsveteranen, stieß bei den Vertretern der Zivilverwaltung auf Unverständnis. Generalkommissar Kube erklärte sich »gewiss hart und bereit, die Judenfrage mit lösen zu helfen, aber Menschen, die aus unserem Kulturkreis kommen, sind doch etwas anderes als die bodenständigen vertierten Horden«.[290] Derartige Bedenken machte sich Rosenberg jedoch nicht zu eigen; sie blieben auch in seinem Halbjahresrückblick unerwähnt. Als der Stadtkommissar von Minsk, Wilhelm Janetzke, Anfang Januar 1942 gegen die geplante Deportation von 50000 Berliner Juden direkt bei Rosenberg protestierte, rügte ihn Lohse wegen Missachtung des Dienstwegs.[291] Wie das Schreiben Bräutigams an Lohse vom 18. Dezember 1941 verdeutlicht, war man im Ostministerium entschlossen, es bei mündlichen Direktiven zu belassen und »auftauchende Fragen« an SS und Polizei zu verweisen. Transportsorgen der Wehrmacht wurden ernst genommen; zudem erschwerte der harte Winter das Ausheben von Massengräbern, so dass viele »Aktionen« auf das Frühjahr verschoben werden mussten. Tatsächlich endeten mit einem am 28. November 1941 aus Köln abgehenden Zug die Deportationen nach Minsk, um erst im Mai 1942 wiederaufgenommen zu werden, als Sipo und SD die ankommenden Juden aus dem Reich ohne Umweg über das Ghetto direkt zu den Erschießungsgruben brachten. Allein im Vernichtungslager Maly Trostinez bei Minsk sollen bis zum deutschen Rückzug im Sommer 1944 mindestens 40000 Menschen ermordet worden sein.[292]

Als Heydrich Ende November 1941 Einladungsschreiben für die später als Wannsee-Konferenz in die Geschichte eingegangene Staatssekretärbesprechung versandte, dürfte er in Rosenbergs Reich gute Möglichkeiten für eine umfassende »Endlösung der Judenfrage« gesehen haben. Von der »Aussprache« erhoffte sich Heydrich, so formulierte er es in seiner Einladung, die »Erreichung einer gleichen Auffassung«; sie schien ihm schon deshalb besonders dringend, weil seit Mitte Oktober Juden aus dem Reich und Protektorat »nach dem Osten evakuiert« wurden. Als einzige andere Dienststelle war das Ostministerium mit zwei Beamten repräsentiert, nämlich Rosenbergs Vertreter Meyer und Hauptabteilungsleiter Leibbrandt. Auf der Sitzung am 20. Januar 1942 kam dann noch mit SS-Sturmbannführer Rudolf Lange der Kommandeur der Sicherheitspolizei und des SD in Lettland hinzu, der aufgrund seiner formellen Unterstellung unter den Generalkommissar eine Mittlerfunktion zwischen Polizei und Zivilverwaltung einnahm und zudem über Erfahrung bei der Durchführung von Massenmorden verfügte.[293] Ursprünglich für den 9. Dezember 1941 geplant, wurde die Besprechung auf den Januar verschoben; in der Zwischenzeit veränderten sich die Rahmenbedingungen entscheidend. Mit der Verhärtung des sowjetischen Widerstands und dem Kriegseintritt der USA stellte sich der NS-Führung die Frage, wie man vorhandene Ressourcen am effizientesten nutzen konnte, mit größerer Dringlichkeit.

Alfred Rosenberg hielt sich mit Vorschlägen nicht zurück, vor allem wenn sie seinen lange gehegten Überzeugungen entsprachen. So insistierte er auf der aktiven Zersetzung der UdSSR durch bevorzugte Behandlung bestimmter ethnischer Gruppen. Auch in der »Judenfrage« blieb seine Haltung im Wesentlichen unverändert: Seiner Meinung nach musste eine Antwort gefunden werden, nicht nur für Deutschland, sondern für ganz Europa.[294] Die anzuwendenden Methoden waren zweitrangig und nicht seine Sache. Als er sich am 14. Dezember 1941 mit Hitler traf, fragte er nach, in welcher Form er in einer geplanten Rede in Berlin auf das Problem eingehen solle, da »die Anmerkungen über die New Yorker Juden vielleicht jetzt nach der Entscheidung« – gemeint war wohl die kurz zuvor erfolgte deutsche Kriegserklärung an die USA – »etwas geändert werden müssten«.[295] Sein Vorschlag, »von der Ausrottung des Judentums nicht zu sprechen«, war weniger deutlich als seine mit der Bitte um Vertraulichkeit dünn ummäntelte Rede am 18. November 1941, in der er von der »biologischen Ausmerzung des gesamten Judentums in Europa« gesprochen hatte. Rosenbergs Bemerkungen und Hitlers Antwort – wonach die Juden »uns den Krieg aufgebürdet« und »die Zerstörung gebracht« hätten, »es sei kein Wunder, wenn die Folgen sie zuerst träfen« – betonten ganz im Duktus des NS-Diskurses die gleichsam naturgesetzliche Selbstverständlichkeit genozidaler Gewalt. Hitler wollte einstweilen »die anderen Völker« von der »Mitarbeit« ausgeklammert sehen, »da sie darin für später einen Rechtsanspruch erblicken könnten«. Rosenberg verlor in seinem Tagebucheintrag vom 14. Dezember kein Wort über das Thema. Stattdessen sprach er sich im Zusammenhang mit Hitlers Ausführungen zum »Problem des Christentums« gegen die katholische Präferenz für die von ihm so genannte »Idiotenerhaltung« aus[296] – ein deutlicher Verweis auf die kirchliche Kritik am »Euthanasie«-Mordprogramm.

Die »Klarheit« in der »Judenfrage«, die Bräutigam gegenüber Lohse behauptete, bestand vor allem darin, dass radikale Vorgehensweisen auf keine prinzipiellen Einwände stießen. Rosenberg sprach Anfang 1942 von »der selbstverständlichen Politik gegenüber dem Judentum«.[297] Jenseits der Einbindung anderer Regierungen, die sich Hitler »von Fall zu Fall in Einzelverhandlungen« vorbehielt,[298] bedurfte es nach dem Beginn des Massenmords an deportierten deutschen Juden angesichts des Engagements seiner Vertreter keiner »Grundsatzentscheidung« des Diktators. Strittig blieben ihre Kompentenzen, die mit der im Osten radikalisierten Gewaltpraxis in engem Zusammenhang standen. Während Rosenberg sein Drängen auf eine europaweite »Lösung« nicht aufgab und die Verantwortlichkeit seiner Zivilverwalter für zentrale Fragen der Judenpolitik – Ghettoverwaltung, Zwangsarbeit – in den Reichskommissariaten gegenüber Himmler zäh verteidigte,[299] überließ er diesem – angesichts der massiven praktischen Probleme auch durchaus absichtsvoll – als unbestreitbare Domäne die sicherheitspolizeiliche »Befriedung«. Dass Himmler entschlossen war, diesen Hebel zu nutzen, um weitere Kompetenzen an sich zu ziehen, zeigt sein Terminkalender-Eintrag über ein Gespräch mit Hitler vom 18. Dezember 1941 (»Judenfrage. | Als Partisanen auszurotten«). Darin betonte er die rücksichtslose Abwehr unmittelbarer Gefahr und verzichtete auf jede zielgruppenspezifische oder regionale Differenzierung.[300] Zum Jahreswechsel 1941/42 stand Himmler in der »Judenfrage« ungeachtet der Hunderttausenden von Toten, die seine Einheiten als »Erfolgsbilanz« ihres Osteinsatzes nach Berlin meldeten, unter erheblichem Druck. Hitler erwartete Fortschritte, seine Sachwalter drangen auf »Entjudung« ihrer Einflussgebiete, logistische Schwierigkeiten sorgten sowohl an den Ursprungs- wie Zielorten für stockende Deportationen aus dem Reich, während Rosenberg – Hitlers »Torhüter des Ostens« – als maßgeblicher Interpret der NS-Ideologie und Sprecher seines Herrn die europaweite Dimension der »Endlösung« betonte und gleichzeitig eifersüchtig die »Einheit der Repräsentanz des Deutschen Reiches in den besetzten Ostgebieten« verteidigte.[301]

Als Heydrich am 20. Januar 1942 die Teilnehmer der Wannsee-Konferenz begrüßte, verwies er laut des von Eichmann verfassten (und von Robert Kempner 1947 mitaufgefundenen) Konferenzprotokolls »im Hinblick auf die Endlösung der europäischen Judenfrage« auf »Lösungsmöglichkeiten nach entsprechender vorheriger Genehmigung durch den Führer« in Gestalt der »Evakuierung der Juden nach dem Osten«. Mit der Unterscheidung zwischen einer »kommenden Endlösung«, die elf Millionen Juden in Europa erfassen sollte, und kurzfristig realisierbaren »Ausweichmöglichkeiten« lag der RSHA-Chef ganz auf der Linie, die Rosenberg schon im Halbjahr zuvor in seiner »Braunen Mappe« für das RKO vorgezeichnet hatte. Gleichzeitig (und auf der Konferenz anscheinend unausgesprochen) waren für Heydrich leichter realisierbare, effizientere Alternativen außerhalb von Rosenbergs Einflussgebiet in den annektierten oder besetzten Teilen Polens bereits erkennbar. Vor dem Hintergrund der Ereignisse im RKO und der Auseinandersetzungen in den vorangegangenen Wochen und Monaten lesen sich die Schlüsselsätze des Protokolls wie eine Fortführung früherer Richtlinien für eine »Endlösung« im »Osten«. Gleichzeitig vermieden sie es, die

Mordabsicht und -methode, Tatorte und Zeitrahmen zu präzisieren. Es fehlten weder der vertraute Verweis auf die »Erfahrung der Geschichte« noch die biologistische Idee »natürlicher Verminderung«, das Kriterium »Arbeitsfähigkeit« und die Chiffre »Arbeitseinsatz« mittels Straßenbauvorhaben, wie sie im Rahmen der Sitzung von Rosenbergs »Planungsstab Ost« Ende Oktober 1941 diskutiert worden war und in Gestalt der »Durchgangsstraße IV« massenmörderische Wirklichkeit wurde.[302]

Heydrichs Intention, mit der Wannsee-Konferenz die Zustimmung anderer Instanzen für die Durchführung einer europaweiten, im »Osten« zu vollstreckenden »Endlösung« zu erreichen, stieß im Ostministerium auf keinerlei Widerspruch. Auf der Sitzung meldete sich Rosenbergs Vertreter laut Protokoll nur einmal zu Wort, als es um die »verschiedenen Arten der Lösungsmöglichkeiten« ging: Meyer schlug gemeinsam mit Staatssekretär Bühler aus dem Generalgouvernement vor, »gewisse vorbereitende Arbeiten im Zuge der Endlösung gleich in den betreffenden Gebieten selbst durchzuführen, wobei jedoch eine Beunruhigung der Bevölkerung vermieden werden müsse«.[303] Mehr noch: Bestand Rosenberg gegenüber Himmlers Apparat weiter auf seiner Entscheidungskompetenz in der Frage, ob jemand Jude und wie er zu behandeln sei,[304] so unterstützte er Heydrich nach der Wannsee-Konferenz gegen das Reichsinnenministerium in seinem Bestreben, »Mischlinge ersten Grades« unterschiedslos in die Deportationen miteinzubeziehen. Politische Opportunität spielte bestenfalls eine Nebenrolle. Laut Wetzel legte der Ostminister »persönlich entschiedenen Wert auf die Hereinnahme der Mischlinge ersten Grades in den Judenbegriff des Ostens«. Gleichzeitig entsprach es Rosenbergs schon früher sichtbaren Präferenzen, wenn Bräutigam gegenüber einem Mitarbeiter äußerte, dass er es »im Falle der Judenfrage für nicht unerwünscht halte, die Zuständigkeit der SS und Polizeiführung zu betonen«.[305]

Wie Christian Gerlach bereits Ende der 1990er Jahre feststellte, war der »Plan, die europäischen Juden in die besetzten sowjetischen Gebiete zu transportieren und dort einer langsamen Vernichtung auszusetzen, [...] zwischen Juni und Dezember 1941 Wandlungen unterworfen und wurde schließlich weitgehend aufgegeben«.[306] Die nun verfügbaren Teile des Rosenberg-Tagebuchs bestätigen dies; gleichzeitig stellen sie die Annahme in Frage, das Ostministerium hätte »die ganze zweite Jahreshälfte 1941 lang ein Konzept zur destruktiven Abschiebung der Juden in weit entfernte Gebiete« verfolgt.[307] Stattdessen befürwortete Rosenberg als Teil eines ganz Europa erfassenden ethnischen Großprojekts eine »Endlösung« auf dem von ihm verwalteten Gebiet durch die physische Vernichtung sowohl der einheimischen Juden wie der aus anderen Teilen Europas Deportierten. Dabei nahm er an den Massenmorden durch Himmlers SS- und Polizeikräfte keinen Anstoß, ja favorisierte sie sogar und war bereit, auch »Mischlinge ersten Grades« einzubeziehen. Je stärker jedoch im Laufe des Jahres 1942 andere Teile Osteuropas mit den Massenmorden in Chełmno, Belzec, Sobibor, Treblinka und Auschwitz in den Mittelpunkt des immer weiter ausgreifenden europaweiten Vernichtungsprozesses gerieten, umso mehr rückte Rosenbergs Zivilverwaltungsgebiet an dessen Rand. Die verbliebenen Ghettos und Lager waren für die dort lebenden einheimischen und deportierten Juden gleichwohl Stätten unbeschreiblichen Leids.

Mit Beginn des Frühjahrs 1942 machten die Mordkommandos in der besetzten Sowjetunion dort weiter, wo sie bei Einbruch des Winters aufgehört hatten. Dabei agierten Vertreter der Zivilverwaltung Hand in Hand mit SS und Polizei. Zeitgleich mit dieser »zweiten Tötungswelle« (Raul Hilberg), der die Mehrheit der bis dahin am Leben gebliebenen Juden in den Reichskommissariaten zum Opfer fielen, bereiste Rosenberg, inzwischen mit einer weiteren »Sonderbevollmächtigung« durch Hitler für die »planmäßige geistige Bekämpfung« von »weltanschaulichen Gegnern« ausgestattet,[308] erstmals sein Reich. Er fand weitgehend bestätigt, was er erwartete: »eindrucksvolles Raumerlebnis«, »wilder Osten« mit »wilden Völkern«; Trostlosigkeit in mehr als einer »öden, jüdisch-polnisch-ukrainischen Stadt«; bisweilen »ein Stück Deutschland inmitten der Wüste«.[309] Hinweise auf den Vollzug der »Endlösung« enthielt dieser Reisebericht ebenso wenig wie ein zweiter vom Sommer 1943, der kurz vor Übernahme der bis dahin noch vorhandenen Ghettos durch Himmler und ihre Umwandlung in Konzentrationslager entstand, und auch ein mutmaßlicher Besuch im Ghetto Kaunas blieb unerwähnt.[310] Mit der voranschreitenden Mordpraxis verschwanden die Juden noch mehr als zuvor aus Rosenbergs Tagebuchnotizen. Sollte Rosenberg einen seiner Vertreter vor Ort nach den Juden gefragt haben, dürfte er eine klare Antwort bekommen haben. Auf einer von Göring Anfang August 1942 einberufenen Besprechung sagte Lohse: »Die Juden leben nur noch zum kleinen Teil; zigtausend sind weg.«[311] Anfang Juni 1943 zitierte Hitler Rosenbergs RKU-Chef Erich Koch mit dem Schätzwert von einer halben Million ermordeter Juden.[312]

Die Tagebuchnotizen von 1942 bis Ende 1944 bestätigen, dass Rosenberg zwar verstärkt einzelne Aspekte der NS-Politik kritisierte, an seinen eigenen ideologischen Überzeugungen jedoch unverrückbar festhielt, nicht zuletzt in der »Judenfrage«. In einer undatierten, vermutlich nach der Schlacht um Stalingrad gehaltenen Rede sprach Rosenberg den Stand der »Endlösung« noch einmal deutlich an: Man sei dabei, »diesen Schmutz einmal auszurotten, und was heute mit der Ausschaltung der Juden aus allen Staaten des europäischen Kontinents geschieht, ist auch eine Humanität, und zwar eine harte, biologische Humanität«. Was immer sich auch seit der Formulierung der NS-Ideale verändert hatte, Rosenberg fühlte noch die »alte Wut«, und das Ziel konnte somit »nur das alte sein: Die Judenfrage in Europa und in Deutschland ist nur dann gelöst, wenn es keinen Juden mehr auf dem europäischen Kontinent gibt.«[313] Diese Ausführungen blieben in ihrer Deutlichkeit hinter der berüchtigten »Posener Rede« des Reichsführers SS Heinrich Himmler vom 4. Oktober 1943 kaum zurück.

Mit den immer stärker schwindenden Siegesaussichten hob Rosenberg die »Endlösung der Judenfrage« propagandistisch als europäisches Integrationsprojekt hervor, das die Völker und Staaten des Kontinents unter der Leitung Deutschlands auf den »Endsieg« einschwören sollte. War Hitler noch Ende 1941 über etwaige »Rechtsansprüche« besorgt, die aus der Beteiligung anderer Staaten erwachsen könnten, stand er diesen Gedanken nun aufgeschlossener gegenüber. Anfang 1944 plante Rosenberg einen großangelegten Kongress, der im Juli stattfinden und einen »Großeinsatz auf dem Gebiet der Judenbekämpfung« einleiten sollte, doch dazu kam es trotz intensiver Vorarbeiten nicht mehr.[314] Bis zum Ende des »Dritten Reiches« blieb Rosenberg ein ebenso fanatischer wie unbelehrbarer antisemitischer Ideologe, und vor Enttäuschungen, Rückzügen und Niederlagen bot ihm seine Weltanschauung bis in die Nürnberger Gefängniszelle hinein eine sichere Zuflucht.

Editorische Vorbemerkung

Teil II dieser Edition basiert auf den Originalseiten von Rosenbergs Tagebucheinträgen, die im Archiv des USHMM (RG-71 Acc.2001.62.14; für 1936–44) bzw. im NARA (RG 238 NM-66, Entry 1, boxes 120–121; für 1934/35) aufbewahrt werden. Die Herausgeber haben sich bemüht, den Text in seinem Wortlaut (einschließlich Schreibfehlern, Abkürzungen, Streichungen, Hervorhebungen und inhaltlichen Inkonsistenzen) wiederzugeben; editorische Erläuterungen finden sich in eckigen Klammern und in den Fussnoten. Letztere beschränken sich angesichts der historischen Einordnung des Textes in der Einleitung (Teil I) sowie der Vielzahl der genannten Namen und behandelten Themen auf zum Verständnis des Tagebuchtexts notwendige Personen- und Sachkommentare. Abkürzungen wurden zwecks besserer Lesbarkeit des Gesamttextes vielfach aufgelöst. Die Teiledition von Hans-Günther Seraphim, *Das politische Tagebuch Alfred Rosenbergs 1934/35 und 1939/40*, Göttingen 1956, basierte auf offensichtlich schwer lesbaren Xerokopien, was in der Transkription zu zahlreichen, oft sinnentstellenden Fehlern führte. Diese Abweichungen vom Original werden in der vorliegenden Edition nur in wenigen Fällen angemerkt.

Anmerkungen

1 Ernst Piper, *Alfred Rosenberg. Hitlers Chefideologe*, München 2005; Fritz Nova, *Alfred Rosenberg: Nazi Theorist of the Holocaust*, New York 1986.
2 Siehe Teil III, Dokument 1.
3 Siehe Piper, *Rosenberg*, S. 116–121.
4 Schon 1959 schrieb Wolfram Hanrieder – ohne Quellenangabe – in seiner an der University of Chicago eingereichten Magisterarbeit *Race, Religion, State Power*, iii: »it is generally agreed that Rosenberg played an important part in drafting and writing certain portions of ›Mein Kampf‹«. Dazu auch Otto Strasser, *Hitler and I*, Boston 1940; sowie Florian Beierl, Othmar Plöckinger, Neue Dokumente zu Hitlers Buch Mein Kampf, *VfZ* 57/2 (2009), S. 261–318.
5 Siehe Alfred Rosenberg, *Das Parteiprogramm. Wesen, Grundsätze und Ziele der Nationalsozialistischen Deutschen Arbeiterpartei*, München 1922 ff.
6 Der Begriff »Gegen-Rasse« geht offenbar auf Rosenbergs deutsch-baltischen Burschenschaftsbruder und späteren Mitarbeiter Arno Schickedanz zurück; siehe Arno Schickedanz, *Sozialparasitismus im Völkerleben*, Leipzig 1927.
7 Bis 1942 wurden eine Million Exemplare des *Mythus* verkauft. Zu Inhalt und Rezeption siehe Piper, *Rosenberg*, S. 179 ff.
8 Alfred Rosenberg, *Der Zukunftsweg einer deutschen Außenpolitik*, München 1927; dazu Piper, *Rosenberg*, S. 152–167. Vgl. Gerhard L. Weinberg (Hg.), *Hitlers zweites Buch. Ein Dokument aus dem Jahr 1928*, Stuttgart 1961.
9 Siehe Reinhard Bollmus, *Das Amt Rosenberg und seine Gegner. Zum Machtkampf im nationalsozialistischen Herrschaftssystem*, München 1970 (Neuausgabe 2006); Piper, *Rosenberg*, S. 323 ff.
10 Siehe Dirk Rupnow, *Judenforschung im Dritten Reich. Wissenschaft zwischen Politik, Propaganda und Ideologie*, Baden-Baden 2011.
11 Siehe Piper, *Rosenberg*, S. 486–508. Zur zersplitterten ERR-Aktenüberlieferung siehe Patricia Kennedy Grimsted, *Reconstructing the record of Nazi cultural plunder: A survey of the dispersed archives of the Einsatzstab Reichsleiter Rosenberg (ERR)*, Amsterdam 2011; und http://www.archives.gov/research/holocaust/international-resources/navigate.html.
12 Siehe Dokument 22. Neben der älteren Literatur (Alexander Dallin,

German Rule in Russia 1941–1945. A Study of Occupation Policies, London [2]1981; Gerald Reitlinger, *The House Built on Sand: The Conflicts of German Policy in Russia, 1939–1945*, New York 1960; Timothy Patrick Mulligan, *The Politics of Illusion and Empire: German Occupation Policy in the Soviet Union, 1942–1943*, New York 1988) siehe Piper, *Rosenberg*, S. 531–566; Andreas Zellhuber, *»Unsere Verwaltung treibt einer Katastrophe zu ...« Das Reichsministerium für die besetzten Ostgebiete und die deutsche Besatzungsherrschaft in der Sowjetunion 1941–1945*, München 2006. Zu den Grenzen der Reichskommissariate siehe die Karte auf S. 394 f.

13 Siehe Dieter Pohl, *Die Herrschaft der Wehrmacht. Deutsche Militärbesatzung und einheimische Bevölkerung in der Sowjetunion 1941–1944*, München 2008; Christian Hartmann, *Wehrmacht im Ostkrieg. Front und militärisches Hinterland 1941–42*, München 2009. Mit Schlüsseldokumenten und Bezug zur sog. Wehrmachtsausstellung: Hamburger Institut für Sozialforschung (Hg.), *Verbrechen der Wehrmacht. Dimensionen des Vernichtungskrieges, 1941 bis 1944*, Hamburg 2002.

14 Siehe Hilberg, *Vernichtung*, S. 287 ff.; Christopher R. Browning (mit einem Beitrag von Jürgen Matthäus), *Die Entfesselung der »Endlösung«. Nationalsozialistische Judenpolitik 1939–1942*, München 2003, S. 316 ff.; Peter Longerich, *Politik der Vernichtung. Eine Gesamtdarstellung der nationalsozialistischen Judenverfolgung*, München, Zürich 1998, S. 293 ff.

15 Siehe Piper, *Rosenberg*, S. 636–38. 1952 hatte Rosenbergs Tochter Interesse signalisiert, dem IfZ die Gefängnisaufzeichnungen ihres Vaters zu verkaufen, doch kam das Geschäft nicht zustande; siehe Aktenvermerk Dr. Hoch, 11.5. (richtig: 6.?) 1952, IfZ ID 103/203. In einem Vergleich von Rosenbergs Originalmanuskript mit der 1955 vom Göttinger Plesse-Verlag unter dem Titel *Letzte Aufzeichnungen. Ideale und Idole der nationalsozialistischen Revolution* veröffentlichten Ausgabe konstatierte der IfZ-Historiker Hans Buchheim eine unverkennbare »absichtliche Retouche der wirklichen Denkweise Rosenbergs«, die er u. a. anhand der selektiv und geschönt publizierten Passagen zur »Judenfrage« nachweist (Hans Buchheim, *Vergleich der vom Plesse-Verlag Göttingen 1955 veröffentlichten ›Letzten Aufzeichnungen‹ Alfred Rosenbergs mit dem Text des handschriftlichen Originalmanuskripts*, 9.12.1959, IfZ Ms 247, S. 10–14). In der Neuausgabe des Uelzener Jomsburg-Verlags von 1996 ist dieser Teil des Buchs weitestgehend geschwärzt.

16 Victor Klemperer, *Ich will Zeugnis ablegen bis zum letzten. Tagebücher*, Berlin 1995. Aus der neueren Literatur: Frank Bajohr, Beate Meyer, Joachim Szodrzynski (Hg.), *Bedrohung, Hoffnung, Skepsis. Vier Tagebücher des Jahres 1933*, Göttingen 2013, sowie die vom USHMM herausgegebene fünfbändige Quellenedition *Jewish Responses to Persecution, 1933–1946*. Eine Analyse bietet Alexandra Garbarini, *Numbered Days. Diaries and the Holocaust*, New Haven 2006.

17 Vgl. *Heinrich Himmlers Taschenkalender 1940. Kommentierte Edition*, hg. von Markus Moors und Moritz Pfeiffer, Paderborn 2013; Peter Witte, Michael Wildt, Martina Voigt, Dieter Pohl, Peter Klein, Christian Gerlach, Christoph Dieckmann, Andrej Angrick (Hg.), *Der Dienstkalender Heinrich Himmlers 1941/42*, Hamburg 1999.

18 Katrin Himmler, Michael Wildt (Hg.), *Himmler privat. Briefe eines Massenmörders*, München 2014.

19 Siehe zuletzt Peter Longerich, *Heinrich Himmler. Biographie*, München 2008.

20 *Die Tagebücher von Joseph Goebbels*, hg. von Elke Fröhlich, Teil I: Aufzeichnungen 1923–1941, Teil II: Diktate 1942–1945, München 1994–2006. Dem Genre kommt darüber hinaus das Diensttagebuch des Generalgouverneurs Hans Frank zumindest teilweise nahe: *Das Diensttagebuch des deutschen Generalgouverneurs in Polen 1939–1945*, hg. von Werner Präg und Wolfgang Jacobmeyer, Stuttgart 1975.

21 Als ältere Teiledition: Hans-Günther Seraphim (Hg.), *Das politische Tagebuch Alfred Rosenbergs 1934/35 und 1939/40*, München 1964 (zuerst Göttingen 1956).

22 Seraphim, *Tagebuch* (Vorsatzblatt »Über dieses Buch«).

23 Joseph Goebbels, *Vom Kaiserhof zur Reichskanzlei. Eine historische Darstellung in Tagebuchblättern*, München 1934. Laut Rosenberg kritisierte u.a. Gauleiter Wilhelm Kube, dass Goebbels nur ein Thema kenne: »Ich über mich«; siehe den in Teil II abgedruckten Tagebucheintrag Rosenbergs (im Folgenden und lediglich für Rosenbergs Notizen: Tagebucheintrag) vom 26.7.1943. Vgl. Rosenberg, *Letzte Aufzeichnungen*; zum Quellenwert dieser Nachkriegserinnerungen siehe Anm. 15.

24 Tagebucheintrag vom 6.9.1940.

25 Tagebucheintrag vom 11.11.1939.

26 Tagebucheintrag vom 1.3.1939.

27 Tagebucheintrag vom 21.5.1939.

28 Tagebucheinträge vom 11.8.1936 und 20.7.1941.

29 Siehe Hanrieder, *Alfred Rosenberg*; Nova, *Theorist*; Frank-Lothar Kroll, Alfred Rosenberg. Der Ideologe als Politiker, in: Michael Garleff (Hg.), *Deutschbalten, Weimarer Republik und Drittes Reich*, Köln 2001, S. 147–166.

30 Vgl. dazu Lutz Raphael, Pluralities of National Socialist Ideology. New Perspectives on the Production and Diffusion of National Socialist Weltanschauung, in: Martina Steber/Bernhard Gotto (Hg.), *Visions of Community in Nazi Germany. Social Engineering and Private Lives*, Oxford 2014, S. 73–86.

31 Vgl. Teil III, Dokument 1.

32 Ebd.

33 Damit stand Rosenberg unter NS-Funktionären nicht allein; siehe Mark

Roseman, The lives of others – amid the deaths of others: biographical approaches to Nazi perpetrators, *Journal of Genocide Research* 15/4 (2013), S. 443–461 (hier 453 f.).

34 Vgl. demgegenüber Eberhard Jäckel, *Hitlers Weltanschauung. Entwurf einer Herrschaft*, Tübingen 1969; ders., *Hitlers Herrschaft. Vollzug einer Weltanschauung*, Stuttgart 1986.

35 Nach dem Krieg schrieb einer von Rosenbergs Untergebenen im Ostministerium: »Rosenberg war ein seltsamer Mann. Vermutlich war er im Kreise der obersten Parteiführung der einzige, der den Nationalsozialismus ganz ohne Rückhalt bitterernst nahm und sich bemühte, mit diesem politischen Begriff ein auf ethische Fundamente gestütztes Programm zu bilden, und ganz bestimmt war er der einzige, der ehrlich versuchte, dieses Programm allen Ernstes auch noch in der Macht zu verwirklichen.« Joseph Zimmermann, Erlebnisse und Gestalten im Ostministerium, 10. 9. 1947, Archiv IfZ, ZS 426, S. 2–3.

36 Vgl. die umfassende Darstellung von Piper, *Rosenberg*.

37 Hitler orientierte sich bei seiner Darstellung des »Werdegangs des Judentums« offenbar stark an Alfred Rosenbergs Buch *Die Spur des Juden im Wandel der Zeiten* (siehe Dokument 1) – einem Buch, das sich auch auf der angeblich von Hitler selbst erstellten und auf der Rückseite von NSDAP-Mitgliedskarten abgedruckten Liste der »Bücher, die jeder Nationalsozialist kennen muß«, findet (Faksimile in Timothy W. Ryback, *Hitler's Private Library: The Books that Shaped his Life*, New York 2008, S. 57). Den Hinweis darauf verdanken wir Roman Töppel, der mit Christian Hartmann und anderen eine kritische, wissenschaftliche Edition von »Mein Kampf« vorbereitet.

38 Tagebucheintrag vom 23. 8. 1936.

39 Siehe Dokument 13.

40 Siehe Tagebucheintrag vom 28. 3. 1941.

41 Zit. nach Piper, *Rosenberg*, S. 635.

42 Dazu grundlegend und nach wie vor relevant: Bollmus, *Amt Rosenberg*.

43 Im November 1934 beispielsweise verglich Hitler Rosenberg in Gegenwart von Goebbels mit einer »Frau, die gut kocht, aber statt zu kochen Klavier spielt«. Fröhlich, *Goebbels-Tagebücher*, Teil I, Band 3/1, S. 144 (Eintrag vom 26. 11. 1934).

44 Siehe Tagebucheintrag vom 2. 2. 1941.

45 Siehe Tagebucheintrag vom 28. 3. 1941.

46 Siehe Tagebucheintrag vom 27. 1. 1940.

47 Siehe Tagebucheintrag vom 5. 10. 1939.

48 Ebd.

49 Siehe allgemein Ulrike Jureit, *Das Ordnen von Räumen. Territorium und Lebensraum im 19. und 20. Jahrhundert*, Hamburg 2012.

50 So führte Rosenberg am 14. 10. 1941 in einer Besprechung mit Gene-

ralgouverneur Hans Frank in dieser Frage laut Protokoll aus: »Reichsminister Rosenberg betonte, daß der ursprünglich von ihm erwogene Plan, einen ukrainischen Staat zur Abschirmung gegen die russischen Einflüsse zu schaffen, aufgegeben worden sei. Die in den besetzten Gebieten vorgefundene Bevölkerung sei keineswegs in der Lage, die ihr zugedachten politischen Aufgaben zu erfüllen; es sei denn, daß man sich hier selbst die Mühe machen würde, eine deutsche Erziehungsarbeit durchzuführen. Er halte jedoch bereits heute schon die Zweckmäßigkeit dazu nicht mehr gegeben.« Zit. nach Präg und Jacobmeyer, *Diensttagebuch*, S. 413.

51 Nach Angaben des Nürnberger Gefängnispsychologen Leon Goldensohn antwortete Rosenberg Anfang Februar 1946 auf die Frage nach der Authentizität der *Protokolle der Weisen von Zion*, er habe seine Meinung nicht geändert und habe kein Interesse daran, zu klären, ob die *Protokolle* echt oder gefälscht seien; Leon Goldensohn (Hg. Robert Gellately), *The Nuremberg Interviews: An American Psychiatrist's Conversations with the Defendants and Witnesses*, New York 2005, S. 197–203 (hier 198); auch in USHMMA 2012.430.1 Goldensohn Collection, box 3.

52 Siehe Tagebucheintrag vom 20. 7. 1941. Vgl. Raphael Gross, *Anständig geblieben. Nationalsozialistische Moral*, Frankfurt am Main 2010.

53 Siehe Tagebucheintrag vom 4. 8. 1943.

54 Siehe Tagebucheintrag vom 19. 1. 1943.

55 Fröhlich, *Goebbels-Tagebücher*, Teil I, Band 3/1, S. 75 (Eintrag vom 6. 7. 1934).

56 Siehe Tagebucheintrag vom 29. 7. 1943.

57 Siehe Otto Bräutigam, *So hat es sich zugetragen. Ein Leben als Soldat und Diplomat*, Würzburg 1968; Peter Kleist, *Zwischen Stalin und Hitler. 1939–1945*, Bonn 1950; ders., *Die europäische Tragödie*, Göttingen 1961, sowie zur Einordnung derartiger Entlastungsschriften Zellhuber, *Verwaltung*, S. 14 f.

58 Robert M. W. Kempner, Der Kampf gegen die Kirche. Aus unveröffentlichten Tagebüchern Alfred Rosenbergs, *Der Monat*, 1/10 (1949), S. 26–38; ders., *Eichmann und Komplizen*, Zürich 1961, S. 96–97, 423; ders., *SS im Kreuzverhör*, München 1969, S. 226, 228; ders., »Rosenberg, jetzt ist Ihre große Stunde gekommen«. Aufzeichnungen über Eroberungspläne Hitlers, *Frankfurter Rundschau* 22. 6. 1971; ders., Der Führer hat mir einen Kontinent anvertraut. Aus den geheimen Aufzeichnungen Alfred Rosenbergs zum Überfall auf Rußland, *Vorwärts* 2. 7. 1981. Zu Kempner siehe auch Anm. 64.

59 Scan-Kopien der Seiten mit Transkription (ohne Anmerkungen und Kontextualiserung): http://www.ushmm.org/information/exhibitions/online-features/special-focus/the-alfred-rosenberg-diary. Im Archiv des

USHMM (USHMMA) sind die Tagebuchnotizen unter der Signatur RG-71 Acc.2001.62.14 verfügbar.

60 Storey war als U.S. Executive Trial Counsel tätig.

61 Robert G. Storey, Outline of Method of Capture, Processing and Assembling Documentary Evidence, November 20, 1945 (001a-PS), Internationaler Militärgerichtshof Nürnberg, *Der Nürnberger Prozess gegen die Hauptkriegsverbrecher vor dem Internationalen Militärgerichtshof*, Nürnberg 1949 (im Folgenden: *Nürnberger Prozess*), Bd. 25, S. 2–4 (hier 3). Mit dem »alten Schloss« könnte Lichtenfels in der Nähe von Coburg gemeint sein, einer der Auslagerungsorte während des Kriegs zum Schutz vor Bombenschäden.

62 Wir konnten im Folgenden u.a. auf Material zurückgreifen, das die ehemaligen Archivare Henry Mayer (USHMM) und Timothy Mulligan (NARA) zusammenstellten. Beiden gilt unser Dank. Umfassend zum breiteren Kontext siehe Astrid M. Eckert, *Kampf um die Akten. Die Westalliierten und die Rückgabe von deutschem Archivgut nach dem Zweiten Weltkrieg*, Stuttgart 2004.

63 Es handelte sich um das Office of U.S. Chief of Counsel for the Prosecution of Axis Criminality (OUSCCPAC), das im Januar 1946 in Office of the Chief of Counsel for War Crimes (OCCWC) umbenannt wurde; vgl. das Memorandum War Crimes Branch (Capt. Ivo E. Sciarra), Private Papers of Alfred Rosenberg, 15. 8. 1945, NARA RG 238, NM 66, Entry 52A.

64 Kempner, Robert Max Wassili (1899–1994); 1928 Justitiar im preußischen Innenministerium; forderte in dieser Funktion Auflösung der NSDAP und Ausweisung Hitlers; nach 1933 Auswanderung in die USA, dort Berater der US-Regierung und Universitätsprofessor; stellvertretender US-Hauptankläger bei den Nürnberger Kriegsverbrecherprozessen 1945–1949; Sachverständiger beim Eichmann-Prozess. Autobiographisch: Robert Kempner, *Ankläger einer Epoche. Lebenserinnerungen*, Frankfurt am Main 1983. Zum zwischen November 1947 und April 1949 verhandelten Fall 11 der Nürnberger Nachfolgeprozesse siehe Dirk Pöppmann, Im Schatten Weizsäckers? Auswärtiges Amt und SS im Wilhelmstraßen-Prozess, in: Kim C. Priemel, Alexa Stiller (Hg.), *NMT. Die Nürnberger Militärtribunale zwischen Geschichte, Gerechtigkeit und Rechtschöpfung*, Hamburg 2013, S. 320–352.

65 Siehe Joseph Billig, *Alfred Rosenberg dans l'action idéologique, politique et administrative du Reich hitlérien. Inventaire commenté de la collection de documents conservés au C.D.J.C., provenant des archives du Reichsleiter et ministre A. Rosenberg*, Paris 1963; zu YIVO (RG 215 Berlin Collection): http://www.yivoinstitute.org/index.php?tid=45&aid=102.

66 Staff Evidence Analysis für Dokument 1749-PS; NARA RG 238, NM-66, Entry 1. Dokument 198-PS enthält Kopien der Tagebuch-

teile für 1939/40; die Originale befinden sich in USHMMA RG-71 Acc.2001.62.14.

67 Eidesstattliche Erklärung Fred Niebergall, 3.12.1946, *Trials of War Criminals Before the Nuernberg Military Tribunals Under Control Council Law No. 10* (TWC; online unter http://www.loc.gov/rr/frd/Military_Law/NTs_war-criminals.html), Bd. XV, S. 127–129.

68 Niebergall leitete die Document Control Branch der OCCWC Evidence Division, vgl. OCCWC Documentation Division (Lt. Jason Martin) an JAG Liaison Officer, 30.8.1946, NARA RG 238, NM-66, Entry 52a.

69 NARA RG 238 NM-66, Entry 1, boxes 120–121. Die beiden Kartons enthalten neben dem Originaltagebuch für Mai 1934 bis März 1935 Fotokopien der Notizen für Februar 1939 bis Mai 1940 sowie Originalakten aus Rosenbergs Dienstbereichen, u.a. Manuskripte für Reden und Veröffentlichungen. Kopien des Tagebuchs für 1934/35 finden sich unter 198-PS in NARA RG 238, NM-66, Entry 1, box 73.

70 Zit. nach Piper, *Rosenberg*, S. 638. Der Nachlass Thomas befindet sich im Bundesarchiv Koblenz (BAK) All. Proz. 3.

71 Minutes of Meeting to Discuss Disposal of Documents, 29.7.1948, S. 1; NARA RG 260 (OMGUS), box 1.

72 Kempner, *Ankläger*, S. 404.

73 Fred Niebergall, To Whom It May Concern, 8.4.1949; USHMMA RG-71 box 77.

74 Siehe Norbert Frei, *Vergangenheitspolitik. Die Anfänge der Bundesrepublik und die NS-Vergangenheit*, München 1996.

75 Serge Lang, Ernst von Schenck, *Porträt eines Menschheitsverbrechers. Nach den hinterlassenen Memoiren des ehemaligen Reichsministers Alfred Rosenberg*, St. Gallen 1947.

76 Kempner, Der Kampf gegen die Kirche, S. 26f. Siehe auch den Brief Kempners an die National Catholic Welfare Conference, 28.7.1949, mit der Anlage »Hitlers und Rosenbergs Geheimpläne für die Vernichtung der christlichen Kirche nach dem Kriege«; USHMMA RG-71 box 347. Das Thema lag Kempners Frau Ruth Benedicta am Herzen, die später dazu veröffentlichte (siehe Benedicta Maria Kempner, *Priester vor Hitlers Tribunalen*, München 1966; dies., *Nonnen unter dem Hakenkreuz. Leiden, Heldentum, Tod*, Würzburg 1979).

77 Siehe Kempner, *Kreuzverhör*, S. 14f., 226.

78 Durchschlag Schreiben Kempner an André François-Poncet, 13.6.1950; USHMMA RG-71 box 43. Bei den drei Tagebuchseiten handelt es sich um Einträge für den 14.10. und 2.11.1938, die in Teil II auf der Basis von Maschinen-Abschriften Kempners wiedergegeben sind.

79 Neben der nach ihrem Einband als »blaue Reihe« bekannten 42-bändigen Publikation *Nürnberger Prozess* veröffentlichten die alliierten Ankläger die achtbändige »rote Reihe« *Nazi Conspiracy and Aggression* und

die den Nachfolgeverfahren gewidmete 15-bändige »grüne Reihe« als *TWC*.

80 Siehe Eckert, *Kampf*, S. 72–76.

81 Wir danken Karel Berkhoff und Hubert Berkhout für Informationen zu den am NIOD in Kopie verfügbaren Teilen von Rosenbergs Tagebuch.

82 Siehe Dokument 10.

83 Durchschlag Schreiben Kempner an Hans-Günther Seraphim, 27.11. 1955; USHMMA RG-71 box 53. Am gleichen Tag schickte Kempner eine ähnliche, weniger detaillierte Auflistung der in seinem Besitz befindlichen Tagebuchnotizen an IfZ-Direktor Helmut Krausnick (IfZ ID 103-36-69); zu einer vorangegangenen Anfrage Krausnicks an Kempner vom 12.5.1955 siehe USHMMA RG-71 box 143.

84 Durchschlag Schreiben Kempner an Seraphim, 27.1.1956; USHMMA RG-71 box 53.

85 Durchschlag Schreiben Kempner an Seraphim, 16.3.1956; ebd.

86 Schreiben Seraphim an Kempner, 19.4.1956; ebd.

87 Durchschlag Schreiben Kempner an Seraphim, 30.4.1956; ebd.

88 Seraphim, *Tagebuch*, S. 23, Anm. 10: »Erst während der Drucklegung wurde bekannt, dass sich weitere Teile von Rosenbergs Tagebuch, insbesondere Aufzeichnungen aus den Jahren 1941–1944, in den USA in Privatbesitz befinden.«

89 Ebd., S. 25.

90 Schreiben Reinhard Bollmus an Kempner, 16.11.1962; USHMMA RG-71 box 143.

91 Noch 1972, nach Erscheinen seines Artikels mit Tagebuchzitaten in der *Frankfurter Rundschau* vom 22.6.1971, insistierte Kempner in Beantwortung einer Anfrage von Bollmus, es handle sich nicht »um neue Funde, sondern um Auszüge, die ich mir schon in Nürnberg gemacht hatte« (Kempner an Bollmus, 9.6.1972, USHMMA RG-71 box 143).

92 Bollmus, *Amt Rosenberg*, S. 13.

93 Schreiben Hermann Pörzgen, FAZ Redaktion Moskau, an Kempner, 21.2.1963; USHMMA RG-71 box 43.

94 Siehe Piper, *Rosenberg*, S. 638 f; unter Hinweis auf Kempners Nachlass dagegen Eckert, *Kampf*, S. 350, Anm. 452.

95 Die Sammlung Kempner im USHMMA (RG-71) umfasst mehr als 120 laufende Meter. Eine kleinere Sammlung mit den Akten aus Kempners Frankfurter Anwaltsbüro befindet sich im BAK unter der Signatur N 1470.

96 Siehe »NS-Vergangenheit: Dokumente im Müllsack«, *Der Spiegel* 45 (2003), S. 76. Dazu auch ein Leserbrief des damaligen Vizepräsidenten des Bundesarchivs Wolf Buchmann in *Der Spiegel* 47 (2003), S. 16.

97 Siehe http://www.ushmm.org/information/exhibitions/online-features/special-focus/the-alfred-rosenberg-diary.

98 Siehe etwa Bundesarchiv Berlin (BAB) NS 8 (Kanzlei Rosenberg), NS 30 (Einsatzstab Reichsleiter Rosenberg), NS 43 (Außenpolitisches Amt der NSDAP) und R 6 (Reichsministerium für die besetzten Ostgebiete) sowie die Bestände des CDJC, YIVO, USHMMA (dort neben RG-71 auch Kopien des BAB und CDJC).

99 Allerdings fehlt der Eintrag vom 8.5.1940 – abgedruckt in Seraphim, *Tagebuch,* offenbar war er Teil der am NIOD verfügbaren Kopien – im Original; umgekehrt umfasst das neu zugängliche Material einige Einträge für 1939/40 (z.B. für den 16.6., 11.9. und 14.9.1940), die weder bei Seraphim abgedruckt noch im NARA oder NIOD als Kopie verfügbar sind.

100 Siehe Tagebucheintrag für Ende 1936. Für das Jahr 1919 sind journalartige »Anmerkungen und Bemerkungen« Rosenbergs zu philosophischen Themen überliefert, auszugsweise abgedruckt in Léon Poliakov, Joseph Wulf (Hg.), *Das Dritte Reich und seine Denker. Dokumente und Berichte,* Berlin 1959, S. 11–16, sowie inhaltlich ähnliche Lektürevermerke (USHMMA RG-71 box 143). Der Herausgeber von Rosenbergs Frühschriften Alfred Baeumler, Philosophieprofessor und Rosenbergs Verbindungsmann zu seinem Amt als »Beauftragter des Führers für die Überwachung der geistigen Schulung und Erziehung der NSDAP«, schrieb 1944 in seiner Einleitung, Rosenberg habe kein »genaues Tagebuch« geführt, sondern »nur geschrieben, um einige Gedanken für sich selbst festzulegen« (Alfred Rosenberg, *Schriften und Reden,* Bd. 1: *Schriften aus den Jahren 1917–1921,* München 1944, S. 3).

101 Siehe Tagebucheintrag vom 28.12.1941. Die (dem gebundenen Tagebuch lose beigelegte) Gesprächsnotiz zum 22.5.1934 scheint die einzige überlieferte zu sein.

102 Abgesehen vom Tagebuchband für die Zeit vom 14.5.1934 bis zum 18.3.1935 (NARA RG 238 box 120, Bl. 614–692) sind physisch zusammenhängende Seiten nur für die Notizen vom 2.1.1940 bis 7.5.1940 überliefert, bei denen es sich um aus einem gebundenen Journal herausgerissene Papierlagen handelt.

103 Siehe Dokument 1 (Vorwort vom Dezember 1919).

104 Zit. nach Peter de Mendelssohn (Hg.), *Thomas Mann. Tagebücher 1918–1921,* Frankfurt am Main 1979, S. 223 (Eintragung vom 2.5.1919). Siehe auch Saul Friedländer, *Das Dritte Reich und die Juden. Die Jahre der Verfolgung,* München 1998, S. 106.

105 Ulrich Herbert, *Best. Biographische Studien über Radikalismus, Weltanschauung und Vernunft 1903–1989,* Bonn 1996, S. 204; dort auch zu anderen Merkmalen eines »Antisemitismus der Vernunft«.

106 Siehe z.B. Tagebucheinträge für 1.9. und 12.9.1941, 26.7. und 29.7. 1943; Dokumente 1, 7, 24 und 26.

107 Siehe Bollmus, *Amt Rosenberg,* S. 24–25, 238–39. Zum Dualismus der

NS-Ideologie siehe Boaz Neumann, *Die Weltanschauung des Nazismus: Raum, Körper, Sprache,* Göttingen 2010, wo – durchaus bezeichnend für die Missachtung Rosenbergs in der neueren Forschung – der deutsch-baltische Chefideologe nur mit einem entlegenen Aufsatz Erwähnung findet (»Die Welt des Auges«, 5.9.1934; in: Alfred Rosenberg, *Gestaltung der Idee,* München 1936).

108 Siehe Claudia Essner, *Die »Nürnberger Gesetze« oder die Verwaltung des Rassenwahns 1933–1945,* Paderborn 2002.

109 Manuskript der Rede Rosenbergs auf der Kulturtagung des Parteitags 1938 (masch. mit handschriftlichen Korrekturen Rosenbergs); NARA RG 238 box 120, Bl. 472–482 (hier 478f.).

110 Alfred Rosenberg, *Der Mythus des 20. Jahrhunderts. Eine Wertung der seelisch-geistigen Gestaltenkämpfe unserer Zeit,* München 1930, S. 513, 558.

111 Siehe Dokument 1.

112 Vgl. die Tagebucheinträge vom 28.6.1934, 22.11.1936 und 18.1.1937.

113 Siehe komprimiert Kempner, Kampf gegen die Kirche; Raimund Baumgärtner, *Weltanschauungskampf im Dritten Reich. Die Auseinandersetzung der Kirchen mit Alfred Rosenberg,* Mainz 1977.

114 Siehe Tagebucheintrag vom 21.8.1936.

115 Siehe Dokument 2.

116 Siehe Tagebucheintrag vom 20.10.1936.

117 Die Denkschrift Rosenbergs »über Einrichtung und Ausbau einer Zentralstelle zur Abwehr des Weltbolschewismus« vom 30.6.1937 zielte auf die Schaffung einer Pufferzone in Gestalt eines »Völkergürtels« um die Sowjetunion ab (mit handschr. Anmerkungen Rosenbergs zum Entwurf: USHMMA RG-71 Acc.2001.62.14; Endfassungen in USHMMA RG-68.007 reel 49, und BAB NS 8/175, Bl. 38–44).

118 So berichtete der Generalleutnant Gotthard Heinrici, der im Januar 1939 eine Rede Rosenbergs in Detmold als Zuhörer verfolgte, in einem Brief an seine Mutter vom 16.1.1939 (Bundesarchiv-Militärarchiv, N 265/153, Bl. 6f.): »[Ich] musste früh um 8 nach Detmold, wo in Erinnerung an die Lippewahl im Jahre 33 große nationalsozialistische Feier war. Gisela begleitete mich, damit sie doch einmal den Teutoburger Wald kennen lernte. Sie nahm mit mir als Ehrengast teil und hörte sich die Rosenberg Rede an. Er sprach 1 Stunde über die greulichen Juden. Die Judenfrage sei erst gelöst, wenn es keinen Juden mehr in Deutschland gebe und sie seien entschlossen, das auch durchzusetzen. Am besten wäre es überhaupt, wenn in ganz Europa kein Jude mehr sei. Zum Schluss wandte er sich auch noch gegen die Kirchen, weil sie den Antisemitismus verurteilten. Er führte alle möglichen judenfreundlichen Äußerungen an, von Pfarrers, worauf das ganze Publikum rief: Aufhängen! Aufhängen! (Die Pfarrer).« Den Hinweis verdanken wir Johannes Hürter.

119 Vgl. den Tagebucheintrag vom Dezember 1938.

120 Siehe Dokument 3.
121 Vgl. Aktennotiz (APA Amt für Vorderasien) »Betr. Besprechung beim Reichsleiter am 14. März mit Allahverdi«, 17.3.1939; USHMMA 1998.A.0104 (CDJC CXXXIX P3), reel 1.
122 Siehe Tagebucheintrag vom 25.8.1939.
123 Tagebucheintrag vom 22.8.1939.
124 Siehe Götz Aly, *»Endlösung«. Völkerverschiebung und der Mord an den europäischen Juden*, Frankfurt am Main 1995; Browning, *Entfesselung*, S. 30 ff.
125 Siehe Klaus-Michael Mallmann, Jochen Böhler, Jürgen Matthäus, *Einsatzgruppen in Polen. Darstellung und Dokumentation*, Darmstadt 2008; Stephan Lehnstaedt, Jochen Böhler (Hg.), *Die Berichte der Einsatzgruppen aus Polen 1939*, Berlin 2013.
126 Siehe Tagebucheintrag vom 25.8.1939.
127 Siehe Tagebucheintrag vom 7.2.1940; Aktenvermerk Auswärtiges Amt zur »Chefbesprechung« vom 9.2.1940 (NG-1283) in: Seraphim, *Tagebuch*, S. 199–202.
128 Siehe Tagebucheintrag vom 27.1.1940 sowie die langen Briefe Rosenbergs an Himmler vom 23.1. und 20.3.1940 (teilweise abgedruckt in Poliakov und Wulf, *Denker*, S. 483–485).
129 Siehe Tagebucheinträge vom 6. und 12.9.1940; Piper, *Rosenberg*, S. 486–494.
130 Siehe Tagebucheinträge vom 2.2. und 28.3.1941.
131 Siehe Tagebucheinträge vom 14.9.1940 (Zitat) und 2.2.1941. Zum »Institut zur Erforschung der Judenfrage« und vergleichbare NS-Projekte siehe Rupnow, *Judenforschung*.
132 Siehe Dokument 4; allgemein Magnus Brechtken, *»Madagaskar für die Juden«. Antisemitische Ideen und politische Praxis 1885–1945*, München 1997.
133 Siehe Tagebucheintrag vom 2.2.1941.
134 Eintrag OKW-KTB vom 3.3.1941; zit. nach Browning, *Entfesselung*, S. 320. Ähnlich Hitlers Rede vor Wehrmachtsoffizieren am 30.3.1941; ebd., S. 323 f.
135 Siehe Dokument 5. Bormanns Antwort ist nicht überliefert; siehe Richard Breitman, *The Architect of Genocide: Himmler and the Final Solution*, New York 1991, S. 160.
136 Longerich, *Politik*, S. 288.
137 Aktenvermerk Heydrich für Himmler, 26.3.1941; abgedruckt in *VEJ* Bd. 7, S. 113–117; Aly, *»Endlösung«*, S. 270. Nach Longerich, *Politik*, S. 291, steht in Heydrichs Planungen ab März 1941 die Sowjetunion als »Endziel der Deportationen« fest, doch deutet nichts darauf hin, dass das RSHA-Konzept zu dieser Zeit in Bezug auf seine konkrete Umsetzung klar umrissene Konturen hatte.
138 »Bemerkungen zu dem Programm der Eröffnung der Außenstelle Frank-

furt/M. und der Arbeitstagung«, o.D. (mit handschr. Anmerkungen Rosenbergs); USHMMA 1998.A.0104 (CDJC CXLII L3), reel 2. Diesen »Bemerkungen« zufolge sollte Himmlers Vortrag »weder im Programm aufgenommen noch bei den Presseempfängen erwähnt« werden. Nach Witte u.a., *Dienstkalender*, S. 119, 139, nahm Himmler an diesem Tag andere Termine wahr.

139 An der Spitze der Liste ausländischer Ehrengäste stand der slowakische Innenminister Alexander Mach, gefolgt vom norwegischen Faschistenführer Vidkun Quisling und dem holländischen NSB-Leiter Anton Adriaan Mussert. In »geschlossenen Sitzungen« während der Konferenz sollte versucht werden, »eine Stärkung des anti-jüdischen Willens« und eine »Klärung über Mittel und Wege zur Lösung der Judenfrage« herbeizuführen; siehe »Ausländische Ehrengäste und Begleiter«, 12.1.1941; USHMMA 1998.A0104 (CDJC CXLII), reel 2.

140 Siehe Dokument 6. Dem Abendvortrag Rosenbergs am 28.3.1941 ging eine Sondervorführung für Konferenzteilnehmer des gerade fertiggestellten Films *Der ewige Jude* voraus; am 7.3.1941 hatte Rosenberg eine ähnliche Rede vor Mitgliedern der Himmler unterstellten Ordnungspolizei gehalten (NARA T 454 reel 45). Für die Frankfurter Rede forderte das Propagandaministerium in einer Weisung die »ausführliche Wiedergabe in der Presse« (BAK ZSg. 109/119, 25./ 28.3.1941); siehe etwa *VB* vom 29.3.1941, *Weltkampf* Heft 1/2 (1941), *Das Archiv* März 1941, S. 1150–53. Zum Institut und dem politisch-wissenschaftlichen Kontext siehe Rupnow, *Judenforschung*.

141 Siehe Tagebucheinträge vom 28.3. und 2.4.1941.

142 Zum guten Verhältnis Rosenbergs zu Göring siehe Piper, *Rosenberg*, S. 538. Ein Treffen zwischen Göring und Rosenberg im unmittelbaren Zeitraum um den 26. März 1941 ist nicht dokumentiert (vgl. hierzu: IfZ, ED 180/5 Terminkalender Görings 1941).

143 Tagebucheintrag vom 28.3.1941.

144 Tagebucheintrag vom 31.3.1941.

145 Piper, *Rosenberg*, S. 510, weist bei der Interpretation dieser Tagebuchstelle zu Recht auf die weit über die »Judenfrage« hinausgehende Zielrichtung der NS-Rassenpolitik hin.

146 Ian Kershaw, Hitler's Role in the »Final Solution«, in: ders., *Hitler, the Germans, and the Final Solution*, New Haven, London 2008, S. 89–116 (hier 99).

147 Denkschrift »Betr. UdSSR«, 2.4.41 (1017-PS); zit. nach *Nürnberger Prozess* Bd. 26, S. 547–554.

148 Tagebucheintrag vom 2.4.1941 abends.

149 Tagebucheintrag vom 11.4.1941.

150 Siehe Ian Kershaw, Working towards the Führer, in: ders., *Hitler*, S. 29–48.

151 Siehe Witte u.a., *Dienstkalender*, S. 148–152 (Einträge für 10.–22.4.1941).

152 Tagebucheintrag vom 20.4.1941.
153 Tagebucheintrag vom 1.5.1941.
154 Zu den Absprachen zwischen Wehrmacht und Sicherheitspolizei siehe Ralf Ogorreck, *Die Einsatzgruppen und die »Genesis der Endlösung«*, Berlin 1996, S. 19–46.
155 Siehe Aly, *»Endlösung«*, S. 207 ff.
156 Schreiben Himmlers an Bormann, 25.5.1941; zit. nach Piper, *Rosenberg*, S. 517.
157 Siehe *Verbrechen der Wehrmacht*, S. 43–63.
158 Ebd., S. 548. Siehe ausführlicher Christian Gerlach, *Kalkulierte Morde. Die deutsche Wirtschafts- und Vernichtungspolitik in Weißrußland 1941 bis 1944*, Hamburg 1999, S. 44–59; Browning, *Entfesselung*, S. 347–359; Longerich, *Politik*, S. 296–299.
159 »Aktennotiz über Ergebnis der heutigen Besprechung mit den Staatssekretären über Barbarossa«, 2.5.1941 (2718-PS); abgedruckt in *Nürnberger Prozess* Bd. 31, S. 84.
160 Tagebucheinträge vom 1. und 6.5.1941; »Bericht über die vorbereitende Arbeit in Fragen des osteuropäischen Raumes«, 28.6.1941 (1039-PS); abgedruckt in *Nürnberger Prozess* Bd. 26, S. 586.
161 »Sitzung des wirtschaftlichen Führungsstabs Ost unter Leitung des Staatssekretärs Körner mit Vortrag des Staatssekretärs Backe über Lage der Landwirtschaft in Russland und unsere Ziele. Staatssekretär Körner schildert die Aufgabe des Reichsleiters Rosenberg u. der Reichskommissare. Staatssekretär Backe gibt Überblick über russische Ernährungswirtschaft. Um die Ukraine voll für Europa produzieren zu lassen, muss diese rigoros von dem übrigen Land abgeschnitten werden.« Kriegstagebuch Nr. 1 OKW WiRüAmt Arbeitsstab Oldenburg, 24.2–23.6.1941, Eintrag für 2.5.1941; USHMMA RG-71 box 377 (die folgenden Seiten des Kriegstagebuchs fehlen im Original).
162 Siehe »Allgemeiner Aufbau und Aufgaben einer Dienststelle für die zentrale Bearbeitung der Fragen des osteuropäischen Raumes«, 29.4.1941 (1024-PS); »Instruktion für einen Reichskommissar in der Ukraine«, 7.5.1941 (1028-PS); »Instruktion für einen Reichskommissar im Ostland«, 8.5.1941 (1029-PS); »Allgemeine Instruktion für alle Reichskommissare in den besetzten Ostgebieten«, 8.5.1941 (1030-PS); abgedruckt in *Nürnberger Prozess* Bd. 26, S. 560–627. Zusammenfassend Zellhuber, *Verwaltung*, S. 70–80.
163 »Allgemeiner Aufbau und Aufgaben einer Dienststelle für die zentrale Bearbeitung der Fragen des osteuropäischen Raumes«, 29.4.1941 (1024-PS); abgedruckt in *Nürnberger Prozess* Bd. 26, S. 560–566 (hier 562). Backe übernahm dann doch kein Reichskommissariat, sondern leitete ab Frühjahr 1942 die Geschäfte des Reichsernährungsministeriums und wurde zwei Jahre später dessen Minister.

164 »Allgemeine Instruktion für alle Reichskommissare in den besetzten Ostgebieten«, 8.5.1941 (1030-PS); abgedruckt in *Nürnberger Prozess* Bd. 26, S. 576–580 (hier 580).
165 Tagebucheintrag vom 11.4.1941 (Hv.i.O.).
166 Tagebucheintrag vom 6.5.1941 (Hv.i.O.).
167 Tagebucheintrag vom 1.6.1941 (Hv.i.O.).
168 Wirtschaftsstab Ost, »Wirtschaftspolitische Richtlinien für Wirtschaftsorganisation Ost, Gruppe Landwirtschaft«, 23.5.1941 (126-EC); abgedruckt in *Nürnberger Prozess* Bd. 36, S. 135–157 (hier 145). Nach Gerlach, *Kalkulierte Morde*, S. 48, stammte das Dokument »aus dem Umkreis von Backe«.
169 »Instruktion für einen Reichskommissar im Ostland«, 8.5.1941 (1029-PS); abgedruckt in *Nürnberger Prozess* Bd. 26, S. 573–76 (hier 574). Gleichzeitig hieß es in Rosenbergs »Allgemeiner Instruktion für alle Reichskommissare in den besetzten Ostgebieten« zu dem Ziel, den »Riesenraum« in verschiedene Teilgebiet aufzugliedern: »Das Reichskommissariat Ostland einschließlich Weißruthenien (Weißrußland) wird die Aufgabe haben, in Form einer Hinentwicklung zu einem eingedeutschten Protektorat einen immer engeren Anschluß an Deutschland vorzubereiten. Die Ukraine soll ein selbständiger Staat im Bündnis mit Deutschland werden und Kaukasien mit den anschließenden Nordgebieten ein Föderativstaat mit einem deutschen Bevollmächtigten. [...] Dieser kommende Kampf ist ein Kampf um die Ernährung und Rohstoffversorgung sowohl für das Deutsche Reich als auch für den ganzen europäischen Raum, ein Kampf weltanschaulicher Natur, in dem der letzte jüdisch-marxistische Gegner niedergerungen werden muß, ein staatspolitischer Krieg, der eine neue staatliche Konzeption in sich birgt und das eigentliche Europa in entscheidender Weise nach Osten vorrückt.« Abgedruckt in ebd., S. 576–580 (1030-PS).
170 »Denkschrift Nr. 2«, zit. nach Christoph Dieckmann, *Deutsche Besatzungspolitik in Litauen 1941–1944*, Göttingen 2011, S. 794. Ingeborg Fleischhauer, *Das Dritte Reich und die Deutschen in der Sowjetunion*, Stuttgart 1983, S. 80–82, verweist auf die im Vergleich zu »Denkschrift 1« wenig weitgehenden Absichtserklärungen gegenüber Nichtdeutschen in der Ausarbeitung vom 7.4.1941.
171 »Instruktion für einen Reichskommissar in der Ukraine«, 7.5.1941 (1028-PS); abgedruckt in *Nürnberger Prozess* Bd. 26, S. 567–573. Interessant die dokumentierten Textrevisionen (wahrscheinlich von Rosenberg) in diesem Teil der Instruktionen (S. 571): »Die Judenfrage wird nach der selbstverständlichen Ausscheidung der Juden aus allen öffentlichen Stellen eine entscheidende Lösung erfahren ~~müssen~~ durch Einrichtung von Ghettos oder Arbeitskolonnen. ~~Soweit die Juden von den Ukrainern selbst nicht vertrieben worden sind, werden die~~

~~kleinen Gemeinden in größeren Lagern untergebracht werden müssen, um in gleicher Weise durch~~] Arbeitszwang ~~tätig zu sein, wie es in Litzmannstadt in der Praxis bereits durchgeführt wird~~ ist einzuführen.«

172 Siehe Rosenbergs Entwurf eines Organisationsschemas des Ostministeriums, 16.4.1941, USHMMA RG-14.017M (BAB R 6/300).

173 Siehe Rosenbergs Denkschrift »Allgemeiner Aufbau und Aufgaben einer Dienststelle für die zentrale Bearbeitung der Fragen des osteuropäischen Raumes« vom 29.4.1941 (1024-PS); abgedruckt in *Nürnberger Prozess* Bd. 26, S. 560–565.

174 Zu Wetzel siehe Zellhuber, *Verwaltung*, S. 218, 245 f.; zum »machtpolitischen Dreieck« Rosenberg/Leibbrandt/Bräutigam siehe Piper, *Rosenberg*, S. 536. Zu Rosenbergs Favorisierung einer »Abteilung für Rassenfragen« in den Reichs- und Generalkommissariaten siehe Dokument 19.

175 Dokument 7; siehe auch Richtlinien Leibbrandts für die APA-Sitzung vom 29.5.1941, PAAA, R 105193.

176 Einsatzbefehl Nr. 1 Heydrichs an die Einsatzgruppenchefs, 29.6.1941; zit. nach Andrej Angrick, Klaus-Michael Mallmann, Jürgen Matthäus, Martin Cüppers (Hg.), *Deutsche Besatzungsherrschaft in der UdSSR. Dokumente der Einsatzgruppen in der Sowjetunion* Bd. 2, Darmstadt 2013, S. 35 f.; zum Kontext Jürgen Matthäus, Das ›Unternehmen Barbarossa‹ und der Beginn der Judenvernichtung, Juni – Dezember 1941, in: Browning, *Entfesselung*, S. 391 ff.

177 »Rede des Reichsleiters Rosenberg vor den engsten Beteiligten am Ostproblem am 20. Juni 1941« (1058-PS); *Nürnberger Prozess* Bd. 26, S. 610–627.

178 Wirtschaftsstab Ost, »Wirtschaftspolitische Richtlinien für Wirtschaftsorganisation Ost, Gruppe Landwirtschaft«, 23.5.1941 (126-EC); *Nürnberger Prozess* Bd. 36, S. 140.

179 »Rede des Reichsleiters Rosenberg vor den engsten Beteiligten am Ostproblem am 20. Juni 1941«; *Nürnberger Prozess* Bd. 26, S. 622.

180 Siehe Longerich, *Politik*, S. 321–410; Dokument 7.

181 Siehe Dokument 8.

182 Siehe Pohl, *Herrschaft*; Matthäus, Unternehmen; Hilberg, *Vernichtung*, S. 287 ff.; Christian Streit, *Keine Kameraden. Die Wehrmacht und die sowjetischen Kriegsgefangenen 1941–1945*, Bonn ND 1997.

183 Gesamtbericht Einsatzgruppe A für die Zeit vom 16.10.1941 bis 31.1.1942, o.D. (Februar 1942); auszugsweise abgedruckt in Angrick u.a., *Dokumente* Bd. 2, S. 272–285. Laut Gerlach, *Kalkulierte Morde*, S. 609, lag die Zahl der im Oktober und November 1941 im Generalbezirk Weißruthenien ermordeten Juden bei rund 60 000. Als einschlägige Regionalstudien Dieckmann, *Besatzungspolitik*; Katrin Reichelt, *Lettland unter deutscher Besatzung 1941–1944. Der lettische Anteil am Holocaust*,

Berlin 2011; Anton Weiss-Wendt, *Murder without Hatred: Estonians and the Holocaust*, Syracuse 2009.

184 Siehe Tagebucheintrag vom 20. 7. 1941. Grundlegend Dieter Pohl, *Nationalsozialistische Judenverfolgung in Ostgalizien 1941–1944. Organisation und Durchführung eines staatlichen Massenverbrechens*, München 1997.

185 Innerhalb des RKU wurden 1941 die Generalkommissariate Wolhynien-Podolien (1.9.), Shitomir, Kiew (beide 20.10.) und Nikolajew (15. 11. 1941) eingerichtet.

186 Zahlen nach Alexander Kruglov, Jewish Losses in Ukraine, 1941–1944, in: Ray Brandon, Wendy Lower (Hg.), *The Shoah in Ukraine: History, Testimony, Memorialization*, Bloomington 2008, S. 278–79. Siehe auch Dieter Pohl, Schauplatz Ukraine: Der Massenmord an den Juden im Militärverwaltungsgebiet und im Reichskommissariat 1941–1943, in: Norbert Frei, Sybille Steinbacher, Bernd Wagner (Hg.), *Ausbeutung, Vernichtung, Öffentlichkeit. Studien zur nationalsozialistischen Verfolgungspolitik*, München 2000, S. 135–173.

187 Siehe Klaus-Michael Mallmann, Der qualitative Sprung im Vernichtungsprozess: das Massaker von Kamenez-Podolsk Ende August 1941, *Jahrbuch für Antisemitismusforschung* 10 (2001), S. 239–264; Vermerk des Leiters der Abteilung Innere Verwaltung im RMfdbO, Walter Labs, für Rosenberg u. a. über eine Besprechung mit Vertretern des OKH Generalquartiermeisters, 27. 8. 1941; abgedruckt in *VEJ* Bd. 7, S. 264–267.

188 Siehe Witte u. a, *Dienstkalender*, S. 179.

189 Ebd., S. 179 f. Siehe auch Schreiben Himmlers an Rosenberg, 24. 6. 1941; abgedruckt in Angrick u. a., *Dokumente* Bd. 2, S. 33 f., sowie die Gegenüberstellung antijüdischer Konzepte vom Ostministerium und RSHA in: Dieckmann, *Besatzungspolitik*, S. 1016–1021.

190 Siehe Klaus-Michael Mallmann, Andrej Angrick, Jürgen Matthäus, Martin Cüppers (Hg.), *Die »Ereignismeldungen UdSSR« 1941. Dokumente der Einsatzgruppen in der Sowjetunion* Bd. 1, Darmstadt 2011, S. 9–19.

191 Siehe Bernward Dörner, *Die Deutschen und der Holocaust. Was niemand wissen wollte, aber jeder wissen konnte*, Berlin 2007, S. 423–426; Frank Bajohr, Dieter Pohl, *Der Holocaust als offenes Geheimnis. Die Deutschen, die NS-Führung und die Alliierten*, München 2006.

192 Tagebucheintrag vom 28. 12. 1941.

193 Tagebucheintrag Bräutigam vom 11. 7. 1941; zit. nach H. D. Heilmann, Aus dem Kriegstagebuch des Diplomaten Otto Bräutigam, in: *Biedermann und Schreibtischtäter. Materialien zur deutschen Täter-Biographie* (Beiträge zur nationalsozialistischen Gesundheits- und Sozialpolitik, Bd. 4), Berlin 1987, S. 123–187 (hier 134).

194 Tagebucheintrag von Leeb vom 8. 7. 1941; zit. nach Matthäus, Unternehmen, S. 267. Zu den Pogromen in Kaunas siehe Dieckmann, *Besatzungspolitik* Bd. 1, S. 313–337; Klaus-Michael Mallmann, Volker Rieß,

Wolfram Pyta (Hg.), *Deutscher Osten 1939–1945. Der Weltanschauungskrieg in Photos und Texten*, Darmstadt 2003, S. 61–69.

195 Tagebucheinträge Bräutigam vom 14. und 16. 7. 1941; Heilmann, Kriegstagebuch, S. 136 f.

196 Siehe Schreiben Xaver Dorsch an Kanzlei Rosenberg, 10. 7. 1941 (022-PS); abgedruckt in *Nürnberger Prozess* Bd. 25, S. 81–83.

197 Tagebucheintrag vom 20. 7. 1941. Zur Besprechung am 16. 7. 1941 siehe auch Piper, *Rosenberg*, S. 525–527; Ian Kershaw, *Wendepunkte. Schlüsselentscheidungen im Zweiten Weltkrieg 1940/41*, München 2008, S. 569–574.

198 »Aktenvermerk« Bormann, 16./17. 7. 1941 (221-L); abgedruckt in *Nürnberger Prozess* Bd. 38, S. 86–94.

199 Ebd., S. 87 f., 92.

200 Bormann schickte den Aktenvermerk, dem sowohl Betreff wie Titel fehlen, kurz nach dem Treffen an Himmler, der sich am 22. 7. 1941 dafür bedankte; siehe USHMMA RG-14.015M (BAB NS 19/3873, Bl. 10).

201 Tagebucheintrag vom 20. 7. 1941. In seinem Tagebuch schrieb Bräutigam angesichts der Kompetenzen Görings und Himmlers: »Nun muß alles der Praxis überlassen werden, aber schwer wird es für die Zivilverwaltung sein, ein Land zu regieren, ohne daß ihr Polizei und Wirtschaft ganz unterstehen.« (Heilmann, Kriegstagebuch, S. 136 f.)

202 Siehe etwa Breitman, *Architect*, S. 181–184; Longerich, *Politik*, S. 362 f.

203 Siehe Tagebucheintrag vom 20. 7. 1941.

204 Siehe Dokument 8.

205 Koeppens Berichte sind erst für die Zeit ab Anfang September 1941 überliefert. Siehe Martin Vogt (Hg.), *Herbst 1941 im »Führerhauptquartier«. Berichte Werner Koeppens an seinen Minister Alfred Rosenberg* (Materialien aus dem Bundesarchiv, Heft 10), Koblenz 2002.

206 Siehe Zellhuber, *Verwaltung*, S. 162–169.

207 Siehe Tagebucheintrag vom 14. 9. 1941; Dokumente 18 und 20.

208 Der Hinweis auf Lohses Rede vom 27. 7. 1941 findet sich in seinen »Vorläufigen Richtlinien für die Behandlung der Juden im Gebiet des RKO« vom 18. 8. 1941; auszugsweise abgedruckt in Wolfgang Benz, Konrad Kwiet, Jürgen Matthäus (Hg.), *Einsatz im »Reichskommissariat Ostland«. Dokumente zum Völkermord im Baltikum und in Weißrußland 1941–1944*, Berlin 1998, S. 46 f. Zu Lohses Nachkriegsdarstellung seines Treffens mit Hitler am 26. 7. siehe Dieckmann, *Besatzungspolitik*, S. 456.

209 »Allgemeiner Aufbau und Aufgaben einer Dienststelle für die zentrale Bearbeitung der Fragen des osteuropäischen Raumes« vom 29. 4. 1941 (1024-PS); *Nürnberger Prozess* Bd. 26, S. 560–565.

210 Rundschreiben Heydrich an HSSPF, 2. 7. 1941; abgedruckt in Angrick u. a., *Dokumente* Bd. 2, S. 44–47 (hier 45; Hv. i. Orig.).

211 Siehe Tagebucheinträge Bräutigam vom 25. und 26. 7. 1941; Heilmann, Kriegstagebuch, S. 138 f.

212 Dieckmann, *Besatzungspolitik*, S. 793–805.
213 Siehe Zellhuber, *Verwaltung*, S. 130–141.
214 Kruglov, Jewish Losses, S. 281. Pohl, Schauplatz, S. 172 f., konstatiert für die Ukraine, dass »der SS- und Polizeiapparat nicht allein als eigenständiges Machtzentrum, sondern auch als Exekutive der Militär- und Zivilverwaltung« agierte, da »weitgehend Konsens über die Massenmorde« bestand.
215 Gerlach, *Kalkulierte Morde*, S. 609–743. Zu den Ghettos in den Reichskommissariaten siehe *The United States Holocaust Memorial Museum Encyclopedia of Camps and Ghettos, 1933–1945*, Bd. 2: *Ghettos in German-Occupied Eastern Europe*, hg. von Martin Dean, Bloomington 2012, S. 989 ff.
216 Siehe Jürgen Matthäus, Die ›Judenfrage‹ als Schulungsthema von SS und Polizei. ›Inneres Erlebnis‹ und Handlungslegitimation, in: ders., Konrad Kwiet, Jürgen Förster, Richard Breitman, *Ausbildungsziel Judenmord? »Weltanschauliche Erziehung« von SS, Polizei und Waffen-SS im Rahmen der »Endlösung«*, Frankfurt am Main 2003, S. 71–77. Mit vergleichender Perspektive: Stephan Lehnstaedt, *Okkupation im Osten. Besatzeralltag in Warschau und Minsk 1939–1944*, München 2010.
217 Siehe Dokument 21.
218 Siehe Matthäus, Unternehmen, S. 371–379; Longerich, *Politik*, S. 352 f.
219 Witte u. a., *Dienstkalender*, S. 188 f.
220 Siehe Tagebucheinträge vom 28. 12. 1941 (zum Gespräch mit Kundt am 4. 8.), 2. 8. und 1. 9. 1941.
221 Siehe Browning, *Entfesselung*, S. 508–511; Longerich, *Politik*, S. 442 f.; Martin Cüppers, *Walther Rauff – In deutschen Diensten. Vom Naziverbrecher zum BND-Spion*, Darmstadt 2013, S. 109–144.
222 Auftrag Göring an Heydrich, 31. 7. 1941 (710-PS); abgedruckt in *Nürnberger Prozess* Bd. 26, S. 266 f.; zur Einordnung: Longerich, *Politik*, S. 421 f.
223 Tagebucheintrag vom 2. 8. 1941.
224 Siehe Dokument 9.
225 RKO II an HSSPF mit Anlage »Vorläufige Richtlinien für die Behandlung der Juden im Gebiet des RKO«, 2. 8. 1941; abgedruckt in Benz u. a., *Einsatz*, S. 38–42. Darin wies Lohse die General- und Gebietskommissare im RKO als »Mindestmaßnahmen« an, restriktive Bestimmungen anzuordnen, »wo und solange weitere Maßnahmen im Sinne der endgültigen Lösung der Judenfrage nicht möglich sind«. Als »weitere Maßnahmen« empfahl Lohse »unter Berücksichtigung der örtlichen, insbesondere wirtschaftlichen Verhältnisse mit Nachdruck« u. a. die Vertreibung der Juden vom flachen Land, ihre Ghettoisierung und Heranziehung zur Zwangsarbeit »nach Maßgabe des Arbeitsbedarfs«. Siehe auch Longerich, *Politik*, S. 394–397; Matthäus, Unternehmen, S. 414–419.

226 Entwurf einer Stellungnahme Stahleckers zum RKO-Richtlinienentwurf, 6. 8. 1941; abgedruckt in Benz u. a., *Einsatz*, S. 42–46.

227 Siehe Tagebucheinträge vom 1. 9. 1941 und (rückblickend) 28. 12. 1941.

228 RKO II an Generalkommissare, 18. 8. 1941; abgedruckt in *VEJ* Bd. 7, Dok. 186, S. 527–531; Stahlecker an Einsatzkommandos der Einsatzgruppe A, 29. 8. 1941; auszugsweise abgedruckt in Benz u. a., *Einsatz*, S. 47 f. Bereits am 13. 8. 1941 hatte Lohse die veränderten Richtlinen Rosenberg mitgeteilt.

229 Zentrale Stelle Ludwigsburg 15 AR 1439/65, »Zwischenvermerk – Sachgebiet Ostministerium –«, 13. 4. 1965, IfZ Gy 14, S. 6. Zu vergleichbaren Aspekten der Personalrekrutierung: Stephan Lehnstaedt, »Ostnieten« oder Vernichtungsexperten? Die Auswahl deutscher Staatsdiener für den Einsatz im Generalgouvernement Polen 1939–1944, *ZfG* 53 (2007), S. 701–721. Zum Mythos vom »schwachen Rosenberg« siehe auch Piper, *Rosenberg*, S. 534.

230 Siehe Schreiben Lammers an Rosenberg »Betrifft: Zuständigkeiten des RFSS in den besetzten Ostgebieten«, 6. 9. 1941; USHMMA RG-14.017M (BAB R6/491). Zum von Himmler Mitte 1941 in Auftrag gegebenen »Generalplan Ost«, der vom Baltikum bis zur Krim die Zwangsumsiedlung von 30 bis 50 Millionen Einheimischen zugunsten deutscher Siedler vorsah, aber weitgehend unverwirklicht blieb, siehe Aly, *»Endlösung«*, S. 251 f.; Mechtild Rössler, Sabine Schleiermacher (Hg.), *Der »Generalplan Ost«. Hauptlinien der nationalsozialistischen Planungs- und Vernichtungspolitik*, Berlin 1993.

231 Siehe Tagebucheinträge vom 12. und 14. 9. 1941.

232 RSHA IV (Müller) an Einsatzgruppen, 25. 8. 1941; abgedruckt in Angrick u. a., *Dokumente* Bd. 2, S. 109.

233 Siehe z. B. Tagebucheinträge vom 26. 7., 13. 8. 1943 und 26. 10. 1944, Dokument 18; Brief Rosenberg an Keitel »betr. Kriegsgefangene«, 28. 2. 1942 (081-PS); abgedruckt in *Nürnberger Prozess* Bd. 25, S. 157–161.

234 Tagebucheintrag vom 7. 9. 1941.

235 »Richtlinien für die Zivilverwaltung in den besetzten Ostgebieten« (Braune Mappe), Teil I: RKO, o. D. (September 1941); USHMMA RG-18.002M (ZSA Riga, R70–5–7), reel 4; teilweise abgedruckt in Benz u. a., *Einsatz*, S. 33–37. Die Braune Mappe für das RKU erließ Rosenbergs Ministerium im September 1942; siehe BAB R 43II/685a, Bl. 77–97; im April 1942 ergingen vom RMfdbO »Richtlinen für die Wirtschaftsführung« (ebd., Bl. 37–75).

236 Siehe Tagebucheintrag vom 1. 10. 1941.

237 Ende Januar 1942 übersandte Himmlers Büro dem Ostministerium Revisionswünsche zu den Passagen der »Braunen Mappe«, die sich mit der »Judenfrage« befassten (abgedruckt in Angrick u. a., *Dokumente* Bd. 2, S. 270–272); sie wichen insbesondere mit dem auf die Interessen von

Sipo und SD gemünzten Hinweis, die Richtlinien dürften »derartige Massnahmen, die der endgültigen Lösung der Judenfrage und damit der Ausscheidung des Judentums dienen,« in keiner Weise behindern, und dem Weglassen der Formulierung »nach dem Kriege« (ebd., S. 270) von dem hier zitierten Passus ab.

238 Siehe Matthäus, Unternehmen, S. 390 f.

239 Mitte September schlug die in der Ukraine stationierte Einsatzgruppe C die »Lösung der Judenfrage durch umfassenden Arbeitseinsatz« vor, da dies »eine allmähliche Liquidierung des Judentums zur Folge« habe und den »wirtschaftlichen Gegebenheiten des Landes« entspreche (Ereignismeldung 86, 17. 9. 1941; abgedruckt in Mallmann u. a., *Dokumente* Bd. 1, S. 479).

240 Christian Gerlach, Die Ausweitung der deutschen Massenmorde in den besetzten sowjetischen Gebieten im Herbst 1941. Überlegungen zur Vernichtungspolitik gegen Juden und sowjetische Kriegsgefangene, in: ders., *Krieg, Ernährung, Völkermord. Forschungen zur deutschen Vernichtungspolitik im Zweiten Weltkrieg,* Hamburg 1998, S. 10–84 (hier 34, 42).

241 Carltheo Zeitschel an Botschafter Otto Abetz, 22. 8. 1941; zit. nach Browning, *Entfesselung,* S. 466.

242 Ebd., S. 492.

243 Siehe Longerich, *Politik,* S. 352 ff., 427–434; Browning, *Entfesselung,* S. 449 ff.

244 Siehe Tagebucheintrag vom 1. 10. 1941; Berichte Koeppens an Rosenberg vom 19., 23. und 24. 9. 1941 in: Vogt, *Herbst,* S. 23–25, 40 f., 43 f.

245 Tagebucheintrag vom 12. 9. 1941.

246 Siehe Tagebucheinträge Bräutigam für 14. und 15. 9. 1941 in: Heilmann, Kriegstagebuch, S. 144 f.: »Kalinin hatte angeordnet, daß alle Wolgadeutschen nach Sibirien zu verschicken seien. Offenbar fürchtete man, sie im Herzen der Sowjetunion zu belassen und wollte sie auch einem etwaigen späteren Zugriff durch uns entziehen. Von dem traurigen Schicksal, verbannt zu werden, sollten 400 000 Personen erfaßt werden. Dabei war es klar, daß der größte Teil die Verbannung oder gar schon den Transport nicht überleben würde. Als Gegenmaßnahme war vom Reichsleiter die Verschickung aller Juden Zentraleuropas in die östlichen, unter unserer Verwaltung stehenden Gebiete in Aussicht genommen, und ich hatte telegraphisch den Auftrag erhalten, die Zustimmung des Führers zu diesem Projekt herbeizuführen.«

247 Die Wolgadeutschen wurden zwischen dem 13. und 15. 9. von den Sowjets nach Osten deportiert; siehe Benjamin Pinkus, Ingeborg Fleischhauer, *Die Deutschen in der Sowjetunion,* Baden-Baden 1987, S. 307–310. Gerlach, Ausweitung, S. 10–84 (hier 78, Anm. 164) hält Bräutigams Tagebucheintrag für unzutreffend, doch legt Rosenbergs Notiz vom 12. 9.

mit ihrer Drohung, »[f]ür diese Morde wird eben die russische Nation als ganze bezahlen müssen,« eine andere Interpretation nahe.

248 Longerich, *Politik*, S. 429 f.; Browning, *Entfesselung*, S. 467 f.

249 Zur historischen Einordnung siehe Longerich, *Politik*, S. 429 f.; Browning, *Entfesselung*, S. 467–69. Zu Hitlers Entscheidung und Spekulationen über seine Motive siehe Longerich, *Politik*, S. 431–433; Browning, *Entfesselung*, S. 469 f.

250 »Der Führer wünscht, dass möglichst bald das Altreich und das Protektorat vom Westen nach dem Osten von Juden geleert und befreit werden. Ich bin daher bestrebt, möglichst noch in diesem Jahr die Juden des Altreichs und des Protektorats zunächst einmal als erste Stufe in die vor zwei Jahren neu zum Reich gekommenen Ostgebiete zu transportieren, um sie im nächsten Frühjahr noch weiter nach dem Osten abzuschieben. Ich beabsichtige, in das Litzmannstädter Ghetto, das, wie ich höre, an Raum aufnahmefähig ist, rund 60000 Juden des Altreichs und des Protektorats für den Winter zu verbringen.« Himmler an Greiser (Kopien an Heydrich und HSSPF Warthegau Wilhelm Koppe), 18.9.1941; zit. nach Longerich, *Politik*, S. 430.

251 Niederschrift über Besprechung Heydrich und Ehlich mit Vertretern des Ostministeriums, 4.10.1941; USHMMA RG-14.015M (BAB NS 19/1734, Bl. 2–7). Am 26.11. kommentierte Himmler ausführlich die Niederschrift, ohne auf den Abschnitt »Regelung der Judenfrage« einzugehen (ebd., Bl. 9–12).

252 Bericht Koeppen an Rosenberg, 7.10.1941 in: Vogt, *Herbst*, S. 63–65 (hier 65).

253 »Notizen aus der Besprechung am 10.10.41 über die Lösung von Judenfragen«; zit. nach Miroslav Kárný, Jaroslava Milotová, Margita Kárná (Hg.), *Deutsche Politik im »Protektorat Böhmen und Mähren« unter Reinhard Heydrich 1941–1942. Eine Dokumentation*, Berlin 1997, S. 137–141.

254 Longerich, *Politik*, S. 460.

255 Bis dahin waren rund 70000 Anstaltsinsassen dieser von Philipp Bouhlers »Kanzlei des Führers« koordinierten Mordaktion zum Opfer gefallen. Siehe Henry Friedlander, *Der Weg zum NS-Genozid. Von der Euthanasie zur Endlösung*, Berlin 1997; Winfried Süß, *Der »Volkskörper« im Krieg. Gesundheitspolitik, Gesundheitsverhältnisse und Krankenmord im nationalsozialistischen Deutschland 1939–1945*, München 2003.

256 Zit. nach Präg, *Diensttagebuch*, S. 412 f.

257 Bericht Gebietskommissar Libau an Generalkommissar Lettland, 11.10.1941; auszugsweise abgedruckt in Benz u. a., *Einsatz*, S. 92 f.; Berichte des Gebietskommissars in Sluzk und Generalkommissars Weißruthenien, 30.10.1941 (1104-PS); abgedruckt in *Nürnberger Prozess* Bd. 27, S. 1–8 (mit Anstreichungen Rosenbergs).

258 Aktenvermerk Berger über ein Gespräch mit Rosenberg, 10.10.1941;

NARA T 175 Rolle 22, Bl. 2527944 f.; Brief Rosenberg an Lammers, 14. 10. 1941, in: Breitman, *Architect*, S. 215.

259 Siehe Christian Gerlach, Failure of Plans for an SS Extermination Camp in: Mogilev, Belorussia, *HGS* 12 (1997), S. 60–78; ders., *Kalkulierte Morde*, S. 587–592, 650–655; Aly, *»Endlösung«*, S. 342–344.

260 Siehe Longerich, *Politik*, S. 444 f.

261 Siehe ebd., S. 450–456; Browning, *Entfesselung*, S. 593–600.

262 Himmler an Heydrich, 21. 11. 1941, »Betr. Niederschrift über die Besprechung zwischen SS-Ogruf. Heydrich und Gauleiter Meyer am 4. 10. 1941«; USHMMA RG-14.015 (BAB NS 19/1734, Bl. 9–12, hier 12).

263 Vortragsnotiz Bräutigam für Rosenberg, 13. 10. 1941 (082-PS); zit. nach Streit, *Keine Kameraden*, S. 341, Anm. 95. Zu den Kommissionen des Ostministeriums, die aus den Kriegsgefangenenlagern geeignete Arbeiter aussuchten, siehe Dokument 11.

264 »Die Gefangenen sterben an Hunger u. Frost«; Tagebucheintrag vom 28. 12. 1941.

265 Zum weiteren Kontext siehe Longerich, *Politik*, S. 441–465; Browning, *Entfesselung*, S. 449–555; Aly, *»Endlösung«*, S. 327–367.

266 Die ersten Morde mittels »Gaswagen« in Chełmno begannen am 8. 12. 1941; Browning, *Entfesselung*, S. 595 f.

267 Briefentwurf Wetzel an Lohse »Betr.: Lösung der Judenfrage«, 25. 10. 1941 (NO-365); abgedruckt in *VEJ* Bd. 7, Dok. 206, S. 564.

268 Siehe die vage Angabe in Rosenbergs Halbjahresrückblick vom 28. 12. 1941 (»Aussprachen mit Lohse«) ohne Datierungshinweis.

269 Zentrale Stelle Ludwigsburg 15 AR 1439/65, »Zwischenvermerk – Sachgebiet Ostministerium«, 13. 4. 1965, IfZ GY 14, Bl. 13–17.

270 Wetzel nannte im Betreff einen Bericht Lohses vom 4. 10. 1941 »bezüglich Lösung der Judenfrage« sowie sein Schreiben vom 18. 10.; beide sind nicht überliefert.

271 Siehe Browning, *Entfesselung*, S. 479 f.; Longerich, *Politik*, S. 461 f.

272 Briefentwurf RKO (Trampedach) an RMfdbO (Geheim), 15. 11. 1941 (3663-PS); abgedruckt in *Nürnberger Prozess* Bd. 32, S. 436, und *VEJ* Bd. 7, Dok. 213, S. 578 f.

273 Siehe Alfred Gottwaldt, Diana Schulle, *Die Judendeportationen aus dem Deutschen Reich von 1941–1945. Eine kommentierte Chronologie*, Wiesbaden 2005, S. 84–136, 230–259; Birthe Kundrus, Beate Meyer (Hg.), *Die Deportation der Juden aus Deutschland. Pläne, Praxis, Reaktionen 1938–1945* (Beiträge zur Geschichte des Nationalsozialismus, Bd. 20), Göttingen 2004.

274 Gerlach, *Kalkulierte Morde*, S. 624–626.

275 Siehe Andrej Angrick, Peter Klein, *Die »Endlösung« in Riga. Ausbeutung und Vernichtung 1941–1944*, Darmstadt 2006, S. 138–182.

276 Siehe Dieckmann, *Besatzungspolitik*, S. 959–967.

277 Zit. nach Matthäus, Unternehmen, S. 443.
278 Witte u. a., *Dienstkalender*, S. 278.
279 Schreiben Bräutigam am Lohse (Geheime Reichssache), 18. 12. 1941 (3666-PS); abgedruckt in *Nürnberger Prozess* Bd. 32, S. 437, und *VEJ* Bd. 7, Dok. 221, S. 586 (dort »Höheren SS- und Polizeiführer«). Das Schreiben ging am 22. 12. 1941 in Riga ein.
280 Siehe Dokument 11.
281 Bericht Koeppen an Rosenberg vom 18. 10. 1941 in: Vogt, *Herbst*, S. 81.
282 Niederschrift über die Chefbesprechung am 30. 10. 1941 im Ostministerium (Geheime Reichssache); USHMMA RG-71 box 380; auch in: BAB R 6/102.
283 Siehe Dokument 11.
284 Siehe Dokument 12.
285 »Zuständigkeit der Polizeidienststellen in den neu besetzten Ostgebieten«, 19. 11. 1941; BAB R6/9, Bl. 79 f.
286 Witte u. a., *Dienstkalender*, S. 265.
287 Siehe Dokument 12; Piper, *Rosenberg*, S. 545–547.
288 Fröhlich, *Goebbels-Tagebücher*, Teil II Bd. 2, S. 307–312 (Tagebucheintrag vom 18. 11. 1941; hier S. 309).
289 Siehe Browning, *Entfesselung*, S. 480.
290 Kube an Lohse, 16. 12. 1941; zit. nach ebd., S. 563.
291 Siehe ebd., S. 564.
292 Siehe Gerlach, *Kalkulierte Morde*, S. 768–771; Petra Rentrop, *Tatorte der »Endlösung«. Das Ghetto Minsk und die Vernichtungsstätte von Maly Trostinez*, Berlin 2011.
293 Siehe Kurt Pätzold, Erika Schwarz (Hg.), *Tagesordnung: Judenmord. Die Wannsee-Konferenz am 20. Januar 1942,* Berlin 1992, S. 88–90; Mark Roseman, *Die Wannsee-Konferenz. Wie die NS-Bürokratie den Holocaust organisierte,* München 2002, S. 96 f.; Norbert Kampe, Peter Klein (Hg.), *Die Wannsee-Konferenz am 20. Januar 1942. Dokumente, Forschungsstand, Kontroversen,* Köln 2013.
294 In einer Aktennotiz für Hitler vom 18. 12. 1941 bat Rosenberg »zu genehmigen, daß die gesamten jüdischen Wohnungseinrichtungen der geflohenen oder noch abreisenden Juden in Paris, wie überhaupt in den besetzten westlichen Gebieten, nach Möglichkeit zur Unterstützung der Einrichtungen für die Verwaltung im Osten beschlagnahmt werden«, und schlug weiter vor, als »Vergeltung« für Angriffe auf Wehrmachtsangehörige in Frankreich künftig jeweils »100 oder mehr jüdische Bankiers, Rechtsanwälte usw.« erschießen zu lassen: »Die Juden in London und New York sind es, welche französische Kommunisten aufstacheln, Attentate zu verüben, und es erscheint recht und billig, wenn die Rassenangehörigen in Frankreich dafür büßen. Es wären nicht die kleinen Juden, sondern ganz systematisch alle führenden Juden in

Frankreich zur Verantwortung zu ziehen. Das könnte zum Erwachen des Antijudaismus beitragen.« Auszugsweise abgedruckt in Pätzold, Schwarz, *Tagesordnung*, S. 96f. (PS-001).

295 Siehe Dokument 14. Christian Gerlach, Die Wannsee-Konferenz, das Schicksal der deutschen Juden und Hitlers politische Grundsatzentscheidung, alle Juden Europas zu ermorden, in: ders., *Krieg*, S. 85–166 (hier 123–125), interpretiert den Passus als Beleg für eine am 12. 12. 1941 vor Parteifunktionären verkündete »Grundsatzentscheidung« Hitlers, obwohl Rosenbergs Vermerk explizit die »Kriegserklärung Japans an die USA« erwähnt und sich der Inhalt von Hitlers Rede nicht wesentlich von seiner »Prophezeiung« vom Januar 1939 unterscheidet; die Einschätzung der Rede als »einen weiteren Appell zur Beschleunigung und Radikalisierung« der laufenden Vernichtungspolitik bei Longerich, *Politik*, S. 467, scheint schlüssiger.

296 Tagebucheintrag vom 14. 12. 1941.

297 Siehe Dokument 15.

298 Siehe Dokument 14.

299 Siehe die Nachkriegsaussage eines Zivilverwaltungsbeamten im Generalkommissariat Weißruthenien: »Alle Verordnungen, Erlasse und Anordnungen betreffs Judenpolitik [...] gingen [...] durch meine Hände. Ich weiß daher, dass die Behandlung der Judenfrage im Hinblick auf die Entscheidung, wer Jude ist, Meldepflicht der Juden, Tragen des Judensterns, Arbeitszwang, Ghettoisierung, zentrale Erfassung der auf dem Lande wohnhaften Juden in Ghettos der Städte, Einziehung des jüdischen Vermögens usw. Aufgabe der Zivilverwaltung war.« Zit. nach Gerlach, *Kalkulierte Morde*, S. 656.

300 Longerich, *Politik*, S. 467, interpretiert den Kalendereintrag Himmlers demgegenüber als »erneute Bestätigung Hitlers, [...] die Massenmorde an den sowjetischen Juden unter dem auch bisher vorgegebenen Vorwand fortzusetzen und zu intensivieren«, was Himmlers einerseits generischer (»Judenfrage«), andererseits spezifischer (»Partisanen«) Wortwahl nicht gerecht wird.

301 Siehe Dokument 15.

302 »Unter entsprechender Leitung sollen nun im Zuge der Endlösung die Juden in geeigneter Weise im Osten zum Arbeitseinsatz kommen. In großen Arbeitskolonnen, unter Trennung der Geschlechter, werden die arbeitsfähigen Juden straßenbauend in diese Gebiete geführt, wobei zweifellos ein Großteil durch natürliche Verminderung ausfallen wird. Der allfällig endlich verbleibende Restbestand wird, da es sich bei diesem zweifellos um den widerstandsfähigsten Teil handelt, entsprechend behandelt werden müssen, da dieser, eine natürliche Auslese darstellend, bei Freilassung als Keimzelle eines neuen jüdischen Aufbaus anzusprechen ist. (Siehe die Erfahrung der Geschichte).« »Bespre-

chungsprotokoll« der Wannsee-Konferenz vom 20. 1. 1942; abgedruckt in Pätzold, Schwarz, *Tagesordnung,* S. 102–112 (hier 107). Zur Selbstauskunft Kempners über seine Rolle beim Auffinden des Protokolls ebd., S. 136–139; zu den Judenmorden ab 1942 im Zusammenhang mit dem Bau der Durchgangsstraße IV Matthäus, Unternehmen, S. 427 f.; Pohl, *Judenverfolgung,* S. 338–342.

303 Pätzold, Schwarz, *Tagesordnung,* S. 112.

304 Siehe Dokumente 15, 16 und 19.

305 Siehe Dokument 16; Schreiben RMfdbO (Meyer) an Staatssekretäre »Betrifft: Endlösung der Judenfrage«, 18. 7. 1942; USHMMA RG-14.017M (BAB R6/74), Bl. 158. Ende Juli 1942 schrieb der SS-Chef an Berger, seinen Verbindungsmann zu Rosenberg: »Ich lasse dringend bitten, dass keine Verordnung über den Begriff ›Jude‹ herauskommt. Mit all diesen törichten Festlegungen binden wir uns ja selber nur die Hände. Die besetzten Ostgebiete werden judenfrei. Die Durchführung dieses sehr schweren Befehls hat der Führer auf meine Schultern gelegt. Die Verantwortung kann mir ohnedies niemand abnehmen. Also verbiete ich mir alles Mitreden!« (Himmler an Berger, 28. 7. 1942; BAB NS 19/1772, Bl. 5).

306 Gerlach, Ausweitung, S. 74.

307 Ebd., S. 80.

308 Siehe Dokument 17.

309 Siehe Dokumente 20 und 21; Piper, *Rosenberg,* S. 548–552. Den Begriff »wilder Osten« benutzte Rosenberg bereits in seiner Rede vom 18. 11. 1941 (Dokument 13).

310 Im veröffentlichten Tagebuch des Ghettochronisten Avraham Tory findet sich der Hinweis auf »a short visit of Reichminister Rosenberg and his entourage in the Ghetto« am 19. 5. 1942; siehe Avraham Tory, *Surviving the Holocaust: The Kovno Ghetto Diary*, hg. von Martin Gilbert, Cambridge, London 1990, S. 89.

311 »Stenographischer Bericht über die Besprechung des Reichsmarschalls Göring mit den Reichskommissaren für die besetzten Gebiete und den Militärbefehlshabern über die Ernährungslage« am 6. 9. 1942 (170-USSR); abgedruckt in *Nürnberger Prozess* Bd. 39, S. 384–407 (hier 402).

312 Siehe Helmut Heiber (Hg.), *Hitlers Lagebesprechungen. Die Protokollfragmente seiner militärischen Besprechungen 1942–1945*, Stuttgart 1962, S. 259.

313 Siehe Dokument 23.

314 Siehe Piper, *Rosenberg,* S. 595–597.

II.

Die Tagebuchnotizen Alfred Rosenbergs 1934–1944

[1934]

Berlin 14.5.34[1]

Ich habe die 15 Jahre über kein Tagebuch geführt; dadurch ist vieles heute geschichtlich Gewordene in Vergessenheit geraten. Jetzt stehen wir mitten drin in einer neuen Entwicklung, die für die Zukunft entscheidend sein wird, und an der ich mich namentlich in zwei Fragen mitbeteiligt fühle. Das ist: das Ringen um England und die Durchsetzung unserer Weltanschauung gegen alle Gegner. Dabei wird bei aktuellen Betrachtungen vieles aus dem Jahr 1933 nachzutragen sein.

Am 4.5. war ich 1½ Stunden beim Führer u. trug ihm die konzentrische Arbeit aus Moskau u. dem A.[uswärtigen] A.[mt] vor. v. Hassel in Rom verbreitet, Gömbös habe ihm gesagt, ich u. Habicht seien aussenpolitisch unmöglich, man müsse sie durch »Fachleute« ersetzen.[2] (Etwas, was sicher erlogen ist, aber jedenfalls auf der Linie auch der »Arbeit« v. Papens liegt, der bei seinem Budapester Besuch erklärt hatte, R.[osenberg] bedeute nichts mehr u. sei erledigt).[3] Das A.A. hat ferner eine ablehnende Kritik über mich im »News Chronicle« vervielfältigen

1 Verbessert aus 13.5.34.

2 Hassel, Ulrich von (1881–1944); Diplomat; 1932–38 Botschafter in Rom; als Mitglied des konservativen Widerstands hingerichtet. – Gömbös, Gyula (1886–1936); ungar. Offizier und Politiker; 1924 Gründer der rechtsextremen »Rassenschutzpartei« (Fajvédő Párt); 1932–36 Ministerpräsident. – Habicht, Theodor (1898–1944); 1926 NSDAP-Beitritt; seit 1927 Kreisleiter Wiesbaden; 1931–34 Landesgeschäftsführer der NSDAP Österreich; 1939–40 Unter-Staatssekretär im AA; danach Militärdienst.

3 Papen, Franz von (1879–1969); Offizier und Politiker; 1932 Reichskanzler; 1933–34 Vizekanzler im Kabinett Hitler; 1939–44 Botschafter in der Türkei; 1946 Freispruch durch IMT; 1947 Verurteilung durch die Spruchkammer Nürnberg zu acht Jahren Arbeitslager; 1949 Haftentlassung.

u. versenden lassen. (Da ich einen Beamten in der römischen Botschaft habe, erfahre ich das nötige fortlaufend. Für den Charakter des frischen »P[artei]g.[enossen]« Hassel ist es bezeichnend, dass er an den »verehrten Dr. Goebbels« einen Klagebrief gegen mich durch Kurier abgesandt hatte, als er aber von meiner neuen Beauftragung durch den Führer erfuhr, liess er den Brief aus dem Kuriergepäck herausnehmen! Das AA hat sich also, wie Konsul Jaeger an Poensgen schrieb, wirklich erstaunlich <u>rein</u> erhalten.)[4]

Der Führer fragte mich, wie ich glaube, dass die Franzosen über Herbst in Schach gehalten werden könnten, was man den Polen als Bindung bieten könnte, ob man nicht sich mehr für die Japaner erklären müsste ... Er entwickelte seine – vorläufigen – Gedankengänge. Ich erklärte, selbst wenn die Engländer unschlüssig seien, eine offensichtliche Anlehnung an das ihnen eben mehr als unbequeme Japan könne sie ganz auf Frankreichs Seite treiben. England sähe eben Tokio als für sich gefährlicher an als Moskau, ein Urteil, das mir britische Offiziere mehr als einmal sehr ernst mitgeteilt hatten. Im übrigen würde das englische Vertrauen durch Vorfälle wie zwischen Colonel Hutchinson u. Graf Bernstorff sehr gestört. H.[utchison] habe B.[ernstorff] in Berlin getroffen u. auf dessen Frage geantwortet, ihm imponiere die Aufbauarbeit des Dritten Reiches kolossal.[5] Darauf B.: es werde ein furchtbarer Zusammenbruch folgen.

Der Führer erklärte, wenn dieser Ausspruch nachzuweisen sei, würde er gegen B. mit den schwersten Strafen vorgehen. An die Gutwilligkeit Neuraths glaubt er noch, das AA selbst sei ihm jedoch »eine Verschwö-

---

4 Jaeger, Rolf (1885–1954); Diplomat; 1927–38 konsularische Tätigkeit in versch. Staaten; 1943–44 kommissarische Leitung des AA-Ref. III; 1944 Versetzung in den einstweiligen Ruhestand. – Vermutlich Poensgen, Ernst (1871–1949); Industrieller; 1935–42 Vorstandsvorsitzender der Vereinigten Stahlwerke; 1937–42 Wehrwirtschaftsführer.

5 Hutchison, Gratham Seton (1890–1946); brit. Offizier und Schriftsteller; seit 1933 an der Gründung brit.-faschistischer Gruppierungen beteiligt. – Bernstorff, Albrecht Graf von (1890–1945); Diplomat und Bankier; 1915–33 diplomatische Tätigkeiten in versch. Ländern; danach Arbeit im Bankhaus A.E. Wassermann und Engagement für verfolgte Juden; 1940 Inhaftierung im KZ Dachau; 1943 erneute Inhaftierung; ermordet durch die Gestapo.

rergesellschaft«,[6] Es habe ein ganzes Jahr gedauert, bis es ihm gelungen sei, Kuehl nach Shanghai zu bringen (Fall Michelson), er bedaure aber, immer noch gebunden zu sein an die Zusagen bei der Bildung des Kabinetts, wonach der Reichspräsident über Armee u. AA bestimme.[7] Das erste sei in Ordnung dank Blomberg, das andere nicht.[8] Im übrigen stehe es mit dem Alten so, dass er dies Jahr nicht mehr überleben werde. (Das gleiche sagte mir Rust paar Tage später).[9] Dann müsste man paar Dutzend dieser »Verschwörer« hinter Schloss u. Riegel setzen.

In der Frage der Kolonialpolitik stimmte er meinem Standpunkt durchaus zu: würdige Gedächtnisfeiern aber nicht in dem Masse, dass sie als »Beginn einer neuen Kolonialpolitik« aufgefasst werden könnten.

Zum Schluss dankte mir der Führer mit mehrfachem Händedruck für meine Arbeit.

x

6 Neurath, Konstantin von (1873–1956); Diplomat; 1921–30 Botschafter in Rom; 1930–32 Botschafter in London; 1932–38 Reichsaußenminister; 1937 NSDAP-Beitritt; 1939–43 Reichsprotektor für Böhmen und Mähren; 1946 Verurteilung durch IMT zu 15 Jahren Haft; 1954 Haftentlassung.

7 Gemeint ist Kriebel, Hermann (1876–1941); 1922 NSDAP-Beitritt; 1923 Teilnahme am »Hitler-Putsch«; 1929–33 milit. Berater des Marschalls Chiang-Kai-shek in China; seit 1934 Generalkonsul in Shanghai; seit 1939 Leiter der Verwaltungsabt. im AA. – Die Ernennung von Erich Michelsen (1879–1948) zum Generalkonsul für Shanghai durch Neurath im September 1933 wurde von NS-Funktionären aufgrund der jüdischen Herkunft Michelsens torpediert. Siehe Astrid Freyeisen, *Shanghai und die Politik des Dritten Reiches*, Würzburg 2000, S. 76f.; Eckart Conze, Norbert Frei, Peter Hayes, Moshe Zimmermann (Hg.), *Das Amt und die Vergangenheit. Deutsche Diplomaten im Dritten Reich und in der Bundesrepublik*, München 2010, S. 58f.

8 Blomberg, Werner von (1878–1946); Offizier; 1927 Chef des Truppenamtes der Reichwehr; 1933–38 Reichswehrminister (seit 1935 Reichskriegsminister); 1936 Generalfeldmarschall.

9 Rust, Bernhard (1883–1945); 1925 NSDAP-Beitritt; Gauleiter von Hannover (Nord); 1928–40 Gauleiter von Süd-Hannover-Braunschweig; 1934–45 Reichsminister für Wissenschaft, Erziehung und Volksbildung.

Kapitän Bartlett von dem Bristol-Flugmotorenwerk in London war da mit einem Einführungsschreiben des Air Ministry, Geschwaderführer Winterbotham.[10] Er will den neuen noch geheimen Motor hier anbringen. Betont, es sei das erste Mal, dass das Ministerium selbst ihm einen Begleitbrief mitgegeben habe. Ich veranlasse ein Frühstück für ihn durch Obermüller, an dem die Konstruktionschefs des Heeres, der Marine, des Luftfahrtministeriums teilnehmen werden.[11] Damit ist ein Erfolg einer 1½jährigen Arbeit zutage getreten, weil der britische Fliegergeneralstab damit offiziell seine Genehmigung für den Ausbau der deutschen Luftverteidigung gegeben hat.

Vom 27.2. bis 6.3. war Major W.[interbotham] auf »Urlaub« hier gewesen. Ich führte ihn zusammen mit Reichenau, Loerzer, Hess, 2 Commodores; dann zum Führer.[12] Major W. überbrachte Grüsse der britischen Flieger. Der Führer sagte, die wirklich ritterliche Waffe des Weltkrieges sei die Luftwaffe gewesen. Im übrigen sei der Engländer ein gefährlicher Feind gewesen, da Deutschland 2/3 seiner Flugzeuge an der englischen Front hätte versammeln müssen. Zu aktuellen Fragen übergehend gab der Führer seiner Überzeugung Ausdruck, dass die französische Luftflotte zwar zahlenmässig der britischen weit überlegen sei, aber wertmässig betrachte er diese als stärker. Im übrigen wäre er sehr

---

10 Barlett, Ken (Lebensdaten unbekannt); brit. Flugzeugingenieur; ab 1928 Verkaufsdirektor der Bristol Aircraft Company und deren Vertreter für den europäischen Markt mit Büro in Frankreich. – Winterbotham, Frederick William (1897–1990); brit. Offizier; seit 1929 Mitarbeiter des Geheimdienstes MI-6; Chef der Luftraumgeheimdienstes; im Krieg an der Entschlüsselung des dt. Codiersystems »Enigma« beteiligt.

11 Obermüller, Horst (1890–unbek.); Offizier; nach 1934 Leiter der England-Abteilung des APA.

12 Reichenau, Walter von (1884–1942); dt. Offizier; 1933 Leiter des Ministeramts im RWM; 1939 Oberbefehlshaber der 10. Armee; 1940 Generalfeldmarschall; 1941 Oberbefehlshaber der 6. Armee, später der Heeresgruppe Süd. – Loerzer, Bruno (1891–1960); 1938 Inspekteur der Jagdflieger; 1940 General; 1943 Generaloberst und Chef des Personalamts der Luftwaffe. – Hess, Rudolf (1894–1987); 1920 NSDAP-Beitritt; 1923 Teilnahme am »Hitler-Putsch«; ab 1925 Privatsekretär Hitlers; 1933 Ernennung zum StdF und Reichsminister ohne Geschäftsbereich; 1941 Flug nach Großbritannien und dortige Internierung; 1946 IMT-Verurteilung zu lebenslanger Haft.

für eine weitgehende Verstärkung der englischen Flugwaffe schon aus folgendem Grunde: er müsse für die Verteidigung Deutschlands doch einen bestimmten Prozentsatz in Bezug auf die Flotten unserer Nachbarstaaten fordern. Jetzt käme dieser notwendige Satz vielleicht der britischen nahe, was ihm gar nicht recht sei, da verschiedene Hinweise darauf erfolgen würden. England könne das Doppelte und mehr haben, es wäre nur zu begrüssen.

Die Unterhaltung verlief sehr zu[frie]denstellend u. W. hat einen glänzenden Bericht in London abgegeben (Siehe Aktennotiz N…)[13] Ich fuhr mit W. u. Ropp dann nach Weimar, um ihm den Stil unserer Versammlungen vorzuführen.[14] Dann Goethe-Haus, Nietzsche-Archiv, Frühstück bei der 88jährigen, geistig erstaunlich regsamen Frau Foerster-Nietzsche, dann Besuch unserer Schule in Eggendorf, wo Bürgermeister Thüringens, Juristen usw. gemeinsam wohnten.[15] Kurze Ansprache über die Pflicht weltanschaulicher Schulung. Das alles, die Stimmung im Lande, hat auf W. den nachhaltigsten Eindruck gemacht – es war alles so fern aller Propaganda. –

+

Eben läuft ein Dankesbrief Kap.[itän] Bartletts über seinen Empfang durch uns ein. Mittwoch kommt Loerzer aus London zurück.

+

Der persische Gesandte macht Besuch. Nach einigen Präliminarien führt er Klage über einen Aufsatz in der »Bay[e]r.[ischen] Staatszeitung«, wo Riza Khan mit Trebitsch-Lincoln in einem Atemzug genannt wird.[16] Werde in München eine Entschuldigung empfehlen.

+

13 Fehlt in den überlieferten Unterlagen.

14 De Ropp, William (geb. Wilhelm Gotthard von der Ropp; 1886–1973); dt.-balt. Politiker und brit. Agent.

15 Förster-Nietzsche, Elisabeth (1846–1935); Schwester von Friedrich Nietzsche und nach seinem Tod dessen Nachlassverwalterin. – Egendorf; Stadtteil von Blankenhain in Thüringen.

16 Pahlavi, Reza Schah (geb. Reza Khan; 1878–1944); seit 1925 Schah von Persien; 1941 nach Einmarsch brit. und sowj. Truppen Abdankung zugunsten seines Sohnes. – Trebitsch-Lincoln, Ignaz (geb. Abraham Schwarz; 1879–1943); brit. Abgeordneter, Agent für verschiedene Staaten und Okkultist.

Die letzten Tage waren angefüllt mit Verhandlungen mit Rust (dem ich mehrere Professoren empfehle u. die Einrichtung einer Frauenuniversität durchspreche), mit der Arbeitsfront u. den kulturellen Nöten, die durch die bestehende Richtungslosigkeit herbeigeführt worden ist.

Eben läuft die Übersetzung a.d. »Times« vom 9.5. ein, in der ich wieder einmal angegriffen [werde] – wie Ropp mitteilt, nach Rücksprache des Foreign Office mit unserer Londoner Botschaft. So teilen ihm unsere englischen, gutunterrichteten Freunde mit. Alles mehr als wahrscheinlich.

15.5.[1934]

Beim Führer Vortrag über Aussenpolitik. Übergebe ihm meine kurze Denkschrift über eine deutsch-englische Zukunftsgestaltung, die er gleich mit Bejahung durchliest. Dann ein umfangreiches Memorandum über Japans Expansionspolitik; er lässt sich diese gleich durch Brückner auf den Nachttisch legen, da dieser ganze Fragenkomplex ihn jetzt besonders interessiert.[17] Lege ihm nunmehr den Brief Hutchinsons über das Benehmen Bernstorffs vor. Er liest ihn u. sagt: »Was soll man mit diesem Schwein machen?« Ich: »Wenn man B.[ernstorff] befragt, wird er natürlich leugnen. Er wurde übrigens mir gegenüber von Rodd, dem engl. Vertreter i.d. BIZ [Bank für Internationalen Zahlungsausgleich] besonders gelobt, dieser war aber unserer schärfster Gegner.«[18] H.[itler]: »Ich will mit dem Alten[19] keinen Kampf, um ihm nicht die letzten Tage zu verbittern. Dann aber muss mit einem Schlage die ganze Kameraderie davongejagt werden. Den B. muss man dann gleich verhaften. Bitte sammeln Sie bis dahin die Meldungen über unsere Vertretungen.

---

17 Brückner, Wilhelm (1884–1954); 1922 NSDAP-Beitritt; 1923 Münchner SA-Führer und Teilnahme am »Hitler-Putsch«; 1930–40 Chefadjutant Hitlers.

18 Rodd, Francis James 2nd Baron Rennell (1895–1978); brit. Bankier und Diplomat; 1929–32 Bank of England; 1930–31 Bank für Internationalen Zahlungsausgleich (BIZ); 1942 Präsident der Royal Geographical Society.

19 Gemeint ist Hindenburg.

Der Koester macht die grössten Schwierigkeiten. Früher hat er posaunt, Hitler bedeutet Krieg, jetzt kann er uns nicht vertreten ...«[20]

Der Führer ist in ständiger Empörung über die ganze kleinliche Sabotage dieser Leute, die noch immer nicht begriffen haben, was los ist.

Ich berichte dann noch vom »Times«-Aufsatz. Er zuckt die Achsel: es ist überall dasselbe.

Die Meldung aus der Sowjetgesandtschaft über Attentatsanweisung nimmt er etwas skeptisch auf.

Der Tag wie üblich seit Jahr u. Tag ohne Pause mit Arbeit besetzt. Als Beispiel sei der heutige festgehalten: Am Morgen Biallas v. d. Arbeitsfront. Besprechung über die A[rbeits]-frontpresse, ihre weltansch.[aulíche] Haltung u. Überwachung.[21] Dann – das gehört auch dazu – Empfang einer ersten Sängerin v. d. Mailänder Skala, zugeführt durch einen deutsch-italienischen Kulturträger. Anhören ihrer Sorgen in Deutschland. Dann beim Führer, im Wartezimmer mit Justizminister Kerrl Unterhaltung über Partei- u. Staatsfunktionen.[22] Um 12¼ Uhr Dr. Stang: Plan einer Organisation der Überwachungsstelle.[23] Ganz klug, aber sehr weitgreifend: Kompetenzkonflikte in neuer Auflage am Horizont. Kurze Mittagspause. Dann Johst zurück aus Paris und Marseille: Klagen des Dichters, der unter die Propaganda soll.[24] Erzählung a.d. bayerischen Adel: der Papst hätte mit dem Fuss gestampft, als Dollfuss ihm über

---

20 Koester, Roland (1883–1935); Jurist und Diplomat; 1930 Leiter der Abt. 1 (Personal und Verwaltung) im AA; 1931 Ministerialdirektor; 1932–35 Botschafter in Paris.

21 Biallas, Hans (1903–unbek.); 1934 Leiter des Presseamtes der DAF; Hauptschriftleiter der Zeitschrift »Arbeitertum«; Beisitzer der Filmprüfstelle Berlin; Reichsamtsleiter der NSDAP.

22 Kerrl, Hanns (1887–1941); 1923 NSDAP-Beitritt; 1933–34 Reichskommissar für das preuß. Justizministerium, später preuß. Justizminister; 1935–41 Reichskirchenminister.

23 Stang, Walter (1895–1945); 1923 Teilnahme am Hitlerputsch; 1930 NSDAP-Beitritt; 1934–43 Leiter des Amts für Kunstpflege in Rosenbergs BFÜ-Dienststelle.

24 Johst, Hanns (1890–1978); 1932 NSDAP-Beitritt; 1933 Dramaturg am Preußischen Staatstheater in Berlin; 1934 Ernennung zum preuß. Staatsrat und Präsident der Akademie für Dt. Dichtung; seit 1935 Präsident der RSchK.

D[eutschland] erzählte.[25] Lachend vom Einmarsch des Dollfuss in Bayern gesprochen! Legitimistische Landesverräter. Empfang eines schlesischen Kunsthistorikers. Fahrt zum »V.[ölkischen] B.[eobachter]«, Briefe durchgesehen, Abzüge gelesen. – 5^{h} Nordische Gesellschaft im Adlon. 7^{h} kurze~~s~~ Vortragsausarbeitung f. morgen: Vortrag i.d. Leipziger Universität vor der ganzen mitteldeutschen St[udenten]-Führerschaft. Jetzt 9^{h}: Fest~~a~~essen Darrés für polnische Landwirtschaftliche Delegation ...[26]

So ist aus Morgen u. Abend wieder ein Tag geworden.

17. 5. [1934]

Direktor Rellstab von Siemens berichtet über erfolgreiche Stabilisierungserfindungen für Schiffe.[27] Fährt jetzt mit Genehmigung der Marineleitung nach London. Gebe ihm Empfehlung an Winterbotham mit.

Ropp klagt über das Prop.[aganda]-Min.[isterium], das die Stimmung in England durch neue massive Judenreden wieder verpfusche. Das Geld für die Reiseprop. sei auch noch nicht da, im Juni aber sei es zu spät, noch etwas zu tun, dann läge die Schuld nicht auf englischer Seite. Also erneute Anrufe mit dem PropMin: Auch die Aktion gegen die »Miesmacher« werde dahin gedeutet, dass wenn sie so gross aufgezogen werde, wir uns bewusst seien, dass eine weitverbreitete Kritik bestehe. Sehr gut dagegen sei Loerzers Besuch in London gewesen, Gastgeber der Vetter von W.[interbotham], vertrauliche Unterredung mit L.[oerzer] u. Florian.[28] Ich erwarte jetzt Loerzers Bericht. – Grosse Hetze wegen Litauen,

25 Dollfuss, Engelbert (1892–1934); österr. Politiker; seit 1932 Bundeskanzler; 1933 Entmachtung des Parlaments; Verbot von KPÖ und NSDAP; Gründer der »Vaterländischen Front«; während eines Putschversuches von österr. Nationalsozialisten erschossen.

26 Darré, Richard Walther (1895–1953); 1930 NSDAP-Beitritt; seit 1933 Reichsbauernführer; 1933–42 Reichsminister für Ernährung und Landwirtschaft; 1949 im Nürnberger Wilhelmstraßen-Prozess zu sieben Jahren Haft verurteilt; 1950 Haftentlassung.

27 Rellstab, Ludwig Max Ernst (1873–1950); Ingenieur; seit 1914 bei der Siemens & Halske AG, Direktor des Wernerwerkes; Mitglied der Kaiser-Wilhelm-Gesellschaft.

28 Florian, Friedrich Karl (1894–1975); 1925 NSDAP-Beitritt; 1930–45 Gauleiter in Düsseldorf; 1937 SA-Obergruppenführer; 1941 Gast bei

Koch plane Überfall auf Memel.[29] Anfrage von Barlow im Auftrage MacDonalds, wie die Dinge wirklich stünden.[30] Werde R.[opp] nach Königsberg schicken; er will den ganzen Siedlungsplan genau kennen, um unser positives Aufbauprogramm melden zu können als Gegengewicht gegen die Tendenzlügen, die auch aus dem F.[oreign] O[ffice] kommen.

R. bestätigt nochmals, dass »Times«-Artikel gemeinsam vom F. O. und Hoesch, bzw. seiner Ratgeber inspiriert sei.[31] Die Sabotage dieser überlebten Herren wird geradezu grotesk! Der Takt des Führers dem Alten Herrn gegenüber macht die Saboteure am NS scheinbar ganz sicher. Ihr »Erwachen« wird einmal sehr plötzlich u. bitter sein.

Bäumler kommt noch ganz benommen von der Schönheit des dorischen Griechenland zurück.[32] Er hat die Bestätigung unserer Anschauungen überall gefunden, nun wir endlich unbefangene Augen erhalten haben. ~~Üb~~Immer wieder stossen Hellas und Vorderasien zusammen: kretische dekadente Kultur, Mutterkulte usw. einerseits u. strotzende Formkraft, Männerrecht andererseits. Erst nach Kreta sei ihm der Parthenon wirklich verständlich geworden. Schwärmt von der herb-schönen Frühlingsnatur der Ebene von Sparta, von der neuentdeckten Poseidon-Statue, vom Apoll von Olympia. Schon dessentwegen habe es Sinn, Griechenland zu besuchen.

---

der Eröffnungsfeier von Rosenbergs Institut zur Erforschung der Judenfrage.

29 Koch, Erich (1896–1986); 1922 NSDAP-Beitritt; 1928–45 Gauleiter von Ostpreußen; 1933–45 Oberpräsident der Provinz Ostpreußen; 1941–44 Reichskommissar Ukraine; 1950 nach Polen ausgeliefert; dort 1959 zum Tode verurteilt; zu lebenslanger Haft begnadigt.

30 Barlow, Alan (1881–1968); brit. Beamter und Kunstsammler; 1933–34 Privatsekretär von Premierminister Ramsay MacDonald; 1934–48 Abteilungsleiter im Finanzministerium. – MacDonald, James Ramsay (1866–1937); brit. Politiker; Mitglied der Labour Party; 1924, 1929–31 und 1931–35 Premierminister.

31 Hoesch, Leopold von (1881–1936); Diplomat; seit Dez. 1932 Botschafter in London; nach 1933 starke Konkurrenz zu Ribbentrop, der Hoesch 1936 als Botschafter nachfolgte.

32 Baeumler, Alfred (1887–1968); 1933 NSDAP-Beitritt; seit 1933 Prof. für politische Pädagogik an der Berliner Universität; 1934 Leiter des Amtes Wissenschaft in Rosenbergs BFÜ-Dienststelle; seit 1941 Leiter des Aufbauamts »Hohe Schule«.

Im übrigen empfiehlt er, die Elternvereinigungen unter unsere Kontrolle zu bringen; dort fängt jetzt der kirchliche Widerstand an. In Sa[chsen] sei es versucht worden, Buttmann aber hätte abgestoppt.[33] Was angesichts seiner Ratgeber nicht verwunderlich wäre.

Auf dringende Bitte Roevers fahre ich doch nach Oldenburg: 700-jähriger Gedenktag der Schlacht von Altenesch.[34] – Mit Schirmer Besprechung über die Niedersachsen-Tage: ich will Widukinds Grabmal in Engern besuchen,[35] Abschluss soll nicht auf dem riesigen Franzschen Felde sein, sondern vor dem Löwen-Denkmal in Braunschweig.[36] Die Symbolik des Ortes soll überall durchgehalten werden, das prägt sich mehr ein als ein Vortrag, ist wichtiger oft als eine Rede. So habe ich es in der Marienburg gehalten, so soll es auch weiter behandelt werden.

22.5.[1934]

Ropp erscheint wieder klagend: Büro Mac Donalds bittet erneut um Aufklärung. Die grosse Aktion »Gegen Miesmacher u. Kritikaster« hat einen denkbar ungünstigen Eindruck gemacht, den unsere Gegner ausnutzen, während unsere Freunde – auch englische Mentalität – nicht

---

33 Buttmann, Rudolf (1885–1947); 1925 NSDAP-Beitritt; 1933–35 Ministerialdirektor im RMdI; 1933 Verhandlungsführer mit dem Vatikan zum Reichskonkordat; 1935–45 Generaldirektor der Bay. Staatsbibliothek.

34 Roever, Carl (1889–1942); 1923 NSDAP-Beitritt; seit 1928 Gauleiter Weser-Ems; seit 1930 MdR; 1932 Ministerpräsident des Freistaates Oldenburg; 1933 Reichsstatthalter des Landes Oldenburg und Bremen. – Altenesch, Ortschaft in der Gemeinde Lemwerder im niedersächsischen Landkreis Wesermarsch. In der Schlacht bei Altenesch wurden 1234 die Stedinger Bauern durch ein Heer des Bremer Erzbischofs und der Oldenburger Grafen vernichtend geschlagen.

35 Schirmer, August (1905–1948); 1930 NSDAP-Beitritt; 1933 Gauschulungsleiter und Gaukulturwart in Südhannover-Braunschweig; seit 1934 MdR; 1935 Hauptstellenleiter der ideologischen Erziehung der NSDAP; 1940 Oberbereichsleiter; 1943 Reichsamtsleiter. – Widukind, Herzog von Sachsen und Anführer des Widerstandes gegen Karl den Großen. – Engern, Stadt im westfälischen Kreis Herford.

36 Franzsches Feld, Grünfläche im östlichen Ringgebiet Braunschweigs; auch bekannt als »SA-Feld« zum Gedenken an den NSDAP-Aufmarsch 1931 in Braunschweig anlässlich der Vereinigung mit der DNVP. – Braunschweiger Löwe auf dem Platz vor dem Braunschweiger Dom.

wissen, was sie sagen sollen. Man sagt: es erscheint nunmehr wahrscheinlich, dass in Deutschland eine weitverbreitete Unzufriedenheit herrscht, sonst wäre nie die Propaganda-Aktion so gross aufgezogen worden. Das stärkste Mittel deutscher Politik, dass die ganze Nation hinter dem Führer steht, droht zu zerbrechen. »Ihr habt auf ein falsches Ponny gesetzt,« sagen die Gegner zu unseren Freunden, »die Leute glauben ja selbst nicht mehr an ihre Kraft.«

Ich sagte Ropp, er solle schreiben: dass es Maulwürfe gibt, wissen wir, dass die reaktionären Kreise wütend sind, nicht wieder zu »führen«, ist klar. Sie haben unsere Grossmütigkeit – keine Diktatur auch über sie erklärt zu haben – missbraucht u. da sie gesellschaftlich mit Diplomaten usw. verkehren, haben sie versucht, überall zu kritisieren. Was hätten die Engländer davon, die von ihnen gehasste Reaktion wieder im Sattel zu sehen? – Da wir aber nicht mehr in Klubs die Fragen der Zeit behandeln, sondern vor dem Volk und mit dem Volk, so ist eben unsere Arbeitsmethode eine andere als in dem – zunächst – noch so geruhigen England.

Dann: Warum die Attacken gegen die Juden? Stürmer-Sondernummer! Goebbels-Rede im Sportpalast! »Angriff«-Aufsätze! Der Brief des Erz. B.[ischofs] v. Canterbury an die »Times« hat wieder böses Blut gemacht![37] Die Gläubiger-Sitzungen würden erneut zur Hetze gegen Deutschland ausgenützt.

Ich habe R.[opp] das Nötige für das Kabinett M[ac]D.[onald] erwidert: Was müssten wir dann zur Hetze etwa des »Evening Standard« gegen Hitler sagen! In London lässt man über jeden u. alles schimpfen, ist aber wie eine Mimose, wenn es die Juden angeht!

Jedenfalls aber: erneut verschlechterte Stimmung: u. alles, was dazu Anlass gab, war auch nicht notwendig, die Stürmer-Nr. ebensowenig wie die Form der Goebbels-Rede, wo der Agitator[38] von 1928 wieder einmal über den Minister siegte in der Selbstberauschung durch die Rede u. vor dem billigen Applaus durch antisemitische Argumente.

37 Lang, Cosmo Gordon; (1864–1945); 1908 Erzbischof von York; 1928–42 Erzbischof von Canterbury; 1937 Krönung George VI.

38 Im Original: »Aigator«

22.5.[1934] Ropp[39]

Büro Mac D[onald]: Es erscheint wahrscheinlich, dass in D.[eutschland] eine grosse Unzufriedenheit herrscht, weil sonst die Prop.[aganda]Aktion nicht so gross aufgezogen worden wäre. (Dadurch unser grösstes Aktivum zerstört).

Wodurch dieser Umschwung seit den Wahlen 1933? Waren die Wahlen frisiert?

Wenn grosse Unzufriedenheit – praktische Schlüsse? (Stahlhelm-Meckerer).

Englische Mentalität: Meckern ist etwas Gesundes.

Ablenkung wie in Russland? Auf die »Saboteure«.

Warum diese Attacken gegen die Juden? – Nach 12.11.33 sehr klein. Heute wieder optimistisch.

Brief d. Erz. B.[ischofs] v. Canterbury, an die »Times« über d. Stürmer.

Gläubiger-Sitzung: Stimmung gegen D

29.5.[40] [1934]

Die Feier der 700-jährigen Wiederkehr der Schlacht von Altenesch zeigte, wie weit das Erwachen aus kirchlicher Hypnose in Deutschland bereits vorgeschritten ist. Das Bauerntum besinnt sich auf alle Tage, da es um seine Freiheit gekämpft hat und deutet diese Abwehr heute viel konsequenter als früher. Darré fand gute, manchmal sehr scharfe Worte gegen die bolschewistischen Methoden des Mittelalters im Zeichen einer Religion der Liebe. Als ich erklärte, heiliger Boden sei nicht Palä-

39 Es handelt sich bei diesem lose in das Tagebuch eingelegten Blatt offenbar um Notizen, die Rosenberg während des Gesprächs mit de Ropp skizzierte.

40 Nachträglich verbessert (Bleistift); vorher »23.5.«

stina, sondern Deutschland, da brauste stärkster Beifall. 40000 Bauern waren da! Hinrichs »De Stedinge« ist künstlerisch hochwertig, davon kann eine neue Revolution mit ihren Anfang nehmen.[41]

Röver erzählte mir u. a., dass in einem Kirchspiel mit 4000 Menschen, die Predigt 31 im Jahr wegen vollkommener Abwesenheit eines Besuchers hätte ausfallen müssen. Sonst zähle man 15–20 Kirchengänger. In anderen, wo die Pastoren deutsch redeten, ginge das Volk wieder in die Kirchen, mit dem Zitatenschatz des Alten T.[estaments] sei aber nichts mehr anzufangen.

Heute teilt Ropp als Meldung aus London mit, Staatssekretär Milch würde weder vom Minister noch vom Staatssekretär des brit. Luftfahrtministeriums empfangen werden können.[42] Grund: die hemmungslose Rede von Dr. Goebbels im Sportpalast![43] Ein neuer Schlag also gerade nach der Richtung, die für uns lebhafteste Sympathien hegt. – Commodore Wänniger könnte mit Abteilungsleitern sprechen ...[44]

Als interessante Meldung ist zu verbuchen, dass der Nachlass Brockdorff-Rantzaus, den Erich Brandenburg bearbeitet hat, schwer kompromittierendes Material gegen die Abt. IV des AA enthalten soll.[45] Meyer

---

41 Hinrichs, August (1879–1956); Schriftsteller; 1934 Thingspiel »Die Stedinger« (vom ARo als NS-Freilichtspiel empfohlen); 1937 NSDAP-Beitritt; 1939 Goethe-Medaille für Kunst und Wissenschaft; Landesleiter der RSchK Gau Weser-Ems.

42 Milch, Erhard (1892–1972); 1933 NSDAP-Beitritt; Staatssekretär im RLM; 1939 Generalinspekteur der Luftwaffe; 1940 Generalfeldmarschall, seit 1941 Generalluftfeldzeugmeister; 1947 Verurteilung zu lebenslanger Haft; 1954 Haftentlassung; später als Berater für die dt. Luft- und Raumfahrtindustrie tätig.

43 Am 11. 5. 1934 hatte Goebbels im Berliner Sportpalast eine Propagandakampagne gegen »Miesmacher und Kritikaster« eröffnet, die nicht zuletzt durch heftige antisemitische Ausfälle gekennzeichnet war. Über Juden sagte Goebbels u. a.: »Wir haben nichts gescheut, um das deutsche Volk von diesem Geschmeiß zu befreien.« Zit. nach *VB* 13. 5. 1934.

44 Wenninger, Ralph (1890–1945); Offizier; seit 1934 Oberst im RLM; 1936–40 Luftattaché in London, Den Haag und Brüssel; 1940 General; seit 1941 im Generalstab versch. Luftflotten.

45 Brockdorff-Rantzau, Ulrich Graf (1869–1928); Diplomat; 1919 Reichsaußenminister; seit 1922 Botschafter in Moskau. – Brandenburg, Erich (1868–1946); Historiker; Prof. für Neuere und Neueste Geschichte an der Universität Leipzig.

und Hey sollen davon Wind bekommen u. dem betr. Verlag M[ar]K 25000– bar auf den Tisch zahlbar für die Auslieferung der Urkunden angeboten haben.[46] Etwas wenig! Es wäre wichtig, hier Einblick zu gewinnen, da merkwürdige marxistische Beziehungen dargestellt sein sollen …

Goga hat seinem König eine Änderung der frankophilen Politik vorgeschlagen. Carol soll zugestimmt haben, wie Goga uns durch seinen Vertrauensmann mitteilen lässt.[47] Er will gern herkommen, um als Innenminister zunächst zu wirken bis zur endgültigen Herumwerfung des Steuers. Aber das grosse Kompensationsgeschäft soll durchgeführt werden.

Kommt nach mehrwöchentlicher Europa-Reise Dr. Insabato aus Warschau.[48] Hat die ukrainische Frage eingehend studiert. Polens Wunsch: Korridor zum Schwarzen Meer, Grenze mit Ungarn. Warschau sammelt alle Randvölker von Finnland bis zur Türkei, Pilsudski wartet nur darauf, Russland eins zu versetzen.[49] I.[nsabato] ~~ber~~ wird Mussolini die Ergebnisse der Reise berichten (siehe Aktennotiz),[50] hofft dann, offiziell bei uns eingeführt, mich wieder besuchen zu können. Erhofft englisch-deutsch-italienische Allianz, dann Einschluss Polens. »Gross-Deutschland ist eine unabwendbar kommende Tatsache.«

---

46 Wahrscheinlich der langjährige Leiter der Ostabt. des AA Richard Meyer (1883–1956) und sein Stellvertreter Siegfried Hey (1875–1963), die beide nach 1933 wg. jüd. Herkunft von NS-Funktionären diffamiert und aus dem Auswärtigen Dienst entlassen wurden; siehe Conze u. a., *Das Amt*, S. 102 f.

47 Goga, Octavian (1881–1938); rumän. Dichter und Politiker; Minister in versch. konservativen Regierungen; 1932 Gründung der »Nationalen Agrarpartei«; 1935 auf Anraten der NSDAP Annäherung an die LANC; 1937–38 Ministerpräsident; seine antijüdischen Gesetze blieben noch nach seiner Amtszeit in Kraft. – Hohenzollern-Sigmaringen, Carol von (1893–1953); rumän. Adeliger; 1926–30 Exil; 1930–40 als König Carol II. stark in die rumän. Innenpolitik involviert (1938–39 »Königsdiktatur«); seit 1940 Exil.

48 Insabato, Enrico (1878–1963); ital. Journalist und Orientalist.

49 Piłsudski, Józef (1867–1935); poln. Offizier und Politiker; 1919 Staatspräsident; 1920 Marschall; ab 1926 Führer einer autoritären Regierung; 1934 Abschluss des Nichtangriffspaktes mit NS-Deutschland.

50 Leerstelle im Original; Aktennotiz fehlt.

5.6. [1934]

Die Tagung der Nord.[ischen] Gesellschaft in Lübeck ist nach jeder Hinsicht zufriedenstellend verlaufen. Die Vorträge verzahnten sich ausgezeichnet. Die schmollenden amtlichen Vertreter Skandinaviens waren allerdings nicht gekommen, ihre marxistischen u. sonstigen Regierungsoberhäupter fürchteten vielleicht doch eine Ansteckung durch Vernunft. Skandinavien ist es zu gut gegangen, es ist satt u. faul geworden. Die Wickinger sind ausgewandert, die Bürger zurückgeblieben. Erst ein schweres Schicksal wird das alte Blut wieder rebellisch machen können.

Über Kulturfragen fängt jetzt ein regelrechtes Tauziehen an. Überall, wohin ich komme höre ich einmütiges Klagen über die Richtungslosigkeit der Reichskulturkammer. Im Lande ist man sich ~~aber~~ also auch im klaren über das Sammelsurium, das sich da zusammengefunden hat. Alte Judengenossen als Präsidenten, Rechtsanwälte der Rot~~t~~en an massgebenster Stelle, unfähige »Nationalsozialisten«, dazwischen einige tüchtige Leute, die sich mehr als ungemütlich fühlen. Dazu Goebbels-Reden ohne Gehalt, in glatter Manier um alle ernsten Probleme herumgehend. Es ist trostlos. Man hofft auf mich, aber durch die Tatsache, dass ein Nationalsozialist Präsident der Reichskulturkammer ist, ist es schwer, parteiamtlich eine andere Organisation zu schaffen, ohne die Kammer, bzw. auch gegen sie.

8.6. [1934]

Die Aussenhandelsfragen drängen immer mehr. Alle bequemen sich jetzt nach u. nach zu der Einsicht, die uns seit 8 Monaten getrieben hat: Errichtung einer autoritären Zentralstelle. Ich habe damals Neurath gedrängt, Daitz hat alle Ministerien abgelaufen.[51] Die Folge war ein sonderbarer Aussenhandelsrat, der kurz nach der Geburt im Reichsgesetzblatt schon in Agonie verfiel. Jetzt hat sich die Wirtschaft auf Luer

51 Daitz, Werner (1884–1945); seit 1931 Mitarbeiter für wirtschaftspolitische Fragen in der NSDAP-Reichsleitung; 1933 MdR; Amtsleiter des APA; Publikationen zum Thema Großraum und Großraumökonomie.

geeinigt, der mich besuchte u. in längerer Unterredung unterrichtete.[52] Scheinbar ein anzunehmender Mann, jung, bullenhaft, mit arbeitsamer Vergangenheit, also ~~alle~~ er bringt mit, was Daitz nicht hat. Daitz die Erfindung, das Auswegesuchen, Luer die Methodik u. Rücksichtslosigkeit des Alltags. Berichtete heute dem Führer ausführlich darüber, nachdem in vorherigen Gesprächen die Personalfrage nicht gelöst werden konnte. Erzählte ihm, dass der Bremer Bürgermeister noch heute bei mir gewesen sei: wenn kein Entschluss gefasst würde, müssten 25 % der Textilarbeiter bald entlassen sein. Teilte mit, dass vom A. P. A. [Außenpolitisches Amt der NSDAP] aus eine ganze Anzahl Geschäfte in Gang gebracht werden könnten, wenn eine Stelle mit Autorität, vom Kanzler bevollmächtigt, verfügen würde. Der Führer beauftragte mich, jetzt sofort mit dem Reichswirtschaftsminister zu sprechen im Sinne meines Vorschlages: Luer A.[ussen]handelskommissar, Daitz sein Vertreter, alles bis zu seiner Rückkehr aus Venedig (Mussolini-Begegnung) vorzubereiten, um dann Entschlüsse zu fassen. Ich gab ihm die Denkschriften von L.[uer] u. D.[aitz] mit.

Dann sprach der Führer noch lange über die aussenpolitische Lage. Er sei nach schweren Tagen entspannt: Barthou habe seine Klagen über unsere Aufrüstung nicht in Genf vorgebracht, sich keinen »moralischen Rechtstitel« geholt, um einen Überfall durchzuführen.[53] Ohne ihn aber glaube er nicht, dass Frankreich es riskieren würde. Über die neue ~~deutsch~~ franz.-russ. Verbrüderung ist der Führer nach wie vor sehr zufrieden – im Gegensatz zum AA. wie er betonte. F.[rankreich] habe sich kompromittiert[.]

Ich übergab dem Führer dann den Wortlaut eines geheimen Beschlusses des Moskauer Zentralkommittees, der an alle Sowjet-Botschaften verschickt wird (Wir bekommen sie fortlaufend aus einer von ihnen.).

---

52 Lüer, Carl (1897–1969); 1927 NSDAP-Beitritt; 1933–34 Treuhänder der Arbeit Hessen; 1933–42 Präsident der IHK Rhein-Main; 1938–41 Vorstandsmitglied der Dresdner Bank; 1941–43 Vorstandsvorsitzender der Adam Opel AG.; nach 1945 interniert, später in der Privatwirtschaft tätig.

53 Barthou, Louis (1862–1934); franz. Politiker; 1917 Außenminister; 1922 Ministerpräsident; starb bei dem Attentat auf den jugosl. König Alexander in Marseille.

Danach kommt eine neue Nep-Politik![54] Also wieder einmal heftig festgefahren. –

Der Führer sprach dann lebhaft über die ersten Tage der Bewegung, da sie alle noch mit Kleister u. Klebezettel München bei Nacht unsicher machten u. erzählte amüsante Einzelheiten darüber.

11.6.[1934]

Die Versammlung i.d. Jahrhunderthalle in Breslau war wunderschön. Es ist eine Freude, in dieser Riesenhalle zu sprechen, besonders wenn die Breslauer derartig gegen die Zentrumspolitik ~~der~~ ihres Kardinals mitgehen.

19.6.[1934]

Die letzten Tage waren wieder gedrängt voll Besprechungen. Die Mitteilungen aus London wieder charakteristisch: Die NSDAP würde bald zusammenbrechen, darauf käme eine Militärdiktatur, deshalb wäre eine starke franz. Armee der Garant des Friedens. So sagen die Franzosen in London. Aber: da diese Lesung auf einer Gesellschaft in Gegenwart von Major Winterbotham auch aufkam, liess Herr Scherpenberg von unserer Botschaft die Möglichkeit offen …[55] So »arbeiten« die Herren des alten A.A.!

In der Aussenhandelsfrage wieder alles durcheinander; jetzt wollen die im W[irtschafts]-Ministerium weder Dr. L.[ey] noch sein Programm.

Eben vom Führer. Er ist noch ganz berauscht von Venedig. Schätzt die Begeisterung für Mussolini als echt ein, dieser Fanatismus sei nicht gekünstelt. Die Menschen vom Lande stünden gebeugt vor Ehrfurcht vor ihm wie vor einem Papst u. er nähme die in Italien notwendige cäsaren-

---

54 *Nowaja ekonomičeskaja politika* oder NEP, Bezeichnung des neuen wirtschaftspolitischen Kurses der Sowjetunion 1921–1928, der eine vorübergehende wirtschaftliche Liberalisierung in Landwirtschaft, Handel und Industrie bedeutete.

55 Scherpenberg, Hilger Albert van (1899–1969); Diplomat; seit 1925 im Auswärtigen Dienst; 1944 Verurteilung durch den Volksgerichtshof zu zwei Jahren Gefängnis; nach 1945 Rückkehr in den diplomatischen Dienst.

hafte Pose an. Das falle aber alles in einer persönlichen Unterhaltung ab. Da werde M.[ussolini] menschlich u. liebenswürdig[.]

Oesterreich. H.[itler] habe mit rücksichtsloser Offenheit gesprochen: Dollfuss ein Volksverräter, er würde in Oe.[sterreich] auch mit Bomben u. Granaten arbeiten.

M: Was schlagen Sie vor?
H.: Absetzung v. Dollfuss, unparteilicher Regierungschef. Neuwahlen. Beteiligung d. NSDAP im Verhältnis zum Ergebnis an der Regierung. Anschluss nicht akut.
M: Akzeptiert!

H. betrachtet dies als grossen Erfolg, wenigstens würde kein Konflikt mit I.[talien] wegen Oesterreich eintreten.

Gleichberechtigung. M. unumwundene Zustimmung. Ob H. in den V[ölker]-B[und] zurückkäme.

H.: Warum nicht, aber da müsste die Gleichberechtigung praktisch durchgeführt sein. M. hätte den Druck hinauszugehen, wir das Druckmittel, wiederzukommen. Dann könnten wir aber nicht mehr so leicht wieder hinaus.

Russland u. V-B: Übereinstimmende Meinung, dass Eintritt R.[ussland]'s diesen ganz durcheinanderbringen würde. Im übrigen wachse R.'s Rüstung unheimlich, diese ganze Frage sei nicht mehr wirtschaftlich zu lösen, da die russische Ausfuhr alle bedrohe.

M. sei immer nachdenklicher geworden. U. Polen?
H.: Polen war vor 10 Jahren militärisch stärker als R.[ussland]. Heute nicht mehr. Es hat den Pakt mit uns aus Angst vor R. abgeschlossen.

Ich übergebe dem Führer den Wortlaut des Beschlusses des Polit-Büros vom 29.5.34, worin Sowjetrussland sich für eine unbedingte Gefolgschaft Frankreichs entscheidet u. aggressiv gegen Japan gemeinsam mit USA wenden will.

H.: liest: das ist wirklich hochinteressant. Man müsste es den Italienern übermitteln.

Ich: Ich bin heute beim britischen Botschafter zu Mittag. Ich werde auch ihn benachrichtigen.

H.: Jawohl. England u. I. sind zu unterrichten.

Ich: Im übrigen arbeiten die zentrifugalen Kräfte in Russland. Ich werde mich für sie weiter interessieren. Man muss fertig sein, wenn die Dinge weit genug gediehen sind.

H.: Jawohl, tun Sie das.

Ich berichtete dann über eine Unterredung mit v. Papen, damit er nicht eine »andere Lesung« dem Führer übermittelt.

H.: Papen wird nicht mehr lange übermitteln. Seine Rede war bodenlos dumm.[56] Ihr Aufsatz darüber heute war ganz ausgezeichnet.

Dann berichtete ich über gemeinsame Schulungsmonate PO [Partei-Organisation], SA usw. Der Führer sehr befriedigt, fragt blos, ob alle einverstanden seien …

28.6[.1934]

Die Niedersachsen-Tage waren das noch gesteigerte Erlebnis von Altenesch. 60000 in Verden, 30000 H.J. [Hitler-Jugend] in Wildeshausen, ganz Braunschweig in einer freudigen Zustimmung wie wohl nie![57] Die Wertung der d.[eutschen] Geschichte vollzieht sich im Leben, durchs Leben selbst u.d. Niedersachsentum erscheint wieder im Zentrum des d. Charakters. Die »N.Z.Z.« [Neue Zürcher Zeitung] v. 26.6. versucht zwar, etwas über den »niedersächsischen Mythos« zu spotten, gibt aber zu, dass dies neue Denken den Bruch mit alten Auffassungen darstelle, wie noch nie einer vollzogen wurde.[58]

---

56 Rede Franz von Papens an der Universität Marburg am 17. Juni 1934, in der er unter Anerkennung der Führungsposition Hitlers die Politik der NSDAP scharf kritisierte und eine konservativ-ständische Neuordnung forderte.

57 Verden, Kreisstadt in Niedersachsen; Sachsenhain bezeichnet ein Feld mit 1935 aufgestellten Findligen zum Gedenken an im Mittelalter getötete Sachsen. – Wildeshausen, Kreisstadt in Niedersachsen.

58 *Neue Zürcher Zeitung*, 26.6.1934, Bl. 3f., ›Der niedersächsische Mythos‹. Der Artikel befasste sich kritisch mit dem Geschichtsbild Rosenbergs,

Das A.A. hat durch Brief Ritters an Daitz gleichsam die diplom. Beziehungen zu uns abgebrochen.[59] Der »Ton« des Briefes von Daitz passt dem derzeitigen Reichsaussenminister v. Neurath nicht, eine Ablehnung der ganzen Mandschukuo-Sache ist an Dircksen nach Tokio telegraphiert, 8 Monate Arbeit, Thyssens 200000 M[ar]k. umsonst, Beauftragung des Führers beiseite geschoben ...[60] Die ganze Reaktion will, angefeuert durch Papen, über die Bewegung hinweggehen. Habe gestern den Führer eingehend darüber unterrichtet, ihm das Ergebnis von 3 Monaten Untersuchungsarbeit über die AA-Sabotage vorgelegt. Er war denkbar aufgebracht u. sagte: [»]Gehen Sie jetzt zum Reichsjustizminister u. sagen Sie ihm meinen Befehl: er solle untersuchen, ob in einem Reichsamt Sabotage gegen meine Verfügungen vorgekommen seien. Ich werde ihn dann in der nächsten Woche zu mir rufen. Dann unterrichten Sie Blomberg u. Schmitt.[61] Neurath schreiben Sie, dass Sie mir Mitteilung über die ganze Angelegenheit gemacht hätten.«

Über den Londoner Botschafter ist der Führer ebenfalls erregt. Dieser sei vom britischen Ministerium gefragt worden, ob D[eutschland] jetzt viele Flugzeuge habe. Darauf dementierte Hoesch überhaupt das Vorhandensein! Anstatt zu sagen, er sei nicht in der Lage nähere Auskünfte zu geben, im übrigen müsse D. auf die Sicherheit seiner Verteidigung bedacht sein. – Ich erläuterte dem Führer, dass ich ebenfalls alle 10 Tage

---

vor allem mit dessen Versuch, eine Kontinuität von mittelalterlichen Herrschern bis zum Nationalsozialismus zu konstruieren.

59 Wahrscheinlich Ritter, Karl (1883–1968); Diplomat; 1936 Leiter der Wirtschaftsabt. im AA, 1937–38 Botschafter in Rio de Janeiro; danach Botschafter z.b.V.; im Nürnberger Wilhelmstraßen-Prozess zu 4 Jahren Haft verurteilt; wg. Haftzeitanrechnung nach einem Monat entlassen.

60 Mandschukuo, von Japan gegründeter Satellitenstaat in der Mandschurei, 1938 vom Dt. Reich offiziell anerkannt. – Dirksen, Herbert von (1882–1955); Diplomat; seit 1928 Botschafter in Moskau; seit 1933 Botschafter in Tokio; 1938–40 Botschafter in London; 1939 NSDAP-Beitritt. – Thyssen, Fritz (1873–1951); Industrieller; seit 1923 Förderer der NSDAP; 1926–35 Aufsichtsratsvorsitzender der Thyssen AG und der Vereinigten Stahlwerke; 1933 NSDAP-Beitritt; 1933–39 MdR; 1939 über die Schweiz Emigration nach Frankreich; seit 1941 nach Auslieferung Häftling in den KZ Sachsenhausen und Buchenwald.

61 Schmitt, Kurt Paul (1886–1950); Jurist; 1921–33 Vorstandsvorsitzender der Allianz AG; 1933 NSDAP-Beitritt; 1933–34 Reichswirtschaftsminister; danach wieder in der Privatwirtschaft tätig.

vom Kabinett Macdonald aus um Aufklärungen gebeten werde. Aber das alles helfe nichts, da unsere eigene Botschaft gerade den gegnerischen Gerüchten Vorschub leiste (Graf Bernstorff, Scherpenberg).

Der Führer: Können Sie mir einen Botschafter für London nennen?

Ich: Kapitänleutnant Obermüller, der Ihnen soeben vorgestellt wird! Alter U-Bootkommandant, fliegt morgen in meinem Auftrage erneut nach London, um Fühlung mit dem Flieger- u. Marine-Generalstab zu verstärken u. ev. wichtige Persönlichkeiten für den Parteitag einzuladen.

Der Führer zieht darauf O.[bermüller] in ein längeres Gespräch. Dieser berichtet: U-Bootkommandant im Mittelmeer. »Kriegsverbrecher«. 6 Jahre Japan, Asien, Niederl. Indien. Berichtet über die herrschende engl. Psyche, Frankreich als den besten Polizisten Europas zu werten. Es wird abgemacht, dass O. eine Anzahl Engländer nach Ostpreussen einladet, um sie mit eigenen Augen sich von der wirklichen grossen Arbeit bei uns überzeugen zu lassen u. dann zum Parteitag zu führen.

+

Der Führer erzählt, dass er Dr. Jung, den Verfasser der unglaublichen Papen-Rede, habe verhaften lassen.[62] – Gerade lässt der Vice-K.[anzler] anfragen, ob der Führer ihn noch heute empfangen könnte. Hitler lacht: »Der kommt wegen seines Dr. Jung!« Und lässt ablehnen. Im Garten zeige ich dem Führer die Berichte der N. Z. Z., deren Informationen nur aus dem Papen-Laden kommen könnten. Der Führer zeigt auf die graue Front am Ende des Gartens: »Ja, da kommt alles her, ich werde das ganze Büro einmal ausheben lassen.«

Im übrigen will der Führer gegen die ganze Reaktion noch nichts unternehmen. Die Rücksicht auf Hindenburg ist geradezu rührend. Er erzählt, noch nie sei der Alte Herr so freundlich gewesen als beim letzten Besuch, da Hitler ihm in Neudeck über Venedig berichtete. Er stütze sich nur noch auf seinen Arm u. sage: »Jetzt stützen Sie mich auch auf diese Weise, mein Kanzler.« Hitler will ihm allen Gram ersparen, da er glaubt, dass es mit Hindenburg nicht mehr lange dauern kann[.]

Die Kirche macht, ganz natürlich, alles gegen mich mobil. v. Pfeffer teilte mir einiges mit u. fragte mich, ob ich irgendwelche Konsequenzen

62 Jung, Edgar (1894–1934); Jurist, polit. Schriftsteller und prominenter Vertreter der Jungkonservativen; 1934 Verhaftung und Ermordung wegen der von ihm verfassten »Marburger Rede« Papens.

daraus ziehen würde.[63] Ich sagte ihm, dass ich den Führer darüber sprechen müsste, etwas öffentliches aber könnte nur als Schwäche gedeutet werden. Den gleichen Standpunkt unterstrich der Führer jetzt mit aller Energie: Die Kirchen nicht unnütz angreifen (Saarfrage!), sonst aber von unerschütterlicher weltanschaulicher Haltung. – Ich ~~bin~~ war darüber sehr befriedigt u. betonte, dass ich in meinen offiziellen Reden nicht die Grenzen des objektiv für den NS. Notwendigen verliesse.

Der Führer hat die Jahre über immer meinen konsequenten Standpunkt geschirmt, soweit er das bei seiner Stellung tun konnte. Er betonte lachend nun mehr als einmal, er sei von jeher Heide gewesen, es sei jetzt die Zeit gekommen, da die christliche Vergiftung ihrem Ende entgegengehe. Diese Ausführungen sind streng geheim geblieben, neuerdings tratscht aber eine Salonlöwin Berlins stolz darüber herum. Diese »politischen« Salons mit viel emsigen »politisierenden« »repräsentativen« Damen sind eine auch bei uns noch fortdauernde Krankheit, die zu überwinden offenbar nicht leicht sein wird.

29.6. [1934]

Heute kommt vom Werbe-Rat d. d.[eutschen]Wirtschaft Dr. Hunke u. berichtet von einer vertraulichen Unterredung im Reichs-Wirtschaftsministerium.[64] Dort will man jetzt die Aussenhandelsdiktatur der Behörden, also jener Ministerialräte, die ihre Unfähigkeit schon unter Beweis gestellt haben. Bezeichnend dabei ein Ausspruch des Dr. Ritter vom AA: Er sei jetzt für solch ein Aussenhandelsamt, dadurch könne das Aussenpolitische Amt dann ausgeschaltet werden. Das war sehr unvorsichtig! Denn damit drückt er selbst den Stempel auf die Sabotage-Aktion des AA. in der Mandschukuo-Angelegenheit. Ziel: Vernichtung unserer

---

63 Pfeffer, Fritz von (geb. Pfeffer von Salomon; 1888–1968); Offizier; 1925 NSDAP-Beitritt; Gauleiter Westfalen und SA-Führer; 1926–30 Oberster SA-Führer; 1932–42 MdR; 1936–40 und 1941–43 Regierungspräsident in Wiesbaden; mitverantwortlich für die Deportation der hess. Juden; nach 1945 Mitbegründer der Deutschen Partei.

64 Hunke, Heinrich (1902–2000); Volkswirt; 1928 NSDAP-Beitritt; seit 1928 Gauwirtschaftsberater in Berlin; seit 1932 MdR; 1941 Ministerialdirektor im RMVP; 1944–45 Vorstandsmitglied der Dt. Bank; nach Kriegsende Beamter im niedersächs. Finanzministerium.

Stellung, dann Durchführung unserer Pläne im nächsten Jahr durch das AA. Auch wenn D.[eutschland] eine Position nach der andern verliert.

Das ist wirtschaftlicher Landesverrat u. Sabotage der Bewegung u. des NS-Kanzlers! Ritter ist überreif für ein Konzentrationslager, wo er ehrliche Arbeit finden könnte. Einmal im Leben für ihn.

~~Das gleiche~~ Am Dienstag werde ich dem Führer Mitteilung von diesem neuen Geistesblitz »unseres« AA machen.

7. 7. [1934]

Die Tage der Röhm-Revolte sind vorüber, die Untersuchung[en] über die letzten Hintergründe u. Zusammenhänge dauern an; erst sie werden Klärung darüber bringen, ob die verschiedenen Gruppen gewusst hatten, Teilhaber an einer gemeinsamen Aktion gewesen zu sein.[65]

Meldungen über einen Putsch waren von allen Seiten gekommen, auch ins A. P. A. MacDonald hatte in ganz vertrautem Kreise dem Violinisten Kreisler erklärt: Nun würden sich in den nächsten Wochen in D.[eutschland] die Dinge ja gewaltsam ändern.[66] Die Frau Kreislers – eine Nichtjüdin – hat das »vertraulich« mitgeteilt – und so erfuhren auch wir davon. Im übrigen hatte der anständige Lutze den Führer gewarnt.[67] Darauf nur die mit der Ge-Sta-Po Verbundenen unterrichtet. Dann am Donnerstag 28. am Rhein letzte Beratung unter Hinzuziehung Dr. Leys.[68]

---

65 Röhm, Ernst Julius (1887–1934); 1920 NSDAP-Beitritt; 1923 Beteiligung am »Hitler-Putsch«; 1928–30 Militärberater in Bolivien; 1931 Oberster Stabsführer der SA; 1933–34 bayer. Staatsminister; Reichsminister ohne Geschäftsbereich; 1934 Verhaftung und Erschießung durch die SS in der Aktion gegen die SA und Regimekritiker. Siehe Heinz Höhne, *Mordsache Röhm. Hitlers Durchbruch zur Alleinherrschaft, 1933–1934,* Reinbek bei Hamburg 1984.

66 Kreisler, Fritz (1875–1962); österr. Violinist und Mediziner jüd. Herkunft; lebte 1915–24 in den USA, 1924–38 in Berlin; 1940 Auswanderung in die USA; seit 1902 verh. mit Harriet Lies.

67 Lutze, Viktor (1890–1943); 1922 NSDAP-Beitritt; ab 1928 stellv. Gauleiter Ruhr; seit 1933 Polizeipräsident und Oberpräsident der Provinz Hannover; seit 1934 Nachfolger Ernst Röhms als SA-Stabschef.

68 Ley, Robert (1890–1945); 1925 NSDAP-Beitritt; 1925–31 Gauleiter Rheinland-Süd; seit 1933 Reichsleiter der DAF; 1945 IMT-Angeklagter; entzog sich dem Gerichtsurteil durch Suizid.

Am Freitag wird Goebbels unterrichtet, soll aber zu Hause bleiben. Er bittet: »Mein Führer, lassen Sie mich mit«; »Mein Führer, nehmen Sie mich mit.« So wird er dann auch zum Männerunternehmen zugelassen.

In München steht S.A. vollbewaffnet in Karrees a.d. Königsplatz. Reichswehr mit M-G u. Panzerwagen auf Oberwiesenfeld.[69] Es hätte nicht viel gefehlt u. was 10 Jahre vermieden werden konnte, wäre Tatsache geworden: Grau u. Braun hätten auf einander geschossen. Unterdes aber war der Spuk von Wiessee erledigt worden.[70] Mit einem SS-Begleitkommando war der Führer nach Wiessee gefahren u. hatte zart an Röhms Tür geklopft: Meldung aus München, sagte er mit verstellter Stimme. »Komm doch rein,« rief Röhm der vermeintlichen Ordonanz zu, »die Tür ist ja offen«. Da riss Hitler die Tür auf, stürzte auf den im Bett[71] liegenden Röhm zu, packte ihn an der Gurgel und schrie: »Sie sind verhaftet, Sie Schwein!« Und übergab den Verräter der S.S. Röhm weigerte sich zunächst, sich anzuziehen. Da schlug die S.S. dem »Stabschef« seine Kleider ins Gesicht, so dass dieser sich zum Anziehen bequemte.

Im Nebenzimmer Heines in homosexueller Betätigung.[72] »Das alles wollen Führer in Deutschland sein«, sagte der Führer gequält. Heines führte eine Heulszene auf: »Mein Führer, ich habe dem Jungen nichts getan.« Und der Lustknabe küsst vor Angst und Wehe seinen Liebling auf die Backe. Amann erzählt: Nie habe der Führer sich an einem Menschen vergriffen, jetzt aber hätte er den Lustknaben gepackt und voller Ekel an die Wand geschmissen.[73]

Im Korridor kommt dem Führer eine hagere Gestalt entgegen mit rot geschminkten Wangen. »Wer sind Sie?« – »Der Zivildiener des Stabs-

---

69 Oberwiesenfeld, Stadtteil von München.

70 Bad Wiessee, oberbayerische Gemeinde, 1934 Sammlungsort der SA-Führung.

71 Es folgt eine von Rosenberg vollständig unleserlich gemachte Zeile.

72 Heines, Edmund (1897–1934); 1921 NSDAP-Beitritt; 1930 MdR; 1931 Stellvertreter Röhms; seit 1933 Polizeipräsident in Breslau; Ermordung im Zuge des »Röhm-Putsches«.

73 Amann, Max (1891–1957); im Ersten Weltkrieg Feldwebel und Vorgesetzter Hitlers; 1921 erster Geschäftsführer der NSDAP; 1922 Direktor der Zentralverlages der NSDAP (Franz-Eher-Verlag); 1923 Teilnahme am »Hitler-Putsch«; Hauptgeschäftsführer des *VB*; 1933–45 MdR und Präsident der RPK; 1948 zu zehn Jahren Arbeitslager verurteilt, 1953 Haftentlassung.

chefs.« Da packt den Führer eine Wut ohne gleichen, auf solche Weise seine S. A. beschmutzt zu sehen, er befiehlt, die Lustknaben samt u. sonders in den Keller zu packen u. zu erschiessen.

Auf der Rückfahrt nach München trifft der Führer auf Röhms anrollende Stabswache. Sie wird angehalten. Lutze ruft: Stabswache hört auf mein Kommando! Der Anführer kümmert sich nicht.

Da springt der Führer auf u. wiederholt den Befehl. Ein entscheidender Augenblick des Umbruchs – dann macht die Wache kehrt nach München. – Weitere, zu Röhm bestellte Führer werden vom Führer angehalten u. persönlich verhaftet.

Hitler wollte Röhm nicht erschiessen lassen. »Er stand doch einst neben mir vor dem Volksgericht«, sagte er zu Amann. A.[mann] aber: Das grösste Schwein muss weg. Und zu Hess: Ich werde den Röhm selbst erschiessen. Hess entgegen: »Nein, das ist meine Pflicht, auch wenn ich nachher erschossen werden sollte.«

Röhm bestellt aus der Zelle ein grosses Frühstück und verzehrt es bis zum letzten Brocken. Er verlangt einen Teppich und will den Führer sprechen. Das ist jetzt umsonst, die »Geschichte eines Hochverräters« erhält ihr letztes Kapitel.[74] Man lässt ihm eine Pistole. Kommt wieder. Gibt ihm nochmals eine Möglichkeit. Er tut nichts. Da wird er in der Zelle erschossen – immer noch ehrliche Kugel[n], die ihn trafen, nicht der Strick machte seinem Leben ein Ende, wie er es verdient hätte.

Der homosexuelle Stabschef Röhm war nicht der alte Hauptmann Röhm von 1916, 1923. Dass er homosexuell veranlagt sei, entdeckte er, wie aus seinen widerlichen Briefen an Dr. Heimsoth ersichtlich, erst 1924.[75] Eine kranke Seite seines Wesens meldete sich u. wurde von Jahr zu Jahr immer stärker. Im Gefühl auf allgemeine Ablehnung zu stossen, kehrte er seine Veranlagung brutal hervor und forderte ihre Anerkennung durch Anerkennung seines Postens. Er umgab sich mit Schlemmern u. Schmarotzern, seine Offiziere hatten alle Lustknaben, sie kapselten sich immer mehr von der Bewegung ab u. provozierten

74 Bezieht sich auf Röhms 1928 im Franz-Eher-Verlag veröffentlichte Autobiographie *Die Geschichte eines Hochverräters*.

75 Heimsoth, Karl Günther (1899–1934); Mediziner; 1928 Korrespondenz mit Röhm über § 175 (der Briefwechsel wurde 1932 veröffentlicht); seit 1933 NSDAP-Mitglied mit Kontakten zur KPD; wahrscheinlich im Zusammenhang mit dem »Röhm-Putsch« ermordet.

durch ihr Auftreten die Bevölkerung. So zahlten sie auf einer Gruppenführertagung in Heidelberg eine Rechnung von 9000 Mark, dort, wo die S.A. noch paar Tage vorher eine Strassensammlung veranstaltet hatte …

Hinzu kamen Erpressungen, Bestechungen. Das Geld reichte noch immer nicht – Abhängigkeit von Konzernen.

Eine Unterredung mit dem Führer, nach der R.[öhm] sich krank meldete, hatte R. wohl gezeigt, dass seine Karriere doch zu Ende gehe, da machte er wahr, was er früher vielleicht doch mehr theoretisch erwogen hatte: er mobilisierte die S.A. gegen den Mann, dem er alles zu verdanken hatte. Hitler aber packte früher zu – furchtbar und abschreckend für alle Zeiten.

Zu den 7 S.A. Führern, die offiziell als erschossen angegeben worden waren, gesellten sich der üble Du Moulin Eckart, 8 Lustknaben, Dr. v. Kahr, Dr. Glaser, Dr. Gerlich u. U. a. auch die von der Wache im Braunen Haus, die R.[eichs]-Schatzmeister Schwarz, Buch u.a. zu erschiessen berufen worden waren.[76] Lossow u. Seisser, die Verräter des 9. XI. 23, wurden nach Dachau gebracht u. können dort jetzt ehrlicher Arbeit nachgehen.[77] So wurde der 9. XI. 23 doch noch gesühnt u. Kahr hat sein längst verdientes Los ereilt.

---

76 Du Moulin-Eckart, Carl-Leon Graf (1900–1991); 1921–22 SA-Beitritt; enger Vertrauter Röhms; 1923 Teilnahme am »Hitler-Putsch«; 1931 Mitarbeit beim Aufbau des SA-Nachrichtendienstes; 1932 Versetzung zur SA-Gruppe Wien; der Ermordung im Zuge des »Röhm-Putsches« entkommen; bis 1936 KZ-Häftling. – Kahr, Gustav von (1862–1934); Politiker; 1920–21 bayer. Ministerpräsident; 1923 Generalstaatskommissar; 1924–27 Präsident des bayer. Verwaltungsgerichtshofes. – Glaser, Alexander (1884–1934); Jurist und Politiker. – Gerlich, Carl Albert (1883–1934); Journalist und Archivar; 1920–28 Leiter der *Münchner Neuesten Nachrichten*; 1932 Herausgeber des Kampfblattes *Der gerade Weg*; 1933 Festnahme durch die SA; im KZ Dachau ermordet. – Schwarz, Franz Xaver (1875–1947); 1922 NSDAP-Beitritt; seit 1925 Reichsschatzmeister der NSDAP. – Buch, Walter (1883–1949); 1922 NSDAP-Beitritt; 1923 Beteiligung am »Hitler-Putsch«; 1928 MdR; Redakteur beim *VB*; seit 1934 Vorsitzender des Obersten Parteigerichts; Mitglied der Akademie für Dt. Recht und des Sachverständigenbeirates für Bevölkerungs- und Rassenpolitik beim RMdI.

77 Lossow, Otto von (1868–1938); Offizier; 1923 Bildung eines »Triumvirats« (Kahr, Seißer, Lossow) zum »Marsch auf Berlin«; 1924 Entlas-

In Berlin ist unter den Toten auch Gregor Strasser[.] Er war früher ein entschiedener Gegner des homosexuellen Röhm u. bezeichnete diese Sorte von Menschen als eine Freimaurerei, wo einer dem anderen helfe gegen die übrige Menschheit, ohne hier Hemmungen zu kennen.[78] Hatte Strasser aus Wut hier mit Röhm gemeinsame Sache gemacht? Oder hatte Schleicher die Fäden in der Hand, die nach allen Seiten, auch zur Katholischen Aktion hin liefen?[79] Dr. Brüning war nach London gesandt worden, Dr. Joseph Wirth bereits nach Moskau, gemeinsam mit Mehnert, dem Intimus des Herrn Maier[80] aus dem Stabe Röhms.[81] Strasser erklärte bei seiner Verhaftung, unschuldig zu sein; er wurde doch erschossen. Wie ich heute höre, soll dazu kein Befehl vorgelegen haben, der Führer hat eine Untersuchung eingeleitet, um die Schuldigen zur Rechenschaft zu ziehen. Frau Str.[asser] ist beim Führer angemeldet, um die Rehabilitierung ihres Mannes zu erreichen.

Wenige Tage vorher hatte Gregor Strasser sein Ehrenzeichen, N9 der Partei, zugesandt erhalten ...

Damit hat wie der erste militärische, so der ehemals erste politische Berater des Führers den Tod gefunden. Gregor Strasser hat sich als Halber erwiesen. Er hielt die Gegnerschaft von Dr. Goebbels nicht aus, der damit begonnen hatte, Strassers Mutter als Jüdin zu bezeichnen. Er sah im kleinen Doktor ein Verhängnis für Hitler, er wollte auch an Röhm nicht glauben. Dadurch verlor er zur Stetigkeit des Führers Vertrauen u. litt 1932 an einer weitgehenden Selbstüberschätzung. Von Seiten der

---

sung aus der Reichswehr. – Seißer, Hans Ritter von (1874–1973); Politiker; 1923 Reichspolizeiminister, Chef der bayer. Landespolizei; 1923 Beteiligung am »Hitler-Putsch«; 1930 Versetzung in den Ruhestand.

78 Strasser, Gregor (1892–1934); 1921 NSDAP-Beitritt; 1923 Teilnahme am »Hitler-Putsch«; 1925–29 Gauleiter Niederbayern; 1926–28 Reichspropagandaleiter; 1928–32 Reichsorganisationsleiter.

79 Schleicher, Kurt von (1882–1934); Offizier und Politiker; 1932 Reichswehrminister und Reichskanzler.

80 Name konnte nicht identifiziert werden.

81 Brüning, Heinrich (1885–1970); dt. Politiker; 1924–33 MdR; 1930–32 Reichskanzler; 1934 Flucht über die Niederlande in die USA. – Wirth, Joseph (1879–1956); Politiker; Mitglied der Zentrumspartei; 1921–22 Reichskanzler. – Mehnert, Klaus (1906–1984); Journalist; 1934–36 Korrespondent dt. Zeitungen in Moskau; Chefredakteur der Monatszeitschrift *The XXth Century*.

Gegner wurde ihm geschmeichelt, er besuchte in Berlin Politiker, geriet in den Kreis Schleichers, grosser Industrieller. Und fühlte sich reif, selbst zu unterhandeln. Das war Verrat, wenn er sich selbst dessen vielleicht auch nicht bewusst war; jedenfalls hatte er den Glauben verloren, war schwach geworden. Es reichte bei ihm weder aus zur vollen Treue noch zur Revolte. Er versank ... Verschwand scheinbar für immer aus der Politik. Bis der 30. Juni 1934 kam und auch ihn sühnen liess, was er an der Bewegung verbrochen.

Das, was Goebbels jedoch in seinem Buch über Strasser schreibt, ist nur ein Eselstritt eines triumphierenden, sich nun in Sicherheit fühlenden Nebenbuhlers.[82] Es hat allgemeinen Widerwillen hervorgerufen. Wie auch sonst das ganze Buch, gegen welches auf einer Gauleitertagung öffentlich unter lautem Beifall als Erzeugnis von Eitelkeit und Selbstbeweihräucherung protestiert wurde.

Der »Obergruppenführer« Ernst hatte offenbar Lunte gerochen.[83] Hatte sich eine Fahrkarte nach Madeira gelöst u. wurde gerade noch in Bremen mit Frau und »Sekretär« abgefangen. Mit 40000 M[ar]k Parteigeldern in der Tasche. Spielte eine traurige Figur u. soll[,] als er an die Wand gestellt wurde, zwei Mal davongelaufen sein.

Sein »Stab« an der Tiergartenstrasse[84] wird ausgeräumt; er war dort mit Weibern und Lustknaben eingezogen. Man fand eine Erschiessungsliste; auch die ganze Redaktion des »V. B.« – also auch ich – fingierte darunter. In Deutschland sollte also eine Herrschaft der Homosexuellen errichtet werden.

In Capri, wo Röhm vorher auf »Urlaub« mit seinen Lustknaben gefahren war, soll er mit französischen Politikern, auch Homosexuellen – verhandelt haben.

Jetzt ist die S. A. einem Ehrenmann wie Lutze unterstellt worden. Die Berliner Gigolos im Braunhemd werden verschwinden – die alte, unsere alte S. A. wird wiederkehren.

---

82 Joseph Goebbels, *Vom Kaiserhof zur Reichskanzlei. Eine historische Darstellung in Tagebuchblättern*, München 1934.

83 Ernst, Karl (1904–1934); 1923 NSDAP-Beitritt; 1931 SA-Führer von Berlin; 1932 MdR.

84 Unter anderem Sitz des Politischen Amtes der Obersten SA-Führung.

In Eisenach feierte die NS-Kulturgemeinde ihre erste Tagung. Ich sprach dort zu 20000 auf dem A. Hitler-Platz über die deutsche Kultur als Instrument der deutschen Einheit. Am nächsten Tag, d. 5., bereits a. d. Gauleitertagung in Flensburg Vortrag über den Universalismus O.[thmar] Spanns, der mit ostentativem Beifall aufgenommen u. von Ley als Höhepunkt der Tagung hingestellt wurde.[85]

Nur einer rührte keinen Finger: Dr. Goebbels. Ich begreife das, er kann nicht anders.

11. 7. [1934]

Der »Kampf um England« geht unentwegt weiter. Obermüller ist aus London zurück und hat alle in Frage kommenden Persönlichkeiten gesprochen. Kapt. Boyle vom L[uft]-fahrtministerium, Lord Londonderry, Kapt. Fyans (den Adjutanten des Herzogs v. Connaught) u. a., die Unterredungen hat O.[bermüller] schriftlich fixiert u. ich habe sie gestern dem Führer übergeben, der die engl. Wünsche bei seiner kommenden grossen Rede am 13. v. dem Reichstag berücksichtigen wird.[86] Der Herzog v. C.[onnaught] will einen ganz vertraulichen sachlichen Bericht über die Vorgänge des ~~13.~~ 30. Juni für den engl. König – verständlich, da es für das Ausland nicht leicht ist, überall durchzublicken. – Ganz allgemein will man in E.[ngland] die Wahrheit über die deutschen Rü-

85 Spann, Othmar (1878–1950); österr. Ökonom; 1919–39 Prof. für Nationalökonomie in Wien; 1920er Jahre Unterstützung österr. Heimwehrverbände, des NSDStB und Eintritt in NSDAP; zeitweise Vorstandsmitglied von Rosenbergs KfdK; 1938 nach Inhaftierung im KZ Dachau Lehrverbot.

86 Boyle, Archibald Robert (1887–1949); brit. Offizier; 1918 Royal Air Force; später als Zivilbeamter im Luftfahrtministerium tätig. – Vane-Tempest-Stewart, Charles Stewart Henry, 7th Marquess of Londonderry (1878–1949); brit. Politiker; 1931–35 Luftfahrtminister; 1936 und 1937 Besuche in Deutschland; empfing Ribbentrop 1936 auf seinem Landgut. – Fyers, Fitzroy Hubert (unbek.–1981); brit. Offizier; seit 1930 persönlicher Assistent des Herzogs von Connaught. – Herzog von Connaught: Wahrscheinlich Arthur, Frederick Patrick Albert Prince of Connaught (1883–1938); brit. Diplomat und Mitglied der königl. Familie; 1920–22 Generalgouverneur von Südafrika; seit 1927 Flügeladjutant von König George V.

stungen wissen. Das [britische] L[uftfahrt]-Ministerium betont, uns loyal helfen zu wollen, aber man solle ihnen doch nichts vormachen wollen, sie erhielten ja doch genaue Informationen. Der kommende, Winterbotham nahestehende L-Attaché in Berlin werde ein ordentlicher Mann sein, im Gegensatz zu dem ahnungslosen jetzigen. Man würde dann auch den d. Attaché entsprechend in E. herumführen.

Ganz vertraulich wird über Weygands Besuch gesagt.[87] Wie überall, so bestehen zwischen den versch. Waffengattungen Differenzen. Das Heer will von den für die Luftflotte bewilligten Geldern möglichst viel für sich abzweigen u. hat zu dem Zweck Weygand eingeladen, als Unterstützung seiner Ansprüche, dann aber auch, um die frankophile Politik zu stützen. (Wie ich ganz vertraulich erfahre, ist MacDonald von der Einladung erst nachträglich unterrichtet worden). Gegen diese alte Vorkriegspsychose arbeitet das junge Geschlecht i. d. Air Force und ersucht uns, nur unmittelbar mit seinem Generalstab zu verkehren ohne das F. O. [Foreign Office], ohne die deutsche Botschaft in London. Das ist das einzig richtige u. der Hebel ist somit an der richtigen Stelle angesetzt worden, um die Frankreich ergebene Seite nach und nach mattzusetzen – auch im wohlverstandenen Interesse des brit. Imperiums, das sonst so dastehen wird wie 1914 – und seine ganzen Kolonien verlieren kann.

Dem Führer berichte ich darüber, dann über die leidige Aussenhandelsfrage. Wie durch die Nachlässigkeit u. Ideenlosigkeit der Aemter Hunderte von Millionen an Devisen verloren gegangen sind. Die rumänische Sache (25 Millionen) endlich überall durchgepauckt, liegt wieder irgendwo vergraben in der Umgebung des Herrn Posse (Bindungen zu Judenbanken);[88] der neue Rohstoffkommissar ohne Vollmachten, sein Besuch bei uns; Sabotage der Mandschukuo-Frage, Herr Zores[89] von dort soeben zurück; direkte Bitte des türkischen Botschafters an uns, das »Türkengeschäft« in Ordnung zu bringen. Endlich: Oellagerung Deter-

---

87 Weygand, Maxime (1867–1965); franz. Offizier; 1940 Oberkommandierender der Streitkräfte; danach Mitglied des Vichy-Regimes in Frankreich und Nordafrika; 1942–45 in dt. Haft.

88 Posse, Hans (1886–1965); dt. Jurist, 1924 Ministerialdirektor und Leiter der zoll- und handelspolitischen Abteilung im RWM; seit 1935 Staatssekretär im RWM.

89 Name nicht identifiziert.

dings bei uns in unserem Sinne entschieden, Abkommen mit Norwegen nach unseren Plänen in Ordnung gebracht.[90]

Der Führer ist über die Ministerialbürokratie nun sehr aufgebracht: »Ich werde den Herren jetzt schon das nötige Tempo beibringen.« Den nun nicht mehr zu verhindernden Aussenhandelskommissar will er sich persönlich unterstellen und den Ministerien alle darauf bezüglichen Vollmachten nehmen. Endlich! Die einzig richtige Lösung. Nächstens Sitzung darüber, er bittet mich, daran teilzunehmen.

x

Kapt. Zores berichtet am Nachmittag über Mandschukuo. Daraus geht jetzt eindeutig hervor, dass Knoll v. d. d.[eutschen] Botschaft Heye vorausgereist war, um den Reichskommissar bei den Japanern schlecht zu machen.[91] Das ist glatter [Wort unleserlich gemacht] Verrat. Aber Herr Knoll befolgt die Anweisungen des Herrn Ritter vom A. A. Und Neurath, der ihn »ausbooten« wollte, hat offenbar »zwingende« Gründe, um das nicht mehr zu tun.

Eben läuft Protokoll von Zores ein, um Kerrl zu den Akten gegeben zu werden.

13. 7. [1934]

Wie nicht anders zu erwarten, hat die »Rede« von Dr. Goebbels über die Ereignisse des 30. Juni einen geradezu katastrophalen Eindruck in der ganzen Welt gemacht. Aus London 2 Telephone: das Luftfahrtministerium ist entsetzt: seit Bethmanns Rede [19]14 hätte keine Rede aus D.[eutschland] derart niederschmetternd gewirkt.[92] Unsere Gegner

90 Deterding, Henri Wilhelm August (1866–1939); niederl. Industrieller, Gründer und Hauptaktionär des international bedeutenden Shell-Konzerns; sympathisierte mit den Nationalsozialisten.

91 Knoll, Karl (1894–1970); Diplomat; 1927–34 Beschäftigung an der Botschaft in Tokio; 1935 Gesandtschaftsrat 2. Kl; 1935–41 Abt.leiter im AA. – Heye, Hans Ferdinand (1897–unbek.); Unternehmer und Konsul; 1934 von Hitler zum Reichskommissar für den Handel mit Mandschukuo ernannt.

92 Bethmann Hollweg, Theobald von (1856–1921); 1909–17 Reichskanzler, preuß. Ministerpräsident und Minister für auswärtige Angelegenheiten.

erklärten: ist unsere frankophone Einstellung nicht mehr als gerechtfertigt? Hess' Rede in ihrer guten Wirkung sei ins Gegenteil verdreht, Hitler könne jetzt noch so gut sprechen, die Stimmung könne auch er nicht mehr ändern.

Duckwitz kommt aus Warschau, wo er wegen Kompensationsverhandlungen war.[93] Nur eine Stimmung: man wisse doch, dass die Schuld an den Gerüchten beim Prop-min. läge; gar keine Unterrichtung gewesen. Ob jemals ein Minister sich mit einem »Pfui Teufel« von der ganzen Welt verabschiedet hätte?!

Das gleiche stellt Leibbrandt bei Amerika fest. Dr. G[oebbels] hat eine ganze Mauer gegen uns aufgerichtet u. die Stellung eines Reichsministers mit der Rolle eines Vorstadtagitators verwechselt.[94] Ihm fehlt jedes Massvermögen – und nur mit Selbstgefälligkeit angefüllt kann man keine Aussenpolitik treiben.

2.8. [1934]

Hatte meinen Urlaub unterbrochen, um angesichts der aussenpolitischen Lage mit Hess zu sprechen. Fuhr im Wagen nach München u. erklärte mit aller mir zu Gebote stehenden Eindringlichkeit, dass durch derartige aussenpolitische Reden wie die von Dr. G[oebbels] das Deutsche Reich in schwerste Gefahr gerate, blos weil ein Mensch ohne Massvermögen seiner Zunge und seiner Selbstgefälligkeit freie Bahn lasse. – Dann Ersuchen, mir eine Generalvollmacht für die Aussenpolitik der gesamten Bewegung zu erteilen. Hess wird dies dem Führer vortragen.

Die Ereignisse überstürzten sich: Dollfuss' Ermordung, eine furchtbare Welthetze gegen Deutschland, heute Hindenburgs Tod. Dass Ita-

---

93 Duckwitz, Georg Ferdinand (1904–1973); 1932 NSDAP-Beitritt; 1933–35 Mitarbeiter im ARo; seit 1940 Schifffahrtsexperte an der Botschaft in Kopenhagen; offenbarte 1943 die dt. Pläne zur Deportation der dän. Juden; 1955–58 Botschafter in Dänemark; in Yad Vashem als »Gerechter unter den Völkern« geehrt.

94 Leibbrandt, Georg (1899–1982); 1933 NSDAP-Beitritt; 1933–41 Direktor der Ostabt. des APA; 1941–43 Leiter der Politischen Abt. im RMfbO; 1942 Teilnahme an der Wannsee-Konferenz; 1945–49 von den Alliierten interniert; 1955 Berater Adenauers für die Rückführung dt. Kriegsgefangener aus der Sowjetunion.

lien in einer derart gemeinen Art den Fall Dollfuss behandeln würde, hat alle erstaunt, selbst jene, die nie etwas vom Charakter der Italiener gehalten haben.[95] Damit aber hat sich der von Menschen unter Mittelmass umringte Mussolini selbst geschadet: erstens glaubt ihm ebenfalls niemand mehr, zweitens sagt sich alle Welt, dass wir vermutlich jetzt andere Wege suchen werden, dass somit eine deutsche Karte für Italien in Paris nicht mehr vorhanden ist. Womit der Wert dieses Staates, der in dem Masse ja kein Eigenwert ist, gleich um 50% geringer geworden ist. Der in Wut ausgeschlagene Minderwertigkeitskomplex hat also Rom selbst geschadet, die deutsche Presse hat sehr gut u. überlegen geantwortet. Dr. Schmitt hat im »V. B.« einen hervorragenden Aufsatz über die neuen Ciceros geschrieben, die ehe sie andere über ihre »römische Kultur« belehren wollten, erst ihren 22% Analphabeten das Lesen u. Schreiben beibringen sollten.

Heute morgen war ich kurz beim Führer, dann den ganzen Nachmittag in seinem Garten, wo ich mich zunächst mit Kerrl unterhielt.

Die Mandschukuo-Sabotage steht einwandfrei fest: Bülow hat den japanischen Botschafter im gegenteiligen Sinn unterrichtet, hat unserer Auslandsorg. erklärt, Heye sei nicht Reichskommissar![96] Und jetzt, wo die Herren Angst bekamen, ging plötzlich alles: Sitzung im A. A. in Gegenwart der Vertreter anderer Aemter, dann kommt Kapt. Zores nach der Mandschurei zurück, wo alle Vollmachten des A. A. jetzt vorliegen! Das im nationalsozialistischen Staat!

Ich teilte dies Ergebnis dem Führer mit. Er war doch etwas starr. Dann meinte er: Dort im AA. werden sie heute die Ohren hängen lassen, da ich die Befugnisse Hindenburgs habe. Nun hat der Spass ein Ende. Ich werde mir nach und nach die Urheber der frechen Haltung herauspicken und einen neuen Personalchef einsetzen. Auch wird es heilsam sein, auf das neue Volksgericht hinzuweisen, eine Bekanntschaft mit ihm zu machen wird niemand Lust verspüren.

---

95 Mussolini hatte als scharfe Missbilligung des versuchten NS-Putsches in Österreich u. a. am Brenner italienische Truppen aufmarschieren lassen.

96 Bülow, Bernhard Wilhelm von (1885–1936); dt. Diplomat; seit 1930 Staatssekretär im AA; nach 1933 trotz Gegnerschaft zum NS bis zu seinem Tod im Amt.

Dann spricht der Führer über private Dinge, über andere aussenpolitische Fragen, über das Mystische, dass Hindenburg am 2. August gestorben sein und sagt: »Den allerbesten Nachruf über ihn haben Sie geschrieben, Rosenberg.«

Über ganz Deutschland liegt tiefe Trauer. Ein Grosser ist dahin.

Aber die NSDAP hat freie Bahn erhalten, um ihr Reich zu vollenden. Kostbare Zeit musste vergehen, vieles konnte getan werden u. wurde aus Sabotage unter Berufung auf H.[indenburg] unterlassen. Jetzt ist der Führer alleiniger Herr über Deutschland. Alle Voraussetzungen für den n.s. Staat sind endlich vorhanden.

6.8.[1934]

Der Führer hat heute wunderbar über Hindenburg in der Trauersitzung des R[eichs]-tags gesprochen und – ein Grosser – verschwenderisch seine Verehrung zu einem – ganz anders gearteten – Grossen ausgesprochen. Der »beste Edelmann u. Soldat« nannte er ihn. Ich passte auf, ob Ludendorff erwähnt werden würde.[97] Der Führer tat es ohne ihn namentlich zu nennen, indem er vom grossen Helfer H.[indenburg]'s sprach. Ich ging dann zu Tisch in die Reichskanzlei, wo dann die Rede auf Ludendorff kam. Er hatte sich geweigert, seine Fahne anlässlich H.'s Tod auf Halbmast zu setzen! Zunächst hatte man an ein Missverständnis geglaubt, dann fragte man bei ihm an – er lehnte brüsk ab, es zu tun! Der Führer erzählt dann die Vorfälle bei der Einweihung des Tannenberg-Denkmals. L.[udendorff] war aufgefordert worden, in H.[indenburg]'s Wagen zu fahren.[98] Er lehnte ab. Im Denkmalshof erblickt H. L. und ging mit beiden ausgestreckten Händen auf ihn zu. L. aber kehrte sich ab u. ging 5 Schritt zur Seite. Der Führer meint, der Plan von Tannenberg stamme zweifellos von L., aber die zähe Durchführung u. die unerschütterliche Haltung sei H.'s Verdienst. Diese Gelassenheit

---

97 Ludendorff, Erich (1865–1937); Offizier; 1914 zusammen mit Hindenburg Oberbefehlshaber der dt. Armeen an der Ostfront; 1916–18 Generalquartiermeister der 3. OHL; 1923 Teilnahme am »Hitler-Putsch«; 1924–28 MdR; 1925 NSDAP-Kandidat für die Reichspräsidentenwahl.

98 1927 erbautes Kriegsdenkmal zur Schlacht bei Tannenberg; 1934 mit Beisetzung Hindenburgs Umbenennung in »Reichsehrenmal Tannenberg«.

und Nervigkeit wäre schliesslich in der Krise doch das entscheidende gewesen.

Der Führer nennt L.'s Haltung eine »Disziplinlosigkeit vor der Nation.« »Nie hätte er das tun dürfen«, fügt er mehrfach hinzu. Dann aber: »Er wird seinem Schicksal aber doch nicht entgehen, denn wenn er stirbt, dann werden wir ihn unter die Heroen Deutschlands einreihen.« Sein jetziges Verhalten erklärt der Führer durch die Drüsenoperation durch seine jetzige Frau.[99] Sie sei offenbar nicht geglückt u. hätte das innere Gleichgewicht L.'s ganz gestört.

Trotz allem tut es mir um L. leid. Er war der Motor u. Kopf des deutschen Widerstandes, Hindenburg war Appell oft an bürgerliche Sentimentalität – wenn er auch mehr war als diese. L. aber stand im Schatten, wurde um offenen Ruhm betrogen. H. machte Frieden mit dem Zentrum, L. war offener Gegner der Feinde Deutschlands. Dass er anstatt Soldat zu bleiben Denker werden wollte, wurde sein Verhängnis. Und da er sich innerlich doch unsicher fühlte, so schämte er sich Männerrat anzunehmen u. fiel in die Fänge einer halbseidenen »Philosophin«, deren Unsinn er als Ritter nunmehr glaubte bis zum letzten verteidigen zu müssen.

Hindenburgs Grösse lag zuletzt in dem Entschluss Hitler zu rufen und dann bis ins Herz ehrlich, dem neuen Deutschland zu helfen. Er hat damit dem Reich furchtbare Erschütterungen erspart, er fand zu sich selbst zurück, er wurde damit der väterliche Freund Hitlers, eine geradezu mythische Erneuerung des alten Hildebrand~~t~~ u. des jungen Ditrich von Bern.[100] Deshalb wird er morgen zu Recht im Heldenturm von Tannenberg beigesetzt werden – als Symbol für Jahrtausende.

Und wenn Ludendorff stirbt, muss er an seiner Seite liegen – wie die einst streitenden Kaiser im Dome zu Speyer. Die Schicksalslinie des Volkes ist härter als die Widerspenstigkeit jener, die glauben, aus ihr herausspringen zu können.

---

99 Ludendorff, Mathilde (1877–1966); Ehefrau Erich Ludendorffs und Verfasserin einer Vielzahl obskurer antisemitischer und völkischer Traktate, zusammen mit ihrem Ehemann Begründerin des »Bundes für Deutsche Gotterkenntnis«.

100 Dietrich von Bern und sein Waffenknecht Hildebrand; germanisch-mittelalterliche Sagengestalten mit Anklängen an den Gotenkönig Theoderich (ca. 455–526).

19.8. [1934][101]

Es sind nun wieder paar Wochen verflossen: Hindenburgs Begräbnis, Urlaubstage, Reden zur Volksabstimmung in Bremen u. Halle. Das Tannenberg-Denkmal ist jetzt eines jener Zentren geworden, von denen ich im »Mythus« als Notwendigkeit, als Ablösung von Kruzifixen u. Mariensäulen gesprochen habe. Hitlers letzter Ausruf: »Toter Feldherr, geh' nun ein in Walhall!« ist überall verstanden ~~wollen~~ worden, namentlich auch von der Kirche, die sich durch die Rede ihres Feldbischofs unsterblich blamierte.[102] Der Mann glaubte uns so schön beisammen u. überschüttete uns mit Bibelzitaten, behauptete, der alte Soldatenspruch lautete »Bete u. arbeite«, u. hüpfte wie ein Floh von einem armen Gedanken zum anderen ohne jeden Zusammenhang. In unseren Reihen allgemeines Kopfschütteln, aber auch alle anderen waren entsetzt. Der Rei[chs]-Bi[schof][103] ging später herum u. murmelte überall Entschuldigungen. Die Kirche hat wieder gezeigt, dass sie in deutschen Worten eine chinesische Sprache spricht. Die Nation will diesen Kauderwelsch aus Psalmen, »Propheten« usw. nicht mehr hören ... Als ich einige Tage später in Warnemünde war, treffe ich dort zufällig auch den Rei-Bi. Er kommt auf mich zu: »Ich wollte Sie schon lange sprechen, Herr R.« Und fängt dann gleich auch [an] seinen Feld~~bischof~~probst herunterzumachen. Dann fügt er hinzu: »Ich glaube, wir stehen uns garnicht so fern. Ich fühle mich erst frei, seit ich den ganzen Dogmatismus abgeworfen habe u. zu einfachen Grundsätzen zurückgekehrt bin.« Ich traue meinen Ohren nicht! Noch vor wenigen Monaten hat Müller den Dr. Krause als »Irrlehrer« aus den »Deutschen Christen« davongejagt, der nur wiederholt hatte, was in meinem »Mythus« steht ...[104] Ich ant-

---

101 Passage von »Es sind nun« bis »keine Jehovalieder« abgedruckt in Léon Poliakov, Joseph Wulf (Hg.), *Das Dritte Reich und seine Denker. Dokumente und Berichte*, Berlin 1959 (ND Wiesbaden 1989), S. 255 f., nach Wortlaut und mit Anm. aus Seraphim, *Tagebuch*, S. 42–44.

102 Gemeint ist Franz Dohrmann (1881–1969), Militärgeistlicher und von 1934–45 Wehrmacht-Feldbischof.

103 Reichsbischof (ironisch: »Rei-Bi«); seit Kirchenverfassung vom 11. 7. 1933 das höchste Organ der Dt. Evangelischen Kirche.

104 Müller, Ludwig (1883–1945); evang. Geistlicher; 1931 NSDAP-Beitritt; seit 1933 Reichsbischof und einer der Führer der »Glaubensbewegung

worte, dass ich ihm gern zur Verfügung stehe, u. füge hinzu: »Der Geist unserer Zeit hat seine Richtung genommen u. wird sie nicht ändern. Es wäre klug, um jede Bilderstürmerei zu vermeiden, dies zu erkennen u. die Folgerungen daraus zu ziehen.« Er bejaht heftig u. verspricht, mich in Berlin anzurufen, damit wir irgendwo in der Stille ein längeres »Religionsgespräch« veranstalten.

Das Nikäische »Bekenntnis« geht also immer mehr in die Brüche, es ist wahrhaft hohe Zeit geworden, mit diesen Albernheiten einmal ein Ende zu machen, um wieder frische europäische Luft atmen zu können.

Der Rei-Bi ist jedenfalls am Ende seines Hebräischen angelangt, die gesamte Jugend der Bewegung schwört auf mich, die S. S. erzieht mit der Bauernführung ihre Männer offen germanisch, d. h. antichristlich, die Schulen der PO. werden auch klar auf dem »Mythus« aufwachsen, die Kirchen trocknen aus. Nur die Lebensgestaltung selbst hat noch keine feste Prägung erfahren, aus der H. J. wächst diese aber organisch hervor. Nach 10 Jahren wird die Zeit vielleicht reif für einen Reformator, der die Kirchengebäude neu besetzt und ihnen den heroischen Zug unserer Zeit gibt. D. h. ich stelle mir vor, dass die oft scheusslichen, verzerrten spät-gotischen Schnitzereien als Andachtssymbole aus dem Kircheninnern verschwinden u. ins Museum wandern. Die widerlichen barocken Embleme sind herunterzutun, Kanzeln u. Altäre fest u. schlicht neu zu entwickeln im Stil u. im Sinn des Gedenkmals an der Feldherrnhalle. Wer selbst gestalten will, darf nicht aus lauter »Pietät« allen Kram mitschleppen. Die Marienkirchen in Danzig, Lübeck usw. derartig gestaltet, würden erst das Burgartige des Baues wieder hervortreten lassen u. die Stelle manches zerquälten »Heiligen« könnten die Statuen der deutschen Grossen einnehmen, während in den Räumen keine jüdischen »Propheten«-worte mehr widerhallen werden u. keine Jehovalieder.

Ende September [1934]

Der Trubel der letzten Woche hat jede Musse ausgeschaltet. Ich hatte besonderen Wert auf Einladung verschiedener Ausländer, namentlich Engländer, zum Parteitag gelegt u. eine grosse Anzahl vermerkt. Trotz

---

Dt. Christen«. – Krause, Reinhold (1893–1980); Gauobmann der Deutschen Christen Berlin.

des Sommerurlaubs waren dann doch 16 Briten gekommen. »Unsere« Botschaft in London hatte abgeraten, sie einzuladen, da sie »doch nicht erreichbar« wären. Die Herren flogen nach Ostpreussen u. Schl.[eswig]-Holstein, um sich zuerst von der ernsten Arbeit zu überzeugen u. kamen dann nach N.[ürnberg], wo sie über die wahre Volksstimmung u. die Vorbildlichkeit der Aufmärsche die Augen aufrissen. Sie waren tief beeindruckt u. haben dies fast alle in ihren Briefen ausgesprochen. Interessant war die Unterredung mit Reverend Hodson, einem Freund des Bischofs von Gloucester.[105] Er hatte in mir einen bärbeissigen Antichristen u. Wüterich vermutet, fand aber zu seinem Erstaunen einen Menschen wie andere auch. Die längere, sehr offenherzig geführte Unterhaltung hat auf ihn einen guten Eindruck gemacht. In einer öffentlichen Versammlung in Gloucester hat er anständigerweise diesen Eindruck auch ausgesprochen.

Wichtig war auch Colonel Mac Caw, »Privatmann«, in Wirklichkeit politischer Berater des brit. Kriegsministeriums. In längerem Gespräch sagte er, der Vertrag v. Versailles sei ein Verbrechen gewesen. Wilson ein Dummkopf, L[loyd] George ein Ignorant.[106] In absehbarer Zeit müsse man sich zusammensetzen, um eine Neuordnung vorzunehmen.

Im Krieg war M.[ac] C.[aw] Adjutant Kitcheners gewesen.[107] Er hatte ihn in Petersburg erwartet, als K. seine Todesfahrt nach Russland machte. M.C. meinte, K.'s Tod habe dem Frieden sehr geschadet. Nach dem Kriege hätte er sich Deutschland gegenüber in gleicher Haltung gezeigt wie nach dem Burenfeldzug und alles Wahnwitzige von Versailles verhindert.

M.C. erzählte mir das alles auf dem Balkon der Nürnberger Burg, wo ich ihn u. 4 andere Engl.[änder] dem Führer vorstellen konnte. Er wollte

---

105 Möglicherweise Hodson, Austin (1879–1961); brit. Pfarrer; 1938–55 anglikan. Bischof von Tewkesbury.

106 Wilson, Thomas Woodrow (1856–1924); 1913–21 Präsident der USA; 1920 Friedensnobelpreis. – Lloyd George, David (1863–1945); brit. Politiker; während des Ersten Weltkriegs Premierminister; 1919 Delegationsleiter auf der Pariser Friedenskonferenz; 1926–31 Parteivorsitzender der Liberalen; danach Vertreter der Appeasement-Politik. – Mac Caw nicht ermittelt.

107 Kitchener, Herbert Horatio, Lord (1850–1916); brit. Feldmarschall; zu Beginn des Ersten Weltkriegs Kriegsminister; kam bei einem Schiffsunglück ums Leben.

bald wieder nach D.[eutschland], um in ernster Form die Fühlungnahme fortzusetzen. Gestern kam bereits ein Brief, er trifft am 25.11. hier ein. M.C. ist deshalb von Wichtigkeit als er in der nicht deutschfreundlichen Umgebung Halshams für eine engere britisch-deutsche Zusammenarbeit wirken kann.[108] Auch von Hodson traf ein Brief ein: er möchte seinen Bischof gerne hierherschicken.

Kapt. Fryers schreibt einen Dankbrief nach dem anderen. Als Adjutant des Herzogs v. Connaught hat er der königl. Familie über Nürnberg berichtet u. bittet nochmals um vertrauliche Mitteilungen über die Hintergründe des 30. Juni: Diese Denkschrift ist jetzt fertig. Ich will sie nur noch dem Führer vorlegen. Sie wird beim König vielleicht doch noch Hetzmeldungen zerstreuen, da wie ich aus London authentisch erfahre, der hiesige britische Botschafter Phips meldet, es hätte überhaupt keine Verschwörung stattgefunden, Hitler habe sich blos unbequemer Leute entledigen wollen.[109] Phips ist durch seine katholisch gewordene Frau u. ihre »Beziehungen« offenbar gegen uns eingestellt worden. Im übrigen meldet er weiter, Deutschland rüste zur Revanche gegen Frankreich, – das ist Agentenarbeit des F.O. [Foreign Office]!

Bartlett von den Bristol-Werken war in diesen Tagen da. Die Air Force will unsere Fliegerei unterstützen, ohne dass das F.O. davon unterrichtet wird. Unser L-[uftfahrt]Ministerium hat aber etwas kalte Füsse bekommen u. will auf amtlichen britischen Bogen diese Unterstützung zugesagt bekommen. Etwas naiv! Ich werden den Herren demnächst den amtlichen Bogen des Air Ministry vorlegen, den ich erhalten habe. Mehr kann man nicht verlangen, es fragt sich nur, ob die Bristol-Motoren so gut sind, wie Bartlett behauptet. Das müssen unsere Sachverständigen entscheiden.

Über Aussenhandelsfragen längere Beratungen mit Pietzsch, der die deutsche Mark ans engl. Pfund anhängen will.[110] Proteste bei meiner

108 Wahrscheinlich Douglas McGarel Hogg, 1st Viscount Hailsham (1872–1950); brit. Politiker; 1928/29 und 1935–38 Lord Chancellor.

109 Phipps, Eric Claire Edmund (1875–1945); brit. Diplomat; 1933–37 Botschafter in Berlin; 1937–39 in Paris.

110 Pietzsch, Albert (1874–1957); Wirtschaftsfachmann; 1933–44 Präsident der Industrie- und Handelskammer; Wirtschaftsberater und Hauptamtsleiter im Stab des StdF; 1936 Leiter der Reichswirtschaftskammer.

Abteilung für Aussenhandel! Konferenz, um die Partei auf einen Nenner zu bringen, ehe man vor den Führer tritt.

Die rumänische Kompensationsfrage liegt jetzt im Ministerium Darré! Dort eine grosse Panne, da ohne uns dem liberalen Unterhändler ein grosses Kontingent ohne richtige Gegenleistung zugestanden worden ist. Das muss jetzt in unser Abkommen eingefügt werden.

Deterding war in Ostpreussen bei der Gräfin Finkenstein.[111] Hatte Obermüller als meinen Vertreter hingeschickt. D.[eterding] kann nach der langen Unterhaltung u. Verzögerung nicht mehr die 1 Million Tonns lagern, da er mittlerweile die Lager anderweitig untergebracht hat. Durch Verzögerung »unserer« Aemter ist hier eine Gelegenheit, brit. Kapital bei uns zu binden, wieder mal verpasst worden. D. liess erklären, er würde auf meinen Wunsch jederzeit wieder nach Berlin kommen. Gibt im übrigen den Rat, uns ebenfalls ans engl. Pfund anzuschliessen, Holland u. d. Schweiz würden dies bald tun. Ohne dem käme Deutschland nicht aus seinen Schwierigkeiten heraus.

Zwischen all' diesen Politischen Unterhandlungen über das Reichsinstitut für d. Vorgeschichte, Institut f. deutsche Kunstgeschichte, Reden in Berlin, Münster, Hohensyburg,[112] Halle, Köln, Leipzig, Rüsselsheim usw. Gespräche über Förderung der NS Kulturgemeinde, die 100 besten Bücher der n.s. Bibliotheken usw. usw.

Erholung ist demnach eine stete Veränderung der Tätigkeit.

26.12 [1934]

Die alte Unlust, ein Tagebuch zu führen, hat wieder paar Monate gesiegt, hinzu kam der graue Alltag des politischen u. kulturellen Lebens, der es mit sich brachte, dass wenig Erfreuliches zu Papier gebracht werden kann.

Aussenpolitisch hat mich die Entwicklung der deutsch-rumänischen Beziehungen masslos geärgert. Rund 4 Monate wurde das deutsch-

---

111 Finkenstein (Fink), Eva von (geb. Schubring; 1903–1994); Journalistin; 1928–33 außenpolit. Redakteurin der *Vossischen Zeitung*.

112 Standort eines Kaiser-Wilhelm-Denkmals bei Dortmund.

rum. Kompensationsgeschäft bearbeitet, alle Ministerien konnten sich schliesslich nicht mehr der Einsicht in seine Zweckmässigkeit entziehen, bis schliesslich aus dem A. A. ein niederträchtiger Stoss erfolgte. – Eines Tages klingelt der Führer sehr erregt bei mir an: er höre soeben amtlich, ein Herr des A. P. A. [Außenpolitischen Amtes] habe im A. A. erklärt, der Führer wünsche nicht nur den Abschluss des Geschäfts, sondern auch, dass der Erlös für Finanzierung rumänischer Gruppen wie Eiserne Garde usw. verwendet würde.[113] Er verbitte sich, dass sein Name in Dinge hereingezogen würden, die korruptiven Charakters seien. Er werde den Schuldigen verhaften müssen etc. Ich fragte, welches Amt ihm dies gesagt habe. Er: das A. A. Ich: Also Herr Ritter. Ich fügte hinzu, dass ich es für ausgeschlossen halte, dass ein Herr von mir mit dem Namen des Führers Missbrauch getrieben haben könnte, dass hier offenbar was anderes vorliege. Ich sagte Untersuchung zu. – Duckwitz brachte dann seine bereits fertige Aktennotiz über die letzte Unterredung mit Leg.[ations]-Rat Chiewitz (Vertreter v. Ritter) und erklärte kathegorisch, nie die Redewendung gebraucht zu haben, die man ihm zuschriebe.[114] Er habe nur erklärt, ich hätte den Führer über das Kompens.[ations]-Geschäft unterrichtet, was absolut korrekt gewesen sei.

Im übrigen war die Mitteilung des A. A. bezeichnend, dass die dortige Aussenhandels-Abt. von 5 auf 13 Personen vergrössert worden sei. Unter Hinzunahme des Botschaftsrats Knoll, d. h. desjenigen, der die ganze Sabotage gegen die Anordnungen des Führers in Mandschukuo organisiert hatte! – Ich ging mit allen Unterlagen zum Führer. Er sagte, dass sei alles schön und gut, er müsse aber eine genaue Untersuchung durch Himmler durchführen. Sei Duckwitz schuld, müsse er ihn verhaften, sei Ritter schuld, werde er ihn ins Konzentrations-Lager sperren.

Die Untersuchung begann, eine grosse Anzahl von Zeugenaussagen wurde gemacht: die Anschuldigung[,] die Herr v. Neurath dem Führer

113 »Eiserne Garde« *(Garda de Fier)*; 1930 aus der nationalistisch-antisemitischen »Legion Erzengel Michael« *(Legiunea Arhanghelul Mihail)* hervorgegangene militante rumän. Organisation mit starker Orientierung am NS; nach Regierungsbeteiligung 1940/41 mit Zustimmung Hitlers von Diktator Ion Antonescu verboten.

114 Kiewitz, Werner (1891–1965); Diplomat; seit 1934 Ministerialrat in der Präsidialkanzlei; seit 1940 dem inhaftierten belg. König Leopold III. als Begleitoffizier zugeteilt.

amtlich gemacht hatte, wurde gar nicht erhoben! Chiewitz bestätigte sogar ausdrücklich Duckwitz' Aussage, wonach dieser auf Anfrage, was mit den Geldern geschehen solle, erklärte, das stehe nicht zur Debatte, darüber könne man später gemeinsam sprechen. Nur Ritter sagte, Herr Woltat vom R.[eichs]-Wirtsch.[afts]-Min.[isterium] habe ihm ~~ge~~ mitgeteilt, der Führer wolle das Komp.[ensations]-Geschäft – also selbst hier nicht der Vorwurf, der den Führer empört hatte.[115]

Es war genau so, wie ich dem Führer paar Tage nach dem Vorfall sagte: dem A. A. sei nichts peinlicher als eine Untersuchung. Man wollte mich u. mein Amt nur etwas mit Dreck bespritzen, eine schlechte Stimmung schaffen, um sich dann wieder glatt zurückzuziehen.

Der Führer: Das wäre mir umso lieber, wenn die andere Seite schuld wäre.

Himmler macht dem Führer Meldung über die Untersuchung gegen uns – und muss dann das Material Kerrl geben zwecks Untersuchung gegen das A. A.! So steht es eben ... Das Komp. Geschäft aber wurde paar Tage nach der Verleumdung v. Neuraths beim Führer abgelehnt! Wegen Devisenschwierigkeiten!

Das ist noch immer »Aussenpolitik«. Wie damals, als Ludendorffs Niederlage im Oktober 1918 in dem A. A. nur das Gefühl auslöste: »Nun ist er ganz klein geworden! ...«

Dann folgte plötzlich nochmals der Besuch des Herrn Lecca.[116] Er war niedergeschlagen weggefahren u. kam freudestrahlend zurück: Auftrag vom König!

○[117] Aktennotiz. [fehlt]

Ich will dem Führer sofort Mitteilung machen. Er ist sehr unwohl, täglich in ärztlicher Behandlung – alle Empfänge abgesagt. Ich gehe zum

---

115 Wohlthat, Helmuth C. H. (1893–1982); Offizier und Politiker; 1934–38 Leiter der Reichsstelle für Devisenbewirtschaftung; 1938 Ministerialdirektor z.b.V. beim BVP.

116 Lecca, Radu (1890–1980); rumän. Journalist; seit 1934 Verbindungen nach Deutschland; *VB*-Korrespondent in Rumänien; seit 1941 unter Antonescu Kommissar für Judenangelegenheiten; 1946 rumän. Volksgerichts-Todesurteil, später in lebenslange Haft umgewandelt; 1963 Haftentlassung;

117 Rosenberg benutzt hier ein Kreissymbol, wahrscheinlich zur Markierung der Anlage, die zugefügt werden sollte, aber fehlt.

Mittag, um ihm gleich nachher zu berichten. Das Essen ist noch nicht zu Ende, da steht er auf u. zieht sich zurück. Ich gebe Brückner die Notiz. Nach paar Tagen muss der Führer weg, es kommt Kabinettssitzung. – Ich unterrichte Hess, der die dringende Notwendigkeit der Sache sofort bejaht. Vor der Gauleitertagung sagt der Führer Hess, er wolle mich unbedingt sprechen. Die Unterredung wird immer wieder verschoben. Es kommt Weihnachten, ich muss Lecca mit einigen tröstenden Worten nach fast drei Wochen Aufenthalts wieder nach Bukarest schicken. Hoffentlich gelingt es, im Januar die abgerissenen Fäden wieder aufzunehmen. Die Bindung Rumäniens an D.[eutschland] ist wirklich aller Mühe wert. Schickedanz müsste hin, den König privatim sprechen, um einen Freundschaftsvertrag vorzubereiten, mit »unserer« Gesandschaft ist alles unmöglich.[118] Der Gesandte v. Schmidt-Dehn lässt sich, Kardinalen die Hand küssend[,] photographieren, der Botschaftsrat verkehrt kameradschaftlich mit den gegen uns aufs gemeinste hetzenden Juden (Braunstein).[119] Mit sowas soll deutsche Politik gemacht werden?

Obermüller war wieder in London u. hat die Beziehungen erneuert. Als ersten Deutschen zeigte ihm Luftmarschall Mitchell sämtliche Flugzeugwerke, worüber unser ~~Marin~~ Militärattaché sehr erbost war.[120] Ihm zeige man nichts. Aufklärung durch Engländer: Ein »schneidiger« Attaché, der unverblümt fordere, alles zu sehen, blieben eben die Türen verschlossen ...

Phipps hat weiter gehetzt: Hitler sei nach dem 30. Juni ein gebrochener Mann. D.h. man könne mit ihm nicht mehr unterhandeln. Meldet amtlich das Gerücht über ein Attentat auf den Führer in München.

---

118 Schickedanz, Arno (1892–1945); wie Rosenberg Mitglied der dt.-balt. Studentenverbindung »Rubonia«; 1923 NSDAP-Beitritt und Teilnahme am »Hitler-Putsch«; 1930–33 Leiter des Berliner *VB*-Büros; 1934–45 Stabsleiter des APA; 1940–45 Hauptamtsleiter im ERR; Autor von *Die Juden. Eine Gegenrasse* (1927).

119 Dehn-Schmidt, Georg von (1876–1937); Diplomat; 1934–35 Gesandter und Generalkonsul in Bukarest. – Braunstein nicht ermittelt.

120 Sutherland Mitchell, William Gore (1888–1944); Air Chief Marshall; 1933–34 RAF-College Kommandant; 1939–41 RAF-Kommandeur Middle East und Generalinspekteur. – Militärattaché: Geyr von Schweppenburg, Leo (1886–1974); dt. Offizier, 1933–37 Militärattaché in London; 1941 General und Kommandeur versch. Panzerverbände; seit 1950 am Aufbau der Bundeswehr beteiligt.

Ohne es später zu dementieren. – R.[opp] erklärt, er werde jetzt von London aus aufs Dach bekommen.

Im übrigen vertrauliche Mitteilung an Obermüller: man fürchte eben die franz. Luftflotte. Wenn Deutschland stärker gerüstet sei, dann könnte man genauer über ein Zusammenarbeiten sprechen (s. O.'s Englandbericht [fehlt]).

Sonst: Besuch des persischen Gesandten, des türkischen Vertreters über Handelswünsche. Dank des Bevollmächtigten des brasil. Präsidenten an das A. P. A. für Unterstützung der Aussenhandelsfragen (hier hatten 2 von uns benannte Herren in kürzester Zeit alle Vollmachten, weil man im A. A. nicht wusste, dass sie von uns empfohlen worden waren!)

Grosser Erfolg der beiden ersten Empfangsabende des APA. für das Dipl. Korps: Ruhn[121] Rust u. – Göring.

Das Prop.-Min. tat sein Möglichstes, um das zu verhindern – Arbeit stören verstehen gewisse Herren offenbar ausgezeichnet. Schliesslich wurde die Jahresfeier der Kulturkammer vorgeschoben, wo auch die Diplomatie eingeladen werde. Wir verschoben loyal darauf den Vortrag Görings. Erfolg: Zur Kultur-Versammlung ging kein Diplomat, bei uns war fast das ganze dipl. Korps vertreten.

Unterhandlungen wegen 1) Bewässerung der Theiss-Ebene, Einladung von Gömbös. 2) Bau einer Donau-Flotte, die auch fürs Schwarze Meer ausnutzbar wäre, um nach Süd-Osten vorzustossen.

Weltanschaulich sehe ich mich wieder einmal in der Lage wie vor 6 Jahren, da ich mir heftige Gegner zuziehen musste, um die n.s. Linie klar zu erhalten. Heute zerren ehrgeizige kl. Leute in »Kraft durch Freude« herum, im Massenwahn befangen. Ginge es nach ihnen, so kämen wir zu Brot und Spielen des alten Roms – gefolgt vom geistigen und wirtschaftlichen Zusammenbruch unserer Theater. Auf der andern Seite nur repräsentative Äusserlichkeit. – Die NS-Kulturgemeinde hat sich, beiden zum Trotz[,] immer mehr entwickelt: Ausstellung »die Auslese I«, versprechend, anspornend. Ausstellung: Kunsthandwerk ein voller Erfolg. Die Reichsstelle hat eine Buchausstellung »Ewiges Deutschland« gemacht – ausgezeichnet. Die Nordische Gesellschaft pflegt mit aller Energie alle nordischen Beziehungen, damit wenigstens etwas da ist zwecks späterer Anknüpfung, da uns die Engländer den Ostseemarkt

121 Unleserlich geschrieben, konnte nicht ermittelt werden.

abgejagt haben – auch ein Erfolg »unserer« Aussenpolitik. Der Führer mag noch so glänzend alles einleiten, an anderer Stelle zerstören die Saboteure und Bürokraten das Aufgebaute wieder. Es ist ein fortdauernder Jammer.

Reden in Rüsselsheim vor der Opel-Belegschaft, in München über »Freiheit der Wissenschaft«, a.d. Gau-Parteitag in Köln, in Stuttgart, in Hamburg, 2 Mal im Sportpalast, vor der HJ und dem BDM [Bund deutscher Mädel] in Potsdam, vor dem SS Siedlungsamt. Eröffnung zweier Ausstellungen. Dann unendliche Zahl von Besprechungen. Besuche des Reichsbischofs (siehe Aktennotiz [fehlt]). Besprechung über Schulungspläne mit dem Sch[ulungs]-Amt, der S.A., Oberst Reinhard v. Kyffhäuser-Bund etc.[122]

Dr. Dietrich fing an, plötzlich »philosophische Grundlagen« der Bewegung legen zu wollen.[123] Ausgerechnet mit der Aufnahme der universalistischen Idee, die wir seit Jahren bekämpfen. Heftig werdender Briefwechsel, da der junge Herr Pg. meine Anschauung als »unerheblich« bezeichnete. Verbot von mir an die Partei, D.'s Vortrag zu Schulungszwecken zu gebrauchen oder in der Presse positiv zu besprechen.

Wo waren nur die neuen Philosophen vor 10 und 14 Jahren? – Jetzt ist D. voller Wut auf mich, wo <u>ich</u> doch Ursache hätte, über seine Illoyalität empört zu sein ...

Das alles sind graue Begleiterscheinungen eines doch grossen Kampfes u. der Empfang, den mir die Partei jetzt <u>überall</u> macht, zeigt, dass <u>sie</u> verstanden hat, dass es jetzt nicht mehr um »Propaganda«, sondern um Gestaltung geht. Mein »Mythus« hat jetzt 250000 Stück Auflage, ein Jahrhunderterfolg. Rom hat deshalb alle Kräfte mobilisiert und die »Studien zum M.[ythus] d.[es] 20. J.[ahrhunderts]« herausgegeben,

---

122 Reinhard, Wilhelm (1869–1955); 1919 als Freikorpsführer mitverantwortlich für die Niederschlagung des Berliner Spartakusaufstands; 1927 NSDAP-Beitritt; 1941 SS-Obergruppenführer; 1934–43 Führer des Kyffhäuserbunds, einer 1900 gegr. Dachorganisation dt. Veteranenverbände.

123 Dietrich, Otto (1897–1952); 1929 NSDAP-Beitritt; 1931 Reichspressechef; 1933 Vorsitzender des Reichsverbands der dt. Presse; 1934 Vizepräsident der RPK; 1937–45 Staatssekretär im RMVP; seit 1938 Pressechef der Reichsregierung; 1949 Verurteilung zu sieben Jahren Haft; 1950 entlassen.

um mich »wissenschaftlich« zu erledigen. Geschrieben mit bekannten Tricks, im Grunde frech – und fadenscheinig. Ich habe bereits 60 Seiten Entgegnung diktiert. Baeumler will in den Weihnachtsferien auch eine Broschüre schreiben, Miller in Calw ebenfalls.[124] Erster von historischer Höhe, der zweite hauptsächlich über das heute dreist als germanisch bezeichnete Hexenwesen.

Der Gegenstoss Roms soll also seine Antwort haben. Sie haben gemerkt, dass es jetzt um alles geht und 2000 Jahre fremde Überlagerung ~~jetzt~~ gesprengt werden. »Osservatore Romano« schreibt wütend, ich sei viel gefährlicher als die Deutsche Glaubensbewegung. Das glaube ich auch, weil auf der Ebene des Ringens um Werte der Kampf Roms nicht mehr so aussichtsreich ist wie früher. Das römische Christentum ist auf Angst und Demut aufgebaut, der Nationalsozialismus auf Mut und Stolz. Jetzt müssen die römischen Prediger sogar vom »heroischen Christus« sprechen, um Schritt zu halten. Hoffentlich kommt dieser neue Umfälschungsversuch der frommen Herrn zu spät. Der Grosse Umbruch hat begonnen.

---

124 Möglicherweise Miller, Richard (1880–unbek.); Verfasser von *Rassenlehre und Weltanschauung unserer Zeit* (1940).

[1935]

15.1.35

Der heutige Saarsieg bewegt uns alle.[125] Amann u. ich sandten dem Führer gemeinsam ein Telegramm: nach allen Sorgen ein ganz grosser Erfolg für ihn u. Beweis, dass die Idee »Deutschland« mythisches Erlebnis auch bei unseren früheren Gegnern zu werden beginnt.

Der Bischof von Gloucester hat mir ein Werk von sich gesandt, nebst Brief. Wir stehen nämlich seit einiger Zeit im Briefwechsel. Reverend Hodson hat ihm von Nürnberg erzählt u. wohl auch mitgeteilt, dass ich nicht ein blutrünstiger Menschenfresser sei, wie man mich in frommen kirchlichen Kreisen bewertet. Der Bischof schrieb mir dann sehr liebenswürdig, aber doch mit einigen Besorgnissen über die Zukunft des christlichen Gedankens, was ich dahin beantwortete, dass etwa jene, die als Prälaten Deutschland bekämpft und mit dem atheistischen Marxismus Bündnisse abgeschlossen hätten, nicht beanspruchen könnten, dass man sie liebe. Im übrigen bestehe Gewissensfreiheit, die der Staat nicht zugunsten der herrschenden Konfessionen vergewaltigen könne. Worauf denn der neue Brief eingelaufen ist, der auch für Gewissensfreiheit eintritt – aber Besorgnisse über antichristliche Schulungsreden ausspricht. Die alte Haltung der Geistlichkeit also: der Staat soll die alten Konfessionen schützen, aber andere Reden nicht! Das nennen sie dann »Gewissensfreiheit«. Es wird noch einige Zeit dauern, bis sie sich an Gleichberechtigung gewöhnen werden, aber sie werden es.

---

125 Bezieht sich auf das Ergebnis des Referendums im Saargebiet am 13.1.1935, bei dem über 90% der Abstimmungsberechtigten für den Anschluss an das Dt. Reich stimmten.

21.1.[1935]

Vor paar Tagen war Baron de R.[opp] wieder da. Geheimnisvoll: nur für mich u.d. Führer. S.[eine] M.[ajestät] der König von England hat seinem politischen Berater sein höchstes Erstaunen darüber geäussert, dass England über die wahre Lage im Saargebiet so schlecht unterrichtet gewesen sei. Namentlich hätte auch die »seriöse Presse« hier versagt. Dieses Missfallen hat erhebliche Aufregung hervorgerufen. Der betr. Berater wandte sich an das Luftfahrtministerium, das immer (durch mich) richtig berichtet[126] hatte, u. bat um nähere Unterrichtung über die Situation in Deutschland. Worauf Major Winterbotham de R. anruft u. um Reise nach London bittet. R. wird den Berater des Königs in einem Klub treffen u. ihm über die ganze Bewegung das Nötige mitteilen. Gestern ist er abgefahren.

Lecca ist aus Bukarest wieder da. Eine kl. Änderung: Avarescu hat sich an die Liberalen gehalten u. scheidet für die geplante Kombination aus.[127] Die Absicht König Carols aber bleibt prinzipiell bestehen. Grosser Kongress Gogas, dann seine Zeit. G.[oga] war in Rom, wurde da sehr hofiert. Rom tastet nach allen Seiten, anstatt sich auf das Mittelmeer zu konzentrieren.

Beim Besuch beim Peruanischen Gesandten machte mir der rumänische Gesandte Comnen folgende Mitteilungen: Göring habe König Carol, dann auch ihm in Sachen der ungarischen Revision erklärt: Wir (Deutschen) hätten uns genug für andere Völker geschlagen, Unterstützung Ungarns gegen Rumänien käme für D.[eutschland] nicht in Frage.[128] Auf die Frage, ob das seine Ansicht allein sei, hätte Göring geantwortet: Das sei die Ansicht des Führers. – Das gleiche hätte G. 2 Tage später dem jugoslawischen Gesandten mitgeteilt. – Comnen habe dies glücklich nach Bukarest gemeldet. Wäre dort gewesen u. hätte dann Neurath eine Erklärung Titulescus übergeben, wonach Rumänien bestrebt sei,

---

126 Verbessert aus »berichtigt«.

127 Avarescu, Alexandru (1859–1938); rumän. Offizier und Politiker; 1918–27 mehrfach Ministerpräsident; 1930 Marschall.

128 Petrescu-Comnen, Nicolae (1881–1958); rumän. Diplomat; 1927–37 Bevollmächtigter in Berlin und zwischenzeitlich im Vatikan; 1937–38 zunächst Staatssekretär im Außenministerium, dann Außenminister; 1938–41 Botschafter beim Vatikan.

zu immer besseren Verhältnissen zu D. zu gelangen.[129] Daran schloss Comnen den Ausdruck seiner Befriedigung über die Erklärung Görings. Worauf Neurath den Finger erhoben hätte: So lägen die Dinge denn doch nicht! Gewiss werde D. keinen Krieg wegen Ungarn führen. »Aber wir sind auch Revisionisten u. werden Ungarn moralisch in seinen Revisionsbestrebungen unterstützen.«

Worauf C[omnen] fragte: Gibt es in D. 2 oder gar mehr Aussenpolitiken? – Er war dabei sehr aufgeregt geworden u. bat mich himmelhoch, keinem Menschen etwas von diesem Vorfall zu erzählen, worauf ich sagte, dass ich dem Führer das mitteilen müsse u. ihm unseren Standpunkt dann auseinandersetzte: Wir hätten den französischen Gesichtspunkt der Vereinigung der Fronten der »Sieger« u. »Besiegten« stets bekämpft. Es gebe für uns deshalb auch keine Front der Revisionisten an sich, sondern die Prüfung könne nur von Fall zu Fall vorgenommen werden. Sicher gäbe es von 1919 Diktate, die revidiert werden müssten, andere Verträge, die später zu besprechen wären, manches aber auch, was für ganz lange Zeit wohl kaum rückgängig gemacht werden könne.

Der gute Comnen hatte wohl das Gefühl, zuviel gesagt zu haben u. fürchtete, das A. A. könnte etwas erfahren, tupfte sich den Schweiss von der Stirn u. bat nochmals um Diskretion.

Das A. A. aber hat sich auch hier als – unveränderlich gezeigt.

Am nächsten Tage erschien von Comnen gesandt Fürst Caragea[130] aus Bukarest, der neue Verbündete Avarescus u. der Liberalen, als Vertreter einer »neuen Parteigruppierung« u. erzählte auch von seinem Annäherungswunsch an Deutschland.

2.2. [1935]

Habe jetzt 2 Mal den Führer eingehend gesprochen. Er erklärt, sehr skeptisch allen Versprechungen über bestehende grosse Änderungen auch im rumänischen Parteileben gegenüber zu sein. Wenn dagegen

129 Titulescu, Nicolae (1882–1941); rumän. Politiker; 1927–28 und 1932–36 Außenminister.

130 Möglicherweise Karadja, Constantin (1889–1950); rumän. Diplomat; 1933–41 Generalkonsul in Berlin; 1941 Leiter der Konsularverwaltung in Bukarest; seit 2005 von Yad Vashem als »Gerechter unter den Völkern« geehrt.

ich zu König Carol fahren und ihm unmittelbar berichten könne, dass dieser fest entschlossen sei, den Kurs zu ändern, dann würde er das begrüssen. – Ich schickte darauf Lecca sofort nach Bukarest mit der Weisung, die Einladung Gogas an mich nur zu wiederholen, wenn ich den König ausgiebig – möglichst in Sinaja – sprechen könnte, aber auch das hätte nur Zweck, wenn der König ganz bestimmte Absichten habe, den Kurs Titulescu zu ändern.

Der Führer entwickelte dann gestern eingehend seine Beurteilung der Lage, – sie entsprach haargenau dem, was ich Herrn v. Scarada,[131] dem Freund von Gömbös[,] zwei Tage vorher als unsere Meinung gesagt hatte:

Eine solche Katastrophe wie 1918 kann nicht in 10, 20 Jahren »revidiert« werden. Reiche können in wenigen Schlachten vernichtet, aber erst in Jahrzehnten und Jahrhunderten wiederaufgebaut werden. Es wäre kindlich von den Ungarn nach allen Seiten hin zu lamentieren. Sie müssten erkennen: 1. Italien brauche sie ja nicht, um einen italienischen Krieg zu führen, sondern um Ungarn gegen Südslawien nur für sich selbst einzusetzen. Rom werde doch nicht dulden, dass etwa eine ungarische starke Macht sich anstelle der Südslawen an der Adria festsetze. Bestenfalls bekäme Ungarn die deutschen Gebiete Südslawiens – woran wir angesichts der ungarischen Minderheitenpolitik garkein Interesse hätten. Zu gleicher Zeit aber da Ungarn im Süden beschäftigt sei, würde es an andern Stellen erneut beschnitten werden. Deshalb das erste: Ausgleich mit Südslawien. Dann mit Rumänien. Den beiden aber sei deutscherseits klar zu machen, dass sie an einem ewigen ungarischen Unruheherd auch kein Interesse hätten u. nur zufrieden sein könnten, wenn das ungarische Interesse nach einer dritten Seite hingelenkt werden könnte, wo 1 Million Ungarn unmittelbar an der heutigen ung. Grenze leben.

Im übrigen sei Russland heute eine riesige Militärmacht. Rumäniens Interesse müsse sein ein möglichst starkes Bollwerk im Osten zu haben, d.h. es müsse sich an D.[eutschland]-Polen wenden. Die d.[eutsch]-polnische Politik soll nicht nach 10 Jahren zuende sein, sondern fortdauern. – Was Polen weiter im Osten für Absichten hätte, daran seien wir desinteressiert.

131 Csarada von Csaroda, Georg (1894–unbek.); ungar. Landwirt; seit 1934 in Bayern; 1936 Ehrengast auf dem NSDAP-Reichsparteitag.

Ich schlage vor, dass die d. rumänischen Handelsverhandlungen bis nach meinem Gespräch mit König Carol verschoben werden, um nicht dem Herrn Titulescu einen Erfolg zu schenken. Rumänien sei eben am Ende und müsse sich nach neuen Freunden umsehen. – Der Führer stimmt zu.

Den Fall Comnen-Göring-Neurath habe ich auf Wunsch des Führers diesem schriftlich gemeldet. Er ist überzeugt, dass Comnen geflunkert hat; es wäre jetzt der aktuelle Fall, diesen Titulescu-Vertreter endlich aus Berlin loszuwerden.

Ich berichte ferner über England: letzte Reise Obermüllers in London in Begleitung zweier Herren unseres Luftfahrtministeriums, Besichtigung der Bristol-Werke, Besuch b. Lord Londonderry u. Luftmarschall Mitchell. Dieser hat O.[bermüller] als erstem Deutschen die Lufteinrichtungen Englands gezeigt. Der Verkehr hier geht über das A. P. A.

Dann: Ropp aus London zurück. Er war mit dem Herzog v. Kent zusammen.[132] Dies war der geheimnisvoll als »Berater des Königs« Hingestellte. – Vorstellung auf einem Ball, dann Gespräch privat bis 3 Uhr morgens. Der Sohn des Königs wiederholte den Unwillen S. M.'s [Seiner Majestät] über die Berichterstattung in Engl. über D. Man habe sich mit der deutschen Aufrüstung abgefunden, aber wichtig sei, die Mentalität der leitenden Persönlichkeiten genau zu kennen. Ob sie aggressiv seien, oder in den Bahnen einer organischen Politik gehen möchten. Wie seien Hitler? Hess? Rosenberg? – Worauf R.[opp] seine langjährige Kenntnis schilderte. – Habe dem Führer darüber berichtet.

Mit Sir Cunningham lange Unterredung mit gleichen Problemen.[133] Er schreibt Bericht an Simon, berichtet als Hochzeitspate des Herzogs von Kent an die königl. Familie.[134]

Wollen jetzt Lloyd George einladen, private Schritte vorbereitet.

---

132 Prinz George Edward Alexander Edmund (1902–1942); vierter Sohn des brit. Königs George V. und Queen Mary; seit 1934 Herzog von Kent; Offizier in der RAF; Beamter im Innenministerium.

133 Cunningham, Alan Gordon (1887–1983); brit. Offizier; 1938 Ernennung zum Generalmajor; 1941 General in Nordafrika; Abzug nach dem Verlust Tobruks.

134 Simon, John Allsebrook, 1st Viscount Simon (1873–1954); 1935–37 brit. Außenminister; 1937–40 Schatzkanzler.

6.2.1935[135]

Lecca telephonierte aus Bukarest: Alles in Ordnung. Trifft morgen ein, werde also in den nächsten Tagen König Carol einen Besuch machen.

Heute abend Vortrag über alle Sender zu 5 Millionen Jugendlichen über »Das 1. Reich der Deutschen.«

Am Sonntag war ich in Düsseldorf: »Tag der Technik«. Zum ersten Mal polemisiert gegen die blöden »Studien« gegen mein Werk. Als der Oberbürgermeister mich mit den Worten begrüsste: »Der Name R.[osenberg] ist uns Programm«[,] da erscholl ostentativer Beifall. Unsere Sache wird sich schon durchpaucken.

11.2.[1935]

Am Freitag [8.2.] war ich wieder beim Führer u. übergab ihm eine Aktennotiz über engl. Stimmungen (siehe diese [fehlt]). Der Führer war wieder in energischer Stimmung und erzählte ausführlich, was er Poncet u. Phipps in Sachen des Londoner Communiqués gesagt habe.[136] Deutschland habe auf Angriff auf Elsass-Lothr. verzichtet, es habe noch immer die entmilitarisierte[137] Zone, wie solle er jetzt ev. sein Blut für die polnisch-russ. Grenze einsetzen! Er denke garnicht daran! Wenn schon deutscher Bluteinsatz, dann an anderer Stelle …

Im übrigen spräche man jetzt mit uns schon viel achtungsvoller. Göring habe dem engl. Luftmarschall gesagt: Unsere Luftflotte ist nicht gross, – aber gut. Für jede Bombe auf D. können wir den andern eine Bombe ins Land setzen.

Dann: unser neues M-G ein Wunderwerk. Die schwere Artillerie – den andern überlegen! – Ich sagte dem Führer, nie werde D. vergessen, was er getan habe.

---

135 Datum nachträglich eingefügt.

136 François-Poncet, André (1887–1978); franz. Diplomat; 1931–38 Botschafter in Berlin; 1938–40 in Rom.

137 »ent« nachträglich angefügt.

24.2.[1935]

Heute feiert die Partei den 15. Jahrestag der Verkündung des Programms. Ich bin etwas zerschlagen von der Händelfeier aus Halle u.d. Chopin-Feier aus Dresden angekommen – mit einer Zahngeschwulst. Ich zeige mich deshalb nicht, aber die Erinnerung an den 24. 2. 1920 lebt in mir wie noch nie – ermisst man doch erst heute das Wunder in der Tat, dass ein altes System zerschlagen wurde u. aus einem vollkommen entwaffneten Staat in zwei Jahren ein achtunggebietendes Reich entstand, das heute schon niemand mehr ohne schweres Risiko für sich selbst antasten wird. – Das hat uns die letzte Reichs- u. Gauleitertagung gezeigt, wo Milch über alle Einzelheiten der jungen deutschen Luftflotte sprach u. Göring am Schluss mit berechtigtem Stolz feststellte, dass abgesehen von Russland (dessen Verhältnisse nicht ganz durchsichtig seien) Deutschland zum Herbst die stärkste Luftflotte der Welt haben werde. – An diesem Tage empfanden wir erst so ganz die Tatsache der deutschen Wiedergeburt und den Beginn auch der staatlichen Wiederherstellung der deutschen Ehre.

Der Weltanschauungskampf scheint nunmehr immer schärfere Formen anzunehmen. Der üble Kardinal Faulhaber hat in München gesprochen u. u.a. mein Werk in giftigster Weise angegriffen; da man den Führer noch nicht anzutasten wagt, will man seine gefährlichsten Mitarbeiter madig machen.[138] Die Antwort an den Mann wird nicht ausbleiben. An sich könnte ich ihn auf Grund der neuen Gesetze anklagen und einsperren lassen;[139] aber da Faulhaber immerhin grösseres politisches Format besitzt, so wäre das politisch unzweckmässig. Es muss vielmehr eine Atmosphäre entstehen, dass das Volk um ihn u. seinesgleichen herum einen Bogen macht, wenn es sie trifft.

---

138 Faulhaber, Michael von (1869–1952); kath. Erzbischof von München und Freising, später Kardinal; 1930 Feststellung der »Unvereinbarkeit von Nationalsozialismus und Christentum«; Nov. 1936 Treffen mit Hitler auf dem Obersalzberg; 1937 Beteiligung an der päpstlichen Enzyklika »Mit brennender Sorge«.

139 Bezieht sich auf das »Gesetz gegen heimtückische Angriffe auf Staat und Partei und zum Schutz der Parteiuniformen« vom 20.12.1934 (RGBl. I 1934, S. 1269 f.).

Jetzt ist es noch nicht so weit. Im Gegenteil, die Ziellosigkeit »unseres« Innenministeriums stört jeden Plan einer Abdämmung des römischen Einflusses. Diese innere Unsicherheit, ausgenutzt von den Ministerialräten des alten Systems, schlägt auf die Partei über u. ermuntert die Bischöfe, in ihrer Sabotage fortzufahren. So war denn »Kronprinz« Rupprecht »zufällig« bei der letzten Faulhaberrede anwesend.[140] Nachher schrien paar Leute ein Hoch auf ihn. Ein Hitlerjunge aber, der »Heil Hitler« rief, wurde verprügelt. – Gegenüber dem Münchner Polizeipräsidium!

Deutschland kann naturgemäss nicht alle Mächte gleichzeitig angreifen. Der Kampf gegen das Judentum war notwendig. Ist das Reich machtpolitisch gesichert, so wird auch die jüdische Hetze allmählich unwirksam werden. Nun arbeitet Rom aber auf der ganzen Linie, aus dem sicheren Gefühl heraus, mitten in seinem schwersten Ringen seit 2000 Jahren zu stehen. Deshalb ist jede amtliche Unachtsamkeit zu vermeiden. Aber ich für meine Person bin bereit, den Kampf »nichtamtlich« zu führen und nach u. nach auch die Korrektheit abzulegen, die ich bisher gewahrt habe. Der Abt Schachtleitner[141] schrieb mir neulich, er freue sich, dass ich meine amtliche Eigenschaft nicht ausnutze, um in den Schulungsbriefen der Partei meinen »Mythus« zu propagieren. (Ich hatte ihm das in Nürnberg gesagt, was auch stimmte). Nun höre ich vor paar Tagen, dass der gleiche Herr nach Baden geschrieben habe, man solle sich keine Gewissensbisse machen, Rosenberg werde bald abgesetzt! Ein aufrichtiger, guter alter Mann.

Na, die sollen sich jetzt zu wundern beginnen! Mit Schirach[142] habe ich vor paar Tagen gesprochen: Nun kann die H.J. auf römische Pro-

140 Rupprecht von Bayern (1869–1955); bayer. Kronprinz; Heerführer im Ersten Weltkrieg; seit 1939 im ital. Exil.

141 Schachleiter, Alban(us) (1861–1937); kath. Geistlicher; 1933 kurzzeitige Suspendierung wegen öffentlicher Unterstützung des Nationalsozialismus; seit 1933 monatliche Rente durch NSDAP; 1934–35 Ehrengast bei den Nürnberger Parteitagen; 1936 Ehrendoktorwürde der Universität München.

142 Schirach, Baldur Benedikt von (1907–1974); 1925 NSDAP-Beitritt; seit 1931 Reichsjugendführer der NSDAP; 1932 MdR; seit 1933 Jugendführer des Deutschen Reichs; seit 1940 Gauleiter und Reichsstatthalter in Wien; 1946 IMT-Verurteilung zu 20 Jahren Haft; 1966 entlassen.

vokationen antworten. Ich sagte Sch.[irach], er solle das deutlich, aber vorsichtig tun. D.h. man solle die H.J.-Führer nicht allgemein gegen »Rom« sprechen lassen, sondern nur konsequent die Angriffe der Jesuiten u. Bischöffe aktueller Art verlesen u. entsprechend zurückweisen. Das wird also in den nächsten Monaten von der Jugend her anrollen.

Die »N.S.M.« [Nationalsozialistische Monatshefte] haben den Auftrag erhalten, die Polemik in der »Kritik d.[er] Zeit« zu beginnen. Ebenfalls durch Zitate aus der römischen Tagesliteratur.

Der »Schulungsbrief« hat jetzt eine Auflage von 1 100 000. Die römische W[elt]-Anschauung wird in diesem Jahr systematisch von der Vorgeschichte aus angegriffen werden. Ich werde jetzt auch aktuelle Aufsätze über die römische Tätigkeit einschieben lassen u. den »Mythus« gross ankündigen.

Ehe ich selbst mit meiner Gegenantwort erscheine, will ich den Führer sprechen. Denn eine Broschüre von mir, als seinem Beauftragten, wenn auch nur »persönlich«, wird Sturm bringen. U. der Führer soll entscheiden, ob die Zeit schon dafür reif ist, d.h. für die schwerartilleristische Vorbereitung vor den dann folgenden staatsamtlichen Angriffen. Dass das kommt, hat der Führer ja klar ins Auge gefasst – seit 1919. Auf der vorletzten Reichs- und Gauleitertagung hat er uns alle vertraulich auf alles vorbereitet. Er verpflichtete die Gauleiter, ihre Mitarbeiter alle zu überprüfen, damit, wenn einmal eine Entscheidung komme, keiner auf Seiten der Kirchen, sondern alle[143] auf Seiten der Bewegung stünden. Wobei er angesichts des kirchlichen Streits hinzufügte: »Die[144] eine Konfession ist so schlecht wie die andere.«

Auch die »Protestanten« haben wieder ein ½ Dutzend Broschüren gegen mich losgelassen. Im ganzen anständig in der Form, im Inhalt alle gleich – und langweilig. Sie protestieren nicht mehr gegen Rom, sondern entdecken lauter »gemeinsame Bekenntnisse«. Da kann man sie nur fragen, warum sie nicht gleich wieder nach Rom zurückkehren! In den grossen Lammstall, aus dem sie fälschlich ausgebrochen waren u. nun frierend herumstehen.

Lecca hat vor paar Tagen aus Bukarest telefoniert: der Generaldirektor (d.h. der König) bleibt fest, man legt aber Wert darauf, dass bei mei-

143 »Alle« nachträglich eingefügt.
144 »Die« nachträglich eingefügt.

nem Besuch bestimmte Persönlichkeiten da, andere ausser Landes sind. Die südliche Konkurrenz (d.h. Italien) arbeite fieberhaft. Ich wundere mich trotzdem, dass er noch nicht da ist, so ganz gross ist die Courage des Königs offenbar nicht. Aber er kämpft bereits um seine Existenz, da Marschall Avarescu einen Aufruf gegen ihn gerichtet hat. Bleiben ihm Goga, Jorga.[145] Etwas wenig, die Frage ist, was die Armee macht. Falls ich also fahren sollte, werde ich ihm über das Entweder-Oder kein Zweifel lassen. Entweder Abkehr von Paris u. Prag – dann deutsche Hilfe. Oder es bleibt beim alten Zustand – dann Unterbindung jeglicher Wirtschaftshilfe durch uns. Und das bedeutet bei der jetzigen wirtsch. Lage Rumäniens einen ganz bösen Schlag.

26.II.[1935]

Lecca ist zurück. Er hat den König zwei Mal gesprochen. Dieser ist sehr zufrieden über meinen beabsichtigten Besuch. Er wird seinen Titulescu im Lauf dieses Monats davonjagen, ein Ministerium mit Goga u. Vajda[146] bilden u. einen neuen Kurs einschlagen., wie wir es ihm vorgeschlagen haben. L.[ecca] meint, Carol wisse sehr gut, dass er um seine Existenz kämpfe, habe sich doch Marschall Avarescu mit den Liberalen gegen den König verbündet. Dafür stehe das Volk schon jetzt eindeutig für eine deutsche Orientierung. – Carol bittet jedoch, meinen Besuch nach der Regierungsumbildung stattfinden zu lassen: aus innerpolitischen Gründen. Er wolle sich nicht nachsagen lassen, diese sei eine Folge meines Besuches gewesen. Dafür aber werde mein Besuch auch nicht »privat« sein, sondern offiziell. Ich würde durch einen Sonderkommissar des Königs an der poln.-rum. Grenze empfangen werden.

Da also jetzt noch paar Wochen Zeit ist, ersuche ich Lecca, nach Bukarest zurückzufahren (wo er die ersten Andeutungen dem König ge-

---

145 İorga, Nicolae (1871–1940); rumän. Historiker und Politiker; Autor u.a. von *Geschichte des Osmanischen Reiches* (5 Bde., 1908/1913), *Geschichte der Rumänen* (1905); 1931/32 Regierungschef; von Mitgliedern der »Eisernen Garde« ermordet.

146 Vermutlich Vaida-Voievod, Alexandru (1873–1950); rumän. Politiker; 1926–33 Vorsitzender der Nationalen Bauernpartei; 1932–33 Ministerpräsident; 1935 Gründer der »Rumänischen Front«.

genüber in der Ungarn-Frage machen kann), um dann, wenn möglich in dessen Auftrage, nach Belgrad zu fahren, um auch den Prinzen Paul[147] für diese ganze Sache zu gewinnen. – Es ist natürlich utopisch, bis Ende März soweit zu sein, das die Auflösung der Kleinen Entente[148] schon vollzogen ist, aber die Richtung wird hoffentlich eingeschlagen werden im Lebensinteresse aller zur wirklichen Befriedung des ganzen Donauraumes, der durch die tschechischen Treibereien immer wieder erneut beunruhigt wird.

Im übrigen liess der König noch einmal dringend bitten, keinen Handelsvertrag mit der jetzigen Regierung abzuschliessen und keine Kommission nach Bukarest zu entsenden, ehe nicht eine neue Regierung am Ruder ist. Ich werde Schacht noch einmal vertraulich anrufen, damit hier keine Panne entsteht.[149]

12. 3. [1935]

Die letzte Zeit wieder in schnellstem Tempo vergangen. Zuerst 3 Tage unvergessliche Feiern im Saarland, Eröffnung der 2. Kunstausstellung der N.[ational]S.[ozialistischen]K.[ultur]G[emeinde], dipl. Empfang, Rede im Reichswehrministerium, Rede zur Arbeitstagung d. Reichsstelle zur Förderung d. deutschen Schrifttums. Beerdigung des so tragisch gestorbenen Gauleiters Schemm in Bayreuth.[150] Mehrere Besuche beim Führer, der jetzt, endlich, einen so kranken u. bösartigen Schädling wie

---

147 Prinz Paul von Jugoslawien (1893–1976); 1934–41 Prinzregent für den noch minderjährigen König Peter II., den ältesten Sohn seines Cousins König Alexander I.

148 Von Frankreich seit 1920 gefördertes Bündnissystem zwischen der Tschechoslowakei, Jugoslawien und Rumänien.

149 Schacht, Hjalmar Horace Greeley (1877–1970); Politiker und Bankier; 1933–39 Reichsbankpräsident; 1934–37 Reichswirtschaftsminister; 1935–37 Generalbevollmächtigter der Kriegswirtschaft; 1944 Verhaftung nach dem Attentat vom 20. Juli; 1946 IMT-Freispruch; nach Spruchkammer-Urteil 1947–48 in Haft.

150 Schemm, Hans (1891–1935); 1922 NSDAP-Beitritt; 1928 Gründung des NSLB; seit 1933 Gauleiter der bayer. Ostmark und bayer. Kultusminister; seit 1934 Mitglied der Hochschulkommission der NSDAP; kam bei einem Flugzeugabsturz ums Leben.

Dr. Hanfstaengl fallen lässt.[151] Erkannt hat er ihn natürlich schon lange als »feigsten u. geizigsten Menschen, den ich kenne«, aber amtlich ist er auch heute noch nicht entlassen. Was aber wohl bald folgen wird. Zu gleicher Zeit mit H.[ermann] Esser, einem »Mitarbeiter« 1924, der wie damals auch heute keinerlei Mass kannte.[152]

Der Kampf um das engl. Weissbuch[153] hat hohe Wellen geschlagen u. die durchsichtige Ausladung des brit. Aussenministers hat in London wie eine Bombe eingeschlagen. Am Tage der ausbrechenden Heiserkeit war ich zum Mittag beim Führer, der geradezu strahlender Laune war. Die Absage hat ihn innerlich direkt erleichtert. Wieder sei etwas Zeit gewonnen. Die Gouvernanten in England müssten sich daran gewöhnen, mit uns nur auf gleichberechtigtem Fuss zu verhandeln. Schon der Ausdruck »moralische Gleichberechtigung« sei eine Beleidigung. Er werde Zentimeter für Zentimeter Deutschlands Stellung wieder erkämpfen. Jetzt werde wohl ein grosses Geschrei bei den engl. Konservativen losgehen, aber da muss man eben den Kopf auf 14 Tage zwischen die Schultern ziehen u. abwarten bis der Sturm sich gelegt habe. Die engl. Opposition werde die Regierung mit anspiessen, über den Rückfragen werde der April vergehen, im Mai sei ganz England mit dem Regierungsjubiläum beschäftigt. Dann kämen die Sommerferien und wenn schliesslich es zu keiner Einigung kommen sollte, müsste der Winter vor der Tür stehen. Nach einem Jahr aber wird uns niemand mehr anzugreifen wagen! Diese paar Jahre mussten es schaffen, wenn wir mit der Aufrüstung erst etwa 1936[154] angefangen hätten, wäre es zu spät gewesen.

---

151 Hanfstaengl, Ernst Frank (1887–1975); 1923 Teilnahme am »Hitler-Putsch« und Förderung Hitlers; seit 1932 Auslandspressechef der NSDAP aufgrund seiner guten Kontakte (Studium und Kunstgalerie in den USA); 1937 Flucht nach London; Internierung 1939–42; 1942–44 Berater der US-Regierung für psychologische Kriegsführung.

152 Esser, Hermann (1900–1981); 1920 NSDAP-Beitritt; 1921–23 und 1925–26 Propagandaleiter der NSDAP, 1923 Teilnahme am »Hitler-Putsch«; 1926–32 Hg. des *Illustrierten Beobachters*; 1933–35 bayer. Staatskommissar; 1935–45 Abt.leiter im RMVP; seit 1939 Staatssekretär; 1949 zu fünf Jahren Arbeitslager verurteilt, 1952 entlassen.

153 Die Veröffentlichung des brit. Weißbuchs zur dt. Wiederaufrüstung am 4.3.1935 diente Hitler als Anlass zur Absage des Besuchs der Minister Simon und Eden am 7.3. unter dem Vorwand, er sei erkrankt.

154 Verbessert (aus »1935«?).

Im Auswärtigen Amt ist trübe Stimmung. Bülow »auf Urlaub«, kommt wegen § 175 nicht wieder, zusammen mit zwei andern Herren. Ribbentrop macht grosse Anstrengungen, an seine Stelle zu kommen.[155] Klare Entscheidungen auf dringende Fragen (Memel, Polen) sind nicht zu erlangen. Es ist ein Jammer!

14.3[.1935]

Vorgestern kam Ropp. Wütend über sein A.A. Er sagte, sein Foreign Office u. eine kl. Clique im War Office verpfuschten immer wieder alle vernünftigen Versuche einer d.-engl. Annäherung. Was tun? Ich deutete an, dass man hier lieber Baldwin als Simon sehen würde.[156] Das sei aber bei den vorgeschrittenen amtlichen Verhandlungen kaum noch zu ändern.

Heute kommt er wieder: Mitteilung aus dem Air Ministry. Simon hat sich an das Luftf.[ahrt]-Ministerium mit der Anfrage gewandt, ob die eine bestimmte Meinung darüber hätten, in welcher Form man am besten in Berlin verhandeln könne! Offenbar hat man im Foreign Office nicht mehr das volle Vertrauen zur eigenen Beurteilung der heutigen deutschen Mentalität, nachdem der peinliche Schlag mit dem Weissbuch erfolgt war.

R.[opp] bat um strengste Diskretion. Man könne also unsere gemeinsamen Wünsche unbekannt durch das jetzt wichtige Luftfahrtministerium anbringen und jene Linie der Unterhandlungen fixieren, die einen deutsch-englischen Zweck hat, die Reihenfolge der Themen bestimmen, Ostpakt vielleicht von vornherein ausschalten usw.

Ich suche nach dem Führer in München, weil hier Entscheidendes möglich erscheint. Treffe nur Schaub.[157] – Nachher Anruf von Brückner, er werde um 8^h nochmals anrufen.

---

155 Ribbentrop, Joachim von (1893–1946); 1932 NSDAP-Beitritt; seit 1934 außenpolitischer Berater Hitlers; ab 1935 Sonderbotschafter in London (dt.-brit. Flottenabkommen); 1936 Botschafter in London; seit 1938 Reichsaußenminister; 1939 Unterzeichner des dt.-sowjet. Nichtangriffspakts; 1946 nach IMT-Todesurteil hingerichtet.

156 Baldwin, Stanley, 1st Earl Baldwin of Bewdley (1867–1947); brit. konservativer Politiker; 1935–37 Premierminister.

157 Schaub, Julius (1898–1967); 1920 NSDAP-Beitritt; 1923 Teilnahme am

15.3[.1935]

Nach einem Gespräch mit Br.[ückner] sandte ich heute einen Brief an den Führer mit der Anfrage des brit. Luftfahrtministeriums. – Wie R.[opp] noch gestern vermerkte, hat der gepriesene Lord Allan of Hentwood[158] zwar [ein] paar gute Aufsätze geschrieben, mündlich aber nach seinen Informationen Mac Donald durchaus nicht für uns gute Dinge erzählt ...

Alle die engl. Besuche sind an sich gut, aber einen geschlossenen Machtfaktor gegenüber Simon, Vansittart u. Hailsham stellen sie nicht vor. Da ist das Luftfahrtministerium doch noch das einzige. Allerdings geht alles um Phillip Sassoon herum ...[159]

Pfarrer Butzow[160] war zwei Mal bei mir: er will gegen die Alten losbremsen in meinem Sinn. Ich muss noch zögern, denn zu früh geschlagen, ist manchmal gefährlich. Auch die H.J. loszulassen, geht noch nicht an. Werde eine allgemeine Haltung herausgeben, um den Thesen der heute so unprotestantischen Protestanten eine auf Worten fussende Autorität entgegenzustellen.

Leibbrandt kommt soeben aus Ostpreussen, ~~um~~ wo er die »Ostarbeit« des B.d.O. [Bund deutscher Osten] studierte. Richtungslos, sobald »Weltpolitik« versucht wird. »Geist von Tauroggen«[161] noch immer vorhanden ohne Ahnung dessen, was heute sich im Osten abspielt.

»Hitler-Putsch«; 1925–45 persönlicher Adjutant Hitlers; 1936 MdR; 1943 SS-Obergruppenführer; 1945–49 Internierung.

158 Hurtwood, Reginald Clifford Allen, 1st Baron Allen of Hurtwood (1889–1939); brit. Politiker und Pazifist; seit 1918 aktiv in der Independent Labour Party; 1933 Gründung der Anglo-German Group zur brit.-dt. Annäherung; 1935/36 persönliche Treffen mit Hitler und inoffizieller Vermittler im dt.-tschech. Konflikt.

159 Vansittart, Robert Gilbert Baron (1881–1957); brit. Diplomat und Autor; 1929 Unterstaatssekretär im Foreign Office; Gegner der Appeasement-Politik; seit 1942 Mitglied im brit. Oberhaus. – Sassoon, Phillip Albert Gustave David (1888–1939); 1924–29 Unterstaatssekretär der Royal Air Force; Trustee u.a. der National Gallery und der Wallace Collection.

160 Nicht identifiziert.

161 Bezieht sich auf die preuß. Neutralitätserklärung 1812 gegenüber Russland während der Napoleonischen Kriege.

18.3[.1935]

Wir alle stehen noch unter dem Eindruck dieser letzten Tage, da der Führer die Souveränität D.[eutschland]'s verkündete.[162] Er hatte den Beschluss plötzlich gefasst. Wie er uns am Abend des 16.3. sagte, hätte er aber 10 Tage nicht geschlafen, weil er immer wieder alle Möglichkeiten überdachte. Dann erzählte er, wie die Botschafter seine Mitteilung aufgenommen hätten. Der Italiener wurde bleich (vor Wut, er ist stets ein Gegner gewesen), der Franzose war konsterniert, meldete aber schon einen wahrscheinlichen Protest seiner Regierung an. Der Führer: »Ich nehme davon Kenntnis.« »Im übrigen«, fügte er zu uns hinzu, »ist die Achtung vor uns aber ständig im Wachsen, ich alter Praktiker merke es am Betragen der Botschafter. Poncet machte am Ende dann doch eine Verbeugung bis zur Horizontale.« Auf die Eröffnung hätte der Engländer gesagt: »Aber darüber wollten wir doch gerade verhandeln.« Er fand sich aber schnell u. fragte, wie es mit den Luft- und Flottenfragen stünde. Worauf der Führer erklärte, diese Angebote an England bestünden freibleibend weiter (d.h. Parität der Luftwaffe, 35% der Flotte). Phipps: »Dann ist es ja gut. Und wieviel sind 36 Divisionen ungefähr«. Darauf der Führer: »Russland hat 100 Divisionen, Polen 30, Frankreich 41, wir also 36.« Worauf Phipps auch hier seine Zufriedenheit aussprach.

Ich sagte: Wenn die Franzosen Schneid hätten, müssten jetzt in Paris die Bomber absurren. Führer: »Ich glaube, wir kommen durch.«

Dann sahen wir uns einen Film im Saal des Führers an. – Immer wieder aber kam das Gespräch auf die grosse Stunde, wobei der Führer erwähnte, am 16.3.1813 habe der preussische König den Aufruf »An mein Volk« gegen Napoleon veröffentlicht. (Es war der 17., der Tag der Totengedenkfeier).

---

162 Wiedereinführung der allg. Wehrpflicht durch Hitler am 16.3.1935.

1936

25.4. [1936][163]

Am 25. sprach ich zum zweiten Mal in der Ordensburg Crössinsee zu den Kreisleitern.[164] Es war für mich eine tiefe Befriedigung, wie sie mitgingen. Aber auch, wie sie begriffen, als ich mit einigen noch verbreiteten geschichtlichen Betrachtungsweisen aufräumte. Meine innere Härte hat mich jahrelangen Kampf u. »Belastung« gekostet, hat aber innerlich in allen Kämpfen der Partei den Sieg davongetragen.

Am Abend sass ich dann lange mit den Kreisleitern zusammen: Immer neue Fragen zeigten die innere Anteilnahme am w[elt]-a.[anschaulischen] Ringen. Der Kreisleiter aus der Eifel[165] erzählte u.a., ich wisse garnicht, wie sehr ich gerade in dieser »schwarzen Gegend« verehrt würde. Im übrigen habe sich während der Wahl folgendes abgespielt. Ein 62-jähriger kath. Pfarrer sei zu ihm gekommen u. habe ihm gesagt: »Herr Kreisleiter, ich habe jetzt die Überzeugung gewonnen, dass der Kampf gegen Rom bis zum Ende durchgeführt werden muss. Papst wird nie mehr ein Deutscher werden, die Kardinalsernennungen der letzten Zeit zeigen ebenfalls, dass das Papsttum heute römische Nationalreligion ist, mit der wir nichts mehr zu tun haben können.« Also das, was ich im »Mythus« als erstrebenswert für die Zukunft hingestellt hatte! Der genannte Pfarrer hatte noch 1932 anlässlich einer Versammlung von uns auf dem Marktplatz derartig seine Glocken läuten lassen, dass kein Wort des Redners zu verstehen gewesen war.

---

163 Folgende Passage von »Am Abend sass« bis »die nationalsozialistische Bewegung« mit Markierung (Bleistift); abgedruckt (mit kleineren Abweichungen) in Kempner, Der Kampf gegen die Kirche, S. 27.

164 Crössinsee (auch Krössinsee), 1936 erbaute NS-Ordensburg in Pommern, in der Nähe der Stadt Falkenburg.

165 Wahrscheinlich Binz, Franz (1896–1965); der als Kreisleiter von Schleiden den Bau der Ordensburg Vogelsang beaufsichtigte.

Diese Erzählung erinnerte mich an eine andere. Ein alter Nazi stand mit dem Rektor eines kath. Priesterseminars in guten Beziehungen. Und immer wenn er ihn besuchte, zog der Rektor aus dem untersten Fach seines Schreibtisches, von ganz hinten, den »Mythus« hervor.

Am 24. weihte der Führer die drei Ordensburgen ein u. ich hatte die Freude feststellen zu können, dass meine Ausführungen am Vortage haargenau mit den seinigen übereinstimmten. Gleich anfangs stellte er fest, dass früher die Kirchen das Volk geführt hätten. Sie seien heute dazu unfähig geworden. Das hätte sich im Kampf gegen den Marxismus ergeben. Deshalb trete der Nationalsozialismus diese Erbschaft an. Der Führer schloss: »Die Ordensburg des deutschen Volkes ist die nationalsozialistische Bewegung.«

Vor 6 Jahren hatte ich die Ordensidee als neues Bindemittel bezeichnet. 1934 hielt ich in der Marienburg die Rede über den Ordensstaat.[166] Jetzt geht sie ihrer Verwirklichung entgegen als Fundament für eine dauerhafte Gestaltung unserer Idee. Dr. Ley aber hat sich durch den Bau der Burgen ein grosses praktisches Verdienst um die Partei erworben.

Vor der Rede zeigte ich dem Führer noch die Entwürfe für mein Ordens-Haus, das die geistige Arbeitszentrale für alle Burgen werden soll. Es wird gebaut werden, aber nicht in Mecklenburg, sondern wohin es an sich gehört: in die Nähe Münchens.

27.4. [1936]

Gestern sprach ich vor 9400 S.A. Führern der Gruppe Südwest in Stuttgart. Die Stadthalle wirkte gefüllt von einheitlich uniformierten Männern imposant. Gerührt aber war ich durch die Begrüssung durch Gruppenführer Ludin.[167] Er begrüsste mich nicht nur als Beauftragten

166 Marienburg, etwa 60 km südöstlich von Danzig gelegen, im Mittelalter Sitz der Hochmeister des Deutschen Ordens, von den Nationalsozialisten für Feierlichkeiten und Aufmärsche genutzt.

167 Ludin, Hanns Elard (1905–1947); 1930 NSDAP-Beitritt; 1933–39 Führer der SA-Gruppe Südwest in Stuttgart; seit 1941 als dt. Gesandter in Bratislava mitverantwortlich für die Deportation der slowak. Juden; 1947 in der Tschechoslowakei zum Tode verurteilt.

des Führers, sondern auch, weil ich ein Programm sei. Ein Programm des Mutes, der geistigen Klarheit und Geradlinigkeit. Die S.A. Südwest stände geschlossen hinter mir in meinem Kampf.

Das waren frische, aber auch verpflichtende Worte. Später dankte Ludin nochmals für meine Rede u. versprach »Kampf allen Dunkelmännern unserer Zeit.« Dann ging es mit dem Flugzeug wieder zurück nach Berlin.

27.4. [1936][168]

Gestern sprach ich zu 10000 S.A. Führern in Stuttgart. Die Stadthalle würdig geschmückt. Ich bemühte mich, der S.A. wieder Selbstvertrauen zu geben, die Überzeugung, dass sie noch eine Aufgabe habe: den Charakter der Opfer bis 1933 zu verteidigen. Sie waren sehr dankbar für diese, leider noch immer notwendige Stärkung. Gerührt hat mich die Begrüssung durch Gruppenführer Ludin: Mein Name sei Programm. Programm des Mutes, der geistigen Klarheit, Kampf gegen politisches und kulturelles Muckertum. Eine innerliche soldatische Haltung, zu der u. zu meinem Kampfe bekenne sich die S.A. Süd-West.

Von Dr. von Bruck[169] läuft der Bericht über die erfolgreichen Handelsverhandlungen in Belgrad ein. Auch eine Sache, die sich das Wirtschaftsministerium beim Führer zuschreiben wird. Dabei war Listisch, der Vertreter der südsl.[awischen] Genossenschaften[,] durch uns aufgefordert worden.[170] Durch ihn haben wir unterhandelt. Jetzt geht das in amtliche Hände über. Wie vieles andere: der brasilianische Vertrag, die Erfolge in Persien u. Afghanistan, die allein durch das APA eingeleitet worden sind.

Die Druckerei für Rumänien ist zusammengestellt u. wird bald abgehen. Die Abzeichen sind fertig, die Organisationsform der Partei ist

---

168 Nicht klar, warum für dieses Datum zwei sehr ähnliche Einträge vorliegen.

169 Name nicht identifiziert.

170 Wahrscheinlich Ljotić, Dimitrije (1891–1945); serb. Politiker; 1931 Justizminister im Kabinett des Generals Petar Živković; 1935 Gründung der von Rosenberg geförderten Jugoslawischen Nationalbewegung Zbor; nach der dt. Besetzung 1941 Befürworter der serb. Kollaboration.

durchgesprochen. Wird von hier aus Titulescu gestürzt, dann wäre die kl. Entente gesprengt und Deutschland erhielte Luft im Donauraum.

1. Mai [1936]

Gestern traf ich beim Führer Rust an u. brachte das Gespräch wieder auf das Reichsinstitut für die Vorgeschichte. Da Rust meine Vorschläge jetzt angenommen hatte, war nur noch der Besuch Geh[eim]-Rat Wiegands noch zu liquidieren.[171] Als der Führer hörte, dass wir einig seien, lachte er froh: weiter wolle er nichts hören, er sei dann einverstanden! Rust wird mir also jetzt einen Brief schreiben u. alles bestätigen, was umso nötiger ist und schnell vor sich gehen muss, da die alten Archäologen in Bonn vor paar Tagen durch Verträge gleichsam eine andre Lösung erpressen wollten. Dann wäre nach 2 ½ Jahren mühseligen Kampfes eine Arbeitsstelle geschaffen, die man bei etwas Energie im Umkreise von Rust in 3 Monaten bequem hätte schaffen können. Nach de~~m~~r mit ähnlicher Mühe von mir durchgesetzten Forschungsmöglichkeit für Professor Frank tritt also jetzt nach fast 3 Jahren Kampf gegen Entschlusslosigkeit u. Sabotage Prof. Reinerth in die Arbeit.[172] Zwei Forschungsstätten, um endlich eine Geschichte des deutschen Volkes und nicht Geschichte katholischer, protestantischer oder liberaler Ideologien zu schreiben! Wir hätten es aber billiger haben können …

Der Führer sprach dann über den wachsenden Kommunismus in Polen u. fügte hinzu, die Verhältnisse seien dort so kompliziert, dass auf die Dauer Polen für uns keine Gefahr bedeute … Ich bemerkte, die Ge-

171 Wiegand, Theodor (1864–1936); Archäologe; seit 1923 Mitglied in der Preuß. Akademie der Wissenschaften; seit 1932 Präsident des Archäologischen Instituts des Dt. Reiches.

172 Frank, Walter (1905–1945); Historiker; 1934 Referent im ARo und StdF; seit 1935 Leiter des Reichsinstituts für Geschichte des neuen Deutschlands, seit 1936 mit einer Forschungsabt. »Judenfrage«; 1941 Beurlaubung wegen anhaltender Konflikte mit Rosenberg. – Reinerth, Hans (1900–1990); 1931 NSDAP-Beitritt; 1933 Führer des Reichsbunds für Dt. Vorgeschichte; 1934–45 Prof. an der Universität Berlin; 1939 Leiter des Amtes Vorgeschichte im ARo; seit 1940 ERR-Mitarbeiter; nach 1945 Leiter des Pfahlbaumuseums Unteruhldingen.

genreformation habe Polen seines besten Blutes beraubt, die Zerstückelung dann eine weitere Gegenauslese gefördert.

Am 30.4. war der ital. Minister Rossoni bei mir gewesen, um über unsere Ideologien zu sprechen.[173] Er will mich gern noch einmal in München sehen, aber ich verspüre angesichts der ganzen Lage keine besondere Lust.

2. Mai [1936]

~~Ges~~ Heute waren die in Potsdam versammelten H.J. Schulungsleiter wieder da. Ich wurde mit dem Bekenntnis begrüsst: Mein Weg sei auch der Weg der HJ. Ich schärfte ihnen ein, innere Härte mit äusserer Selbstbeherrschung zu verbinden, u. erläuterte dann die Aufgaben unserer Ordensburgen u. meines Ordenshauses.

Die Rede von Dr. G[oebbels] habe ich mir nochmals genau angesehen. Den von uns geprägten Begriff einer »Kunstpflege« hat er nunmehr auch aufgenommen. An sich gut. Blos sein R[eichs]-Kultursenat besteht zu ¼ aus Leuten, die mit uns aber garnichts zu tun haben u. gar als »Träger unserer W[elt]-Anschauung« eine Blamage für wirkliche »Kunstpflege« darstellen. Auch die Landesstellenleiter, z.T. ohne jegliche Ahnung von Kunst, liefern bedenkenlos die Möglichkeiten unseren Gegnern aus (Hannover, Essen). Habe an Terboven[174] einen deutlichen Brief darüber schreiben müssen; da er einer der beschränktesten, daher aber schnoddrigsten Gauleiter ist, wird er sicher alles tun, um insgeheim mir entgegenzuarbeiten.

Ende Juli [19]36.

Da ich für eine dauernde Führung eines Tagebuchs doch kein Talent habe, will ich es mit knappen Zusammenfassungen der Dinge versuchen; denn es spielt sich so viel ab, dass es für eine spätere Zukunft viel-

---

173 Rossoni, Edmondo (1884–1965); ital. Politiker; 1935–39 Minister f. Landwirtschaft und Forsten in Mussolinis Kabinett.

174 Terboven, Josef (1898–1945); 1923 NSDAP-Beitritt und Teilnahme am »Hitler-Putsch«; seit 1929 Gauleiter in Essen; 1935 Oberpräsident der Rheinprovinz; 1940 von Hitler zum Reichskommissar für die besetzten norweg. Gebiete ernannt.

leicht doch nicht ganz ohne Reiz ist, den Verlauf des Gestaltenwandelns in allen führenden Stellen nachzuweisen. Zudem scheinen manche Dinge so grundsätzlicher Natur, dass ich meinen heutigen Standpunkt einmal festlegen will.

Über die kulturelle Formung gehen Temperamente u. Ansichten noch sehr auseinander. Mehr als vor 1933, als nur wenige darüber sprachen, während das Gebiet des geistig-kulturellen Lebens heute ein Tummelplatz oft für jene ist, die andere Weiden abgegrast haben. Goebbels hat zielbewusst versucht, seine Kulturkammer über das Ständische hinaus zum Gross-Repräsentativen und zugleich nationalsozialistisch gestaltenden Zentrum auszubilden. Das hat ihm äusserlich viel, innerlich wenig gefrommt. Man kann von einem Instrument nicht das ganze Orchester verlangen. Ich habe ihm dies schon lange in einem Briefwechsel bezeugt (Fall R.[ichard] Strauss, Hindemith usw.)[175] und schliesslich die Art seines »Reichskultursenats« als charakterliche Verwilderung schriftlich allen Reichsleitern gegenüber bezeichnet. Aber die Untertanengesinnung steckt auch vielen N.[ational]S.[ozialisten] noch im Leibe: sie rechnen mit den Exekutiv-Möglichkeiten des Propaganda-Ministers auf verschiedenen Gebieten und wollen sich deshalb nirgends exponieren. Sie sehen zu, wie ich den Kampf führe ... Ich habe dem Führer über den »Reichskultursenat« eine Denkschrift überreicht, dann noch mündlich meine Anschauung begründet, dass die Zusammensetzung ein Hohn auf die n.s. Weltanschauung sei. Er sagte: »Sie haben ja recht ... Wir werden schon einen Weg finden ... Vielleicht ist es gut, dass es so gekommen ist ...« – Aber unterdes hat G[oebbels] seine Exekutiven ruhig weiter ausgebaut u. flagrante Fehlschläge scheinen nicht zu schaden. Zu den Heidelberger Festspielen anlässlich der 650-Jahresfeier liess die Kulturkammer vor dem Schloss tanzen. Und zwar: Czardass, polnischen Tanz, Niggerstep! Rust u. Frank waren wütend. Nun kämpften wir seit Jahren gegen Niggerweisen – und diese treten als unsere Festtänze auf! Rust drückte sich von dieser Feier überhaupt.

Während die NS-Kulturgemeinde in München [Text bricht ab]

---

175 Während sich der Komponist Richard Strauss (1864–1949) mit dem NS-Regime arrangierte, geriet sein Musikerkollege Paul Hindemith (1895–1963) seit 1934 verstärkt unter Druck und verließ Deutschland 1938.

10.8. [1936]

Das Olympia hat viele Gäste gebracht. Obgleich ich mit der ganzen Sache weniger zu tun habe, habe ich doch verschiedene Besuche gehabt, die nicht ohne Interesse sind. U.a. Goga. Er hatte sich aufgemacht, um zu sehen, ob meine Unterstützung Wert hätte. Sein sehnlichster Wunsch, vom Führer empfangen zu werden. »Im[portance] des apparences«[176] – Politik wolle er mit mir besprechen. Nun hatte König Carol hier »protestieren« lassen gegen die deutsche Einmischung in rumänische Politik, wie mir der Führer neulich zum Mittagessen sagte – mit entsprechender Kennzeichnung des Königs ... So hatte ich keine besondere Lust, Goga vorzulassen. Als er aber mitteilte, Carol habe seiner Reise nach Berlin zugestimmt, trug ich keine Bedenken, dem Führer den Empfang zu empfehlen. Der Führer sagte: »Glauben Sie, dass es Zweck hat? Ich habe die Rumänen abgelehnt, um Titulescu nicht auch empfangen zu müssen.« Ich erwiderte, so wie die Dinge lägen (Griechenland) werde Rumänien sich entscheiden müssen, Titulescu sei nicht unsterblich. Ein Empfang Gogas würde seine Energien austarieren. – Die Präsidialkanzlei versuchte dann den Empfang zu vereiteln, aber ich setzte ihn doch durch und Goga dankte mir tränenfeucht (s. Aktennotiz über Führerbesuch u. Besuch b. Hess [fehlt]). Der kommende politische Vertrag zwischen D.[eutschland] u. R.[umänien] wurde dann von uns allein durchgesprochen, Handelsabkommen von Malletke vorgelegt.[177] Ein Mittag beschloss diese Zusammenkünfte u. Goga liess am Abschied meine Hand nicht mehr los und versprach treueste Bundesgenossenschaft im grossen Kampf.

Mit Vansittart traf ich mich bei Hess nach 3 Jahren. Im Unterschied zu der Eiseskälte in London 1933 war er jetzt sehr aufgeräumt. Scheinbar. – Über die Neger aus U.S.A. ist er – nebst allen Briten – sehr böse, drücken sie doch die Engländer in Olympia ganz an die Wand. Ich

---

176 Frz.: Bedeutung des äußeren Erscheinungsbildes, süffisanter Kommentar Rosenbergs zum Wunsch Gogas, von Hitler empfangen zu werden.

177 Malletke, Walter (1884–unbek.); seit 1933 Leiter der wirtschaftspolitischen Abteilung im APA; 1940–41 Treuhänder zur »Entjudung« ndl. Banken; 1941 als Leiter der HA Wirtschaft im RMfdbO vorgesehen; 1942 »Sonderbeauftragter für Ausländereinsatz« und Ministerialdirektor im RMfdbO.

fragte lachend: »Warum diese ›Rassenvorurteile‹?« – ~~Er~~ V.[ansittart] galt u. gilt – mit Recht als unser Gegner. Katholisch – frankophil. Jetzt scheint selbst dieser selbstgefällige Herr – durch Spanien – an seiner Weisheit etwas zu zweifeln. Ich versuchte bei seiner Frau inbezug auf die behauptete jüdische Versippung etwas herauszukriegen. Als auch sie über die schwarzen Läufer aus U. S. A. zeterte, sagte ich, dass diese ja ganz allgemein eine Gefahr für die U. S. A. darstellten: die kommunistische Reserve. Und dass einst die Juden diese kommunistische schwarze Revolte bezahlen würden. – Ich war erstaunt, als Antwort zu hören: »Sie haben recht.«

Aus Südafrika brachte mir der Staatssekretär Rendsburg – ein Bure – Grüsse von Verteidigungsminister Pirow mit, den ich vor paar Jahren hier gesprochen hatte.[178] Auch er hatte meine Bücher gelesen u. betonte seine Zustimmung u. Freude, von mir empfangen zu werden.

Dieses Erscheinen von Menschen aus allen Staaten, die meine Arbeit kennen, hat etwas innerlich tief Befriedigendes. Vor einigen Monaten redete mich auf einem Abend des A. P. A. ein anderer Südafrikaner an. Er hatte deutsch gelernt in einem ½ Jahr u. las ununterbrochen den »Mythus«. »Ich glaube«, sagte er, »dass wenn auch 1000 Jahre vergehen, Ihr Werk bestehen bleibt. Das ist für mich u. für viele, die neue Bibel geworden.« Dann war vor längerer Zeit ein Scheich aus Iran da, ein Mitkämpfer des jetzigen Schahs [Reza Pahlavi] Er brachte mir als Geschenk eine mit Mosaikmustern ausgelegte Zigarettenbox, in der Mitte ein Hakenkreuz. Dazu Lichtbilder iranischer Bauwerke, die das Hakenkreuz zeigten.[179] Der jetzige iranische Gesandte sprach von arischer Erneuerung Irans. Der afghanische Aussenminister, dem ich ein Frühstück gab, schreibt ein grosses Werk über die arischen Denkmäler in Afghanistan. Aus Amerika erhalte ich Briefe gänzlich unbekannter Menschen, die sich begeistert äussern. Jetzt ist die französische Überset-

178 Rendsburg, Johannes Frederik (1898–1966); südafrik. Politiker; 1930 Staatssekretär; seit 1933 Justizminister; Sympathisant des »Dritten Reiches«;1936 Free State Administrator. – Pirow, Oswald (1890–1959); südafrikan. Jurist und Politiker; 1929–33 Justizminister; 1933–39 Verteidigungsminister, zugleich 1933–38 Verkehrsminister der Südafrikanischen Union.

179 Statt des Worts benutzt Rosenberg in diesem Satz ein gezeichnetes Hakenkreuz.

zung des »Mythus« fertig. Ich werde sie erst lesen. Wenn sie erscheint, wird es einen heftigen Krach in der Klerisei Frankreichs geben.

Morgen: ein Frühstück mit dem Erbprinzen von Schweden.[180] Dann gebe ich ein Abendessen für den Kronprinzen von Griechenland.[181] Er will eine Phalanx hellenischer Leute ganz geheim in D.[eutschland] ausbilden lassen u. ich werde ihn etwas beraten. Zugleich ist das Gespräch eine Vorbereitung für meinen im Oktober geplanten Besuch in Athen, wohin mich Minister Louvaris eingeladen hat u. wo ich den König besuchen werde.[182]

11. 8. [1936][183]

Aus dem Kirchenministerium kommt die Nachricht, dass Kerrl scheinbar resignieren soll in dem Sinne, die Kirchenausschüsse wieder aufzuheben. Ich habe dieses Experiment entgegen manchen Aufgeregten, die glaubten bei mir Zuflucht suchen zu müssen, immer mit grösster Ruhe betrachtet. Kerrl, anfangs ohne jede Mitarbeiter, akzeptierte drei von mir benannte Persönlichkeiten. Später glaubte er einer anderen Richtung mehr Gehör schenken zu müssen, die Routine der alten Bürokratie und der Versuch, als Erfolg eine »organisatorische Ordnung« vorzeigen zu können, taten dann das ihrige. Hinzu kam, dass Kerrls fromme Reden nicht kluge Taktik einer Übergangszeit waren, sondern seine moralische Überzeugung darstellten. Das war und ist eine Gefahr, weil ein Nationalsozialist versucht, die Schritte nach vorn durch ein aufrichtiges Zurück wieder ungeschehen zu machen. Kerrls philosophische Anschauungen sind recht primitiv, seine religiösen stecken im Grunde in den Theorien der »Deutschen Christen«. Persönlich könnte ihm das unbenommen bleiben, amtlich aber hat er kein Recht, dies als

---

180 Bernadotte, Oscar Fredrik Wilhelm (1882–1973); schwed. Thronfolger; seit 1950 König Gustav VI. Adolf.

181 Paul von Griechenland (1901–1964); griech. Kronprinz; 1936 Gast bei den Olympischen Spielen in Berlin; seit 1947 König Paul I.

182 Louvaris, Nikolaos (1887–1961); griech. Prof. an der theolog. Fakultät der Athener Universität; Bildungsminister.

183 Folgende Passage von »Aus dem Kirchenministerium« bis »das nötige klarstellen« mit Markierung (Bleistift); abgedruckt (mit kleineren Abweichungen) in Kempner, Der Kampf gegen die Kirche, S. 27 f.

Bekenntnis der Bewegung aufreden zu wollen. Diese Spiessbürgereien des Denkens sind vielleicht ganz gut als Geplänkel, da wir den Kampf gegen die Kirchen in absehbarer Zeit garnicht führen wollen. Staatlich ist zu tun, was lebensnotwendig ist, darüber hinaus festige ich auf Gautagen und bei wichtigen Anlässen die absolut konsequente Haltung. Die ganze gesunde Partei geht hier mit mir u. betrachtet das Kirchenministerium eben als das, was es ist, als ein notwendiges Übel, wobei die Überzeugung von der Notwendigkeit ständig abnimmt. Die Partei ist im Lande wütend, weil die Kirchenausschüsse in den Gauen die entgegenkommenden Leute durch »Bekenntnistreue« zu ersetzen bemüht ist. Das ist auch gut, wie denn alles, was auch geschieht, schliesslich in jenes Bett münden muss, das ich in erster Linie vorbereitet habe.

Kerrl liebt mich naturgemäss nicht. Politisch Nationalsozialist, sträubt er sich vor weltanschaulichen Konsequenzen und ist bemüht, den Führer für sich auszuspielen. Ich muss manchmal über diese grotesken Versuche lachen. Ein Fall ist hier charakteristisch. Am Abend des 29. März war ich in der Reichskanzlei, um an der Freude des Führers am Ausgang der Wahl teilzunehmen.[184] Der Führer stand am Aufgang zu seiner Wohnung, um ihn eine Anzahl von Pgs. Der Führer begrüsste mich schon auf Entfernung lachend: »Nun, Rosenberg, was sagen Sie dazu! Habe ich nicht eine gute Wahlparole gefunden? Selbst die Bischöfe mussten der Stimmung am Rhein weichen und die Glocken läuten!« Ich gratulierte. Der Führer fuhr lachend fort: »Aber das Resultat wäre nicht so gewesen, wenn wir über den ›Mythus‹ abgestimmt hätten.« Ich sagte: »Nein. Das wird man erst in 100 Jahren tun können.« Darauf erkundigte sich der Führer über die Höhe der Auflage des »Mythus«: 470000! Kurze Zeit höre ich, dass Kerrl mit spiessbürgerlicher Selbstzufriedenheit diese Episode so dargestellt hat, als sei ich »mit rotem Kopf« dagestanden. Er habe dann später[185] den Führer gefragt: »Habe ich Ihnen auch Sorgen gemacht?« Worauf der Führer ihm auf die Schulter geklopft hätte: »Nein, lieber Kerrl, Sie haben mir nie Sorgen bereitet.« Worauf K.[errl] nun besonders stolz tat, wohl ohne zu begreifen, dass eben Menschen ohne eigene Gedanken u. feste Haltung nie »Sorgen« machen.

184 Reichstagswahl am 29. 3. 1936, gleichzeitig Referendum über die Remilitarisierung des Rheinlands.

185 »Später« nachträglich eingefügt.

Im übrigen verzichte ich bei Anhören solcher Dinge aus dem Froschteich Gebrauch von Äusserungen des Führers mir gegenüber zu machen. Ich weiss zwar sehr wohl, dass die Zeiten für mich noch nicht reif sind, aber manchmal ist es herbe, Menschen Dinge verwalten zu sehen, die ich geistig gestaltet habe. Ich sagte das einmal dem Führer, worauf er erwiderte: »Glauben Sie, dass es zufällig ist, wenn ich Sie auf dem Parteitag zwei Mal in grossen Reden herausstelle? Es ist mir schwer, Ihnen gerade dies zu sagen: aber wenn mich jemand nach Ihnen fragt, so sage ich, dass Sie der tiefste Kopf der Bewegung sind. Sie sind der Kirchenvater des Nationalsozialismus.«

Wenn Kerrl nun doch es fertig bringt, verschiedenen Leuten in seinem Ministerium zu erzählen, der Führer habe von meinem Werk erklärt, es sei Dreck u. Unsinn, so geht das über das hinaus, was man Herrn Kerrl an beschränkter Unbekümmertheit oder unbekümmerter Beschränkheit zubilligen kann. Gelegentlich werde ich das nötige klarstellen.

12.8.[1936]

Der Führer hat Ribbentrop zum Botschafter nach London ernannt. Das erscheint mir als eine nach jeder Richtung glückliche Lösung der seit vielen Wochen behandelten Frage. R.[ibbentrop] wollte durchaus nicht weg, sondern hier bleiben mit heftigem Willen, Neuraths Stelle einzunehmen u. ständig in der Nähe des Führers bleiben zu können. Während wir schon über 10 Jahre kämpften war R. Vertreter seiner angeheirateten Sektfabrik Henckell u. Vertreter einer engl. Whiskyfabrik.[186] Hatte viele geschäftliche Beziehungen nach London, hier zu Papen usw. Die Vermittlung, die er 1932 durchführte, war für den Führer sehr bedeutungsvoll u. er fühlte sich R. ausserordentlich verpflichtet. Wenn R. in der Zeit in London etwas für Deutschland erreichte, so wird jeder das freudig anerkennen. Dass er sich selbst durch Eitelkeit u. Arroganz im Wege steht, ist allerdings kein Geheimnis. Die Art, wie er, gleich als die Sonne über ihm zu scheinen begann, sich betragen hat, habe

186 Sektkellerei Henkell & Cie, gegr. 1832 von Adam Henkell.

ich in Briefen an ihn niedergelegt.[187] Andere haben ähnliches erlebt, so dass sein persönlicher Ruf in Londoner Klubs denkbar schlecht ist. Er hat glücklichen Start: durch die spanischen Zustände fangen die ahnungslosen Gouvernanten selbst in London an zu begreifen, was Bolschewismus bedeutet. Wenn R. nicht ganz ungeschickt ist, hat er jetzt Wind zum Segeln. Im übrigen ist in L.[ondon] seine Aufgabe gegeben u. umgrenzt, er wird hier nicht mehr so herumdilettieren können, wie bisher. Sein »Büro« wollte die ganze Welt umfassen, ohne Menschen mit Kenntnissen.

R. hatte auch Goga gesprochen. Dieser fragte mich: »Was ist eigentlich Herr v. R.? Er sprach die ganze Zeit sentimental von der deutsch-ungarischen Waffenkameradschaft u. stellte über Rumänien viele elementare dilettantische Fragen.«

Habe dem Führer einen Vorschlag unterbreiten lassen, eventuell einen anti-bolschewistischen Weltkongress nach D.[eutschland] zu berufen.[188] Die Zeit erscheint reif u. wir müssen die Führung in diesem von uns allein klar erkannten Kampfe behalten. Ich kam nicht in die Reichskanzlei, da ich mit angeschwollenem Fuss zu Hause liegen muss: die alte Sache, Bluterguss in das Gelenk des grossen Zehs. – So habe ich jedoch Zeit, etwas zu schreiben.

Zwei Mal hat der Führer mich beauftragt, für den Fall eines russ. Überfalls Aufklärungsarbeiten vorzubereiten. Ich habe ihm zwei Denkschriften darüber gegeben; Einzelarbeiten liegen vor u. müssen jetzt erweitert werden. Aber das ist rein literarische Arbeit. Praktisch bedeutet das: Zusammenfassung der Staaten des Ostraumes, des Donaubeckens bis hinunter nach Afghanistan, dann Japan. Dem einen Ziel dient die Nordische Gesellschaft, die ich betreue u. die jetzt grösstes Interesse erweckt hat (700 Skandinavier in Lübeck), dem anderen die mühselige Arbeit mit Cuza-Goga, sowie die Wirtschaftsunterhandlungen mit Jugosla-

187 »Briefen an ihn« mit Rotstift unterstrichen; nicht klar von wem (möglicherweise von Rosenberg als Hinweis auf ergänzendes Material, analog zu »s. Aktennotiz«).

188 Im Original vor »Habe« eckige Klammer, »Vorschlag« und »anti-bolschewistischen Weltkongress« mit Rotstift unterstrichen. Zu Rosenbergs Kongress-Vorschlag an Hitler siehe unten Dokument 2.

wien, Iran etc.[189] Der afghanische ~~Aussen~~Kriegsminister[190] hat meinem Mitarbeiter Malletke in 10 Minuten langer Rede gedankt: nur durch das APA sei sein Land in Europa eingeführt u. innerlich anerkannt worden.

x

Lese lang ausgestreckt Gorch Focks Werke.[191] Das war ein ganz reiner durchsichtiger Mensch. Und unbefangen der 1000jährigen christlichen Verbildung gegenüber. Er führt an einer Stelle richtig an, das Christentum kenne das Lachen nicht, nirgends werde erwähnt, dass der Stifter gelacht habe. Ich erinnere mich, dass mein Konfirmationspastor Hahn dies auch erwähnt hatte – aber mit besonderem Stolz![192]

In Focks Arbeit steckt so viel Schöpferfreude, dass sie sofort erhebt. Ich kann seine innere Freude verstehen, wenn er erzählt, auf einer Norwegenfahrt habe er auf einem Liegestuhl seine »Seefahrt« gesehen: »Ist das nicht junger Wein für mich?« – Es ist tatsächlich ein sonderbares Gefühl, seine Geisteskinder vorgelegt zu erhalten. Ob ich in Baden oder im Rheinland auf Fahrt zu Mittag esse: schon kommt der Besitzer ~~ode~~ u. bittet mich um Unterschrift in ein Buch von mir. In Danzig hat mich jemand gesehen, läuft nach Hause, holt den »Mythus«, treibt mich nochmals auf u. bittet um Unterschrift. Der Autoaufseher von Kolberg erzählt, er habe das Buch 3 Mal durchgeackert ... in allen Buchläden Deutschlands stehen meine Werke neben dem Werk des Führers.

Und schliesslich. In Nürnberg wächst die grösste Kongresshalle der Welt. In allen kommenden Jahren u. Jahrhunderten soll dort das Bekenntnis zum ewigen Deutschland abgelegt werden. Und in den Grund-

---

189 Cuza, Alexandru C. (1857–1946); rumän. Politiker; 1922 Gründung der antisemit. »Liga zur Nationalen Christlichen Verteidigung«; seit 1930 gefördert vom ARo in Konkurrenz zur »Eisernen Garde« Codreanus; 1937/38 Vizepremier in der kurzlebigen Regierung Goga.

190 »Kriegs« nachträglich eingefügt. »afghanische Kriegsminister« mit Rotstift unterstrichen.

191 Fock, Gorch (geb. Kinau, Johann; 1880–1916); Schriftsteller, Verfasser volkstümlicher Erzählungen; Roman *Seefahrt ist not!* (1913); im Ersten Weltkrieg gefallen; nachfolgend Mystifizierung durch völkische Gruppen.

192 Hahn, Traugott (1875–1919); dt.-balt. Pastor und Prof. für Prakt. Theologie in Dorpat; Held des estn. Befreiungskampfes.

stein dieses Riesenhauses sind für alle Zeiten zwei Werke eingemauert: »Mein Kampf« und der »Mythus«.

Das können auch jene Neidhammel nicht aus der Welt schaffen, die von meinen Gedanken zehren, aber zu klein sind, das eingestehen zu wollen.

19.8. [1936][193]

Seit einigen Tagen sitze ich wieder fest in Hohen-Lychen! Die alte heftige Gelenkentzündung im Fuss ist mit ebenso alter Schmerzhaftigkeit wieder da u. der Rückenmuskel rebelliert wieder. Ganz wie vor einem Jahr, wo ich fast drei Monate hier deshalb liegen musste. Und dies kurz vor dem Parteitag. Es ist nur ein schwacher Trost, dass auch Darré gestern mit Sehnenzerrung hier eingeliefert wurde. Habe heute meine Rede zur Kulturtagung diktiert: knapp, aber im Grundsätzlichen deutlich. Vielleicht zu klar, aber sie kann ja noch hier u. da abgeschwächt werden.

Ich war erstaunt, heute einen Brief von Ludendorff zu erhalten. Unter Hintanstellung »persönlicher Bedenken« übersendet er mir das gemeinsam mit seiner Frau gemachte neue Erzeugnis »Die Bibel nicht Gottes Wort«. Ich habe die Schrift gelesen, sie ist bedeutend besser als Mathildens sonstige Elaborate, die an Schwulst und Geschmacklosigkeit schwer zu übertreffen sind. Es bleibt für immer bedauerlich, dass L[udendorff] in die Hände einer solchen Jugendstil-Philosophin geraten ist. Er wurde mit 50 Jahren vor Fragen gestellt, über die andere schon mit 15 zu denken begonnen hatten, u. fällt über die Schlechtigkeit der Priester von einem Entsetzen ins andere. Geht wie ein Soldat auf die Probleme los, die nun aber nicht mit Kanonen zusammenzuschiessen sind. Und der erhobene philosophische Regenschirm von Mathilde sollte eigentlich nicht zu ihm passen. Aber er schämte sich wohl, von Männern belehren zu lassen, u. ficht jetzt als Sektierer fur »die grosste Philosophin des deutschen Volkes«.

L. hat – nicht unberechtigte – Furcht, dass der § 166 ~~des~~ für Konfessionsschutz in beabsichtigter Form durchgebracht würde. Als ich da-

193 Folgende Passage von »Ich war erstaunt« bis »Auflage von 650 000« mit Markierung (Bleistift); abgedruckt (mit kleineren Abweichungen) in Kempner, Der Kampf gegen die Kirche, S. 28 f.

mals diese schlau ausgeklügelte Fassung zu Gesicht bekam, die uns den Schutz unserer geschworenen Gegner aufbür~~g~~den und uns selbst den Mund stopfen sollte, da habe ich sofort bei Hess geharnischten u. begründeten Einspruch eingelegt. Die Frage wurde dann bearbeitet und in ausführlicher Begründung der Ablehnung an die Kirchenparagraphen-Kommission geschickt. Eine Zeitlang darauf fand dann bei Hess noch eine Sitzung statt, um den Standpunkt der Partei festzulegen. Ich schickte Ziegler mit unserem Vorschlag hin u. dieser wurde dann auch einmütig angenommen.[194] Es kann demnach nur einen Schutz der religiösen Überzeugungen des Volkes geben, nicht Ausnahmen zugunsten einiger Konfessionen, die ihrerseits frech genug sind, alles das zu beschimpfen, was ihren abgestandenen Kram nicht mehr als der Weisheit letzten Schluss gelten lassen ~~können.~~ kann.

Hier gebärden sich die protestantischen Priester beinahe noch herausfordernder als die römischen. In meinem Schreibtisch liegt seit fast einem Jahr ein Manuskript über sie unterm schmerzhaften Titel »Protestantische Rompilger«.[195] Möglich, dass ich es jetzt doch noch fertigschreiben u. herausgeben werde, um den schnatternden Pfuhl noch weiter aufzuregen. Einige Dummköpfe schreiben sowieso: Warum antwortet R.[osenberg] nicht auf Künnets Buch?[196] Na, sie können die Antwort haben, blos will ich einen gewichtigen Anlass abwarten, um die »Rompilger« anzukündigen. Die »Dunkelmänner« hatten in einem halben Jahr eine Auflage von 650 000.[197]

Der griechische Kronprinz[198] schreibt mir sehr sympathisch, dass er es sehr bedauert habe, dass ich zu dem Frühstück zu kommen verhindert

---

194 Ziegler, Wilhelm (1891–1962); 1933 NSDAP-Beitritt; 1935–39 Leiter des »Instituts zum Studium der Judenfrage« des RVP; 1943 Ministerialrat im RMVP; 1941–45 Honorarprof. für Geschichte und »Judenfrage« an der Universität Berlin; nach 1945 in der hess. Staatsverwaltung.

195 Kurz danach veröffentlicht als *Protestantische Rompilger. Der Verrat an Luther und der Mythus des 20. Jahrhunderts*.

196 Künneth, Walter (1901–1997); Theologe; 1933 Mitglied der Bekennenden Kirche; Autor von *Antwort auf den Mythus: Die Entscheidung zwischen dem nordischen Mythus und dem biblischen Christus* (1935); 1937 Schreib- und Redeverbot sowie Entzug der Lehrerlaubnis.

197 *An die Dunkelmänner unserer Zeit. Eine Antwort auf die Angriffe gegen den »Mythus des 20. Jahrhunderts«*, München 1935.

198 »Griechische Kronprinz« rot unterstrichen.

gewesen sei u. hofft mich bei anderer Gelegenheit zu treffen. Da ihn Schirach u. Hierl über Jugend u. Arbeitsdienst genau unterrichtet haben, ist sehr sehr zufrieden.[199]

Dass ich nach Athen zu fahren beabsichtige, hat sich bereits herumgesprochen. Goga fragte Malletke drüber. Er hat es offenbar aus der rumänischen Gesandschaft u. diese wiederum aus der griechischen. Diplomatendiskretion! Der Prof. Louvaris ist allerdings nicht mehr Kultusminister, die Einladung aber bleibt unverändert. Aber vielleicht ist er es bis Oktober wieder geworden ...

20.8. [1936]

Schickedanz berichtet: Lecca hat Goga in Wien gesprochen und ihm alle Einzelheiten unserer bisherigen Arbeit erzählt. Im übrigen sei er mit dem neuen Chef der Siguranza über die Tschechoslowakei gefahren.[200] Dieser habe ihm dann auch vertraulich gesagt, der Protest des Königs in Berlin sei nicht so tragisch zu nehmen: weil Carol ~~anl~~ nämlich selbst der Vermittler sein wolle! Das war interessant zu erfahren. Erst ermuntert der König die nationalistische Opposition mit uns in Verbindung zu treten. Wir bauen die Sache sorgfältig aus; dann wird ihm die Bewegung zu gross, dann protestiert er. Und nun, da die Dinge scheinbar unaufhaltsam vorwärtsgehen, will er erneut persönlich beteiligt werden. Was über Cuza-Goga ja immer möglich ist, und von hier aus wäre ich bereit, einmal auch nach Bukarest zu fahren. Die Gefahr wäre blos, wenn Carol sich an andere Stellen, die über unsere Arbeit nicht unterrichtet sind, wenden würde. Solche Jagdbesuche Ununterrichteter könnten nur Schaden anrichten.

Auf der Reichstagung des Auslandsinstituts in Stuttgart werde ich nicht sprechen können. Habe eine Ansprache diktiert, die Dr. Leibbrandt verlesen ~~kann~~ wird.

---

199 Hierl, Konstantin (1875–1955); 1927 NSDAP-Beitritt; 1930 MdR; sei 1933 Staatssekretär im Reichsarbeitsministerium; Beauftragter des Führers für den Arbeitsdienst; 1935 Reichsarbeitsführer; 1943–45 Reichsminister ohne Geschäftsbereich.

200 Siguranţa Statului (Siguranţa), seit 1908 bestehende rumän. Geheimpolizei.

21.8. [1936][201]

Heute erfahre ich, warum H[au]ptm.[ann] Fürstner, der die Organisation des Olymp. Dorfes durchgeführt hatte, einem »Unglücksfall« ~~erlitten hatte~~ erlegen war.[202] Es ~~hatte sich seit~~ war vor einiger Zeit erwiesen worden,[203] dass er jüdisches Blut hatte; ~~er war~~ deshalb wurde zurückgesetzt ~~worden~~.[204] Er tat noch Dienst bis zum Ende des Olympias, dann hatte er einen Nervenzusammenbruch u. verübte Selbstmord. Einer dieser vielen tragischen Grenzfälle. Er war sicher nach der germanischen Seite ausgemendelt worden – alle Achtung vor seiner Tat.

Kürzlich wurden Schriften eines katholischen Pfarrers Huber vom »heiligen Vater« auf den Index gesetzt.[205] Ich habe sie mir hierherkommen lassen u. gelesen. Die Schrift »Vom Christentum zum Reiche Gottes« ist mit kirchlicher Genehmigung im rein kath. Verlag Pustet, Regensburg, erschienen. Hat zahlreiche begeisterte Anerkennungsschreiben von kath. Professoren, Bischöfen usw. Und nun der Bannstrahl. Huber ist fromm, und gerade deshalb, weil er fromm und nicht juristisch frech ist, deshalb ist es verständlich, dass das jesuitische Rom auch diesen harmlosen Versuch echterer, freierer Seelenregung totzumachen sich bemüht.

Paar Sprüche: »Man hat eine abgestandene Moralbrühe mit ›Wahrheit‹ etikettiert, für ›Christentum‹ ausgegeben, kein Wunder, dass der Appetit jetzt mehr nach anderem steht!«

---

201 Textpassage von »Kürzlich wurden Schriften« bis »Fort mit ihm!« mit Markierung (Bleistift); abgedruckt (mit kleineren Abweichungen) in Kempner, Der Kampf gegen die Kirche, S. 29.

202 »Erlegen war« nachträglich eingefügt. – Fürstner, Wolfgang (1896–1936); Offizier; 1933 NSDAP-Beitritt; 1934–36 verantwortlich für den Bau des Olympischen Dorfes in Berlin; 1935 Eintritt in das Olympische Komitee; seit 1934 Ausschlussverfahren des Obersten Parteigerichts; 1936 Diffamierung wg. seiner jüd. Abstammung im vom ARo herausgegebenen *Der Judenkenner*.

203 »War vor« und »worden« nachträglich eingefügt.

204 »Wurde« nachträglich eingefügt.

205 Huber, Georg-Sebastian (1893–1963); Priester; Kritiker der kath. Hierarchie und Befürworter der Ökumene; neben *Vom Christentum zum Reich Gottes* (1936) wurden noch zwei weitere seiner Schriften auf den Index gesetzt.

Das ist bitter für Bischöfe u. Kardinäle, denen diese Brühe von den Chorhemden heruntertropft.

Weiter: »Ja, es steckt oft soviel Ja im Neinsager und soviel Nein im Jasager, soviel Glaube im Ungläubigen und soviel Unglaube im Gläubigen, ohne dass wir es ahnen. Wenn wir einmal dieses psychologische Rätsel erfasst haben, wie oft der Mensch in bestimmten Situationen gerade um des Ja willen Nein sagen muss, dann werden wir auch anders denken über gewisse ›Feinde des Christentums‹.«

Das ist tief menschlich; deshalb haben sich die Faulhabers und Konsorten, die aufgeblasen wie die Truthähne ihre Unfehlbarkeiten verzapfen, wahrscheinlich geohrfeigt gefühlt. Und die Ober-Medizinmänner in Rom haben die Index-Kongregation bemüht.

Ein Mensch in Rom? Fort mit ihm!

Den Nachmittag über amtliche Besprechungen. U.[rban] Rede zum Partei-Kongress diktiert. Wieder über Bolschewismus. Jetzt beginnen auch die Gouvernanten der demokratischen Diplomatie etwas von Weltgeschichte zu begreifen. Aber doch noch wenige.

Dazu Ansprache vor dem D.[eutschen] Auslandsinstitut, da ich nicht hinkann.

Im übrigen das Lesen der Werke des Amerikaners Dreiser beendet.[206] Ein Mann typischer künstlerischer Verwahrlosung, der alles vierfach ausschmiert, »Kunst« mimt, Velasquez u. Sargent in einem Atemzuge nennt u. wegen höchst uninteressanter Typen Tausende von Seiten schreibt.[207] Es wird noch lange dauern, ehe Amerika begreift, wo die Kunst beginnt.

22.8. [1936]

Darré liegt unten unbeweglich in Gips wegen seiner gerissenen Archillessehne. Wir unterhielten uns über alles mögliche. U.a. brachte er das Gespräch auf die Zwiefachheit München – Berlin. Trotz allem werde man in München politisch beiseite stehen, Berlin bleibe das politische Zentrum. Ein Problem also, das viele von uns beschäftigt. Ich sagte ihm,

---

206 Dreiser, Theodore Herman Albert (1871–1945); amerik. Romancier, Journalist für den *Chicago Globe*.

207 Velázquez, Diego Rodriguez (1599–1660); span. Maler des Barock. – Sargent, John Singer (1856–1925); amerik. Maler.

dass ich gerade während der Olympischen Spiele auch darüber nachgedacht hätte. Diese sind eine grosse Tat Spartas gewesen. Auch Griechenland hatte zwei Pole: Athen u. Sparta. Das Unglück war, dass der künstlerische Pol auch politisch herrschen wollte. Deutschland habe Weimar – Potsdam, heute München – Berlin. So gut es sei, in München jene Parteistellen zu bauen, die abseits des unmittelbaren Tagesgeschehens lägen, so bleibe Berlin die politische Zentrale, ja müsse noch viel monumentaler zu diesem Zweck ausgebaut werden. Es wäre falsch, auch[208] nur daran zu denken, das Athen Deutschlands zu einem leitenden politischen Zentrum auszubauen. Es habe eine andere Mission sich selbst geschaffen u. die Tatsache, dass der Führer einmal aus dem Süden kam, macht es erst recht möglich, alle Deutschen mit dem Gedanken vertraut zu machen, dass das deutsche Sparta eben Berlin ist u. nicht München.

23.8. [1936][209]

Die »Germania« versucht im Kampf gegen den »Mythus« einen neuen Trick. Aus dem Werk eines gewissen Arkas »Die Kunst anständig zu sein« druckt sie einige Absätz über die Ehre ab unterm Titel »Ihre Stellung im Rang der Werte«.[210] Diese beginnen u.a.: »Die Ehre ist in einer nicht auf Gott bezogenen Welt als der höchste ethische Wert geachtet. In Beziehung auf Gott ist er sinnlos.« Der Gebrauch des Wortes von »Ehre sei Gott in der Höhe« sei uneigentlich, auch heisse es lateinisch nicht honor, sondern gloria.

Der Versuch ist durchsichtig, aber kennzeichnend. Den höchsten sittlichen Wert als religiös sinnlos zu bezeichnen zeigt eine antigermanische Moraltheologie, die restlos zu überwinden die dringendste Aufgabe ist. Folgerichtig ~~ist~~ sind also nach Ansicht der »Germania« die

208 »Auch« nachträglich eingefügt.

209 Textpassage von »Die ›Germania‹ versucht« bis »Aussagen zu machen« mit Markierung (Bleistift); abgedruckt bis »Roms nichts anfangen« (mit kleineren Abweichungen) in Kempner, Der Kampf gegen die Kirche, S. 29.

210 Arkas: Pseudonym von Aretin, Erwein Freiherr von (1887–1952), dt. Journalist und bayerischer Monarchist, Redakteur der »Münchner Neuesten Nachrichten«, 1933/34 KZ Dachau, danach Publikationsverbot.

»Werte« der Unterwürfigkeit als gottbezogen und allein »sinnvoll« anzusehen. Da tritt nämlich die Beziehung von Herr und Knecht ein – und das brauchen die Priester als »Stellvertreter« des Herrn. Mit der Idee der Ehre als eigentlichen göttlichen Funken seelischer u. damit religiöser Hoheit~~, damit~~ können die Knechte Roms nichts anfangen.

Zum Schluss des Absatzes wird Ehre begriffen als Übereinstimmung zwischen Lehre und Tat. Sei das nicht der Fall, so sei Ehrlosigkeit gegeben. Ein gefährliches Wort: denn nirgends klafft der Abgrund zwischen Demut und Hochmut, zwischen gelehrter Armut und gelebter Protzerei tiefer als in der römischen Kirche.

Leider schweigt sich das Blatt dann aber aus, welchen Rang es der Ehre im religiösen Leben denn eigentlich zuspricht. Offenbar hat es doch Angst, klare, aktenmässig festzuhaltende Aussagen zu machen.

Lese eben »Jude u. Arbeiter« aus dem Institut zum Studium der Judenfrage.[211] Altes Bekanntes, aber doch auch einige neue historische Daten. Immer wieder fasst mich die Wut, wenn ich mir überlege, was dieses jüdische Parasitenvolk Deutschland angetan hat. Hier ist Instinkt und Plan gemeinsam seit vielen Jahrzehnten am Werk gewesen. Jedenfalls habe ich aber eine Befriedigung: hier das meine zur Aufdeckung dieses Verrats beigetragen zu haben. Denn wie mir die alten Gauleiter Rust, Sauckel, Roever usw. immer wieder erzählen: mit meinen Aufsätzen im V.B., mit dem »Weltkampf« in der Tasche sind sie in tausende von Versammlungen gezogen.[212] Hier fanden sie Richtung und Material zum Kampf gemeinsam. Ich lasse eben alle meine VB-Aufsätze seit 1920 abschreiben. Eine ungeheure Menge und von einer mich selbst heute überraschenden Zielsicherheit. Aber auch Frechheit, so dass es verwunderlich ist, dass die Novemberrepublik sich das alles bieten liess.[213]

---

211 Fritz Otto Hermann Schulz, *Jude und Arbeiter. Ein Abschnitt aus der Tragödie des deutschen Volkes*; hg. vom Institut zum Studium der Judenfrage in Zusammenarbeit mit der Antikomintern (Gesamtverband deutscher antikommunistischer Vereinigungen) e.V., Berlin 1934.

212 Sauckel, Fritz (1894–1946); 1923 NSDAP-Beitritt, seit 1927 Gauleiter von Thüringen; 1932–33 Ministerpräsident und Innenminister; seit 1933 Reichsstatthalter von Thüringen; 1942–45 GBA; 1946 nach IMT-Todesurteil gehenkt.

213 Veröffentlicht als Thilo von Trotha (Hg.), *Alfred Rosenberg – Kampf um die Macht. Aufsätze von 1921–1932*, München 1937.

Ich denke daran, einmal meine Schriften gesammelt herauszugeben, sie sind ein Stück deutscher Geschichte geworden u., da Adolf Hitler siegte, ein Stück Weltgeschichte, weil sie die dauernde Grundlage hunderttausendfacher rednerischer Wiederholungen gewesen sind, als deren Folge Marxismus u. Demokratie zerbrachen. Rom soll ~~aus~~ durch den »Mythus« das Rückgrat, wenn nicht gebrochen, so doch geknickt werden.

In Spanien hat General Franco jeden Antisemitismus von sich gewiesen. Ob auf Rücksicht auf seine marokkanischen Juden, die eifrig zahlen müssen, oder weil er wirklich noch nicht begriffen hat, dass das Judentum heute Rache nimmt an Ferdinand und Isabella, ist nicht zu entscheiden.[214] Vor einem Jahr war der junge Primo de Rivera bei mir.[215] Klug und klar: katholisch – nicht klerikal; nationalistisch – nicht dynastisch. Über die Judenfrage hatte auch er sich nicht ausgesprochen. Hoffentlich geht der jüdische Blutrausch schlecht aus. Dass die Spanier eine Wut auf die Kirche haben, ist verständlich: denn diese hat das Volk verdummt, ausgesogen u. auf den Himmel vertröstet.[216] Diese verständliche Wut wird jetzt vom jüdischen Bolschewismus für seine Zwecke ausgeweitet. Ob, wenn die Generale siegen sollten, sie sich von der Kirche distanzieren können?

Da der Faschismus auch »keine Judenfrage kennt«, war mir ein Gespräch mit dem ehem. italienischen Staatssekretär für ausw.[ärtige] Angelegenheiten Suvich bemerkenswert, das mir eben wieder einfällt.[217] Dieser Suvich, ein erklärter Gegner von uns, galt hier als ein Triester Jude. Vor paar Jahren war er in Berlin zu Besuch. Ich traf ihn bei Göring. Er begrüsste mich zunächst als den geistigen Vater des Vier-Mächte-Pakt-Gedankens, da ich auf dem Europa-Kongress in Rom 1932 in mei-

---

214 Ferdinand II. (1452–1516); König von Aragon und Kastilien; verheiratet mit Isabella I. (1451–1504), Königin von Kastilien und León; 1478 Span. Inquisition; 1492 Vertreibung der jüdischen Bevölkerung aus Spanien.

215 Primo de Rivera, Miguel (1903–1936); span. faschistischer Politiker; 1933 Gründung der Falange; Unterstützer des Aufstandes gegen die Zweite Republik; 1933–36 Mitglied des span. Parlaments; 1936 wegen Landesverrat inhaftiert und hingerichtet.

216 Letzter Satz mit Anstreichungen (Bleistift) am Rand.

217 Suvich, Fulvio de (1887–1980); ital. Diplomat; 1932–36 Staatssekretär des Äußeren; 1936–38 Botschafter in Washington.

nem Vortrag diesen Gedanken ausgesprochen hatte. (Mussolini hatte dem späteren Lord Russell Rodd gesagt: »Das wichtigste Wort dieser Konferenz hat Herr R.[osenberg] gesprochen«). Dann ging Suvich plötzlich auf die »Protokolle der Weisen von Zion« über und sagte: ob sie nun echt seien oder nicht, aber die jüdische Weltpolitik werde in ihnen so dargestellt, wie sie sich in der Tat zeige. Ich war damals sehr überrascht, ausgerechnet von Suvich derartige Ansichten zu hören. Vielleicht wollte er auch nur irgend etwas sondieren. Jedenfalls müssen wir nach wie vor die Juden an den Bolschewismus ketten, wie es den Tatsachen entspricht, und nicht zulassen, dass sie plötzlich später auch »Antibolschewisten« werden, um einen doch siegreichen Nationalismus unserer Zeit erneut zu vergiften.

26.8.[1936]

Die belgische Presse veröffentlicht nunmehr einen Aufsatz des Grafen Baillet-Latour über die Olympischen Spiele in Berlin.[218] »Zuviel Festlichkeiten«, heisst es. Man sei vor lauter Empfängen garnicht zur Ruhe gekommen, die Olympische Idee sei dadurch gefährdet, kleinere Staaten abgeschreckt worden, da sie einen derartigen Stil nicht durchhalten könnten. Graf Baillet Latour hatte sich schon in Berlin in ähnlichem Sinne ~~zu~~ geäussert. Durch die Empfänge hatte er etwa 25 Reden zu halten! Er hat mit seiner Kritik vollkommen Recht! Ein Empfang beim Führer, ein offizieller Empfang durch die Reichsregierung, Schlussfeier mit dem Reichssportfeier,[219] u. dann kleinere Mittagessen mit zusammengehörigen Persönlichkeiten, das hätte genügt. Aber da wieder ein Wettlauf aller stattfand, so hielt Funk seinen »Staatsakt« im Pergamonmuseum, Göring u. Goebbels den Staatsempfang, Goebbels einen Presseempfang, wo die gleichen dawaren, Riesen-Gartenfest a.d. Pfaueninsel, Riesen-Gartenfest bei Ribbentrop (600 Personen), Gartenfest bei Göring.[220]

---

218 Baillet-Latour, Henri de (1876–1942); belg. Präsident des Internationalen Olympischen Komitees.

219 Gemeint ist wahrscheinlich der Reichssportführer.

220 Funk, Walther (1890–1960); 1922–30 Chefredakteur der *Berliner Börsenzeitung*; 1931 NSDAP-Beitritt; seit 1933 Staatssekretär im RMVP und Pressechef der Reichsregierung; Vizepräsident der RKK; 1939 Präsident der Reichsbank; 1946 IMT-Verurteilung zu lebenslanger Haft; 1957 entlassen.

Dazu unzählige Diners u. Abendempfänge in den Botschaften u. Gesandschaften; Abend für Angehörige der versch. Armeen, Abend für die Beamten (!) etc. ...

Die Propaganda, die der Führer macht, bilden [sic] immer Formen heraus; was aber amtlich dann oft geschieht, ist Masse, Übersteigerung. Das ist am Ende wirkungslos, wie wenn man sich überfressen hat. Zum Schluss ist man nicht zufrieden, sondern ermattet und – gelangweilt. Diese Erfahrung, die vorausgesehen hätte werden können, sollte jetzt zur Einsicht mahnen.

Diese Massenhaftigkeit ist eine Gefahr auch für die Erziehung der Partei: Mit Dr. Ley bin ich hier heftig aneinandergeraten, der das Prinzip der Massenversammlung u. »K.d.F.« auf die Schulung übertragen will. Ich habe ihm soeben zwei deutliche Briefe schreiben müssen,[221] die er mir sehr übel nehmen wird. Er will nachgerade alles machen u. die Gestalten beginnen zu zerfliessen. Den Gedanken einer Ordensform habe ich aufgebracht, Ley will aber Ordenshäuser mit 1000 Mann! Also Disqualifizierung der Ordensidee~~, so d~~. Ich habe dem Führer kurz Meldung über die Gefahr gemacht. Der Führer: »R.[osenberg] hat vollkommen recht!« – Ich bin jetzt gespannt, wie Ley antworten wird.

Schickedanz fliegt morgen nach Zürich, um dort Goga zu treffen. Gestern wurde hier alles durchgesprochen, auch die praktische Seite der Frage.

29.8. [1936][222]

Schickedanz ist von Zürich zurück. Lange Unterhandlung mit Goga über die Form weiterer Zusammenarbeit. Automobile müssen unterwegs sein, im Oktober 200000-Mann Aufmarsch in Bukarest. Das Interview Gogas über seinen Berliner Besuch war gut: ~~und deutlich.~~ man müsse sich deutlich für oder gegen den Bolschewismus entscheiden. Er habe sich entschieden u. auf Grund der Unantastbarkeit der rumänischen Grenzen wolle er Verständigung mit dem anti-bolschewistischen Deutschland. Wortlaut des Interviews geht an den Führer.

---

221 »Zwei deutliche Briefe« rot unterstrichen.

222 Textpassage von »In den letzten Tagen« bis »Arbeit von neuem« mit Markierung (Bleistift); abgedruckt (mit kleineren Abweichungen) in Kempner, Der Kampf gegen die Kirche, S. 29f.

Heute abend meldete der Rundfunk die Neubildung des Kabinetts Tatarescu – ohne Titulescu![223] Wenn dieser Mann endlich gestürzt ist, hätte die Tätigkeit der Christl.[ich]-Nat.[ionalistischen] Partei das Hauptverdienst. Goga wird nun den König wieder sprechen. Ob dieser sich bald zu weiteren Schritten entschliessen wird, steht dahin. Ich konnte Goga mitteilen, dass Carol auch mit Codreanu verhandelt habe.[224] Immer das alte Spiel mit verteilten Gewichten. Das können sich starke Königs leisten, schwache nicht mehr.

Lecca ist telefonisch nach Berlin bestellt, es ist sonderbar, dass er sich bei Goga nicht gemeldet hatte. Hoffentlich bewahrheiten sich nicht angedeutete Befürchtungen ...

In den letzten Tagen habe ich Josef Bernhards Buch »Der Vatikan, der Thron der Welt« gelesen.[225] Ehem. Priester, dann verheiratet, aber 100 %iger Päpstler. Neueste Taktik: »Menschlichkeiten« zuzugeben, ja sich mit moralisch entrüsten, aber die grössenwahnsinnigen Ur-Dogmen u. Ansprüche unverrückbar aufrecht erhalten. Was B.[ernhart] aber zugibt, deckt sich mit meinen von der Kirche wütend als Verleumdung bezeichneten Angaben vollkommen. Würde man nun zusammenzählen, wie lange die auch nach B. verbrecherischen, unfähigen oder gewaltsamen Päpste regiert haben, wie lange Pausen es gegeben hat, wie lange Papst wider Papst stand, dann wird die Spanne der guten Papstregierungen mehr als klein. Und schliesslich ergibt sich auch aus B.'s Werk, nicht aus seiner »Göttlichkeit« heraus hat sich das Papsttum erhalten, sondern aus der Anständigkeit der Völker. Diese glaubten einmal und sind der Idee treu geblieben. Die widerlichen Burschen im Papstornat sind des anständigen Kerns der europäischen Völker nicht wert gewesen.

---

223 Tătărescu, Gheorghe (1886–1957); 1934–37 und 1939–40 rumän. Premierminister; Interim 1938–39 und 1945–47 Außenminister; 1934 Kriegsminister; nach 1939 Gegner der Diktatur Ion Antonescus.

224 Codreanu, Corneliu Zelea (1899–1938); rumän. Politiker; 1927 Gründer der nationalistisch-antisemitischen »Legion Erzengel Michael«; nach Errichtung der Königsdiktatur Carols II. 1938 inhaftiert; zunächst zu 10 Jahren Arbeitslager verurteilt, später erschossen.

225 Bernhart, Joseph (1881–1969); kathol. Theologe und Schriftsteller; Professor für Geistesgeschichte des Mittelalters; 1904 Priesterweihe; nach Heirat 1913 Exkommunikation (1942 aufgehoben).

Daraus wird unsere Epoche die Schlussfolgerung ziehen müssen. Und auch B. zwingt uns gerade dazu. Denn am Schluss nennt er die Gegner des Papsttums: Bolschewismus und Faschismus. Und bezeichnet den zweiten als schlimmeren Feind. Die vatikanische Politik handelt schon längst demgemäss (unter Faschismus versteht sie den N.S. in erster Linie). Auch dann wenn die Roten die Priester wie Hasen erschiessen. Sie denkt: Sacco di Roma's hat es schon viel gegeben. Das verträgt Rom. Es schafft etliche Tausend neue Märtyrer, das wieder Stärkung des gläubigen Emporblickens zu Rom, dem diese Opfer galten. Aber eine neue sich gestaltende Welt ohne Rom, das ist ein Verbrechen, dem gegenüber man auch mit der bolschewistischen Unterwelt von Fall zu Fall zu paktieren bereit ist. – Der klerikale Vize-Bürgermeister von Wien hat gerade schriftlich alle »abendländischen« Prägungen (Katholizismus, Demokratie, Bolschewismus) gegen uns zu einem Bündnis aufgerufen.

Diesen Burschen geschähe es recht, so behandelt zu werden, wie man es in Madrid und Barcelona tut. Denn auch an der Verwahrlosung Spaniens trägt die römische Kirche die Hauptschuld, so dass ich mit zwiespältigen Gefühlen die spanische Tragödie verfolge. Siegt der Klerikalismus wirklich, dann rächt er sich infam. Hoffentlich haben die Generäle, falls sie siegen sollten, soviel von den Notwendigkeiten unserer Zeit begriffen, dass sie das Volk zwar katholisch erhalten – denn der Katholizismus ist die Nationalreligion der Spanier und Italiener – aber die Priester für immer aus dem Staat u. der Volksregierung ~~fernhalten.~~ ausscheiden.

Sonst beginnt Schillers Grossinquisitor-General seine seelendrosselnde Arbeit von neuem.[226]

17.9.[1936]

Wieder vom Reichsparteitag in Hohenlychen.[227] Habe diese Tage besser ertragen als ich befürchtete. Der Parteitag war der geschlossenste aller bisher abgehaltenen; der Führer glücklich und erneut kraftgeschwellt.

226 Anspielung auf Schillers Stück »Don Carlos«, in dem der Groß- bzw. Generalinquisitor Don Carlos an die Inquisition ausliefert.

227 Hohenlychen, Sanatorium in Brandenburg unter Leitung des Himmler-Vertrauten Prof. Karl Gebhardt, in der viele führende NS-Funktionäre behandelt wurden.

Meine Rede auf der Kulturtagung ging in der weltanschaulichen Behauptung amtlich einige weitere Schritte vor. Der Passus, dass der weltanschauliche Glaube von früher ruhig aesthetisch zu verehren sei, ist begriffen worden. Dass ausserdem Nietzsche, Wagner u. Lagarde ebenfalls amtlich als Propheten einwirkten, wird verstanden werden.[228] Des Führers grosse Rede ist dann auch als Bestätigung meines vielbefeindeten Kampfes gedeutet worden, namentlich die entscheidende Stelle, dass ein christliches Zeitalter eine christliche Kunst hätte, ein nationalsozialistisches aber eine nationalsozialistische! Wodurch die Ablösung des einen Zeitalters durch ein anderes deutlich ausgesprochen wurde.

Am nachmittag vor der Rede besuchte ich den Führer auf seinem Zimmer wegen der Unterschrift der Preis-Urkunden. Er sagte: »Ihre beiden Reden waren ganz ausgezeichnet. Was meine betrifft, so glaube ich, dass sie Ihnen gefallen werden.« Und schlug mir lachend auf die Schulter.

Diejenigen Tapferen, die die »Aera Rosenberg« gern erledigt sehen wollten, haben nun – wenigstens für eine Zeitlang – ihre Fahnen wieder anders gedreht.

Den Kongress durfte ich als erster Redner eröffnen; sie ging über alle Sender. Schaub sagte mir später, der Führer habe geäussert, R.[osenberg] ist unser bester Kopf, seine Reden brauche ich garnicht durchzusehen, sie sind so kristallklar, dass kein Wort zu verändern ist. Die Rede hat ihr Weltecho nicht verfehlt, der N. S. hat seinen weltpolitischen Nachweis für seine Thesen erhalten. Dr. Goebbels Rede hatte diesmal festere Struktur, die Nachweise über die Greueltaten in Spanien waren sehr eindrucksvoll. Beide Reden gemeinsam waren wohl einer der schwersten Schläge, die das weltbolschewistische Judentum erlitten haben. Die in Moskau schimpfen deshalb wie geprügelte Köter.

Ich hatte etwa 60, z. T. recht prominente Gäste zu betreuen. U. a. eine Anzahl bedeutender Briten, die ich zum Führer brachte, der über die Kolonialforderungen zu ihnen sprach. Anwesend waren u. a.: Lord Apsley, parlamentarischer Vertreter des brit. Verteidigungsministers Lord Inskip; General Carlsleke; Admiral Burmester, ehem. Kommandierender

228 Wagner, Richard (1813–1883); Komponist; Gründer der Festspiele in dem von ihm geplanten Bayreuther Festspielhaus. – Lagarde, Paul Anton (geb. Bötticher; 1827–1891); Orientalist und politischer Philosoph; als Autor antisemitischer, rassistischer und antidemokratischer Schriften eine der geistigen Vaterfiguren des Nationalsozialismus.

d. Mittelmeerflotte; General Smuten, Erfinder der Tankwaffe; Admiral Nicholson; Major Dutton, öfter Begleiter des brit. Königshauses, Freund des kommenden Ministerpräsidenten Neville Chamberlains u. des Kolonialministers Ormsby Gore, Regierungsvertreter in Nord-Rhodesien.[229] Der Führer betonte, dass die Kolonialfrage keine Prestige-Frage, sondern eine rein wirtschaftliche sei. (Wir haben das später schriftlich fixiert).[230] Dutton suchte mich später auf u. wir sprachen zwei Stunden über Möglichkeiten u. die Form der Prozedur der Behandlung (habe Protokoll niedergelegt).[231] Ich berichtete dem Führer darüber. Beim Abmelden dankte er mir nochmals und lud mich für Anfang Oktober nach Obersalzberg ein. Ich will ihm dort ausführlich viele Dinge vortragen u. um seine Entscheidung bitten.

Ein Ergebnis hat grosse Befriedigung ausgelöst – Aus Zweckmässigkeitsrücksichten hatte der Führer nicht gewünscht, dass das Führerkorps der Partei die Kirchen verliesse. Jetzt hat er es uns allen freigestellt. Bormann hat sich sofort die Polizeivertretung kommen lassen, um seine Unterschrift unter die Austrittserklärung beglaubigen zu lassen.[232]

---

229 Apsley, Allen Algernon Bathurst, Lord (1895–1942); brit. Politiker; seit 1922 MP; parl. Privatsekr. versch. Kabinettsminister. – Inskip, Thomas Walker; 1st Viscount Caldecote (1876–1947); 1936–39 Minister für die Koordinierung der brit. Verteidigung; 1940–46 Lord Chief Justice. – Karslake, Henry (1879–1942); brit. Offizier; 1931 als Major-General in Indien stationiert. – Burmester, Rudolf Miles (1875–1956); brit. Offizier; 1929–13 kommand. Admiral der Africa Station der Royal Navy. – Swinton, Ernest (1868–1951); brit. Offizier; 1925–39 Prof. für Militärgeschichte in Oxford. – Nicholson, Gresham (1892–1975); brit. Royal Navy Offizier, Admiral. – Chamberlain, Neville (1869–1940); brit. Politiker; 1922–37 versch. Ministerposten; 1937–40 als Premierminister Befürworter der Appeasementpolitik bei gleichzeitiger Aufrüstung; 1938 Unterzeichnung des Münchner Abkommens; seit Anfang 1939 Garantieverträge mit Polen, Griechenland, Rumänien und der Türkei. – Ormsby-Gore, William George, 4th Baron Harlech (1885–1964); 1936–38 als brit. Kolonialminister entschiedener Gegner eines kolonialen Entgegenkommens gegenüber Deutschland; 1941–44 High Commissioner in Südafrika. – Dutton nicht ermittelt.

230 Satz rot unterstrichen.

231 Satzteil in Klammern rot unterstrichen.

232 Bormann, Martin (1900–1945); 1927 NSDAP-Beitritt; 1927–28 Gaupressewart in Thüringen; 1933–41 Stabsleiter im Amt StdF; seit 1933

Ich ziehe jetzt auch die Konsequenzen u. tausende andere, wenn sich diese Freigabe herumgesprochen haben wird. Für alle von uns war das ja längst keine Sache des Gewissenskonflikts mehr, sondern eine Überlegung der politischen Zweckmässigkeit.

Auf dem Parteitag noch Unterredung mit dem ung. Staatssekretär Mikosch.[233] Die alte Frage: Ungarn zu bewegen, auf offizielle Grenzrevisionen nach rumänischer Seite ebenso zu verzichten wie nach jugoslawischer. Das habe ich jetzt nimmermüde jedem Ungarn gesagt. Sie werden also hier einmütig dasselbe hören. Mikosch machte mir noch den Vorhalt: Rumänien müsste dafür der ung. Minderheit eine gewisse Autonomie einräumen. – Ein ähnliches Gespräch mit v. Mecsér, der noch mitteilte, dass Gömbös an Nierenschwund leide![234] Er wolle ihn jetzt in München besuchen, viel Hoffnung sei nicht mehr. Ich gab ihm Grüsse an Gömbös mit. Ungarn wird also eine Ministerpräsidentenkrise haben. Alle sagen, es sei schwer, die Autorität von Gömbös zu ersetzen.

Dem rumänischen Prof. Manoiliscu, den ich von 1932 her kannte (Europa-Kongress in Rom), habe ich, umgekehrt, Aussöhnung mit Ungarn empfohlen.[235] Notwendig sei ein antibolschewistischer Block. Als »Freund« wird Rumänien ein Opfer Moskaus; es wird heute auch schon von Prag bedroht. Es bliebe ihm an sich keine Wahl mehr. Wir unsererseits wollten ihm diese Wahl durch ev. Sicherung vor Ungarn erleichtern. M.[anoilescu] wollte gleich nach Nürnberg den König aufsuchen. Er hinterliess mir sein Werk über Korporatismus mit dem »Ausdruck der Bewunderung für Persönlichkeit u. Werk.« Carol wird also von einer neuen Seite her zur Vernunft gedrängt. Ich hatte M. u. a. gefragt:

Reichsleiter; 1941 Leiter der Parteikanzlei; 1943 Sekretär des Führers; seit 1944 Reichsminister; 1946 IMT-Urteil in Abwesenheit zum Tode.

233 Miklós, Kozma von Lefeld (1884–1941); 1935–37 ungar. Innenminister mit starken Sympathien für Deutschland; seit 1939 Kommissar für die annektierte Karpatenukraine und 1941 verantwortlich für die Deportation von 18 000 Juden in die dt. besetzte Ukraine, wo sie Ende Aug. 1941 erschossen wurden.

234 Mecsér, András von (1883–1946); ungar. Politiker; 1935–39 Abgeordneter und Führer der extremen Rechten; 1944 Botschafter des Szálasi-Regimes in Berlin.

235 Manoilescu, Mihail (1891–1950); rumän. Ökonom; Vertrauter König Carols; ab 1930 versch. Ministerpositionen; 1938 Außenminister; 1940 Unterzeichnung des Zweiten Wiener Schiedsspruches; 1945 inhaftiert.

»Glauben Sie, dass der König die Entschlusskraft findet, sich mit einer Seite zu verbinden, oder glaubt er, noch immer mit mehreren Kugeln spielen zu können?« Worauf M. erwiderte: »Diese Frage zeigt, dass Sie die Verhältnisse sehr genau kennen.« Ich: »Ich glaube ja; in Zeiten wie heute verlieren Könige aber ihre Kronen, wenn sie zwischen den grossen Gruppen glauben regieren zu können.«

Was M. in seiner Weise Carol wohl auch beibringen wird.

Neben diesen fanden noch mehrere andere Aussprachen statt, die Linienführung kräftigt sich also zusehens. Die grosse Entschlossenheit des Führers, der jetzt in N.[ürnberg] schon bewusst als geistiger Führer Europas sprach, wird ihre Nachwirkungen haben.

26. 9. [1936]

Gestern war R. Strunck aus Spanien hier.[236] Die Sorge um gewisse Dinge hatte ihn im durchgehenden Flug nach Berlin getrieben, morgen fliegt er zurück. Diese Sorgen legt er in einer langen Denkschrift nieder, hoffentlich hat sie Erfolg; auf sie hier einzugehen ist unnütz. – Was er sonst aber erzählte, war erschütternd. Die furchtbaren Verstümmelungen nationaler Spanier hat er immer wieder gesehen, z. T. ~~mit~~ in pathologisch-sexuellen Formen, die nahezu unmöglich wiederzugeben sind. Wie man die ermordeten Nonnen gefunden hat, ist fürchterlich; wie Altäre beschmutzt waren, lässt sich vielleicht vorstellen …

Strunck ist mit dem »Toledo-Spezialisten« selbst über den Alkazar geflogen.[237] Alle Fachleute hatten es für unmöglich erklärt, in dem Hof 60 × 40 Meter Proviant abzuwerfen. Ein einziger fand sich, der das, von 25 Meter Höhe, auf sich nahm (Oberleutnant v. M.[oreau]).[238] Ein Mann, dessen Name viel, viel später erst genannt werden wird. Neu war auch, dass tatsächlich faschistische Truppen die Roten von den Balearen verdrängt haben. Malzahn teilte mir aus Rom mit, die Annektion

236 Strunk, Roland (unbek.–1937); Berichterstatter des *VB* im span. Bürgerkrieg.

237 Alcázar; Festung in Toledo, Spanien. Während des Bürgerkriegs wurden hier franquistische Kämpfer durch republikanische Einheiten belagert.

238 Moreau, Rudolf Freiherr von (1910–1939); Offizier; seit 1936 Einsatz als Pilot der Legion Condor in Spanien; nach Rückkehr zwei Weltrekordflüge; bei einem Übungsflug tödlich verunglückt.

der Balearen durch Italien sei ständiges Gespräch in höheren faschistischen Kreisen gewesen.[239] Jetzt sitzen sie also da und es wird interessant sein, ob u. mit welchen Mitteln man Italien wieder fortbringen wird. Die Franzosen setzen immer mehr Kraft hinter die Madrider Truppen, um die Miliz zu richtigen Soldaten zu machen. Franco strebt danach, es zu keinem Stellungskrieg kommen zu lassen, da die Marokkaner ausgesprochene Bewegungskrieger sind. Im übrigen zweifelt Strunck nicht am Sieg der Generäle, sie taxieren die Dauer des Bürgerkrieges auf etwa noch 2 Monate.

Mich interessierte natürlich ein Bericht über die zweifellos vorhandenen Spannungen im nationalistischen Lager. Strunck bestätigte meinen Eindruck, dass im Norden die Kirche + Restauration das Erbe der Opfer antreten wollen. Die Carlisten werden verpflichtet, täglich die Messe zu hören, sie laufen alle mit vielen Amuletts behangen herum; selbst die Esel tragen Christusbilder um den Hals! Die Phalangisten jedoch erfreuen sich wachsenden Zulaufs, Franco fördert sie durchaus. Der Kampf nach dem Sieg wird also nicht ausbleiben; dann heisst es Franco mit allen Mitteln stützen, sonst erlebt Spanien nach 30 Jahren gleicher Pfaffenherrschaft nochmals ähnliche Zeiten wie heute oder verfault am lebendigen Leibe. Der junge Primo de Rivera sitzt gefangen in Alicante, man will ihn befreien – wenn er noch lebt![240]

Im übrigen lechtzt man nach deutschen Zeitungen, Filmen, fordert Lehrer für Parteiorganisation usw. Man braucht sich nur als D.[eutscher] auszugeben u. Spanien jubelt. Hitler ist ein Mythus, von Deutschland erwartet man alles …

Ich mache Strunck mit Darré bekannt, er wird sofort einen Mann nach Spanien schicken, um die dortigen Agrarverhältnisse genau zu studieren und für Franco eine für Spanien angemessene Agrarreform auszuarbeiten. Denn eines ist klar: den 34 Familien, denen Spanien gehört, müssen als absolute Herren 50% ihrer Länder hergeben, ohne viel Bedingungen, soll die zweite Ursache der Revolution beseitigt werden.[241]

239 Maltzan, Vollrath Freiherr von (1899–1967); Diplomat; 1933–38 in der Wirtschaftsabt. des AA; Verbindungsmann der IG-Farben-Werke zum AA; nach 1945 Bundesbeamter.

240 Alicante, Stadt an der span. Ostküste.

241 Folgende Textpassage von »Ich sagte Strunck« bis »Antwort geben können« mit Markierung (Bleistift); abgedruckt (mit kleineren Abweichungen) in Kempner, Der Kampf gegen die Kirche, S. 30.

Ich sagte Strunck, er solle im übrigen Franco und den Phalangisten-Führern folgendes sagen. Die Kirche wird sofort nach dem Siege eine wüste Hetze gegen uns als das »heidnische Deutschland« beginnen. Dazu unsere Antwort schon jetzt: D.[eutschland] hat eine andere Tradition als Spanien, es ist ein überwiegend protestantisches Land und zieht heute aus neuen Erkenntnissen für sich noch gewisse Konsequenzen. Aber eben für sich. Wir anerkennen den Katholizismus als Religion des spanischen Volkes und niemand wird sich hier einmengen. Das muss jetzt schon klar sein, damit die Phalangisten den Klerikalen gegenüber schon heute die Antwort geben können.

Im übrigen ist es interessant, dass die Spanier vom Faschismus weniger wissen wollen als von uns. Sie sind zu verwandt in Temperament, sie erwarten eher hilfreiche Ergänzung von uns; sie wollen sich nennen: National-Syndikalisten.

In dieser Ecke Europas spielt sich also ein neuer entscheidender Kampf ab. Ein uns verbundenes Spanien bedeutet in den Augen von Paris das Aufreissen einer als für immer sicher geglaubten Flanke. Für England entsteht die Möglichkeit, im Rücken von Gibraltar u.U. einen Verbündeten Italiens herrschen zu sehen. Somit werden Franzosen und Engländer alles tun, nun zum mindesten einen katalonischen Pufferstaat zu schaffen.

Frankreich stationiert seit gestern schon Bombengeschwader von seiner Ostgrenze an seine Südgrenze ...

Einen komplementären Bericht über Spanien erhalte ich Dienstag vom Chefvertreter der Hearst-Presse C. v. Wiegand.[242] Er war die ganze Zeit in Madrid. Er will mir viel Interessantes erzählen und den Führer sprechen. Wiegand war um 1923 der erste grosse ausländische Journalist, der sich um Adolf Hitler kümmerte. Wir haben damals zwei Mal gemeinsam zu Mittag gegessen. Wiegand, nicht mehr jung, war überall: in Mandschukuo ebenso wie in Schanghai und in der Türkei. Ein vielleicht ~~nur~~ nicht immer tief sehender, aber doch scharf beobachtender Mensch.

242 Wiegand, Carl Henry von (1874–1961); amerik. Journalist und Kriegsberichterstatter; 1911–17 Mitarbeiter für die United Press und für Hearst Newspaper; interviewte u.a. Wilhelm II. und Hitler; während des Zweiten Weltkriegs in Manila von den Japanern interniert.

Vor paar Tagen war im Auftrag des griechischen Gesandten Major Krikukis bei mir.[243] Er entschuldigte sich: er habe nur meine Reise nach Athen vorbereitet, von der Reise von Dr. G[oebbels] habe er garnichts gewusst. Das sei ganz geheim mit dem n.s. Landesleiter in Athen durchgeführt worden. Metaxas habe ihm telegraphisch bestätigt, dass Dr. G. von der Regierung garnicht eingeladen worden sei.[244] Die Athener Presse meldete dessen Ankunft a.d. 4. Seite: Dr. G. und 20 Touristen kämen. Dann hatte man natürlich die Höflichkeitsbesuche ausgetauscht u. Frühstücke gegeben ...

Krikukis erneuerte die Einladung; etwa zu Anfang 1937 u. dankte für alles, was mein Amt f.d. deutschgriechische Verständigung getan habe, mein Name sei in G[riechenland] hochgeachtet u. ich würde mit grosser Freude empfangen werden. Er würde mich offiziell begleiten.

Eine persönliche Blossstellung des Reiches durch diese Form der Reise von Dr. G.

20.10. [1936]

Der Wiederbeginn der Arbeit in Berlin hat natürlich wieder die Fortführung der Notizen verhindert. Ich hole ~~kurz~~ das wichtigste nach.

Kurz nach dem Erntedankfest fuhr ich auf den Obersalzberg. Ich sah das neue Haus des Führers zum ersten Mal. Wie alles, was er baut, erwählter Geschmack. Wunderbar die grosse Halle, mit einem Blick über die Berge – nach Salzburg. Der Führer nahm mich bald zu längerer Unterhaltung zur Seite. 1 ½ Stunden gingen wir im Saal auf u. ab und er schilderte mir eingehend seine Gedanken über Italien, England, Spanien usw. Die möglichen Konflikte der nächsten Jahre erscheinen plastisch. Ich berichtete des näheren, was ich den Engländern gesagt hätte. – Dann folgten einige harmlose Tage, die weniger politischen Unterhaltungen gewidmet waren.

Mit Rührung zeigte mir der Führer seine Bilder, sein Arbeitszimmer. Als ich das Bild des verstorbenen Fahrers Schreck betrachtete, sagte er:

---

243 Vermutlich Kriekoukis, Charilaos (Lebensdaten unbek.); griech. Schriftsteller; 1938 mit Karl Bömer Hg. von *Unsterbliches Hellas* (mit Geleitwort Rosenbergs); Pressechef der griech. Gesandtschaft in Berlin.

244 Metaxas, Ioannis (1871–1941); 1936–41 Diktator mit Unterstützung des griech. Königs.

es beginnt einsam um uns zu werden.[245] Vieles ist ersetzbar, aber nie gemeinsame Erinnerungen. – Dann musste ich ihm erzählen, wie ich Dietrich Eckart kennengelernt hatte.[246] Er sagte mir, dass er mich ja bei E.[ckart] zum ersten Mal gesehen hatte, »in der schwarzen Sammetjacke, die Sie damals trugen.« Dann erzählt er Erinnerungen an den guten Dr. E. Ganzer, der gerade einen Schlaganfall gehabt hatte.[247] Rührend, wie treu G.[ansser] für uns am Anfang gewirkt hatte, aber erheiternd in seinen sonstigen Eigenarten.

Dann folgte mein über 3stündiger Vortrag. Zuerst der Plan der Sicherung aller an die Sowjet-Union grenzenden Staaten, die Schilderung unserer Arbeit im Nahen Osten, in Rumänien, Ungarn, Südslawien – dann die ethnologische Lage der Sowjetunion. Schliesslich Erziehungsfragen. – Der Führer erklärte dann, er befürchte, dass die Dinge in Frankreich sich schneller entwickeln könnten, als wir fertig wären.[248]

Die Arbeit gegen den Weltbolschewismus müsse jetzt die wichtigste Aktion sein. Es sei erstaunlich, wie oberflächlich das Ausland dieses Problem betrachte. Wir seien die einzigen, die es begriffen hätten. Und unter uns sei keiner, der es so kenne u. beherrsche wie ich. Er wolle mir hierfür eine Vollmacht geben als seinem Bevollmächtigten in dieser Frage. Die Welt müsse wissen, dass die geistige u. organisatorische Zentrale zur Abwehr dieser Weltzerstörung in <u>Deutschland</u> liege. Wenn das deutsch-japanische Abkommen[249] jetzt veröffentlicht werde, so müsse er den japanischen Botschafter z. B. an eine Stelle weisen, die bevollmächtigt sei, die Arbeit zu führen; das sollte ich sein.

---

245 Schreck, Julius (1898–1936); 1923 Aufbau der Münchner SA und Teilnahme am »Hitler-Putsch«; später Chauffeur Hitlers.

246 Eckart, Dietrich (1868–1923); Journalist und früher Förderer der NSDAP; 1918–21 Hg. der völkischen Wochenschrift *Auf gut Deutsch*; 1921–23 als Chefredakteur des *VB* enge Zusammenarbeit mit Rosenberg.

247 Gansser, Emil (1874–1941); 1921 NSDAP-Beitritt; 1924 MdR; erfolgreicher Spendensammler für die frühe NSDAP im In- und Ausland; verstarb nach langer Krankheit.

248 Satz handschriftlich (Bleistift) unterstrichen.

249 Am 25. 11. 1936 in Berlin zwischen Japan und Deutschland für die Dauer von fünf Jahren unterzeichneter Antikomintern-Pakt, dem Italien 1937, Ungarn und Spanien 1939 beitraten.

Ich entgegnete, dieser Auftrag würde mich locken, Voraussetzung eines Gelingens seien aber klare Exekutivmöglichkeiten: gegenüber allen wissenschaftl. Einrichtungen für den Osten etc. Frage blieb die Form. Ministeriell amtlich sei das noch schwer zu machen, es müsste aber soweit staatlich sein, um mir die Exekutive zu ermöglichen, sagte der Führer und fügte auf meine Darlegung über die Schulungs- u. Erziehungslage hinzu: »Auch hierfür erhalten Sie eine Generalvollmacht.«

Darauf schilderte mir der Führer eingehend, wie er sich die kommende Entwicklung Europas und Deutschlands Rolle denke ...

Am nächsten Tage übersandte ich dann dem Führer den Entwurf der Verfügungen über meinen geplanten Auftrag, dessen staatsrechtliche Formulierung er noch mit Lammers durchsprechen wollte.[250]

+

Der Besuch unseres Diplomatenabends war zahlreicher als je, es zeigt sich, dass die Diplomaten u. die Weltpresse diese Vorträge als eine ständige Einrichtung sehr schätzen gelernt hatten. Sie hatten mittlerweile herausgekriegt, dass ich mehrere Tage beim Führer gewesen war, u. hofften, aus meinem Vortrag etwas für die Zukunft herauslesen zu können. Der in Berlin weilende Präsident des griech. Staatsrats beglückwünschte mich zu meinen Werken, die er »bewundernd gelesen« habe. Auch andere Ausländer waren noch als Gäste von ihrem Gesandten eingeführt worden.

Phipps glaubt, »in Frankreich gehe es besser«, Blum wolle selbst weg von den Kommunisten, die Radikalsozialisten seien auch in Opposition.[251] Hatte es Zweck, diesem Briten zu erklären, was der Jude Blum

250 Siehe Teil I, S. 42f., und Rosenbergs »Denkschrift über Einrichtung und Ausbau einer Zentralstelle zur Abwehr des Weltbolschewismus« vom 30. 6. 1937, USHMMA RG-68.007M reel 49 (BAB NS 8/175). – Lammers, Hans Heinrich (1879–1962); 1932 NSDAP-Beitritt; 1933–44 Chef der Reichskanzlei (seit 1937 im Rang eines Reichsministers); 1949 Verurteilung im Nürnberger Wilhelmstraßen-Prozess zu 20 Jahren Haft, 1951 Entlassung.

251 Blum, León (1872–1950); franz. Politiker; 1936–37 und 1938 sozialistischer Ministerpräsident; 1940 vom Vichy-Regime inhaftiert; 1943 Auslieferung nach Deutschland; Inhaftierung im KZ Dachau und Buchenwald; 1946/47 kurzzeitig Ministerpräsident der Vierten Republik.

zu bedeuten hatte? ~~Als~~ Phipps lud mich paar Tage später zu einem Frühstück ein u. begann wieder sehr hoffnungsvoll – vielleicht wollte er mich aushorchen als Echo dessen, was ich eventuell vom Führer gehört hatte? Ich sagte blos, Blum sei »ideologisch« so gebunden, dass es schwer sei anzunehmen, dass er über einen Graben springen werde, den er selbst gegraben habe.

In diesen Tagen dann Gespräche mit Bruel, USA, Vorsitzender der Vereinigung für Aussenpolitik in U. S. A., über Besetzung des Postens des Ordinarius für Philosophie in München, Rede in Saarbrücken (Antwort an Bischof Hudal), Rede in Ulm zur Reichstagung des Reichsbundes f. d.[eutsche] Vorgeschichte.[252] Im Rathaus Empfang »des Bannerträgers der Idee«, wie man mich nannte, ein schönes Geschenk: 2 Werke des Ulmer Baumeisters Fortenbach aus der Mitte des 17. Jahrhunderts.[253] In den nächsten Tagen kommt Angelitti aus Italien angeflogen.[254]

Im übrigen Vorbesprechung für den Fall des grossen Auftrags, der wenn er in der Form erteilt wird, wie ich vorgeschlagen habe, tatsächlich weltgeschichtliches Ausmass besitzt. Zunächst aber heisst es abwarten.

30. 10. [1936]

Im Verlauf des Vortrags a. d. Obersalzberg hatte der Führer mir zugestimmt, Druck hinter die Verhandlungen mit Afghanistan u. Iran zu setzen. Die Sachen sind jetzt in Ordnung gekommen, so dass Ritter, sonst ständiger Quertreiber a. d. A. A., lächelnd sagte, »man müsse diesen Fragen weit mehr Bedeutung schenken als bisher.« Mit Afghanistan ist also der Vertrag von 22 Millionen fertig; davon 15 Millionen Heeres-

---

252 Buell, Raymond Leslie (1896–1946); amerik. Politikwissenschaftler, seit 1927 Forschungsdirektor der Foreign Policy Association in New York und 1933–39 deren Präsident; während des Zweiten Weltkriegs in Genf außenpolitischer Berater verschiedener Nachrichtenmagazine in den USA. – Hudal, Alois (1885–1963); österr. Theologe; 1923–45 Prof. für Altes Testament in Graz; Autor der *Grundlagen des Nationalsozialismus* (1937) im Bemühen um Ausgleich zwischen Christentum und Nationalsozialismus; nach 1945 Fluchthelfer für NS-Straftäter.

253 Furtenbach, Joseph von (1591–1667); Festungsbaumeister und Architekturschriftsteller.

254 Gemeint ist hier wahrscheinlich O. F. Angeletti; ital. Journalist.

lieferungen, die zu 20 % von den Afghanen in Devisen bezahlt werden. Das d.[eutsch]-iranische Abkommen umfasst 80 Millionen. Das APA hat jetzt also den dritten Handelsvertrag mit Zähheit durchgesetzt: und nur deshalb, weil die »Praktiker« eine klare politische Zielsetzung spürten. Jetzt übernahmen [wir] noch neue Sachen (Flugverbindung nach Kabul), Blomberg will unsern Attaché in Ankara ansetzen, um den Widerstand der Türken zu schmelzen. Am 4. 11. kommt der afgh.[anische] Ministerpräsident, den ich empfangen werde. Wir erhalten das alleinige Original eines Oelkonzessionsvertrages im Entwurf, der mit Amerikanern besprochen wird. Wenn wir Interesse haben, wird er nicht unterschrieben werden.

Die Russen haben Nachricht über unser Abkommen bekommen: als Rache haben sie 180.000 Karakulschafe, die auf ihrem Boden weiden, nicht mehr nach A.[fghanistan] zurückgelassen.

Gestern u. heute war ich beim Führer zu Mittag u. hatte über diese Dinge Vortrag. Der Führer war sehr befriedigt. Ersuchte mich, die jüdischen Vertretungen unserer Firmen in Rumänien aufzuzeichnen. Er würde dem R. W. M. [Reichswehrministerium] das ein für allemal verbieten.

Zu meiner Denkschrift über meinen besprochenen Auftrag erklärte er: »Sie ist grosszügig, was ich verstehe u. als selbstverständlich erachte. Diese Forderung jedoch, dass Sie den von Ihnen bestimmten Beamten aus einem Ministerium herausziehen könnten, erscheint ganz ungewöhnlich u. in dieser Form nicht durchsetzbar.« Ich erklärte, das sei so gemeint: nicht ich bestimme den Beamten, sondern der vom betr. Ministerium mit der Bearbeitung der Ost-Fragen Bestimmte soll Verbindungsmann zu meinem Amte sein u. mir Bericht erstatten. Der Führer meinte, die Sache erfordere etwa 30 Gespräche, da natürlich Widerstände zu überwinden seien; auch beim Auftrag »über die weltanschauliche Leitung Deutschlands«, wie er sich ausdrückte, um nach u. nach alle Gebiete zu umfassen. Er wolle durch den Auftrag vermeiden, dass bei Meinungsverschiedenheiten alles zu ihm gelaufen käme. Er habe sich den Auftrag auch in folgender Form überlegt: dass ich zu ihm – d. h. in die Reichskanzlei selbst – als sein Beauftragter käme. Aber dann wären die Leute bei Besprechungen mit mir schon in seinem Haus u. würden ihn erst recht bestürmen. Im übrigen denke er sehr an die Sache. Ich sagte: Die gesamte Partei im Lande würde keine Schwierigkeiten machen, jedoch einige obere Führer, denn über Bauerhäuser-Bau zu debattieren sei nicht so schlimm, als eine geistige Leitung hinzunehmen. Unsere Pgg. würden oben vielleicht mehr Schwierigkeiten machen als die nichtnationalsozialistischen Minister. Der Führer lachte: Na, sie werden schon Vernunft annehmen.

+

In diesen Tagen: Interview über Sowjet-Judäa für genannten Angelitti von Inst.[itut] f[ür] Aussenpolitik in Mailand;[255] Empfang eines jap. Abgeordneten; Besprechung mit dem kolonialpol. Amt, wie in Zukunft bei Neuerwerbung der Kolonien die den Bolschewismus züchtende Missionsarbeit ausgeschaltet werden könnte. Ich habe veranlasst, dass die Nachrichten über die Zustände genau gesammelt werden. Dann war~~en~~ da Prof Shotwell vom Carnegie Institut, der nach wiss. Themen sucht, scheinbar aber zu blind ist, diese zu sehen.[256] Und garnicht begriff, als ich ihn darauf stiess. Von grösserem Format habe ich noch keinen amerikanischen Unterhändler gefunden. Dazu Besprechung über eine Arbeitsgemeinschaft für Volkskunde, um hier die Partei auf einen Nenner zu bringen u. die Klerikalen usw. aus den Vereinen für Volkskunde hinauszubringen. Ferner ein Abend f. d. Studentenbundführer. Thema: Universitas oder Fachschule. Ich machte ihnen die grossen Aufgaben einer n.s. Philosophie klar; die Forschung soll wieder stolz werden, keine Minderwertigkeitsgefühle angesichts des Übergewichts der Politik dulden. Die Jungen schieden mit frischem Mut.

In Magdeburg sprach ich vor 5000 S. A. Führern.

Im übrigen Alltag: Besprechungen über Schwierigkeiten auf kulturellem Gebiet, kl. persönliche Differenzen. Dann Pläne-Prüfen für Ausbau des Schulungshauses des A. P. A.

Heute berichtet Schickedanz: Vertreter von Goga da, um kommendes Wirtschaftsabkommen mit Rumänien bei ev. Machtergreifung Gogas

---

255 Das Instituto per gli Studi di Politica Internazionale (ISPI) wurde 1934 in Mailand als faschistischer Think-Tank gegründet.

256 Shotwell, James Thomson (1874–1965); amerik. Historiker; seit 1908 Professor an der Columbia University; seit 1935 Vorsitzender der League of Nations Foundation; später Vorsitzender der Carnegie Endowment for International Peace in Washington, D. C., und Förderer der Vereinten Nationen.

zu besprechen. Dabei erzählt Unterhändler: sein Schwiegersohn, Direktor der Waggon-Lits., wolle gerne kündigen, aber wo Ersatz. Sch.[ickedanz] hakte sofort ein: bleiben Sie noch morgen da. Kleinmann von der Reichsbahndirektion wird sofort in Leipzig verständigt.[257] Ist morgen da. Wenn alles gut geht, tritt für die Waggon-Lits die deutsche Mitropa [ein].[258] Wäre ein neuer Einbruch in das französische System in Rumänien.

Morgen fahr ich nach Braunschweig u. spreche auf dem Musikfest der HJ. über Kunst u. Volk.

14.11.[1936]

Die Tage eilen, abends bin ich immer müde u. unfähig, niederzuschreiben, was das Leben bringt. Noch immer wirkt die alte Krankheit nach.

Der afgh. Ministerpräsident kam an. Ich empfing ihn, liess auch eine S.S. Ehrenkompanie mit Musik bestellen. Der afgh. Gesandte sagte mir nachher: Herr Reichsleiter, Sie wissen garnicht, wie es in meinem Herzen aussieht, dass Sie uns so schön empfangen u. stets so liebenswürdig sind. Der Afghane, Onkel des Königs, macht wirklich den Eindruck ihres natürlichen Oberhauptes und ist ein feiner, schmaler oriental. Typus. Er war schon vor 12 Jahren hier. Zum Tee sagte er mir: »Ihr Führer ist nicht nur der Führer Deutschlands, sondern der grösste Mann der Welt. Sie brauchen für Ihre Ideen keine Propaganda. Genau so wie die Erfindung der Elektrizität als Tatsache die alten Beleuchtungsmethoden ersetzte, so der N.S. auf politischem Gebiet die bisherigen Methoden.«

Der afgh. Aussenminister sah etwas sauer darein, er ist offenbar für eine sehr versöhnliche Haltung Moskau gegenüber.

Der 8./9. November verlief würdig. Die Feier erhält einen immer geschlosseneren Charakter. Ich ging, wie einst vor 13 Jahren, einen Schritt hinter dem Führer. Als die Wache vorübergezogen war, sagte der Führer: »An das kommen sie mit ihren alten Heiligen nicht mehr heran.« Ich:

---

257 Kleinmann, Wilhelm (1884–1945); 1931 NSDAP-Beitritt; 1933 Leiter der Reichsbahndirektion Köln und Stellvertreter des Generaldirektors der Dt. Reichsbahn; 1938 Staatssekretär im Reichsverkehrsministerium; Leiter der Geschäftsgruppe Verkehr beim BVP.

258 Mitropa; Akronym für Mitteleuropäische Schlaf- und Speisewagen AG (gegr. 1916).

»Das war die germanische Fronleichnamsprozession.« – Dies Wort hat schon begonnen, die Runde zu machen.[259]

Am 8. fand zugleich der längst vorbereitete Aufmarsch in Bukarest statt. Weit über 100000 Cuza-Goga-Leute marschierten über 6 Stunden an ihnen vorüber unter den Hakenkreuzfahnen. Goga sagte: Nie ein Pakt mit Sowjetrussland! Ein Frankreich Blums kann uns nicht helfen. Ein Staat hat die Front gegen den B.[olschewismus] formiert: Deutschland! Wir können uns nicht leisten, das zu übersehen. Wenn unsere Grenzen anerkannt werden, steht nichts zwischen Rumänien u. D. – Ungeheurer Beifall.

Das war der erste offene Ausbruch aus 15 Jahren Ententepolitik. Meine zähe Arbeit von 3 Jahren ist aufgegangen.

Heute veröffentliche ich den vom Führer schon als sehr gut bezeichneten Aufsatz über Revisionspolitik~~, die~~. Das dort enthaltene können Goga u. Cuza jetzt für sich zitieren. Die Ungarn sollen nach Prag hin ihre Revisionen anmelden, für Rumänien haben wir keine Ursache~~n~~, uns ins Schlepptau von Budapest nehmen zu lassen.

Heute mittag war ich beim Führer, um eine Denkschrift über Kulturgestaltung zu übergeben. Der Führer sprach über deutsche Geschichte: man könne die inneren Beweggründe der Taten grosser Herrscher kaum je feststellen. Es sei müssig, hier zuviel zu kritisieren. Der Staat war das Mittel, um aus Stämmen ein Volk zu machen. Heute ist dieses Herd des Staates. Das eine Reich u. das einige Volk ist d.[eutsche] Geschichte, nicht Geschichte der Hohenzollern.[260] Auch Daun u. Laudon gehören herein, je mehr Helden wir haben, umso grösser ist auch unser Bewusstsein heute.[261]

259 Satz handschriftlich (Bleistift) unterstrichen.

260 Hohenzollern, Adelsgeschlecht mit Stammland in Schwaben (heutiges Baden-Württemberg).

261 Daun, Leopold Joseph Maria von (1705–1766), und Laudon, Ernst Gideon Freiherr von (1717–1790): österr. Feldherren im Siebenjährigen Krieg.

15.11.[1936]

Bömer ist aus London von der Hochzeit Major Duttons zurück.[262] Sie haben ihn fabelhaft aufgenommen, aber Görings u. Goebbels Ausführungen über die Kolonien sind sehr sauer aufgenommen worden. Göring hat schon den Namen »der neue Tirpitz« erhalten, ein gefährliches Wort.[263] Der Hinweis, unsere Kolonien seien uns *gestohlen* worden, ist mehr als richtig; er klingt in London aber ziemlich in den Ohren. *Uns* klingt es als verlogen, wenn die Baldwins ihre Aufrüstung mit der »deutschen Gefahr« begründen. Sie sollen merken, dass auch *wir* heute übelnehmen können.

Trotz allem bleibt es fraglich, ob es zweckmässig war, das Wort derart öffentlich als Göring zu gebrauchen.

Ebenso unklug war die erste Äusserung Ribbentrops, als er als Botschafter engl. Boden betrat. Gleichsam vom Bahnhof weg wollte er England in einem Interview zum Kampf gegen den Bolschewismus verpflichten. Das ist zwar seine Aufgabe, ist aber als Belehrungsversuch vor aller Öffentlichkeit sehr übel vermerkt worden. Man wirft ihm weiter vor, sich als Botschafter in E.[ngland] so lange mit Lloyd George herumgetrieben zu haben. Dieser *sei* nun für allemal abgetakelt. Drittens ist man böse, dass R.[ibbentrop] nach seiner Ernennung paar Monate verstreichen liess, ehe er sich entschloss, seinen Posten wirklich anzutreten. Der König hat sich, wie ich aus unmittelbarer Quelle hörte, folgendermassen geäussert: »Warum kommt er noch immer nicht? Soll das eine Missachtung bedeuten? Meine Urgrossmutter hätte es sich bestimmt ein derartiges Betragen nicht gefallen lassen.«

Man will R. jedenfalls richtiggehend einmauern. Trotz günstiger allg. Lage hat er also schlechten Start.

---

262 Bömer, Karl (1900–1942); 1932 NSDAP-Beitritt; 1933 Leiter der Presseabteilung des APA; 1935 Lehrauftrag, später Prof. an der Universität Berlin; seit 1938 Leiter der Auslandspresseabt. im RMVP; nach Verurteilung wg. Geheimnisverrats 1941 Militärdienst.

263 Tirpitz, Alfred von (1849–1930); Offizier und Protagonist beim Ausbau der dt. Hochseeflotte; 1897–1916 Staatssekretär im Reichsmarineamt; 1917 Mitbegründer und Erster Vorsitzender der DVLP, 1924–28 MdR.

Wie B[ömer] erzählte, hat Winterbotham im Auftrag des brit. Flieger-Generalstabs eine Reise die spanische Front entlang unternommen. Er sagte: die Franzosen seien wütend, denn die d.[eutschen] Heinkel-Jagdmaschinen seien den Dewoitine's klar überlegen. Die Russen hätten gute Maschinen, aber schlechte Flieger. Sie fliegen immer geradeaus u. würden von den wendigen Gegnern leichter abgeschossen.

Auch Themen für den »Nichteinmischungsausschuss«[264] ...

16. 11. [1936]

Heute besuchte mich der belg. Gesandte Graf Davignon.[265] Er erläuterte die Haltung Belgiens u. bekundete eine merkbare Erleichterung, dass der König sich dem französisch-sowjetischen Einfluss entzogen habe. Ich wies ihn auf einen kürzlich erschienenen Aufsatz B.[ertrand] de Jouvenels hin, der die Wahrheit über diesen Pakt ausgesprochen hatte: dass Frankreich b. einer deutsch-tschechischen Verwicklung etwa automatisch gegen uns eingreifen werde.[266] Wo lägen hier belgische Interessen? – D.[avignon] macht einen klugen, feinen Eindruck, nun wirkt er plötzlich gleichsam verlegen u. zerfahren. – Er hoffe, mich einmal zum Frühstück einladen zu dürfen, um näheres zu besprechen.

Am Nachmittag kam Bratianu.[267] Er war gerade beim Führer gewesen u. merklich zufrieden, so nach Rumänien fahren zu können. Der Führer hatte ihn sofort auf meinen Sonntag erschienenen Aufsatz über Revision im »VB« verwiesen.[268] Dort seien die »deutschen Nuancierungen«

264 Im September 1936 auf Initiative des franz. Präsidenten Albert Lebrun geschaffenes zwischenstaatliches Komitee, um die Eskalation des span. Bürgerkriegs in einen europ. Krieg zu verhindern.

265 Davignon, Jacques-Henri-Charles-François, Graf (1887–1965); belg. Diplomat; 1918–19 Delegationsmitglied in Versailles; 1933–35 Geschäftsträger in Warschau; 1935–38 Gesandter, später Botschafter in Berlin.

266 De Jouvenel, Bertrand (1903–1987); franz. Wirtschaftswissenschaftler und Politologe.

267 Brătianu, Gheorghe I. (1898–1953); rumän. Politiker; seit 1933 Vorsitzender der Nationalliberalen Partei; 1933–34 Finanzminister; 1944 Abwendung von Ion Antonescu und Minister ohne Geschäftsbereich; seit 1945 inhaftiert.

268 »›Unterdrückte Völker‹ und Revisionen«, *VB* vom 15. 11. 1936.

zur Mailänder Rede Mussolinis niedergelegt. B.[rătianu] klagte sehr über diese Auslassungen des Duce: die ganze Judenpresse schreie jetzt – und meinte damit auch Deutschland. Im übrigen betonte er die antibolschewistische Haltung seiner – jungliberalen – Partei und ironisierte den abgesägten Titulescu.

Am Vormittag langer Bericht aus Jena über den »Holismus« – mit einem neuen Wort will man uns von der Substanz unseres Denkens ablenken. Wir werden eine genaue Stellungnahme ausarbeiten, um hier neue Verwirrungen á la Othmar Spann zu verhindern.

22. 11. [1936]

Die Gauamtsleiter-Tagung a. d. Burg Vogelsang ist ausserordentlich erfolgreich u. lehrreich verlaufen.[269] Die G. A. L. [Gau-Amts-Leiter] sind keine jungen Hasen u. haben bei den zahlreichen Vorträgen die Führer der Bewegung unmittelbar vergleichen können. Frau Scholz-Klinck, an sich eine famose Frau, hatte leider den Fehler gemacht, ihre christlichen Predigten auch bei den Männern anbringen zu wollen.[270] Was heftiges Murren hervorrief. Eine ganz gute Lehre, in den Schranken der unmittelbaren Frauenarbeit zu bleiben. – Nach dem Abschluss sprach ich einen Danziger Senator; nach ihm seien Goebbels' Ausführungen »vielfach nicht überzeugend« gewesen. Übel genommen worden sei ihm durchweg bei dem Frage- u. Antwortspiel eine Antwort. Er wurde gefragt, warum die Beiträge zur Arbeitsfront nicht herabgesetzt würden. Darauf G[oebbels]: Falls man das täte, würden die Arbeiter den --- Lebensmittelmarkt belasten! ... Auch eine – Propaganda.[271]

Der Führer sprach am Schluss wunderbar – und deutlich:

269 Burg Vogelsang, NS-Ordensburg in der Eifel.

270 Scholtz-Klink, Gertrud (geb. Treusch; 1902–1999); 1930 NSDAP-Beitritt; 1931 Gaufrauenschaftsleiterin für Baden und Hessen; seit 1934 Führerin der NS-Frauenschaft und des Dt. Frauenwerkes; 1936 Berufung in die Akademie für dt. Recht; 1949 zu 18 Monaten Haft verurteilt; 1950 Haftaussetzung.

271 Folgende Textpassage von »Der Führer sprach« bis »glänzende Bestätigung gefunden« mit Markierung (Bleistift); abgedruckt (mit kleineren Abweichungen) in Kempner, Der Kampf gegen die Kirche, S. 30.

Monarchie u. Kirchen hätten versagt. Überall: in Russland, in D.[eutschland], in Spanien. Ja, in ihrer Gegnerschaft gegen Rassenhygiene habe sie die Minderwertigkeit gezüchtet. Wenn diese Tiere in Spanien jetzt die Priester verbrennen, so tun sie, was sie müssen. Aber dass sie so wurden, ist die Schuld jener Mächte, die Spanien beherrscht hatten: der Monarchie u. d. Kirche. Einst war das Christentum eine allgemeine Gefühlsgrundlage. Jedoch war es von aussen herangetragen worden, zerfiel dann in viele Konfessionen. Es hatte sich zudem mit naturwissenschaftlichen Dogmen verbunden, die an sich mit Religion nichts zu tun hätten. Im Fortschreiten der Wissenschaft stand die Kirche vor der Frage, sich zu korrigieren oder beim Dogma zu verharren. Sie wählte das letzte mit dem Ergebnis, dass viele von ihr abfielen. Heute wehrt sie sich gegen die Rassenerkenntnis, ~~sie~~ wir werden von ihr nicht abgehen. »Alle Kirchen, das ganze Christentum«, sagte der Führer, »ist unfähig den Bolschewismus zu bekämpfen, das muss eine neue W[elt]-A[nschauung] tun.«

Nachher sagten mir die Pgg.: Dass Rosenberg eine klare Linie hat, wussten wir, aber andere sagten sehr verschiedenes. Nach der Rede des Führers hat R.[osenberg] eine glänzende Bestätigung gefunden.

Gestern sprach ich in der Kroll-Oper über Weltanschauung u. Wissenschaft.[272] Eine harte Erklärung für exakte Forschung u. ~~f~~ Erkenntniskritik. Ich glaube, dass sie gut war.

24.11.[1936]

Mein Revisionismusaufsatz hat ein ungeheures Echo im Südosten hervorgerufen. Die Ungarn sind wütend, gerade angesichts der Mussolini-Rede, die neue Illusionen hervorgerufen hat; sie werden Vernunft annehmen müssen, wollen sie nicht alles verlieren. Die rumänischen Zeitungen übersetzen z.T. wörtlich den Artikel. Goga hat ein langes freudiges Interview gegeben; gestern erhielt ich ein offenes Telegramm von ihm: Herzlichen Händedruck im Namen meines grossen Volkes. Brief folgt. O.[ctavian] G.[oga]

---

272 Kroll-Oper in Berlin; diente als provisorische Tagungsstätte des Reichstages nach dem Reichstagsbrand.

Heute kam der rumänische Gesandte Comnen, parfümiert wie ein alter Friseur – mehr als liebenswürdig – danküberströmend (Aktennotiz anbei)[273]

Einiges aus der rum. Presse anliegend.[274]

Prof. Günther klagte über das überhandnehmende[275] wie er sagte »ostische Wesen« in manchen Amtswalterkreisen.[276] Die grossen [sic] organis. Beanspruchung hätte leider viele dieser Art hervorgebracht. Im übrigen wurde Neubesetzung der Leitung der Philosophischen Gesellschaft besprochen.

Ferner Besuch des neuen Präs. d. Deutschen Forschungsgemeinschaft Prof. Mentzel.[277] Danach wird diese jetzt stark ministerialisiert werden; die Aufgabe geht also dahin, die mir wichtigen Gebiete richtig zu etatisieren, um wirklich arbeiten zu können.

11.12. [1936]

Die letzte Zeit wieder ausgefüllt durch endlose Besprechungen – z. T. höchst unerquicklicher Art, über die einmal zusammenfassend das wichtigste festgehalten werden muss, weil Temperamente u. Überzeugungen nicht selten im Grundsätzlichen auseinandergehen. Dann

---

273 Fehlt; zum Telegramm Gogas und zum Gespräch mit Comnen siehe Rosenbergs Aktennotiz in USHMMA RG-68.007M, reel 49 (BAB NS 8/175, Bl. 83 f.)

274 Siehe den hier nicht abgedruckten Auszug aus einer mimeographischen Kopie zum Presseecho in Rumänien über Rosenbergs Aufsatz »›Unterdrückte Völker‹ und Revision« vom 15. 11. 1936; USHMMA RG-71 Acc.2001.62.14.

275 Folgendes Wort gestrichen, unleserlich.

276 Günther, Hans Friedrich Karl (1891–1968); Schriftsteller und Rassenforscher; 1922 Autor der einflussreichen *Rassenkunde des dt. Volkes*; 1932 NSDAP-Beitritt; 1930–35 Lehrstuhl für Rassenkunde in Jena; 1935–40 an der Universität Berlin; 1940–45 in Freiburg; auch nach 1945 Vertreter rassistischer Eugenik.

277 Mentzel, Rudolf (1900–1987); 1925 NSDAP-Beitritt; 1933 Abteilungsleiter am Kaiser-Wilhelm-Institut für Physikalische Chemie; 1934 Chef Amt Heeresforschung im RWM; seit 1936 Beirat (später Präsident) der Forschungsabteilung Judenfrage im Reichsinstitut für Geschichte des neuen Deutschlands; 1949 zu zweieinhalb Jahren Haft verurteilt.

sind Reden im Lande immer wieder neuer Kraftstrom und Vertrauenstärkung. So wie in Nürnberg vor dem Führerkorps der fränkischen S.A. Dort in der alten ehem. Katharinenkirche sprach ich zu den aus 2 Gauen gekommenen S.A.-Führern.[278] Über den Kampf der S.A. und unsere Weltanschauung. v. Obernitz begrüsste mich sehr warm und bestimmt: »Ihr Name ist uns Programm und Gesetz.«[279] Und alle waren mit dem Herzen dabei. »Sie gehen wieder voller Kraft nach Hause durch das, was Sie uns gegeben haben,« sagte O.[bernitz]

In diesen Tagen war bei mir Prof. Zankoff aus Bulgarien, der ehem. Ministerpräsident.[280] Er kannte mich aus meinen Arbeiten schon lange, bat mich um nähere Aufklärungen über das Prinzip unseres Kampfes u. erzählte über seine Pläne. Er macht einen sympathischen, allerdings etwas professoralen Eindruck, der zunächst nicht den Eindruck eines ~~kommenden~~ möglichen[281] Diktators aufkommen lässt.

Telefonisches Interview mit der Agentur Domei über das deutsch-japanische Abkommen u. die bolschewistische Weltgefahr.[282]

Besprechung mit Direktor Kleinmann über die Möglichkeiten, die rumänischen Bahnen mit Mitropa-Wagen statt mit französischen zu versorgen. Genaue Darlegungen der vertragsrechtlichen Lage, die von den Franzosen sehr raffiniert ausgebaut worden ist. Hier kann nur vom § 14[19?] ausgegangen werden: wenn Einhaltung nicht mehr zugemutet werden kann.

Deleanu aus Rumänien bietet Felder zum Oelboren [sic] an, ferner Getreide.[283] Geht an Ernährungsministerium u. Göring weiter.

---

278 Katharinenkirche, mittelalterliche Klosterkirche der Dominikaner in Nürnberg.

279 Obernitz, Hanns Günther von (1899–1944); 1930 NSDAP-Beitritt; als SA-Führer in Franken und dort für antijüdische Gewalt mitverantwortlich; 1933–34 Polizeipräsident von Nürnberg-Fürth; seit 1939 MdR.

280 Zankow, Alexander (1879–1959); bulg. Jurist und Politiker; 1923–26 als Ministerpräsident Niederwerfung des kommunistischen Aufstandes; seit 1932 Führer einer an die NSDAP angelehnten »Nationalen Bewegung«; 1944 Chef der in Berlin installierten bulg. Exilregierung; 1945 Flucht nach Argentinien.

281 »Möglichen« nachträglich eingefügt.

282 Dōmei Tsūshinsha, jap. Nachrichtenagentur.

283 Deleanu, Theodor (1881–unbek.); rumän. Politiker; 1920–22 Generalsekretär des Ministeriums für Industrie und Handel.

Goga schreibt mit [sic] einen grossen Dankesbrief und verspricht unverbrüchliches Einhalten der besprochenen Linie.

Dr. Lawaczek berichtet eingehend über Erfindungen u. die Sabotage durch die I. G. Farben. Wurde zu Backe gebracht, der als er begriff, worum es geht, alle Unterstützung zusagte.[284]

Interview mit der grössten schwed. Zeitung über die bolschewistische Gefahr. Empfang des neuen bolivianischen Gesandten. (Vorbesprechungen über Handelsvertrag beginnen).

Empfangsabend der A. P. A. Comnen sagt, er habe mit dem tschech[ischen] Gesandten gesprochen. Mastny werde mich besuchen, um über Besserung unseres Verhältnisses zu reden.[285]

Fahre mit dem Führer zum Stapellauf der »Gneisenau«. Ein wunderbarer Anblick. Zum Schluss ein Erlebnis, das ich nie vergessen werde. Als der Führer jedem der Überlebenden des untergegangenen U-Bootes die Hand drückte, zieht ein Matrose ein Bild des Führers hervor. Von Meerwasser angefressen u. mit zerkratztem Rahmen: noch in der Stunde der Todesgefahr hat er das Bild gerettet u. zu sich gesteckt. Er bittet jetzt den Führer um seine Unterschrift – <u>Dies</u> Bild wird später teuerste Tradition eines neuen U-Boots werden.

Weiter: Besuch des Empfangsabends der Nord[ischen]-Ges.[ellschaft] Rede des dän. Direktors der dän. Staatseisenbahnen.

Gestern Rede in Münster vor Wehrmacht u. Partei im alten Rathaus. Dann einige Worte in einer Massenversammlung. Der Vortrag war vorsichtig und unter Berücksichtigung des <u>Hinführens</u> zu unseren Forderungen richtig angesetzt. Später ein sehr gelungener Kameradschaftsabend.

Amann war hier u. erzählte seine Sorgen mit dem neuen Pressegesetz. Immer lebe Dr. G.[oebbels] in der Furcht, dass ihm »Rechte beschnit-

---

284 Lawaczek, Franz (1880–1969); ca. 1925 NSDAP-Beitritt; seit 1934 Professor für Hydraulik an der Universität Danzig. – Backe, Herbert (1896–1947); 1925 NSDAP-Beitritt; seit 1933 Staatssekretär im Reichsministerium für Ernährung und Landwirtschaft; ab 1936 Ernährungsbeauftragter beim BVP; 1941 Koordinator von Plänen zur Ausplünderung der besetzten sowjet. Gebiete nach rassistischen Kriterien; 1944 Reichsminister für Ernährung und Landwirtschaft.

285 Mastny, Vojtech (1874–1954); tschechoslowak. Diplomat; 1920–25 Botschafter in London; 1932–38 Gesandter in Berlin.

ten« werden könnten. A[mann] charakterisiert ihn nunmehr stets als Menschen, der andern ~~ihre~~ die Ergebnisse ihrer Arbeit stehle. Berichtete dann über einen Juden L., im Finanzministerium, durch dessen Hände die Rechnungen über geheimste Dinge der Landesverteidigung gingen, der aber gestützt werde. Jetzt sei das nötige eingeleitet worden. Im übrigen sagte er, er habe den Führer gesprochen, der u.a. auch auf mich zu sprechen gekommen wäre. »R.[osenberg] ist ein genialer Kopf. Nur hat er zuviel Vertreter, die ihm gleichen wollen.« A. erzählt dann ein Gespräch mit dem Führer bei Erscheinen meines Werkes. Er sei zu ihm gegangen u. hätte gesagt: »Herr H[itler], wenn Sie etwas ganz Grosses lesen wollen, dann lesen Sie R's Buch.« Darauf der Führer, der es kannte: »Ja, wenn R.'s Gebeine längst bleichen werden, wird man noch immer von diesem Buch sprechen.«

Kerrl, kaum gesund geworden, hetzt bei seinen Leuten gegen den »Mythus«. Geistige Nullen empfinden eine Leistung ja stets als Vorwurf. Kerrl hat auch an Rust einen Brief geschrieben, der selbst R.[ust] total verdattert hat. Kerrl will das neue Schulgesetz torpedieren u. schreibt Rust, es sei für den N.S. selbstverständlich, den[286] konfessionellen Religionsunterricht obligatorisch zu machen. Rust schwor nunmehr, mit seinem alten Freunde zu brechen.

Das Leben fördert also Untergründe nach oben, die man inmitten des politischen Kampfes bei vielen nicht vermutete. Bei Kerrl kommt also ein geistige[r] Domestike zum Vorschein. Über seine letzten Auslassungen nach seiner Genesung erhielt ich ein Protokoll ... Zwei Stunden sprudelte der Mann dahin – richtungslos, voll Abwehr gegen n.s.denkerische Konsequenzen.

Das Gotteslästerungsgesetz ist von Gürtner in ministeriellen Umlauf gesetzt worden: der 2. Paragraph läuft auf absoluten Schutz der herrschenden Konfessionen hinaus![287] So darf das nicht durchkommen. Der

---

286 Verbessert aus »die«.

287 Statt auf dem traditionellen Weg über Kabinetts- und andere zentralisierte Besprechungen der beteiligten Gremien realisierte das NS-Regime Gesetzesvorhaben zunehmend mittels sog. Umlaufverfahren, was dem für die Führungselite typischen Kommunikationsverlust im Kontext der Verwaltung des permanenten Ausnahmezustands entsprach; siehe Hans Mommsen, Hitlers Stellung im nationalsozialistischen Herrschaftssystem, in: ders., *Von Weimar nach Auschwitz*, Stuttgart 1999,

Stab Hess hat schon zurückgezogen, wo es in dieser Frage doch sehr in Ordnung ging; angeblich weil G.[ürtner] die Genehmigung des Führers eingeholt hätte. Aber man weiss, wie leicht solche »Zustimmungen« in Umlauf gesetzt werden. Ich werde den Führer bei der ersten Möglichkeit fragen.

19. 12. [1936]

Der afgh. Ministerpräsident wurde dieser Tage vom Führer empfangen, wobei ich zugegen war. Er dankte für alles, was er gesehen hatte u. sprach seine Bewunderung für D.[eutschland] aus. Zum Führer: Er müsse der glücklichste Mann sein, da er soviel Gutes tue nicht nur für D., sondern für alle. – Gestern sprach ich ihn erneut. Er dankte mir, der ich alles so gut vorbereitet u. sie alle so gut empfangen hätte.

Heute sprach ich 2 Stunden mit Göring, nach längerer Zeit. Einige Missverständnisse wurden beseitigt u. die Arbeitsgebiete abgegrenzt. Er wird dem APA. also alles zuleiten, was den Nord-Osten u. den ganzen Süd-Osten betrifft, also von Finnland bis Afghanistan längs der russ. Grenze. Vom Balkan hat G.[öring] sich Jugoslawien wegen seiner unmittelbaren Beziehungen reserviert. Näheres kann noch ausgemacht werden.

26. 12. [1936]

Habe jetzt in den Feiertagen Cosima W.[agner]'s Briefwechsel mit Chamberlain gelesen, was ich mir längst vorgenommen hatte.[288] Dieses Miteinanderleben ist ergreifend, die Hingabe Ch.[amberlain]'s an Bay-

---

S. 214–247. – Gürtner, Franz (1881–1941); Jurist und Politiker; seit 1922 bayer. Justizminister; verantwortlich u. a. für die vorzeitige Haftentlassung Hitlers; 1932–41 Reichsjustizminister; 1937 NSDAP-Beitritt.

288 Wagner, Cosima (geb. de Flavigny, gesch. von Bülow, 1837–1930), Tochter des Komponisten Franz Liszt und zweite Ehefrau von Richard Wagner; 1928 Mitunterzeichnerin des KfdK-Gründungsmanifests. – Chamberlain, Houston Stewart (1855–1927); engl. Schriftsteller; Veröffentlichung u. a. *Die Grundlagen des 19. Jahrhunderts* (1899) und *Arische Weltanschauung* (1905); erheblicher Einfluss auf den NS-Rassismus. – Rosenberg bezieht sich hier auf Paul Pretzsch (Hg.), *Cosima Wagner und Houston Stewart Chamberlain im Briefwechsel 1888–1908*, Leipzig 1934.

reuth ein Zeichen höchster menschlicher Dankbarkeit. Erneut wurde ich damit vor das Bayreuther Problem gestellt, das uns, namentlich unsere Jugend so sehr beschäftigt. Der Führer hat Bayreuth die grösste Förderung angedeihen lassen. Ähnlich wie Wagner für Chamberlain die »Sonne seines Lebens« gewesen war, ist Wagner auch für den jungen Adolf Hitler ein Erwecker gewesen. Darüber hinaus in Temperament, Plötzlichkeit und Leidenschaft i[h]m tief verwandt. Und so wie Ch. Bayreuth das Erlebnis seines Lebens dankte, so hat auch der Führer seinen und Deutschlands Dank an Wagner abgestattet. Bayreuth bleibt somit ein Wallfahrtsort für viele, die aus dem Leben des Tages zu andern Ufern streben.

Und doch! Es sind fast 50 Jahre verflossen, Jahre welterschütternder Art. Und da zeigt sich, dass der Versuch, alle Werke Wagners gleichmässig für ewig zu erklären, auf einen immer klarer werdenden Widerstand stösst. Einige Worte nach dieser Richtung im »Mythus« sind mir sehr übel genommen worden – aber, wie ich feststellte, sind sie nur ein Ausdruck für ein allgemeines Empfinden.

Den ganzen Briefwechsel durchzieht die Sorge und die Liebe für den »Tannhäuser«. Wir sahen ihn erneut in Weimar bei der Festaufführung anlässlich der 10-Jahresfeier des Parteitags 1926. Ich ging sonst immer nach dem 2. Akt fort; diesmal blieben alle bis zum Schluss. Und nachher: nicht mehr mitzuerleben! Ich sagte: »Bei allem Versuch, alles nur künstlerisch zu fassen, geht es nicht mehr; die Ethik des Werkes ist so stark und uns fremd, dass der Widerspruch geradezu herausgefordert wird.« Die Absolutheit der Kontraste wirkt heute nicht mehr dramatisch, sondern theatralisch und unwahr. Der geschwungene Stab mit den grünenden Blättern, das Wunder, ist für uns heute schwül. Die Zerknirschungen des Ritters Tannhäuser, seine Rom-Erzählung fremd. Und das alles tritt jetzt so stark hervor, dass das Wunderbare des 2. Aktes nicht dagegen aufzukommen vermag.

Und ich sage mir: Ist es nicht unbillig, auch vom grössten Genie die Ewigkeit alles dessen, was er geschaffen, zu fordern? Ist denn alles von Goethe ewig oder von Schiller? Von Schopenhauer?[289]

Hier kann eben auch Wagner keine Ausnahme machen. Es wäre klug, wenn Bayreuth das einsehen wollte, aber Frau Winifred, die einigen

289 Schopenhauer, Arthur (1788–1860); dt. Philosoph.

Anlauf zu Ketzereien genommen hat, wird von der Familie W.[agner] eben stark befehdet.[290] Sie betritt das Haus Wahnfried nicht mehr (Also Daniela. Auch Eva?).[291] Schon vor einiger Zeit erhielt ich aus Bayreuth Klagen übermittelt: Warum Nietzsche heute so in den Vordergrund gerückt werde, was man als gegen Wagner gerichtet empfinde.

Diese Klagen werden aus dem Briefwechsel verständlich. Cosima W. nennt N.[ietzsche] »entweder ein Monstrum oder ein Wahnsinniger.« Ch.[amberlain] findet b. N. sofort das Pathologische. Bei H.[einrich] v. Stein findet er, dass sein Entschluss, »Siegfrieds Erziehung zu übernehmen«, habe »mehr zu bedeuten als N.[ietzsche]'s sämtliche Schriften.«[292] Interessant dabei ist, dass Ch. am 9. III. 1901(!) an Cosima schreibt: »Ich muss Ihnen nämlich gestehen, dass ich N. so gut wie garnicht kenne.«

Bei Ch. ~~war~~ ist es sehr klar, dass jeder Gegner Wagners von vornherein als sein persönlicher Feind betrachtet wurde. Ein schönes Zeichen unbeirrbarer Gefolgschaftstreue, aber es zeigt auch, wie selbst grösste Menschen ihr Zeitbedingtes haben. Damals siegte W. als Künstler über N. Er nahm ihm jene feineren Menschen des damaligen Industrie-Zeitalters, auf die auch N. zählte. Das hat N. wohl über die vorhandenen Gehirnschmerzen hinaus zur Verzweiflung getrieben. Dann zu Verbitterung und sachlich ungerechten Angriffen. Gegen alle. Heute stellt die deutsche Geistesentwicklung das gerechte Verhältnis wieder her. N. hat nicht kapituliert; dass ihm Gestalten wie Tannhäuser u. Parzifal widerstehen mussten, ist deshalb verständlich. »Auch du, auch du, ein Überwundener.«[293] Und deshalb rückt N. unter die grossen Propheten ein, heute hat er jene Menschen, die er einst vergeblich suchte. Was an ihm zeitbedingt war, was fremdes Pathos ist, fällt hin.

Heute sind beide für uns unsterblich; die Tatsache, dass die Grossväter sich rauften, genügt nicht mehr, um den Streit zwischen Wagnerianern

---

290 Wagner, Winifred (1897–1980); Schwiegertochter Richard Wagners; 1928 Mitunterzeichnerin des Gründungsmanifests des von Rosenberg geförderten KfdK; 1930–44 Leiterin der Bayreuther Festspiele.

291 Wagner, Daniela von Bülow (1860–1940); Tochter von Hans und Cosima von Bülow; Stieftochter von Richard Wagner. – Wagner, Eva (1867–1942); Tochter von Cosima und Richard Wagner.

292 Stein, Heinrich Freiherr von (1857–1887); 1879–80 Erzieher von Siegfried Wagner, dem Sohn Richard Wagners.

293 Zeile aus Nietzsches Gedicht »An Richard Wagner«.

u. Nietzscheanern als berechtigt anzuerkennen. Und Bayreuth wird sich dazu bequemen müssen, Nietzsche neben sich zu dulden, ja auch anzuerkennen. Ich habe deshalb auf der Kulturtagung des diesjährigen Parteitags drei geistige Wegbereiter des Nationalsozialismus genannt: Nietzsche, Wagner, Lagarde. Genau in dieser Reihenfolge, weil W. seinen Triumph ja schon hatte.

Der Briefwechsel enthält sehr viel schönes, namentlich bewegte mich die Entstehungsgeschichte der »Grundlagen.«[294] Wieder ein »Zufall«, dass dieses Werk entstand. Bruckmann schlug Ch. vor, etwas über das 19. Jahrhundert zu schreiben.[295] Und bei ihm blitzte dann der grosse Plan auf!

So wurde Ch. deutscher, als die Millionen, die auf den Knien vor Rom oder den Juden herumrutschten und die Briefe an Cosima sind deshalb ein zartes, wunderbares Zeugnis für die innere Grösse des Mannes, dem wir alle soviel zu danken haben. Ich hätte nach 1925 die Möglichkeit gehabt, einmal an sein Krankenlager zu treten, aber mir schien dies wie eine Profanation, gleichsam als Neugieriger und ihm doch persönlich Fremder zu ihm zu kommen. – So schrieb ich im Gefängnis – auf Anregung des gleichen Bruckmann – eine kurze Wertung seines Wirkens. Kurz vor der Herausgabe – starb er. Damit verlor Bayreuth seinen grössten Sohn. Sein Briefwechsel mit Cosima verleibe ich einer Sonderstelle meiner Bibliothek ein u. werde ihn noch oft hervorholen.

---

294 Houston Stewart Chamberlain, *Die Grundlagen des 19. Jahrhunderts*, München 1899.

295 Bruckmann, Hugo von (1863–1941); Verleger; früher Förderer der NSDAP; 1932–41 MdR; 1928 Gründungsmitglied und 1930 Vorsitzender des KfdK.

[1937]

8.1.37

Die Erlebnisse mit Dr. Ley, der seit Monaten sich bemüht, durch eklatanten Bruch von unterzeichneten Verträgen sich seinen Verpflichtungen zu entziehen, hat eine Besorgnis bei mir weiter verstärkt: dass der grosse Auftrieb Deutschlands durch das kleinliche Geltungsbedürfnis einzelner einmal vertan werden könnte. Ich habe das im Briefwechsel mit Ley eindeutig ausgesprochen und gestern Hess gegenüber gesagt, dass es das Ende unserer Grundsätze wäre, eine auf Gelddruck begründete Haltung auch nur einmal anzuerkennen. Diese Erlebnisse, die in manchen Reden angedeutet wurden durch die geforderte Härte im Grundsätzlichen hat einen Plan gezeitigt, dessen Anfang ich bereits zu verwirklichen begonnen habe: nach dem Gehalt (dem »Mythus«) nunmehr die Form, die Zucht, die harte Ordnung zu fordern, zu umschreiben und nach allen Seiten kämpferisch zu begründen.[296] Ohne Zucht laufen die Ehrgeizbesessenen, deren Amt über innerer Reife steht, durcheinander. Hier muss gelten: es ist besser einer geht unter, als dass die Justice aus der Welt käme.

Und so entsteht der Aufbau: ~~1. die poll~~ I. Die Totalität des N.S.[,] II. Die politische, III. die künstlerische, IV. die wissenschaftliche, V. die religiöse Form[,] VI. Der N.S. als originale Erscheinung, als Erfüllung, als Zukunft.

Ausgestattet jedes Kapitel mit einem Exkurs: etwa Moeller v. d. Bruck, O.[thmar] Spann als Beispiel der Verwirrung; Barlach u. Petersen als künstlerische Antipoden; Holismus, Nietzsche, Wagner als Forscherpro-

296 Zum geplanten »zweiten Buch« Rosenbergs siehe Piper, *Rosenberg*, S. 201.

bleme; Luther u. Eckehart als religiöse Sucher; Friedrich II. Heinrich I. usw. als Zucht Macht, Ziele.[297]

Dieses auszuarbeiten – wenn ich nur Ruhe hätte, anstatt 60% meiner Zeit mit kurzsichtigen Kleinkrämern zu vergeuden, die exekutiv in Dingen sind, von denen sie im tieferen Sinne nichts verstehen.

+

Goga war mehrere Tage in München, in bester Hoffnung. Die heutige Regierung hat ihm das Ministerium angeboten: er hat sie an den König gewiesen. Dieser zögert wieder: am liebsten will er noch immer nicht zu starke Männer haben. Wajda wäre ihm recht – aber er hat nichts mehr hinter sich, weshalb Goga dessen Umgebung nicht will. Im Auftrage von Michailescu war Dimitresku mit Brief von M.[anoilescu] hier.[298] Danach habe Wajda sich schon als sicher kommenden Mann bezeichnet u. M. als seinen Aussenminister hingestellt! Im übrigen habe M. mit dem König über einen Besuch von mir gesprochen: der König würde mich gern einladen in der Form einer »hervorragenden ausländ. Persönlichkeit«, also nicht amtlich, was ja jetzt noch nicht selbstverständlich ist. Na, ich bin noch skeptisch, aber wenn Carol sieht, dass die Volksstimmung sich immer stärker kristalisiert, wird er im eigenen Interesse opportunistisch genug sein einzulenken.

---

297 Moeller van den Bruck, Arthur (1876–1925); Kulturhistoriker; Veröffentlichungen u.a. *Das Dritte Reich* (1923), *Die Deutschen. Unsere Menschengeschichte* (1904–10). – Barlach, Ernst (1870–1938); Künstler; 1936 Beschlagnahmung seiner Werke in der Jubiläumsausstellung der Preuß. Akademie der Künste; 1937 Ausstellungsverbot; Erwähnung in der Ausstellung »Entartete Kunst«. – Petersen, Wilhelm (1900–1987); Künstler; von Rosenberg u.a. NS-Größen gefördert und prominent ausgestellt; seit 1938 Professor; »Kriegsmaler« der SS; nach 1945 Illustrator. – Hochheim, Eckhart von (auch: Meister Eckhart; 1260–1328); Mönch und Theologe; vom NS als antikathol. dt. Mystiker vereinnahmt. – Heinrich I. (875–936); Herzog von Sachsen; röm.-dt. König des Ostfrankenreichs.

298 Mit »M.« ist wahrscheinlich Mihail Manoilescu gemeint, vgl. Anm. 235, S. 207. – Dumitrescu, Petre (1882–1950); rumän. Offizier; 1942 General; seit 1941 Armeeführer im Krieg gegen die Sowjetunion.

Gogas Vertreter Deleanu hat es jetzt bewerkstelligt, dass wir 100000 Tons Mais und 60000 Tons [Platz freigelassen] bekommen. Folgen Unterhandlungen von bis zu einer Million Tonnen Weizen zahlbar nur in Mark. Wenn das zustandekommt, so hätte das APA Deutschland aus schlimmster Brotknappheit gerettet. Göring sagte mir neulich: »mit Getreide sitzen wir auf dem Trockenen, wenn Sie uns aus Rumänien helfen können, wäre ich Ihnen sehr dankbar. Ich weiss, dass durch persönliche Beziehungen oft mehr als durch amtliche Anstrengungen erreicht wird.«

In den nächsten Tagen fährt Malletke nach Bulgarien, um auch dort eine ähnliche Sache festzumachen; dabei zugleich nach Ungarn.

18.1.[1937][299]

Vor einigen Tagen, als ich nach meinem Geburtstag – es war am 13. – wieder beim Führer zu mittag war, kam während des Essens die Frage auf kirchliche Angelegenheiten. Der anwesende Kerrl benutzte die Gelegenheit, um gegen Gauleiter Roever vor der ganzen Tafel eine Beschwerde wegen des Kruzifix-Erlasses vorzubringen (unterstützt von Dr. G.[oebbels]). Der Führer winkte ab: in einer grossen Auseinandersetzung könnten natürlich taktische Fehler vorkommen. Wenn man den Verlauf einer grossen Schlacht unter einer Zeitlupe betrachten wolle, so würde man vieles finden, was besser hätte gemacht werden können als es getan worden wäre. Aber die Aufregung über derartige Unvermeidbarkeiten sei nicht an der Front zu spüren, sondern in den Ministerien. Und wenn die andere Seite sich über Ausfälle der Priester aufrege: seit wann werde denn Krieg geführt, wo nur auf einer Seite geschossen werde?! Man dürfe das nicht gar zu tragisch nehmen. Das grosse Ringen um die absolute Vormacht des Staates über die Kirche gehe weiter, wir hätten den Kampf der grossen Kaiser gegen die Päpste weiterzuführen und würden ihn beenden. Wolle die Kirche nicht, so wäre

299 Folgende Textpassage von »Vor einigen Tagen« bis »alles heimzahlen wird« mit Markierung (Bleistift) versehen; bereits abgedruckt (mit kleineren Abweichungen) in Kempner, Der Kampf gegen die Kirche, S. 30f.

nur die Taktik[,] nicht der Wille über ihre Unterdrückung zu überlegen: ob man ihr eine Ader nach der andern durchschneiden wolle oder offenen Kampf führe. Die Kirche verliere innerlich doch in der ganzen Welt immer mehr an Macht: in Spanien sei das ganze Volk – nicht nur die Bolschewiken – im Grunde antikirchlich. In Russland sei die Kirche überwunden. Die Kirchen hätten ja auch mit Religion nichts mehr zu tun, sondern nutzten den Glauben eben nur zu machtpolitischen Zwecken aus.

Kerrl stammelte etwas von »Erhaltung der Kirchen gegen die Priester«, worauf der Führer fragte: Sind wir mit oder ohne die Kirchen zu Macht gekommen? – Und was glauben Sie, Kerrl, ob heute mehr Volk hinter uns steht als früher? – Worauf Kerrl: Früher mehr. – Der Führer: Nun, aber werden Sie nicht wahnsinnig, Kerrl. – Und hielt dann noch einen längeren Vortrag über die Kirchenfragen.

Der »Reichskirchenminister« sass vollkommen zerknüllt da. Seine Aufgabe hatte er also auch noch nicht von ferne erfasst: nicht etwa uns eine »kirchliche Hausmacht« zu schaffen, sondern den Staat der NSDAP zum Herrn über die Kirche zu machen. Es rächt sich eben, wenn ein weltanschaulich derartig unzulänglicher Mensch sich zu einem Amte drängt, dem er nicht gewachsen ist. Seine »Politik« wurde also in Grund und Boden verdammt, die die Frechheit der »Kirchen-Ausschüsse« grossgezüchtet hatte. Dass Kerrl das ausgerechnet in meiner Gegenwart passieren musste, wird ihn besonders geschmerzt haben.

Über frommen Hass schob der Führer dann noch eine bezeichnende Erzählung ein. Rosenberg oder ich, sagte er lachend, sind immerhin noch tolerante Leute, ~~aber~~ den frommen Hass eines Priesters gegen einen andern verbringen [sic] wir nicht aufzubringen. Da besuchte ich neulich den geradezu auf dem Sterbebett liegenden Abt Schachleitner [Schachleiter] (den von Kard. Faulhaber gemassregelten). Mit hauchender Stimme, aber durchglüht von Hass sagte dieser: die irdische Gerechtigkeit wird ja den Kardinal nicht mehr erreichen, aber ich hoffe, dass die himmlische ihm alles heimzahlen wird …

+

Am 16 17. grosses Erinnerungstreffen in Lippe. Lemgo hatte mich zum Ehrenbürger ernannt, was eine weitere innere Verbindung zum Gau Westfalen-Nord, wo der Bischof Clemens August »residiert« – bedeutet.[300] Erfreut hat mich ein wertvolles Geschenk: ein Originalprotokoll eines Hexenprozesses a. d. Jahre 1666.

20. 1. [1937]

Aus Rhodesien ist ein Brief von Dutton, Sekretär der dortigen Regierung an mich angekommen. Er schreibt, er habe Dr. Oldham ersucht, mir mitzuteilen, wann etwa er nach D. kommen würde, um mich zu besuchen.[301] Ich hatte nämlich Dutton in Nürnberg gefragt, ob eventuell beim kommenden oekumenischen Kongress der Protestanten nicht unnütze Angriffe gegen uns verhindert werden könnten. D.[utton] kannte den Dr. O.[ldham], sprach mit ihm, der sich sofort bereit erklärte, mich zu besuchen. O. hat viele Schriften verfasst (über Rasse und Christentum, Schwarz u. Weiss in Afrika) und ist in der weltprotestantischen Bewegung sehr bekannte Persönlichkeit. Dass wir uns grundsätzlich verständigen, ist ja ausgeschlossen, es gilt nun, ihm überhaupt sachliches Denken zu zeigen und etwas H.J., damit er eine neue Atmosphäre gegenüber dem muffigen Missionsgeruch fühlt. – Und im übrigen nüchternen deutsch-britischen Zweckmässigkeitsüberlegungen zugänglich gemacht wird.

Wenn unsere »Bruderräte« davon hören, werden sie toben.

12. 2. 37

Die alte Faulheit hat wieder zur Unterbrechung der Niederschriften geführt. Ich hole deshalb nur kurz einiges nach.

Der afghanische Ministerpräsident machte mir seinen Abschiedsbesuch. Dankte bewegt für die grosse Unterstützung: ohne mich u. meine Herren wäre alles wohl in amtlichen Gesprächen versandet. Er bitte mich, die noch bestehenden Fragen in ihrer Lösung fördern zu helfen u. werde nie die Tage in Berlin vergessen. – Ich übergab ihm im Namen

300 Galen, Clemens August Graf von (1878–1946); kath. Geistlicher; seit 1933 Bischof von Münster; Kritiker des von Rosenberg propagierten NS-Neuheidentums; 1941 öffentliches Eintreten gegen die »Euthanasie«-Morde; 1946 Ernennung zum Kardinal; 2005 Seligsprechung.

301 Oldham, Joseph Houldsworth (1874–1969); brit. Theologe; seit 1921 Sekretär des International Missionary Council.

des Führers dessen Bild mit Unterschrift in schönem Silberrahmen. Worauf er dankte u. mich bat, vertraulich dem Führer zu sagen: Afgh. müsse vorsichtig zwischen R.[ussland] u. Indien handeln, aber die von D. aufzustellende Division sei wie ein Teil der d.[eutschen] Armee zu betrachten.

Das Kulturabkommen ist auch perfekt, so dass wir hier recht zufrieden sein können. Umsomehr als in Moskau sich die Verbrecher gegenseitig auszurotten beginnen und in Zukunft doch manches Turbulente im Sowjetlande möglich erscheint.

Rumänien ist durch den jugosl.-bulgarischen Pakt in eine Situation geraten, in der es sich bald wird entschliessen müssen. Goga teilte mit, Carol fürchte bei einer offen pro-deutschen Orientierung einen russischen Überfall. Ich bat Göring vor paar Tagen, die Jugoslawen zu neuem Druck in Bukarest zu veranlassen, was nunmehr erfolgen wird. Wir sind zu jeder Unterstützung bereit, wenn Rumänien sich dem deutschen Block anschliesst. Die neuerlichen Enthüllungen aus dem Buch von Seba[302] sind geeignet, die Isolierung der Tschechei weiter zu fördern. Es bleibt unverständlich, wie ein tsch. Gesandter unter offizieller Förderung derartig dumm sein konnte, Rumänien u. Polen anzugreifen. Seine »Verbündeten«. In Prag herrscht denn auch Zähneklappern. Der hiesige Gesandte legte mich beim Diplomatenessen beim Führer fast auf eine Stunde mit Beschlag. Er sei 62 Jahre alt, sein Lebensziel sei es, D. u. die Tsch.[echo]-Sl.[owakei] zu versöhnen. Er gebe sein Ehrenwort, dass unsere Angaben über russische Flugplätze nicht stimmten. Ich: Ex.[zellenz][,] ich zweifle nicht an Ihrem Wort, aber sind Sie auch von Prag aus allseitig unterrichtet worden? Mastny: Ach, das ist es ja, was ich immer höre. Als Mastny darf ich Ihnen sagen, dass ich gegen manches protestiert habe u. ich werde alle Kraft einsetzen, um gute Verhältnisse zu schaffen, vielleicht trägt diese Unterhaltung auch dazu bei.

Ich berichtete vorgestern dem Führer darüber; er lachte. Ebenso wie über den Aufsatz von Lloyd George, der Stalins Morde als vernünftige Säuberung auszumalen sucht: die Engländer suchten emsig nach Grün-

302 Wahrscheinlich Šeba, Jan (1886–1953); tschechoslowak. Diplomat und Botschafter in Bukarest; Autor von *Rusko a malá dohoda v politice světové* (Russland und die Kleine Entente in der Weltpolitik), dessen Erscheinen 1937 für Spannungen zwischen der ČSR und Rumänien und die Abberufung Šebas aus Bukarest sorgte.

den, um ihre Pro-Sowjetpolitik zu bemänteln. E.[ngland] hätte höchst dumm operiert, sich stets in letzten Jahren zwischen alle Stühle gesetzt. Siehe Abessinien, dann Spanien. Jetzt, anstatt sich D. u. Japan anzuschliessen, förderten sie Moskau.[303]

Vor einigen Tagen besuchte mich Prof. Cogni, Mailand, der ein sehr gutes Buch über die Rassenfrage geschrieben hat.[304] Er habe Mussolini lange Zeit gesprochen. M.[ussolini] begreife jetzt die Bedeutung des ganzen Problems u. hätte festgestellt, dass in Nord- u. Mittelitalien fast 50 % der Kinder hell seien. – Ich sagte, jede Nation brauchte zunächst Extreme Fälle, um die Tiefe der Frage zu erfassen: wir hätten die Juden, die Italiener die Abessinier.

C.[ogni] machte dann die mich sehr interessierende Mitteilung, dass man von einer »lateinischen« Verwandschaft zwischen Frankreich u. Italien nicht sprechen könne. F.[rankreich] hätte seine Seele verloren, es sei bereits überwiegend ostisch. I.[talien] sei eine nordisch-westische Mischung, habe stets die Sehnsucht zur Höhe ~~gefass~~ gehabt. C. gab zu, dass südlich Neapel ~~Vorab~~ Vorderasiaten viel Spuren hinterlassen hätten. Es scheint also, dass der Faschismus sich nach u. nach doch zu gewissen Konsequenzen wird bequemen müssen. Interessant wird dann ~~ich~~ in Zukunft sein, welches Gesicht der Vatikan über diese neuen »Neu-Heiden« ziehen wird.

Habe gesprochen vor der Kriegsakademie, vor allen Leitern der Nationalpol. Schulen der Wehrmacht, vor der Nord. Gesellschaft, vor den SA-Führern Sachsens, wo mich Schepmann in rührender kameradschaftlicher Weise begrüsste.[305] Dann vor 1400 Gauwirtschaftsberatern aus dem ganzen Reich. Die Feststellung, dass ich konsequent die n.s. W[elt]-A.[nschauung] verteidigt und mich nicht geändert habe, löste

303 Abessinien, Monarchie in Ostafrika auf dem Gebiet der heutigen Staaten Äthiopien und Eritrea; 1935–36 von Italien erobert. – Folgender Textpassus von »Vor einigen Tagen« bis »›Neu-Heiden‹ ziehen wird« mit Bleistift-Markierung am Rand.

304 Cogni, Gulio (1908–1983); ital. Professor der Philosophie; Vertreter des »Nordischen Gedankens« und Autor rassenkundlicher Schriften; 1937 Leiter des ital. Kulturinstituts in Hamburg.

305 Schepmann, Wilhelm (1894–1970); 1925 NSDAP-Beitritt und Aufbau der SA im Ruhrgebiet; seit 1933 MdR; 1933 Polizeipräsident von Dortmund; 1936 Regierungspräsident von Dresden; 1943 Stabschef der SA.

minutenlangen Beifall aus. Die Erkenntnis so mancher Eitelkeitswettrennen beginnt offenbar ziemlich allgemein zu werden.

Weiter eröffnete ich die Petersen-Ausstellung; grosser Erfolg dieses von mir geförderten Künstlers. Heute die Ausstellung »Lebendige Vorzeit«. Das ist Gestaltung im Unterschied zu manchem Betrieb. Vor allem zu Nörgelei, die leider vielfach manche ernste Arbeit unleidlich macht. Viele Besprechungen: Interview über Bolschewismus für skandinavische u. ungarische Blätter. Reise Malletkes nach Sofia u. Bukarest: Einkauf marschiert. Walper fährt im März nach Brasilien, um weitere Rohstoffe zu besorgen.[306] Der Staatspräsident übergab mir eine Anweisung auf 2000 Sack Kaffee für das WHW [Winterhilfswerk] (Wert 280000 Mark).

Zusammenkunft der Arbeitsgemeinschaft für Volksforschung in meinem Amt, Empfang des neuen Leiters der Abt. Wissenschaft (Wacker) a.d. Erziehungsministerium.[307] Besprechung über neue Ausstellungen. Plan für neue Vorträge in Paderborn, Düsseldorf, b. München. Über Neugliederung der kulturellen Arbeit, wo zwischen Ley u. mir noch paar Hühnchen zu rupfen sind.

Neulich übergab ich der Holländerin, Frau v. Ammers-Küller im Auftrag des Führers das Frauen-Kreuz des Roten-Kreuz-Ordens.[308] Sie war sehr gerührt; hat sich uns gegenüber anständig betragen u. ist eine kluge Frau.

Besprechungen über Reichstagung der Nord. Gesellschaft in Lübeck. Besuch des WHW Konzerts von Furtwängler, Besichtigung der Reichs-Mütterschule usw. usw.[309] Die Zeit wird ausgenutzt, aber der

306 Vermutlich Walper, Heinrich-Julius (1892–unbek.); 1922 NSDAP-Beitritt; 1923 Teilnahme am »Hitler-Putsch«; 1924 Emigration nach Brasilien; dort Gründung einer Ortsgruppe der NSDAP; seit Rückkehr nach Deutschland 1933 im APA tätig; 1943 Übernahme ins RMfdbO.

307 Wacker, Otto (1899–1940); 1925 NSDAP-Beitritt; 1931–33 Leiter der Presseabt. des Gaues Baden; seit 1937 Vizepräsident der Kaiser-Wilhelm-Gesellschaft und SS-Oberführer im Stab des RFSS; 1937–39 zusätzlich Amtschef im Reichsministerium für Wissenschaft.

308 Ammers-Küller, Johanna von (1884–1966); ndl. Schriftstellerin; nach 1940 mit Affinitäten zur dt. Besatzung; nach 1945 Publikationsverbot.

309 Furtwängler, Wilhelm (1886–1954); Musiker; seit 1922 Dirigent der Berliner Philharmoniker; 1933–34 Leiter der Berliner Staatsoper und Vizepräsident der Reichsmusikkammer; Rücktritt wg. Kritik an der Ausgren-

Gesamteffekt erscheint mir doch lange nicht gross genug. Ehe versch. Reibungsflächen nicht beseitigt sind, wird es immer Schwierigkeiten geben, die unnütz Nerven verbrauchen. Auch wenn man starke hat.

14.2[.1937]

Aus Ungarn kommen Nachrichten über fortschreitende politische Desorganisation. Das bestätigt, was neulich v. M[ecsér] berichtete. Dieser, ein alter Freund von Gömboes (er begleitete diesen als ich G.[ömbös] 1933 nach Berlin eingeladen hatte), schilderte die Dinge recht düster. Daranyi gutwillig, aber ohne Kraft, Bethlen im Angriff, um so etwas wie Reichsverweser-Stellvertreter zu werden.[310] Da hätten nunmehr Mescér u. s. Freunde den Beschluss zur radikalen Opposition gefasst. Gömbös als Führer, die alte Rassenschützler-Ideologie als Grundlage. Tüchtige Männer hätten sich gefunden, im Lande ausgezeichnete Stimmung. – M.[ecsér] machte einen alten müden Eindruck. Die Ungarn werden es nicht leicht haben! Durch uferlose Reden haben sie viel versäumt. Ihren Traum, andere Völker zu beherrschen, werden sie aufgeben müssen, oder sie geraten in noch grössere Schwierigkeiten.[311]

Kerrl hat einen sehr schweren Schlag erhalten. Nach der furchtbaren Abkanzelung beim Führer hat er offenbar einmal den starken Mann spielen wollen. Er liess seinen so mühsam aufgepäppelten Kirchenausschuss zurücktreten u. wollte unter Auflösung der Bekenntnistreuen u. der D.[eutschen] Christen eine Staatskirchenregierung bilden. Die Nachricht kam am Sonnabend Nachmittag heraus. Für Montag kün-

---

zungspraxis des Regimes; nach 1936 Dirigent der Bayreuther Festspiele sowie bei zahlreichen NS-Musikveranstaltungen.

310 Darányi, Kálmán (1886–1939); ungar. Politiker; 1928 Staatssekretär; 1935 Landwirtschaftsminister; 1936–38 Premierminister, enge Anlehnung an Hitler und Mussolini; 1938 Parlamentspräsident. – Bethlen, István Stephan Graf (1874–1947); ungar. Politiker; 1921–31 als Ministerpräsident um Durchbrechung der außenpolitischen Isolation Ungarns bemüht (1927 Bündnis mit Italien).

311 Folgende Textpassage von »Kerrl hat einen« bis »Haltung der Partei etc.« mit Markierung (Bleistift); abgedruckt (mit kleineren Abweichungen) in Kempner, Der Kampf gegen die Kirche, S. 31. Siehe auch Heike Kreutzer, *Das Reichskirchenministerium im Gefüge der nationalsozialistischen Herrschaft*, Düsseldorf 2000, S. 286–288.

digte Kerrl eine grosse Rede an, alle Ländervertretungen waren geladen. Da lässt der Führer aus Berchtesgaden alles abstoppen u. zitiert Kerrl zu sich. K.[errl] hatte wieder einmal das Gegenteil davon getan, was in unserer Linie liegen muss: nicht wir wollen die Verantwortung für die Kirche tragen, vielmehr muss diese allein ihre »Kraft« erweisen. Wenn sie dann in ihre schon bestehenden Sekten auseinanderfällt, so ist das nicht unsere Schuld. – Jetzt hat der Führer das Gegenteil von Kerrls Plänen verfügt: eine ev.[angelische] Generalsynode soll ihre Verfassung machen. Da erheben sich sofort eine Reihe von Problemen: sollen die Wahlen nach bestehenden Gruppen oder Konfessionen (ev[angelisch]-luth.[erisch], reformiert etc.) vorgenommen werden? Haltung der Partei etc.

Über Danzig lügt die Weltpresse wieder heftig: Göring wolle sofort die Angliederung durch seinen Besuch in Polen erreichen usw. Scharfer offiziöser Protest unsererseits. Aber: die letzte Rede von Dr. Goebbels in der Deutschlandhalle hatte ja die ganze Welt geradezu auf diese Fährte gestossen. G.[oebbels] hatte gesagt, auch die Danziger Frage werde »endgültig liquidiert« werden. Riesenbeifall. Das kurz vor Görings Reise! Sowas kann ein Minister nur sagen, wenn man einen Vertrag in der Tasche hat oder wenn man zur rücksichtslosen Propaganda entschlossen ist. Wieder eine furchtbare Schädigung der d.[eutschen] Interessen, blos um zu zeigen, dass man um »Geheimnisse« gut Bescheid weiss.

20. 7. 37

Trotzdem ich wegen meiner Kur abgesagt hatte, wollte ich es mir schliesslich doch nicht nehmen lassen, an der Eröffnung des Hauses d. d.[eutschen] Kunst teilzunehmen u. war für den Samstag hingefahren.[312] – Die Rede des Führers war eine restlose Rechtfertigung meiner Haltung, die ich ausgerechnet gegen jene einnehmen musste, welche durch den Führer die staatliche Exekutive erhalten hatten. Ich sagte dem Führer schon vor 2 Jahren: »Sie können in Nürnberg wieder über den Kunstverfall sprechen, es geschieht praktisch doch das Gegenteil.« Er schien damals nicht überzeugt, die Erfahrungen mit der Jury seiner

312 Im Bau seit Herbst 1933, wurde das Haus der Deutschen Kunst in München von Hitler am 18. 7. 1937 eröffnet.

Ausstellung aber haben ihn in steigende Empörung versetzt. Am Mittagstisch erklärte er vor einigen Wochen in Gegenwart von Dr. G.[oebbels]: die Jury habe aus Idioten und Kunstbolschewiken bestanden, er habe sie davongejagt. Er werde nur von jenen Bildern kaufen, die von der Jury abgelehnt worden sei[en] – Ich sprach kein Wort, hatte mich auch in diese Ausstellungsfrage nicht eingemischt. Der Führer beauftragte nun Photo-H.[offmann], ihm zu helfen ...[313] – Da stellte ich in letzter Minute diesem meinen Ausstellungsleiter Sch.[314] zur Verfügung, der noch eine grosse Anzahl guter Werke herbeischaffte.

In der grossen Ausstellung konnte ich somit allein 50% von jenen feststellen, die ich seit 4 Jahren gefördert u. ausgestellt hatte. Etwas »Trompeter von Säckingen«, hatte Dr. G. bei der ersten Ausstellung i. d. Reichskanzlei in meiner Abwesenheit gestichelt.[315]

Jetzt musste er in München diese Künstler als das beste loben ...

Die Jury von Dr. G. war u. a. beeinflusst durch einen, den ich aus der NSKg hinausgeworfen hatte. Er war jetzt »Kultursenator«: Kelter.[316] Er u. andere »Senatoren« hatten meine Arbeit sabotiert wo sie konnten.

In Dresden fand die erste Ausstellung »Entartete Kunst« statt. Zwei Mal protestierte das Prop.Min. dagegen. Sie kam doch zustande.

In Berlin fand die Ausstellung Der Mensch statt. Als Kontrast zum gesunden Menschen sollten etwa 20 Bilder der Entart. Kunst ausgestellt werden – mit meiner Befürwortung. Wieder protestierte der »Kultursenator« Weidemann dagegen.[317] Erfolglos, weil hier das Innenministerium federführend war.

---

313 Hoffmann, Heinrich (1885–1957); Fotograf; 1920 NSDAP-Beitritt; Vertreiber der Zeitschrift *Auf gut Deutsch*; Hg. zahlreicher Fotobände mit NS-Propaganda; 1938 Ernennung zum Professor durch Hitler; Profiteur der NS-Kampagne gegen »Entartete Kunst«.

314 Name nicht identifiziert.

315 Bezug auf das Stück »Trompeter von Säckingen« (1853) von Joseph Victor von Scheffel mit der Zeile »Es wär zu schön gewesen, es hat nicht sollen sein«.

316 Kelter, Will (1899–1978); 1925 NSDAP-Beitritt; seit 1933 Leiter der Landesstelle Westfalen-Ruhr der Reichskammer der bildenden Künste, später Mitglied in deren Präsidialrat und im Reichskultursenat.

317 Weidemann, Hans (1904–1975); 1926 NSDAP-Beitritt; seit 1933 Referent im RMVP und bei der Reichspropagandaleitung; seit 1935 Leiter der Wochenschauproduktion im RMVP; seit 1941 Waffen-SS-Offizier; 1944

Noch kurz vor der Eröffnung d. Hauses d. d.[eutschen] Kunst hatte d. rechte Hand des marx.[istischen] Reichskunstwarts Redslob, Dr. Bieberach, als Beauftragter des Prop.Min. für die Pariser Ausstellung Behn, Spiegel, Leipold abgelehnt.[318]

Und Dr. G. musste in München jetzt gegen die »Nichtskönner« reden, die seine Vertreter 4 Jahre lang verteidigt hatten. Er tat es, wie üblich, als ob er der eigentliche Führer im Kampf gegen Kunstentartung gewesen sei.

Die Rede des Führers über »Schmieranten« waren klatschende Ohrfeigen gegen die von ihm mit dem staatlichen Vertrauen Ausgezeichneten. Dr. G.'s Presseleute werden ihn also jetzt erst recht als »Schirmherr der Kunst« loben.

Nach dem Parteitag. 1937[319]

Dieser Parteitag war ein Zeichen der Stetigkeit. Ohne sensationelle Erklärungen, aber ein Arbeitsbericht u. wieder mit eindeutiger Kampfansage an Moskau. Ich habe, es ist schon Tradition geworden, die erste Kongressrede, die weltanschauliche Begründung des ganzen Themas, zu halten. Als entscheidendes Zeichen dieser Tage wurde von Partei und Ausland die Auszeichnung für mich durch Verleihung (als erstem unter den Lebenden) des Nationalpreises empfunden. Mit Recht, denn alle

---

an der Hinrichtung von Partisanen in Italien beteiligt; nach dem Krieg Pressearbeit, u. a. bei der Zeitschrift *Stern*.

318 Redslob, Erwin (1884–1973); seit 1920 Reichskunstwart im RMdI; 1933 Entlassung wegen Förderung »entarteter Kunst«; 1948–54 Prof. an der FU Berlin. – Biebrach, Kurt (1882–unbek.); seit 1933 Referent im RMVP; dort später Leiter der Abt. Bildende Kunst; 1940 Ministerialrat. – Behn, Fritz (1878–1970); Bildhauer; Verfasser von Artikeln für den *VB*. – Spiegel, Ferdinand (1879–1950); Landschaftsmaler; 1934 Ausstellung durch Rosenberg; 1939 Leiter eines Meisterateliers der Berliner Akademie; 1941–43 Beiträger zur Großen Deutschen Kunstausstellung im Münchner »Haus der Deutschen Kunst«. – Leipold, Karl (1864–1943); Maler; vor und nach 1933 zahlreiche Ausstellungen; 1939 Ernennung zum Prof. h. c.

319 Textpassage von »Dieser Parteitag war« bis »erklärt worden sei« mit Markierung (Bleistift); abgedruckt (mit kleineren Abweichungen) in Kempner, Der Kampf gegen die Kirche, S. 31 f.

empfanden, dass diese Verleihung mehr war als eine wissenschaftliche Angelegenheit. Mit mir verknüpft sich nun einmal der Begriff des erbittertsten Kampfes gegen Rom. Ich habe ihn trotz aller »wissenschaftlichen« Bemühungen, mich tot zu machen, durchgehalten. Ich habe zu meinem Werk gestanden und wenn der Führer auch amtlich sich zurückhalten musste, so hat er mich doch den Kampf führen lassen. Die Herausstellung meiner Person war somit Reichs-Programm geworden; die »privaten Ansichten« zu Grundlagen der ganzen Revolution des Führers erklärt worden.[320] Ein ausl. Presse-Attaché sagte mir paar Tage darauf, ~~das~~ ein päpstl. Organ hätte die Preisverleihung an mich als Schlag ins Gesicht des Hl. Vaters erklärt. Dieser Hl. Vater hat dann auch vor deutschen Pilgern »mit Kummer« erklärt, es sei schrecklich, dass einer, der alles Katholische angreife »zum Propheten des Reiches« erklärt worden sei.[321]

Niemand ausser 3 Personen, wusste um die Preisverleihung. Als ich 14 Tage vorher den Führer fragt, wen er sich denn als Preisträger auserwählt habe, bekam er plötzlich Tränen in den Augen und sagt: »Den ersten Preis des Reiches können doch nur Sie erhalten. Sie sind doch der Mann …« Ich dankte ihm gerührt, daran hatte ich überhaupt nicht gedacht. Als ich das Urban sagte, fing er fast zu heulen u. sagte: Endlich hat man an Sie gedacht.[322]

Als mein Name dann auf der Kulturtagung fiel, ging es wie ein fühlbarer Ruck durch alle u. dann setzte ein Beifall ein, von einer einmütigen Wucht. Ohne Ende. Und ich wusste nun, dass ich mir das Herz der alten Partei erkämpft hatte, die durch die grosse Geste des Führers nun wie befreit war. Die Gauleiter haben z. T. geheult. Ein Teil ging später zum Führer u. dankte ihm für diese Tat. Der gute Röver sagte dem Führer: »Das ist der schönste Tag meines Lebens.« Wie denn Röver stets eine

320 »Private Ansichten« bezieht sich auf Rosenbergs *Mythus*, wo er in der Einleitung sein Buch vom parteioffiziellen Kurs abzugrenzen versuchte.

321 Siehe die hier nicht abgedruckten Zusammenfassungen und Ausschnitte ausländischer und deutscher Pressemeldungen über die Kritik von Papst Pius XI. an Rosenberg und seinem *Mythus*, Sept. 1937; USHMMA RG-71 Acc.2001.62.14.

322 Urban, Gotthard (1905–1941); 1923 NSDAP-Beitritt; 1930 Geschäftsführer des KfdK; seit 1933 MdR; als Stabsleiter im ARo enger Mitarbeiter Rosenbergs; in der Sowjetunion gefallen.

furchtbar gerade Natur gewesen ist. Als Hess zum Oldenburger Parteitag da war, sagte er ihm: »In unserem Gau wird nach den Richtlinien von A.[lfred] R.[osenberg] gearbeitet. Das ist klar, das ist identisch mit dem Führer.« Über Dr. G.[oebbel]'s Rede gegen Mundelein aber äusserte er ebenso offen zu Hess: »Das war zum K...«.[323]

Am Abend sass ich dann lange mit den alten Kameraden zusammen.

Mit einem gewissen Gesicht wurde in der gesamten Partei die Tatsache vermerkt, dass es Dr. G. sein musste, der auf Befehl des Führers die Begründung der Preisverleihung zu verlesen hatte. Dies, nachdem er mit allen möglichen Schikanen, und dazu hatte er durch exekutive Beherrschung aller Nachrichtenmittel alle Möglichkeiten, mich beiseite zu drücken sich bemüht hatte. Wie Frank mir sagte, hätte Dr. G. ~~ihm~~ vor paar Jahren, als die römischen »Studien« erschienen waren, ihm triumphierend erklärt: »Nun, der ›Mythus‹ ist jetzt erledigt.«[324]

Der Herr hat sich hier, wie in allen tieferen Fragen getäuscht. Jetzt musste er vorlesen, dass erst eine spätere Zeit überhaupt begreifen werde, was A.[lfred] R.[osenberg] für die Gestaltung des n.s. Reiches bedeute.

Zu gleicher Zeit erschienen die »Prot.[estantische] Rompilger«. Ich hatte sie früher dem Führer zugeschickt: ob sie schon tragbar wären. Der Führer: Es ist ja sowieso jetzt schon alles gleich. – Und so laufen sie jetzt – zu Hunderttausenden und haben die ganze Pastorenbande in heftigste Unruhe versetzt. Viele allerdings schreiben mir mit freudigster Zustimmung.[325]

---

323 Mundelein, George William (1872–1939); amerik. kath. Geistlicher; seit 1916 Erzbischof von Chicago; seit 1924 Kardinal; Kritiker antisemitischer Diskriminierung.

324 Frank, Hans (1900–1946); 1923 Beitritt zur NSDAP und Teilnahme am »Hitler-Putsch«; Anwalt Hitlers; 1930–42 Leiter der Rechtsabt. der NSDAP-Reichsleitung; 1939 Generalgouverneur der nicht ins Dt. Reich eingegliederten Teile Polens (Generalgouvernement); 1946 nach IMT-Todesurteil gehenkt.

325 Bezieht sich auf Rosenbergs Schrift *Protestantische Rompilger. Der Verrat an Luther und der Mythus des 20. Jahrhunderts*, München 1937.

Anfang Oktober [1937]

folgte ich einer Einladung des Gaues Kurmark, um eine Grenzlandfahrt zu machen und zu 800 Schulungsleitern aller Gliederungen zu sprechen.[326] Fast 4 Tage sah ich die Not dieses Landes. Über 200 Wege wurden durch die neue Grenze zerschnitten, das rechte Hinterland kam an die Polen ... Eine sog. neutrale Strasse muss von Deutschland unterhalten werden, das Obst der Bäume aber gehört vertraglich den Polen ... Ich besuchte den weibl Arbeitsdienst, eine zu allen Hoffnungen berechtigende Institution mit famosen tüchtigen Mädchen, Kindergärten, Kämpfer aus der Zeit von 1919. Kaufte einen Teppich aus einer Weberei, liess mir von dem betr. Kreisleiter alle Nöte schildern und sprach dann über § 24 des Programms.[327]

An Hilgenfeldt habe ich geschrieben, ob er nicht mit der NSV [Nationalsozialistische Volkswohlfahrt] helfend eingreifen kann.[328]

Ein Beispiel über die Art der polnischen Politik ist mir tief in Erinnerung geblieben. Ein Pole deutscher Staatsangehörigkeit wurde wegen Spionage zu 9 Jahren Zuchthaus verurteilt. Als er Ende 1936 aus dem Zuchthaus kam, ging er über die Grenze. Dort wurde eine unschuldige deutsche Bauernfamilie von der poln. Polizei von Haus u. Hof gejagt, paar hundert Zloty höhnisch auf den Tisch geworfen und der polnische Spion auf den Bauernhof gesetzt!

Die Stimmung der Menschen an der Grenze kann man sich denken.

Gleich darauf Besuch der vorgeschichtlichen Grabungen bei Buchau, Besichtigung von Unteruhldingen.[329]

---

326 Gau Kurmark, größter NSDAP-Gau im Dt. Reich, im Gebiet des heutigen Brandenburgs.

327 § 24 des NSDAP-Programms sprach sich gegen den »jüdisch-materialistischen Geist« und für ein »positives Christentum« aus.

328 Hilgenfeldt, Erich (1897–1945); 1929 NSDAP-Beitritt; seit 1933 Gau-Inspektor Groß-Berlin; MdR und Leiter der NS-Volkswohlfahrt mit 17 Millionen Mitgliedern (1943).

329 Unteruhldingen, Archäologisches Freilichtmuseum am Bodensee mit Rekonstruktionen von stein- und bronzezeitlichen Pfahlbauten.

Am Bodensee flaggten aus dem Anlass meines Besuchs die Klöster! So haben die Zeiten sich geändert.[330]

Dann die Rede auf dem Münsterplatz in Freiburg. Die Stadt vollgepropft mit Menschen. Girlanden, Fahnen, jubelnder Empfang wie auf dem Parteitag in Nürnberg. Das schwarze Freiburg u. Badener Land hatte sowas noch nicht gesehen: der radikale antirömische Ketzer in der bischöflichen Hochburg vom Volk wie ein König empfangen. Wie mir der Kreisleiter später schrieb, war diese Rede auf d. Münsterplatz ein Durchbruch erster Art.

Es gab dabei auch einiges zu lachen. Im Kollegium des Bischofs Groeber war über die Schmückung der Häuser am Münsterplatz gesprochen worden, wobei es zu Meinungsverschiedenheiten gekommen war.[331] Der Bischof reiste am Tage meiner Rede nach Paris. Die Domkapitulare aber schmückten die übrigen Kirchenhäuser mit Girlanden u. kauften eifrig in der Stadt rote Glühlampen für die Beleuchtung ein …

Ein Vorkommnis ging als Stadtgespräch um. Groeber hatte sich in voller Kriegsbemalung in das Geschäft einer Freiburger Marktfrau begeben u. ihr wütende Vorhaltungen gemacht: es sei nicht wahr, wenn sie behaupte, er habe von der und der Frau Kinder … Die Marktfrau hat dem Bischof in ihrer Art herausgegeben u. natürlich den Vorfall weitererzählt. Die römischen Herrn fangen an, alle Form zu verlieren.

Im übrigen ist der Bischof Groeber ein alter Frauenfreund: Er hatte früher als Freundin eine Jüdin namens Fuchs. Später ging das nicht mehr, worauf die erboste Rebekka den Domkapitularen die pornographischen und perversen Schriften des Bischofs übergab. Der Generalvikar aber, der wütend war, nicht selbst Bischof geworden zu sein, leitete diese Erbauungsschriften des Erzbischofs Groeber (Mitarbeiter am Konkordat!) der Partei zu.

---

330 Textpassage von »Dann die Rede« bis »die Beleuchtung ein …« mit Markierung (Bleistift); abgedruckt (mit kleineren Abweichungen) in Kempner, Der Kampf gegen die Kirche, S. 32.

331 Gröber, Conrad (1872–1948); kath. Geistlicher; seit 1932 Erzbischof von Freiburg; 1934 Mitglied des Förderkreises der SS, 1938 von Himmler von der Mitgliederliste gestrichen; nach anfänglich sehr NS-freundlicher Haltung später auch kritische Äußerungen, z. B. zu den »Euthanasie«-Morden.

Und so ist der hochwürdige Herr etwas nervös, es könnte vieles publik werden.

25.XI.37

Soeben von Sonthofen zurück, wo die Tagung der Kreisleiter u. Gauamtsleiter stattfand.[332] Die [Ordens-]Burg als einzige der drei künstlerisch einwandfrei. Ich hatte schon bei der ersten Besichtigung gesehen, dass hier ein Künstler am Werke war, der aus der Aufgabe heraus den Bau gestaltete. Vogelsang ist ein der Natur aufgezwungenes Werk, das zum Wohnen nicht geeignet ist, nach Norden gelegen, dort eine Gefängnispsyche bei den Bewohnern erzeugen muss. Im Zentrum der Fassade steht der Speise-Saal! Zur neu zu errichtenden Vortragshalle muss man fast 1 Kilometer hinaufsteigen. Die Aufenthalts-, Lese-, Musikzimmer sind karg bemessen. – Von Krössinsee sagte der Führer »wie ein Aschanti-Dorf« u. verwahrte sich gegen den Primitivismus, der hier zum Ausdruck käme. – Mit Sonthofen u. seinem Erbauer Giessler war er sehr zufrieden.[333] Giessler hatte ich mir schon früher zum Erbauer der Hohen Schule ausgesucht.

Auf S.[onthofen] hat sich etwas abgespielt, was für die NSDAP beschämend ist, aber notwendig wurde. Da Dr. G.[oebbels] in Vogelsang bei der letzten Versammlung der Kreisleiter wegen seiner Arroganz schon ausgesch[unleserlich] worden war, erging – an sich schon furchtbar – der Befehl, sich jeder Missfallensausdrücke zu enthalten. Trotzdem, als G. kam, gab es mehrfach Gezisch. Während seiner Rede – eisiges Schweigen. Nur seine von ihm abhängigen Gauamtsleiter u. Landesstellenleiter versuchten etwas zu applaudieren. So ruderte er fast 2 Stunden, wischte sich den Schweiss von der Stirn u. verliess[,] von eisiger Ablehnung begleitet, den Saal. Die Partei hatte gesprochen; nach dem Urteil auch zurückhaltender Menschen war das eine moralische Vernichtung.

---

332 Sonthofen, Stadt im Oberallgäu/Bayern; 1935 Sitz einer Ordensburg; ab 1937 Unterbringung einer Adolf-Hitler-Schule.

333 Giesler, Hermann (1898–1987); 1931 NSDAP-Beitritt; seit 1933 Bezirksbaumeister der Ordensburg Sonthofen; 1938 Ernennung zum Prof. und Generalbaurat für die Neugestaltung dt. Städte; seit 1941 OT-Einsatzgruppenleiter; nach dem Krieg wg. Tötungsverbrechen im KZ Mühldorf zu lebenslanger Haft verurteilt; 1952 Haftentlassung.

Zu gleicher Zeit wurde der Film, den er zu seiner Verherrlichung zu seinem Geburtstag hatte drehen u. dem Volk zur Vorführung hatte aufzwingen lassen, mit Zischen empfangen u. wurde zurückgezogen. Partei u. Volk lassen sich eben auf die Dauer den skandalösen Missbrauch der Exekutive zu widerlicher Selbstbeweihräucherung nicht gefallen.

In mir erblickten die Kreisleiter wohl den Gegenpol zu Dr. G. Ich wurde ostentav mit Beifall empfangen; nach der Rede standen die 1500 Mann auf und bereiteten mir eine nicht endenwollende Ovation. Das Herz der Bewegung habe ich mir erkämpft, das ist die grosse Freude angesichts der manchmal scheinbar vergebens gewesenen Abwehr gegen die Vergiftung ~~eitler~~ der ~~Bur~~ Partei durch die Eitelkeit des Dr. G.

x

Zurück fuhr ich im Sonderzug des Führers, der mir den genauen Verlauf des Empfangs von Lord Halifax schilderte u. seine Ansichten über die vermutliche kommende Entwicklung der Aussenpolitik aussprach.[334]

Am 24. in der Jap. Botschaft, wo auch der Führer war: in einem Gespräch seine unverhohlene Freude über die Erfolge der deutschen Flieger: 4 Weltrekorde. – Bald soll der Angriff auf den amerikanischen Auto-Weltrekord kommen. Jede Spitzenleistung überbieten, das ist mit ein Mittel für Achtungserzwingung.

26. XI. [1937]

Gestern Abendtafel beim Führer: Empfang von Kanya u. Daranyi.[335] K.[ánya] klagte über zu grosse Rumänienfreundlichkeit. Ich: nur für den Fall, dass dort eine deutschfreundliche Gruppe absolut siegt. K. ist alt geworden, vor 6 Jahren wollte er mich zu Brüning bekehren.

---

334 Wood, Edward Frederick Lindley, 1st Earl of Halifax (1881–1959); brit. Politiker; 1926–31 Vizekönig in Indien; 1938–40 Außenminister; 1940–46 Botschafter in Washington.

335 Kánya, Kálmán (1869–1945); ungar. Politiker; 1925–33 Gesandter in Berlin; 1933–38 Außenminister; Gegner einer Kollaboration mit Hitler in der Sudetenkrise; 1944 von Pfeilkreuzlern inhaftiert.

27. XI [1937]

Morgen Frage der Umgestaltung d. »Rh.[einischen] Blätter«. Ihr Red. ebenfalls besorgt, alles in »Unterhaltung« umändern zu wollen.

Bernhard aus Salamanca berichtet eingehend über d. Zustände in Spanien.[336] Franco immer noch in Ordnung, Befürchtung f. s. Umgebung: Reaktion u. Vatikan. F.[ranco] habe seine Bischöfe abstimmen lassen: 85 % für ihn, 15 % f. d. Vatikan. Als ein Bischof mit erhobener Hand in Pamplona gegrüsst hat: grösste Volksbegeisterung. – Ich erzählte B.[ernhardt] von einem eingehenden Bericht eines Falangistenführers der Extremen Richtung mit genauer Charakterisierung der 50 Mitglieder d. span. Staatsrats, die B. grösstenteils als richtig empfindet. Besonders die abfällige Beurteilung eines Spaniers, der in Nürnberg war u. nach der letzten Kongressrede sich wütend in die Haare fuhr: »Das ist ja eine neue Religion!« – Den Bericht, den der Falangistenführer auf spanisch mir beigelegt hatte – Bericht d. Jesuiten an den Vatikan – wird er Montag bei mir noch lesen.

B.[ernhardt] will sehr eine spanische Übersetzung d. »Mythus«. Ich halte die Zeit für das Ausland noch zu früh. Es würde aber nichts schaden, wenn einige Übersetzungen fertig vorliegen würden für den Fall eines schnellen Gebrauchs.

Dann kommt Herr v. Pataky, ungar.[ische] Staatssekretär u. bringt die Klagen Ungarns an.[337] Ich orientiere ihn über unsere Haltung. Er geht nach 40 Minuten mit allen Danksagungen.

Längere Unterredung mit Studentenbundsführung über Hochschulreform u. Hohe Schule. Forschungs- u. Stipendienfragen. Gute Ansatzpunkte, um die H.[ohe]S.[chule] allseitig vorzubereiten.

---

336 Bernhardt, Johannes (1897–1980); Unternehmer; seit 1930 bei Mannesmann in Spanisch-Marokko; seit 1936 involviert in die NS-Förderung der Franco-Putschisten und die Herstellung enger dt.-span. Wirtschaftsbeziehungen.

337 Pataky, Tibor von (1889–unbek.); ungar. Ministerialbeamter.

11.12.37

Vor-Gestern früh unterbreiteten wir dem Führer die ersten Vorschläge für die Hohe Schule. Der Platz am Chiemsee wurde endgültig bestimmt. Der Führer stimmte meinen Vorschlägen nicht nur zu, sondern ging weit darüber hinaus. Hier am schönsten Platz soll etwa Einmaliges entstehen. Die Hohe Schule nicht nur der NSDAP, sondern des ganzen Volkes. Aus edelstem Material, eine Erziehungszentrale auch grössten Umfangs. – Dr. Ley unterstützt in grosszügigster Weise. Die ganze Anlage wird – eine früher unvorstellbare Summe – 30 bis 40 Millionen kosten. Die Architekten können loslegen.

Zugleich übergab ich dem Führer die Denkschrift über die 8-wöchentliche Reise von Schickedanz im Iran. Er war sehr interessiert u. wollte sie auf der Fahrt zum Berg lesen.

Die Unterredung über d. Abkommen zwischen mir u. Ribbentrop soll in dessen Gegenwart stattfinden. Es wird an der Zeit.

31.12.37

Die rumänischen Wahlen hatten der Regierung keine Mehrheit gebracht. Dem König standen dabei die anti-königlichen Nationalzaranisten stark gegenüber.[338] Dabei war die antisemitische Front angewachsen. So kam die Betrauung Gogas zustande, unsere 2jährige Arbeit hatte den erstrebten Erfolg gehabt. Schon Gogas erste Massnahmen zeigten, dass er die Brücken hinter sich abgebrannt hatte u. aufs Ganze geht. Dadurch muss der König mitgehen, denn eine Rücktritt vom jetzigen Radikalismus könnte nur eine antimonarchische, bolschewistische Reaktion zeitigen.

Diese zwei Jahre Arbeit zwischen mir u. Goga-Cuza hatte viele Widerstände zu überwinden: bei unseren Ämtern, dann Ausschaltung eines Schwindlers von Gogas Seite; viele Reisen von A.[rno] Sch.[ickedanz] nach Zürich, G.[oga]'s Besuche in D.[eutschland] usw. Jetzt ist ein zweiter antijüdischer Staat in Europa entstanden, damit der Rhythmus zur

---

338 Nationalzaranisten (Partidul Național-Țărănesc), rumän. Partei; gegr. 1926 als Zusammenschluss der Nationalen Partei der Rumänen unter Iuliu Maniu (1873–1953) mit der Bauernpartei.

Auflösung der kleinen Entente entscheidend verstärkt worden.[339] Carol hatte Wohltat noch vor einem Monat gesagt, er könne sich wegen der finanziellen Verpflichtungen von Frankreich erst nach u. nach lösen.

G. wollte nach Weihnachten hierher kommen, jetzt hat er aber alle Hände voll zu tun. Ich erwarte, dass er nach etwa 10 Tagen Nachrichten gibt; auch über die Vollmachten, die er erhalten hat.

Unser A.A. hat eine mehr als dürftige »Stellungnahme« f.d. Presse herausgegeben; ich habe daraufhin im VB einen Aufsatz veröffentlicht, der die Bereitschaft von uns unterstreicht.[340] Rief dann a.d. Obersalzberg an, um dort ev. nähere Mitteilungen zu machen.

339 Bezieht sich auf die antijüdischen Gesetze Gogas nach dessen Regierungsantritt am 28.12.1937, die auch nach seinem Rücktritt sechs Wochen später in Kraft blieben.

340 Alfred Rosenberg, Neuer Zukunft entgegen, *VB* vom 1.1.1938.

[1938]

[ohne Datum, Januar 1938]

Am 5. [Januar] war Frau Goga hier und berichtete, noch freudig benommen, von dem Umschwung in Bukarest (Aktennotiz anbei).[341]

Paar Tage darauf fuhr ich nach München u. hatte dann im Sonderzug des Führers Zeit, ihm alles Nähere zu berichten. Er war ausserordentlich befriedigt, war die kl. Entente dadurch doch aufgelöst. Er befragte mich über unseren Gesandten in Bukarest u. er wolle gern A.[rno] Sch.[ickedanz] dorthin schicken, damit in B.[ukarest] D.[eutschland] durch einen 100%gen N.S. vertreten sei. – Auf meine Anfrage, ob ich einer Einladung Folge leisten solle, sagte er: Unbedingt, das ist Ihr Werk und Sie sollen auch hin.

Dann besprachen wir Einzelheiten des Auftrages an mich; Staatsrechtliches wäre mit Lammers zu beraten.

Später erzählte der Führer wieder Geschichten aus der Kampfzeit.

Ich sagte ihm, dass ich mich jetzt in Dahlem angekauft u. eingerichtet hätte; ob er mir nicht einmal die Freude eines Besuches machen würde? Er sagte bereitwilligst zu.

Am 12. kam der Führer dann u. gratulierte mir herzlichst zum 45. Geburtstag. Er schenkte mir eine Büste Dietrich Eckarts: »Als Erinnerung an den Mann, bei dem wir uns kennen gelernt haben.« Und dann gab er mir sein Bild im Silberrahmen mit folgender Widmung: »Meinem alten treuesten Mitkämpfer Alfred Rosenberg mit den besten Glückwünschen zu seinem 45. Geburtstag in herzlicher Freundschaft Adolf Hitler.«

Eine schönere Anerkennung meines 19-jährigen Kämpfens an der Seite des Führers war nicht denkbar.

---

341 Goga, Veturia (1883–1979); rumän. Opernsängerin (1903–19) und Ehefrau von Octavian Goga; enge Beziehung zur Frau des rumän. Diktators Ion Antonescu. – Die erwähnte Aktennotiz fehlt.

29. 1. [1938]

Behrends aus Bukarest zurück.[342] Brief an Frau G.[oga] abgegeben. Goga selbst zuversichtlich.

Der König selbst ist sehr offenherzig. Zu einem deutschen Führer sagte er: »Wir werden die 40% Stimmen haben ...« Frau G. hat B.[ehrens] einige amüsante Einzelheiten der Wahlvorbereitungen erzählt ...

Die opponierende Minderheit will sich nicht fügen: wird von einer Gliederung unterstützt. B. schlägt Massnahmen vor: Verbot ihrer Zeitung für Deutschland (ist schon geschehen).

31. 1. [1938]

Gestern überreichte der Führer die Urkunden u. Ehrenzeichen d. Nationalpreises. In einer wunderbar gearbeiteten Lederkassette. Ich schäme mich fast, einen solchen kostbaren Stern zu tragen. Der Führer übergab mir das Zeichen mit folgenden Worten: »In diesem Augenblick bewegt mich das Gefühl der Dankbarkeit für Ihre langjährige Treue und Loyalität und die zielweisende Arbeit, die Sie geleistet haben.«

11. 2. [1938]

Der Rücktritt Gogas ist allen überraschend gekommen. Auch uns: waren doch Vertreter d. Industrie nach Bukarest gefahren wegen Silo-Bauten usw. Sie erzählten, Goga sei ungebrochen u. kampflustig. Der Druck der Juden, Engländer u. Franzosen hat offenbar Carol mürbe gemacht – vielleicht fürchtete er Gogas wachsende Macht nach gelungenen Wahlen. Am wahrscheinlichsten: man hat mit schmierigen Veröffentlichungen über sein Pariser Leben gedroht.

Trotz allem: die Wende ist da u. Carol wird sie nicht aufhalten können. Sprach soeben Göring, der mir zustimmte, jetzt erst recht um ein Land zu kämpfen, das wichtiger ist, als manches andere für unsere Ernährung u. Oelversorgung.

---

342 Möglicherweise Behrens, Sigurd (1904–1986); 1933 NSDAP-Beitritt; seit 1938 Handelsattaché in Stockholm.

Frau Goga trifft in den nächsten Tagen ein, sie wird vieles Unbekannte zu erzählen haben.

12.2.[1938]

Gestern Vortrag in der Philharmonie vor 2000 Lehrern Berlins.

Hohen-Lychen.

17. Juli [1938]

Ich bin seit 14 Tagen wieder hier in Behandlung – Die alte Sache: Kranker Rückenmuskel, Erschlaffung des »Muskelkorsetts«, Beginn d. Abnutzung d. Wirbelknochen ...

Die Welt ist doch sehr klein. In meinem Zimmer wohnte bis vor kurzem der Grossjude Heinemann.[343] »Amerikaner«, Besitzer von 51 % der Bewag. Vom A. A. u. Schacht Prof. G.[ebhardt] warm ans Herz gelegt.[344] Dieser Mann beherrschte Elektrizitäts-Werke in Spanien. Abwechselnd antichambrierten bei ihm die roten u. die weissen Spanier. Grossspurig hat er Prof. G. gegenüber geprahlt: ohne seinen Willen falle kein Schuss an der Teruel-Front[345]. Telefonierte ständig mit New York. – Ist zudem »Finanzberater« des belgischen Königs.

Prof. G. muss nach Brüssel, um wieder König Leopold zu behandeln.[346] Er las heute gerade meinen Aufsatz über Hore-Belisha[347] u. Genossen,

343 Heineman, Dannie (1872–1962); belg.-amerik. Unternehmer; seit 1905 Präsident der Elektroholding Sofina und bis 1933 Aufsichtsratsmitglied zahlreicher dt. Firmen; danach wegen jüdischer Abstammung Ausschluss.

344 Gebhardt, Karl (1897–1948); 1933 NSDAP-Beitritt; seit 1933 Chefarzt der Heilanstalt Hohenlychen und Leibarzt Himmlers; Oberster Kliniker beim Reichsarzt der SS; verantwortlich für medizinische Experimente an Häftlingen in Konzentrationslagern; nach Todesurteil im Nürnberger Ärzteprozess hingerichtet.

345 Schlacht von Teruel vom 15.12.1937 bis 27.02.1938 im Span. Bürgerkrieg, Sieg Francos gegen die republikanischen Truppen.

346 Leopold III. (1901–1983); 1934–50 König von Belgien; 1944 mit seiner Familie durch die Deutschen Richtung Salzburg verschleppt; 1945 Befreiung durch die Amerikaner.

347 Hore-Belisha, Isaac Leslie (1883–1957); brit. Politiker jüd. Herkunft; 1934–37 Verkehrsminister; 1937–40 Kriegsminister.

als er aus Brüssel vom Hofmeister angerufen wird: ob er nichts dagegen habe, an einem Souper im engsten Kreise teilzunehmen: der König, Herr Heinemann und Herr Belisha, der »brit.« Kriegsminister! Er antwortete: Natürlich! Ich lese gerade etwas über diesen!

Ich instruierte G. über Antworten, die er auf zu erwartende Fragen geben müsse.

Im übrigen teilte G. mir mit, König Leopold habe den »Mythus« sehr genau gelesen u. mit seinen Anmerkungen versehen. Man habe ihn jetzt mit dem König v. England nach Paris schleppen wollen; da hat er sich krank gemeldet u. Prof. G. zur Behandlung gebeten.

L.[eopold] wurde von seinen bayerischen Verwandten heftig aufgehetzt; manches habe G. gegen diese fürstlich-wittelsbachische Wühlarbeit – auch in der Frage Oesterreich – richtigstellen können.

Ich bin jetzt gespannt, wie sich Hore-Belisha, der »Nachfolger Disraelis« aufgeführt hat.

20. 7. [1938]

Die Tage vergehen im Lesen von Zeitungen u. Romanen. Um mein neues Buch fortzuführen, ist die Müdigkeit noch zu gross; ausserdem muss ich eine unerquickliche dienstliche Korrespondenz führen. Wir leben eben in einem Zustand, da subalternste Naturen in staatlichen Exekutiven über Fragen bestimmen wollen, von denen sie nichts verstehen. Und nicht durchschaut werden!

Heute rief mich Sauckel aus Weimar an. Dankte im Namen der alten Partei für meinen Sonntagsaufsatz.[348] – Er habe den politischen Schriftleiternachwuchs a. Thüringen u. Hessen in W.[eimar] gehabt. Versagen bei den primitivsten Fragen: Keiner kannte Theodor Fritschs »Handbuch d. Judenfrage«.[349] Keiner die Literatur über d. Freimaurerei. Niemand d. schon so abgedroschenen Ausspruch Disraelis über d. Ras-

348 Alfred Rosenberg, In den Händen von Nichtariern liegt das Leben von Millionen, *VB* vom 17. 7. 1938.

349 Fritsch, Theodor (1852–1933); dt. Publizist und antisemitischer Agitator; 1887 Hg. des *Antisemiten-Katechismus* (seit 1907: *Handbuch der Judenfrage*) mit breiter Rezeption in der NS-Bewegung; 1924 MdR.

senfrage.[350] Das wollte er mir melden! Ich war recht erschüttert. S.[auckel] sagt ganz richtig: wenn es so weitergeht, dann werden unsere Kinder uns einst für dumm halten,[351] ~~gehalten haben,~~ uns wegen der Juden so ~~aufzuregen~~ aufgeregt zu haben![352] Ich sagte S., dass ich mich einmal für diesen »Nachwuchs« interessieren würde. Aber hier wäre es Aufgabe unserer Presseherren u. des Prop. Ministeriums gewesen, aufzupassen. Man ist aber so beschäftigt, sich täglich lichtbildern zu lassen, täglich Notizen über jedes Räuspern zu veröffentlichen, dass vor lauter Selbstbeweihräucherung, die der ganzen Partei schon längst bis zum Halse reicht, keine Zeit mehr bleibt, um an die eigentliche Arbeit zu denken.[353]

Habe einen längeren Aufsatz über das faschistische Bekenntnis zum »Rassismus« geschrieben. Mit Prof. Cogni habe ich schon mehrfach gesprochen, er hat Mussolini Vortrag gehalten. Aber es gab noch heftige Widerstände. Es wird auch jetzt nicht leicht sein, diese Anschauung durchzudrücken. Auch wenn man sich aufs Biologische beschränken will u. ausdrücklich betont, nicht aufs religiöse Gebiet übergreifen zu wollen, so werden sich eben doch Konsequenzen ergeben. Der »Heilige Vater« hat schon öffentlich nicht nur den »exagerierten Nationalismus« verworfen, sondern erneut den Rassismus als antichristlich bezeichnet. Der Faschismus hat etwas getan, was der Vatikan schon erfasst hat: er hat sich ausserhalb der bisherigen weltanschaulichen Überkuppelung gestellt! Der F.[aschismus] war bisher nur eine staatlich-soziale Revolution. Weltanschaulich blieb er katholisch, konnte also trotz eines sehr verbreiteten Antiklerikalismus keine grundsätzliche weltanschauliche Revolution einleiten. Wenn er nunmehr »arisch-nordisch« sein will und »rassisch« mit »seelisch« zusammenbindet, dann ist er ins 20. Jahrhundert eingeschwenkt. Es bleibt abzuwarten, ob er die Kräfte aufbringt, diesen Kampf durchzustehen.

x

---

350 Rosenberg bezieht sich hier auf den Disraeli zugeschriebenen Satz: »Die Rassenfrage ist der Schlüssel zur Weltgeschichte.«

351 »Einst« und »halten,« nachträglich eingefügt.

352 »Aufgeregt zu haben« nachträglich eingefügt.

353 »Bleibt, um« nachträglich eingefügt. Textpassage von »Habe einen längeren« bis »diesen Kampf durchzustehen« mit Markierung (Bleistift); abgedruckt (mit kleineren Abweichungen) in Kempner, Der Kampf gegen die Kirche, S. 32.

Vor paar Tagen gab der Strassburger Sender, den ich jetzt fleissig höre, einen Auszug aus dem »Osservatore Romano« wieder, der einen Klage-Hirten-Brief des Erzb.[ischofs] Groeber, Freiburg, zitierte. Ich kam da auch vor u. bestellte mir das hirtliche Schreiben aus Berlin. Darin wird geklagt, dass die Ideen des R[eichs]-L.[eiters] R.[osenberg] immer mehr Eingang finden. Der alte Groeber ist also noch immer böse. Er kann seine Rebekka wohl nicht vergessen, und muss es doch, weil er sonst sich in Rassenschande stürzen würde.[354]

7.X.38

Flandin hat an den Führer telegraphiert, er hoffe, dass aus dem historischen Akt zu München eine herzliche Zusammenarbeit der vier europäischen Grossmächte hervorgehen möge.[355] Der Führer hat geantwortet, er verfolge F.[landin]'s Bemühungen mit ehrlichem Interesse.

Das ist das erste Mal, dass ein führender Franzose sich zum Gedanken eines 4-Mächte-Pakts bekennt. Dieser Gedanke, zuerst von mir in Rom 1932 gefordert u. begründet[,] ist also vom Schicksal selbst ~~in~~ eine Frage naher Möglichkeit gerückt worden. England wiederum durch die d-engl. Erklärung näher an uns gerückt u. die Aufteilung der Welt nach wirklich gross-europäischen Gesichtspunkten beginnt sich abzuzeichnen. Ohne das eiserne Durchhalten des Führers wären aber gute Gedanken nur gute Wünsche geblieben. Jetzt ist das Eis gebrochen, und wenn keine grossen Fehler durch gewisse Leute gemacht werden, beginnt Europa weltpolitisch Wirklichkeit zu werden.

Soeben besuchte mich d. Vertreter der Führer der Falangisten. Er betonte, dass der Kampf d. Falange erst nach Beendigung d. Krieges beginne. Ich wies auf die sicher grossen Schwierigkeiten des falang. Agrarministers hin u. gab d. Meinung Ausdruck, dass hier radikal die sozialen Ursachen d. anarchistischen Erhebungen beseitigt werden müssten,

354 »Und muss es doch,« nachträglich eingefügt.

355 Gemeint ist hier das Münchner Abkommen vom 30.9.1938, mit dem Italien, Großbritannien und Frankreich der Annexion der sudetendeutschen Gebiete der Tschechoslowakei durch Deutschland zustimmten. – Flandin, Pierre-Étienne (1889–1958); franz. Politiker; 1934–35 und 1940–41 Premierminister; 1936 und 1940–41 Außenminister; langjähriger Präsident der *Alliance démocratique*.

wollte man nach 20 Jahren nicht eine neue Revolution erleben. Etwas, was mir Herr … lebhaft bestätigte.[356] Er erblickt die zukünftige Kraft der Falange in der Arbeiterschaft. Diese befinde sich zunächst in den 3 noch roten Grosstädten. Die Falange könne viele soziale Punkte der Arbeiter zu den ihrigen machen, habe das schon praktisch getan, bleibe nur die Wendung, dies alles auf spanischer Grundlage u. nicht auf internationaler zu machen, also sozialistisch u. national zu sein!

Er betonte, meine Rede a. d. Kulturtagung mit grösstem Interesse gehört zu haben. Ich legte Wert darauf zu erklären, dass die deutschen Traditionen andere weltanschaul. Konsequenzen ermöglichten als die spanischen, wir deshalb nie die Absicht hätten, hier Einfluss nehmen zu wollen. Darauf kam eine Antwort, welche zeigt, dass folgerichtige Kräfte in der F.[alange] lebendig sind. G.[357] sagte, der Papst in Rom sei ein rot-liberaler alter Mann, er führe eine Internationale wie die freimaurerische u. marxistische. Die F. sei katholisch[,] aber gedenke nicht, sich einem Papst in Rom zu unterwerfen. Auf Befehl sei eine F-Vertretung einmal in Rom gewesen, vom Papst aber nicht empfangen worden. Der Papst sei zudem stets Italiener; sie erstrebten ein kirchliches Oberhaupt mit dem Sitz in Toledo. Also auch hier die klare nationalkirchliche Tendenz. Die F. meint 1 ½ Millionen Spanier sollen nicht umsonst gefallen sein; die Entwicklung dürfe sich nicht wiederholen, die jetzt zur Katastrophe geführt habe. Wir trennten uns mit dem Versprechen späterer enger Zusammenarbeit u. ich wünschte der F. Sieg auch in ihrem späteren Kampf.

Es wird notwendig sein, diesen f. Kampf aus Spaniens Geschichte heraus zu unterbauen. Vielleicht durch Darstellung der Adoptionstheorie, die Karl d.[er] Grosse im Dienst seines Gottesstaates als grosse Ketzerei unterdrückte, später die Albigenserkriege u. einiges mehr. Ich werde Auftrag geben, dies festzustellen (auch was die Judenfrage betrifft).

Im übrigen Gespräche über Völkerkunde, die Prof. X.,[358] der soeben aus Indien gekommen ist, anregte; über Schulungsmaterial, Besetzung von Stellen in Halle, kommende Geschichtsausstellung usw.

---

356 Platz für fehlenden Namen freigelassen.

357 Name nicht identifiziert.

358 »X.« anscheinend Platzhalter für später nachzutragenden Namen.

Nach d. Parteitag 1938.
10. X. 38[359]

Der diesjährige Parteitag stand im Zeichen der Tschechenfrage. Das Vorhergesehene spitzte sich plötzlich zu u. zwang den Führer zu einer entscheidenden Haltung. Trotzdem hielt alles gut Disziplin u. die Arbeit verlief mit Härte u. Klarheit.

Ich war in meiner Rede zur Kulturtagung[360] bis an die Grenze des amtlich möglichen gegangen. Der Papst hatte sich ebenso unverfroren wie ungeschickt gegenüber d. Rassenfrage verhalten u. seine Sender die gröbsten Beleidigungen veröffentlicht. Ich hatte darauf eine deutliche, aber gut stilisierte Antwort entworfen, die vom Führer ohne ein Wort der Änderung genehmigt worden war. Diese Rede schlug durch wie nur irgend eine und der Führer schüttelte mir ostentativ danach die Hand. Göring meinte: »Diese Rede ist ein Monument« u. erbat sie sich als Andenken in Leder gebunden.

Die andere, die Kongress-Rede behandelte das Problem Autorität u. Freiheit. Der Führer hatte sie noch nicht gelesen. Er sagte mir: [»]Ihre Reden brauche ich nicht zu lesen, sie sind immer richtig. Bei Goebbels muss ich nur aufpassen, dass keine Unvorsichtigkeiten geschehen.[«] Der Schluss dieser Rede beschwor die im Kampf gebildete Kameradschaft. Wer das heutige Leben prüft, findet, dass diese sehr gelitten hat. Jeder Mensch hat höhere u. niedere Kräfte. Ein Schicksal wie 1918 u. der Kampf unserer Bewegung rief die Opferkräfte wach, die nicht immer vom Ehrgeiz zu unterscheiden waren. Jedenfalls aber überwogen die ersten u. bildeten jenen Auslesefaktor, der A.[dolf] Hitler den Sieg ermöglichten. Nach dem Siege trat die Versuchung an alle heran: gesicherte Lage, Macht, Karriere, Eifersucht. Das [sic] eine Anzahl von Menschen hier zeitweise unterlagen, kann man auf das Konto allgemeiner Unzulänglichkeiten buchen – wenn sie sich später wiederfanden. Eine

359 Textpassage von »Der diesjährige Parteitag« bis »in Leder gebunden« mit Markierung (Bleistift); abgedruckt (mit kleineren Abweichungen) in Kempner, Der Kampf gegen die Kirche, S. 32.

360 Alfred Rosenberg, *Verteidigung des deutschen Kulturgedankens. Reden auf dem Reichsparteitag 1938*, München 1938; darin die Rede »Verteidigung des deutschen Kulturgedankens. Ansprache auf der Kulturtagung«, S. 3–9.

wirkliche moralische Belastung aber musste dann entstehen, wenn einer grenzenlosen Eitelkeit Exekutivmöglichkeiten zur Verfügung standen, also dass Möglichkeiten des Staates u. d. Partei in den Dienst einer persönlichen Selbstbeweihräucherung gestellt werden konnten. Wenn das nach einiger Zeit abgestoppt worden wäre, so könnte man auch das ertragen. Ist dies aber Jahre hindurch nicht der Fall, so beginnt eine Vergiftung des Nationalsozialismus von oben u. wirkt ansteckend u. zersetzend nach unten. Sachlichkeit u. Loyalität erscheinen dann als dumm u. ungeschickt, der Kameradschaftliche als zurückgeblieben. Wenn das dann gar siegen sollte, so hätte unsere Revolution ihre moralische Stosskraft verloren, somit auch ihre weltanschauliche Berechtigung eingebüsst, so Grosses auch durch sie politisch erreicht werden konnte.

14. 10 (1938)[361]

Der »Temps« teilt mit, dass die Sowjet-Union Mache gegen meine Nürnberger Ausstellung eine Gegenausstellung in Petersburg in russischer Tradition!

Wie das russische Volk den Germanismus und andere Fremdherrschaft ablehnte. Aber die Juden-Invasion wird nicht gezeigt werden.

Poncet geht nach Rom. Damit beginnt eine organisierte Arbeit gegen uns im Faschismus u. beim Koenigshause! F[rançois-Poncet] kennt D. gut und wird luegen mit einer Dosis Wahrheit mischen u. die Italiener mit allen Mitteln von uns abspenstig machen wollen. Da wird sehr aufgepasst werden müssen.

---

361 Mit der Schreibmaschine erstellte Abschrift von Robert Kempner, der den handschriftlichen Originaleintrag für dieses Datum und für den 2. 11. 1938 aus dem Tagebuch-Konvolut entfernte. Siehe Brief Kempner an André François-Poncet, 13. 6. 1950, USHMMA RG-71 box 43: »My dear Mr. High Commissioner: I am glad to be able to dedicate to you three handwritten pages from the secret diary of the late Reich Minister Alfred Rosenberg. I thought they might be of particular interest to you because your name and activities are mentioned, both in the note of October 14, 1938 and of November 2, 1938. These notes of Rosenberg in his own handwriting were not introduced in the Nuremberg trials as Court exhibits but used in the course of the pre-trial examination. You remember that I have promised to send them to you when you visited me in Nuremberg; I am glad that I have re-discovered them.«

Mit dem Rassenpolitischen Amt heute eine Dauer-Gemeinschaft abgemacht.

Hederich, ein typischer Revolutionsgewinnler u. Erbschleicher, ist endlich aus dem Prop.-Min. in hohem Bogen hinausgeflogen.[362] Hohe Zeit geworden.

18.10.[1938]

Gestern sprach ich vor den Gau- u. Kreisschulungsleitern (660 Mann) in Crössinsee. Mit Freuden ist festzustellen, dass die Haltung an Entschlossenheit zugenommen hat. Ich machte zum ersten Mal amtlich die Feststellung, dass der N.S. sich »ausserhalb der ganzen biblischen Tradition« befinde. Frenetische Zustimmung, die am ~~Ende kein~~ Schluss kein Ende nehmen wollte. Der Hauptschulungsleiter bezeichnete mich als Hüter und Gestalter der n.s. Weltanschauung und den »Mythus« als Bibel für die ganze Bewegung.

Damit wurde eine Arbeit siegreich, die früher nicht verstanden wurde.

Heute besuchte mich v. Meczer [Mecsér] aus Budapest, der Daranyi zur Unterhandlung beigegeben worden war. Traurig, weil die Leitung Ungarns versagt habe. Man könne nicht auf 3 Brettern spielen. Kanya habe sich auf abgehalfterte Politiker verlassen u. das Überschlaue war Mangel an Intelligenz. Die Bauern reihten sich fest u. ernst ein, die verjudete Intelligenz aber brach zusammen. Imredy, der täglich in die Kirche geht u. dort weich gemacht wird, versagte vollständigt.[363] Unternehmende Truppen hatten tschechische Festungen schon hinter sich gelassen – und wurden dann zurückgepfiffen. Ein Offizier ist aus Wut u. Scham wahnsinnig geworden. Für Imredy war Meczer als konsequenter Deutschenfreund jetzt kein »Volksverräter« mehr, er fiel ihm um den Hals u. bat ihn, nach Berlin zu reisen.

---

362 Hederich, Karlheinz (1902–1976); 1922 NSDAP-Beitritt; 1923 Teilnahme am »Hitler-Putsch«; seit 1936 stellvertretender Vorsitzender der »Parteiamtlichen Prüfungskommission zum Schutze des nationalsozialistischen Schrifttums«; 1937 Hauptamtsleiter der NSDAP-Reichsleitung; 1944 Präsidialrat der RSchK; nach 1945 Ingenieur in Westdeutschland.

363 Imredy, Béla (1891–1946); 1938–39 ungar. Ministerpräsident und 1944 Wirtschaftsminister; machte die ungar. Wirtschaft der dt. Kriegswirtschaft dienstbar; nach ungar. Volksgerichtsurteil hingerichtet.

M.[ecsér] bat um Unterstützung auch in der späteren Auseinandersetzungen [sic] mit Rom. »Sie, Herr R.[eichs]-L.[eiter], Sie allein haben Rom innerlich unsicher gemacht und seine falschen Äusserungen hervorgerufen. Das wird die Geschichte noch einmal feststellen.«

Ich riet ihm, eine radikale Bewegung nicht nationalsozialistisch zu nennen. Jede Nation müsse einen Namen aus ihren Gegebenheiten wählen. M. stimmte zu u. glaubt, die alte ungarische Bezeichnung Rassenschützler wieder einführen zu können.

Im übrigen: restloser Anschluss d. ung. Politik an Berlin.

Min.[ister] a. D. Jancovic schreibt mir aus Belgrad einen Dankesbrief: der Film, den wir über Stojadinovitschs u. J.[anković]'s Wahlreisen gedreht haben, hat glänzende Wirkung gehabt.[364] – St.[ojadinović] hat wegen der Hinausschiebung meines Besuches auch die Enthüllung des Heldendenkmals bis zu meiner Ankunft hinausgeschoben. Ich werde Anfang Mai nach Jugoslawien fahren – falls nicht wieder etwas dazwischen kommt.

Die R.[eichs]J.[ugend]F.[ührung] ist in grosser Aufregung. Ich habe nach ihrem illoyalen Verhalten angeordnet, dass ihre Führerzeitschrift vor dem Druck mir zur Genehmigung vorgelegt werden muss. Der Briefwechsel mit Schirach war d. Auftakt zu einem Versuch, der R. J. F. sich jeder geistigen Beeinflussung zu entziehen, aber die unreifen philosophischen Ergüsse mancher neuer Mitarbeiter als amtlich anzuerkennen. Die 23-jährigen wollen uns heute lehren, was n.s. Weltanschauung ist. Es ist hohe Zeit geworden, die R. J. F. hier mit Nachdruck wieder in die notwendige Form zu bringen. Ich sehe schon, dass trotzdem alle so denken, ich die Sache wieder durchzuführen habe. Was die guten Kräfte in der H. J. begrüssen, die »diplomatischen« Gernegrosse aber mit innerer Wut zu vereiteln sich bemühen. Die literarisch haltlose Art beginnt die H. J. in ihrem guten Ruf zu beeinträchtigen. Moellers unmögliches Werk »Untergang Karthagos« wird v. Sch.[irach] als Genieblitz bezeichnet, da-

---

364 Janković, Velizar (1880–1966); jugosl. Politiker; seit 1920 versch. Ministerposten; seit 1930 Geschäftsmann mit engen Verbindungen zu dt. Unternehmen. – Stojadinović, Milan (1888–1961); jugosl. Politiker; 1935–39 als Ministerpräsident Verfechter einer Annäherung an Italien und Deutschland; Gründung der »Jugoslawischen Radikalen Union«; 1940 Verhaftung und Exilierung auf Mauritius; nach 1945 im argentinischen Exil.

für lobt ihn M. als Sänger weit grösser als Hölderlin.[365] – Schade um Schirach. Er ~~ist~~ war ein Mensch mit starkem Formgefühl, seine Gedichte sind knapp u. scharf gemeisselt, heute schwimmt er bereits gefährlich u. dass er Moellers »Der Führer« so herausgeben konnte, zeigt ihn in einer Periode der Entwicklung, der ich zu seinem Besten deutlich entgegentreten werde.

Goebbels u. Sch. wollen »Karth.[agos] U.[ntergang]« den Theatern aufzwingen (Berlin, Wien), es wird eben alles gestaltlos, wozu Goebbels seine Hand reicht. Gauleiter Wagner, Karlsruhe, hat noch während einer Aufführung d. Theater verlassen u. fragte mich um mein Urteil.[366] Es fiel mit seinem zusammen. Einen Fehler kann jeder machen, ein Experiment kann missglücken, aber eine üble Stilvermanschung dem Volk amtlich als Geniestück aufzwingen zu wollen, ist eben eine neue Belastung durch unsere »Propaganda«.

2. XI. (1938)

Francois Poncet hat mir einen dankbaren Abschiedsbrief geschrieben. Er haette eine grosse Chance in Rom. Format für eine grosse Loesung bringt er mit; ob ihm aber doch nicht andere Eigenschaften einen Streich spielen u. d. Freundschaft mit Reynaud nicht doch wieder Intrigen zeitigen, bleibt abzuwarten.[367]

---

365 Moeller, Eberhard Wolfgang (1906–1972); 1932 NSDAP-Beitritt; 1934 Gebietsführer im Stab der Reichsjugendführung, Referent der Theaterabt. im RMVP; 1935 Nationaler Buchpreis; Staatspreis des Dritten Reiches; 1940 Co-Autor des Drehbuchs zum Film »Jud Süß«; Kriegsberichterstatter.

366 Wagner, Robert (1895–1946); 1923 Teilnahme am »Hitler-Putsch«; 1933 badischer Reichsstatthalter und Gauleiter; 1940 Chef der Zivilverwaltung im besetzten Elsass; dort verantwortlich für »Germanisierung« und die Massendeportation von Juden; nach Todesurteil durch ein franz. Militärgericht hingerichtet.

367 Reynaud, Paul (1878–1966); franz. Politiker; 1930–32 Finanz-, später Justizminister; 1940 Regierungschef und Außenminister; nach dt. Angriff Gegner eines Waffenstillstands; 1940 Hausarrest; 1941 Inhaftierung; 1942 Deportation in das KZ Sachsenhausen; 1945 Befreiung in Österreich.

Der SD schickt mir heute die Schlussprotokolle ueber d. Untersuchung gegen O.[thmar] Spann u. seinen Kreis. Darin kommt die Wut dieser Leute gegen mich sehr drastisch zum Ausdruck. Sie koennen es mir garnicht verzeihen, dass ich die Herren gleich nach ihrem Auftreten durchschaut habe. Eine Sektierergruppe, die alle Parteien durchsetzen wollte, skrupellos in Freundschaftsbeteuerungen jeder herrschenden oder aussichtsreichen Bewegung gegenüber: moderne Jesuiten. Durch meine Arbeit ist die Partei von dieser Durchsetzung verschont geblieben. Auf sie war der anfangs nicht [vermutlich gemeint: »recht«] einflussreiche, aber nichts als eitle Feder[368] promt [sic] hereingefallen. Genau so wie neuerdings Schirach auf Ludwig Klages.[369] Meine Zurueckweisung der Anpoebelung Kants kraenkte einige geistig-eitle Herren der R.J.F. (Reichsjugendführung), meine Rede zu den Lehrern in Bayreuth am 27.10. hat sie wild gemacht. Die anmassende Form der H.-J.-Fuehrung zeigt Tendenzen, geistig eine Partei neben der Partei heranbilden zu wollen. Dabei noch plump und von mangelnder Urteilskraft. Schirach hat mir soeben einen unverfrorenen Brief geschrieben. Ich habe ihm heute ebenso klar geantwortet. Die H.-J. im Lande ist zum ganz grossen Teil hart und ausgezeichnet, Schirach hatte selbst frueher Form und Haltung. Jetzt ist sein »Stab« an der Arbeit, ihn auch als Denker voranzuschieben, und eine eigne Ideologie herauszuarbeiten. Das [sic] die heutige Jugend aber zu den Philosophen des Vorkriegs-Jugendstils zurueck greift (Klages, George), das ist geradezu eine Ironie in der Entwicklung.[370]

368 Gottfried Feder (1883–1941); 1919 Mitbegründer der DAP; 1923 Teilnehmer am »Hitler-Putsch«; Finanzexperte der Partei und 1933–34 Staatssekretär im RWM; seit 1934 Prof. für Raumordnung und Siedlungswesen an der TH Berlin.

369 Klages, Ludwig (1872–1956); Schriftsteller und Anthropologe; Mitglied des sog. George-Kreises; Autor (u.a.) von *Die psychologischen Errungenschaften Nietzsches* (1926); *Der Geist als Widersacher der Seele* (1929–32).

370 George, Stefan (1868–1933); Lyriker.

18.12.38

Die ukrainische Frage bewegt jetzt die Gemüter aller Politiker u. jeder glaubt jetzt, Bescheid über sie zu wissen. Wobei jene, die bis vor kurzem nichts von ihr wussten, jetzt sehr orientiert tun – wie Herr v. R.[ibbentrop] Vor 12–15 Jahren war ich es, der das Problem politisch in den deutschen Kampf einführte u. die historischen Möglichkeiten begründete. In Stellen aber, die sich mit dem Bolschewismus usw. befassten, bestanden bis auf heute noch ganz andre Begriffe. Im Prop. Ministerium sassen zwar Antikommunisten, aber Vertreter des »einigen, nationalen Russlands«, die die Jahre über meinen Mitarbeitern durch alle erdenklichen Schikanen das Leben sauer machten. Am 16.12. trat Hanke nach d. Mittagessen b. Führer auf mich zu u. erklärte, was ihm Leibbrandt über die Antikomintern-Arbeit gesagt habe, sei unmöglich, er werde alles abstellen u. jetzt für gute Zusammenarbeit sorgen.[371] Er wisse jetzt genau, wie der Führer denke: genau so, wie ich es seit 15 Jahren vertrete ... Etwas lange hat diese Erkenntnis auf sich warten lassen.

Zum Mittagessen erzählte v. R. von einer in B.[erlin] erschienenen Karte, die eine ukr. Gruppe herausgegeben hätte: Grenze nahe b. Warschau. Der Führer bestellte sie sich u. fragte mich einiges über d. Ukraine. – Ich habe ihm eine Aktennotiz zugehen lassen über den Konflikt mit dem Oberkommando d.[er] W.[ehrmacht] Dieses wollte in eine ukr. Verbindungsstelle in B.[erlin] eine Persönlichkeit einsetzen, die aus Polen stammt. Wir vertraten den Standpunkt, dass hier einer aus dem Sowjet-Territorium sitzen müsse, da wir uns nicht dem Eindruck aussetzen können, heute eine antipolnische ukr. Gruppe (Jary) zu unterstützen.[372] Grosse Aufregung bei Admiral Canaris: sein Auftrag sei durch unsern Eingriff in Gefahr.[373] Er bearbei[te] das doch: wieder der

371 Hanke, Karl (1903–1945); 1928 Beitritt zur NSDAP; 1932 MdR; seit 1933 persönlicher Referent von Goebbels im RMVP; 1938–39 Staatssekretär im RMVP; danach Militärdienst; seit 1941 Gauleiter und Oberpräsident in Niederschlesien.

372 Yary, Richard (1898–1969); ukr. Nationalistenführer; 1929 Gründungsmitglied der OUN, Vertreter in Deutschland und Leitung des Büros in Berlin-Wilmersdorf.

373 Canaris, Wilhelm Franz (1887–1945); Offizier; seit 1935 Chef der Abwehr im Reichskriegsministerium; 1938–44 Chef OKW-Amt Ausland/

alte Versuch d. Wehrmacht, über d. Abwehr hinaus reine Politik zu machen, ja uns gar noch politische Kompetenzen zu bestreiten. Ich bin gespannt, wie diese an sich kleine, aber prinzipielle Affäre ausgehen wird.

Die 3 ukr. Minister a.[us] d. Karpatho-U[kraine]. waren in meinem Amt.[374] Ich wollte sie nicht empfangen. Sie waren b. Dr. L.[eibbrandt] u. liessen ihren u. aller Ukr. Dank an mich übergeben, da ich erst Europa auf das ukr. Volk hingewiesen hätte.

Dr. L. legte seinen Reisebericht über Rom vor: auch Italien verfolgt die Ukr. Der alte Dr. Insabato ist noch immer aktiv u. ist b. Mussolini für die Karpatho-Ukr eingetreten gegen die Anmassung der Ungarn, die jetzt mit unserer Hilfe glauben ihre alte Herrschaft über andere Völker wieder errichten zu können.

[o. D.; wahrscheinlich Dez. 1938][375]

Kürzlich war Himmler bei mir. Ich hatte ihn gebeten, weil er sich mit der SS schon weit über begrüssenswerte geistige Interessen in mein Arbeitsgebiet mit Hilfe der SS-Männer i.d. Ministerien hineinbegeben hatte. Zunächst erzählte er die ganze Angelegenheit v. Fr.[itsch] und v. Bl.[omberg] und machte sein persönliches Unbeteiligtsein klar. Dann kam das Gespräch auf Dr. G.[oebbels] Wir waren einer Meinung, dass dieser die moralisch schwerste Belastung des N.S. sei. H.[immler] sagte mir, er habe in der fraglichen Angelegenheit der Tschechin B.[aarová] dem Führer gesagt: Sie wissen, mir ist der Typus Dr. G. stets fremd gewesen, aber ich habe mich im Urteil zurückgehal-

Abwehr; 1945 Todesurteil wegen Beteiligung am Attentat vom 20. Juli 1944.

374 Karpatho-Ukraine (Karpatenukraine), historische Region in der westlichen Ukraine.

375 Bei Seraphim, *Tagebuch*, S. 80 f., abgedruckt unter dem 6. 2. 1939. Die Verweise auf das Pogrom von November 1938 und die erwartete Klärung des Goebbels'schen Ehestreits »im Januar« lassen auf ein früheres Datum schließen. Auf dem Tagebuchblatt findet sich (neben Auflösungen der Namensabkürzungen) in anderer Handschrift (vermutlich von Kempner) der Zusatz »November 1938«.

ten.[376] Er ist aber heute der gehassteste Mann in Deutschland. Früher schimpften wir über die jüdischen Generaldirektoren, die ihre Angestellten sexuell zwangen. Heute tut es Dr. G. Es ist ja klar, dass dies bei ihm nicht aus Liebe geschieht, sondern weil er Prop.-Min. ist. – Dem Führer sei das alles schrecklich gewesen. Ich teilte H. den Fall, den mir Gö.[ring] erzählte mit, ohne ihn zu nennen. H.: die Fälle sind Dutzende. Die Frauen geben jetzt nacheinander ihre Nötigung zu Protokoll. Bei Frau G.[oebbels] u. bei der Ge. Sta. Po. Einige Protokolle habe ich dem Führer gegeben.

Ich: Es hilft ja alles nichts, der Führer hat aus Staatsraison die Sache wieder geleimt. H.: Frau G. aber hat nur auf drei Monate nachgegeben; sie wolle es noch einmal versuchen. Es sieht aber nicht nach Frieden aus; im Januar steht die Frage wieder zu Debatte.

Ich: Aber G. schreibt ja ein Buch über den Führer: Ergebnis seines täglichen Zuhörens am Tisch.

H.: Ich glaube nicht, dass der Führer die Herausgabe gestatten wird.

Ich: Die Sache mit dem Judenpogrom war doch ebenso staatsschädigend. Dr. G. hat nur auf Grund einer allg. Anordnung d. Führers gleichsam in seinem Namen die Aktion geboten. Görings Gegenbefehl kam zu spät. Schaden an Volksgut: fast 2 Winterhilfswerke: 600 Millionen!

H.: Ja; alles wird jetzt auf andere geschoben.

Ich: Für alles das, was G. macht, müssen wir bezahlen. Es ist furchtbar.

Wir waren uns in der Beurteilung der Sachlage u. d. Person völlig einig. Dr. G. ist moralisch in der Partei isoliert, verachtet. Er hat sich als einer erwiesen, als den ich ihn vor 12 Jahren durchschaut hatte. Er hat auch unter seinen Mitarbeitern keine Kameraden, nur Kreaturen u. Männer, die die Pflicht in dem Amt hält, in das sie eingesetzt wurden.

Görlitzer sprach neulich nur im Unterton der Verachtung; Hanke erklärte Urban, er fühle sich mir innerlich viel mehr verbunden als sei-

376 Baarová, Lída (1914–2000); tschech. Schauspielerin; Affäre mit Goebbels (wurde 1938 beendet durch Hitlers Intervention); anschließendes Auftrittsverbot in Deutschland.

nem Chef.[377] In den Kreisen der Künstler herrscht einmütige Wut. Aber G. hat eben noch alle Exekutiven u. setzt sie alle skrupellos zu seiner Verherrlichung ein. Er glaubt, das alles zu überstehen u. über alles Gesunde doch noch zu siegen.

377 Görlitzer, Artur (1893–1945); 1928 NSDAP-Beitritt; seit 1933 stellvertretender Gauleiter von Groß-Berlin und MdR; seit 1941 Aufsichtsratsmitglied der Deutschen Revisions- und Treuhand-AG in Berlin.

[1939]

6.2.39.

Die Vorträge nehmen mich jetzt immer mehr in Anspruch.[378] Viele Bitten aus dem Land muss ich absagen, um die Tagesarbeit überhaupt noch bewältigen zu können. Diese Bitten geben mir aber eine innere Genugtuung: sie beweisen mir, dass mein Kampf um die Seele u. Haltung der Partei grundsätzlich heute schon gesiegt hat. Alle Schikanen der »Exekutive« und Neidlinge haben diese Entwicklung nicht aufhalten können. Sie empfinden das und einige beginnen »loyal« zu werden.

Im Januar: Traditionelle Lippe-Feier in Detmold. Am Tag darauf Überreichung der Ehrenbürger-Urkunde – wundervolle Handwerksarbeit – in Münster u. grosse Kundgebung mit 12000. Die Ansprachen des Gauleiters u. Bürgermeister von jener inneren Anständigkeit u. Festigkeit, die Dr. Meyer stets ausgezeichnet haben.[379] Das schwarze Münster[,] eine uralte Vatikan-Hochburg[,] hat mich am Abend mit einer nicht endenwollenden Ovation begrüsst, die erweist, dass der grosse Durchbruch weiter geht u. jetzt nur aufgepasst werden muss, dass keine Sturzflut kommt. Wenn die Herrschaft Roms fällt, muss das ganze Gemäuer ausgebröckelt sein.

Am 18. [Januar] Besprechung mit Schwarz u. Ley über die Hohe Schule. Nach einigem Hin u. Her wurde der alte Abmachungsvorschlag durch meinen ersetzt; mit einer Ergänzung, die ich Ley loyal bewilligen will.

Am 23. Vortrag vor allen Divisionskommandeuren im Kriegsministerium; am 4.2. vor 200 Kompaniechefs aus dem ganzen Reich in Bad Tölz.[380] Thema »Die W[elt]-A[nschauungs] Fronten der Gegenwart«.

---

378 Zu Rosenbergs Rede vom 7.2.1939 siehe Dokument 3 in diesem Band.

379 Meyer, Alfred (1891–1945); 1928 NSDAP-Beitritt; seit 1933 Gauleiter von Westfalen-Nord; 1938 Oberpräsident der Provinz Westfalen; 1941–42 Staatssekretär im RMfdbO u. Stellvertreter Rosenbergs; 1942–45 RVK Westfalen-Nord.

380 Im bayerischen Bad Tölz wurde 1934 eine SS-Junkerschule errichtet.

Abb. 1 Alfred Rosenberg Anfang 1939

Deutliche Sprache, aber logisch begründet. Man ging nach anfänglicher Zurückhaltung mit. Auch hier gilt es unentwegt arbeiten: auch die Wehrmacht muss ein Instrument der n.s. W-A werden. Der Leiter der W[eltanschaulichen]-Schulung General Reinike schien ehrlich zufrieden.[381] Das weitere wird sich in den kommenden Jahren ergeben: wenn wir fertig sind, müssen die Offiziere in unsere Schulungsburgen wie die jungen NS. zu ihnen als militärische Rekruten. Erst dann kann eine grosse Einheit entstehen.

---

381 Reinecke, Hermann (1888–1973); Offizier; seit 1939 Chef des Allgem. Wehrmachtsamts und der Abt. Kriegsgefangene im OKW (verantwortl. für den Massenmord an sowj. Kriegsgefangenen); 1942 General; 1943 NSDAP-Beitritt und Chef des NS-Führungsstabs OKW; 1948 Verurteilung zu lebenslanger Haft; 1954 Begnadigung.

Am 4.2. sprach Urban wieder mit Hanke, der ehrlich sich um eine Zusammenarbeit bemüht. Dabei schüttete er etwas sein Herz aus, als U.[rban] darauf hinwies, wie schwierig es sei, da über Dr. G.[oebbels] vom Gauleiter bis zur Waschfrau in abfälligster Weise gesprochen würde. Hanke sagte, er hätte selbst sein Amt niederlegen wollen. Der Führer sei tief erschüttert gewesen u. habe Hanke gesagt: er habe Dr. Goebbels aus staatspolitischen Gründen gehalten, aber innerlich sei er mit ihm fertig. Er wisse, dass er ihn stütze auf Kosten seines eigenen Ansehens ...

Wir sehen täglich, dass unsere Revolution eine Eiterbeule hat u.[nd] das gesunde Blut angreift. Dr. G. hat keinen Freund, keinen Kameraden; und seine Kreaturen sie schimpfen ebenfalls über ihn.

Dr. F.[382] sagte mir neulich: auf sexuellen Zwang eines Vorgesetzten gegenüber weiblichen Angestellten stehe Zuchthaus. Dr. G. als Reichsminister hat sich dutzendfach dieses Delikts schuldig gemacht u. hat Hanke versucht, daran zu beteiligen. Ihm schlägt nur Verachtung entgegen als Antwort auf jene schädigende jahrelange Haltung u. Missbrauch des ihm vom Führer geschenkten Vertrauens.

Am 27.1. sprach ich vor den Gauwirtschaftsberatern in München. Auch hier wurde die Haltung gefestigt, – und alle gingen mit.

1.3.39 abends

Komme soeben vom Empfang, den der Führer dem diplomatischen Korps alljährlich gibt. Dort erzählte mir Darré folgendes: auf dem Empfang der Partei in München (am 25.2.) hätte Goebbels erklärt, wenn dem Führer sein Leben nicht passe, so hätte er sich das 1924 überlegen sollen! Trotz der Kenntnis der Schäbigkeit des Charakters von Dr. G.[oebbels] war ich über die Offenheit doch erstaunt u. fragte, wem gegenüber G. diese Äusserung getan hätte. D.[arré]: meiner Frau und Frau Kerrl gegenüber. Er bat seine Gattin hinzu u. diese sagte mir: in München hätte Dr. G. gesagt: Man rede so viel über ihn, aber man müsse ihm eben so zu leben gestatten, wie es ihm passe. Auch Dr. Ley werde wohl dem Führer gesagt haben: er hätte sich das 1924 überlegen müssen, sonst hätte man sich damals eben eine andere Partei ausgesucht ...!

382 Name nicht identifiziert.

Ich sagte Darré, G. habe damals herumgeschrien: »Hitler hat den Sozialismus verraten«. Auch kenne ich einen Gauleiter, der noch ein Originalschreiben dieses Wortlauts in Händen habe. – Mit dauernder Duldung dieses Charaktereiters beginne die Zersetzung unserer Revolution. Auch 1789 hatte es einen generösen Aufschwung gegeben, der später verpuffte. G. sei ein Eiterproduzent. Bis 1933 hätte er diesen Eiter auf den Isidor Weiss verspritzt.[383] Als der fort war, begann das Bespritzen unserer sauberen Westen.

Mitte Mai [1939][384]

Anfang April hatte ich den grössten Teil d. Gauleiter geladen. Sie kamen, soweit sie irgend konnten, froh, einmal frisch von der Leber weg sprechen, sich aussprechen zu können.

Zunächst Ansichten über die Sonthofener Tagung: Zu lang, Themen durcheinander, Kritik d. Parteiführer untereinander vor allen Kreisleitern, nicht gut durchgearbeitete Vorträge. Einstimmig: das einzige, was mit der Tagung ausgesöhnt u. alle zufrieden gemacht hätte, sei meine Schlussrede gewesen. – Sehr herzliche Aussprachen u. Ruf nach einer zielklaren Leitung der Partei. R.[udolf] H.[ess] anständig, aber krank und entschlusslos. Sein Stab wenig fruchtbringende Arbeit.

Und dann: der tiefe Schmerz: die Diskreditierung der Partei durch Dr. G.[oebbels] – Einer erzählte (S.[türtz]), er hätte als Oberpräsident einen Plan von G. verhindert.[385] Vor Berlin lägen 3200 Hektar Wald; Naturschutz, Erholung f. Berliner. Dort wollte G. sich ein Haus bauen, Wald einzäunen. Arbeiter hatten schon begonnen, Baumaterialien wurden bereits gebracht. Da habe er das <u>verboten</u>: falls er deshalb zum Führer zitiert werden solle, werde er auspacken, gleich, was mit ihm geschehe.

---

383 Weiß, Bernhard (1880–1951); Jurist und Polizist; seit 1927 als Berliner Vize-Polizeipräsident Opfer regelmäßiger Diffamierungskampagnen von Goebbels, der Weiß wegen seiner jüd. Herkunft stets als »Isidor« titulierte; 1932 Entfernung aus dem Polizeidienst; 1934 Flucht über Prag nach London.

384 Korrigiert; vorher »Anfang Mai«.

385 Stürtz, Emil (1892–1945); 1925 NSDAP-Beitritt; seit 1936 Gauleiter von Kurmark, später des Gaus Mark-Brandenburg; 1937 Oberpräsident der Provinz Brandenburg.

Später wurde es sehr kameradschaftlich, alle waren froh, einmal zwanglos beieinander gewesen zu sein. Der Führer hat noch immer treue gute Kämpfer; aber sie haben es schwer, wenn von oben schlechte Beispiele kommen u. die Zügel schleifen.

+

Der Führer der Araber Palästinas besuchte mich: man kenne überall meine Arbeit. Ob wir nicht moralisch helfen wollten. Vielleicht indem eine Medikamentenladung dem Mufti nach Beyrut gesandt werde.[386]

Er brachte eine Karte aus London mit, in der die jüd. Aspirationen eingezeichnet waren. Wir verabredeten eine Flugschrift. Diese wurde von uns fertiggestellt u. wird soeben im Ausland von d. Arabern gedruckt.

Aus Bagdad ein führender Araber: Ich: Wenn ihr noch stark werden wollt, müsst ihr gemeinsam eure Genossen in Palästina unterstützen. Sonst werdet ihr einzeln geschlagen.

Er: Ich sehe das ein, aber wir haben keine Waffen, oft a. d. Kriegszeit. Ibn Saud ist auch sehr vorsichtig.[387]

Ich erinnere mich, dass ich Ribbentrop vor einem Jahr sagte, wir müssten eine Gesandtschaft in El Riad einrichten. Er sagte zu. Mit Mühe u. Not wurde der Bagdader Gesandte auch b. Ibn Saud akkreditiert. Eher eine Kränkung! – Unser Gesandter schrieb mir einen Hilferuf: heute könne man bei Ibn Saud noch etwas ausrichten, nach paar Jahren sei es vielleicht zu spät. Das alte Lied unserer amtlichen Demokratie. – Bei einem Abend b. Führer erzählte ich Raeder den Fall, der sofort einsprang u. mich unterstützen u. zu mir zum Kaffee kommen wollte.[388] Es wird Zeit, uns hier auszusprechen, auch über andere Dinge.

+

386 Al-Husseini, Mohammed Amin (ca. 1893–1974); arab. Nationalistenführer; 1921 von der brit. Mandatsmacht zum Mufti von Jerusalem ernannt; seit den 1930er Jahren intensive Kontakte mit NS-Funktionären zur Mobilisierung arab. Gruppen für antisemitische und antibrit. Politik.

387 Ibn Saud, Abd al-Aziz (1880–1953); ab 1932 saudischer König.

388 Raeder, Erich (1876–1960); Offizier; seit 1935 Oberbefehlshaber der Kriegsmarine; 1939 Großadmiral; 1943 Admiralinspekteur der Kriegsmarine; 1946 IMT-Urteil zu lebenslanger Haft; 1955 Haftentlassung.

Im Auftrage des »wahren estnischen Bauerntums« waren zwei Balten bei mir. Sie überreichten mir estn. Bauernbrot u. verlasen eine im Wortlaut festgelegte Adresse, angeblich im Auftrage jener Kreise (Freiheitskämpfer),[389] die einst durch die heutige Regierung mundtot gemacht worden seien: in Anerkenntnis eines 700-jährigen Schicksals bitten sie das D. Reich, den Schutz d. estn. Volkes zu übernehmen, einschliesslich der Form eines Protektorates. – Sie nannten mir die Namen der estn. Generäle, die hier mittäten. Päts sei ein alter Mann, die Herren d. Regierung hätten ihr Geld alle in Schweden.[390] Wenn die Russen kämen, seien sie sicher, der estn. Bauer aber dem Bolschewismus ausgeliefert. Sie wollten wissen, ob wir am Schicksal Estl. ein Interesse hätten u. ob im Fall eines Schutzes wir den Esten ihre Sprache und Kultur lassen würden.

Ich: Wir haben kein Interesse daran, Russland wieder in Reval u. Riga zu sehen. Wir anerkennen d. Volkstum einer jeden Nation. Einmischen wollen wir uns nicht, ihr müsst selbst die Kräfte mobilisieren, um eine neue Haltung durchzusetzen.

Die Herren schieden befriedigt. Es bleibt abzuwarten, wie das Kräftespiel verlaufen wird. Historisch gesehen, haben die Völker nur die Wahl: von Russland vernichtet zu werden, oder unter deutschem Schutz zwar ihre Militärhoheit u. Aussenpolitik zu verlieren, aber ihr Volkstum, ihr Dasein u. ihre Arbeit erhalten zu können.

+

Der Leiter der rumänischen Wirtschaftsabordnung, Dimitriu, machte seinen Besuch.[391] Er wisse, dass ich der geistige Vater des d.-rumänischen Wirtschaftsvertrages sei, auch wenn ich nicht an den Verhandlungen des Tages teilnehme. – Er entwickelte dann seine Gedanken: dass Deutschland sich nicht nur auf die Ölsuche stürzen müsse, sondern die rumän. Bauern veranlassen solle, von Weizenbau zu Futtermittel überzugehen. Butter u. Eier seien ja auch für D. wichtiger als Wei-

389 »Estnischer Bund der Freiheitskämpfer« *(Eesti Vabadussõjalaste Liit)*; 1929–35 autoritäre estn. Parteiströmung; von Päts 1934/35 ausgeschaltet.

390 Päts, Konstantin (1874–1956); estn. Politiker; 1918–40 wiederholt Staatsoberhaupt; ab 1940 in sowj. Haft.

391 Möglicherweise Dimitriu, Sergiu (1896–unbek.); rumän. Ministerialbeamter im Innenministerium.

zen – Was ich richtig fand, da es damit zusammentraf, was wir 5 Jahre gegen die »Praktiker« d. R.[eichs]-Wirtschaftsministeriums unter Schacht angestrebt hatten. – Wohltat hatte ich durch Intervention b. Göring und Fürsprache b. Führer gerettet. Er hatte damals unsere Auffassung begriffen u. jetzt gute Arbeit geleistet.

+

Im übrigen viele Vorträge, verbunden mit der Freude, dass meine Haltung doch Achtung errungen hat. Vortrag Halle, im Kaisersaal Aachen über Universalmonarchie u. Heimatgefühl, Ehrenbürgerurkunde Köln, dort i.d. Universität Vortrag. Grosse Rede im Sportpalast über Wesen der franz. Revolution. Dazwischen vor den Erziehern d. Jugend-Akademie Braunschweig, vor den Regimentschefs in München usw.[392]

Funk sagte mir neulich anlässlich d. Empfangs von Teleki b. Führer: »Ich sehe, dass Sie immer fester Fuss fassen u. wenn ich höre, wie die Leute bei mir über Sie sprechen im Vergleich zu anderen, dann bin ich mir über die Lage im Klaren.«[393] Etwas, was ich so ohne weiteres von Funk nicht erwartet hätte.

21.5. [1939]

Gestern 2stündige Unterredung m. Göring. Ich entwickelte meine Ansichten über völkerpsychologische Aussenpolitik. 1914 wäre der Kampf in Belgien anders verlaufen, wenn wir gleich am Anfang die Freiheit der unterdrückten Flamen verkündet hätten u. d anderen v. Engl. u. Frankr. unterdrückten Völker. In der Tschechen-Krise kannte niemand die völkischen Verhältnisse d. Karpatho-Ukr. Man zog (Ribbentrop) die Grenze so, dass die Eisenbahn nach Rumänien auf 10 klm. durch das neue ungarische ~~Problem~~ Gebiet zerschnitten wurde. Erfolg: U.[kraine] sperrte diese Eisenbahn u. verhinderte die Versorgung d. K.[arpatho]-Ukr. aus Rumänien. Nachher, als die K.-Ukr. geopfert wurde, haben wir als Be-

392 Jugend-Akademie Braunschweig; Ausbildungsstätte für HJ-Führer.

393 Teleki, Pál Graf (1879–1941); ungar. Politiker; 1920–21 und 1939–41 Ministerpräsident; Vertreter des ungar. Revisionsmus und Befürworter antisemitischer Gesetzgebung; Selbstmord nach Bekanntgabe der ungar. Beteiligung am dt. Angriff auf Jugoslawien.

trüger dagestanden, weil die Vertreter des OUN[394] sich dort als unsere Vertreter ausgaben u. in unserem Namen alle Versprechungen machten. Hinzu kam die Propaganda für die OUN durch d. Wiener Rundfunk. Jetzt hetzen auch die Ukrainer gegen uns. Ich lasse durch eine ukr. Korrespondenz die Schuld der OUN als Gegenwirkung feststellen, was ja auch richtig ist, weil diese Gruppe rücksichtslos vorgegangen ist usw.

Will man u. U. hunderttausend d. Blutopfer sparen, so muss die psychologische Bearbeitung vorbereitet werden. Heute tut das Prop. Min., Gestapo, AA, O. H. L.[395] usw., was jeder mag. Auch wenn sie jetzt fast stets bei mir anfragen u. etwas kleinlaut geworden sind, so ist die Exekutive verteilt, ohne einheitliche Richtung (Beispiel Grossfürst Wladimir).[396]

Ich lasse jetzt eine Karte aller Völkerschaften Osteuropas u. Sibiriens zeichnen (87 Völker!), Denkschriften über Ukr., Weissrussland, Kaukasus usw. Aber das bleibt solange Theorie als die auswirkend gesicherte Exekutive nicht einheitlich ist (Auftrag Dittloff).[397]

G.[öring] wurde immer nachdenklicher u. sprach sich dann in schärfster Weise gegen v. R.[ibbentrop] aus. Der habe Karriere ohne Kampf gemacht u. selbst wenn eine Meinung von ihm sachlich richtig sei, so käme sie aus unsachlichen Motiven. – Ich stimmte zu: wenn v. R. England hasse, so falle sein Komplex diesmal mit staatl. Notwendigkeiten zusammen. Im übrigen sei ich der Überzeugung, dass er sich in Engl. genau so dumm u. arrogant aufgeführt habe wie hier u. deshalb auch persönlich genau so abgelehnt worden sei. Niemand habe ihn u.

---

394 Organisation Ukrainischer Nationalisten; gegr. 1929 in Wien zwecks Schaffung eines unabhängigen ukrainischen Staates; insbes. über ihren Berliner Vertreter Pawlo Skoropadskyi (1873–1945) versuchte die OUN, die deutsche Unterstützung zu gewinnen; nach dem deutschen Überfall auf die Sowjetunion und dem Scheitern ukrainischer Autonomiepläne Übergang zum Partisanenkampf, seit 1945 gegen die Sowjetunion.

395 »O. H. L.« nachträglich eingefügt; gemeint: OKW

396 Romanow, Wladimir Kirillowitsch (1917–1992); wuchs im Exil in Coburg, später in Paris auf, seit 1938 Oberhaupt der russ. Zarenfamilie Romanow.

397 Vermutlich Dittloff, Fritz (1894–1954); Unternehmer; 1934 SS-Beitritt; Geschäftsbeziehungen in die Sowjetunion (Deutsch-Russische Saatbau AG Berlin; ›Konzession Drusag‹ im Nordkaukasus).

seine Herren in London mehr eingeladen. Budding musste Aufforderungen besorgen.[398]

G.: v. R. hat nur einen Freund (H.[itler]), sonst hat er sich nur Feinde gemacht. Schreibt mir freche Briefe »voll Besorgnis«. Ich werde sie in d. nächsten Tagen dem Führer vorlegen. v. R. habe auch als Minister d. Führer einmal die Kabinettsfrage gestellt. Als er hörte, dass er für diesen Fall gehen könnte, hätte er zurückgezogen.

Das Gespräch kam dann wieder auf Russland. Auch wenn meine Anschauungen als Ziel richtig wären, so wären Übergänge möglich. Was ich bejahte (Verhältnis zu Polen). Konkreter Vorschlag: meine Herren so einzubauen, dass sie exekutiven Rückhalt hätten. Eine notwendige Arbeit dürfe nicht unterbleiben, weil ein unfähiger Aussenminister nichts verstehe oder aus Eitelkeit alles »selbst machen« wolle. Wurde in Aussicht genommen: Darstellung wirtschaftspol. Möglichkeiten im Osten, historische, volkspsychologische Lage.

Schon im Weggehen sprachen wir noch eine halbe Stunde. G. erzählte, wie v. R. ihn von der Spanienfahrt abgehalten habe: durch Einschub des amtlichen Vertreters Stohrer, was eine persönliche Begegnung unmöglich machte.[399] – In Italien: Hinweis auf Nichtunterrichtung eines Staatsbesuches (obgleich Mussolini s.[einen] Adjutanten besonders entsandt hatte u. m. d. Führer Rücksprache gehalten worden war).

G.: Alles in allem: ist v. R. ein Narr oder Dummkopf? – Ich: ein richtig dummer Mensch mit der üblichen Arroganz.

G.: Ich erfuhr neulich. Er hatte sich bekanntlich von einer Verwandten adoptieren lassen, um das »von« zu erhalten. Das dabei ausgemachte Geld hatte er aber nicht bezahlt, sondern er musste erst auf Zahlung verklagt werden. Mit seinen »Verbindungen« hatte er uns geblufft. Als man die franz. Grafen u. engl. Adeligen näher ansah, waren sie Besitzer von Sekt-, Whisky-, und Kognakfabriken. (R. war früher Sekt- u. Whiskyvertreter.)

398 Möglicherweise Budding, Karl (1870–1945); Jurist; 1918–19 Mitglied der Waffenstillstandskommission, später Regierungspräsident in Marienweher.

399 Stohrer, Eberhard von (1883–1953); Diplomat; 1936 NSDAP-Beitritt; 1937–43 Botschafter in Spanien.

Ich: In d. Kampfzeit haben die Leute über ihn gespottet. 1930 sah der Herrenclub im NS eine Macht hochkommen. Und auch v. R. in Firma Henkell wollte ins Geschäft kommen. Und hat es erreicht[.]

G.: Heute glaubt der Dummkopf überall »eiserner Kanzler« spielen zu müssen (Polen, Dirschauer Truppenzusammenballung).[400] Ich könnte mich ohrfeigen, dass ich s. Dankbrief an d. F.[ührer] nach s. Ernennung zum Botschafter nicht d. Führer gegeben habe; er wäre dann von vornherein unmöglich geworden. Aber: so ein Dummer erledigt sich nach und nach doch selber; nur kann er furchtbares Unheil anrichten. Dr. G.[oebbels] nimmt uns das Vertrauen im Innern, v. R. nach aussen – das ist noch gefährlicher[.]

19. Juli [1939]

Am 18. war ich nach einer Ansprache vor dem Bund d.[eutscher] Kriegsopfer in Northeim nach Harzburg gefahren, wo ich die Mitteilung erhielt, der Führer wolle mich sprechen. Ich rief a. d Berghof an u. der Führer sagte mir: er habe meine Rede gelesen (Englands Lage, bestimmt für den nordischen Tag in Lübeck), er teile alle meine Ansichten durchaus, es wäre aber einiges zu bedenken. Wenn jemand beliebiger diese Gedanken entwickeln würde, wäre gut, wenn ich es aber täte, könnte man das in London als einen Wink mit dem Zaunpfahl betrachten; und die Russen könnten dann[,] vielleicht schneller als erwartet, in den englischen Ring springen. Ich antwortete, ich hätte die Rede deshalb eingesandt, um keinerlei Missverständnisse aufkommen zu lassen, ich würde sie selbstverständlich zurückziehen. Führer: Wenn man nach paar Wochen klarer sehe, so könnte eine Veröffentlichung ohne weiteres vorgenommen werden, für den Augenblick, angesichts der ungeklärten Lage in Moskau, wäre jedoch abzuraten. –

Der Führer ist also doch nicht ganz Ribbentrops Meinung, sondern hat bei aller notwendigen Härte u. Vorbereitung auch für härteste Konsequenzen den Briten gegenüber, doch noch die alte Haltung: alles mögliche zu versuchen …

400 Dirschau (Tczew); poln. Stadt in der Wojwodschaft Pommern.

Aber in London ist kein Partner. Nur hebräische Kriegsminister,[401] eitle Demagogen u. ein alter Premier, der, um die Stimmen seiner Partei nicht zu verlieren, die Politik der hysterischen Opposition machen muss.

22.8.[1939]

Gestern kurz vor zwölf kam die Nachricht vom d.-sowjetrussischen Nichtangriffspakt.[402] Trotz aller Abneigung zu Tagebüchern, möchte ich meinen ersten Eindruck festhalten.

Zunächst: Erkenntnis der erleichterten aussenpol. Lage: Fortfall der Bedrohung durch die russ. Luftflotte im d.-poln. Konflikt, Entlastung der Ostsee, Rohstoffzufuhr usw.

Dann: Reise unseres Ministers nach Moskau eine moralische Achtungsminderung angesichts unseres jetzt 20-jährigen Kampfes, angesichts unserer Parteitage, angesichts Spaniens. Das Bitten der Engländer und Franzosen war nicht so schlimm, weil sie ja nie die Sowjetregierung als identisch mit der 3. Internationale[403] bezeichnet hatten, die wir jetzt 20 Jahre als jüdisches Verbrechertum hingestellt hatten. Der Führer sagte vor etwa 4 Jahren in meiner Gegenwart zu einem Ausländer (Goga?): Er könne nicht mit Moskau zusammengehen, weil es nicht möglich sei, dem d. Volk das Stehlen zu verbieten und zugleich mit Dieben Freundschaft zu halten. Ribbentrop wird bei allem nichts fühlen, da er ausser Hass auf England keine politische Gesinnung besitzt.

Das erste Gefühl hat angesichts der doch bedrohlich werdenden Einkreisung zweifellos im Volk überwogen. Das ist ein gesundes Gefühl

401 Gemeint ist der brit. Kriegsminister Hore-Belisha.

402 Nach intensiven Verhandlungen wurde am 24.8.1939 (unter Datum vom 23.8.) in Moskau der dt.-sowj. Nichtangriffspakt (Molotow-Ribbentrop-Pakt) unterzeichnet, der den dt. Überfall auf Polen am 1.9. vorbereitete und in einem geheimen Zusatzprotokoll die Interessensphären der beiden Mächte demarkierte.

403 Dritte Internationale/Kommunistische Internationale; 1919–43 Zusammenschluss kommunistischer Parteien mit Zentrum (Exekutivkomitee) in Moskau, ursprünglich zur weltweiten Förderung revolutionärer Bewegungen, seit Beginn der Diktatur Stalins zur Förderung sowjet. Interessen.

allgemeiner Selbstbehauptung; bei den alten Kämpfern wird sich wohl wie bei mir, auch das zweite eingestellt haben.

Die Sowjets sollen bereits eine Delegation für den Nürnberger Parteitag vorgemerkt haben.

Die Schwenkung des Führers wird angesichts der gegebenen Lage eine Notwendigkeit gewesen sein; und da sie um 180° geht, werden daraus auch sehr weitreichende Konsequenzen gezogen werden.

Vor einigen Monaten sprach ich mit Göring über diese Eventualitäten: wenn es sich um das Leben D.[eutschland]'s handelt, müsste selbst ein zeitweiliges Zusammengehen mit Moskau ins Auge gefasst werden. Etwa: neue Teilung Polens. Es wäre blos Vorsicht am Platz, dass nach bestimmten Besprechungen die Sowjets nicht zurückzuckten, uns stehen liessen, vor aller Welt als Bittende blosstellten und mit der Gegenseite ein Bündnis machten.

Das, was jetzt geschieht, geht notwendig weiter.

Unsere Presse lässt – nach Anweisungen vom AA. – schon alle Würde vermissen. Man hätte den wirtschaftlichen Austausch sehr wohl als Begründung einer staatlichen Befriedung anführen können: heute jauchzen sie schon über die traditionelle Freundschaft zwischen dem d. u. dem russischen Volk. Als ob unser Kampf gegen Moskau ein – Missverständnis gewesen sei und die Bolschewiken die wahrhaften Russen seien mit allen Sowjetjuden an der Spitze! Diese Umärmelung ist mehr als peinlich.

In Moskau ist ein etwas andrer Wortlaut der Meldung verbreitet worden: danach sei ein Nichtangriffspakt beschlossen, die Unterhandlungen würden aber einige[404] Zeit in Anspruch nehmen.

D[eutsches]N[achrichten]B[üro]: R.[ibbentrop] fährt nach M.[oskau], um den Pakt zum Abschluss zu bringen. Rundfunk London versucht bereits, in diese Lücke den Fuss zu stecken u. fügt hinzu: ein d.-r. Pakt hindere keinesfalls auch ein Bündnisabkommen zwischen Moskau, Paris, London. – Na, hoffentlich lässt man v. R. nicht auch noch durch längere Konferenzen in die Rolle der britischen Vertreter hineinschlittern.

Im übrigen bleibt die Entwicklung abzuwarten.

Die Geschichte wird vielleicht einmal klären, ob die Lage, die entstanden war, hat entstehen müssen. D.h. ob keine entscheidenden

404 Ursprünglich: »längere«; gestrichen.

englischen Kräfte zu einem Zusammengehen mit uns zu mobilisieren gewesen wären. Das ~~wär~~ hätte bedeutet: b. grundsätzlicher Betonung des Rechts auf alle Kolonien sich mit einer abzufinden, um dafür engl Unterstützung im Osten zu erhalten. Diese Lösung wurde durch die Propaganda v. R.'s als unser Botschafter in London nahezu unmöglich (Kolonialrede i[n] Leipzig). In London selbst hat v. R., der doch wegen seiner angebl. »Beziehungen« hingeschickt worden war, alle ebenso vor den Kopf gestossen wie hier. An seiner Person hat zweifellos viel gelegen. Wie viel, wird erst die Zukunft erfahren.

Auf brit. Seite ist ein unverfrorenes Verhalten gegenüber allen Angeboten d. Führers festzustellen u. eine antideutsche dauernde Propaganda aller Liberalen u. Genossen, aber auch der Konservativen vom Schlage d. Eden u. Cooper.[405] Ob das zu überwinden gewesen wäre, kann heute nicht entschieden werden. Chamberlain war vielleicht eine Chance dafür. Ist die Anschauung aber richtig, dass England einen Wiederaufstieg D.'s auch nach Osten hin überhaupt nicht wollte, dann sind die Konsequenzen von heute eben richtig und müssen ohne Sentimentalitäten beschritten werden.[406]

Vorgestern war ich 3 Stunden bei Göring. Er hatte meine Abhandlung über W[elt] A[nschauung] u. Religion gelesen u. begann plötzlich eine eingehende religiöse Aussprache. Kerrl hatte ihn offenbar bestürmt u. G.[öring] wollte sich selbst Klarheit über alle Konsequenzen verschaffen: »Sie sind nächst dem Führer der einzige, der diese Fragen fundiert behandelt hat, ich möchte wissen, wie Sie denken.« Ich führte näher aus, was in der Abhandlung niedergelegt war, betonte, dass wir den Kirchenversuchen entgegentreten müssten, ihre Konfession mit Gottgläubigkeit gleichzusetzen. Ich gab ihm eine kirch. Broschüre, die ich von einem Flakregiment erhalten hatte u. las ihm einiges vor (beiliegend)

---

405 Eden, Robert Anthony, 1st Earl of Avon (1897–1977); brit. Politiker; 1935–38, 1940–45 und 1951–55 Außenminister; 1955–57 Premierminister. – Cooper, Alfred Duff, Lord Norwich (1890–1954); 1935–38 brit. Kriegsminister; 1944–47 Botschafter in Frankreich.

406 Folgende Passage von »Vorgestern war ich« bis »(eine von vielen!)« mit Markierung (Bleistift); abgedruckt (mit kleineren Abweichungen) in Kempner, Der Kampf gegen die Kirche, S. 32 f. (unter Datum »Ende August 1939«). Angesichts der Blattfolge ist die Datierung dieser Passage unsicher.

[fehlt] Ich fügte hinzu, wer kirchl. Trost brauche, dem dürfe er nicht verweigert werden; 1000 Jahre Zucht seien nicht zu überwinden. G.: [»] Glauben Sie, dass also das Christentum zu Ende geht u. später eine neue von uns bedingte Form entsteht?« Ich: Jawohl! Nach den Abbröckelungen aller Art wird das kirchl. Wertsystem schon nicht mehr innerlich anerkannt. G.: [»]Das will ich wissen. Ich werde unter vier Augen den Führer fragen müssen, was er zuinnerst will. Sie wissen, er hat manches Entgegenkommende gesagt.[«]

So ging das Gespräch weiter. Ich sagte ihm, ich freue mich, dass wir einmal über dieses Thema sprechen könnten u. lud ihn zu einem Abend zu mir ein. Was er gerne zusagte.

Ich gab ihm dann den Entwurf. Er betonte seine Zustimmung u. bestand darauf, dass ich Mitglied des Reichsverteidigungsrates würde. Was mich ausserordentlich befriedigte. Er fügte hinzu, Hess sei anderer Meinung (er sei doch die Vertretung der Gesamtpartei), aber er, G., werde darauf bestehen bleiben. Darauf wurde der entsprechende Punkt eingefügt.

G. sagte dann, er habe mein Schreiben über Goebbels Rede gegen Churchill dem Führer vorgelegt (Beilage).[407] Dieser habe meine Stellung als absolut richtig bezeichnet: solche Stilblüten hätte der ganze Reichstag nicht aufzuweisen gehabt. Man müsse sehen, dass Dr. G.[oebbels] während der Krieges überhaupt nicht mehr spreche. – Wir waren uns darüber einig, dass ein schlechterer Prop-Minister kaum noch aufgetrieben werden könnte, da das Volk zu ihm persönlich keinerlei Vertrauen habe.

Für den Fall d. Zustimmung des Führers erklärte ich G., wie ich mir die Führung des Seelenkrieges denke.

Heute als ich zu Mittag b. Führer war, teilte mir Bodenschatz mit, G. habe jetzt bei den Fliegern alle ~~Feld-~~Pfaffen hinausgetan.[408] Er war ebenfalls ehrlich empört über die oben genannte Broschüre (eine von vielen!).

---

407 »Beilage« nachträglich eingefügt; fehlt.

408 Bodenschatz, Karl-Heinrich (1890–1979); Offizier; 1938–45 Chef des Ministeramts im RLM; 1941 NSDAP-Beitritt; General; Vertreter Görings im Führerhauptquartier; beim Attentat des 20. Juli 1944 schwer verletzt; 1945–47 in amerik. Kriegsgefangenschaft.

G. erzählte dann noch einige sehr bezeichnende Sachen (Grenzziehung in Polen, Empfang des Vertreters von General Motors ...). Die ganze Unterredung verlief sehr kameradschaftlich und ich musste wieder die starke Vitalität G.'s feststellen.

Bereits heute meldete sich bei mir Major Brosius[409], um über d. Schulungsfragen zu sprechen, die mit unserem Plan zusammenhängen.

Heute hofft Hess den Führer zu sprechen, um meinen Entwurf zu Fall zu bringen.

Rudolf Hess ist ein alter treuer ~~Kämpfer~~ Mitarbeiter des Führers, sicher bereit, sich für diesen in jeder Hinsicht zu opfern. Aber er war in der Kampfzeit Sekretär, d.h. er hat nie einen Gedanken zu gestalten u. zu verteidigen gehabt, nie die Partei organisieren helfen. Seine Urteilskraft war also unerprobt u. unausgebildet. Hinzu kam seine Krankheit. Magenkrank, von vielen Schmerzen geplagt, hemmte auch das seine Entschlusskraft. Aerzte, Heilkundige aller Art umgaben ihn, Astrologen, Pendler waren in seiner Umgebung. Jahrelang blieben einfachste Dinge unentschieden. Mein Briefwechsel alleine mit ihm ist das Zeichen eines dienstlichen Martyriums; das fast alle durchmachten. Da er nun durch Görings Robustheit und Tatkraft überflügelt worden ist, hat er schon lange alle Hemmungen gegen mich ausgebaut oder doch sich ausbauen lassen – auch durch Naturen subalternster Art. Er ist als absolut anständiger, schlichter Mensch bereit gewesen, sich dahin zu äussern, mich als stärksten w[elt]-a[nschauulichen] Kopf der Bewegung zu bezeichnen, aber der Wille, seine Stellung doch zu halten, durchbrach doch allen Anlauf zu einer wirklichen Grosszügigkeit.

Der Führer hat H.[ess] eine Aufgabe übertragen, für die er als treuer Mensch gewachsen, als leitender Mann aber nicht gewachsen war.

Im übrigen: im Zusammenhang mit der Stellungnahme des Führers zu Goebbels Churchill Rede hatte er noch zu Goering gesagt: [»]Ich freue mich immer, wenn ich mit Rosenberg zusammen rede, wie z.B. auf dem Parteitag. Seine Reden sind klassisch, etwas andres als das Geschwafel von G.[oebbels] Dieser hatte mich gebeten, doch mit ihm (auf der Kulturtagung) zu sprechen; das werde ich niemals tun.«

---

409 Name nicht identifiziert.

25.8.[1939] ab.[ends]

Die Hoffnungen Englands auf Hinauszögerung d. Verhandlungen haben sich glücklicherweise nicht bewahrheitet: der Pakt mit Moskau wurde schnell unterschrieben. Ein weitreichender Entschluss, dessen Folgen nicht abzusehen sind. Historisch: so wie Sparta u. Athen abwechselnd die Perser zur Hilfe riefen, so wenden England und D. sich heute an die Sowjet-Union. Die Engländer haben als erste skrupellos den Versuch gemacht, die Sowjets gegen uns zu hetzen; was konnte der Führer angesichts der vorhandenen Lage tun, als dies durch eine plötzliche Wendung vereiteln. Wie ich soeben erfahre ist es so gekommen, dass der Führer an Stalin einen Brief mit einem Angebot gemacht hat, worauf eine sehr liebenswürdige Antwort gekommen ist ...

Und jetzt eine grosse Enttäuschung kurz vor Beginn der Polenlösung: Mussolini hat in 2 Telegrammen den Führer ersucht, von jeder Aktion abzustehen, er wolle vermitteln ... Wie ist das zu denken? Ist v. R.[ibbentrop] wieder illoyal in der Unterrichtung gewesen? Schon nach Salzburg hatte er ein Communiqué veröffentlichen lassen, das Ciano nicht gelesen hatte.[410] Daraus ergab sich gleichsam, dass nach Empfang Cianos b. Führer die Dinge klar lägen; wogegen Ciano natürlich erst den Duce unterrichten wollte. Grosse Aufregung. Attolico wird nach Rom gerufen.[411] Die Sache wird aufs DNB geschoben und irgendwie eingerenkt.

Der für 5 Uhr morgens vorgesehene Reichstag wurde abgesagt. Alle Vorbereitungen zu einem bestimmten Termin sind über den Haufen geworfen.

Ich habe das Gefühl als ob sich dieser Moskau-Pakt irgendwann am Nationalsozialismus rächen wird. Das war nicht ein Schritt aus freiem Entschluss, sondern die Handlung einer Zwangslage, ein Bittgesuch seitens ~~der~~ einer Revolution gegenüber dem Haupt einer anderen, die

---

410 Ciano, Galeazzo, Conte di Cortellazzo (1903–1944); ital. Politiker; Schwiegersohn Mussolinis; beteiligt am »Marsch auf Rom«; 1936–43 Außenminister; Miturheber der »Achse Berlin–Rom«; 1943 Botschafter im Vatikan; in der Repubblica Sociale Italiana wegen Beteiligung an der Absetzung Mussolinis hingerichtet.

411 Attolico, Bernardo Graf (1880–1942); ital. Diplomat; 1935–39 Botschafter in Berlin; anschließend Botschafter beim Vatikan.

niederzukämpfen das vorgehaltene Ideal eines 20-jährigen Kampfes gewesen ist. Wie können wir noch von der Rettung und Gestaltung Europas sprechen, wenn wir den Zerstörer Europas um Hilfe bitten müssen? Wir können heute auch nicht offen sagen, durch ein Zusammengehen würden wir nach und nach in Russland eine Änderung herbeiführen, um dadurch wirklich an das russische Volk heranzukommen.

Wenn wir zudem der Sowjet-Union das Territorium der poln. Ukraine überlassen müssen, so ist das nach der Karpatho-Ukr. der zweite Schlag unsererseits gegen die stärkste antimoskowitische Kraft. Das mag sich auch jetzt noch nicht auswirken, wohl aber in späteren Zeiten. Aber da nun einmal ein entscheidender Entschluss gefasst worden war, so ergibt sich das, und noch manches andere, mit Konsequenz.

Und wieder entsteht die Frage: musste diese Situation kommen? Musste die polnische Frage jetzt gelöst werden und in dieser Form? Heute kann niemand darauf eine Antwort geben. Ich jedenfalls halte Ribbentrop für den deutschen Iswolsky, der auch aus gekränkter Eitelkeit die »Gründe« zu seiner politischen Haltung schöpfte.[412]

24.9.39

Fast 4 Wochen sind seit dem Kriegsbeginn verflossen. Ich habe mich seit fast 1 ½ Monaten mit einer Knochenhautentzündung im Fussgelenk herumgeplagt, bin am 1.9. nur in den Reichstag u. abends zum Führer gehumpelt, um dann bis vor kurzem zu Hause zu bleiben. So habe ich abseits der unmittelbaren Geschehnisse gestanden – u. wäre auch sonst nicht zu ihnen herangezogen worden, da heute andere Männer als zur Kampfzeit die Umgebung des Führers in entscheidender Weise ausmachen. Trotzdem bin ich fortlaufend unterrichtet worden, habe viele gesprochen und meine Stimmungen und die anderer bedächtiger überlegen können. So mag einiges hier vermerkt werden, damit ich es im Lichte späterer Zeiten mit Zustimmung oder mit Verwunderung als Niederschlag in entscheidenden Tagen deutscher Geschichte lesen

412 Iswolsky, Aleksandr Petrovich (1856–1919); russ. Diplomat; 1906–10 Außenminister; 1910–17 als Botschafter in Paris, in Dtl. hielt man ihn für mitverantwortlich an der Isolierung des Reiches im Vorfeld des Ersten Weltkriegs.

kann. Ein allseitig sachlich begründetes Urteil vermag ich nicht abzugeben: ob man im geheimen wirklich glaubte, England werde nicht marschieren; wie gross die Rohstoffreserven angesichts dieses Marschierens sind; ob die Aussichten in Moskau u. Tokio berechtigte Unterlagen hatten usw. Für die Auswertung dieser Unterlagen tragen der Führer, nächst ihm Göring und – ein Witz der Weltgeschichte – ein Mann von »Format« Ribbentrop die Verantwortung. Mit allen sich aus dem Begriff eines Führerstaates ergebenden Konsequenzen.

Als ich am 1.9. in den Reichstag kam, traf ich in der Vorhalle Göring, der den Führer erwartete. Wir gingen etwas zur Seite. Er sagte: Sie wissen, dass Mussolini seine Beteiligung abgesagt hat. Ich: Ja, ich habe von seinen Briefen Kenntnis. G.[öring]: Er hat noch heute morgen seine Stellungnahme wiederholt. Ich: Ich vermag kein begründetes Urteil zum heutigen Beschluss abzugeben. Ich habe nur das Gefühl, dass man England geflissentlich unterschätzt hat; man hat in den letzten Jahren mit ihm nicht so gesprochen, wie man eben mit einer Weltmacht spricht. G.: Ich habe heute nacht wie ein Löwe darum gekämpft, um den Entschluss noch um 24 Stunden hinauszuschieben, damit die 16 Punkte sich auswirken könnten. Ribbentrop hatte gesehen, dass der Führer mit Henderson entschieden gesprochen hatte, u. der kleine Geist glaubte, das noch verstärken zu müssen.[413] Henderson klagte, R.[ibbentrop] habe ihm die Vorschläge zu schnell vorgelesen. Darauf habe ich etwas getan, was ich nicht hätte tun dürfen: ich habe sie ihm per Telefon noch einmal langsam vorgelesen. Sonst könnte man es sagen, wir hätten die Vorschläge nur zur Ablenkung gemacht ...

Ich: Ich weiss, dass von Ihnen noch Sondergesandte in London waren. Ich habe meinerseits ausgemacht, dass der politische Berater des brit. Luftfahrtministeriums für den Fall der Erledigung Polens sich aus der Schweiz bei mir ansagt, falls noch etwas für den Frieden getan werden kann. G.: Ja, ich habe Ihre Aktennotiz für den Führer gelesen.

In diesem Augenblick betrat der Führer das Gebäude u. G. musste ihn begrüssen. Der Reichstag begann.

---

413 Henderson, Nevile Meyrick (1882–1942); brit. Diplomat; 1937–39 Botschafter in Berlin; Unterstützer der Appeasement-Politik.

Am Abend war ich in der R[eichs]-Kanzlei: Es kamen die ersten Nachrichten von den Verlusten an der Westerplatte.[414] Diese war mit Bunkern durchsetzt, so dass unsere Truppen beim Vorbeistürmen Schüsse in den Rücken erhielten. – Berichte über die Moskauer Reise u. die Eindrücke über diese, mir einst so gut bekannte Stadt. Zum Essen sass ich rechts vom Führer; er meinte, Henderson habe auf Bluff hin gesprochen: ob im Hinblick auf uns, oder auf England, war nicht zu verstehen. – Die beiden Botschafter sagten sich, wie v. R. mitteilte, für 9^{30} an. – Später betrachteten wir die Karte. Ich zum Führer: Der brit. Rundfunk arbeitet mit dem Begriff eines langen Krieges. Führer: Wie sie wollen! Es war doch gut, dass ich an der franz. Grenze schwerste Geschütze auf festestem Beton aufgebaut habe: schiessen die Franz. auf unsere Städte, so werden sie dauernd von uns auf ihre die Antwort erhalten.

Ich hatte Hess konkrete Vorschläge über den Einsatz meines Amtes u. meiner Person gemacht und bat ihn, zu mir zum Tee zu kommen. Nach einigen Tagen kam er u. bedankte sich für das Material über d. Judenfrage.[415] Meinen Entwurf für ein Flugblatt für die Franzosen hatte er erhalten, übergab mir aber ein Erzeugnis an die Engländer gerichtet, mit Durchschlag eines Briefes an den Führer. Wie immer: gut gemeint, im Wesen schon richtig, aber pastoral, ohne Substanz. Im etwas befremdendem Glauben, dadurch eine entscheidende Wende herbeiführen zu können. Ich sagte Hess, das Volk schaue jetzt auf die Partei. Wir alle hätten jetzt Ursache, uns zu überprüfen, viele hätten das errungene Vertrauen mit Füssen getreten, manche wären keine Nationalsozialisten mehr. Es sei angenehm bemerkt worden, dass der Prop.-Minister nicht in Erscheinung getreten sei, aber er werde wohl wiederkommen, wenn es gelte, billig den Rahm abzuschöpfen. Die alte Partei lehne ihn restlos ab, Gauleiter erklärten mir, wenn der Führer Dr. G.[oebbels] nur einmal freigäbe, werde man ihn »einatmen«, ohne dass von ihm etwas übrig bleibe. Hier müsse das Vertrauen durch Taten wiederhergestellt werden. Die Autorität des Führers sichere noch die Einheit. Nachher kämen Diadochenkämpfe. Das sei nicht nötig, wenn die Illoyalen u. Unkameradschaftlichen von der Führung zurückgewiesen worden wä-

414 Westerplatte, Halbinsel nahe Danzig; bekannt durch den Beschuss des dortigen poln. Munitionslagers am 1. September 1939, der als Beginn des Zweiten Weltkriegs gilt.

415 Bei Seraphim, *Tagebuch*, S. 95: »Verdunfrage« statt »Judenfrage«.

ren. Aber wenn es möglich wäre, wie jetzt geschieht, dass man gerade mit Beinstellen gut vorwärts kommt (Hess verstand die Anspielung auf Bouhler u. bekam einen roten Kopf), dann wäre Hass gegen die Träger dieser Methoden tief berechtigt.[416] Auch sonst verliere die Partei nach und nach die Form.

Hess stimmte hier mit Hinweis auf die Tätigkeit Dr. Leys zu. Sein Riesengeld der DAF [Deutsche Arbeits-Front] verführe ihn, über das Geld Einfluss auf verschiedenste Organisationen zu nehmen. Ich: Jawohl, ich habe es bei der NS-Kulturgemeinde gesehen. Hier wurde ein richtiger Gedanke durch pures <u>Geld</u> kaputt gemacht. Das kommt daher, dass man bis auf heute bei Dr. Ley Führung u. Finanzverwaltung <u>nicht</u> getrennt hat, wie es Grundsatz der Partei ist. Sein neuer »Organisationsentwurf« ist u. a. der Versuch, mich hinter meinem Rücken um mein Lebenswerk zu bringen. (Stellungnahme war ausführlich an Hess gesandt worden.) – Ich kam dann auf andere Fälle des rücksichtslosen Hinübergreifens verschiedener mit Exekutive ausgestatteter Persönlichkeiten auf Gebiete, die sie garnichts angingen.

Meine Vorschläge sah Hess im Grundsatz als richtig an, in der Form glaubte er sich »ausgeschaltet«. Ich: Aber, der Passus, dass meine Arbeit nur im Einvernehmen mit Ihnen vor sich gehen soll, kann bei der öffentlichen Festlegung d. Auftrages doch hereingenommen werden.

Ich musste über dieses Wort oft nachdenken. Hess ist ein anständiger, dem Führer unbedingt treu ergebener Mensch. Er ist seit Jahren magenleidend, entschlusslos, anstatt die Reichsleiter als seinen Stab zu betrachten, baut er sich einen eigenen Riesenapparat auf, z. T. aus kleinen Existenzen, die nun in seinem Namen dort zu »arbeiten« beginnen, wofür die R.[eichs] L.[eiter] vom Führer eingesetzt sind.

Hess nahm meine Entwürfe zur Prüfung nochmals mit. Nach einigen Tagen liess er auf Anfrage, ob ich ihn sprechen könne, sagen, es sei augenblicklich nichts weiteres zu beschliessen. Also wieder nichts: Ein von ihm selbst gut geheissener Arbeitsplan u. eine Schulungsordnung der Partei liegt seit 3 Jahren, ohne zum Abschluss zu kommen.

416 Bouhler, Philipp (1899–1945); 1922 NSDAP-Beitritt; 1923 Teilnahme am »Hitler-Putsch«; 1925–34 Reichsgeschäftsführer der NSDAP; seit 1933 Reichsleiter und SS-Gruppenführer; 1934–45 Chef der Kanzlei des Führers, seit 1939 beteiligt an den »Euthanasie«-Massenmorden (»Aktion T4«).

So verliert die Partei ihre Gestalt: stellenweise parvenuehafte Protzerei, unkameradschaftliches Beinstellen mit pfauenhafter Eitelkeit, und dann kleinbürgerliche Schwächlichkeit und Entschlusslosigkeit. Und so viele Tausende anständiger Nationalsozialisten fragen immer wieder: Wird denn der Führer nicht eingreifen? Kann er den Dr. G. uns noch immer aufzwingen? Wird denn keine Ordnung kommen? – Sie arbeiten treu wie bisher, weil sie kämpften und diesen Kampf nicht preisgeben können, aber nicht mehr mit jenem inneren Glauben, wie wir ihn alle früher einmal hatten.

Die heutige Zeit wäre eine Möglichkeit der Läuterung. Ob sie als solche begriffen wird, wird unser Schicksal weitgehend bestimmen. Hess sagte mir zwar, mein Aufsatz für den neuen »Schulungsbrief« sei ausgezeichnet; ich zuckte die Achsel: was hilft es, wenn keine Konsequenzen der Tat daraus gezogen werden.

Gestern besuchte mich Darré und teilte mir seine Auffassung der Lage mit. Ich sagte ihm, wie ich denke. Wir schieden – nach zwei Stunden – mit der Abmachung, uns bald wieder zu treffen. – Er fand u. a. die Engländer hätten durch die Tatsache, dass wir dank der Demarkationslinie keine Grenzen mit Rumänien hätten, das erreicht, was eines ihrer wichtigsten Ziele wäre: uns vom Schwarzen Meer fernzuhalten. Ribbentrop hätte Anspruch auf einen Sitz im brit. Oberhause. Die Eisenbahn nach Rumänien sei in sowjetrussischer Hand! Würden die Russen jetzt noch ins Baltikum einmarschieren, so sei auch die Ostsee für uns strategisch verloren, Moskau mächtiger als je – und jederzeit ein Zusammengehen mit dem Westen gegen uns möglich.

Alles richtig.

Ich verwies noch auf die bearbeitete Hoffnung des Kontinentalblocks: Rom, Berlin, Moskau, Tokio. Käme er, dann müsste England schnell Frieden machen, sonst ginge das brit. Weltreich hoch. An dieser Möglichkeit hängt jetzt viel, vielleicht alles.

Sonst: Gespräch über Arbeit meiner Herren, die an sich im Gange ist: tiefergehende Aufsätze für die NSK [National-Sozialistische Partei-Korrespondenz], Schriftenreihe über d. historische Situation. – Gespräch m d. Reichsfrauenführerin über Abendgestaltung, mit Stieve[417] vom AA

417 Stieve, Friedrich (1884–1966); Diplomat und Historiker; 1932–37 Leiter der Kulturabt. und des Politischen Archivs des AA.

über das »Kulturbuch« für das Ausland, die Bibliothek für Iran, unsere Ausstellung in Finnland, Dr. Leibbrandts Reise nach Rom (zu Dr. Insabato), Mussolinis Berater in ukrainischen Fragen.

Frank, der kommende Zivilkommissar für Polen, hat mich gebeten, im Aussenpol. Schulungshaus alle seine Beamten in 4-wöchentlichen Kursen vorzubereiten. Habe ihm das zugesagt, vielleicht bringt man hier einigen einen weiteren Blick für die Probleme des Ostens bei.

+

Ich sprach anfangs über die Unterhaltung mit Göring. Gestern ist nun die Karte des brit. Beraters im engl. Luftfahrministerium aus Montreux angekommen.[418] Er bittet Schickedanz solle hinkommen. Er hat also Wort gehalten, ein – dünner – Faden nach London hält noch. Morgen den Führer u. G.[öring] unterrichten. Ich bin gespannt, was die Herren aus London von uns als ev. Friedensgrundlage erwarten.

29.9. [1939]

Heute rief mich d. Führer um 4^h in die R.[eichs]-Kanzlei, um den Vorschlag de R.[opp]'s zu besprechen. Zunächst schilderte er mir eine Stunde lang den Feldzug in Polen. Die Armee heute stehe unvergleichlich über der von 1914, eine ganz andre Bindung zwischen Führung u. Truppe: die Generäle m. d. Mannschaft Einheitsküche, die Generäle vorn an der Front. Wenn er, wie am San, die Bataillone vorüberziehen sehe: ein solches Menschentum gebe es nicht wieder.[419] Die Polen: eine dünne germanische Schicht, unten ein furchtbares Material. Die Juden, das grauenhafteste, was man sich überhaupt vorstellen könnte. Die Städte starrend von Schmutz. Er habe viel gelernt in diesen Wochen. Vor allem: hätte Polen noch paar Jahrzehnte über die alten Reichsteile geherrscht, wäre alles verlaust u. verkommen, hier könne jetzt nur eine zielsichere Herrenhand regieren. Er wolle das jetzt festgelegte Gebiet in drei Streifen teilen: 1. Zwischen Weichsel u. Bug: das gesamte Judentum (auch a. d. Reich), sowie alle irgendwie unzuverlässigen Ele-

418 Montreux, Stadt in der Schweiz, Kanton Waadt.
419 San, Fluss im südlichen Polen.

mente.[420] An der Weichsel einen unbezwingbaren Ostwall – noch stärker als im Westen. 2. An der bisherigen Grenze ein breiter Gürtel der Germanisierung und Kolonisierung. Hier harre eine grosse Aufgabe für das gesamte Volk: eine deutsche Kornkammer zu schaffen, starkes Bauerntum, gute Deutsche aus aller Welt anzusiedeln. 3. Dazwischen eine polnische »Staatlichkeit«. Ob nach Jahrzehnten der Siedlungsgürtel vorgeschoben werden kann, muss die Zukunft erweisen.

Der F.[ührer] schilderte dann die Einzelkämpfe. Z.B. eine Division d. Armee Blaskowitz.[421] 45 Kilometer hin, dann Angriff überlegener poln. Kräfte an anderer Stelle. Darauf 45 km zurück u. nach 2 Stunden in die Schlacht, mit unzähmbarer Energie. Dann die Landwehr gegen die poln. Elite vor Gdingen.[422]

Mit Moskau: Er habe sich das sehr überlegt. Er hätte einige Zugriffe (Häfen i. Estland) nicht hindern können, wenn Stalin m. England gegangen wäre. Er habe das kleinere Übel gewählt u. einen riesigen strategischen Vorteil erzielt. Die russ. Offiziere. Ein General, der zu ihm geschickt worden war: könnte bei uns eine Batterie kommandieren. Stalin hätte doch die[423] führende Schicht ausgerottet, vor einem <u>wirklichen</u> Krieg fürchte er sich. Er fürchte eine geschlagene Armee ebenso wie eine siegreiche. Immerhin: die Masse der Infanterie hatte doch Gewicht, als Seeleute brauche man die Russen nicht zu fürchten.

Was de R.[opp]'s Vorschlag betreffe: er gebe ihm freies Geleit u. werde ihn empfangen! Er solle b. s.[einer] Regierung anfragen, ob die ihm die Reise gestatte.

Im übrigen, ~~wü~~ d. Führer werde jetzt den Vorschlag einer grossen Friedenskonferenz machen; dazu Waffenstillstand, Demobilisierung, Regelung aller Fragen nach Vernunft u. Billigkeit.

---

420 Die Weichsel, der längste Fluss in Polen, und der Bug, der durch die Ukraine, Polen und Weißrussland fließt, waren nach dem dt. Überfall auf Polen Demarkationslinien zur sowjet. Besatzungszone.

421 Blaskowitz, Johannes Albrecht (1883–1948); 1936 General; 1938–39 Wehrmachtsbefehlshaber beim dt. Einmarsch in Österreich, bei der Besetzung des Sudetenlands und im Polenfeldzug; 1939 Generaloberst; 1940–44 Befehlshaber in Frankreich.

422 Gdingen (Gdynia); Stadt im nördlichen Polen.

423 »Die« nachträglich eingefügt.

Ob er ev. den Krieg nach d. Westen offensiv führen wolle? – Natürlich, die Maginot-Linie schrecke nicht mehr. Wenn die Engländer keinen Frieden wollten, werde er sie mit allen Mitteln anfallen u. vernichten. – Die Verluste im Krieg m. Polen, einem Staat also mit 34 Millionen Einwohnern, hätte man mit 100 000–200 000 Toten berechnen müssen. Wir hatten jetzt 8000 Tote u. 30–35 000 Verwundete. Das zeige, dass es richtig war, jetzt zuzuschlagen. Nach 5 Jahren wäre Polen vervollkommnet u. ausgebildet worden u. nicht so leicht zu besiegen gewesen.

Der Führer schilderte noch ausführlich einzelne Kämpfe, sagte, ich solle doch jetzt auch mal hinfahren.

Habe nachher sofort R. in Montreux durch Karte benachrichtigen lassen, dass »der Ausflug stattfinden« werde. Schicke Harder hin, um R. nach Berlin zu schaffen.[424]

Ob er die Kräfte im brit. Luftfahrtministerium gegen d. Churchills mobilisieren kann, wird sich dann später erweisen.

5.10.39

Heute morgen kam Darré zu mir ins Amt u. sprach über seine Denkschrift an Göring in der Frage d. Eisenbahnverbindung Krakau, Stanislau, Bukarest.[425] Man hatte an deren Wichtigkeit nicht primär gedacht, ihre Benutzung in exterr.[itorialer] Hinsicht in einem Zusatzvertrag aber jetzt »bewilligt« erhalten.

Wir kamen auf eine bemerkenswerte Erscheinung zu sprechen: Leute, die den Ostseeraum als wichtige strategische Lage zu betonen als »partikularistische Balten« zu verdächtigen. Solche gab u. gibt es zweifellos, hinter v.[on] K[ursell].[426] hatten sich einige Herren in der Balt.[ischen] Bruderschaft mausig gemacht. Aber dass gegen mich, paar Mitarbeiter,

424 Von Harder und von Harmhove, Hermann Freiherr (1897–1983); 1935 Eintritt in Rosenbergs APA, dort Sonderaufträge im Nahen Osten und in Rumänien; seit 1941 stellvertretender Abt.leiter und Referent in der Hauptabt. Politik des RMfdbO.

425 Stanisławów (Iwano-Frankiwsk); Stadt in der westlichen Ukraine.

426 Kursell, Otto von (1884–1967); wie Rosenberg Mitglied der dt.-balt. Studentenverbindung »Rubonia«; 1922 NSDAP-Beitritt; 1923 Teilnahme am »Hitler-Putsch«; 1931–35 Vorsitzender des Berliner KfdK; seit 1933

Darré usw. hier nicht greifbar vorgegangen wird, erscheint immer deutlicher.

Darré erzählte dann voll Empörung ein Erlebnis mit Ribbentrop. Bei der Verabschiedung Cianos wäre D.[arré] auch auf dem Bahnhof gewesen. R.[ibbentrop] sprach in Gegenwart von Ley zu D. über seine Moskauer Erlebnisse: die Russen seien sehr nett gewesen, er habe sich in ihrer Mitte gefühlt, wie unter alten Pg.'s!! Das ist so ziemlich die frechste Beleidigung, die dem Nationalsozialismus zugefügt werden kann. Dass R. weder vom Bolschew. noch vom NS. etwas begriffen hat, ist stets klar gewesen. Dass er so borniert ist, das öffentlich zu bekunden zeigt, was für ein Typus Mensch eine schwere geschichtliche Situation im Namen des Führers zu vertreten hatte.

Im übrigen hatte Stalin nicht nur auf den Führer ein Hoch ausgebracht, sondern auch auf Himmler, als[427] den Garanten der Ordnung in Deutschland. H.[immler] hat nun den Kommunismus ausgerottet, d.h. jene, die an Stalin geglaubt haben – und dieser bringt – ohne Notwendigkeit – ein Hoch auf den Austilger seiner Gläubigen aus. Ein ganz Grosser, sagten R. u. Umgebung.

Harder ist heute a.d. Schweiz zurück. Ropp hat in London angefragt, ob er hierher fahren solle. Antwort von seinem Ministerium: der Chauvinismus ginge eben in England so hoch, dass augenblicklich keine Chance für eine Einwirkung möglich sei. R.[opp] fügte erläuternd hinzu: die brit. Luftwaffe könne nicht »bis zum letzten« kämpfen, da England dann ausgeliefert sei. Nach schweren Schlägen, die man erwarte, werde man sie aber um ihr Urteil befragen u. sich danach richten müssen. Dann sei die Zeit für eine Intervention im Dienst einer Rettung gekommen, um nicht den Kontinent versinken zu lassen.

Vertraulich sagte er, sein alter Freund Daniels sei Presseattaché in Bern.[428] Er sehe die Dinge ähnlich wie er ...

Hier ist zunächst also alles umsonst. Jetzt läuft noch eine andere private Linie von Göring nach London. Und eine von Washington aus. Als ich nämlich am Sonntag Göring sprach, sagte er mir: eben seien Amerikaner da gewesen. Botschafter Roosevelts. R.[oosevelt], der jetzt

---

Prof. an der Berliner Akademie der bildenden Künste; Redakteur des *VB* und NS-Karikaturist.

427 »Als« nachträglich eingefügt.

428 Daniels nicht identifiziert.

auf der Tour des Friedensengels seine Popularität erneuern will, tritt mit uns in Verbindung. – Gestern erfuhr ich, wie das gekommen ist. Ein Herr X., der auch mit meinem Amt zu tun hat, hatte in Amerika die Möglichkeit, mit R. in Beziehung zu treten u. einige politische Gespräche zu beginnen. R. hat nun, wie sein Beauftragter, ein Oelmagnat kalt aussprach,[429] seine egoistischen Interessen: um als Bringer d. Friedens zum 3. Male gewählt zu werden. –

Herr X. ist mit Antwort d. Führers (5 Punkte) im Flugzeug nach Washington unterwegs, soll dann nach Paris u. London. Nachricht könnte heute abend schon da sein, so dass der Führer seine Rede morgen danach abstimmen könnte. Es wäre ein ganz unerwarteter Schlag, wenn London von Washington einen dringenden »Rat« zum Friedenschliessen erhalten könnte.

Eben aber steht London noch im Zeichen Churchills …

x

Im übrigen spreche ich mit Göring über den Seelenkrieg, den es neben Militär u. Wirtschaft u. Propaganda gebe. Er sah sofort diese Notwendigkeit ein: »Sie sind doch unser Programmatiker.« Ich begründete aber auch die Notwendigkeit einer staatlichen Exekutive, um die Einheit zu sichern; wozu er energisch beistimmte u. dem Führer seine Zustimmung mitteilen würde. Vorschlag einer Formulierung ist ihm zugegangen. Im übrigen teilte er mir mit, der Führer habe sich nach der letzten Unterredung sehr warm über mich ausgesprochen: Ich sei doch ein Politiker, gerade bei mir habe er sich auf eine Abwehr über seine Aktion gefasst gemacht.

Hierzu ist zu sagen, dass ich es für augenblicklich zwecklos hielt, über nicht zu Änderndes zu klagen. Denn die Beurteilung der Lage liegt nicht im jetzigen Beschluss eines Zusammengehens mit Sowjetrussland, sondern in dem Verlassen der alten Linie seit der Zeit als v. R.[ibbentrop] unser Botschafter in London wurde und dort der Aufgabe gegenüber, die er zu lösen hatte, versagte. Ich habe dem Führer manche Aktennotizen übersandt, zu einer eingehenden Aussprache aber trotz vieler Versuche

---

429 Gemeint ist Davis, William Rhodes (1889–1941); US-amerikan. Unternehmer mit Geschäftsinteressen in Deutschland, der seit Ende der 1930er Jahre bis zu seinem Tod als deutscher Agent tätig war.

keine Möglichkeit gehabt. In der gegebenen Lage war der Entschluss, um einen Rückzug zu vermeiden, verständlich, ja vielleicht notwendig. Eines ist jedoch klar: Moskau ist strategisch ungeheuer vorgerückt und wird sich im Baltikum festsetzen. Zunächst in »Stützpunkten«, dann vollständig. Damit ist die Ostsee kein germanisches Meer, sondern kann im Norden von Moskau bedroht, ja beherrscht werden. Im Süden: keine gemeinsame Grenze mit Rumänien u. wenn auch die bessarabische Frage zurückgestellt worden ist, auch sie wird in Zukunft angeschnitten werden.[430] Als Plus ist natürlich die Zertrümmerung Polens, Besiedlung West-Preussens u. Ostwall an der Weichsel zu buchen. An sich eine ungeheure Entlastung.

Die harte Tatsache erhebt sich: zieht sich England jetzt einigermassen intakt heraus, wird es Russland erneut gegen uns mobil machen wollen bei jedem Widerstand, den wir doch irgendwo aufrichten ~~we~~ müssen. Dann stehen wir nach 6–10 Jahren erneut zwischen zwei Fronten. Angesichts der jetzigen Lage wird eine entscheidende Schwächung Grossbritanniens zu einer Notwendigkeit.

Diese Stimmung wird bei uns jetzt immer allgemeiner und wenn Churchill mit dem »Hitlerismus« Deutschland vernichten will, dann müssen wir den Untergang Grossbritanniens wollen u. herbeiführen. Bis der europäische Kontinent frei wird von der Diktatur des Inselvolkes, dem an sich die ganze übrige Welt offensteht.

1. XI. 1939

Soeben eine lange Unterredung m.d. Führer. Ich teilte ihm mit, dass, nachdem vor etwa 2 Wochen de R.[opp] aus der Schweiz hatte mitteilen lassen, die Kräfte des Friedens seien in London von den Churchills an die Wand gedrückt, so dass ein Besuch in B.[erlin] eben keinen Erfolg verspreche, habe er soeben wieder geschrieben. Es war ausgemacht worden, dass er bei Änderung der Atmosphäre von Schnee sprechen solle. Nun schreibe er: »Hier ist jetzt viel Schnee gefallen bis zum See herunter. Ich hoffe, dass jetzt recht bald das Wetter schön wird ...« Der Führer äusserte mehrmals, er halte noch immer eine d.-engl. Verständigung

430 Bessarabien, Region am Schwarzen Meer zwischen den Flüssen Dnjester und Pruth.

für richtig, besonders auf die Ferne gesehen. Aber England habe sich seit dem 30-jährigen Krieg gewöhnt, auf D. herabzusehen, und es gegen andere auszuspielen. Wir hätten ja alles getan, aber es herrsche eine jüdisch geführte wahnsinnige Minderheit. Chamberlain sei ein willenloser Greis. Es scheint, die würden nicht eher sehend, als bis sie einmal furchtbar etwas hereingeschlagen bekommen würden. Er begreife nicht, was sie eigentlich wollten. Selbst bei einem engl. Siege würden in Wirklichkeit die Vereinigten Staaten, Japan u. Russland gewinnen. England käme nur zerfetzt aus einem Kriege; geschweige denn, wenn es militärisch unterliegen würde. Er glaube sogar, dass b. aller Sympathie sicher auch viele Amerikaner sich die Hände gerieben hätten angesichts der bisherigen brit. Verluste. Ich: Jawohl, USA will als Erbe die Herrschaft über Süd-Amerika antreten. Im übrigen glaube ich, dass man b. offiziellen Reden eine psychologische Gefahr vermeiden müsse: erst zu erzählen, was man für die ersehnte Freundschaft mit E.[ngland] alles geboten hätte, um dann E. als Mörder, Lügner, Heuchler und Völkervergewaltiger hinzustellen. Man müsste als Übergang ausführen, dass es zwei Englands gäbe, ein kraftvolles E., das ein Sicherheits- u. Kulturfaktor sei und ein zweites skrupelloses, jüdisch geführtes. Man habe b. uns gehofft, mit dem ersten gehen zu können, es sei nicht unsere Schuld, wenn das zweite eben gesiegt habe. Der Führer: Da haben Sie vollkommen recht. Ich: Dieser Bruch war bei der letzten Rede Ribbentrops sehr bemerkbar u. der engl. Rundfunk hat das hö[h]nisch verzeichnet: die Trauben seien uns zu sauer gewesen ...

Abschliessend sagte ich, ich würde de R. schreiben lassen, die Unterredung hätte Sinn, wenn wirklich tiefer Schnee gefallen sei u. man sicher Skitouren machen könne. Ich fügte noch die Aufzählung d. Kräfte hinzu, die mit D. gehen wollen, sagte aber auch, dass eine starke Persönlichkeit dem Churchill nicht entgegenstünde, wenn auch Mosley sich tapfer gehalten habe.[431] Der F.[ührer]: Der einzige wäre noch L.[loyd] G.[eorge] Vor 1914 war er auch gegen den Krieg, um dann allerdings, als er nicht mehr aufzuhalten war, ihn mit aller Energie zu

431 Mosley, Oswald (1896–1980); brit. Politiker und Faschistenführer; 1918–31 nacheinander Mitglied der Tory, Independent Tory und Labour Party; 1932 nach Besuch in Italien Gründung der »British Union of Fascists«; seit 1933 starke Anlehnung an des NS-Regime; 1940 Internierung mit anderen BUF-Mitgliedern und Kollaps der Partei.

führen. Mosley hat sich als tapfer erwiesen. Diesem Briten ist wirklich so etwas wie Blutsbewusstsein lebendig geworden. Tragischer Fall: Frl. Mitford hat Selbstmordversuch gemacht.[432] Sie sind verzweifelt. Ich: Ich beschäftige noch eben einen Mitarbeiter Mosleys in Frankfurt a. M. Der. F.: Es ist gut, jeden Faden zu erhalten. – Ich solle also, wenn ich es für richtig halte, d. R. herüberkommen lassen.

Als 2. Punkt besprach ich den Fall Afghanistan. Amanullah hat mir einen deutschen Freund geschickt: er wolle in Kabul einen Putsch machen u. m. russischer Hilfe in Nordwestindien einbrechen.[433] Ich sagte, ich hätte noch erfahren, dass Canaris von sich aus einen ähnlichen Fall bearbeite. F.: Gut, sprechen Sie mit Canaris darüber. – Ich: Welche Aussichten ein solches Unternehmen hat, kann ich eben nicht beurteilen. Wir haben ja die Polizeichefs u. viele Wegebauingenieure gestellt. Dazu eine Division bewaffnet. – Ich werde also Admiral Canaris zu mir holen.

Zum Schluss ging ich auf das W[elt]-A[nschauungs] Gebiet über. Der Krieg wäre auch ein Seelen- u. Charakterkrieg. Die Partei dürfe sich diese Führung nicht aus der Hand nehmen lassen. Meldungen aus den Gauen liessen erkennen, dass die Kirchen ihre Positionen wieder ausbauen. Zugleich aber nicht als Seelenführung, sondern als Zersetzung. Unsererseits solche Subalternitäten wie Kerrl und Rust. (Ich erzählte Fall Stapel u. Kerrls Brief, Denkschrift Pfarrer Fabrizius usw.)[434] Ich hätte m.

---

432 Mitford, Unity Valkyrie (1914–1948); brit. Hitler-Sympathisantin; Schwägerin Mosleys; 1932 BUF-Beitritt; seit 1933 mehrere Treffen mit Hitler in Deutschland; 1939 Suizidversuch nach Kriegserklärung Englands.

433 Amanullah Khan (1892–1960); 1919–26 Emir und 1926–29 König von Afghanistan; während seiner Amtszeit wirtschaftl. Öffnung gegenüber Großbritannien und Deutschland; nach seinem Sturz im Exil.

434 Stapel, Wilhelm (1882–1954); Publizist und Antisemit; seit 1936 als Mitarbeiter der Forschungsabt. »Judenfrage« des »Reichsinstituts für Geschichte des neuen Deutschlands« Gegnerschaft zu Rosenberg; Autor von u. a. *Antisemitismus und Antigermanismus* (1928), *Die literarische Vorherrschaft der Juden in Deutschland 1918–1933* (1937). – Fabricius, Cajus (1884–1950); 1932 NSDAP-Beitritt; seit 1921 Prof. für Systematische Theologie in Berlin; 1935–43 in Breslau; Mitglied der »Glaubensbewegung Deutscher Christen«; 1939/40 wegen Kritik am religionspolitischen Kurs des Regimes aus der NSDAP ausgeschlossen und kurzzeitig in Haft.

Goering u. Hess gesprochen: die Sicherung d. Einheit der n.s. Weltanschauung für Partei u. Staat in eine Hand zu legen u. jede Zersplitterung zu verhindern. Goering voller Zustimmung, Hess im Grundsätzlichen ja, er fürchte nur, dass er dann ausgeschaltet würde. Ich wolle ihm doch nichts nehmen – der Führer winkt mit der Hand ... Aufgabe: Schulungsleiter, ausgewählte Offiziere zu bilden, die historische Lage unseres Kampfes zum Bewusstsein zu bringen, in Kasernen u. Lagern anzusetzen u. damit dem NS. die Führung des Seelen- u. Charakterkrieges zu sichern. Ordensburg Sonthofen als Ausbildungszentrum.

Der Führer: Damit bin ich ganz einverstanden.

Ich: Ich bitte deshalb um die Vollmacht für meinen bisherigen Auftrag, ich glaube in diesen Jahren mir das Vertrauen der Partei ehrlich erstritten zu haben u. wenn wir nicht hart sind, so ist in Zukunft unser Kampf vergebens, weil die alten W[elt]-A[nschauungen] noch ungebrochen dableiben, u. in der Partei viele Leute plötzlich neue geistige Führer, Jugendstilphilosophen usw. entdecken. Der Führer: Sie haben ganz recht. Ich will das gerne tun. Ich: Ich darf also mit Hess u. Göring einen Vorschlag ausarbeiten, der eine Vollmacht enthält. F.: Jawohl, ich will es gern tun.

11.11.39[435]

Die weltanschauliche Auseinandersetzung wird sich allem Anzeichen nach, im Kriege besonders zuspitzen. Die kirchlichen Druckereien arbeiten mit Hochbetrieb, Traktätchen, Predigten und Psalmensammlungen überschwemmen die Front, in den Kirchen werden z.T. schon Predigten gehalten, die bewusste Sabotage darstellen. Ich erhalte Berichte aus allen Gauen, die fast übereinstimmend dies erhärten. Ein Kreisschulungsleiter berichtet von einer Predigt aus Trier. Der »Priester« habe nur gestöhnt über die Nöte der Evakuierten »drüben im Reich«, erzählt über ihre Rufe nach Priester u. Rosenkränzen, um »einmal beten« zu können. Das sei der »einzige Halt«, den sie hätten usw. Gaul.[eiter] Sauckel

435 Folgende Passage von »Die weltanschauliche Auseinandersetzung« bis »der Angelegenheit sprechen« mit Markierung (Bleistift); abgedruckt (mit kleineren Abweichungen) in Kempner, Der Kampf gegen die Kirche, S. 33.

schreibt mehrfach, die in seinem Gau Angesiedelten aus dem Saargebiet würden von den Pfaffen systematisch in ihrer Stimmung gedrückt. In anderen Teilen wird der Krieg als Strafe Gottes gegen den Nationalsozialismus hingestellt. Ein Breslauer Professor Fabrizius [Fabricius] hat die Frechheit, bei Kerrl ~~uns~~ die w.[elt]-a[nschau]liche Ausbildung d. NSDAP. durch »Fachmänner« der Kirchen zu fordern. Die geistige Schulung gehöre in ihre Hand usw. Diese unverschämte Denkschrift wimmelt von naiv-bornierter Anmassung, sie zeigt aber, wie vollkommen verständnislos ein mit alttestamentlichen Redensarten vollgefüllter Priesterkopf dem deutschen Leben gegenübersteht. Diese verkörperte Rückständigkeit ahnt nicht einmal, wie überholt sie ist. Sieht man nun die staatl. Vertretung an, so kann man schon begreifen, dass solche Denkschriften an Kerrl geschickt werden. Er ist nämlich geistig ebenso überständig und beweist, dass man als N.S. zwar gegen Marxismus u. Demokratie kämpfen kann, ohne jedoch von der Weltanschauung einer neuen Zeit das geringste zu empfinden.

Gestern erhielt ich ein Traktat über Jesus von der Front zugeschickt. Da empörte sich der Verfasser über jene Zeiten, die Jesus gleichsam als Ansporn der Tapferkeit, gleichsam als Feldgrauen, der sein Leben hergebe für seine Freunde, hingestellt werde. Er sei die Antwort Gottes auf die Fragen aller Religionen. Der Kirchenmann erwähnt dann empört zum Schluss ein Fliegerdenkmal, auf dem eingemeisselt steht: »Durch uns allein« – Zitat aus dem bekannten Fliegerspruch – und stellt die Worte Wilhelms I. gegenüber, der sich und sein Haus unter Gott stellen wolle.[436] Man müsse sich für eine der beiden Seiten entscheiden! Das kann schon heute anstandslos vertrieben werden! Die Priester beider Konfessionen übernehmen aber nicht die seelische Stählung des d. Soldaten, sondern beginnen das alte Spiel der Seelenzersetzung. Dieser Arbeit kann man nicht mit Märchen u. Tagespropaganda und Variétévorführungen begegnen, sondern mit einer ganz anderen Arbeit: wie ich sie dem Führer vorgeschlagen habe. Dass einer solchen Beauftragung Schwierigkeiten entgegengestellt werden, merke ich schon aus dem Stab von Hess. Dieser selbst will den Führer in der Angelegenheit sprechen ...

x

436 Wilhelm I. (1797–1888); seit 1861 König von Preußen; seit 1871 dt. Kaiser.

Noch stehen wir alle unter dem Eindruck des Attentats in München.[437] Ich war gestern beim Führer z. Mittag. Er erzählte, dass er unbedingt nach Berlin hätte zurückmüssen. Nach seiner kürzeren Rede sei er noch gebeten worden, auf die Galerie des Bürgerbräus zu den alten Kämpfern zu kommen. Er hätte gefragt, wieviel Uhr es sei. 9.10; da aber der Sonderzug für 9.30 festgesetzt war u. er aus Rücksicht auf die Fahrtordnung sich nicht verspäten wollte, was angesichts d. Verdunkelung möglich gewesen wäre, so wäre er doch gleich weggegangen. Hätte er das nicht getan, so wären wir eben alle unter den Trümmern begraben worden.

Ein merkwürdiges Gefühl: Vor 16 Jahren ging ich mit der Pistole in der Hand mit Adolf Hitler zu diesem gleichen Podium, wo uns jetzt der Tod zugedacht war. Ich erinnerte mich dann der Schüsse an der Feldherrnhalle, der Attentatsabsicht[438] auf mich 1931 in Jena, wo an meiner Stelle Dr. H.[ans] Günther den Schuss erhielt – und an das jetzige Erlebnis. Wir hatten 14 Jahre mit unserem Kopf gespielt, jetzt sind die gleichen Gegner, offenbar vom Ausland her, am Werk, um uns doch aus der Welt zu schaffen. Sehe ich mein Haus an, so ist es eine Kleinigkeit, in der Nacht hier in der menschenleeren Gegend mir eine Bombe mitten ins Schlafzimmer zu werfen.

Aber schliesslich: ohne Unbekümmertheit hätten wir nie beginnen können. Schlimm ist nur, dass manche Erbitterung im Lande durch die Taten unserer führenden Männer verschuldet ist: was die Arroganz von Dr. Goebbels u. die Protzerei mancher anderer an Vertrauen zerstört hat, lässt sich gar nicht abschätzen. Wir alle bezahlen mit unserer Arbeit, was einzelne aus Eitelkeit und levantinischer Anmassung zerstört haben.

x

v. Harder ist gestern aus der Schweiz zurück. Die zweite Unterhaltung mit d.[e] R.[opp] war schon seriöser. Die »englische Partei« habe Zuzug aus der City. Unter Führung von Sir … Glynn versuchte man sich gegen

---

437 Am 8.11.1939 verübte Georg Elser (1903–1945) im Münchener Bürgerbräukeller ein Bombenattentat auf Hitler und nahezu die gesamte NS-Führungsspitze; wegen vorzeitiger Abreise blieb Hitler unverletzt; Elser wurde festgenommen und vor Kriegsende im KZ Dachau ermordet.

438 »Absicht« nachträglich eingefügt.

Churchill und Genossen zu stemmen.[439] Ich lege hier die Notizen über beide Unterhaltungen bei [fehlen], sie können vielleicht einmal von Bedeutung sein.

3.12.39

Darré war dieser Tage bei mir. Neben allgemeinen Dingen teilte er mir einen Ausspruch Ribbentrops mit. Darré wollte mit diesem die Fragen der Versorgung aus Rumänien besprechen u. wollte wissen, ob die aussenpolitische Lage es empfehle, in Rumänien etwas zu investieren, oder ob es ratsam sei, davon Abstand zu nehmen. Darauf v.[on] R.[ibbentrop]: »Warum sind Sie so pessimistisch. Wir werden England so treffen, dass wir zu Weihnachten Frieden haben werden.«

Über dieses Wort wird man im Januar nachdenken können.[440]

x

Göring war neulich den ganzen Nachmittag bei mir. Längere Gespräche über Religion u. Philosophie. Einmütigkeit, keine Politik der Nadelstiche zu treiben; die protestantische Broschüre (Auszug beiliegend [fehlt]) hat ihn veranlasst, aus der Luftwaffe alle Pfarrer zu entfernen. So wie die Dinge liegen, bereiten die Kirchen – z. T. ungewollt – die moralische Zersetzung vor. Mit Verboten ist dem nicht zu entgegnen. Meine Aufgabe erscheint dabei immer dringender.

Sprach auch mit Hess, dem der Führer offenbar deutlich seinen Willen ausgedrückt hat, bei Anerkennung der formal-gesetzlichen Vollmachten von Hess. In der letzten Unterredung war H.[ess] denn auch gefasst und grosszügiger als ich erwartet hatte. Jetzt ist Einmütigkeit, bis auf einen – nicht durchaus entscheidenden Punkt.

Wie immer ich auch den Verlauf der Dinge dieser letzten 4 Jahre beurteile, heute ist der Kampf der Gesamtnation entscheidend und England entschlossen, für unsere Vernichtung zu kämpfen. Darauf kann es nur

---

439 Glyn, Ralph George Campbell Bart (1885–1960); 1931–35 brit. Premierminister.

440 Folgende Passage von »Göring war neulich« bis »dabei immer dringender« mit Markierung (Bleistift); abgedruckt (mit kleineren Abweichungen) in Kempner, Der Kampf gegen die Kirche, S. 33 f.

eine Antwort der Pflicht geben. Wege haben den Engländern auch ohne Ribbentrop genug freigestanden; sie haben nicht gewollt.

Erster Beginn der Arbeit: Vortrag im Volksdeutschen Klub über das baltische Schicksal. Dann Empfang der Dichter d. Volkspreises der d.[eutschen] Gemeinden (Oberkofler);[441] ein sehr sympathischer Tiroler mit dem holzschnittartigen Roman »Der Bannwald«. Griese, ein versonnener fester Mann, dessen einziger Sohn vor Modlin das E.[iserne] K.[reuz] erhielt.[442]

11. Dez. [1939]

Soeben dem Führer den Besuch von X.[443] aus Skandinavien mitgeteilt. ~~Dieser sa~~ X. sagte, die Stimmung im Norden sei jetzt immer deutschfeindlicher (russisch-finn. Konflikt), die Englandpartei würde immer stärker. Der Jude Hambro arbeite dauernd gegen uns.[444] In Schweden sei tatsächlich die Frage brit. Flottenstützpunkte beredet worden. Es könnte sich ein Fall wie mit der Türkei wiederholen. Er machte nochmals den konkreten Vorschlag, eine deutsche Landung vorzubereiten, auf Bitte einer neu zu erkämpfenden Regierung. – X. ging zu Raeder.

Der Führer konnte X. natürlich nicht empfangen, wird sich aber über die Möglichkeiten unterrichten. X. wohnt in meinem Schulungshause.

Während des Essens war auch Goebbels da. Das, was der Führer vor 3 Tagen am Tisch ohne ihn sagte, wiederholte er mit denkbarster

---

441 Oberkofler, Joseph Georg (1889–1962); Schriftsteller; Mitarbeiter der Zeitschrift *Der Brenner*; seit den 1930er Jahren »Blut-und-Boden«-Dichtung.

442 Griese, Friedrich (1890–1975); Schriftsteller; seit 1933 Mitglied der Dt. Akademie der Dichtung; vom ARo empfohlener Autor. – Modlin, Stadt in Polen in der Nähe von Warschau.

443 Gemeint ist Quisling, Vidkun (1887–1945); norweg. Offizier; 1931–33 Verteidigungsminister; 1933 Gründer und Führer der faschistischen Nasjonal Samling; von Rosenberg unterstützt bei der Planung der Besetzung Norwegens durch dt. Truppen; seit 1942 Ministerpräsident der norweg. Kollaborationsregierung; 1945 zum Tode verurteilt und hingerichtet.

444 Wahrscheinlich gemeint: Hambro, Carl Joachim (1885–1964); norweg. Politiker; Chefredakteur des *Morgenbladet*; 1919–57 Abgeordneter; 1926–33 und 1935–45 Parlamentspräsident.

Schärfe in seiner Gegenwart: die Wochenschau sei geistlos und ohne tieferes Interesse zusammengestellt. Ungeheures geht in D.[eutschland] an Volksmobilisierung zu, aber der Film nehme keine Notiz davon. Er schnitze je seine Meter zurecht, ohne durch dauernde interessierte Leitung der Nation etwas zu geben, was sie wolle. Im Spielfilm: er habe noch nicht im Film festgestellt, dass wir eine n.s. Revolution gehabt hätten. Nichts sei von ihrer Thematik zu spüren. Dr. G.[oebbels]: aber wir haben doch gute (Ritter-)[445] nationale Filme. Führer: Ja, einige allgemein-patriotische, aber keine n.s. Viele Berufe seien kritisiert worden, an den jüdischen Bolschewiken hätte sich unser Film nicht herangetraut. Im neuen »Robert u. Bertram« sei der Deutsche schlecht gemacht. Die Klagen seien allgemein, sie hätten recht, darüber sei nicht zu reden.

So ging es etwa 20 Minuten, von G. verstummte jede Verteidigung. Er hat diese Mittagsstunde – in meiner Gegenwart dazu – verflucht, wie selten eine Stunde. Seine unschöpferische Arroganz ist jetzt auch dem geduldigen Führer zuviel geworden. Schade, dass dies angesichts des Krieges der Fall ist, wo sie schon so viel Schaden angerichtet hat. Hess war auch dabei, der zwar so denkt wie ich, von seinen Vollmachten dem früher verhätschelten Goebbels gegenüber nie Gebrauch gemacht.

+

Eben mit Raeder gesprochen. Er sagt: Wie ein Wink des Schicksals! Er hält Morgen dem Führer Vortrag.

x

Gestern erhielt ich den ausführlichen Bericht C.[arlo] v. Kügelgens über seine Reise durchs Baltenland.[446] Achtung vor der Haltung meiner Landsleute! Als der dortige Vorsitzende der Volksgruppe den Vertrauensmännern die Notwendigkeit der Aussiedlung bekannt gab herrschte etwas Schweigen. Dann fragte einer: Der Führer will also, dass wir unsere

445 Ritter, Karl (1888–1977); dt. Regisseur und Filmproduzent; seit 1925 NSDAP-Mitglied; Regisseur zahlreicher Filme im Sinne der NS-Ideologie, u. a. »Patrioten«, »Pour le Mérite«, »GPU« und »Kadetten«.

446 Kügelgen, Karl (Carlo) Konrad von (1876–1945); dt.-russ. Journalist; seit 1925 stellvertretender Vorsitz der Arbeitsgemeinschaft der Deutschen aus Russland und Polen; Verfasser biographischer Essays über führende NS-Funktionäre.

Heimat verlassen? – Als die Antwort mit einem Ja gegeben wurde, war die Frage für alle ohne Debatte entschieden. Sofort begann die organisatorische Vorarbeit.

Das ist alte gute Haltung. Auch dass die vom Lande ihren Hund und ihr Pferd erschossen, um diese ihre Tiere nicht in fremde Hände zu geben, zeigt jenen Charakter, der sich hoffentlich nunmehr zugunsten ihrer Pionierarbeit im Osten bewähren wird.

x

Lotrop Stoddard aus USA besuchte mich.[447] Von Juden verfolgt, kann er doch einen grossen Zeitungsdienst versehen. Er bleibt 2 Monate.

Draeger heute aus Skandinavien zurück u. berichtet über Stockholmer Konferenz, autoritäre Pläne Rostings in Dänemark, entschlossene Äusserungen [unleserlicher Name] in der finno-sowjetischen Frage.[448]

Es ist vielleicht gut, wenn die Skandinavier jetzt die »russische Gefahr« begreifen. Sie haben sich unsern Kampf gern gefallen lassen, aber sind jeder näheren Verbindung ausgewichen. Jetzt bitten sie um Hilfe: als ob immer wir für die Freiheit anderer zu kämpfen hätten. Jetzt sollen sie etwas kältere Luft aus Berlin verspüren, es wird ihnen in ihrer spiessbürgerlichen Selbstzufriedenheit guttun. Einzig die Finnen können uns menschlich leid tun, aber sie hoffen selbst, dass über den Winter hinaus die Russen ihnen nichts antun können. Und bis dahin könnte sich die politische Lage sehr geändert haben …

---

447 Lothrop Stoddard, Theodore (1883–1950); amerik. Journalist und Rassendogmatiker; Autor u.a. von *The Rising Tide of Color against White World-Supremacy* (1920).

448 Draeger, Hans (1896–unbek.); seit 1933 Abteilungsleiter beim Wehrpolitischen Amt der NSDAP-Reichsleitung; Präsident der Nordischen Verbindungsstelle in Berlin. – Rosting, Helmer (1893–1945); dän. Politiker; 1932–34 Völkerbund-Kommissar der Freien Stadt Danzig; unter dt. Besatzung 1940 Außenminister; 1942 Kirchenminister; 1943 Engagement für Freilassung dän. Kriegsgefangener als Gegenleistung für die Inhaftierung dän. Juden.

14. 12. [1939][449]

Am 12. rief mich der Führer wieder in die Reichskanzlei, um über den Vorschlag Quislings zu sprechen. Er sei nicht abgeneigt, diesen zu empfangen, müsse aber doch wissen, wie sich Q.[uisling] seine Aktion vorstelle. Auch einige Fragen: Verhältnis zur norweg. Armee müssten geklärt werden. – Ich hatte dann am 12. abends eine lange Unterredung mit Q. Ergebnis kurz anliegend [fehlt], das ich Raeder hinüberschickte. Abends machte ich mit R.[aeder] einen Besuch bei mir aus. Soeben war er hier und wir waren uns sowohl über die Gewagtheit als auch über die Notwendigkeit der Aktion einig. – Ich hatte am 12. ab[end]s meinen kranken Fuss in der Dunkelheit am Haustor wieder wundgeschlagen, so dass ich mit schmerzhaftem geschwollenen Gelenk gerade jetzt wieder unbeweglich geworden bin. So muss R. Q. allein zum Führer begleiten, damit dieser von dessen Persönlichkeit einen unmittelbaren Eindruck erhält.

x

Einen amüsanten Einblick erhielt ich gestern noch in die Zustände im A. A. Dort hatte man den Pg. Habicht, seit Jahren Bürgermeister in Wittenberg, plötzlich zum Unterstaatssekretär gemacht! Er wurde Leiter des Orient-Referats. Erhielt Nachricht von Amanullah u. war recht schnell bei der Hand, hier aktiv mitzuhelfen. A.[manullah]'s ehem. Aussenminister war schon in Moskau. Ich liess H.[abicht] kommen u. erzählte ihm, dass mein Amt diese ganze Süd-Ostarbeit ja in diesen Jahren, meist gegen das AA eingeleitet hatte. Dass ich alle afgh. Grössen zu Gast hiergehabt u. dass die Durchdringung (Polizei, Gewerbe, Schulen, Wegebau usw.) durch uns gegangen sei. Ehe man also aktiv Amanullah unterstütze, müsse erst genau ausgemacht werden, ob es mit den jetzigen Männer[n] nicht ginge (Abdul Medjid).[450] Sie alle als englandhörig abzutun, ginge nicht an. – H. erklärte mit rotem Kopf, von allen diesen Dingen sei ihm

449 Verbessert aus »13. 12.«.

450 Majid Zabuli, Abdul (1896–1998); afghan. Geschäftsmann und Politiker; 1936–50 Wirtschaftsminister; 1933–41 intensive Beziehungen zu NS-Funktionären und dt. Unternehmen.

auch nicht ein Wort gesagt worden. Schimpfte entsetzlich. Versprach ter Madden und Schnell, die er garnicht gehört hatte, vorzuladen.[451]

Das alles sind wieder Zeichen für die vollkommene Planlosigkeit, z. T. aber auch dumme Sabotage (Gesandter v. Hentig), die im A A. herrscht.[452] Die Dinge seien auch mit Ribbentrop besprochen; nur versteht dieser vom Süd-Osten schon absolut nichts.

19. 12. [1939]

Die erste Etappe der geplanten Norwegen-Aktion ist beendet. Am 15. wurde Quisling in Begleitung von Hagelin und meines Amtsleiters Scheidt vom Führer empfangen.[453] Ich lag mit meinem kranken Fuss u. konnte nicht mitgehen. Am Abend besuchten sie mich – sehr zufrieden. Der Führer hatte erst 20 Minuten gesprochen: er sähe natürlich am liebsten, wenn Skandinavien neutral sei, aber er könne nie dulden, dass England etwa nach Narvik käme.[454] Darauf las er Quislings Memorandum: Notwendigkeit eines grossgermanischen Bundes durch. Q.[uisling] schilderte dann die ab 10. 1. 40 illegale Lage des norwegischen Staates, der Marxisten u. jüd. Demokraten ausgeliefert sei. Die Rettung Norwegens sei zugleich auch entscheidend für D.[eutschland] in seinem Entscheidungskampf gegen England.

---

451 Ter Nedden, Wilhelm (1904–2000); Verwaltungsjurist; 1933–45 im Reichswirtschaftsministerium; seit 1941 im RMfdbO; 1950–69 im Bundesministerium für Verkehr. – Schnell: Möglicherweise Schnell, Carl (Lebensdaten unbek.); als Regierungsbaurat für die Organisation Todt tätig.

452 Hentig, Werner Otto (1886–1981); Diplomat; 1936–37 Generalkonsul in Amsterdam; 1937–39 Orientabteilung im AA; 1939–44 Militärdienst; 1943 Legationsrat und Gesandter im AA.

453 Hagelin, Albert Viljam (1881–1946); norweg. Mitarbeiter Quislings; 1936 Beitritt zur Nasjonal Samling; seit 1940 Innenminister; als Übersetzer beteiligt an den Gesprächen zwischen Quisling und Hitler; 1946 in Norwegen zum Tode verurteilt. – Scheidt, Hans Wilhelm (1907–unbek.); 1930 NSDAP-Beitritt; seit 1933 Reichsamtsleiter für Kulturpolitik; 1939–40 Verbindungsmann Rosenbergs zu Quisling in Oslo; 1940–42 Leiter der Organisationsabt. der »Hohen Schule«; 1942–43 Abteilungsleiter im RMfdBO.

454 Stadt im nördlichen Norwegen; unter dt. Besatzung wichtiger Verschiffungshafen für schwed. Eisenerz.

Q. kam sehr zufrieden zurück. – Am 17.(?) berief der Führer die Herren noch einmal zu sich u. besprach 1 Stunde lang die gesamte Situation, wobei er unterstrich, dass sein Wunsch die Fortsetzung d. norw. Neutralität sei. Er fragte dann: Herr Staatsrat Q., wenn Sie mich um Hilfe angehen, wissen Sie, dass E.[ngland] Ihnen den Krieg erklären wird? Q.: Jawohl, dass weiss ich u. rechne damit, dass zeitweilig N.[orwegen]s Handel darniederliegen wird. Am Ende der Unterredung, über die Scheidt noch eine genaue Niederschrift machen kann, fragte Q.: Herr Reichskanzler, habe ich Sie richtig verstanden, dass Sie uns helfen wollen? Führer: Jawohl, das will ich.

Q. fuhr still und froh im Auto nach Hause und plötzlich sagte er zu Scheidt: [»]Ich merke, dass es so etwas wie ein Schicksal gibt. Bei verschiedenen habe ich meine Gedanken vorgetragen; es ging nicht recht vorwärts. Und jetzt mit einem Mal, in entscheidender Stunde, wird uns geholfen.[«]

Während der zweiten Unterredung übergab Q. noch beiliegende Denkschrift [fehlt] über die strategische Wichtigkeit der Faröer, Islands u. Grönlands, die der Führer ohne dazu Stellung zu nehmen aufmerksam las.

20.12.[1939]

Soeben waren Q.[uisling] u. H.[agelin] hier, um sich zu verabschieden. Es wurden alle taktischen Einzelheiten d. politischen Vorbereitung d. Aktion in D.[änemark] u. in N.[orwegen] besprochen. Notwendigkeit absoluter Geheimhaltung, einzelne Herüberfahrt zur Ausbildung, Verhalten zum König, Form der Besetzung der entsprechenden Regierungsstellen usw. Ich gedenke einen kurzen Entwurf darüber auszuarbeiten.

Q. dankte mir warm für meine entscheidende Hilfe u. für das sofortige ~~Bestehen~~ Verstehen des ganzen Planes. Ich antwortete lachend, meine Schirmherrschaft über die Nord. Ges. hätte nur den Sinn einer psychologischen Vorarbeit gehabt. Dass Finnland u. die balt. Staaten zunächst ausgeschlossen seien, sei eine negative Fügung. Im übrigen freue ich mich, endlich einmal Skandinavien besuchen zu können, was angesichts der bisherigen Regierungen nicht möglich gewesen sei. Wir drückten uns die Hand u. werden uns wohl nur dann wiedersehen, wenn die Aktion gelungen ist und Norwegens Ministerpräsident Quisling heisst.

[1940]

2.1.1940[455]

Die Angelegenheit mit meinem Auftrage scheint mir nach u. nach zum Abschluss zu kommen. Die Sachbearbeitung der versch. Stellungnahmen ist jetzt i. d. Hände von Lammers gelegt worden, der mir jene zugeschickt hat. Die meisten haben sich abgefunden, nur ausgerechnet solche Inferioren wie Bouhler protestieren noch heftig. Auch Rust, der sich auf das Amt eines Ministers beruft, der ausser vom Führer keine Weisungen annehmen könne. Dabei habe ich das Vergnügen, das Durcheinander, das der haltlose alte u. kranke Rust angerichtet hat, wieder in Ordnung zu bringen. 1933 sagte er mir: Pg. R.[osenberg], Sie sind doch unser Erzieher. Heute hat er trotz seines geistigen Rückgangs u. der Ziellosigkeit seines Willens überalterte Komplexe. Der Führer ist unglücklich, aber will ihn in Erinnerung an alte Tage nicht fallen lassen.

Lammers habe ich noch über d. norwegische u. afghanische Frage interpelliert. Er hat diese noch vor Neujahr d. Führer vorgetragen; Schickedanz ist z. 4.2. zu L.[ammers] bestellt. Scheidt ist in Norwegen, um sich allseitig zu unterrichten.

Der von Ribbentrop großspurig versprochene Friede ist nicht gekommen; das Gegenteil bereitet sich vor. Es bleibt ein Rätsel, wie er derartige Zusagen überhaupt aussprechen konnte. An der Norwegen-Sache will er ängstlich genau beteiligt werden.

Göring sandte mir zu Neujahr ein besonders herzliches Telegramm »in treuer Verbundenheit«. Ich würde mich freuen, mit ihm zusammengehen zu können. Wir sind zwei grundverschiedene Menschen, aber

---

455 Hier Beginn der Einträge im ausgerissenen Teil einer Kladde (bis einschließlich 7.5.1940), meist einseitig beschrieben; Bleistiftvermerke (auf jeder Seite oben, z. T. ausradiert): »1749-PS« (entsprechend dem Nürnberger Dokument), auf dieser Seite Rotstiftvermerk: »290«.

haben uns ja auch zwei verschiedene Arbeitsgebiete gewählt u. gegenseitigen Respekt.

Nach 25 Jahren sah ich eine Anzahl »Rubonen«[456] aus Riga. Alt geworden, aber ungebrochen. Ein Teil bester Männerkameradschaft. Sie wollen alle mutig in Posen von vorn anfangen.

7.1. [1940]

Scheidt ist seit Sonnabend wieder aus Oslo zurück. Berichtet über den sicher anglophilen neuen Kriegsminister usw. Wird seine Beobachtungen niederlegen. – Sch.[eidt] hat Lammers gesprochen. ~~Dieser~~ L.[ammers] hat dem Führer Vortrag gehalten. Dieser will wohl, ist aber skeptisch, was die Diskretion in Norwegen betrifft. L. meint: wenn es auskommt, ist es gut – geht es schief, kostet es den Kopf der Verantwortlichen. In der afghanischen Sache hat der Führer meiner Denkschrift gegen das A. A. zugestimmt. Habicht kann seine Leute also wieder aus Moskau zurückholen ... Dort, so weit, gegen den afgh. Staat was zu unternehmen ohne aktive Unterstützung Moskaus, erscheint als Kräftezersplitterung. Das kann nur, wenn überhaupt, von innen her geschehen.

Die norwegische Sache muss noch überschlafen werden. Gefahrenmomente sind genügend vorhanden, aber glückt es, dann können vielleicht hundertausende von Opfern gespart werden. Es geht nun einmal gegen England; Frankreich ist dabei nicht so wesentlich u. die Untätigkeit der Franzosen ist ein zersetzendes Element für diese.

Man müsste über der franz. Front Flugblätter mit dem Hinweis abwerfen, dass Neger jetzt in den franz. Dörfern bei den Frauen u. Töchtern der Poilus wohnen.

Habe heute nach langer Zeit gemalt. Studien, die ich vor 21 Jahren gemalt habe, sind aus Reval angekommen. Durch weitermalen werden sie leider nicht besser. Aber diese Tätigkeit zieht mich am Sonntag ab von manchen ärgerlichen Gedanken über Unkameradschaftlichkeit gerade oben in der Bewegung.

---

456 Angehörige der dt.-balt. Studentenverbindung Rubonia (gegr. 1875); Mitglieder neben Rosenberg u. a. Arno Schickedanz und Otto von Kursell; 1923 in München reorganisiert; s. Piper, *Rosenberg*, S. 58 f.

Gauleiter Dr. Meyer besuchte mich am Freitag. Ruhig und sicher wie immer. Ein sehr positiver und treuer Mensch, mit dem zu sprechen immer wieder Freude macht.

19. 1. [1940]

In diesen Tagen besuchte mich Amann u. berichtete von einer Unterredung mit Dr. G.[oebbels] A.[mann] hatte in Polen Verleger u. Schriftleiter eingesetzt. G. habe nachher »inspiziert« u. die Leute wieder entlassen. Darauf ist A. zu G. ins Ministerium gegangen u. hat ihm – zwei Stunden lang – die Wahrheit gesagt. Was ihm einfalle, was er ~~sich~~ mit seinem miserablen Ministerium sich eigentlich denke. Kein Mensch wolle noch von ihm was wissen. Alle Gauleiter lehnten G. einmütig ab usw. G. hätte kläglich dagesessen: Lieber Pg. A., sollen wir so auseinandergehen, ich habe ja dem Führer meinen Rücktritt schon vor einem Jahr angeboten usw. – Es sei blamabel gewesen. A. habe bei ähnlichen Vorfällen noch mit ganz anderen Dingen gedroht.

x

Scheidt hat das nötige erhalten u. fährt jetzt nach Oslo. Aktion 1 ist vorbereitet, 2 läuft an, ob 3 durchgeführt wird u. wenn ja, wie, ist jetzt die Frage. Ribbentrop fand ich neulich vernünftig u. – einigermassen unterrichtet. In der afghanischen Sache hufte er deutlich zurück u. wahrte ~~einigermassen~~ das Gesicht. Ich sende ihm eine kurze Denkschrift zu.[457]

+

Vor paar Tagen kam zu Mittag b. Führer die Rede auf die kirchenpolitische Lage. Der Führer sagte, ein grosser Fehler sei sein Versuch gewesen, eine einheitliche evang. Kirche als Gegengewicht gegen die römische angestrebt zu haben. Er hätte noch gewisse Vorstellung a.d. Grenzland mitgebracht, wo der Protestantismus eine nationale Religion gewesen wäre. Ich bestätigte dies auch für die Balten. Deren Pastoren

457 Folgende Passage von »Vor paar Tagen« bis »die Existenz kosten« mit Markierung (Bleistift); abgedruckt (mit kleineren Abweichungen) in Kempner, Der Kampf gegen die Kirche, S. 34.

seien nationale Vorposten gewesen. Sie kämen jetzt ~~sicher~~ in Konflikte. Sie seien sicher alt-lutherisch, »bekenntnistreu«. Wenn sie jetzt entdekken werden, dass die hiesigen Bekenntnistreuen antistaatlich seien, so wäre auch b. ihnen ein Bruch eingeleitet. (Landrat v. Corswant teilte mir soeben mit, Pastor Bernewitz aus Riga habe meine Werke soeben gelesen, mit ihm gesprochen.[458] Er habe jetzt schlaflose Nächte und entferne sich innerlich täglich mehr von einem Christentum, das er bisher gelehrt habe.) Der Führer schilderte dann den Empfang der Kirchenführer, auf dem die »Bekenntnistreuen« u. die »deutschen Christen« sich vor seinen Augen fast wegen der Deputate geprügelt hätten. Er ahmte dann die salbungsvollen Redensarten Niemöllers nach, dessen vorheriges im Matrosenjargon [geführtes] Telefongespräch der Führer sogleich verlesen liess.[459] Folge: peinliches Zusammensinken der Brüder.

Auf den Hinweis, die Nachwelt werde die rel.[igiöse] Stellungnahme des Führers nicht kennen, da er sich nicht äussere, sagte er: Nun, das könne man doch. Nie habe er auf einer Parteiversammlung oder Beerdigung von Pggn. einen Geistlichen zugelassen. Die christlich-jüdische Pest gehe wohl jetzt ~~seinem~~ ihrem Ende entgegen. Es sei geradezu furchtbar, dass eine Religion einmal möglich gewesen sei, die im Abendmahl buchstäblich ihren Gott auffresse. Auch die »guten Werke« seien nur »wirksam«, wenn man »im Zustand der Gnade« sei. Darüber bestimme aber die Kirche. – Ich erzählte meinen visuellen Schock 1911 im Kloster Ettal, wo unter der Zentralkuppe die Skelette der Heiligen in Glasvitrinen lagen mit goldenen Ringen an den Knochen u. gold. Kronen auf den Schädeln.[460] Das war ein Aschanti-Religions-Eindruck. Das russische Kirchenwesen hätte ich als unverpflichtendes orientalisches Brauchtum m. schönen Gesängen betrachtet. In D.[eutschland] aber diesen Fetischismus glauben zu müssen, sei furchtbar.

---

458 Corswant, Walther von (1886–1942); 1923 NSDAP-Beitritt; 1927 Gauleiter in Pommern; seit 1930 MdR; 1932 Leiter der Abt. Wirtschaftspolitik in der NSDAP-Reichsleitung. – Bernewitz: Wahrscheinlich Bernewitz, Helmut Alex (1906–unbek.); 1933–39 Pastor der dt. Gemeinde Riga-Strand; 1941–45 Übersetzer im GK Lettland.

459 Niemöller, Martin (1892–1984); evang. Theologe; 1931–37 Pfarrer in Berlin-Dahlem; 1933 Gründer des Pfarrernotbundes, Keimzelle der Bekennenden Kirche; 1937–45 Haft im Gefängnis und KZ Sachsenhausen.

460 Ettal, Benediktinerkloster in Oberbayern.

Der Führer sprach in ähnlichem Sinne. – Ich meinte, nach 20 Jahren würden manche Ansätze noch deutlicher werden. Der Führer meinte: in 200 Jahren. Ich glaubte, bei absteigender Kurve ginge die Entwicklung oft unerwartet schnell. Probleme, die heute noch 40- u. 50-jährige beschäftigen, machten unserer Jugend keine Sorgen mehr. Deren Kinder werden noch unabhängiger sein. Sicher aber werde einmal ein Mann eine Reformation durchführen. – Nicht aber Hans Kerrl. Was ein allg. Lächeln hervorrief.

Der Führer sagte, es sei natürlich auch ein harter machtpolitischer Eingriff denkbar; aber nur dann, wenn D. aussenpolitisch vollkommen unabhängig sei. Sonst könnte die doch entbrennende innerpol. Auseinandersetzung uns die Existenz kosten.

Göring traf ich anderen Tags i.d. Reichskanzlei u. sprach ihn a.d. Änderungsvorschlag der Wehrmacht meinem Auftrag gegenüber an. Er erklärte sich bereit, auf den Begriff »w.[elt]-a.[nschau]liche Führung« i.d. Wehrmacht zu verzichten u. schlug selbst vor, dass ich auch den Begriff Weisung auf ihn anwende. Das akzeptierte er gerne: er sei für den 4-Jahresplan weisungsberechtigt, ich für die Weltanschauung. Ein alter Nazi stehe dem anderen gegenüber, jeder habe seinen Auftrag.

Ich habe diese ebenso sachliche wie kameradschaftliche Haltung sehr begrüsst.

Am 12.1. hatte ich der Presse verboten, von meinem Geburtstag Notiz zu nehmen. Trotzdem sind viele rührende Briefe aus dem ganzen Reich gekommen, die mich sehr ergriffen haben. Es ist ein merkwürdiges Gefühl, zu wissen, dass nach u. nach Hunderttausende inwendig durch mein Werk revolutioniert worden sind. Viele haben dadurch innere Ruhe u. Befreiung bekommen; einen neuen Sinn, da der alte verloren gegangen war. So schreiben denn Frauen u. Männer, Mädel u. Schüler, manche dichten, viele schildern ihre Entwicklung. Ein Oberst a.d. Ostmark dankt mir als Vollender des Werkes d. grössten Denker unserer Geschichte.[461] – Und ich frage mich immer: Wird das d.[eutsche] Volk die Last der kommenden Dinge austragen können? Könnte es dies,

461 Ostmark, NS-Bezeichnung für Österreich seit 1938; 1942 durch die Bezeichnung Alpen- und Donau-Reichsgaue des Großdeutschen Reiches ersetzt.

dann werden W.[elt]-A.[nschauung] u. Lebensinstinkt einmal zusammenwirken u. die grösste Kraftentfaltung der d. Nation herbeiführen. Das wäre dann wahrhaftig ein neues Zeitalter.

27.1.[1940]

Heute zu Mittag war der Führer wieder sehr aufgeräumt. Die unvorsichtigen Eingeständnisse Lord Lloyds, dass Polen nur ein Vorwand für die britische Kriegspolitik gewesen war, haben ihn sehr befriedigt.[462] Auch die sonstigen, sehr verwirrten Stimmen zeigten, wie er sagte, dass es den Engländern schlecht gehe. 60% ihrer Futtereinfuhr hätten sie verloren, sie wollten diesen Verlust auf 40% herunterdrücken.

Während des Essens sprach der Führer über Polen. Die kleine früher herrschende Schicht habe das Land als eine Plantage betrachtet, selbst aber mehr in Paris als auf dem Lande gewohnt. Ich bemerkte, dass die Gegenreformation hier eine bewusste Ausrottungsarbeit geleistet habe; es sei als herrschend eine mit Gesellschaftskultur übertünchte Schicht übrig geblieben, fähig zu einigen tapferen Ausbrüchen, aber für konstruktiven Bau unfähig. – In Polen wäre ein wirklicher Widerstand nicht zu erwarten, meinte der Führer, klopfte mir auf den Arm und sagte lachend: Widerstand sei nur noch bei den Balten. Ja, wenn man ihnen ein Geschäft gebe, wollten sie das nächste usw. Ich sagte: Das ist wohl nicht ganz so. Denn z.B. soll der Besitzer einer Lederfabrik eine Schuhreparaturwerkstätte erhalten, einem Hotelbesitzer bietet man eine Stellung als Kellner an usw. Und da meinen die Betroffenen, das sei doch wohl nicht Zweck der Übung gewesen.

Ich hatte gerade eine Stunde vorher Himmler einen sachlichen Brief nebst Anlagen zugesandt.[463] Die Balten sind sicher nicht so bequem zu behandeln wie die Wolhyniendeutschen, die wenig aufgaben u. stets

462 Lloyd, George Ambrose (1879–1941); brit. Politiker; 1940–41 Kolonialstaatssekretär und Vorsitzender des House of Lords.

463 Bezieht sich wahrscheinlich auf Schreiben Rosenbergs an Himmler »Betr.: Baltenumsiedlung«, 23.1.1940, mit 7 Anlagen (13 S.), auszugsweise abgedruckt in Poliakov und Wulf, *Das Dritte Reich und seine Denker*, S. 483–85; ähnlich ein gleichlanges Schreiben Rosenbergs an Himmler vom 20.3.1940 (ebd., S. 485–87).

Kleinbauern waren. Das Baltentum weiss natürlich, dass es ein Kulturbegriff gewesen ist u. starke Individualitäten wollen sich nicht so einfach von Beamten wie eine Herde Flüchtlinge hin u. herschieben lassen. – Himmler hat nun einmal eine Abneigung gegen die Balten, es ist also anzunehmen, dass er einige Deutlichkeiten angesichts der Kälte, des nicht aufzufindenden Wintergepäcks usw. dem Führer in bestimmter Form berichtet hat.

Zum Schluss bat ich den Führer, Dr. Lammers u. mich zu empfangen, um den Auftragentwurf vorzulegen. Da Hess gerade danebenstand, so fragte der Führer, ob dieser einverstanden sei. H.[ess]: er habe die letzte Fassung noch nicht gelesen. Ich: [»]Es ist bei der von Ihnen verwandten geblieben[«] Führer: [»]Dann ist es gut, wenn Hess einverstanden ist, können Sie die Sache fertigmachen[«]

Nach allen Hinzögerungsversuchen bin ich aber noch nicht ruhig, als bis wirklich die Unterschrift vorliegt.

Hess gab übrigens noch dem Führer den Bericht eines deutschen Kapitäns, der nach vielen Jahren wieder in Odessa gewesen war. Dieser erklärte, im Gegensatz zu früher hätte er keinen einzigen Juden mehr in den Behörden getroffen. Das gab Anlass zu den jetzt häufigen Betrachtungen, ob sich in dieser Hinsicht in Russland wirklich ein Wandel vorbereite. Ich meinte, wenn wirklich diese Tendenz beginne, würde sie mit einem furchtbaren Judenpogrom enden. Der Führer sagte: vielleicht würde das dann verängstigte Europa ihn bitten, für die Humanität im Osten zu sorgen ... Alle lachten. F.[ührer]: [»]Und Rosenberg müsste der Schriftführer eines von mir präsidierten Kongresses zur humanen Behandlung der Juden sein ...[«][464] Im übrigen sei ein neuer russ. Film erschienen, der frühere polnisch-russische Auseinandersetzungen behandle. Ich: Ja, ich hörte davon, auch die Politik des Vatikans dieser Zeit werde behandelt. F.: Ob man diesen Film vielleicht einmal zeigen könnte? Ich, kummervoll: Wo vom Vatikan die Rede ist, kann man bei uns doch nichts zeigen. – Das gab natürlich wieder ein Gelächter u. Bormann stiess mich lachend an: Sowas kann man nur in Russland sehen – leider.

---

464 Folgende Passage von »Im übrigen« bis »leider« mit Markierung (Bleistift); abgedruckt (mit kleineren Abweichungen) in Kempner, Der Kampf gegen die Kirche, S. 34.

7.2.40

Am 29. sprach ich den Führer ausführlich über gewisse Stellen des Entwurfs f. m. Auftrag. An einer Stelle hatte er Befürchtungen. Wenn mein Auftrag, meinte er, generell »die wissenschaftliche Forschung u. Lehre« umfasse, so würde man darunter die Wiederholung der christlichen Versuche verstehen, von einem Dogma aus die exakte Naturforschung bestimmen, ihr diktieren zu wollen. Man werde ihm, wenn er das unterschreibe, vorwerfen, nach sonstiger »Knechtung« käme jetzt die Wissenschaft dran.

Ich: Diese Befürchtung braucht nicht sich zu verwirklichen, weil im nächsten Satz steht, ich könne Weisungen nur erteilen, wenn es sich um die n.s. Welt-Ansch.[auung] handele. Im übrigen werde unsere Wissensch. froh sein, denn ich wolle ja gerade die Subalternitäten, kleinlichen Vorzensuren usw. abschaffen (Fall Bouhler). Gerade ich sei ja in diesen Jahren für eine freie Forschung eingetreten. – Der Führer sah jetzt den Wortlaut noch einmal an: Ja, wir beide können uns über unser Wollen hier einig sein, aber die anderen lesen nur diesen einen Satz u. werden mit schwersten Angriffen kommen. Unsere W[elt]-A[nschauung] muss der exakten Forschung nicht vorschreiben, sondern aus ihrer Arbeit die abstrakten Gesetze folgern.

Ich: Die W-A hat es doch wohl mit Werten zu tun, ist innere Haltung, die zunächst mit Physik usw. nichts zu tun hat. In Abrundung aller Möglichkeiten geht sie natürlich von der möglichst grossen exakten Gewissheit der Naturerforschung aus.

Die positivistische Note des Führers war mir etwas neu. Da er aber den sicheren Glauben an Vorsehung hat, sind eben beide Welten bei ihm zu Hause.

Der Entwurf wird also in paar Punkten neu bearbeitet werden. Übermorgen ist Chefbesprechung;[465] es werden sich also einige Opponenten zusammenfinden.

---

465 Siehe die Aktennotiz des AA-Staatssekretärs von Weizsäcker zur »Chefbesprechung« vom 9.2.1940, auf der Rosenbergs Entwurf eines »Erlasses des Führers über die Einsetzung eines Beauftragten zur Sicherung der nationalsozialistischen Weltanschauung« den Widerstand der Vertreter anderer Staats- und Parteiinstanzen hervorrief (NG-1283; abgedruckt in Seraphim, *Tagebuch*, S. 199–202). Am Ende entschied Hitler,

Nach dem Gespräch übergab ich dem Führer dann einen Entwurf zur Anordnung über die vorbereitenden Arbeiten zur Hohen Schule, die er sofort unterschrieb.[466] Hier wird also »die nationalsozialistische Forschung, Lehre und Erziehung« in meine Hand gelegt. Nach dem Krieg steht also eine riesengrosse Aufgabe bevor.

Besuche: Dr. Z.[467], der mit holl. Pass eine Reise durch Frankreich machte. Keine Lust zum Krieg gegen uns. Kämpfende Gruppen.

Kaufmann J.[468] aus Brasilien, der mit W.[ohlthat] u. m. Amt in diesen Jahren die Baumwoll-Lieferungen gemacht hat.

Berichte über Reisen frankophiler Holländer: weinend aus Frankreich zurückgekommen.

Der Bürgermeister X. aus Belgien (fläm. Teil), lachend: wenn Sie kommen, haben wir doch nur – zwei Lautverschiebungen nachzuholen.

~~Wagel~~ Sch.[eidt] aus Oslo zurück. Macht Bericht über dortige Unterhaltungen (liegt bei [fehlt]). Mit Göring über Unterstützung gesprochen.

Mit Dr. Gross über Gründung eines Instituts f. Biologie u. Rassenkunde gesprochen (in engster Verbindung m. Kaiser W.[ilhelm] Gesellschaft.) Prof. Fischer soll nächstens zu mir kommen.[469]

---

den Erlass nicht zu unterzeichnen (siehe Tagebucheinträge vom 19. Februar 1940 und 3. März 1940); vgl. Dokument 17 in diesem Band.

466 Bereits am 29. 1. 1940 unterzeichnete Hitler eine Anordnung, die Rosenberg mit den »Vorbereitungsarbeiten« für die »Hohe Schule« als »zentrale Stätte der nationalsozialistischen Forschung, Lehre und Erziehung« betraute; abgedruckt in Poliakov und Wulf, *Das Dritte Reich und seine Denker*, S. 131 (PS-136). Zu den von Rosenberg im November 1940 umrissenen Forschungsaufgaben der Außenstellen, einschließlich des »Instituts zur Erforschung der Judenfrage« in Frankfurt am Main, siehe ebd., S. 132–139, sowie Dokumente 5 und 6.

467 Name nicht identifiziert.

468 Name nicht identifiziert.

469 Groß, Walter (1904–1945); 1925 NSDAP-Beitritt; 1932 Reichsleitung des NSDÄB; seit 1935 Leiter des RPA; 1942 Leiter des ARo-Hauptamtes Wissenschaft; Autor u. a. von *Rasse und Politik* (1934); *Die rassenpolitischen Voraussetzungen zur Lösung der Judenfrage* (1943). – Fischer, Eugen (1874–1967); Eugeniker; 1927–42 Direktor des »Kaiser-Wilhelm-Instituts für Anthropologie, menschliche Erblehre und Eugenik«; 1933–35 Rektor der Berliner Universität; 1940 NSDAP-Beitritt; (Mit-)Autor u. a. von *Menschliche Erblichkeitslehre und Rassenhygiene* (1921); nach 1945 Ehrenmitglied der Dt. Anthropologischen Gesellschaft.

Sitzung d. Reichsverteidigungsrates: Jugendbetreuung. Berichte über zunehmende Verwahrlosung. Ich übernehme Leitung einer Erziehungsaktion (Wochenanfangs Ansprachen führender Persönlichkeiten usw.).

In letzter Zeit gelesen: Meinnike, Carl Schurz, W.[ilhelm] v. Oranien, Philipp II; Romane »Im Winde verweht« (dass dieser Roman gegen die Tendenzen d. Nordstaaten 1862 heute 3 Millionen Auflage in USA erreichte, scheint Symptom zu sein; flott geschrieben, z.T. packend, aber unkonsequent, ohne Hintergrund, zum Schuss verschmiert);[470] »Im goldenen Rahmen«, »Der Zauberer Muzot«, »Die Halbschwester« (plötzlich lothringer Sachen). »Tanz ausser der Reihe« (Versuch, fehlt noch immer das Epos unserer Kampfzeit); »Mann vom See« (ein sehr gutes Buch a.d. Weltkrieg).

19.2.[1940]

In letzter Zeit H.[agelin] aus Oslo zurück mit warnender Stimme: ungeachtet der norw. Neutralitätserklärungen den d.[eutschen] Stellen gegenüber bereitet sich die jetzige Regierung vor, gegebenenfalls auf E.[nglands]'s Seite in den Krieg zu gehen. (Aktennotiz [fehlt]) Ähnlich schreibt Scheidt aus Oslo. Beide Notizen i.d. verg. Woche dem Führer zugeschickt. – Da kommt Sonnabend die Nachricht vom brit. Überfall a.d. »Altmark«[471]. Eine geradezu dumme Tat Churchills; bestärkt die Ansichten Quislings u. die Warnungen. – Heute besuchte ich den Führer u. sprach mit ihm über das Problem. Dadurch fällt nach m. Vortrag u. Vorschlag der politische Plan der Norweger. Sie müssen sich ev. zur Verfügung halten, wenn wir gezwungen sind, uns vor engl. Abschneidung

470 Meinnike: möglicherweise Meinecke, Friedrich (1862–1954), Historiker; Hauptwerke u.a. *Weltbürgertum und Nationalstaat. Studien zur Genesis des deutschen Nationalstaates* (1908), *Die Idee der Staatsräson in der neueren Geschichte* (1924). – Schurz, Carl (1829–1906); amerik. Schriftsteller dt. Herkunft. – Wilhelm von Oranien (1533–1584); Führer im ndl. Unabhängigkeitskrieg gegen Spanien. – Philipp II. (1527–1598), seit 1556 u.a. König von Spanien. – Margaret Mitchell, *Gone with the wind* (1936; dt. 1937: *Vom Winde verweht*).

471 Altmark, dt. Versorgungsschiff mit 300 brit. Kriegsgefangenen an Bord, das am 16.2.1940 von brit. Soldaten in norweg. Gewässern geentert wurde.

unserer Wege nach Norwegen zu schützen. Das Bemühen des Führers, die Neutralität des Nordens zu erhalten u. nur für den schlimmsten Fall sich vorzubereiten, ist gescheitert. Über das Kommende hat es keinen Zweck, eben etwas niederzuschreiben.

In letzter Zeit bin ich nicht recht arbeitsfähig. Solange die Entscheidung über m. Auftrag nicht gefallen ist, habe ich keinen Auftrieb. Gelesen v. Gagern »Schwerter u. Spindeln« (sehr eigenwillig, aber kräftig u. ungeheuer farbig geschrieben), sein »Grenzerbuch« u. a.[472]

3.III. [1940]

Am 29. 2. war ich längere Zeit zum Führer bestellt. Ich berichtete ausführlich an der Hand von Scheidts Denkschrift über die norwegischen Dinge. Der Führer ist naturgemäss ausserordentlich interessiert, betonte nach wie vor, die Neutralität N.[orwegens] u. Schw.[eden]'s wirklich zu wünschen, aber es ist ja klar, dass angesichts des britischen Vorgehens eine dramatische Zuspitzung kommen musste u. schliesslich ~~sich~~ auch unsererseits alles vorbereitet ist ... (Scheidts Denkschrift anbei.)[473] Abstand wurde genommen von jedem Versuch einer aktiven politischen Aktion vom Lande selbst her, dagegen eine besonders grosszügige sonstige Unterstützung der uns freundlichen Kräfte. Der Führer wollte Sch.[eidt] noch selbst sprechen, dieser war aber schon wieder in Oslo.

Dann gab ich die Karte von de R.[opp] aus der Schweiz. Dieser meldete »starken Neuschnee« u. bat um Besuch. Ich habe ihm mitteilen lassen, dass v. H.[arder] eine Reise nur machen könne, falls mit einer Dauer des Neuschnees zu rechnen sei. (Antwort steht noch aus.)

Ferner Genehmigung für die Reise von Chappuis nach Rom.[474] Dessen Schwester: Mrs. Gage.[475] Dieser stellv. Leiter der Amerika Abt. des F.[or-

---

472 Gagern, Friedrich Freiherr von (1882–1947); österr. Schriftsteller; Autor u. a. von *Schwerter und Spindeln, Ahnen des Abendlandes* (1939).

473 Siehe Seraphim, *Tagebuch*, S. 210–213 (PS–947).

474 Chappuis, Bolko Hans-Ulrich (1901–1955); 1932 NSDAP-Beitritt; seit 1934 in der Englandabt. des APA tätig.

475 Gage, Hedwig Gertrud Eva Maria (geb. von Chappuis; 1905–1954).

eign] O.[ffice] Soll hören, was die zu erzählen haben. Frau G.[age] ist mit Lady Halifax zusammen nach Rom gefahren.

Der Führer hat den Auftrag vorerst noch nicht unterschrieben. Er sagte mir, Mussolini habe ihn jetzt drei Mal gebeten nichts gegen die Kirche zu unternehmen. Später, nach dem Siege, sei es gleich, da möge er mit ihr machen, was er wolle. Der Führer: [»]Man darf nicht vergessen, dass M.[ussolini] in I.[italien] keine derartige Stellung hat wie ich in D. Hof und Kirche lieben ihn nicht, wird die Kirche, wie es vielfach versucht worden ist durchzusetzen, eine amtliche Enzyklika gegen das Reich erlassen, so ist es sehr fraglich, ob M. Ital. an unserer Seite in den Krieg führen kann. (Dazu Reise Sumner Welles.)[476] Eine Ernennung für Sie würde jetzt im Augenblick vor Beginn der grossen Offensive wie eine Bombe einschlagen. Die Kirche hat vielleicht noch immer so etwas wie eine Hoffnung, sich noch fortsetzen zu können. Mit Ihrer Ernennung würde sie endgültig alle solche Hoffnungen begraben, alle Hemmungen fallen lassen. Im übrigen werden ja schon einige Wochen die entscheidenden Entwicklungen bringen.[«]

Ich habe mich selbstverständlich derartigen Ausführungen nicht verschlossen. Dass meine Beauftragung ein Gezeter zur Folge haben würde, ist klar. Ich werde also nochmals warten u. im übrigen alle Arbeiten einleiten.

+

Dr. Leibbrandt fährt nach Rom: wegen der ukrainischen u. andren östlichen Probleme. In Paris u. in Rom sitzen jetzt viele Politiker des europäischen Ostens u. im A. A. ist man nachgerade sich klar darüber geworden, wenig darüber zu wissen. Auch für das Generalgouvernement muss alles geschafft werden. Die Fragen sind dort terra incognita.

---

476 Sumner Welles, Benjamin (1892–1961); amerik. Diplomat; außenpolitischer Berater von US-Präsident Roosevelt; 1937–43 Staatssekretär im State Department; danach Publizist und Kommentator.

6. III. [1940]

Gestern kam Hagelin aus Oslo. Mit dem Beweis britisch-franz. Vorbereitung eines Überfalls auf Norwegen. Ich lasse sofort eine Aktennotiz von ihm anfertigen u. schicke sie dem Führer i. d. Reichskanzlei (beiliegend [fehlt]).

Heute ging ich zum Mittag zum Führer. Er beugte sich während des Essens zu mir: Ich habe Ihre Notiz gelesen, es wird ernst. – Ich erzählte noch Einzelheiten: franz. Generalstabsoffiziere sind i. der franz. Gesandtschaft i. Oslo als kl. Passbeamte angestellt. Einer von ihnen hat sich mit Quislings Sekretärin »verlobt«. Q. hat sie sofort davongejagt. Sie hat nichts erzählen können ...

~~Da~~ Nach dem Essen liess ich dem Führer noch eine genaue Wirtschaftsstatistik über Norwegen zugehen. Sie brauchen an Treibstoff u. Getreide erheblich mehr, als die erste Ausrechnung ergeben hatte.

Oberst Schmundt teilte mir dann noch mit, Schottland sei für d. Verkehr abgesperrt![477] Es sind 24 Stunden bis zur norw. Küste.

Herr Blisha schreit in seiner Zeitung: Norwegen ist eine gegen die Brust Englands gerichtete Pistole.[478] Man muss sorgen, dass sie nicht in fremder Hand ist.

Hagelin ist im übrigen tüchtig: ausgerechnet ihn hat die norwegische Admiralität mit dem Ankauf deutscher Flaks beauftragt! So kann er harmlos hin- u. herreisen. Er ist aber doch etwas »herzkrank« geworden. Mit seinem Kopf zu spielen, soll manche auf die Dauer doch nervös machen.

9. 4. 40

Heute ist ein grosser Tag deutscher Geschichte. Dänemark u. Norwegen besetzt. Ich gratuliere dem Führer zu diesem auch durch mich vorbereiteten Werk. Er lacht über das ganze Gesicht: Nun kann ja Quisling seine Regierung bilden. Es liefen dann die letzten Nachrichten ein: Christian-

---

477 Schmundt, Rudolf (1896–1944); Offizier; seit 1938 Chefadjutant Hitlers; seit 1942 zugleich Chef des Heerespersonalwesens; 1943 Generalleutnant; beim Attentat vom 20. 7. 1944 schwer verwundet.

478 Gemeint ist Hore-Belisha.

sund, Ahrendal genommen.[479] Blieb noch Oslo, wo etwas Widerstand geleistet wird. Wir drückten die Hoffnung aus, dass die geflüchtete norw. Regierung nicht etwa Quisling verschleppt habe. – Der Führer sagte, er habe doch immer fürchten müssen, dass England Wind vom Plan bekäme. Ich erzählte lachend die Lage in Döberitz.[480] Dort waren seit Wochen Gebirgstruppen aus d. Ostmark untergebracht. Ein Raten wozu. Rumänien, Karpathen b. Slowakei. Um zu beruhigen, wurde »etwas ganz Ausgefallenes« erklärt: Norwegen! Also das Geheimste für den Fall engl. Drohung harmlos geplaudert.

Der Führer: »So wie aus dem Jahre 1866 das Reich Bismarcks entstand, so wird aus dem heutigen Tag das Grossgermanische Reich entstehen.«[481]

Keitel erzählte mir noch einige Einzelheiten über die Besprechung v. Vertretern in Kopenhagen mit Quisling.[482] Es herrschte eine sehr gehobene Stimmung.

Nachträglich: Scheidt war vor 10 Tagen wieder da, legte seine Meldung über politische Besprechungen eines Vertreters des OKW mit Q.[uisling] nieder. Ich gab das dem Führer, der sehr temperamentvoll dem OKW verbot, politische Sondierung zu machen (Aktennotiz beiliegend [fehlt]). Scheidt musste gleich zurück, um mit unserem Attaché zusammenzuarbeiten.[483]

+

Während sich das abspielte, fand bei Hess Beratung über die Frage des Konfessionsunterrichts in den Schulen. Die staatsrechtliche Lage ist so verschieden wie nur möglich: Stunden durch Pfarrer, Stunden ausserhalb der Schulen (Bayern), eigene W[elt]-A[nschauungs] Stun-

479 Christiansund und Ahrendal, Städte im Süden von Norwegen.

480 Truppenübungsplatz bei Berlin.

481 Bismarck, Otto Fürst von (1815–1896); 1862–90 Ministerpräsident von Preußen; 1871–90 Reichskanzler.

482 Keitel, Wilhelm (1882–1946); Offizier; 1937 General; seit 1938 Chef des OKW; 1946 nach IMT-Todesurteil hingerichtet.

483 Folgende Passage von »Während sich das« bis »von unten her« mit Markierung (Bleistift); abgedruckt (mit kleineren Abweichungen) in Kempner, Der Kampf gegen die Kirche, S. 34 f.

den (Württemberg) radikalere Formen i.d. Ostmark u. im Warthegau.[484]

Ich vertrat den Standpunkt: die W-A des NS soll alle Fächer durchdringen. Auf Grund vieler Bitten habe ich jetzt Thesen [zur] ns Welt-Ansch. fertig. Dem Führer vorlegen. Kommission bei mir, um die schulmässige Auswertung fertigzustellen. (Erz.[iehungs]Ministerium, Lehrerbund). Dies müsse fertig sein, wenn zur allgemeinen Durchsetzung geschritten werden kann. Im übrigen: Trennung von Staat u. Kirche als Ziel ist eine liberalistische Haltung. Für uns ist alles ein Zwischenstadium. Wenn im übrigen die kirchl. Weltanschauung noch in Sakristeien usw. gelehrt würde, so würde eine solche Auseinandersetzung sehr gesund für eigene Überprüfung sein. Das Zeitbedingte würde abfallen, das Dauernde bewusster herausgearbeitet werden.

Wenn diese Arbeit von uns durchgeht, be~~geht~~ginnt in der Praxis die Revolution der W-A von unten her.

11.4.[1940]

Gestern u. heute wieder zu Mittag b. Führer. Quisling rief aus Oslo an, um den Führer zu sprechen. Da es über Schweden ging, liess er Ribbentrop reden. Im übrigen betont das A.A., Q.[uisling] habe eigentlich nichts hinter sich in Norwegen. Der Führer äusserte sich ähnlich. Ich erwiderte, er habe doch Oberst Sch.[mundt] alles nähere mitgeteilt, im übrigen ja warnend betont, dass die norw. Regierung mit England unter einer Decke stecke.

Es ist also wieder so: unsere amtliche Vertretung hat die Jahre über nichts getan, um in N.[orwegen] eine deutschfreundliche Bewegung zu fördern. Das ist von hier, von uns in erster Linie getan worden. Unser jetziger Vertreter hat die norw. Regierung stets als loyal, absolut neutral gelobt. Er hat erklärt, E.[ngland] könne ja gar keine wirklichen Repressalien unternehmen! Q. hat gewarnt; ich habe dem Führer bereits im Juni 1939 eine Denkschrift über die politisch-strategische Wichtigkeit Norwegens durch Lammers übergeben. Q. hat Einzelheiten über engl.-

---

484 Auch Reichsgau Wartheland; seit Okt. 1939 dt. Verwaltungsgebiet im annektierten Teil Polens; umfasste die Regierungsbezirke Hohensalza (Inowrocław), Litzmannstadt (Łódź) und Posen (Poznan).

norw. Zusammenspiel gegeben. Jetzt macht man ihm Vorwürfe, weil er zu wenig hinter sich weiss. Seine Freunde stehen aber doch unter dem Befehl des Königs. Sollen sie einfach meutern? Im übrigen müsse man die nächsten Tage abwarten; da die Unterredungen Dr. Bräuers mit König Hakon keinen Erfolg haben, wird man eben nicht mehr mit dem »neutralen« Herrn Koth regieren können.[485] Die Beamten vom AA haben sich also nicht wesentlich geändert: Langes Nichtstun, dann plötzlich kolossale »Aktivität«, und das meist an falscher Stelle. – Der Führer sieht wohl vieles, aber mehr noch erfährt er nicht. Wo ich ihn unterrichten konnte (Ibn Saud, Afghanistan usw.) hat er in meinem Sinn entschieden. Da aber nun einmal die Weltanschauung mein Lebenswerk bedeutet, so muss die Aussenpolitik in anderer amtlicher Hand bleiben. Ich habe aber grosse Sorgen, weil der Mangel an Völkerpsychologie und Phantasie, der schon früher den Beamten des AA kennzeichnete, auch heute das hervorstechende Merkmal geblieben ist.

x

Sprach in der verg. Woche in Ludwigshafen, Münster, Hannover. Besuchte Saarbrücken, die Spicherner Höhen, die zerschossenen Dörfer im Niemandsland.[486] Verlassene alte französische Gräben mit Matratzen und Decken. Ein franz. Café ausgebaut als kl. Betonfort. Ununterbrochener Bunkerbau. Vor uns schanzende Franzosen. Offiziere u. Soldaten in fabelhafter Stimmung. – Unheimlich wirkt das von der ganzen Bevölkerung geräumte Saarbrücken. Häuser der Dörfer: Trümmerhaufen. Herabhängende Wände, riesige Löcher in den Mauern. Wenn so einst der ganze Westen aussehen sollte, wäre es schaucrlich. – Die Menschen in der Pfalz scheinbar ruhig – ruhiger als manche in Berlin.

---

485 Bräuer, Curt (1889–1969); Diplomat; 1935 NSDAP-Beitritt; 1939–40 als Gesandter in Oslo Überbringer des dt. Ultimatums, welches abgelehnt wurde; 1940–45 Militärdienst. – Haakon VII. (1872–1957); seit 1905 König von Norwegen; 1940 nach Widerstand gegen dt. Forderungen Flucht nach England; dort Etablierung einer Exilregierung. – Koht, Halvdan (1873–1965); norweg. Historiker und Politiker; 1935–41 Außenminister; 1940–45 Exil in London.

486 Spichern, Gemeinde in der Region Lothringen an der dt.-franz. Grenze; 1940 Teil des Westwalls.

Morgen fahre ich nach Danzig: Eröffnung der Ausstellung »Los von Versailles« u. grosse Kundgebung. Dann Vorträge vor Offizieren in Düsseldorf, Koblenz, Kreuznach.[487]

13.4. [1940]

Heute kommt Hagelin als frischgebackener norwegischer Handelsminister zu mir und erzählt frisch u. unverzagt über die Vorgänge in Oslo. Ich lege sie in einer Aktennotiz (beiliegend [fehlt]) nieder. H.[agelin] ging dann zu Ribbentrop. – Ich gehe zum Mittag zum Führer u. erfahre von ihm, dass er H. schon empfangen hat. – Der Führer ~~ist heu~~ war heute sehr schweigsam nach einem Gespräch m. Göring. Raeder war gerade unterwegs, so dass ich den Führer nicht näheres mehr fragen konnte. Herr Hewel vom AA.[488] [Text bricht ab.]

27.4. [1940]

Am 16., 17. u. 18. sprach ich vor der Generalität u. je 600 Frontoffizieren des Westens in Düsseldorf, Koblenz und Bad Kreuznach. Die Generäle sind fest überzeugt, dass für den – erwarteten – Befehl sie siegreich durchbrechen werden. Voll Stolz hören sie die Berichte aus Norwegen; ich erzähle ihnen einiges nähere über die Entwicklung im Norden.

Als ich am 19. zurückkomme, haben sich die Ereignisse etwas überstürzt. Habicht vom AA ist plötzlich aufgetaucht, um wieder einmal »in revolutionärer« Sache mitzuwirken. Jedenfalls trat Quisling zugunsten eines allg. Verwaltungsrates zurück u. der Führer wollte einen gleichsam innerpolitischen Reichskommissar (Terboven) einsetzen. Zu gleicher Zeit lief Bericht von Scheidt aus Oslo ein, der anzeigte, dass durch unseren AA-Vertreter die Dinge drauf u. dran waren schief zu laufen u. unsere Freunde schlecht behandelt wurden. Ich schicke Scheidts Bericht sofort zum Führer (anliegend [fehlt]). Am nächsten Tage, am Geburtstag des Führers, kann ich die Sprache nicht mehr darauf bringen, muss

487 Bad Kreuznach, Kurort in Rheinland-Pfalz.

488 Hewel, Walther (1904–1945); 1923 Teilnahme am »Hitler-Putsch« als Fahnenträger des »Stoßtrupps Hitler«; seit 1938 Verbindungsmann des Reichsaußenministers im Führerhauptquartier; 1942 SS-Brigadeführer; seit 1943 Botschafter z.b.V.

zudem gleich weiter nach ~~Danzig~~ Leipzig, um dort ~~über U[??]~~ vor den Verlegern zu sprechen. – Wie sich jetzt gezeigt hat, hat der Führer den gleichen Eindruck, wie ich. Mit dem A.A. unzufrieden (unser Gesandter Dr. Bräuer ist zur Disposition gestellt worden, ohne Verwendung in Berlin). Terboven ist unmittelbar der Reichskanzlei unterstellt, somit unserer Bürokratie entzogen.

Als ich meine Geschenke – u.a. einen grossen Porzellankopf Friedrichs des Grossen – dem Führer übergab, kamen ihm Tränen in die Augen und er sagte: »Wenn man den da ansieht, dann sind unsere Einsatzentschlüsse klein gegen das, was er getan hat. Er verfügte ja nicht über die Machtmittel, die heute in unserer Hand sind.«

Am Donnerstag, den 25. ging ich wieder zum Mittag. Der Führer nahm mich gleich zur Seite. Er erzählte über die noch nicht gemeldete Vernichtung der brit. Brigade, Gefangennahme des brit. Generals mit allen Geheimbefehlen. Über die Auffindung der ganzen brit. Spionageorganisation in Norwegen. Die Engländer seien mit 50 Schuss Munition an Land gegangen: so sicher fühlten sie sich. Ich sagte: damit seien ja alle Nachrichten Quislings über die Zusammenarbeit zwischen London und der alten Regierung erwiesen. Der Führer: Ja. Auch Terboven meint, Q.[uisling] u. seine Mitarbeiter stünden uns ideologisch nahe u. seien wirklich unsere Freunde. – Wenn er Glück in seinem Leben gehabt hätte, so in dieser Aktion. Als das letzte Nachschubschiff von uns in den Fjord von Drontheim (?) einfuhr, stiess es auf den ersten brit. Vorhutzerstörer, der mit Hilfe eines d. Schlachtschiffes ~~zerstört~~ vernichtet wurde.[489] Und er wolle aussprechen, dass er diesen Entschluss in bezug auf Norwegen auf Grund der von mir übermittelten Warnungen u. Unterlagen Quislings gefasst habe.

In dieser Form hatte ich nun die Bestätigung, dass das A.P.A. eine geschichtliche Aufgabe erfüllt hat. Die Besetzung Norwegens ist vielleicht kriegsentscheidend.

Ich sagte nun dem Führer, ich hielte es für notwendig, dass Q. u. seine Mitarbeiter auch anständig behandelt werden müssten. Der jetzige Verwaltungsrat sei von Logenbrüdern geführt, Q. müsste freie Arbeit gelassen werden. Sonst müssten wir nur mit Militär regieren. Deutscherseits stehe Terboven den nordischen Fragen etwas ferne. Wer habe für den

489 Trondheim; Stadt an der norweg. Küste.

Norden sich denn überhaupt amtlich bemüht? Nur die Nordische Gesellschaft. Jetzt müssten auch einige Leute mit den Norwegern verkehren, die Land u. Leute kennen. Q. habe mich nochmals gebeten, Scheidt in Oslo zu belassen. An sich ist sein Verbindungsauftrag erledigt, aber er könnte vielleicht Terboven beigegeben werden. – Der Führer sagte, ich hätte durchaus recht.

Da das R[eichs]-Kommissariat Norwegen der R[eichs]-Kanzlei angeschlossen ist, hatte Schickedanz mit Lammers Besprechungen, der ihn als den Beauftragten der R-Kanzlei ernannte. Durch seine Hände geht jetzt der gesamte Schriftverkehr mit Norwegen (einschliesslich AA). Terboven hat zwar ein längeres Gesicht gezogen, aber wird sich mit dieser Regelung abfinden. Heute morgen ist Sch[ickedanz] nach Oslo geflogen, um sich umzuschauen, Q. zu beruhigen, ev. auch schon Scheidt T.[erboven] zuzuteilen.

In sog. »politischen« Kreisen, die nichts getan haben, gehen ironische Bemerkungen über Q. um u. über mich, der ihn unterstützt hatte; wie mir soeben Lohse aus Kiel mitteilt.[490] Das sind jene unnütze Kreaturen, die immer ernten wollen, ohne gesät zu haben – und tatsächlich auch nur zu oft ernten. Dass sie dabei noch jene geheim verspotten, die ihnen überhaupt zur Ernte verholfen haben, gehört zu ihrem Charakter. Nur dass dieses Gezücht bei uns weiterwuchert, ist einigermassen erschütternd.

x

Der 1. Band meines »Handbuch der Romfrage« ist erschienen. Ein Ergebnis vieljähriger Arbeit eines fleissigen Forscherkreises.

30.4. [1940]

Am 27. zu Mittag b. Führer fragte ich ihn, ob er dem Wortlaut meines Vortrages b. den Offizieren zustimme, da dieser an das ganze Offizierskorps versandt werden soll. Der Führer erklärte, der Vortrag sei

490 Lohse, Hinrich (1896–1964); 1923 NSDAP-Beitritt; seit 1925 Gauleiter von Schleswig-Holstein; seit 1932 MdR; 1933–41 Oberpräsident der Provinz Schleswig-Holstein; 1941–44 Reichskommissar Ostland; 1948 zu zehn Jahren Haft verurteilt; 1951 wegen Krankheit entlassen.

sehr gut, er könne unverändert bleiben. – Während des Essens wurde mit Gelächter die Übersetzung des russischen Buches »Schlaf schneller, Genosse« besprochen.[491] Der Führer hat eine halbe Nacht darangesetzt, um diese Bilder des Elends a.d. Sowjetunion, »humoristisch« geschildert, durchzulesen. Die Bücher wurden gleich für jene besorgt u. verteilt, die die Schrift noch nicht kannten. – Wir alle hörten uns dann die Übertragung der Rede Ribbentrops über die Norwegen-Dokumente an. D.h. wir mussten etwas warten. Um 14.30 wurde die Rede angesagt. Es vergingen 5, 8 Minuten. Ich sagte: sehr pünktlich beginnt das ja nicht. – Der Führer, mit entsprechender Handbewegung: »Das Auswärtige Amt kommt immer zu spät.«

Schliesslich las R.[ibbentrop] Mit guter Stimme zunächst, dann versprach er sich mehrfach, liess dann an einer Stelle[492] das Wort »nicht« aus, was der Rede den gegenteiligen Sinn gab, verbesserte sich usw. Nicht sehr erhebend. – Der Inhalt der Dokumente selbst ist ja für London entsetzlich peinlich. Dass Churchill etliche Tobsuchtsanfälle erlitten hat, ist sehr wahrscheinlich. Er ist eben doch der, wofür ich ihn gehalten habe: cholerisch, leidenschaftlich zäh, aber mit beschränkter Intelligenz, d.h. ohne jede tiefere Umsicht u. Einsicht. Er hat das ja schon mehrfach gezeigt (Antwerpen, Gallipoli).[493] Dass England keinen anderen als »Führer« hat, zeigt seine Vergreisung. Das Volk ist sicher zäh wie früher, aber die britische Hypnose wird durch die Chamberlains nicht mehr aufrechterhalten. Sie haben es so gewollt. Ganz abgesehen von den Fehlern Ribbentrops, standen ihnen doch alle Türen D.'s offen. Sie wollten aber ausser der Welt auch noch ganz Europa beherrschen – und beissen sich jetzt die Zähne an unserer Wehrmacht aus.

R.'s Rede ist gross in der Weltpresse erschienen. Dabei hätte sein AA nahezu die grösste Niederlage herbeigeführt. Wenn man auf unseren Gesandten in Oslo u. auf die Geheimräte des AA in Berlin gehört hätte, so sässen heute die Engländer triumphierend in Oslo und in Stockholm.

---

491 *Schlaf schneller, Genosse:* Sammlung satirischer Erzählungen des russischen Schriftstellers Michail Michailowitsch Soschtschenko (1894–1958), erschien als dt. Übersetzung 1940 bei Rowohlt.

492 »An einer Stelle« nachträglich eingefügt.

493 Gallipoli, Halbinsel auf den Dardanellen; Ort einer verlustreichen Landungsaktion der Alliierten im Ersten Weltkrieg.

Nach der Rede sprach mich Goebbels an: Es sei doch ein Skandal, dass Q.[uisling] als Landesverräter bezeichnet würde. Er habe das den Jounalisten verboten zu kolportieren usw. Ich: Es ist eine Niedertracht jener Herren, die selbst nichts geleistet hätten. Q. hat die Idee einer grossgermanischen Föderation unter D.[eutschland]'s Führung. Wer hat denn in Norwegen von uns aus wirklich etwas getan? Durch Wirtschaft usw. war N. [orwegen] an E.[ngland] gebunden, über 90 % nach London orientiert. Es hat Mut gebraucht, sich dem entgegenzustemmen.

Dr. G.[oebbels]: Wissen Sie, wie Habicht Q. behandelt hat?! Er hat ihm gesagt, es sei schon so in der Politik: wenn jemand eine Aufgabe erfüllt habe, so müsse er eben gehen ...

Ich: Dieser Herr sollte seine Finger von fremden Völkern lassen. – In Afghanistan wollte er auch eine Revolution machen ohne Ahnung von jahrelanger Arbeit. Das habe ich ihm verdorben.

+

Als ich Hess am 26. gratulierte, erzählte ich ihm den ganzen Hergang der Norwegen-Sache: Vom Juni 1939 seit den ersten Warnungen bis auf heute. Auch die Rolle Habichts. Hess: Das wird hoffentlich seine letzte Eskapade sein. Ich: Hoffentlich, solche wildgewordenen Schulmeister sollte man im Büro behalten, aber nicht auf andere Völker loslassen.

+

Hamsun hat der Nord. Gesellschaft geschrieben.[494] Fordert Norwegen zur Neutralität auf. Scharf gegen England gerichtet. Hofft allerdings noch auf Unversehrtheit des »Königreichs Norwegen« ensprechend den d. Erklärungen. Er vergisst nur, dass dies vor dem Aufruf König Haakons zu den Waffen abgegeben worden waren. Jetzt ist es dazu zu spät u. nie kann D. zulassen, dass England noch einmal die Möglichkeit besitzt, Norwegen als Flugzeugmutterschiff gegen uns auszuersehen. – Dass das der Führer nie zugeben würde, ist klar. Neulich, nach seinem Geburtstagsmittag sagte er: »Drontheim wird so ausgebaut werden müssen, dass Singapur ein Kinderspiel dagegen ist.«

x

494 Hamsun, Knut (1859–1952); norweg. Schriftsteller; 1920 Nobelpreis für Literatur; NS-Sympathisant auch nach dem dt. Überfall 1940.

Die Forschungsarbeiten für die Hohe Schule nehmen jetzt klarere Formen an. Mit der Erziehungsbürokratie im Ministerium wird es deshalb schwere Kämpfe geben. An Hess schicke ich heute eine längere Darstellung darüber, um ihn ins Bild zu setzen.

30.4.[1940]

Soeben vom Führer. Er war selig: die Meldung von der Vereinigung der d. Truppen zwischen Oslo und Drontheim war eingetroffen. »Das ist mehr als eine gewonnene Schlacht, das ist ein gewonnener Feldzug.« Die Truppen hätten sich umarmt, für die Drontheimer eine entscheidende Entlastung. Jetzt kommt Nachzug. Einige Tage Pionierarbeit, dann schwere Flak zu Land nach Drontheim, Ausbau des dortigen Flughafens. Der Führer spricht von der kommenden Autobahn nach Drontheim. Nach dem Mittag sitzt der Führer auf dem Sessel, neben dem Flügel, ganz versunken, er denkt immer wieder an die überstandenen Kämpfe.

Das Gespräch geht über auf nordische Fragen. Der Führer unterstreicht die unterschiedliche Behandlung deutscher Verwundeter in Polen u. in Norwegen. Die norweg. Ärzte u. Schwestern haben gepflegt, bis sie selbst umfielen, die poln. Untermenschen haben den Verwundeten die Augen ausgestochen. Ich sprach die Hoffnung aus, dass bald die demokratische Tünche von den Skandinaviern abgewaschen würde u. im Kernvolk der alte germanische Charakter auftauchte.

Ich erwähnte die kleinliche Behandlung b.d. Namensgebung: ein Vater bombardiert mich mit Beschwerden, weil die d. Instanzen ihm verböten, seinen Sohn Ragnar zu benennen. Der Führer sprach sich danach wieder sehr ablehnend über d. Beamten aus. Hewel (Verbindungsmann des AA) sagte lächelnd: Aber für das AA gilt doch etwa anderes? Der Führer schwieg. – Dr. G.[oebbels]: Ein bedeutsames Schweigen. Darauf der Führer: Für das AA kann gerade jetzt keine Ausnahme gelten ... Es ist merkwürdig, dass von der ältesten bis zur neuesten Operette die Diplomaten als doof gezeichnet werden. Das ist kein Zufall. Ein Vater mehrerer Söhne liess seine tüchtigen das Gut übernehmen oder sonst was Richtiges tun. Den geistig zu kurz gekommenen schickte er in den diplomatischen Dienst ... Ein gewisses betretenes Schweigen.

Mit Norwegen hat der Führer die grosse Panne des A.A. gerade noch gutmachen können.

Aber im ganzen: es wird sich nichts ändern.

7.5. [1940]

Seit Sonnabend ist Sch.[ickedanz] wieder aus Oslo zurück. Er wurde von den Quisling-Leuten als Rettungsengel begrüsst. Es ist also wieder einmal so: die Freunde von unfähigen Beamten schlecht behandelt! Das Protokoll d. Unterredung mit Habicht ist erschütternd. Q.[uisling]'s Brief an Sch[ickedanz], wo er sich als betrogen bezeichnet, zeigt, wie sehr in letzter Stunde die Lage verpfuscht wurde. Und der suffisante Intrigant Terboven wird an sein kommendes Protektorat denken u. nicht an sachlich-völkische Notwendigkeiten. Als Oberpräsident der Rheinprovinz hat er die dortigen Gauleiter schikaniert, selbst einen solchen vornehmen u. ruhigen Mann wie Dr. Meyer hat er in Wut u. Verzweiflung versetzt; was viel besagen will. Aber seine »Ergebenheit« X[495] gegenüber hat ihm wohl zu der Stellung verholfen.

Lammers las heute die beiden Schriftstücke u. rief Schickedanz auch ganz erschüttert an. Er wollte sie gleich dem Führer geben. Womit ich sehr einverstanden bin. Denn der Führer soll ja nicht meinen, dass etwa nur ich den Eindruck von der traurigen Figur unserer A. A. Männer habe.

Mittlerweile rollt jetzt eine andere Sache an: die rumänische. – Der jetzige Führer der Eisernen Garde war heute bei Schickedanz. Carol hat eine Sonderdelegation zu ihm geschickt, um eine Loyalitätserklärung zu erlangen. Er sagt zu mit der Bedingung: Bündnis m. d Achsenmächten. Es ist jetzt sehr spät dazu geworden.

Der Ölbeschaffungsmann d. Marineministerium Dr. Z. war heute hier: aus Rumänien. Die drei Gesandten von uns raufen sich gegenseitig. Carol soll durch sein hiesiges Familienoberhaupt veranlasst werden, mit s. Öl dasselbe zu tun wie der mexikanische Präsident. Z. berichtete über das Ausmass unserer Reserven …

Ein rumänischer General ist hier: Bitte, den rum. »Westwall«, d.h. ihren Ost-Wall zu bauen. Getarnt als Hilfe für Strassenarbeiten.

495 Nicht klar, wer gemeint ist.

Das alles ist eine schwierige Lage. Das Geschrei der Engländer im Mittelmeer macht sie nicht klarer.

x

Wegen der Aussenstellen der Hohen Schule mehrfache Besprechungen. Wenn am Ende an 10 Universitäten thematisch verschiedene, aber einheitlich geleitete Institute arbeiten, können wir nach 5–10 Jahren schon entscheidende Unterlagen einer neuen Erziehung erwarten. Rust u. Wächtler über Lehrbücher geschrieben, um die Fächer (Naturwiss., Deutsch, Geschichte) w[elt]-a[nschaulich] so zu durchdringen, dass hier schon die religiöse neue Haltung zum Ausdruck kommt.[496] – Ein Urteil des Führers zu meiner neuen Broschüre »Wir glauben an ein ewiges D.« würde ich gern hören. Sie soll ja die Grundlage der w-a Neubearbeitung obiger Fächer abgeben.

In letzten Tagen gelesen: Frenssens »Grübeleien« (2 Bände).[497] Doch ein feiner, wenn auch umgrenzter Mensch; der gerade dadurch seine bewusste Einheit bewahrt hat. In vielem vorgefühlt, was wir politisch durchsetzten. Dazu einige Broschüren Schweizer Theologen über das »Neuheidentum«. Sie kommen mir vor, wie ein Hühnerstall vor dem Gewitter. Hilflos, durcheinanderreden. Wunsch: zur Orthodoxie zurück. Unfähig, dies zu tun, weil 100 Jahre Geschichtsforschung die Rechtgläubigkeit zernagt haben.

7. 5. [1940, loses Blatt]

Lammers hat das Protokoll u. Brief Quislings gelesen u. ist erschüttert. Er will sie dem Führer selbst vorlegen. Der Führer sei selbst sehr enttäuscht über die Art, wie die Norwegen-Frage gelaufen sei. Wenn die Habichts, Terbovens usw. plötzlich hier zu »arbeiten« beginnen, stand nichts anderes zu erwarten.

496 Wächtler, Fritz (1891–1945); 1926 NSDAP-Beitritt; 1932–35 stellvertretender Gauleiter von Thüringen; seit 1933 MdR; seit 1935 Gauleiter der bayer. Ostmark; Leiter des NSDAP-Hauptamts für Erziehung.

497 Frenssen, Gustav (1863–1945); Schriftsteller mit völkisch-nordischer Orientierung; 1933 Ehrensenator des Reichsverbands Dt. Schriftsteller; Autor u. a. von *Grübeleien* (1920); *Der Glaube der Nordmark* (1936).

Darré will mich wieder sprechen. Er hat nun zu mir gefunden nach der Enttäuschung, die ihm Himmler bereitet hat. Ich glaube, eine Unterredung, die vor etwa 4 Jahren stattfand, hat ihm zu denken gegeben. Auf einer Reise nach Berlin erzählte er mir, scheinbar stolz auf seine gesetzgebende Arbeit: H.[immler] und er seien anfangs beide schwach gewesen. Sie hätten sich zusammengetan u. seien jetzt stark. Es gäbe nichts, als nüchterne Macht, sowie Bündnispolitik auch im Innern. Ich sagte ihm darauf, ich würde eine Haltung vertreten, gleich ob einer für oder gegen sie sei, wenn ich sie zutiefst als richtig für die Bewegung halte. Ich würde das tun, auch wenn ich zum Schluss allein bleiben würde.

Nun hatte Darré Himmler sein Rasse- u. Siedlungsamt aufgebaut. Dann hat H., ständig als Chef d. Polizei beim Führer, Darré nicht mehr gebraucht u. ihn »abgebaut«. Er hat »angesichts der aussenpol. Lage« dann den Auftrag für die Siedlung der Volksdeutschen erhalten, die, rechtlich gesehen, Darrés ureigenste Aufgabe darstellt.[498] D.[arré] erfuhr von diesen Verhandlungen erst durch dritte Stellen. – D. will jetzt wieder die w[elt]-a.[nschau]liche Seite betonen, was ich sehr begrüsse. Er könnte ein Institut d. H.[ohen]S[chule] in Halle überwachen. Am Donnerstag werde ich ihn zum Tee bitten.

8. 5. 40[499]

Heute mittag berichtete Himmler d. Führer über das Verhalten der Juden in Polen. Sie seien dort, wenn man ihnen Aufsicht über ihre Rassegenossen gebe, die unbarmherzigsten Antreiber. Z. B. sei die Arbeitspflicht für sie eingeführt, doch könnten sich die Reichen loskaufen. Sie zahlten der Jüd. Gemeinde dafür 20 Zloty; diese Gemeinde stelle als Ersatz einen armen Juden für 3 Zloty an u. presse ihm das Fett aus den Knochen. Die 17 Zloty steckten die Oberen in ihre Tasche. Der Führer zitierte das Wort von Wagner.[500] Nochmals wurde das anständige Verhal-

498 Bezieht sich auf die Ernennung Heinrich Himmlers zum RKF am 7. 10. 1939.

499 Tagebucheintrag vom 8. 5. 1940 nicht im Original überliefert; Kopie in NIOD 248–1434 »Alfred Rosenberg« und abgedruckt bei Seraphim, *Tagebuch*, S. 137–139.

500 Nicht klar, welches Zitat von Richard Wagner hier gemeint sein könnte.

ten der Norweger unseren Verwundeten gegenüber hervorgehoben. Der Führer will unter Hinweis auf diese Tatsache die norweg. Gefangenen bald freilassen. Ausgezeichnet! Wenn das Vorhergehende nicht gewesen wäre.

Unser »Mitverschworener« der Marine-Attaché in Oslo hat an Raeder auch einen Bericht über Norwegen geschickt, der sich mit meiner Stellungnahme deckt. Das OKW. gez. Keitel schickt mir Abschrift zu, m. d. Bemerken, das sei auch Ansicht des Führers. (D. h. Regierung Quisling.) Verschiedene Leute haben während meiner Reise ins Rheinland dem Führer in einer Weise zugesetzt, dass er jetzt unglücklich über die Entwicklung ist. Ob das aber ausreicht eine Änderung d. Reichskommissariats herbeizuführen, erscheint mir zweifelhaft. T.[erboven] u. Genossen werden das ihrige an Gegenwirkung, Schikane usw. tun unter Betonung der Ausführung der Führer Instruktionen. Lammers hat den Führer noch nicht gesprochen. Dafür kam heute T. zu ihm.

Ausländische Stimmen meldet die Wut des Papstes gegenüber dem Beschluss Mussolinis, an D's Seite zu bleiben, gegebenenfalls mit uns zu marschieren. Man spricht für diesen Fall von der Absicht Pacellis nach Lissabon zu gehen![501] Der »Osservatore Romano« ist das Zentrum aller Feinde D's u. der Gegner Mussolinis. Farinacci forderte sein Verbot, was eine Wut im Vatikan zur Folge hatte u. die offene Drohung, F.[arinacci] als »Ungläubigen« hinzustellen.[502] Ob Mussolini den Papst herauslassen würde, ist doch sehr fraglich. Ist der Krieg dort angelaufen, dann würde eine Feindschaft des Vatikans für diesen doch schwere Folgen haben; immerhin ist der Faschismus innerlich nicht imstande, einen wirklichen w[elt]-a[nschau]lichen Kampf durchzuführen.

Im franz. Heer kämpfen über 17000 Priester u. Ordensgeistliche; Triumphgesang der Kirche in Frankreich über diesen »Sauerteig des Glaubens«. Für uns ist es nur gut, dass es anders steht, die Leute würden nur Unheil anrichten. Da sie sich aber nicht freiwillig D. zur Verfügung stellen, wird ein Urteil nach dem Krieg über die Haltung der röm. Kirche

---

501 Pacelli, Eugenio (1876–1958); ital. kath. Kleriker; 1920–29 Nuntius in Deutschland; 1929 Kardinal; 1930 Kardinal-Staatssekretär; seit 1939 Papst Pius XII.

502 Farinacci, Robert (1892–1945); ital. Politiker; 1925–26 Sekretär der faschistischen Partei; Befürworter von Rassenpolitik und Verfasser antisemitischer Schriften; 1943 Flucht nach Deutschland.

gefällt werden. Sie scheint so naiv zu sein, dies nicht glauben zu wollen, sonst hätte sie wenigstens eine Geste gemacht. Aber es ist gut so.

Im übrigen: Ribbentrop zeigte mir neulich Übersetzung des Schreibens von Mussolini an Reynaud. Darin betont er sein politisch-militärisches Bündnis mit uns u. gibt Reynaud eine peinliche Abfuhr. Ein sehr anständiger Brief u. es scheint, als ob M.[ussolini] jetzt Italien von der Notwendigkeit seiner Politik zu überzeugen beginnt. Die Begegnung am Brenner hat ihm die Überzeugung vom Siege D.'s gegeben.[503]

Dadurch, dass der Auftrag für mich aufgeschoben wurde, zeigt sich gerade, wie eine feste innere Ausrichtung in dieser Zeit notwendig ist – und fehlt. Dr. G.[oebbels], der so viel von geistiger Kriegführung spricht, kann vielleicht innerhalb von Levantinern den richtigen Ton finden, nicht aber im deutschen Volk. In der Film»branche« wahllos proenglische Filme, schon als der Konflikt vor der Tür stand (Lied d. Wüste), jetzt dick aufgetragen pro-irische Fasson (Fuchs von Glenarvon), daneben widerliche Probleme zwischen Vater u. Tochter (Weg zu Isabel). Ein Mixtum compositum wie »Befreite Hände« gilt als wirkliche Kunst und Nachahmungen von Vor-Kriegs-Paris gelten als neckisch und volksnahe (Nanette, Ihr erstes Erlebnis usw.).

Frau Ritter, Enkelin R.[ichard] Wagners, ist seit Jahren verzweifelt.[504] Heute war sie bei mir, ziemlich aufgelöst. Ihr Mann hat einen neuen Film »Über alles in der Welt«, wo das Attentat vom 9. 11. 39 miteingewoben ist. Frage: soll das gebracht werden oder nicht. Man könnte so oder so entscheiden. Dr. G. aber sagt R.[itter]: Drehen Sie den Film, aber so, dass diese ganze Attentatssache auch weggelassen werden könnte. – Für künstler. Komposition also auch hier keinerlei Verständnis. Nächstens lässt er den 4. Akt eines Shakespeare-Dramas weg, weil er ein unbequemes Thema behandelt.

Der Führer hat kürzlich Dr. Dietrich das alleinige Anweisungsrecht an die Presse übertragen. Aber auch damit wird garnichts geändert. G. wird als Gift weiter wie bisher wirken.

---

503 Am 18. 3. 1940 waren Hitler und Mussolini am Brenner zu einer Besprechung zusammengetroffen, bei der Hitler einen möglichen Kriegseintritt Italiens auslotete.

504 Erika Ritter (1887–unbek.), verh. mit dem Filmproduzenten und -regisseur Karl Ritter; Großnichte von Richard Wagner.

10.5.40

Der heutige Tag wird für immer in der d. Geschichte bedeutsam bleiben. Der Endkampf beginnt und entscheidet über das Schicksal Deutschlands. Wohl für immer, jedenfalls für Jahrhunderte. Die Holländer haben jetzt 7 Jahre gegen uns gehetzt, allen Emigranten freie Bahn gegeben. Sie wollten immer nur Geschäfte machen und waren eine Seele mit allen Juden der Welt. Jetzt haben auch sie ein Schicksal zu tragen. Hollands Verhalten zeigt, wie fern es deutschem Wesen seit 1648 geworden war. Belgien, diese unnatürliche Geburt des 19. Jahrhunderts, war wallonisch, feindlich. König Leopold konnte gegen diese Tatsache nichts tun, war im übrigen auch viel von jüd. Finanziers umgeben. Der Bürgermeister von X. aus Belgien sagte bei einem Besuch in meinem Amt vor paar Monaten: Na, wenn ihr schon kommt. Wir haben ja nur – 2 Lautverschiebungen nachzuholen.[505]

Es ist jetzt wahrhaftig ein Weltanschauungskampf losgebrochen, intensiver als 1618. Unser Gegner im Vatikan weiss das. Der Kampf gegen Rom wird nach einem d. Siege in D. seinem Ende entgegengeführt. Heute erhielt ich vom S.[icherheits] D.[ienst] Hirtenbriefe einiger unserer Bischöfe: Voller Zorn über meine Ausstellung »Frau u. Mutter« mit der ~~Er~~ Behauptung, der Ausrottungskampf gegen Kirche u. Christentum gehe in aller Schärfe weiter. – Aus Rom kam ein Brief, der mich sehr ergriffen hat. Eine kath. Volksdeutsche war als Nonne in ein Kloster gesteckt worden. In ein Elite-Kloster sogar. Aber offenbar hatte sie noch Vorbehalte. Man wollte sie brechen, setzte sie in Tuberkel-Zellen, als das nichts half in fast dunkle Löcher. Das hatte zur Folge, dass sie erkrankte. – Verwandte hatten ihr den »Mythus« gegeben. Der brachte ihr Erwachen. Sie las ihn, erblindete fast, ist jetzt Monate lang behandelt worden. Ein Auge ist verloren, das andere beinahe. Sie ist aus dem Nonnenstand ausgetreten u. hat die Gelübde gelöst. Jetzt dankt sie mir, dass ich sie innerlich frei gemacht hätte. Ich hätte recht in allem, was ich über die römische Kirche gesagt habe.

505 Die folgende Passage von »Es ist jetzt« bis »nicht erwacht wären« mit Markierung (Bleistift); abgedruckt (mit kleineren Abweichungen) in Kempner, Der Kampf gegen die Kirche, S. 35.

Ein Brief unter vielen ähnlicher Art, die ich in diesen Jahren erhalten habe. Eine Durchsicht dieser Schreiben wird einst von grossem geschichtlichem Interesse sein. Die Briefe zeigen, wie ein alter Glaube zerbricht, sich auflöst, aufhört, eine Kraft zu ~~werden~~ sein. Manchmal sage ich mir: Hättest Du das Buch geschrieben angesichts dieser Einzelschicksale? Und antworte doch mit Ja. Denn die Menschen danken ja, sie fühlen etwas geformt u. begründet ausgesprochen, was sie dumpf fühlten oder garnicht zu denken wagten. Jetzt ist die Hypnose des Weihrauchs dahin, jedenfalls bei Millionen, die sonst nicht erwacht wären.

6.9.40

Am 4.9. zu Mittag b Führer. Er kam gerade m. Lammers aus dem Saal. Es war Vortrag über Norwegen gewesen. Bei Tisch sagte er mir gleich: »Ich habe Ihre Darstellung über die vier Alternativen gelesen.« Ich: Ja, die Lage in N.[orwegen] ist verfahren[,] seit Habicht Q.[uisling] davonjagte. Der F[ührer]: »Diese Idioten des Auswärtigen Amtes haben gegen meine Instruktionen gehandelt, diese Bräuer u. Habicht.« Ich: Sie haben sich dabei aber gerade auf Sie berufen. Ich erläuterte dann, dass Terboven ja Habichts Methoden fortführe, das Groteske sei dabei, dass er dies dem F. gegenüber als Kameradschaftlichkeit gegenüber Q. hinstelle!

Der F. ist wiederum auf das AA nicht gut zu sprechen. Bormann gab Hewel über d. Tisch ein Gesuch über Einreisebitte einer Ungarin. Der F: Das geht jetzt wohl den »Dienstweg«. Hewel: Nein, wir machen das neben dem Amt. F: Wenn es den Dienstweg geht, wird die Sache b. einem 7jährigen Krieg nach Kriegsende erledigt werden …!

Den F. wurmt es, dass die Sachen in Norwegen so gelaufen sind. Es wäre nicht so gekommen, wenn ich in den Tagen damals nicht auf Vorträgen b.d. Offizieren im Westen abwesend gewesen wäre u. er mich geholt hätte.

Ich erzähle dem F. die Funde in einem Palais Rothschild in Paris.[506] Falltür u. Geheimkeller m. 62 Kisten voll Urkunden, Büchern u.a. U. a. auch ein Kästchen mit Porzellanknöpfen Fr.[iedrichs] d.[es] Grossen. Auf jedem in feinster Ausführung die Uniform eines Regiments.

506 Anspielung auf die Raubaktionen des ERR nach dem dt. Sieg über Frankreich.

6.9.40[507]

Am Tage nach der Abdankungsnacht König Carols kam der Führer auf diesen zu sprechen: voller Verachtung. Er fragte mich, ob ich Antonescu persönlich kenne.[508] Ich verneinte, aber berichtete über seine Haltung: Kriegsminister unter Goga. Auch als dieser weggejagt wurde, hat er zu ihm gehalten. Nach einer Rückkehr Gogas aus D.[eutschland], hat er ihn amtlich auf dem Bahnhof in Bukarest empfangen. Auf Vorwürfe erwiderte er: G.[oga] ist mein politischer Führer, ich werde ihn stets empfangen. Jetzt war er verhaftet worden. Er wollte dem König persönlich Reformen vortragen, wurde aber von Urdarianu empfangen, einem kl. frühen Untergebenen.[509] Diese Vorzimmerkreatur sagte A.[ntonescu], er könne ja <u>ihm</u> die Angelegenheit mitteilen. Worauf A. wutentbrannt davonstürzte u. beim Mittag in Gesellschaft in Gegenwart d. Dienerschaft seiner Meinung über den König deutlichsten Ausdruck gab. Das wurde Carol wohl gesteckt; bald darauf kam A. in Schutzhaft. C.[arol] <u>musste</u> ihn rufen, – um jetzt von ihm davongejagt zu werden. – Diese Einzelheiten wusste ich von Frau Goga, die kürzlich, recht gebrochen[,] in Berlin bei mir war. Ihre einzige Sorge ist nur noch das Mausoleum ihres toten Mannes u. die Furcht, dass Cuicea an Ungarn kommen könnte.[510] Was jetzt geschehen. Ich sagte das dem Führer, er zuckte bedauernd mit der Schulter.

Die Rede kam dann auf den Osten. Entgegen dem Plan von Dr. Ley, bei der alten Marienburg eine neue Ordensburg zu bauen, wurde bestimmt,

507 Mögl. Datierungsalternative: 16.9. (Absetzung von Carol II. am 6.9. 1940).

508 Antonescu, Ion (1882–1946); rumän. Offizier und Politiker; Verteidigungsminister unter Goga; seit 1940 Premierminister; Sturz von König Carol II; seit 1941 Beteiligung am Krieg gegen die Sowjetunion, Massenmord von Juden u. a. Kriegsverbrechen; 1946 in Bukarest verurteilt und hingerichtet.

509 Urdăreanu, Ernest (1897–1985); rumän. Offizier; 1930–40 Mitglied der Camarilla um König Carol II.; seit 1938 Justizminister und Stellvertreter des Königs gegenüber der Regierung; 1940 nach Absetzung Carols mit diesem gemeinsame Flucht.

510 Cuicea, Ort in der Nähe von Cluj in Rumänien; Grabstätte von Octavia Goga; durch den Zweiten Wiener Schiedsspruch vom 30.8.1940 fiel der Ort an Ungarn.

dass eine solche an die ostpreussischen Seen verlegt werde. Ich sagte, ebenso wie man neben Schloss Sanssouci kein anderes Schloss S.[anssouci] bauen könne, so auch keine neue Marienburg. Die wunderbaren masurischen Seen liegen unerschlossen, Dr. L.[ey] könne eine Kulturtat tun, wenn er dort eine Ost-Burg errichten würde, dazu kl. Siedlungen, einige Hotels usw. Der gleichen Ansicht war Gauleiter Forster.[511]

Zu meiner grossen Freude betonte der Führer, dass er nach d. Krieg dem Osten die besten Kulturanstalten bauen wolle: Theater, Museen. Der Osten dürfe keine Verschickungsstelle für schlechte Beamte werden. Es sei doch ein schönes Land. – Ich: Wenn Sie von Ostpreussen noch etwas nördlicher fahren würden: auch da ist ein wunderschönes Land. Der Führer lachte, aber er enthält sich jeder Bemerkung.

Bei aller Offenheit der Gespräche am Tisch, legt sich der Führer doch über aussenpolitische Zukunftsfragen grosse Reserven auf. Er hat wohl mehr als einmal festgestellt, dass seine Bemerkungen herumerzählt wurden. Dagegen, wenn er ein Thema besonders behandelt, weiss er auch, dass seine Tafelrunde für gebührende Verbreitung sorgt. So sind diese Gespräche zugleich politische Parteierziehung. Ich notiere einige davon, aber die nicht ganz zu überwindende Faulheit verhindert ein systematisch geführtes Tagebuch, um einmal im Alter diese Zeit wiedererstehen zu lassen.

Dr. G.[oebbels] ist fast täglich da. Er hat es sich zur Aufgabe gestellt, dieses sein Tagebuch zu kapitalisieren, um zugleich für sein »inniges« Verhältnis zum Führer Beweise zu erbringen. Die geplante Herausgabe eines solchen Buches hat der Führer einmal schon verboten.[512] Aber G. wird das sicher, wenn auch mit viel Streichungen, durchsetzen. Unser Zentralverlag hat ihm wie ich hörte 2 Millionen geboten. Das scheint Dr. G. aber zu wenig zu sein. Im übrigen hat Dr. G. in »Vom Kaiserhof zur Reichskanzlei« gezeigt, dass ihm zur substanziellen Darstellung alle Organe fehlen. Er wird pathetisch, schillernd und schwülstig – wie seine früheren Schilderungen, das~~s~~: »die Sonne ging unter im Schwielow-See«.[513] Eine unerhörte Tagebuch-Entdeckung.

511 Forster, Albert (1902–1952); 1923 NSDAP-Beitritt; seit 1930 MdR und Gauleiter von Danzig; 1939–45 Gauleiter von Danzig-Westpreußen; 1945 Inhaftierung durch die Alliierten, in Polen hingerichtet.

512 »Verboten« nachträglich korrigiert aus »verbuchen«.

513 See in der Nähe von Berlin.

10.9.40

Heute längerer Vortrag b Führer über meine Arbeiten. Bitte, die Ausstellung »Deutsche Grösse« vor der Eröffnung im November zu besichtigen. Zusage. Der Führer las dann m. Abkommen mit dem OKW und billigte es. Zur Frage, ob d Schulungskurse f d. Bildungsoffiziere auf parteieigenem Boden stattfinden sollen, stimmte er diesem Vorschlag zu: die Nat. [ional]-Soz.[ialisten] dienten in der Wehrmacht, um militärisch ausgebildet zu werden, die Wehrmacht müsse politisch u. weltanschaulich zur Bewegung gehen. Ich hatte Göring soeben in diesem Sinne geschrieben. – Unterrichtete dann den Führer über die Errichtung der Institute der H.[ohen]S. [chule] in München, Frankfurt usw. Zustimmung. – Meldete die baldige Herausgabe einer Schrift über den Westfälischen Frieden. Über die »Kunst im D. Reich«[,] heute Auflage 80000[,] äusserte der Führer: »die vornehmste Zeitschrift, die es in Deutschland gibt.« Ich unterrichtete ihn über unsere Ausstellungen und empfahl ihm für ev. späteren Einsatz hier Scholz.[514] – Dann führte ich aus, ich schlage vor, wenn der Zeitpunkt geeignet erscheine, die beredete Vollmacht in der Frage der Weltanschauung zu unterzeichnen, ich zugleich die Auflösung des APA vorschlüge. Was es an Initiative habe leisten können, sei geschehen, jetzt habe es seinen Sinn nach dem Kriege eingebüsst. Ich schilderte kurz diese Arbeit: Süd-Osten, Norden, Brasilien, Presse-Abt[eilung] usw.

Meine Broschüre »Wir glauben an eine ewiges D.« will der Führer bis zum Kriegsende zurückstellen: »Eben müssten wir manches noch zurückhalten, nachher brauchen wir uns in der Vertretung unseres Willens keinerlei Reserven mehr aufzuerlegen«!

Ganz allgemein betonte der Führer, es schmerze ihn, dem englischen Reich derartige Schläge versetzen zu müssen. Aber es ginge nicht anders. An der Spitze stünde eine Narr, ein buchstäblicher Narr (Churchill), die andern seien Witzblattfiguren. Was Russland betreffe bestätigte der

---

514 Scholz, Robert (1902–1981); 1935 NSDAP-Beitritt; Leiter der Hauptstelle »Bildende Kunst« in Rosenbergs BFÜ-Dienststelle; 1937 Hauptschriftleiter der Zeitschrift *Kunst im Dritten Reich*; 1941 Leiter des Sonderstabs »Bildende Kunst« im ERR; bei Kriegsende an der Einlagerung von Raubkunst beteiligt; nach 1945 Architekturschriftsteller.

Führer meine Anschauung: Stalin habe gehofft, wir würden uns alle in 3 Jahren ausbluten. Schon die Sache mit Polen hätte ihm nicht gepasst, die Besetzung[515] Norwegen~~-Sache~~ sei ihm garnicht willkommen gewesen, entsetzt aber sei er über die schnelle Niederringung Frankreichs. Die Garantierung ~~No~~ Rumäniens sei natürlich zum Schutz gegen R.[ussland] erfolgt. Im übrigen ändre er jetzt seine Haltung auch gegenüber den Finnen. Sie hätten tapfer gekämpft. Ich: Die Finnen sind ein anständiges Volk. Im Süden stark germanisch, nach Norden zu verwässernd. Ihre guten Leichtathleten seien kein Zufall.

Der Führer hofft, dass der Krieg mit England nicht allzu lange dauern wird. An sich sei er entschieden, es käme nur noch auf den Umfang der Zerstörungen an. –

Zum Mittagessen sprach der Führer mit Rührung von Ludwig I., der München zu einer d. Kunststadt gemacht habe.[516] Die Errichtung d. Bibliothek, der Pinakothek, der Universität seien eben angesichts damaliger Verhältnisse kulturelle Grosstaten gewesen. Voll Achtung sprach er dann vom Grafen Schack, seiner Galerie u. seiner Schrift über diese.[517] Der Neubau am Königsplatz werde den Namen Schacks weiterführen.

Hewel berichtete über die Flucht Carols, der mit dem Revolver am Bett seiner Jüdin mit 80 k[i]l[ometern/h] die rumänisch-jugoslawische Grenze durchrast hätte. Man wollte diese Jüdin u. Carols Gold ausheben, das Attentat sei aber nicht gelungen. Wehrlin erzählte voller Achtung über die Bulgaren u. der Führer stimmte zu und erklärte Boris als einen klugen Mann.[518] Eine Bemerkung, die der Führer gegenüber Königen unserer Zeit sicher nur sehr selten macht.

515 »Besetzung« nachträglich eingefügt.

516 Ludwig I. (1786–1868); seit 1825 König von Bayern.

517 Schack, Adolf Friedrich Graf von (1815–1894); Kunstsammler und Mäzen; Dichter und Orientalist.

518 Werlin, Jakob (1886–1965); Geschäftsmann und Vertrauter Hitlers; 1932 NSDAP-Beitritt; seit 1934 Vorstandsmitglied der Daimler-Benz AG; seit 1938 im Vorstand der VW GmbH; ab 1942 Generalinspekteur des Führers für das Kraftfahrwesen, »Werlin-Aktion« (Reparaturwerke in Minsk, Dnjepropetrowsk und Pleskau). – Boris III. (1894–1943); seit 1918 bulgar. König; 1941 Befürworter des Beitritts Bulgariens zur Achse Berlin–Rom.

11.9.40[519]

Heute kam vom SD ein interessanter Geheimbericht über die Vorgänge auf der Bischofskonferenz in Fulda. Diese hatte vor kurzem dem Führer ihre Ergebenheit erklärt – mit einer durchsichtigen Absicht. Denn heute gegen das Reich zu sein, würde provozierten Selbstmord bedeuten. Ich hatte daraufhin dem Führer mein Archiv über das Verhalten der Kirche in u. ausserhalb Deutschlands durch Brückner zugehen lassen u. ihn gestern noch darauf hingewiesen. Nun stellt sich folgendes Interessante heraus. Der »kranke« Faulhaber war fortgeblieben und hatte eine demütige Erklärung abgeben lassen. Danach sei die Kampftaktik gegen uns doch falsch gewesen! 1933 seien wir noch ein Bächlein gewesen, das man mit Kompromissen noch ins christliche Fahrwasser hätte lenken können; heute sei der Nationalsozialismus ein reissender Strom. Nur auf sehr ferne Sicht könne man noch Besserung der Dinge erhoffen. Derartig wehmütig hätten sich auch andere »Kirchenfürsten« geäussert. Die Erregung hätte dann einige Nervenzusammenbrüche der alten Herren gezeitigt. Einer sei so schwach gewesen, dass er gar nicht mehr habe die Messe lesen können. Darauf wurden doch noch Hoffnungen ausgetauscht: einen lateinisch-katholischen Block zu bilden: Frankreich, Spanien, Portugal – mit Italien. Dann Wirken gegen das antichristliche Reich – und Hereinziehen der U.S.A. in einen Krieg gegen uns. Liebliche Dinge.

Neulich erhielt der Führer ein Jesuiten-Gebetbuch. Darin wurden Gebete genannt, mit denen man grosse Absolutionen erhalten könne: u.a. auch ein Gebet für England. Der Führer hat nunmehr sich fest entschlossen, seine alte Absicht auszuführen und in seinem Testament seine Anschauung über das Christentum niederzulegen, damit kein Zweifel über seine Haltung aufkommen könne. Als Staatschef habe er sich naturgemäss zurückgehalten – aber immerhin: nach dem Kriege werden deutliche Konsequenzen gezogen werden. In einem Kloster der Ostmark war auf dem schwarzen Brett eine Gebetsanweisung angeschlagen: nicht für einen deutschen Sieg zu beten. Vor paar Tagen

519 Im Original mit Markierung (Bleistift); Passage von »Heute kam« bis »überwunden worden ist« abgedruckt (mit kleineren Abweichungen) in Kempner, Der Kampf gegen die Kirche, S. 35f.

teilt mir ein Gauschulungsleiter aus der Ostmark mit, dass Pfarrer u. Klöster Fahnenflüchtige mit Geld versehen hätten[520] u. zur Flucht in die Schweiz verhelfen wollten. Jene wurden gefasst u. erschossen, die frommen Hirten sitzen hinter Schloss u. Riegel. Der weltanschauliche Volksverrat, der einst durch das Zentrum zum November 1918 führte, ist also oben u. unten wieder am Werke. Es wird auch nie Frieden im Reich geben, ehe nicht diese »religiöse« Organisation gegen das Leben u. Kraft des deutschen Volkes aus Deutschland hinausgefegt und ihre ganze Lehre in den Herzen aller Deutschen überwunden worden ist.

x

Heute ist Quisling aus Oslo wieder da. Ich habe das Hin u. Her dieser Sache nicht im einzelnen vermerkt. Kurz: Meine Vorstellungen bewirkten, dass der Führer Terboven befahl, zu mir zu kommen. T.[erboven] ergab sich in die Anerkennung Q'[uisling]s[,] sonst wollte er seine alte Taktik mit dem Storthing weitertreiben.[521] Der Führer will sich nun genau unterrichten, um neue Pannen, wie mit Bräuer, Habicht, usw. zu vermeiden. Da alles in Aktennotizen niedergelegt ist, will ich hier nichts weiter darüber vermerken; ich merke, dass ich immer fauler werde, mit der Hand zu schreiben. Aber für ein Diktat sind alle diese Niederschriften nicht geeignet.

+

Seit einiger Zeit ist mein Adjutant Koeppen (~~Eu~~ E.[isernes] K.[reuz] II) nach Verwundung an der Aisne wieder im Büro.[522] Auch andre Mitarbeiter. Urban habe ich aus s poln Garnison auf 4 Wochen geholt, Dr. Ziegler heute aus Frankreich zurückgerufen: er muss alle Archive über die Kirchen durcharbeiten. Wir könnten sie schneller brauchen, als alle erwarten – und ihre Verarbeitung wird doch einige Zeit in Anspruch nehmen.

---

520 »Hätten« nachträglich eingefügt.

521 Storting: norweg. Parlament mit Sitz in Oslo.

522 Koeppen, Werner (1910–1994); 1931 NSDAP-Beitritt; seit 1937 Adjutant Rosenbergs; 1941–43 Verbindungsmann des RMfdbO zum Führerhauptquartier; Autor von *Gedanken zur Ostpolitik Alfred Rosenbergs* (1977).

Dass ich heute u. in den letzten Tage schreibe, kommt von den Bomben auf Berlin. Ich will mich vor ½ 1 nicht hinlegen, da ich sowieso nicht schlafen kann. Und so kurz nach 12 ertönen fast täglich die Sirenen. Gestern Nacht war es recht wild, ich habe mir den Schaden a d Ost-West-Achse[523] u. a. d. Pariser Platz angesehen: recht erheblich. Im Norden haben die brit Bomben leider wieder Menschenleben gekostet. Auch nach vertraulichen Meldungen ist in London die Hölle los.

12.9.40

Wenn ich mich frage, womit selbst im Kriege, wo die Erz.[iehungs]-Arbeit nahezu stilliegt, so ein Arbeitstag vergeht, dann heute – bis zum Fliegeralarm ist ja viel Zeit, ein kleiner Querschnitt.

Nach reichlichem Ausschlafen – der Alarm dauerte bis 2 Uhr, um 10.15 ins Büro. Zuerst berichtet Schickedanz über die 2 ½ stündige Unterredung Quislings b Führer. Es steht alles in allem gut und Terboven muss in eine Linie, gegen die er stets angegangen ist. Heute weitere Besprechung. Ich weise Sch.[ickedanz] auf einen Aufsatz im Stockholmer »Soz[ial]-Demokrat« hin, betitelt: R.[osenberg] gegen Terboven. Also hat jemand in Oslo schon geschwätzt.

Dann kommt Post. U.a. ein Brief des Schriftleiters der katholischen Zeitschrift »Der neue Weg«. Anbiederung: ich hätte einmal gesagt, die ns. Weltansch. sei so weiträumig, vielen relig. Temperamenten Raum zu geben. Er wolle seine Leser der n.s. W[elt]-A[nschauung] zuführen. Mein Amt hätte s. Zeitschrift für gerade noch tragbar erachtet. Die Bischöfe seien »von kaltem Hass« gegen ihn erfüllt. Ob ich ihn empfangen könne?

Die Übergangsleute sind also bereits an der Arbeit. In den beigelegten Aufsätzen, die ich durchblättere, wird die Seele »des Christen« gezeichnet, die die Sendung A.[dolf] Hitlers erkenne. Gebete. Fromme Überschriften. Von N.S. bisher keine Spur bemerkt.

---

523 Im Zuge von Hitlers und Speers Umgestaltungsplänen für Berlin zentrale Stadtplanungsachse.

Dr. Gerigk berichtet über die Listen der in Frankreich befindlichen d. Musikliteratur, Urkunden usw.[524] Er ist in Zusammenarbeit mit Dr. Krüss bald fertig.[525]

Es kommen die geheimen Meldungen über ausländische Sender, Londoner Stimmungen usw. ~~Einfa~~ Malletke, SS-Brig[ade]F[ührer] Zimmermann u. Scholz sprechen über die Rettung von Kunstschätzen u. d Metallsammlung, die 75 000 Tonnen ergeben hat![526] In einer Reise soll das Aussortierte durchgesehen werden u. Scholz soll in unseren Ausstellungsräumen eine solche Handwerks- u. Kunstausstellung machen. – Längere Unterhaltung über verwandte Fragen.

Ich halte Malletke zurück und teile ihm mit,[527] was ich dem Führer über seine Arbeit gesagt habe, zugleich m Vorschlag über das APA. Sch. u. er würden hier vielleicht leiden, denn sie hätten mit Recht eine amtliche Auswirkung ihrer Arbeit verdient. M.[alletke] antwortete mit Wärme u. üblicher Anständigkeit: Die Entwicklung sei so gegangen, wir hätten aber eine Sinnesänderung in unserer Aussenwirtschaft bewirkt u. ihm u. Harder sei es eine Freude gewesen, bei mir zu arbeiten. Es sei ihm das schönste Erlebnis. Um ihn: keine Sorge. Er habe – z. B. durch Wohltat – beste Arbeitsanerbieten (Ordnung der Mendelssohn-Banken) u. werde durchkommen. – Ich war doch innerlich durch diese Haltung gerührt. M. empfahl noch Schaefers Arbeiten, was in kommende ~~Arb~~ Dienststelle überführt werden könne.[528] Wenn in fernerer Zukunft wieder Möglichkeiten auftreten sollten, werde er sofort zur Stelle sein.

---

524 Gerigk, Herbert (1905–1996); 1932 NSDAP-Beitritt; 1935–45 Leiter der Hauptstelle Musik im ARo; seit 1940 Leiter des Sonderstabs »Musik« beim ERR; 1942 SS-Hauptsturmführer; Mithg. des *Lexikons der Juden in der Musik* (1940).

525 Krüss, Hugo Andres (1879–1945); Bibliothekar; seit 1925 Generaldirektor der Preuß. Staatsbibliothek.

526 Zimmermann, Friedrich (1898–1967); 1934 SS-Beitritt und Übernahme ins RuSHA; 1938–45 Honorarprof. in Prag; Verfasser u. a. von *Der Aufstieg der Juden* (1937); nach 1945 Redakteur, u. a. für *Die Welt.*

527 »Teile ihm mit« nachträglich eingefügt; vorher (gestrichen) »sage ihm«.

528 Bankhaus Mendelssohn & Co. (gegr. 1795); 1938 »Arisierung« durch die Deutsche Bank. – Schaefer nicht ermittelt.

Dr. Heiding von der RJF.[529] berichtet über s Volkskunde-Arbeit u. bittet um Einsatz in Ungarn b d dortigen Volksgruppe. Er habe mit Dr. Basch gesprochen.[530] Der ganze Teil zwischen ~~Kroatien~~ Italien und Ungarn: Kroatien, müsse an eine stärkere deutsche Gruppe stossen. Erzählt ferner von der Bibl[iothek] eines jüd Forschers in Wien über jugoslawische Volkslieder u. zeigt mir ein Buch. Da der Jude schon 80 Jahre ist, soll Sicherheit für eine spätere Übernahme der Bestände geschaffen werden. H.[aiding] zeigte mir einige seiner letzten Aufsätze. Jetzt fährt er zur Arbeit nach Süd-Tirol – dann geht er zu Dr. Basch.

Am Nachmittag kommt Dr. Ziegler: frisch aus Biarritz.[531] Alles bereit: möglicherweise Einmarsch nach Portugal, Azoren. Vorbeugung gegen mögliche amerikanisch-britische Dummheiten. Ist gesund[532] u. lebendig. Teile ihm näheres über Institutsarbeit mit, Rücksprache m. Himmler usw.

Dr. Jung hat einen Koffer m Forschungen über Entwicklung d. germ. Hallenbaues. Eine sehr eingehende Arbeit. Wusste garnicht, dass J.[ung] schon so lange in m Sinn i Bonn tätig ist. Ich beruhige ihn: Haake[533] komme bald zu mir, um die Auseinandersetzungen m. Reinerth zu liquidieren. – Stelle J. u. s. 2 Kindern ein besseren [sic] Gehalt in Aussicht. Es ist gut, sich die Mühe zu geben, alle Mitarbeiter persönlich zu sprechen.

Rosenfelder berichtet über volksd. Arbeit.[534] Malletke bittet, den Oberst X.[535], Mitarbeiter des Feldmarsch.[alls] Mannerheim u. I. Kilpi-

529 Haiding, Karl (geb. Karl Cyrill Andreas Paganini; 1906–1985); österr. Volkskundler; 1938 Abteilungsleiter des Kulturbüros der RJF; 1938–43 Lehrer für Volksbräuche; Gauobmann für das ARo in der Ostmark.

530 Basch, Franz Anton (1901–1946); ungar.-dt. Politiker; 1938 Gründung und Vorsitz des Volksbundes (bzw. Volksgruppe) der Deutschen in Ungarn; nach Kriegsende in Budapest erschossen.

531 Biarritz, Gemeinde in Süd-Frankreich

532 »Gesund« nachträglich eingefügt; vorher (gestrichen) »frisch«.

533 Möglicherweise Haake, Paul (1873–1950); Historiker; seit 1921 a.o. Prof. an der Berliner Universität; Veröffentlichungen u.a. *Die Deutsche Außenpolitik 1871–98* (1936/37).

534 Rosenfelder, Karl (1904–unbek.); 1937 NSDAP-Beitritt; 1941–45 Leiter der Gruppe Religionspolitik im RMfdbO.

535 Unklar, wer gemeint sein könnte.

nen zu empfangen.[536] Ob ich i. m. Rede über d. nord. Schicksalsgemeinschaft Finnland mit Absicht ausgelassen habe. – Ja, natürlich! In der augenblicklichen Lage wäre F.[innland] damit kein Dienst erwiesen. Ich werde die Finnen also morgen gern sprechen.

Vom finnischen Schriftsteller E.[rkki] Raikkonen läuft s. Schrift über Svinhufvud mit Widmung ein.[537]

Mit Urban bespreche ich Briefwechsel mit Hess über Organisationsfragen des Amtes.

So ist es ½ 7 abs. geworden. Fahre dann noch, um mir einige Bombenschäden anzusehen.

Am Abend zu Hause lese ich den Wortlaut der Churchill-Rede von gestern u. unseren Pressebericht.

Kein erschütternder Tag, u. doch setzt sich aus soviel kl. Unterredungen die Einheit einer jahrelangen Arbeit zusammen.

Nehme noch nach vielen Jahren den Briefwechsel H. St. Chamberlains in die Hand. Er war doch ein grosser feuriger Mensch. – Die Briefe Wilhelms II. sind sein Ebenbild: guter Wille, Zerfahrenheit, falsches Pathos und furchtbar oberflächlich.[538] Er versprach 1902 gegen Rom u. Jerusalem zu kämpfen! Und ging zu Rathenau u. Ballin![539]

Jetzt 10^h Nachrichten. Werde noch ein Buch vornehmen. Hartnacke: »Seelenkunde«.[540] Dann werden wohl wieder die Sirenen tuten. Der Kampf m. England geht weiter.

---

536 Mannerheim, Carl Gustav Emil (1867–1951); finn. Offizier; seit 1939 Oberbefehlshaber; 1944–46 Staatspräsident. – Kilpinen, Yrjö (1892–1959); finn. Musiker und Komponist.

537 Wahrscheinlich Räikkönen, Erkki (1900–1961); finn. Nationalist. – Svinhufvud, Pehr Evind (1861–1944); finn. Politiker; 1931–37 Staatspräsident.

538 Wilhelm II. (1859–1941); 1888–1918 Kaiser und König von Preußen; seit 1918 Exil in den Niederlanden.

539 Rathenau, Walter (1867–1922); Industrieller und Politiker jüd. Herkunft; seit 1904 AEG-Aufsichtsrat; 1922 Reichsaußenminister; Ermordung durch Mitglieder der rechtsradikalen »Organisation Consul«. – Ballin, Albert (1857–1918); Reeder jüd. Herkunft; seit 1899 Generaldirektor der Hamburg-Amerika-Linie; am Ende des Ersten Weltkriegs Suizid.

540 Hartnacke, Wilhelm (1878–1952); Pädagoge; 1933–35 Volksbildungsminister in Sachsen; Autor u. a. von *Seelenkunde vom Erbgedanken aus* (1940).

13.9.40[541]

Am Morgen Besuch v. Quisling. Sehr zufrieden. Die Tour d. Stortingsabstimmung soll beendet werden, T[erboven] trägt dafür d Verantwortung. Dann Übergangsreichsrat mit N.S. Mehrheit, dann Q[uisling]-Regierung. Zum Schluss ging noch R. als Aussenminister-Kandidat der anderen über Bord u.d. Führer war mit J. einverstanden, den Q. vorschlug.[542] Q. fährt zufrieden weg, ich wünsche ihm alles Gute. Er hat seine Ehre in die Hand des Führers im Dienst des grossgermanischen Gedankens gelegt. Kleinste »Diplomaten« wollten hier dem Namen des Reichs Unehre tun. Dagegen habe ich mich mit allen Kräften gewandt u.d. Führer hat mir recht gegeben. Jetzt muss sich Q. selbst bewähren.

Der finn. Oberst S.[543] erzählt von den Kämpfen der Finnen. Er und sein Begleiter sind ehrliche schlichte Menschen, wie in der Mehrzahl die Finnen. Ich sage ihnen, der Wunsch einer einheitlichen Haltung von Finnland bis zum Bosporus sei nicht erfüllt worden.[544] – England u.d. Völkerbund hätten mehr gelockt als D[eutschland] Polen sah nicht nach Osten, sondern gegen uns. So ist es denn alles spätere gekommen.[545] Oberst S.: »Nach Ihrer Rede über die nord. Schicksalsgemeinschaft <u>wissen</u> wir, wohin wir gehören.« Sie sprachen dann noch weiter von den Verlusten, die sie erlitten haben, aber auch von Erzgruben, die sie durch die Grenzziehung noch gerettet hatten, da die Russen von ihnen nichts wussten. »Das geht jetzt alles nach D.« Sie meinten, um Petersburg herum wohnten nur Finnen ...

Dann kam Schnell: aus Afghanistan. Er ist Vertreter von Dr. Todt.[546] Berichtet über den Stand der Dinge u. übergibt Notiz über geheime Un-

541 Handschriftlich verbessert aus »14.9.40«.

542 »R.« und »J.« nicht identifiziert.

543 Name nicht identifiziert.

544 »Worden« nachträglich eingefügt.

545 »Alles spätere« nachträglich eingefügt.

546 Todt, Fritz (1891–1942); 1922 NSDAP-Beitritt; 1933 Generalinspekteur für das dt. Straßenwesen; 1938 Generalbevollmächtigter für die Regelung der Bauwirtschaft; Errichtung der Organisation Todt zum Bau des Westwalls; nach 1939 Ausbau der Organisation mit 800000 dt. und ausländischen Arbeitskräften; seit 1940 Reichsminister für Bewaffnung und Munition.

terredung m. Abdul Medjid.[547] Dieser hält noch zu uns gegen alle engl. Machenschaften, will allerdings Lieferungen, Sicherung d. Nordgrenze, um bis zum ind. Ozean vorstossen zu können. Ich lese d. interess. Denkschrift u. sage zu, den Führer zu unterrichten. – Auch diese afgh. Sache habe ich seit Jahren gegen das A. A. durchgesetzt. Die W.[ilhelm]-Strasse ist aber stets m. halbem Herzen dabeigewesen.[548]

Lutze kommt, um auch einige Unmöglichkeiten Terbovens zu besprechen, der S. A. Führer s. Umgebung zwang, die SS-Uniform anzuziehen. Ich erzählte ihm einige Einzelheiten.

Arb.[eits]-Führer Dr. Decker stellt den neuen Erziehungsleiter d. Arbeitsdienstes vor: Le Jeune.[549] Es werden Fragen kommender Zeit besprochen.

Schaefer übergibt m[ir] Arbeitsplan für Kulturforschung: Durchsichten in Paris: Alliance française, Ecole laique usw. Er fährt zur Dozententagung nach Wien, dann nach Paris.

Am Nachmittag besuche ich den neuen span. Botschafter, General de los Monteros.[550] Wir kannten uns vom Parteitag 1937 (oder 38), wo ich ihn auch betreut hatte. Mit dem schwed. Gesandten Richert etwas gesprochen.[551] Er ist sehr vorsichtig. Ich lade ihn ein, im Herbst eine Tasse Tee bei mir zu trinken.

Am Abend meiner Tocher b. »furchtbar schwierigen« Mathematikaufgaben geholfen. Dann in ein grausam dramatisches Kinostück. So ist wieder ein Tag zu Ende. Gestern habe ich bis ½ 2 auf die Sirenen gewartet. Heute werden sie wohl kommen.

---

547 Majid Zabuli, Abdul.

548 Wilhelmstraße, Sitz des AA in Berlin.

549 Wahrscheinlich Decker, Wilhelm (1899–1945); 1926 NSDAP-Beitritt; seit 1930 MdR; 1937 Inspekteur für Erziehung und Ausbildung in der Reichsleitung des RAD; 1940 Beirat der Forschungsabt. »Judenfrage« im »Reichsinstitut für Geschichte des neuen Deutschlands«. – Möglicherweise Le Jeune, Hermann (Lebensdaten unbek.); RAD-Oberarbeitsführer; 1940–43 Amtschef des Ressorts Erziehung und Ausbildung des RAD.

550 Monteros, Eugenio Espinosa de los (1880–1953); span. Offizier; nach 1939 span. Botschafter in Berlin; als Übersetzer beteiligt an den Gesprächen zwischen Hitler und Franco.

551 Richert, Arvid (1887–1981); 1937–45 schwed. Gesandter in Berlin.

14.9.40

Heute besuchte mich der neue finn.[ische] Gesandte.[552] Er ist schon paar Monate da, doch ich war viel abwesend gewesen. Er ist ruhig u. zuversichtlich. Er hatte ja im Herbst 1939 zu unterhandeln u. war unserem Rat zum Friedensschluss mit Moskau gefolgt auf Grund einer weiteren beruhigenden Erklärung. Er erzählt, die Russen hätten jetzt mehrfach nachgegeben, besonders in der Frage der Aaland-Inseln (keine russ. Bewaffnung).[553]

Der Gesandte ist ruhig u. selbstbeherrscht, offenbar hat er auch »Richtung genommen«.

Urban ist jetzt 10 Jahre bei mir. Meinen Dankbrief nach Polen hat er gerade nachgeschickt erhalten. Und dankt mir. Wir schütteln uns kameradschaftlich die Hand. Stets hat er treu zu mir gestanden u. das ist auf die Dauer das wertvollste.

Dr. Gerigk brachte mir die ersten Exemplare d. Lexikons d. Juden i.d. Musik, das er herausgibt. Eine der geplanten Forschungsfragen von Grund auf. Eben werden noch bearbeitet: ein Talmudlexikon, ein Handbuch aller jüd. Schriftsteller, die Nachkommen nur zweier Judenfamilien (Itzig u. Mendelssohn) und die Auswirkungen a.d. deutsche Leben u.a.[554] Das kommende Geschlecht soll alle Voraussetzungen für die Schau unserer Zeit erhalten, sonst wird es garnicht begreifen, wieso wir uns über d. Juden so aufgeregt haben. Schon jetzt sind ~~selbst~~ junge Schriftleiter zu faul, um sich mit der Frage gründlich zu befassen.[555] – Der engl. Rundfunk hat – ich traute meinen Augen nicht – den jüdischen Emigranten die Schuld an der kathastrophalen Lage Englands zugeschoben. Sie hätten London alle Jahre falsch unterrichtet: über die Kraft Deutschlands, über die Zustände im Reich, über den Verfall des

552 Kivimäki, Toivo Mikael (1886–1968); finn. Diplomat; 1932–36 Ministerpräsident; 1940–44 Botschafter in Berlin.

553 Ålandinseln; Inselgruppe in der Ostsee zwischen Schweden und Finnland.

554 Itzig, Familienname jüd. Bankiers in Preußen im 18. Jahrhundert. – Mendelssohn, Familienname jüd. Bankiers, Musiker und Philosophen in Deutschland seit dem 18. Jahrhundert.

555 Zu Rosenbergs Artikel »Juden auf Madagaskar« aus diesem Zeitraum siehe Dokument 4 in diesem Band.

N.S. usw. Jetzt stimme das alles garnicht. Das kann ja für Israel heiter werden, wenn derartige Stimmen selbst im engl. Rundfunk durchschlüpfen können.

Im übrigen kam noch General Reinecke, Chef d. Inlandsamtes d. OKW. Ein Mitgl. M. Amtes, d. in Kopenhagen im O.[ber]K.[ommando] ist, soll einem Dänen gegenüber unnützes Zeug geschwätzt haben. Dergestalt, dass man ihm wegen Schädigung des Reiches, ja Landesverrat (!) ein Kriegsgericht ans Bein binden will. R.[einecke] hat die Papiere an sich genommen, den Betr. abberufen u. liest mir nun die Punkte vor. Angegeben hat der Mann offenbar allerhand, aber b.d. Intrigantenwesen in Dänemark kann man viel Böswilligkeit vermuten. – Dann besprachen wir unsere kommende Zusammenarbeit, ich gab ihm meine letzten 2 Briefe an Göring. Damit würde ich die Leitung der gesamten weltanschaulichen Erziehung d. Wehrmacht übernehmen. Ich freue mich sehr über diese Arbeit, denn nach dem Kriege müssen wir den Frieden gewinnen, u. die d[eutsche] Wehrmacht zu einem immer scharfen Schwert der ns. Revolution machen u. erhalten.

16.9.40

Heute berichten Puttkamer u. Heil über d. Arbeiten in Paris und »juristische« Schwierigkeiten gegenüber den beschlagnahmten Beständen.[556] Ich versprach, möglichst bald b. Führer selbst eine Entscheidung herbeizuführen. Prof. Baeumler berichtet über s. Anschauungen über den Stand der kontinentaleurop. Forschung, die Prof. N. durchführt.[557]

Am Mittagstisch b. Führer entwickelte sich heute eine sehr vielseitige Unterhaltung. Es war ein schöner Zug, dass der Führer s. Fahrer, der

556 Puttkammer, Heinrich (1890–unbek.); 1933 NSDAP-Beitritt; seit 1932 Mitglied im KfdK; Leiter des Zentralamts des APA und zeitweise auch des BFÜ; seit 1943 im RMfdbO. – Heil nicht ermittelt.

557 Möglicherweise Nikuradse, Alexander (1900–1981); georgisch-dt. Geopolitiker und Physiker; seit den 1920er Jahren mit Rosenberg bekannt, 1941–45 Leiter des »Instituts für Kontinentaleuropäische Forschung« im RMfdbO; nach 1945 Prof. an der TH München; Autor u.a. von (Pseudonym A. Sanders) *Um die Gestaltung Europas* (1938). – Die folgende Passage von »Am Mittagstisch« bis »Sattel zu setzen« mit Markierung (Bleistift); abgedruckt (mit kleineren Abweichungen) in Kempner, Der Kampf gegen die Kirche, S. 36.

heute s. 30. Geburtstag feierte, zu s. Rechten gesetzt hatte. Der Mann war restlos glücklich. Später bat er mich durch m. Fahrer, ihm m.[ein] Bild m. Unterschrift u. Datum zu schenken. Das Gespräch kam auf Serrano Suner.[558] Ich fragte Frick, was für einen Eindruck er mache.[559] Wie ich gehört hätte, sei er restlos jesuitisch erzogen. Während d. span. Bürgerkrieges habe mir ein Phalangist geschrieben, er sei glatt verhaftet worden, weil man bei ihm meine Schriften gefunden hätte. Der Führer lachte: Na ja, Ihre Schriften. Ich sagte: ich hätte mich mit José Antonio Primo de Rivera sehr gut geeinigt: Spanien sei katholisch, wir wollten da nicht eingreifen. R.[ivera] sagte damals, jawohl aber der Papst ist doch ähnlich wie ein Freimaureroberhaupt, Spanien werde sich s. eigenen Papst in Toledo erwählen. Im übrigen hätte ich die Übersetzung m. Werkes ins Italienische u. Spanische bisher verboten.

Der Führer griff das Thema ausführlich auf. Jeder kath. Staat müsste sich seinen eigenen Papst erwählen.[560] Es sei ein Verhängnis, dass die d. Kaiser immer in der Kirche »Ordnung« machen wollten, anstatt ruhig mehrere Päpste gewähren zu lassen. Denn kaum hatten sie einem Ordnungspapst zur Macht verholfen, hätte dieser ihnen um die Ohren geschlagen. Sie hätten ruhig mehrere Päpste, je mehr, je besser, unterstützen müssen. Die Kirchen seien immer unverschämt, wenn sie in »Ordnung« u. gesichert seien, dagegen liefen sie einem die Türen ein, wenn sie Konkurrenten hätten. (Der Führer erzählt noch einmal den Streit um die Deputate b. d. Protestanten unserer Tage). Ich sagte, zu einer solchen Haltung gehöre eine gewisse Ungläubigkeit, die Kaiser hätten aber oft allen Ernstes an die Institution der Kirche geglaubt. – Der Führer ironisiert Kerrls Versuche, jetzt wieder »Ordnung« machen zu wollen, wie denn die »Harmonisierungsversuche« dieses unseres Kirchenministers heute überall nur ein mitleidiges Lächeln erwecken. Der Mann »glaubt« nämlich auch noch an Kirchen. Gauleiter Greiser berichtet über die Regelung im Warthegau: die Konfessionen als private

558 Serrano Súñer, Ramón (1901–2003); span. faschistischer Politiker.

559 Frick, Wilhelm (1877–1946); 1923 Teilnahme am »Hitler-Putsch«; 1925 NSDAP-Beitritt; seit 1924 MdR; 1928 Vorsitzender der Reichstagsfraktion der NSDAP; 1933–43 Reichsminister des Innern; 1943–45 Reichsprotektor von Böhmen und Mähren; 1946 nach IMT-Todesurteil hingerichtet.

560 »Kath.« nachträglich eingefügt.

Vereinigungen.[561] Der Führer hat nichts dagegen, dass gänzlich verschiedene Ordnungen in den Gauen bestünden: was hätten wir für eine Ursache, die Kirchen wieder in den Sattel zu setzen.

Ich brachte die »Bedenken« unserer Kriegsjuristen in Frankreich vor. Nachstehend d. Aktennotiz darüber [fehlt]

Alt-Aussee 12. 10. 40[562]

Seit 3 Tagen bin ich hier u. pflege meine Rückenmuskel durch heisse Schlammpackungen, Massage u. Sonnenbestrahlung. Eine Zerrung in der Nähe d. kranken Stelle, so dass ich m. d. linken Fuss nicht auftreten kann. Fraglich, ob ich am 16. in Linz sprechen werde.

Lese viel, zum inneren Arbeiten habe ich aber ebenso wenig Auftrieb, wie kürzlich in Gastein, wo ich meine kaum begonnene Kur wegen d. Berliner Bombardements abbrach u. zu m. Familie zurückfuhr.[563]

Aber zur Erinnerung für spätere Zeiten will ich einiges nachtragen.

In den letzten Tagen erhielt ich die Anordnung des Führers über den künftigen Wohnungsbau. Die in Frage kommenden Stellen hätten ihm Planungen für Arbeiterwohnungen vorzulegen: im Preise erschwinglich u. m. 3 Schlafzimmern. Endlich! Ich habe bei jeder Gelegenheit Speer u. Giesler auf die Notwendigkeit des Arbeiterwohnungsbaus zusammen mit dem grossen Vorhaben d. Partei u. d. Staates hingewiesen, auch b. Mittagstisch des Führers die Rede daraufgebracht.[564] Dabei erzählte der Führer die folgende bezeichnende Episode: Als er sich die »Cap Arcona« einst angesehen hatte, erklärte [er,] er wolle auch die Schlafräume des Personals besichtigen. Nach verlegenem Getuschel bequemte man

561 Greiser, Arthur (1897–1946); 1928 NSDAP-Beitritt; 1934–39 Senatspräsident der Freien Stadt Danzig; 1939–45 Reichsstatthalter und Gauleiter der NSDAP im Warthegau; verantwortlich u. a. für den Massenmord in Chełmno durch Gaswagen; 1946 in Polen verurteilt und hingerichtet.

562 Alt-Aussee, österr. Gemeinde im Salzkammergut; das Salzbergwerk Altaussee wurde 1943 der zentrale Sammelort des ERR für Raubkunst aus den westlichen besetzten Gebieten.

563 Bad Gastein, Kurort in Österreich.

564 Speer, Albert (1905–1981); 1931 NSDAP-Beitritt; seit 1938 Generalbauinspekteur für die Reichshauptstadt Berlin; seit 1942 Reichsminister für Rüstung und Kriegsproduktion; 1946 IMT-Urteil zu 20 Jahren Haft.

sich dazu u. er sei entsetzt gewesen. Dieses luft- u. lichtlose Schlafen bei sonstigem Luxus hätte verständlicherweise unter dem Personal viel Kommunisten gezüchtet. Deshalb müsse einst in D.[eutschland] ein Wohnungsbauprogramm durchgeführt werden, wie es noch nie dagewesen sei. Dann würden die Menschen auch wieder Kinder wollen.

Jetzt ist diese brennende Frage also aufgegriffen worden. Das d. Volk würde, aus dem Kriege heimgekommen, es auch nicht verstehen können, nun wieder in die alten Grosstadtlöcher [sic] zurückzukehren, während nebenbei das imposante neue Berlin, München, Nürnberg, Hamburg entstünde. Der d. Arbeiter hat das Recht, dass neben der grossen staatlichen Repräsentation an die Urzelle auch seines Lebens gedacht wird. Mit ihm ist schliesslich der Sieg erfochten worden. – Als wir ein andres Mal über Strassburg sprachen u. ich für das Münster als Nationalheiligtum plädierte, sagte der Führer mit Tränen in den Augen: Es soll auch ein solches Denkmal werden zur Erinnerung an den unbekannten Soldaten. Was hat der schlichte Mann? Was kann er von der Grösse d. Geschichte wissen? Er hat seinen Leib und den setzt er ein. Was wären alle unsere Pläne ohne diesen Soldaten! Es stände doch nur alles auf dem Papier.

So hoffe ich, dass zuerst im Strassburger Münster das Monument dieser d. Soldaten errichtet wird. Wenn ich im ›Mythus‹ erhoffte, dass das Kriegerdenkmal die Mariensäulen ersetzen müsse, so muss das durch Beispiel von oben anfangen. Strassburg wäre das schönste Beispiel.

Der Führer liebt die Gotik nicht. Die ausgewaschenen Statuen in Reims haben ihn enttäuscht. Zum ersten Mal hätte in Strassburg, sagte er, ein gotischer Dom ein starkes Raumgefühl hervorgerufen. – Das stimmt. Die wuchtigen Säulen versperren hier nicht den Durchblick in den ganzen Raum. Im übrigen habe ich hier meine Reserven, denn die Gotik war nicht nur katholische Höhe, sie war auch wichtiges, jedoch verfeinertes Germanentum. Hier bricht die Naturnähe durch alle Katholizismen durch: die Rankenmuster in Marburg, die lebensprühenden Gobelins usw. Dass man im übrigen heute nicht mehr gotisch bauen kann, habe ich im ›Mythus‹ ausgeführt (diese Stelle wurde 1917/18 geschrieben).

X

1941

2.2.41

Nach längerer Zeit ist der Führer wieder in Berlin. Ich war Ende Januar wieder zwei Mal zum Mittag dort. Am 29.1. wurde am Tisch nichts Politisches gesprochen, dagegen hielt der Führer einen längeren Vortrag über Pflanzen- u. Fleischesser, oder Leichenesser, wie er es nennt. Er ist der Überzeugung, dass Pflanzenesser die Ausdauernden Kräfte des Lebens seien, Fleischfresser wie der Löwe hätten eine plötzliche ungeheure Kraft, aber keine Ausdauer, Elefanten, Stiere, Kamele[,] Büffel seien sprechende Gegenbeispiele. Dass uns die Pflanze gemäss sei, sehe man an der Krankenbehandlung. Man gebe Kindern u. Kranken heute sehr richtig Obst u. Gemüsesäfte, kein Fleisch. Das Fleischessen sei wohl in einer Zeit langer Kälteperioden aufgekommen u. habe sich erhalten. Im Mittelalter hätten die oberen Schichten fast nur Fleisch gegessen u. seien sehr jung gestorben (die d. Kaiser). Er sei der Überzeugung, wenn man die Vitaminlehre richtig verstehe u. alle Folgerungen zöge, der Mensch einst 250 Jahre werden könne.

Der Führer würzte das alles mit Humor u. wir hörten, lachend, zu. Ich bemerkte, der erste Kampf müsse gegen die I.G. Farbenindustrie, die chemische Mehlbleichung usw. beginnen. Nach dem Tisch meinte man aber einhellig: grosse Rohkostplatten bedrückten den Magen wegen der grossen Mengen, die man essen müsse.

Dass der Führer m. dem Hinweis a.d. Vitamine u. Pflanzen recht hat, wissen wir, aber dass wir gemischtes Essen haben müssen, erscheint doch wohl richtig; wir haben eben keinen Kuhmagen. Da der Führer magenkrank ist, sind die Ausführungen doppelt verständlich.

Am nächsten Tag erzählte Greiser von s. Arbeit im Warthegau u. war sehr froh über die ihm gewordene Aufgabe. Auch die Balten hätten sich eingelebt u. seien wohl zufrieden. Ob sie wohl wieder wegwollten? fragte d. Führer. Ich, lachend: höchstens, wenn Sie ihnen den Weg

Richtung Petersburg wieder frei machen würden. – Er: Wenn Sie, R.[osenberg], nur hier bleiben! Ich: Wer weiss. – Dieser Scherz hatte eine ernstere Seite, die ich am Tage drauf mit Greiser alleine besprach: die Balten hätten sich bisher doch zurückgesetzt gefühlt: (Stadträte in Litzmannstadt, Hinweis, ihre Höfe wieder wegzunehmen usw.).[565] Greiser war ganz verständig, ich werde am 3.4. in Posen sprechen.

Über November u. Dez. 1940 will ich doch einiges nachtragen, was für mich eine grosse persönliche Erinnerung bedeutet u. was sachlich nicht ohne Wichtigkeit ~~geblieben~~ ist.

Mit dem OKW. wird seit längerem eine Zusammenarbeit besprochen, die Anfang XI 41[566] zum Abschluss kam. Danach geht die W[elt]-A[nschauungs] Betreuung der kommen[den] geistigen Ausbilder der Wehrmacht auf mich über. Generalfeldm.[arschall] Keitel legte Wert darauf, dies Abkommen in München, am 9. XI. zu unterzeichnen, um symbolisch den Sinn dieser Tat auszusprechen. In der ganzen Partei hat das grosse Befriedigung ausgelöst, wenn das Abkommen auch nicht veröffentlicht wurde. Keitel ist mir gegenüber stets loyal gewesen und ich hoffe für die Zukunft grosse Auswirkungen, da manches Verhalten Neu-Aktivierter i.d. Wehrmacht eine ~~grosse~~ Arbeit unsererseits geradezu fordert. Das wird auch möglich sein, da u.a. das gesamte W[elt]-A[nschau]liche Material u.d. Schrifttum meinen Weisungen unterliegt.

Für Paris war eine Kundgebung i.d. französischen Abgeordnetenkammer vorgesehen. Der Führer hatte s. Zustimmung zu dieser symbolischen Handlung gegeben, wollte aber vorher den Wortlaut meiner Rede sehen. Ich gab ihm das Manuskript »Blut und Gold«. Er las es; da ich ihn vor s. Abreise nicht mehr sprechen konnte, klingelte Schaub bei mir an: Der Führer sei mit der Rede sehr, sehr zufrieden, er freue sich, dass ich sie halten wolle, es sei auch kein Wort daran zu ändern.[567]

So fuhr ich zum dritten Mal 1940 nach Paris. Als der Zug in Aachen hält, hörte ich plötzlich einen Lautsprecher meinen Namen brüllen.

565 Litzmannstadt (Łódź); poln. Stadt; unter dt. Besatzung Teil des Warthegaus.

566 Gemeint ist November 1940.

567 Rosenbergs Rede »Blut und Gold« vom 28.11.1940 wurde gedruckt als Heft 15 der Reihe »Hier spricht das neue Deutschland!«; NARA RG 238 box 120, Bl. 296–317.

Dann nochmal: Telegramm für R[eichs]-L.[eiter] R[osenberg]! Koppen lief hinaus.[568] Ein Telegramm i. Auftrage vom Führer von R[eichs] L[eiter] Bormann (der allmählich zur zentralen Übermittlungsperson geworden ist). Na, ich bekam einen Schreck, weil derartige Anstalten gewöhnlich irgend einen unangenehmen Vorfall zum Anlass haben. Ich lese die ersten Worte: »Dem Führer ist gemeldet worden …«. Na, was für eine Schweinerei ist da passiert?! Aber es geht glücklich weiter: »dass Codreanu umgebettet wird«. Der Führer wollte mich als seinen Vertreter nach Bukarest schicken. Ich solle mitteilen, ob ich noch rechtzeitig kommen könne; wenn nicht werde der Führer einen anderen benennen. – Wir rechneten hin u. her u. bestellten b. Bormann zunächst ein Flugzeug f. den 29. Mittag. In Paris stellte es sich heraus, dass es nicht auskommen konnte, es sei denn durch einen Nachtflug über die Karpathen. Ich sprach Hess p[er] Telephon: er wehrte entsetzt ab. So ging Schirach an meiner Statt hin.

Dieser Gedanke des Führers war vor allem durch folgenden Vorfall bedingt. Antonescu war nach Berlin eingeladen worden u. auch zum Mittag i. kleinsten Kreise b. Führer. Ich hatte durch das Protokoll <u>keine</u> Einladung erhalten. Als ich nach m. Rede im Braunschweiger Dom (am 12. XI. [1940]) zum Mittag i. d. R[eichs]-Kanzlei kam, empfing mich d. Führer m. bedauernden Worten.[569] Er habe sich nicht um d. Einzelne d. Einladung gekümmert u. sei empört gewesen, mich nicht bei sich zu sehen. Er habe den Herren das Notwendige gesagt. Ich hätte m. Antonescu da sein müssen, denn <u>ich</u> hätte die Bewegung in Rumänien ja als erster in Gang gebracht.

Um diese Panne also zu reparieren, wollte der Führer also mich als seinen Vertreter nach Bukarest schicken.

In Paris sah ich mir am 28. Vormittag das von meinem Einsatzstab Frankreich beschlagnahmte jüdische Kultur- u. Kunstgut an, das im Jeu de paume z. T. ausgestellt war.[570] Trotzdem Göring für s. Sammlung schon 42 der besten Stücke abtransportiert hatte, waren hier wertvollste Sachen zu sehen. Rothschild, Weil, Seligmann usw. hatten das Ergebnis

568 Gemeint ist: Koeppen, Werner.

569 Braunschweiger Dom, Grabkirche Heinrichs des Löwen.

570 Kurzname für Galerie Nationale du Jeu de Paume in Paris; diente während der dt. Besatzung als Sammeldepot für geraubte Kunst.

von 100 Jahren Börsengewinnen abgeben müssen: Rembrandt, Rubens, Vermeer, Boucher, Fragonard, Goya usw. usw. waren zahlreich vertreten, älteste Schnitzereien, Gobelins usw.[571]

Die Kunstschätzer beziffern den Wert auf nahezu 1 Milliarde Mark![572]

Um 4 Uhr fuhr ich ins Palais Bourbon.[573] Dort begrüsste mich der Leiter d. Militärverwaltung. Die berühmten »Couloirs« muffige rotplüschene Stuben. Im Sitzungssaal: Generalf.[eldmarschall] Sperrle, Generalob.[erst] Stülpnagel, Gen[eral]-Adm.[iral] Saalwächter, u. a. Befehlshaber u. Offiziere.[574] Dazu d[eutsche] Kolonie. Ein merkwürdiges Gefühl, hier von der Stelle zu sprechen, an der Clemenceau u. Poincaré gegen das Reich gedonnert hatten, von wo die Welthetze gegen D.[eutsch-

---

571 Rothschild: einflussreiche jüd. Bankiersfamilie; hier vermutlich gemeint: Baron Edmond James de Rothschild (1845–1934); franz. Philanthrop, Mäzen und Sammler. – Weill, David (1871–1952); franz. Bankier, Kunstsammler und Mäzen. – Seligmann, Familie franz. Kunstsammler, Mäzene und Kunsthistoriker (u. a. André Jean Seligmann; Germain Seligman; Jacques Seligmann).

572 Am 20. 3. 1941 meldete Rosenberg »an den Führer«, der Haupttransport der in Paris vom ERR »sichergestellten«, d. h. geraubten Kunstgüter aus jüdischem Besitz sei am 15. März in Neuschwanstein eingetroffen. Es handele sich um »25 D-Zug-Packwagen mit wertvollsten Gemälden, Möbeln, Gobelins, Kunsthandwerk und Schmuckgegenständen«. Darüber hinaus werde weiteres »herrenloses jüdisches Kulturgut« zum Transport nach Deutschland vorbereitet; die entsprechenden Arbeiten in den besetzten westlichen Ländern würden voraussichtlich in zwei bis drei Monaten beendet sein; abgedruckt in *Nürnberger Prozess* Bd. 25, S. 48 f. (014-PS).

573 Palais Bourbon, Sitz der französischen Nationalversammlung in Paris.

574 Sperrle, Wilhelm Hugo (1885–1953); Offizier; 1935 Generalmajor und Kommandeur des Luftkreises V; 1940 Feldmarschall; bis 1941 Oberbefehlshaber des Luftwaffenkommandos West. – Stülpnagel, Carl-Heinrich von (1886–1944); Offizier, 1939 General; 1940 Vorsitzender der dt.-franz. Waffenstillstandskommission; 1941 Oberbefehlshaber der 17. Armee in der Sowjetunion; 1942–44 Militärbefehlshaber im besetzten Frankreich; 1944 als Mitverschwörer des Attentats vom 20. Juli hingerichtet. – Saalwächter, Alfred (1883–1945); Offizier; 1938 Kommandierender Admiral der Marinestation Nordsee; 1939 Kommando des Marinegruppenkommandos West; 1940–42 Generaladmiral und operative Befehlsführung im Norwegenfeldzug.

Abb. 2/3 Rede Rosenbergs (»Gold und Blut«) in der französischen Nationalversammlung am 28. November 1940, vor Repräsentanten der Wehrmacht, NSDAP und Besatzungsverwaltung in Frankreich

land] immer wieder ihren Ausgang nahm.[575] Vor 600 Vertretern dieses nunmehr siegreichen D.'s sprach ich als erster für die n.s. Revolution gleichsam am Grabe der französischen Revolution. Gold – Blut die Symbole dieser Zeitalter. – Manche Offiziere erklärten später, erst jetzt hätten sie begriffen, dass unsere Massnahmen nicht aus dem Augenblick entsprungen seien, sondern aus einer alten Haltung heraus (ich hatte zitiert, was ich vor 14 Jahren über den Goldwahn geschrieben hatte). Ich glaube, dass die genau formulierten Ausführungen ihren Eindruck gemacht haben, da auch der Beifall demonstrativ lange dauerte.

Der franz. Presse war ein gekürzter Wortlaut gegeben worden, den alle Zeitungen brachten. Wie ich hörte, sei d. Vortrag b. allen Franzosen Tagesgespräch gewesen. Sie hätten, zwischen Kirche und Demokratie gezwängt, hier einen neuen geistigen Weg gesehen. – Zunächst ist aber mit einer inneren Änderung F.[rankreich]s nicht zu rechnen.

Graf Gobineau besuchte mich, er wie manche andere mit bestem Willen.[576] Ob sie aber eine politische Macht werden können? Da der Franzose die Grösse seines Zusammenbruchs noch nicht begriffen hat, kaum.

x

Am Abend waren 150 im Ritz zu einem Empfang versammelt, wo G[e]n[eral]f.[eldmarschall] Milch mir erzählte, dass m.d. Verlust von Major Wick zu rechnen sei, dem »härtesten von allen Jagdfliegern«.[577]

Am nächsten Tag war ich b. Sperrle, der mir die Luftaufnahmen über England zeigte u. von den Massnahmen s. Luftflotte erzählte. Sp.[errle]

575 Clemenceau, Georges Benjamin (1841–1929); franz. Journalist und Politiker; 1906–09 und 1917–20 Ministerpräsident; 1919 Präsident der Pariser Friedenskonferenz. – Poincaré, Raimond (1860–1934); franz. Politiker; 1913–20 Staatspräsident; 1926–29 Ministerpräsident und Finanzminister.

576 Gemeint ist wahrscheinlich ein Nachfahre von Joseph-Arthur de Gobineau (1816–1882); Autor u.a. des rassentheoretischen Standardwerks *Essai sur l'inégalité des races humaines* (1853–55; dt.: *Versuch über die Ungleichheit der Menschenracen,* 1898).

577 Wick, Helmut (1915–1940); Offizier; 1935 Eintritt in die Luftwaffe; 1939 Leutnant; 1940 Gruppenkommandeur und Major; 1940 Abschuss über Großbritannien.

hat sich im Palais Luxemburg häuslich u. schön eingerichtet.[578] Die für den Umbau eingesetzten franz. Arbeiter seien mehr als erstaunt gewesen, zum Richtfest eingeladen zu werden. So was gebe es bei ihnen an Gemeinschaft nicht. Allmählich seien sie aufgetaut – u. hätten wohl manches über uns innerlich berichtigt, was man ihnen vorerzählt hatte. – General Christiansen, der aus Holland zu m. Vortrag gekommen war, sich aber verspätet hatte, bat mich, doch auch einmal im Haag zu sprechen.[579]

Am Abend im Theatre des Ambassadeurs. Ein übl[iches] franz. Gesellschaftsstück über Ehe. Dialektisch gut, müde in Haltung u. Konsequenz. Dann im Flugzeug – nach kurzem Besuch im Fliegerquartier Villa coublais – nach Berlin.[580] Es erwies sich: alle Apparate eingefroren, der Pilot konnte gerade noch rechtzeitig zurück. Wie ich später hörte, hätte er auf d. Rückflug b. Aufsetzen einen Flügel gebrochen. Nach Untersuchung des Flugzeuges: 164 Fehlerquellen. Das war das Flugzeug d. Generalf[eldmarschall] v. Rundstedt.[581] Sperrle habe d. armen Kapitän b. Anhauchen fast am Knopf in die Luft gehoben, als er davon hörte.

Mit der Tagung in Braunschweig war übrigens ebenfalls ein neues[582] Stück Weges der ns. W[elt]-A[nschauung] zurückgelegt. Braunschweig hat des Löwen Grabmal öffnen u. neu errichten lassen. Ich war einst da, als Prof. Fischer die Gebeine Herzog Heinrichs blosslegte.[583] Der verrenkte Hüftknochen bezeugte d. Identität. Eine grosse braune Haarlocke war zu sehen. Der Dom wurde darauf von den greulichen Übermalungen des 19. Jahrhunderts befreit. Er wurde licht und hell. Jetzt war er zum Staatsdom erklärt worden u. ich sprach hier als erster, um damit die würdige Herzogshalle geistig in die Obhut des Nationalsozialismus

578 Palais du Luxembourg, Sitz des franz. Senats; während des Zweiten Weltkriegs Hauptquartier der dt. Luftwaffe.

579 Christiansen, Friedrich (1879–1972); 1933 NSDAP-Beitritt; 1933–37 Ministerialrat im RLM; 1938 General; seit 1940 Wehrmachtsbefehlshaber in den Niederlanden; dort 1948 zu zwölf Jahren Haft verurteilt; 1951 entlassen.

580 Villacoublay; Militärflugplatz im Norden Frankreichs.

581 Rundstedt, Gerd von (1875–1953); Offizier; seit 1939 Heeresgruppenchef bei den dt. Angriffen auf Polen, Frankreich und die Sowjetunion; 1940 Generalfeldmarschall; 1940–45 Oberbefehlshaber West.

582 »Neues« nachträglich eingefügt.

583 Heinrich VII. (1129–1195); Herzog von Sachsen und Bayern.

zu nehmen. Die Feier (anlässlich d. Tagung des d. Gemeindetags[584] im Rahmen meiner Amtstagung f. Schrifttumspflege) war recht würdig. Orgelspiel von Bach. Ich sprach über die Mächte der d. Geschichte u. Verbindung zwischen politischer Zentralisation u. kultureller Dezentralisation. Diese Feier ist nicht »Ersatz«, sie ist mindestens ebenso würdig gewesen, wie frühere Kirchenfeier für frühere W-A-ungen. Nur nicht so weinerlich.

Vor paar Tagen bat mich Greiser, im April doch den Dom von Gnesen zu besuchen u. zu entscheiden, ob er würdig sei, ebenfalls ein Symbol im Osten ohne Bindung an die Konfessionen zu werden.[585] Zu gleicher Zeit hörte ich, dass Wien alle Unterlagen über die Unterstützungen zur Erhaltung des Stefansdomes sammelt. Es ist ja auch ein Unfug, dass wir ein Gebäude erhalten u. dabei einer Konfession übergeben, die sich im Prinzip feindlich der rettenden Idee der d. Nation gegenüberstellt.

Im allg. müssen wir aber mit derartigen Dom-Übernahmen vorsichtig sein. Ziel bleibt: eigene Fest- u. Feierhallen. Dome als Ausnahme, wo sie wirklich symbolisch verwendet werden können.

Eine Woche später sprach ich wieder in Braunschweig. Vor den Führerinnen des B[undes]d[eutscher]M[ädel] Zum ersten Mal über religiös-ethische Themen. Die Mädel hatten mich gebeten über Ehre u. Ehrauffassungen verschiedener Völker zu sprechen. Ich glaube, dass sie alle ergriffen waren wie ich selbst, ohne dass eine sentimentale Stimmung aufkam. Ich führte am Ende aus: aus der ns. Wertelehre könnte eine religiöse Reform kommen, wenn man begriffe, dass Religion in unserem Sinne nicht Selbst-Auflösung, sondern Selbst-Behauptung sei. Bisher suche man »Ersatz« auf der gleichen Ebene wie die Kirchen und »vermisse das Positive«. Dieses sei aber schon da, nur bemerken dies selbst aus den Kirchen Ausgetretene nicht. Die Selbst-Behauptung der Seele sei eben neue Religion, unmittelbar an germanische Schicksalshaltung anknüpfend. Betrachte man das Wesen seines Ich als erbsündebehaftet, so müsse man Christ bleiben, täte man das nicht mehr, sei man eben auf dem Wege aus dem Christentum hinaus. Die christlich-germanische Legierung beginne unter dem heissen Hauch eines neuen Lebensgefühls zu schmelzen u. sich in ihre Bestandteile aufzulösen.

---

584 Deutscher Gemeindetag; nach 1933 Einheitsverband dt. Gemeinden und Gemeindeverbände.

585 Gnesen (Gniezno); poln. Stadt; unter dt. Besatzung Teil des Warthegaus.

Die Rede wurde nicht nachgeschrieben; ich weiss nicht,[586] ob ich wieder jenen Anstoss erhalten werde, über diese Dinge zu sprechen.

*

Am 1. Dezember [1940] war ich wieder in Berlin. Das Echo der Pariser Ausführungen war doch sehr stark gewesen; die Partei war besonders befriedigt, war sie doch durch mich hier geschichtlich in Erscheinung getreten. Etwas verwundert war ich aber, plötzlich von R[eichs]-Wirtschaftsminister Funk einen Brief zu erhalten. F.[unk] hatte sich den Arm gebrochen u. lag in Gips in Hohen-Lychen. Er schrieb, er betrachte meine Pariser Rede als ein welthistorisches Dokument. Nun hatte F. zu Beginn des Jahres erstmals staatlich-amtlich die Goldwährung verworfen. Wie ich hörte, soll er sich noch 14 Tage vorher gesträubt haben, dies zu tun.

Dann ging es nach Königsbrück b. Dresden.[587] 400 Kommandeure f. d. neuen Divisionen werden hier ausgebildet. Aus Bordeaux, Norwegen, Polen waren sie zur Ausbildung gekommen. Geleitet wird diese Ausbildung vom ~~Leit~~ Führer der »glückhaften Division« Weissenberg, der Erstürmer des Werkes 505 und Verdun.[588] Ich glaube, den Offizieren einen Einblick in das Wesen dieses Krieges gegeben zu haben. W.[eisenberger] sprach sehr kameradschaftlich u. nationalsozialistisch; er meinte, die Hörer würden jetzt monatelang davon zehren, was sie gehört hatten. Später waren wir noch lange zusammen.

Dann fand vor Weihnachten noch eine Gauleiter-Tagung. Bericht über die neuen Kirchengesetze in den Reichsgauen d. Ostmark u. im Wartheland, Darlegung der Aufgaben von Dr. Ley. Am Abend schilderte der Führer die Kriegslage. Zuversichtlich wie immer.

Inzwischen: viel Besprechungen über die Institute der H.[ohen] S.[chule], über ihre Konstitution, die eine Menge Probleme aufwirft.

Zu meinem Geburtstag hatte ich mich gedrückt u. der Presse jede Erwähnung verboten. Ich erlebte 3 Tage in aller Stille auf m. kl. Hof am Mondsee, den ich zum 1. 1. 41 gekauft hatte. Durch m. Rückennerven

---

586 »Nicht« nachträglich eingefügt; ursprüngliches Wort unleserlich.

587 Königsbrück, Truppenübungsplatz in Sachsen.

588 Division »Weissenberg«, gemeint ist die 71. Inf.-Div. unter Generalleutnant Karl Weisenberger (1890–1952).

bin ich an Sportausübung verhindert; nur Schwimmen kann ich. So suchte ich seit 2 Jahren an irgend einem Wasser einen Landsitz. Einen solchen fand ich zufällig am Mondsee. Ein herrliches Stück Erde inmitten des Paradieses des Salzkammergutes. Dazu Vieh, ein grosser Obstgarten, etwas Wald, und das Schönste: 750 Meter unmittelbares Seeufer.

Die Pgg. waren rührend, als sie mich alle begrüssten. Ortsgruppenleiter, Bauernleiter, Bürgermeister usw. Ich bin sehr froh, dies stille Stück Erde zu besitzen u. hoffe, dort später mein geplantes Werk schreiben zu können über die Macht der Form in der Geschichte u. über die Aufgaben des N.S. gerade der Form gegenüber. Sie ist das Problem unserer künftigen Entwicklung. Die Massenorganisationen, Staatstrusts usw. bilden eine Gefahr für die Zukunft dann, wenn sie kein Regulativ erhalten.

Am 16.I.[1941] sprach ich in Münster zur 10-Jahresfeier des Gaues Westf.[alen] Nord in Münster. Ich liebe es, dort zu sprechen, ist Gauleiter Dr. Meyer doch einer der besten Vertreter unserer Bewegung, wirklich ein Mann von Haltung und Überlegenheit. Die Tage waren sehr kameradschaftlich. – Am 21.1. wieder in Linz. Besuchte das Haus der Eltern d. Führers, und ihr Grab. Am Abend sprach ich in der grössten Halle.

In Berlin erfuhr ich, dass der Führer m. Plan zustimme, das Institut zur Erforschung der Judenfrage zu eröffnen u. entsprechend Ausländer einzuladen.[589] Das Institut hat schon heute die grösste Bibliothek der Welt: 350000 Bände. Alles aus Frankreich, Belgien usw. Es kommen wohl noch 200000 aus Holland. Wer später aus der Welt einmal d. Judenfrage erforschen will, wird nach Frankfurt müssen.

Aus Norwegen Klagen Quislings über Terbovens Verhalten. Nicht zu verwundern: T.[erboven] will »nachweisen«, dass Q.[uisling] »unfähig« sei und schickaniert ihn deshalb. Der Plan eine norw.-deutsche Kulturgesellschaft m. einem Gegner Q. 's zu gründen kann nur den Zweck haben, Q. zu desavouieren. Und ähnliches mehr.

In Finnland werde ich die Buchausstellung etwa im April eröffnen lassen – wenn nichts dazwischenkommt.

589 Siehe Dokument 5 in diesem Band.

Der Versuch des A.A. in Dänemark seine Schlappe ~~aus~~ in Norwegen wiedergutzumachen, ist von mir in keiner Weise gestört worden. Allerdings waren das Telegramm Renthe-Fink an Clausen schon sehr ~~unt~~ unvorsichtig, der Rat, auf die Strasse zu gehen, war verfrüht, das Drängen mit Rosting taktlos.[590] So ergibt die Summierung dieser u.a. Dinge, dass Cl[ausen] selbst erklärt, nahe dem Ende zu sein.

Draeger kam kürzlich aus Kopenhagen u. berichtete ganz in diesem Sinne.

28.3.41

Gestern rief mich der Führer mitten aus der Tagung der Gründung des Instituts für die Erforschung d. Judenfrage aus Fr.[ankfurt] am Main nach Berlin. Schaub tat sehr geheimnisvoll am Telefon: ich sollte alles absagen, Flugzeug würde sofort geschickt, mehr könne er nicht sagen. Ich brachte die Sache mit dem Belgrader Putsch in Verbindung, dachte aber auch an Russland, da ja auch hier die Dinge »schweben«. Als ich abends in die R[eichs]-Kanzlei kam, fand ich dort Keitel vor. Der Führer zu mir: Sie haben doch früher eine Menge unterirdischer Verbindungen gehabt, haben Sie diese noch zu den Kroaten? – Ich antwortete, so um 1933 seien verschiedene kroatische Aktivisten bei uns gewesen. Im Zuge unserer amtlichen Aussenpolitik, wurden sie aber nicht unterstützt. Manche seien deshalb vorsichtig geworden, andere nach Amerika gereist. Gewisse wirtschaftliche Beziehungen hätten bestanden. Namen u.a. könne ich dem Führer bis 28. mittags angeben. – Wir waren alle einig, dass die Serben eine grosse politische Dummheit gemacht haben. Ich meinte, das Problem der 600 000 Deutschen sei dann wieder akut. Führer: Ja, sie müssen wieder zum Reich. – Die Sprache kam dann auf Abfassung in Freiheitsproklamationen für die Kroaten.

Heute liess ich mir im Amt die Akten über unser Verhältnis geben. Es waren darunter noch aus dem November 1939 Berichte über An-

590 Renthe-Fink, Cécil Karl-August Timon von (1885–1964); Diplomat; 1938 NSDAP-Beitritt; 1936 dt. Gesandter in Kopenhagen; 1940–42 Reichsbevollmächtigter in Dänemark. – Clausen, Frits (1893–1947); dän. Politiker; 1933–44 Parteiführer der dän. Nationalsozialisten; 1943/44 Waffen-SS-Offizier; 1945 angeklagt; vor Prozesseröffnung verstorben.

erbieten von Matschek, mit uns gemeinsam Sache zu machen.[591] Ich habe abgelehnt, darüber zu sprechen. Weitere Kroatenführer hatten mit Malletke über Wirtschaftsfragen unterhandelt, waren dabei aber auch auf Probleme politischer Art gekommen. Nach dem heutigen zu Ehren Matsuokas[592] vom Führer veranstalteten Mittagessen blieb ich zurück u. las dem Führer die Notizen vor: ich könnte Beziehungen zu Matschek aufnehmen. Das müsste aber durch Menschen geschehen, die schon bekannt seien. Was der Führer bejahte. Er merkte sich Malletkes Namen.

(Im Vorzimmer war Gen[eral]-Konsul Neuhausen aus Belgrad, Görings Vertrauensmann.[593] Bei uns im Amt ist er nicht gut angeschrieben ...)

Ich fragte den Führer nun direkt über Russland. Meine Mitarbeiter fertigen schon lange eine genaue Volkstumskarte, man drängt sie mit Fristangabe ...

Ich sagte dem Führer, dass ja schon Verwaltungsstellen besprochen würden, ich befürchte, dass Binnendeutsche hier vor Problemen stehen würden, die ihnen unbekannt sind. Ich habe in diesen Jahren Sturpadiki [?][594] mit s. Leuten, einige Kosakenführer usw. bis auf heute über Wasser gehalten, u. wenn auch mit einer Emigration keine Wunder zu verrichten sind, Orts- u. Sprachkenntnisse könne man immer brauchen. Vor allem sei ja im Osten alles durcheinander. Ich höre bereits, man müsse nur an Wirtschaft »ohne Ideologie« denken, ich glaube, die ukr. Frage sei nur durch klare Losungen zu lösen: gegen Moskowitertum und Judentum. Das seien 200 Jahre alte Parolen, die jetzt verwirklicht werden könne. Die Probleme in den baltischen Provinzen seien

591 Maček, Vladko (1879–1964); kroat. Politiker; seit 1928 Vorsitzender der Kroatischen Bauernpartei; 1939–41 stellvertretender jugoslaw. Ministerpräsident; Inhaftierung durch Ustaša-Regierung; nach 1945 Exil in den USA.

592 Matsuoka, Yōsuke (1880–1946); jap. Politiker; 1940–41 Außenminister; Unterzeichner des Vertrags zwischen Berlin, Tokio und Rom sowie des Nichtangriffspakts mit der SU; 1945 US-Haft.

593 Neuhausen, Franz (1887–1966); 1933 NSDAP-Beitritt; Landesgruppenleiter von Jugoslawien; 1936 Sonderbeauftragter für Südosteuropa; Generalkonsul in Belgrad.

594 Name nicht leserlich. Wahrscheinlich Skoropadskyi, Pavlo (1873–1945); ukrain. Politiker; 1918/19 Staatschef; nach Flucht ins dt. Exil Kooperation mit dem NS-Regime, u. a. zur Freilassung von OUN-Mitgliedern.

verschieden vom Süden aber die allg. Form müsse klar sein: Baltikum ein Protektorat, d. Ukraine selbständig mit uns verbündet. – Der Führer sagte, er könne sich von Stalin natürlich nicht betrügen lassen. St.[alin] hoffe, dass sich der Westen verblute, um dann über ihn herzufallen. Es bleibe nichts übrig, als dies rechtzeitig zu zerschlagen. Er habe von vornherein die Absicht gehabt, mich heranzuziehen. Er werde jetzt nichts beschliessen, ohne mich entscheidend eingeschaltet zu haben.

Ich wies auf Rumänien als auf ein Beispiel ungeschickter Politik des AA. hin. Fabricius hätte gleich nach Carols Abgang abberufen werden müssen.[595] Er habe die Legionäre als von Bolschewiken gekauft hingestellt u. wenn auch H.[oria] Sima eine Dummheit m. d. Ablehnung einer Einladung gemacht habe (sie war ihm auch nicht ganz geschickt übergeben worden), so wäre mit Geschick die Katastrophe zu verhindern gewesen.[596] – Der Führer fand Sima schon in der Teilschuld, sprach sich dann aber nochmals sehr achtend über Antonescu aus.

Da Malletke zufällig aus Amsterdam eben hier ist, besprach ich die ganze Kroatenfrage mit ihm. Er hält sich für ev. Reisen bereit. – Ich befürchte nur, dass der Neuhausen, der »seine« Politik zerbrechen sieht, jetzt auch nach Kroaten Ausschau hält. Für zartere Sachen scheint mir dieser Mann gänzlich unfähig.

+

Die Tagung in Frankf.[urt] a.M. halte ich für einen Erfolg. Es ist immerhin das erstemal in der europäischen Geschichte, dass 10[597] europ. Nationen auf einer antijüd. Tagung mit dem klaren Programm vertreten sind, diese Rasse aus ganz Europa auszusondern.[598] Und jetzt steht

---

595 Wahrscheinlich Fabrizius, Wilhelm (1882–1964); Diplomat; 1936 Gesandter in Bukarest sowie Generalkonsul in Rumänien; 1937 NSDAP-Beitritt; seit 1941 AA-Referatsleiter für Südosteuropa.

596 Sima, Horia (1906–1993); rumän. Politiker; seit 1938 Führer der »Eisernen Garde«; 1940–41 Vizepremier und Mitinitiator antisemitischer Ausschreitungen; seit 1941 Exil in Deutschland mit engen Kontakten zum NS-Regime; seit Ende 1944 Exil; in Rumänien in absentia zum Tode verurteilt.

597 Verbessert; vorher »6« oder »8«.

598 Zur Frankfurter Konferenz siehe Dokumente 5 und 6 in diesem Band. Das Programm der Eröffnungsfeier – u.a. mit Vorträgen des Institutsleiters Wilhelm Grau über »Die geschichtlichen Lösungsversuche der

auch die Macht hinter dieser Einsicht in eine geschichtliche Notwendigkeit. Die Dinge, die mein Einsatzstab in Paris beschlagnahmt hat, sind zweifellos einzigartig: Die Bibliothek d. Alliance Isr.[aélite] Universelle, d. Rabbiner-Akademie, Archiv der Bank Rothschild (1816–1925) in 760 Kisten, Bibl[iotheken] zahlreicher anderer Juden aus Paris, Brüssel, Amsterdam usw. Meinem Tagebuch werde ich den Schlussbericht einfügen.[599] Hinzu die jüd. Kunstschätze, die kürzlich in Neuschwanstein angekommen sind.[600] Der Wert wird mit 1 Milliarde beziffert. Ich werde sie nächstens dem Führer zur Verteilung an die Museen vorführen.

Heute um 18 Uhr hielt ich über Rundfunk meine für die Frankf. Tagung gedachte Schlussansprache.[601] Die Teilnehmer in F. hörten sie im Gemeinschaftsempfang.

Judenfrage«, des Journalisten und SS-Hauptsturmführers Giselher Wirsing (»Die Judenfrage im Vorderen Orient«) sowie der Professoren Peter-Heinz Seraphim (»Die bevölkerungs- und wirtschaftspolitischen Probleme einer europäischen Gesamtlösung der Judenfrage«) und Walter Gross (»Die rassenpolitischen Voraussetzungen einer europäischen Gesamtlösung der Judenfrage«) – ist abgedruckt in Poliakov und Wulf, *Das Dritte Reich und seine Denker*, S. 140 f. Von den ausländischen Gästen sprachen u. a. Quisling (Norwegen), Cuza (Rumänien) und Mussert (Niederlande); zu Vorarbeiten und Gästeliste siehe USHMMA 1998.A.0104 (CDJC CXLII L3), reel 2. Neben den öffentlichen Vorträgen waren Aussprachen in geschlossenen Sitzungen geplant, die »eine Stärkung des anti-jüdischen Willens« und »eine Klärung über Mittel und Wege zur Lösung der Judenfrage herbeiführen« sollten (ebd., Programmbemerkung, 12. 1. 1941). Zur Eröffnungsfeier waren mehrere hundert Ehrengäste aus Partei, Staat, SS, Wehrmacht und Wissenschaft eingeladen. Himmler hatte Rosenberg zunächst zugesagt, anlässlich der Eröffnung am 26. 3. einen Vortrag »vor einem engen Kreise« zu halten, der »weder im Programm aufgenommen noch bei den Presseempfängen erwähnt« werden sollte (ebd., undat. Programmbemerkungen mit Randnotizen Rosenbergs), doch blieb Himmler aus unbekannten Gründen der Konferenz fern (Witte u. a., *Dienstkalender*, S. 119, 139).

599 Fehlt.

600 Von König Ludwig II. erbautes Schloss in Bayern; Sammelstelle für vom ERR geraubte Kunstwerke.

601 Zu den beiden Reden Rosenbergs auf der Frankfurter Konferenz siehe Dokument 6 in diesem Band.

31.3.41.

In Agram hat mittlerweile der alte Konsul mit den Kroaten Fühlung aufgenommen.[602] Ich fragte heute Mittag den Führer,[603] wie er über Reise Malletkes beschliessen wolle u. legte ihm die Originaleinladungen i.A. Matscheks von 1939 u. 1940 an Malletke vor. Der Führer bestimmte, dass M.[alletke] aus Amsterdam geholt werden solle: es sei gut, einen den Kroaten von früher gut Bekannten hinzuschicken. Ich betonte, M. müsse auch konkret werden können. Etwa einen freien kroatischen Staat zusagen. – Vertreter des A.A. sind soweit nicht gegangen. – Der Führer stimmte zu, dass dies konkret ausgesprochen werden könne. – Nachher zeigte er mir zahlreiche Aufnahmen der Riesengeschütze u. ihrer Schutzbunker am Kanal.

Malletke wurde sofort telefonisch nach Berlin zitiert. So bin ich plötzlich wieder in eine aussenpolitische Vor-Aktion hineingekommen wie vor einem Jahr in der Norwegen-Sache aus eigener Initiative. Der Führer hatte nicht vergessen, dass ich ihm den Namen des Mörders von König Alexander mitteilen konnte u. so vermutete er auch jetzt bei mir nähere Kenntnisse über Balkanfragen.[604] »Es scheint jedes Jahr sein Norwegen zu haben,« sagte er.

+

Aus Amsterdam war heute Kautter da u. brachte Bericht über die grosse sozialgeschichtliche Bibliothek, die wirklich Ausserordentliches an originalem Material enthält.[605]

Dr. Taer aus Helsinki kam an: Bericht über Vorbereitung unserer Buchausstellung.[606]

---

602 Agram ist der alte Name von Zagreb.

603 »den Führer« nachträglich eingefügt.

604 König Alexander von Jugoslawien (1888–1934) fiel 1934 in Marseille einem Attentat zum Opfer.

605 Kautter, Eberhard (1890–unbek.); Offizier; 1924 Zeuge im »Hitler-Prozess«; 1941 Ernennung durch Rosenberg zum Leiter des »Internationalen Instituts für Sozialgeschichte« in Amsterdam; Verfasser zahlreicher nationalsozialistischer Publikationen.

606 Thaer, Günther (1897–ca. 1952); Schriftsteller; gute Verbindungen in Finnland und um dessen Anlehnung an NS-Deutschland bemüht; Publikationen zu Norwegen und Finnland.

Scholz hat Befürchtungen über m. Mitarbeiter Dr. Rittich, der in Belgrad eine Ausstellung d[eutscher] Plastik vorbereiten soll.[607]

Mit Sch.[lotterer] Aussprache über Ost-Probleme. Schlotterer ist zu wirtschaftlicher Leitung ausersehen, über politische Tatsachen, wie er selbst sagt, gänzlich ununterrichtet.[608]

1.4.41

Malletke heute aus Amsterdam, erhält Ministerialpass und fährt sofort nach Agram. Hatte um Mittag Gespräch m. Ribbentrop. Dieser konnte ihm nichts genaues sagen, meinte nur, M.[alletke] solle ihn bei Matschek »nicht festlegen«. M., der die Dinge genau kennt, war über die Unkenntnis R[ibbentrop]'s über die ganze pol.-wirtschaftliche Sachlage erstaunt. – Ich sagte ihm, er solle 2 Beauftragte Matscheks nach Berlin mitbringen. Wenn das gelänge, würde die kroatische Frage sicher perfekt werden, soweit sie jetzt schon einigermassen klar sei. Den Namen des Führers dürfe Malletke nicht direkt gebrauchen. Er solle Matschek Empfehlung von mir bringen u. »hohen Auftrag« betonen. – Im A. A. ist man merklich betrübt, hier die wahre Initiative wieder in meinem Amt zu sehen. Aber sie hoffen, falls wir die Sache in Ordnung haben, kommen sie ja, als amtlich, wieder an das Ruder.

Heute war Gauleiter Uiberreither a. Steiermark zu Mittag b. Führer u. erzählte über die Flüchtlinge, die aus Slowenien über die Grenze kommen.[609]

---

607 Rittich, Werner (1906–1978); 1933 SA-Beitritt; seit 1938 stellvertretender Hauptschriftleiter von Rosenbergs Periodikum *Die Kunst im Dritten Reich* (1939); 1939 Dezernatsleiter der Hauptstelle Bildende Kunst im BFÜ; nach 1945 u. a. Redakteur beim *Hamburger Abendblatt*.

608 Schlotterer, Gustav (1906–1989); 1927 NSDAP-Beitritt; 1933–35 Präsident der Hamburger Wirtschaftsbehörde; 1935–45 Abteilungsleiter im RWM; seit 1941 Leiter der RWM-Ostabt. und der Wirtschaftsabt. des RMfbO.

609 Uiberreither, Siegfried (1908–1980); 1931 SA-Beitritt; 1938 nach dem »Anschluss« Österreichs SS-Beitritt; 1938–45 Gauleiter, Landeshauptmann und Reichsstatthalter der Steiermark; seit 1941 Chef der Zivilverwaltung der annektierten jugoslawischen Untersteiermark.

1.4.[1941] Dienstag.[610]

Da Unklarheit über den Pass von Malletke vorlag, rief ich Hewel an und sagte, M.[alletke] müsse einen Diplomaten- und keinen Kurierpass erhalten. Hewel rief bald darauf bei mir an: M. erhalte, was er gewünscht habe: Ministerialpass u. Kurierausweis. (Ministerialpass sichert nicht Exterritorialität)

Den gleichen klaren Auftrag, den M. nach meiner Rückfrage beim Führer am 31.3. erhielt, erteilte das A.A. am gleichen Tage einem Vertreter des A.A. Dieses kam also M. zuvor.

Am 3.4. geht die Depesche Malletkes an mich nach Berlin, zugleich an Ribbentrop. Generalkonsul Freund erklärt, diese Depesche sei spätestens nachts 11 Uhr in Berlin.[611]

Ich habe diese Depesche nicht erhalten.

Am 4.4. u. 5.4. erkundige ich mich mittags in der Reichskanzlei bei Hewel um Näheres. Am 5.4. zieht Hewel einen zerknitterten Durchschlag aus der Tasche, der ein Telegramm aus Jugoslawien enthält über Unterredung Malletke-Macek.[612] Am Schluss wird gesagt, ich solle von ihm[613] unterrichtet werden. Ich fordere von Hewel eine Abschrift, die ich am 6. (nach Kriegsausbruch) erhalte! Wenn ich Hewel nicht zufällig in der Reichskanzlei gefragt hätte, hätte das A.A. mir überhaupt nichts mitgeteilt.

Malletke hatte gesagt, er erwarte noch Weisungen. Diese Wendung ist im Telegramm nicht enthalten. Dem Führer konnte ich keinerlei Meldungen machen, da das A.A. mich, im Besitz der alleinigen Nachrichtenübermittlung, übergangen hatte.

Am 5.4. war am Vormittag ein mysteriöses Telefonat aus Wien gekommen. Danach hätte Macek Malletkes Vorschläge abgelehnt, dieser

610 Bei diesem Eintrag (bis einschl. »unmöglich gemacht worden«) handelt es sich offenbar um eine die Ereignisse mehrerer Tage zusammenfassende Notiz Rosenbergs zu den Verhandlungen in Zagreb und der Neutralisierung seiner Bemühungen durch das AA.

611 Freundt, Alfred (1884–1964); Diplomat; 1937 NSDAP-Beitritt; 1938 Generalkonsul; 1942–45 kommissarische Beschäftigung im AA.

612 »Malletke-« handschriftlich eingefügt.

613 Statt »von ihm« urspr. »von seinem Inhalt«.

sei aber doch »zuversichtlich« auf dem Wege nach Belgrad. Dies sagte ich Hewel, als er mir das Telegramm zum lesen übergab. Ich war also der Überzeugung, Malletke sei nicht mehr in Agram. Ich fragte jetzt Hewel täglich, ob Nachrichten da seien. Nach mehreren Tagen sagte Hewel, es sei Meldung gekommen, alles sei wohlauf in der Gesandschaft Belgrad;[614] Malletkes Name sei nicht ausdrücklich erwähnt, aber es sei zu vermuten, dass er sich[615] ja unter den übrigen befände.

Dabei wusste das A. A., dass Malletke Agram nicht verlassen hatte, denn seine Anwesenheit ist dem A. A. amtlich von Agram aus mitgeteilt worden.

Ich habe also weder das an mich bestimmte Telegramm erhalten, noch hat man mir vom Verbleiben Malletkes Mitteilung gemacht. Eine Weisung beim Führer am 4. oder 5. einzuholen war mir also unmöglich gemacht worden.

2.4.41

Letzte Nachrichten des AA aus Jugosl. Matschek schwankend, wollte, um schlimmstes zu verhüten, in die Belgrader Regierung – unter bestimmten Bedingungen. Belgrad hat abgelehnt, dadurch besteht eben ein Vakuum. – Ich teilte soeben dem Führer mit, dass Malletke vielleicht heute abend die Kroaten werde in Agram sprechen können. – Darauf gab ich ihm die von uns angefertigten Aufrufe an die Kroaten: wirtschaftsstatistische, historisch-politische und knappe propagandistische. Der Führer las sie sehr aufmerksam durch.

Um über die russische Frage in aller Ruhe sprechen zu können, lud er mich zum Abendessen ein, so dass wir den ganzen Abend Zeit für die Behandlung eines Problems haben, das zu lösen heute in das Gebiet unmittelbarer militärischer Politik getreten ist.

614 »In der Gesandschaft Belgrad« handschriftlich hinzugefügt.
615 »Sich« handschriftlich hinzugefügt.

2.4.41 abs.[616]

»Rosenberg, jetzt ist Ihre grosse Stunde gekommen!« Mit diesen Worten beendete der Führer heute eine zweistündige Unterredung mit mir. Er rief mich nach dem Abendessen in den Wintergarten. Ich begann mit der Mitteilung, dass drei Reichsstellen schon an meine Mitarbeiter herangetreten seien mit Bitte um Unterstützung in ihrer Ostarbeit für den bekannten Eventualfall (auf wirtschaftlichem Gebiet). Auf Anfrage, ob bei ihren Überlegungen die sehr verschiedenen nationalen u. historischen Verhältnisse bekannt seien, ob dadurch ihre Arbeit von einem[617] politischen Ziel bestimmt sei, hätten sie verneinend geantwortet. Das veranlasste mich, den Führer zu bitten, auf Entscheidendes hinweisen zu können. Ich entwickelte die rassische u. geschichtliche Lage in den Ostseeprovinzen, die Ukraine in ihrem Kampf gegen Moskau, die notwendige wirtsch. Verbindung mit dem Kaukasus usw. – Der Führer entwickelte dann ausführlich die voraussichtliche Entwicklung im Osten, was ich heute nicht niederschreiben will. Ich werde das aber nie vergessen. Zum Schluss sagte er: [»]Für diese ganze russische Frage will ich bei mir ein Büro einrichten und Sie sollen es übernehmen. Arbeiten Sie nach allen Richtungen Richtlinien aus, was Sie an Geld brauchen, steht Ihnen zur Verfügung.[«] – Ich übergab dem Führer die heute fertiggestellte Denkschrift[618] – z.T. nach Rücksprache von A.[rno] Sch.[ickedanz] aufgesetzt – wo das z.T. schon[619] enthalten war, was der Führer

---

616 Rechte obere Ecke der Seite handschr. (Bleistift) markiert mit »Ru!«, wahrscheinl. von Kempner; auszugsweise abgedruckt in: Robert M.W. Kempner, *Eichmann und Komplizen*, Zürich u.a. 1961, S.97; ders., *SS im Kreuzverhör. Die Elite, die Europa in Scherben schlug*, Nördlingen 1987, S.226; ders., »Rosenberg, jetzt ist Ihre grosse Stunde gekommen.« Aufzeichnungen über Eroberungspläne Hitlers, *Frankfurter Rundschau* vom 22.6.1971.

617 »Von« und letzte zwei Buchst. von »einem« nachträglich hinzugefügt.

618 Die »Denkschrift 1« (von Arno Schickedanz) »Betr. UdSSR« vom 2.4.41 umriss als Zielvorstellung die völlige Zerstörung der »jüdisch-bolschewistische[n] Staatsverwaltung« und die Umsiedlung unerwünschter Bevölkerungsteile (siehe die Ausführungen in Teil I dieses Bandes, S.49f.); die Denkschrift ist abgedruckt in *Nürnberger Prozess* Bd.26, S.547–554 (1017-PS).

619 »Z.T. schon« nachträglich hinzugefügt.

ausgeführt hatte. Der Führer steckte die Denkschrift zu sich, um sie in der Nacht zu lesen. – Ich fügte hinzu, ich würde ihm einen Entwurf nebst Benennung von Persönlichkeiten einreichen.

Darauf sahen wir uns die neueste Wochenschau an u. gingen noch einmal in den Wintergarten. Der Führer fragte mich über die soldatische u. menschliche Psyche der Russen unter schwerer Belastung, über den jetzigen jüdischen Anteil in der Sowjetunion u.a. Ich entwickelte hierüber meine Gedanken u. Kenntnisse neuerer Entwicklungen. Der Führer schloss befriedigt: [»]Also gut, wir errichten eine Zentralstelle, Generalkommissariat oder so, den Namen wollen wir noch festsetzen. Zunächst streng vertraulich als wissenschaftlich-theoretische Untersuchung ... Rosenberg, jetzt ist Ihre grosse Stunde gekommen.«

Ich sprach meinen Dank aus[,] sagte Einsatz aller Kraft zu.

Ich brauche eben meine Gefühle nicht näher auszudrücken. 20 Jahre antibolschewistischer Arbeit sollen also ihre politische, ja weltgeschichtliche Auswirkung erfahren. ... Millionen ... und ihre [sic] Lebensschicksal wird damit in meine Hand gelegt. Deutschland kann auf Jahrhunderte von einem Druck erlöst werden, der immer wieder, unter verschiedenen Formen, auf ihm lastete. Ob Millionen anderer der Durchsetzung dieser Notwendigkeit einmal fluchen werden, was tuts, wenn nur ein kommendes grosses Deutschland diese Taten der nahen Zukunft segnen!

6.4.41

Am 3.4. sprach ich zu 12000 Menschen in Posen, vor allem zu den volksdeutschen Rückwanderern. Ich musste Verständnis u. doch feste Haltung nach beiden Seiten hin zeigen. Was man z.B. den Balten, deren Schicksale ich genau kenne, vielfach an Unverständnis u. Schikane entgegenbrachte, ist kein Ruhmesblatt für das Reichskommissariat (ich habe einiges Himmler ehrlich u. offen geschrieben).[620] Manche Balten haben es ihrerseits wieder fehlen lassen am Verstehen, dass ein neuer Gau inmitten polnischen Volkstums nicht alle Bedürfnisse befriedigen kann. – Nach der Versammlung waren beide Teile zufrieden, was mich

620 Gemeint ist hier die für die Betreuung »volksdeutscher« Umsiedler verantwortliche, von Himmler geleitete Dienststelle des RKF.

innerlich sehr gefreut hat. Ein Kameradschaftsabend mit Partei u. Staat, sowie 70 Balten hat zur Verständigung dann noch vieles beigetragen.

Am nächsten Tag diktierte ich die Denkschrift N2 über Russland[621] u. begründete die verschiedenen Zielsetzungen für den Eventualfall des kommenden Zusammenstosses. Die personellen Fragen werden schwierig sein angesichts der allg. Beanspruchung der besten Leute.

Am Sonnabend war b. Führer der Kapitän der eben zurückgekehrten »Admiral Scheer«.[622] 5 ½ Monate Fahrt im Indischen Ozean, ganzen Atlantik an Buenos Aires ~~über~~ an Island vorbei in die Heimat. 150 000 Tons versenkt. Der Kap[itän] schilderte frisch u. launig seine Odyssee; dahinter steckte aber doch der Ernst des Einsatzes.

Heute ist dann der nicht zu umgehende Rück[sch]lag auf die serbische Provokation erfolgt[.]

Malettkes Mission: am 3. [4. 1941] hat er Matschek gesprochen, der total versagte. Plötzlich Angst vor der stets geforderten kroatischen Selbstständigkeit, allerdings Zugabe, dass Belgrad D.[eutschland] Genugtuung geben müsse, er wolle selbst in Berlin verhandeln, wobei eine Teilung Sloweniens indiskutabel sei ... Seine Presseerklärung fing mit den Worten an: »Ich bin ein Christ.« Darauf biblische Zitate.

Am Sonnabend kam von Malletke noch Telefonat aus Wien: Unterhandlungen mit Matschek ergebnislos; voll Zuversicht in die Hauptstadt (Belgrad). Das letzte konnten wir uns nur so auslegen, dass andere kroatische Führer sich mit Matscheks Haltung nicht zufriedengeben wollen. – Heute ist es also losgegangen. Aufklärung über Malletkes event. Hoffnungen wird wohl bald eintreffen.

621 Siehe »Denkschrift Nr. 2«, 7. 4. 1941, 46 S. (1018-PS); »Anhang zur Denkschrift 2«, 7. 4. 1941; abgedruckt in *Nürnberger Prozess* Bd. 26, S. 555–560 (1019-PS).

622 Krancke, Theodore (1893–1973); 1939–41 Kapitän des Kreuzers »Admiral Scheer«; 1942–43 Vertreter des Marineoberkommandos im Führerhauptquartier; seit 1943 Admiral und Oberbefehlshaber der Marine in Frankreich, später in Norwegen.

9.4.41[623]

Ich war jetzt jeden Tag zum Mittag b. Führer. Am 7. kamen erste Meldungen von der Süd-Ost-Front: heftige Kämpfe. Der Führer sagt, dass es ihm leid tut, mit den Griechen kämpfen zu müssen, es schwebe doch eine Erinnerung an das alte Hellenentum bei ihm mit. Nie eine Bombe auf Athen! Im Zusammenhang mit der Beurteilung der grandiosen augusteischen Ausstellung in Rom sprach der Führer bewundernd von diesem alten Rom. Wir seien doch bis auf wenige mit Stahl u. Eisen zusammenhängende Dinge nicht viel weiter gekommen. Hygienisch sei Rom weit voraus gewesen. Selbst im Verfall war es noch grossartig u. man kann verstehen, dass die jungen Germanen bei s. Anblick überwältigt waren. Und schliesslich, jedes Zeitalter präge sich seinen Gott seinem Wesen gemäss. Wenn man den hoheitsvollen Kopf von Zeus-Jupiter sehe u. dann den zerquälten Christus, dann ermesse man erst den ganzen Unterschied. Wie frei u. heiter wirkt die Antike gegenüber der Inquisition, den Hexen- u. Ketzerverbrennungen. Erst seit 200 Jahren atme man wieder etwas auf. Es sei schon (nach Schopenhauer?) richtig, die Antike habe zwei Übel nicht gekannt: das Christentum und die ~~Syphylis~~ Siphylis. – Ich wies darauf hin, dass einige als liberal geltende, aber doch freie Historiker manches doch richtig gesehen hätten: so Burckhardt in s. »Zeit Konstantin des Grossen«, der das Aufkommen der Christen in Rom mutig dargestellt hat.[624]

Der Führer sprach noch des längeren darüber und hoffte auf eine neue freie Zeit grosser Kultur.

Nach d. Essen übergab ich ihm meine Denkschrift N2 über die Ostfragen. Diese war ziemlich umfangreich u. begriff auch schon personelle Vorschläge für den Eventualfall in sich.

Am 8. sagte mir der Führer, er habe sie gelesen – in der Personalfrage halte er eine vorgesehene Persönlichkeit vielleicht nicht für hart genug.

---

623 Folgende Passage von »Ich war jetzt« bis »Zeit grosser Kultur« mit Markierungen (Bleistift); abgedruckt (mit kleineren Abweichungen) in Kempner, Der Kampf gegen die Kirche, S. 36.

624 Burckhardt, Jacob (1818–1897); schweiz. Historiker; 1858–93 Prof. an der Universität Basel; Autor u. a. von *Die Zeit Constantins des Großen* (1853).

Er wolle noch mit mir sprechen, wenn er etwas entlastet sei, auch m. Lammers, um die Formulierung der ersten Ernennungsform durchzusprechen. – Die Offensive auf dem Balkan drückt naturgemäss den Führer. – Heute war er glücklich. Die Erfolge unserer Truppen sind ja auch märchenhaft: in 3 Tagen bis Saloniki![625] General Rommel in Libyen ist ebenfalls ständig Gegenstand der Bewunderung.[626] Heute die Meldung, dass dieser kühne Mann 6 Generale gefangengenommen hat! Wenn die Briten wüssten, mit wie geringen Truppen R.[ommel] vorgestossen ist!

Der Führer meint, die Engländer hätten das Dümmste gemacht: Truppen aus Afrika nach dem Balkan fortzuführen. Jetzt würden diese Australier (wohl meist abenteuerlustige Strolche) mal mit der deutschen Wehrmacht in Beziehung treten.

Der Führer sagte, er werde morgen mit Lammers sprechen. Ich warte jetzt ab, um zu wissen, in welcher Form die Arbeit beginnen kann.

11.4.41

Gestern hatte ich eine eingehende Unterredung mit dem Führer. Er sagte, er habe Lammers ins Hauptquartier bestellt, um die Fassung d. Auftrages zu besprechen. Mit meiner Denkschrift sei er einverstanden. Keitel wisse von ihr, habe sie aber noch nicht gelesen. Es sei ja so: den Kommissaren in Holland u. Norwegen könne er Instruktionen geben, jetzt bei der Regelung Jugoslawiens habe er aus alter Kenntnis alle Möglichkeiten persönlicher Beurteilungen, der Osten sei aber ein ganzer Kontinent. Er kenne viele Verhältnisse nicht, ich sei deshalb derjenige, der hier einzutreten habe. Keitel werde das nur angenehm sein. Auf die Frage, ob er politisch sich ein Bild einer kommenden Struktur mache, habe er nein gesagt. Ich solle jetzt auch ins Hauptquartier kommen, Göring werde auch da sein. Ich führte aus, einiges Grundsätzliche müsse vor allem auch [mit] Göring geklärt werden,

625 Saloniki, Kurzform von Thessaloniki; nordgriech. Stadt; 1941–44 unter dt. Besatzung.

626 Rommel, Erwin (1891–1944); Offizier; 1942 Generalfeldmarschall; 1941–43 Oberbefehlshaber des Afrikakorps; 1944 Oberbefehlshaber der dt. Truppen nördlich der Loire; im selben Jahr erzwungener Selbstmord.

der ja an der Ost-Produktion als erster interessiert sei. Ich hielte es für richtig, wenn G.[öring] mich zum Generalbevollmächtigten für den Osten mache u. seinen Mann mir zur Bearbeitung benennen würde. Die Erfahrungen im Generalgouvernment müssten berücksichtigt werden (auch hinsichtlich der Stellung der Polizei). Es sei besser, sich nicht erst 4 Wochen zu reiben, sondern von vorneherein klare Verhältnisse zu schaffen. Der Führer stimmte dem zu. Ich verwies auf die Tatsache, dass die Ernte in der Ukraine etwa am 20. Juni beginne, was für eventuelle Operationen wichtig sei. Der Führer stutzte etwas u. sagte, die Ereignisse auf dem Balkan habe die Beschäftigung mit den östl. Herausforderungen hinausgezögert. Ich: man müsste vor oder nach der Ernte da sein. Im zweiten Fall ist sie leichter durch die Bolschewiken zu verbrennen ...

Der Führer sagte, er hoffe jetzt, dass er in den nächsten 5 Tagen Glück habe. Drei militärische Einsätze erfolgten soeben, bald käme wohl die Vereinigung zweier Gruppen bei Belgrad. Und dann: er hoffe endlich die Engländer wirklich zu fassen, ehe sie wieder abdampfen könnten. Gewaltmärsche zum Olymp (wo d. Briten stehen). Es sei nicht leicht gewesen, in wenigen Tagen einen Aufmarsch umzudisponieren, aber das sei im Kriege mal so. Unverständlich sei das ganze Lob für Schlieffen.[627] Was ist das für ein Feldherr, der doktinär einen Plan ausarbeitet, verschliesst u. dem Nachfolger nur den Schlüssel übergibt. Man müsse nur verfolgen, wie Moltke gearbeitet habe![628] Immer wieder habe er geändert u. abgeändert. Einmal, weil d. Franzosen eine neue Bahn hatten, die ihnen erlaubte, ihre Truppen 3 Tage vor den preussischen zu versammeln. Er passte sich den Notwendigkeiten in jedem Augenblicke an. Er war ein einmaliges Genie, Schlieffen ein Doktrinär. Sein Plan, stur durchgeführt, hätte auch 1914 zu keinem Sieg geführt.

Der Führer lud mich dann in das Hauptquartier ein; da ich an den Mondsee fahre, kann ich es ja schnell erreichen.

---

627 Schlieffen, Alfred Graf von (1833–1913); preuß.-dt. Offizier; 1905 als Generalstabschef Autor des »Schlieffen-Plans« (mit schnellem Angriff auf Frankreich), der bei Beginn des Ersten Weltkriegs scheiterte.

628 Moltke, Helmuth Karl Bernhard von (1800–1891); preuß. Offizier; seit 1857 Generalstabschef und Stratege der Kriege 1864 (gegen Dänemark), 1866 (gegen Österreich) und 1870/71 (gegen Frankreich).

Ich gestehe, dass ich dieses Mal noch bewegter nach Hause ging als früher. Je mehr ich mir alles einzelne überlege u. nunmehr den neuen wehrgeographischen Atlas von Niedermayer durchsehe, umso bewusster wird es mir, welch ein Raum ... welch eine Aufgabe all' jenen bevorsteht, die dort zu wirken haben werden.[629] Praktisch gesehen, hat der Führer mir für den Eventualfall das Schicksal eines Raumes anvertraut, der nach seinen Worten »ein Kontinent« ist mit 180 Millionen Menschen, von denen gegebenenfalls rund 100 Millionen in den unmittelbaren Aktionsbereich mitein bezogen [sic] werden. Dazu: Mangel an geeigneten Menschen – trotz aller Kart~~h~~otheken! 3000 Russlandkenner sind in meinem Amt gesammelt, aber wieviel davon wirklich einsatzfähig? Dazu: der Osten ist etwas grundsätzlich andres als der Westen m. s. Städten, Industrie, Disziplin. Man wird sich die Verödung nicht schlimm genug vorzustellen haben, um mit richtigen Voraussetzungen an die Arbeit zu gehen.

Von einem meiner Flugblätter sind 500 000 Stück über Agram abgeworfen worden. Gestern abend zogen unsere Truppen umjubelt in der Hauptstadt Kroatiens ein.

Von Malletke, unserem Geschäftsträger in Belgrad u. anderen ~~Bot~~ Gesandschaftsangehörigen ist noch immer nichts zu hören.

Dass Matschek so jammervoll versagte, ist höchst bedauerlich, ~~un~~ nun zieht Ante Pawelitsch, von den Italienern bisher unterstützt, in Agram ein.[630] Es hat auch seine Schattenseiten, aus Loyalität zum jeweiligen aussenpol. Kurs alle Oppositionellen der betr. Staaten kaltzustellen. – So sind Turkestaner und Kosakenführer jetzt in Ankara bzw. Kon-

---

629 Gemeint ist hier der *Wehrgeographische Atlas der Union der Sozialistischen Sowjetrepubliken* von Niedermayer, Oskar von (1885–1948); Offizier; 1933 NSDAP-Beitritt; 1937 Prof. für Wehrgeographie in Berlin; seit 1939 Beirats-Mitglied der Forschungsabteilung »Judenfrage« im »Reichsinstitut für Geschichte des neuen Deutschlands«. – Passage von »Praktisch gesehen« bis »Arbeit zu gehen« abgedruckt bei Kempner, *SS im Kreuzverhör*, S. 226.

630 Pavelić, Ante (1889–1959); 1929 Gründer der kroat. faschistischen Ustaša-Bewegung; 1941–45 Diktator des Unabhängigen Staates Kroatien (Nezavisna Država Hrvatska); Kollaboration mit der dt. und ital. Besatzungsmacht; 1945 Flucht ins Ausland.

stantinopel. Wenigstens gut, dass ich die Leute Skoropazkis [Skoropadskyis] jetzt jahrelang über Wasser gehalten habe, auch Poltawetz-Ostranitza.[631]

20.4.41

Soeben ruft Dr. Lammers bei mir an: soeben hat der Führer den 1. Auftrag »zentrale Bearbeitung der Fragen des osteuropäischen Raumes« unterzeichnet. Von den R[eichs]-Ministern sollen zunächst nur einige von mir bezeichnete unterrichtet werden (Ich nenne Göring, Funk, Keitel). Den grossen Eventualauftrag soll Lammers Mitte der Woche vorlegen. Er glaube, »wir seien auf dem richtigen Wege.« Dieser Hinweis betrifft die Unterredungen gestern und vorgestern in Bruck a.d. Mur, wo sich z.Zt. die Reichskanzlei befindet.

Am 18. habe ich dort mit L.[ammers] durchgegangen den Entwurf für die oben genannte erste Beauftragung, die Form der Unterrichtung der Reichsminister (denen ich einen vertraulichen Vortrag halten wollte, um sie von innen her zu überzeugen), die Fassung entsprechend m. Denkschrift N2, für den Eventualfall u. eine Verfügung über Görings Vollmachten u. s. Beauftragung für mich als Generalbevollmächtigten für d. 4-Jahresplan für die neubesetzten Gebiete.

Die von Lammers fertiggestellten Entwürfe waren sehr gut, sachlich und zielstrebig. U.a hatte er ein Reichsministerium für mich vorgeschlagen, woran ich nicht gedacht hatte, da mein Auftrag sich ja auf ein ausserdeutsches Gebiet beziehen soll. Ich schlug also vor Reichsminister + Generalprotektor, was L. ohne weiteres akzeptierte. In der Terminologie nahm ich einige Änderungen vor, da immer noch allgemein vom russischen Territorium gesprochen wurde, ich aber im vornherein diese generelle Bezeichnung für falsch halte.

Im Lauf d. Unterredung wies L. auf ein Gespräch m. Himmler hin: dieser wolle im Osten ganz selbstständig sein u. hätte von Sonderaufträgen des Führers gesprochen. Ich: dann kann ich den Auftrag nicht

631 Poltawez-Ostrjanyzja, Iwan (1890–1957), ukr. Politiker und Kosakenführer, Begründer der Organisation UNAKOR (»Ukrainisches Kosakentum«).

übernehmen. Schon die Teilung in militärische u. zivile Gewalt bringt manche Schwierigkeiten mit sich, eine Teilung der zivilen Gewalt selbst ist unerträglich. Die Polizei kann unmöglich eine Nebenregierung bilden. Ihre Massnahmen können u. U. die Erreichung der erstrebten politischen Ziele verhindern. Sie beraubt ferner die politische Führung der notwendigen Exekutive und lässt sie ohne Nachdruck. – L. schlug Aussprache m. Himmler vor, was ich annahm. Ich bat aber L. vorher mit H.[immler] zu sprechen, damit über den Willen des Führers, mir die zentrale politische Leitung zu übertragen, vorher Klarheit herrsche. L. sprach am 19. vormittag m. H. u. ich ahnte schon, was kommen würde, als er [Lammers] lange fortblieb. Um ¼ nach 12 kam er: hoffnungslos. H. behaupte, Göring würde alles machen, er hätte dabei freie Exekutive, ich würde beratend dabei sein. Ich sagte L.: Ich habe nicht 20 Jahre ein Problem bearbeitet, um Herrn Himmler zu »beraten«, der keinen einzigen Gedanken ~~ist~~ in dieser Frage gehabt habe u. nur durch meine Arbeiten seit 15. Jahren etwas von Ukraine usw. wisse. Was seine jungen Leute bisher hier herumgestümpert hätten, sei kein Ruhmesblatt gewesen. L.: Auch er habe den Führer so verstanden wie ich. Er halte eine Unterredung auch für zwecklos u. werde b. Führer die Sache klären. Es sei zwar Geburtstag, er nehme aber für alle Fälle unsere gemeinsam durchgearbeiteten Unterlagen mit. – Ich fuhr darauf sofort zum Mondsee zurück, innerlich ergrimmt über die neuerliche Himmlersche Art, Dinge an sich zu reissen, nicht um einer Sache zu arbeiten, sondern nur, um eine neue Machtposition zu erlangen. Er hätte an sich genügend grosse Aufgaben, die einer Lebensarbeit wert wären. – Das Problem macht schon lange die Partei besorgt, hoffentlich wird es anders enden, als einige Vorläufer ähnlicher Konstellationen.

1. 5. 41

Vorgestern hatte ich eine eingehende Aussprache mit Keitel. Er legte mir die Pläne d. Wehrmacht dar u. ich unterrichtete ihn von den versch. politischen Zielsetzungen im Osten.[632] Es wurden viel einzelne

632 Zu Rosenbergs Propagandarichtlinien aus der Planungsphase des »Unternehmens Barbarossa« siehe Dokument 7 in diesem Band.

Dinge durchgesprochen. K.[eitel] wird mir General Thomas schicken.[633] Gestern rief er bei mir an u. fragte, ob ich T.[homas] gemeinsam mit Staatssekretär Körner am Freitag empfangen könne.[634]

Gestern mittag konnte ich den Führer nur kurz sprechen, er sagte, dass wir uns für Freitag mehr Zeit nehmen müssten, um die Ostfragen eingehender zu besprechen. Er meinte, Göring halte Backe für die Ukraine für geeigneter, da er wirtschaftlicher Fachmann sei, doch das könne noch besprochen werden.

Mit Gauleiter Dr. Meyer eingehende Unterhaltungen, er muss sich in die ganze Materie einleben.

In d. R[eichs]-Kanzlei begann Heydrich mit mir das Ost-Gespräch.[635] Die SS. scheint den Auftrag jetzt hinzunehmen, obgleich H.[eydrich] versuchte, bei mir eine Personal-Union zwischen Reichskommissar u. Höherem S. S. u. Polizei-Führer zu befürworten. Ich lehnte das ab: dann würde ja die politische Führung von Polizei-Offizieren gemacht! Ich sagte ihm, er solle mit Himmler meinen loyalen Vorschlag durchsprechen: H.[immler] soll mir einen S. S. Führer benennen, den ich zu mir attachiere. Im übrigen: klare Unterstellung der Polizei-Exekutive unter mich bzw. d. Reichskommissare. H.[eydrich] wollte vieles Nähere über meine Pläne erfahren, ich begnügte mich jedoch mit allg. Andeutungen.

---

633 Thomas, Georg (1890–1946); Offizier; 1940 General; 1939–42 Chef des OKW-Wehrwirtschafts- und Rüstungsamts; 1944 nach dem Attentat vom 20. Juli verhaftet. Zu den Beratungen dt. Wirtschaftsplaner im Vorfeld der »Operation Barbarossa«, bei denen u. a. der Hungertod von »zig Millionen Menschen« in den zu besetzenden Gebieten der Sowjetunion anvisiert wurde, siehe die Einleitung zu diesem Band.

634 Körner, Paul (1893–1957); 1926 NSDAP-Beitritt; seit 1933 persönlicher Referent Görings, Staatssekretär im preuß. Staatsministerium; seit 1936 Stellvertreter Görings als BVP; 1942 SS-Obergruppenführer; 1949 im Nürnberger Wilhelmstraßen-Prozess zu 15 Jahren Haft verurteilt; 1951 entlassen.

635 Heydrich, Reinhard (1904–1942); 1931 NSDAP- und SS-Beitritt; Chef des SD; seit 1934 Chef des Berliner Gestapa; seit 1936 Chef der Sipo (Gestapo und Kripo); seit 1939 Chef des RSHA und der Einsatzgruppen in Polen, 1941 in der Sowjetunion; von Göring mit der Planung der »Endlösung der Judenfrage« betraut; seit 1941 stellvertretender Reichsprotektor für Böhmen und Mähren; Tod nach Attentat durch tschech. Agenten.

Heute kommt der Vertreter Seyn-Inquarts aus Holland zu mir.[636] Auf Vorschlag Dr. Meyers beabsichtige ich, ihn für die Presse-Abt. einzusetzen. Er bringt einige Erfahrungen aus einem besetzten Gebiete mit.

Habe soeben 5 Flugblätter geschrieben: an die Adr. der Roten Armee, an das russ. Volk, d. Ukrainer, Kaukasier u. Ostseevölker. Alle entsprechend abschattiert, wie es die historischen Bedingungen und politischen Zielsetzungen erfordern.

6. 5. 41[637]

Am 3. empfing ich Körner u. General Thomas, die mich an Hand aller Karten u. Pläne von den bisherigen Arbeiten des 4-Jahresplans + OKW. unterrichteten. Es war eine jetzt schon auf grosser Erfahrung beruhende gute Generalstabsarbeit~~en~~.

Dr. Meyer hatte Rücksprachen mit Riecke, Schlotterer, Backe.[638] Heute habe ich an Himmler geschrieben, bin auf s. Reaktion gespannt.

x

Am ~~3.~~2. 5. sollte ich den Führer nur kurz unterrichten, aus dieser Rücksprache wurde aber eine längere Unterredung. Er billigte im Grundsatz beide Entwürfe, die Lammers mit mir für den Eventualfall ausgearbeitet hatte. Nur paar Terminologien sind noch zu besprechen. – Ich dankte dem Führer für die Beauftragung u. fügte hinzu: wenn ich jetzt immer mehr die Probleme überdenke, so stände die Aufgabe immer grösser

---

636 Seyß-Inquart, Arthur (1892–1946); 1938 österr. Bundesminister im Kabinett Schuschnigg, danach Bundeskanzler; Beitritt zur NSDAP; 1938–39 Reichsstatthalter der Ostmark; 1940–45 Reichskommissar der Niederlande; 1941 SS-Obergruppenführer; 1946 nach IMT-Todurteil gehenkt.

637 Auszugsweise abgedruckt in der Einleitung von Robert Kempner zu Fritz Nova, *Alfred Rosenberg. Nazi Theorist of the Holocaust*, New York 1986.

638 Riecke, Hans-Joachim Ernst (1899–1987); 1925 NSDAP-Beitritt; seit 1936 Ministerialdirektor im Reichsministerium für Ernährung und Landwirtschaft; 1941 Leiter der Chefgruppe Ernährung im Wirtschaftsstab Ost; seit 1941 Staatssekretär im Reichsernährungsministerium.

vor mir. Es seien doch drei ganze Staatengebilde grössten Ausmasses zu gründen und zu gestalten. Dazu das russ. Problem. Der Führer sagte, u. ihm kamen Tränen in die Augen: »Es ist aber eine grosse positive Aufgabe, die Sie erhalten. Ich muss die Verantwortung für den Schritt übernehmen, Stalin wartet nur auf Amerikas Einsatz ...« Der Führer musste nun seine Reichstagsrede diktieren u. lud mich nach Berchtesgaden ein, damit ich mit Göring u. Keitel alles näher besprechen könne. Dort habe auch er die Ruhe, mit mir die ganzen Ostfragen zu durchdenken.

Dass sich versch. Gegner meiner Beauftragung melden, ist ein Teil von menschlicher Schlackenhaftigkeit. Aber es gilt, hier die historische Aufgabe zu verteidigen und den ~~unbeq~~ sie gefährdenden Anforderungen gegenüber hart zu bleiben.

Der Schütze Urban war aus Ostpreussen zum Reichstag hier: wollte für s. Vorgesetzten gern »nähere Informationen« haben. Grosses Raten da im Osten!

Im übrigen beansprucht mich auch die Arbeit meiner andern Ämter fortlaufend. Stellrecht hat jetzt 12 Gau-Arbeitsgemeinschaften abgehalten u. berichtet über Schulungswünsche.[639] Probleme der Lebenskreisgestaltung, der Kultur-Feiergestaltung werden besprochen. Erstes Heft des »Weltkampf« läuft als Korrektur ein, für den VB Roman-Preisausschreiben 4 der »besten« Romanmanuskripte gelesen.[640] Alle schwach, oder ganz schlecht. Damit wird der Verlag keinen Ruhm einlegen; mein Name darf nicht genannt werden. Nikuradse erzählt über seine kontinentaleurop[äische] Arbeit. Kautter schickt s. Fahnenabzüge über »Partei u. Wehrmacht«. Ich schreibe 5 Flugblätter für den Osten u. diktiere Instruktionen für ev. Reichskommissare. Mache Empfang für finnischen Gesandten anlässlich meiner Buchausstellung in Helsinki; Unterredungen über Gestaltungen des Dozentenbundes, über Neuvertretung der Nordischen Gesellschaft in Berlin. Empfang von Staatsrat

639 Stellrecht, Helmut (1898–1987); 1931 NSDAP-Beitritt; seit 1933 HJ-Obergebietsführer im Stab der Reichsjugendführung; seit 1941 Stabsleiter im ARo.

640 Am 28. 8. 1941 gab Reichspressechef Dietrich in einer Weisung die Bitte Rosenbergs um Besprechungen für die antisemitische, vom »Institut zur Erforschung der Judenfrage« in Frankfurt herausgegebene Vierteljahresschrift *Weltkampf* weiter (BAK ZSg. 109/24, Bl. 124).

Hagelin, der über Terboven klagt. Heute Unterredung mit Admiral Busse, der d. »Verein f. d[eutsche] Seegeltung« ausbaut u. mit der Forschung sich der Hohen Sch.[ule], Aussenstelle Hamburg unterstellt.[641] – Empfang von Kube, um ihn auf Einsatz im Osten vorzubereiten.[642] Rücksprache mit Lutze: soll mir zum gleichen Zweck S.A.-Führer benennen. Dann Reichstag, am 5. ganzer Tag Reichsleiter- u. Gauleitertagung.

So geht es Tag um Tag.

Berchtesgaden 14. Mai 1941

Zwecks eingehender Besprechung der ganzen Ostfragen und der Formulierung meines Auftrages im Eventualfall hatte der Führer mich nach Berchtesgaden bestellt. Der Abreise waren verschiedene Unterredungen mit Görings Beauftragten vorausgegangen, die soweit die fachlichen Vertreter in Frage kamen, alle mit Einmütigkeit endeten. Blos Körner, der sich meiner Logik nicht verschloss, fiel auf Neumanns Druck wieder um.[643] Diese Dinge, die neuen Entwürfe bei Lammers, meine Stellungnahme dazu, sind in Aktennotizen niedergelegt.[644]

Uns alle beschäftigt in diesen Tagen der Fall Hess, eines der phantastischsten Stücke, das die an merkwürdigen Dingen nicht arme NSDAP. zu verzeichnen hat. Da ich der letzte war, der Hess gesprochen hat, ist es vielleicht einmal von historisch-psychologischem Interesse, diesen Besuch bei ihm festzuhalten.

---

641 Buße, Wilhelm (1878–1965); 1934 Präsident des RAD-Rechtshofes; 1939 Konteradmiral; 1941 Leiter des »Deutschen Seegeltungswerkes«; seit 1941 MdR; 1943 Obergeneralarbeitsführer.

642 Kube, Wilhelm (1887–1943); 1927/28 NSDAP-Beitritt; 1933–36 Gauleiter der Kurmark; 1941–43 Generalkommissar für Weißruthenien; Tod nach Attentat durch sowj. Partisanen.

643 Neumann, Erich (1892–1951); 1933 NSDAP-Beitritt; seit 1938 Staatssekretär im BVP, nahm 1941 an Besprechungen über die Ausplünderung der Sowjetunion und 1942 an der Wannsee-Konferenz teil; seit 1942 Generaldirektor des Deutschen Kalisyndikats; 1945 Internierungshaft; 1948 entlassen.

644 Zu Rosenbergs in dieser Zeit verfassten, auf »Kolonisierung« und »Aussiedlung nicht erwünschter Elemente« abzielenden Instruktionen für die Reichskommissare siehe die Einleitung zu diesem Band.

Ich wollte Hess vertraulich vom Auftrag des Führers in den Ostfragen unterrichten u. noch andere Dinge meines Aufgabenbereiches besprechen. Dazu war ein Besuch bei ihm am Sonnabend, den 10. Mai um 18 Uhr ausgemacht worden. Am 9. Abends ruft Hess' Adjutant bei Dr. Koeppen an: Hess müsse schon Sonnabend mittag dringend weg, ich möge doch schon am Vormittag kommen. Da es für den Zug zu spät war, schickte mir Hess sein Flugzeug nach Berlin, mit dem ich etwa 11 Uhr in München eintraf. Um 11.30 Uhr war ich in Hess' Privatwohnung, begleitet von Gauleiter Dr. Meyer, der mein ständiger Vertreter bei der Durchführung des Eventual-Ostauftrages sein soll. Hess kam mir in seinem Garten schnell entgegen, er sah blass u. krank aus, was weiter nicht auffiel, da das ein jahrelanger Dauerzustand war. Ich sprach zuerst alleine mit ihm, sagte ihm, dass für den Eventualfall sowjetruss. Aggression der Führer mich mit der zentralen Bearbeitung der Ostfragen beauftragt habe usw. Nannte ihm die Namen der ev. Kommissare u. erbat seine Unterstützung bei späterer Benennung von Kreisleitern als Mitarbeiter. – Kandidatur Kaufmann als Vertreter einer so gefährdeten Stadt wie Hamburg wurde beiderseits abgelehnt,[645] Sauckel sehr begrüsst. Hess bedauerte, dass die Besten wegmüssten, sagte aber für diese Aufgaben müssten eben auch die Besten ausgesucht werden. – Als ich nun noch einige andre Fragen anschneiden wollte, sagte Hess, er bäte mich, doch nur das Wichtigste zu behandeln, ein Gedanke beschäftige ihn derartig, dass er von der Erörterung minder notwendiger Dinge absehen müsse. Dies war ziemlich leidenschaftlich ausgesprochen, doch konnte ich auch nicht ahnen, was er auszuführen gedachte.

Darauf kam Dr. Meyer hinzu u. Hess sprach mit ihm darüber, ob der Gau in Ordnung wäre, wenn Meyer nach Berlin zöge. Nach Aufklärung darüber lud uns Hess zum Mittag ein, das wir zu dritt einnahmen. Das Gespräch kam auf die unglückliche Art Terbovens in Norwegen, auf einige Details der Ostfragen, auf die organisch-dynamische Dungung, die Hess seit Jahren betrieb und die er sehr lobte. Ich sprach von den ausländischen Meldungen, dass Hess im Auftrage des Führers bei Franco

645 Kaufmann, Karl (1900–1969); 1921 NSDAP-Beitritt; 1923 Teilnahme am »Hitler-Putsch«; seit 1929 Gauleiter von Hamburg; 1936 SS-Gruppenführer; seit 1939 RVK; bei Kriegsende an der Übergabe Hamburgs an die brit. Armee beteiligt.

gewesen sei, was er als gänzlich unrichtig hinstellte. Das Gespräch war nicht sehr lebendig, aber Hess war sehr konzentriert und durchaus beherrscht.

Vor dem Essen, als wir noch etwas warten mussten, liess er seinen kl. Sohn noch einmal vor dem Mittagsschlaf herunterkommen, unterhielt sich mit ihm, liess ihn turnen. Mir fiel dieses gesteigerte Interesse auf – später erschien es verständlich: er wollte sich gleichsam von seinem »Butz« verabschieden, der nunmehr sein Leben lang die Folgen der Tat seines Vaters zu tragen haben wird.

Kurz nach 13 Uhr verabschiedete ich mich – Hess wünschte uns viel Erfolg zur Durchführung meines Auftrages.

Am Sonntag abend hörte ich im Rundfunk die erste Meldung. Wir waren wie vor den Kopf geschlagen u. versuchten uns zu erklären, was den[n] geschehen sei. Ich sagte mir, es müsse was schlimmes sein angesichts der gewählten Formulierungen. Aber ich dachte, Hess hätte unter schweren Depressionen gelitten, er hätte praktisch wenig zu tun gehabt, die Partei sei seiner Führung entglitten, er habe gefühlt, dass er seinem Posten nicht gewachsen sei. Er habe vielleicht dem Führer geschrieben, da dieser ihn nicht mehr brauchen könne, ihn zu sachlichen Dingen nicht mehr höre, so ertrage er diesen Zustand auch angesichts seiner Krankheit nicht mehr und fliege an eine Alpenwand. Daran, was wir dann am Montag hörten, hatte niemand gedacht! Das war so phantastisch, so ausserhalb der politischen Möglichkeiten, dass wir zunächst sprachlos waren.

Verrat kam bei der Treue von Hess nicht in Frage. Die Depression, nichts zu leisten, hatte nach einer gänzlich unerwarteten Seite losgeschlagen. Am Dienstag liess der Führer Hess Abschiedsbriefe vorlesen; H.[ess] hatte sich also 5 Monate auf seine »Mission« vorbereitet! So minutiös, wie es von einer fixen Idee Besessene oft zu tun im Stande sind. Sein Brief an den Prof. Haushofer u. der Hinweis auf dessen nun erfüllte »Träume« zeigte, wie weit Hess schon in einer unwirklichen Welt lebte.[646] Seine Liebe zu Pendlern, Astrologen, Heilpraktikern usw. sass schon

646 Haushofer, Karl (1869–1946); Offizier und Geograph; frühe Bekanntschaft mit Rudolf Hess; seit 1921 Prof. in München mit geopolitischem Themenschwerpunkt; 1934–37 Präsident der Deutschen Akademie; 1938–41 Vorsitzender des »Volksbundes für das Deutschtum im Ausland«; 1944 nach dem Attentat vom 20. Juli zeitweilig verhaftet.

so tief, dass sie tatbestimmend geworden war. Ich hatte die Jahre über versucht, ihm die Astrologie vom Leibe zu halten, leider vergeblich. Dass der Führer den[647] Hauptverteidiger der astrologischen Schmocks zum Leiter der Führer-Kanzlei gemacht hat, ahnt er selbst nicht. Ich werde es ihm sagen müssen, nachdem anstatt Bouhler u. s. Vertreter Hederich abzubauen, diese neue Aufträge auf den Gebieten des Buchwesens erhalten haben – und sofort für die Freigabe eines von uns beschlagnahmten astrolog.-psychopathischen Schmökers eingetreten waren.

Der Führer war selbst, wie er sagte, erschlagen als er Hess' Brief las. Ihm sei direkt übel geworden. Die Hauptfurcht wäre gewesen, dass die Engländer über Hess' Landung zunächst nichts gebracht ~~ha~~ dafür aber den Japanern und Italienern geheim mitgeteilt hätten, der Führer hätte Hess geschickt, um über einen Sonderfrieden zu unterhandeln! Das hätte u. U. den ganzen Dreierpakt zerschlagen!

Die Partei war einmütig! Auch dieser Schock wird überwunden werden. Hess befindet sich nicht als freier Unthändler [sic] in England, sondern als Gefangener Churchills. Diese weltfremde Phantastikt [sic] Rudolf Hess' wird einmal einem künftigen Dramatiker Unterlagen für eine phantastische historische Tragi-Komödie geben. Jetzt müssen wir nur kalt abwarten, wie nach den verschiedensten Verlautbarungen Churchill endgültig Hess als Bauern auf sein Schachbrett zu plazieren versuchen wird. Armer Rudolf Hess, dass dieser kranke Mensch diesen Weg nehmen würde, rein sportlich gesehen, ein kühnes Unternehmen, anstatt still zu resignieren, das hätte ich nicht erwartet. Einmal wollte er für die Partei Geld verdienen durch einen Ozeanflug nach Amerika! Jetzt wollte er die nordische Rasse retten helfen durch einen Flug in das Land Winston Churchills.

Aber: die Partei ist davor bewahrt worden, eventuell einen schon zu schwer erkrankten Menschen als Führer betrachten zu müssen. Alles Schwere wird einmal sein Gutes haben – wenn die NSDAP stark genug ist, hart u. gerade zu bleiben.

---

647 »Den« verbessert aus »die«.

1. Juni 41.

Die letzten Wochen sind voll Besprechungen gewesen, die knapp als Protokolle aufgenommen worden sind; u. die ich im Diktat zusammenfasse.[648] Aber was ich eben nicht diktieren kann, sind jene Gedanken und Gefühle, die mich alle Stunden bei der Arbeit für die Lösung der Ostfragen bewegen müssen. Das deutsche Volk für kommende Jahrhunderte von dem ungeheuren Druck von 170 Millionen zu befreien, gibt es heut eine grössere politische Aufgabe! Ungehindert konnte das Zarentum sich ausbreiten: nach dem Schwarzen Meer, Kaukasien, Turkistan, Mandschurei ...[649] Immer musste Preussen zusehen, musste D.[eutschland] damit rechnen, plötzlich den Zaren doch als Feind zu sehen, wenn es irgendwie selbstständig werden wollte. Der Sieg in Frankreich 1940, das ist die entscheidende politische Tatsache für kommende Jahrhunderte. Die bittere Staatsraison des Führers, die sich eines so kleinen Mannes wie Ribbentrops bedienen musste, hat viel d. Blut gespart, sie geht nun ihrem Ende entgegen, da W[elt]-A[nschauung], historische Kraftlinien die eigentliche Staatsraison von 1941 geworden sind. Ich bin innerlich froh, dass ich keinerlei Kompromisse gemacht habe. Disziplin gewiss – in der Politik, aber meine Bücher habe ich nicht zurückgezogen u. von meiner Ansicht über die Zeitbedingtheit dort kein Hehl gemacht, wo es die Verschwiegenheit der Hörer ermöglichte. Ich trete als gänzlich unverbrauchte Persönlichkeit vor eine Aufgabe wahrhaft welthistorischen Ausmasses: drei Staatengebilde von rund 90 Millionen Menschen aus einer Konzeption heraus zu gründen und einen anderen Staat (Moskowien[650] – Russland) mit allen Mitteln der Politik nach Osten zu wenden (wieder 60 Millionen), das erfordert für die Zukunft hartes Durchhalten der Tat auch im Alltag, unverschleissbare Nerven

---

648 Passage von »Aber was ich« bis »grössere politische Aufgabe« und »Ich trete als« bis »Berlin u. Umgebung« abgedruckt in Kempner, *SS im Kreuzverhör*, S. 226.

649 Turkestan; Region zwischen der Wüste Gobi und dem Kaspischen Meer.

650 Fremdbezeichnung für das Großfürstentum Moskau; das Reichskommissariat Moskowien sollte zusammen mit Ostland, Kaukasien und Ukraine die territoriale Verwaltungsstruktur des RMfdbO bilden, wurde aufgrund der Kriegsentwicklung aber nie eingerichtet.

und – leider – Kleinkampf mit kleinen Geistern in Berlin u. Umgebung.

Und während hier eine grosse Vorbereitungsarbeit geschieht, ~~geht~~ nimmt das scheinbar »Abgeschiedene« ~~ihren~~ seinen Fortgang: Volkskunde, Feriengestaltung, Lebensfeiern, Schulungsfragen usw. Das <u>will</u> ich auch nicht vergessen, <u>das</u> ist die Aufgabe, um nach dem Krieg den <u>Frieden</u> zu gewinnen.

Denn die Gefahr einer neuen Industrie – u. »Gründerzeit« steht vor der Tür. Hier gilt es, das <u>Persönlichkeits</u>bewusstsein aufrecht zu erhalten.

Meine Rede in Frankfurt am 25.3.41 [richtig: 28.3.] habe ich deshalb an alle Gaue verbreitet.

<u>6. Juni 1941</u>

20.6.41[651]

<u>Fall Barbarossa</u>

Vertraulich. - Eventualfall.

Haltung u. <u>Richtlinien:</u>
1. Auf Grund geschichtl. Erkenntnisse
2. Politischen Lage der Gegenwart. [sic]
3. Notwendigkeit d. Sicherung deutscher Zukunft.

<u>Aus Vergangenheitswertung u. Zukunftswillen die Tat der Gegenwart</u>

Marxistische W[elt]-A[nschauung]: <u>ein</u> Faktor des Landesverrats von 1918.

---

651 Handschr. Redekonzept Rosenbergs mit mehrfarbigen Anstreichungen in USHMMA RG-71 box 143 (18 S.); hier wegen der engen Beziehung zu den Tagebuchnotizen auszugsweise wiedergegeben. Der Wortlaut der »Rede des Reichsleiters Rosenberg vor den engsten Beteiligten am Ostproblem am 20. Juni 1941« ist abgedruckt in *Nürnberger Prozess* Bd. 26, S. 610–627 (1058-PS). Dort wird als Ziel ausgeführt, »eine gemeinsame innere Haltung zu sichern und zu fördern«, damit »auch die Sondermaßnahmen auf allen Gebieten später einen <u>bestimmten</u> Stil und einen einheitlichen Charakter erhalten werden«. Vom kommenden Krieg sagt Rosenberg: »Wir führen nun aber heute nicht einen ›Kreuzzug‹ gegen

In extremer Form des Bolschewismus: tödliche Bedrohung von 1919–1933.

Weltrevolution München, Ungarn, Bulgarien, Mexico.

1918 Berechtigte Hoffnung[652] Volksfront in Frankreich,

Revolte in Spanien.

Einsicht 1938[653] in Moskau: durch Revolten in verschiedenen Staaten kein Sieg möglich.

Deutsch-englische Krise, neue Taktik: Abbröckelung an den Rändern des Sowjetterritoriums

---

den Bolschewismus, allein um die ›armen Russen‹ vor diesem Bolschewismus für alle Zeiten zu erretten, sondern um deutsche Weltpolitik zu treiben und das Deutsche Reich zu sichern.« Zum »Ostland« (im Konzept: »Baltenland«) heißt es: »[…] aus diesen baltischen Ländern werden wahrscheinlich viele unsoziale Menschen ausgesiedelt werden müssen, und für diese unliebsamen Elemente, auch aus dem Generalgouvernement und dem Wartheland, ist Weißruthenien ein sehr geeignetes Auffanggebiet. […] Das Ziel der deutschen Ostpolitik den Russen gegenüber wird sein, dieses ursprüngliche Moskowien auf seine Tradition zurückzuführen und mit dem Gesicht wieder nach Osten zu wenden.« Als Leitsätze für die Versorgung der Zivilbevölkerung definierte Rosenberg: »Die deutsche Volksernährung steht in diesen Jahren zweifellos an der Spitze der deutschen Forderungen im Osten, und hier werden die Südgebiete und Nordkaukasien einen Ausgleich für die deutsche Volksernährung zu schaffen haben. Wir sehen durchaus nicht die Verpflichtung ein, aus diesen Überschußgebieten das russische Volk mit zu ernähren. Wir wissen, daß das eine harte Notwendigkeit ist, die außerhalb jeden Gefühls steht. Zweifellos wird eine sehr umfangreiche Evakuierung notwendig sein und dem Russentum werden sicher sehr schwere Jahre bevorstehen.« Weißruthenien sah Rosenberg »als Auffangstation vieler unsozialer Elemente, das auch gleichsam als Naturschutzpark behandelt werden wird«. Der Feldzug biete »eine noch nie gegebene historische Möglichkeit für das Deutsche Reich«: »Im Westen ist Deutschland ungefährdet und der Osten frei für alles und jedes, was der Führer einzusetzen wünscht. […] Zwei Riesenaufgaben stehen uns also bevor: 1. Die deutsche Ernährung und Kriegswirtschaft zu sichern; das ist die große Aufgabe des Reichsmarschalls, und 2. Deutschland für immer von dem politischen Druck aus dem Osten zu befreien; das ist das politische Ziel in diesem Kampf.«

652 »1918 Berechtigte Hoffnung« mit Bleistift nachgetragen.

653 »1938« nachträglich eingefügt.

Deutschland seinerseits: im Innern immun.
Epoche beiderseitiger kalter Staatsraison
Stalin 1938: auf Parteitag kein Angriff gegen D.[eutschland]
D. unterliess Polemik gegen Moskau.
Stalin: Furcht vor kriegerischem Konflikt, Hoffnung auf vorherige d. Ausblutung in Polen und im Westen
Der Führer: Ausschaltung eines gleichzeitigen 2-Fronten-Krieges
Stalin: sich die End-Wahl freihalten. Seinen Neutralitätspreis immer höher schrauben.
[...; folgen Beispiele für angebliches Hinarbeiten Stalins auf einen Konflikt mit Deutschland]
D.[eutschland] ist militärisch vorbereitet und wirtschaftlich gehen alle Massnahmen weiter, die notwendig sind.
Ich heute: über die politische Zielsetzung.
Sie gibt der militärischen Tat ihren Sinn und muss den wirtschaftlichen Willen sich koordinieren.
[...]
Moskauer Zentralismus zerschlug alle Selbstständigkeitspläne [der nicht-russischen Nationen].
Aufgabe unserer Politik: diese wieder aufzugreifen und in staatlichen Formen zu bringen.
D.h. aus dem Territorium der Sowjet-Union Staatsgebilde organisch herauszuschneiden und gegen Moskau aufzubauen, um das d[eutsche] Volk für kommende Jahrhunderte vom östlichen Albdruck zu befreien.
Vier grosse Blöcke sind es, die uns abschirmen sollen u. zugleich den Begriff u. die Wirklichkeit Europa weit nach Osten vorrücken werden.
Gross-Finnland
Baltenland
Ukraine
Kaukasien [...]
Baltenland. Älteste d[eutsche] Kolonie. Auf sich selbst gestellt.
Bismarcks Ablehnung der Unterstützung. – Damalige Staatsraison.
Nie russisch gewesen. 1918 Gesicht nach Westen.
Vielfach blutmässig germanisch
Schwed. Offiziere – balt. Barone
Schwed. Soldaten – estn. Bauern

Engste Beziehung zum Reich.
Eindeutschung, Kolonisierung
Soldaten dieses Krieges.
Baltikumkämpfer 1919.
Ausweichstellung: östlich d. Peipussees.
Weissruthenien (Aufnahmegebiet)[654]
Ukraine Jahrhundertelanger Kampf gegen Polen u. Moskowiter. [...]
Ziel: freier ukrainischer Staat. [...]
Ohne heute Dienstbezeichnung [als Ostminister] zu erwähnen, einiges bereits entschieden

1. Alleinige Vollmacht, durch Verordnungen im neuen Osten Recht zu setzen.
2. Unterstellung der 4 Reichskommissare, die ausschliesslich durch mich Weisungen erhalten.
3. Unterstellung der gesamten Verwaltung eines Gebiets unter den R[eichs]-Kommissar.

Dies unbeschadet des selbstverständlichen Weisungsrechts des Reichsmarschalls in s. Eigenschaft als Beauftragter für den 4-Jahresplan.[655] [...]
Jeder das grosse Ziel im Auge, dann jede Massnahme ihren tieferen Sinn.
Zwei Aufgaben zu bewältigen

1. Deutsche Ernährung u. d[eutsche] Kriegswirtschaft sichern.
2. Deutschland für immer von dem Druck aus dem Osten befreien.

Und zwar durch kluge, aus Geschichte u. Gegenwart sich ergebende Massnahmen.
Klarheit u. Härte im Denken und Handeln.

Jede Handlung muss beiden Zielen dienen.
[...]

654 An anderer Stelle enthält das Redekonzept den (später gestrichenen) Vermerk »Weissruthenien Aussiedlungsland« und, ganz wie in seinem Redetext, »Weissruthenien Auffangstation für unsoziale Elemente. Naturschutzpark«.

655 Weder im Konzept noch in der Rede erwähnte Rosenberg die Sondervollmachten Himmlers.

Berlin 20. 7. 41

Der 16. Juli 1941 wird wohl als entscheidender Tag in die Geschichte eingehen: an ihm wurde im Führer-Hauptquartier die Aufteilung des osteuropäischen Raumes, ihre Form, Zielsetzungen, Leitung usw. beschlossen und ich zum Reichsminister für die besetzten Ostgebiete (d. h. praktisch für das Gebiet der ganzen europ. Sowjetunion) eingesetzt.[656]

Ausser dem Führer u. mir waren zugegen: Göring, Keitel, Lammers u. Bormann. Die Unterredung begann vor 3 Uhr u. endete mit kurzer Unterbrechung um 8 Uhr abends.

Der Führer eröffnete die Sitzung mit grundsätzlichen politischen Ausführungen. Man könnte endgültige politische Entschlüsse nicht im voraus verkünden. Es müsse zunächst genügen, wenn wir als die Befreier vor dem Bolschewismus einzögen, als Schützer der misshandelten Völkerschaften. Das wäre auch richtig angesichts der andern Nationen, die sich uns angeschlossen hätten. D[eutschland]'s Kampf sei somit europäisches Interesse. Deshalb dürften staatsrechtliche Endlösungen nicht proklamiert werden. Er wolle deshalb auch im Osten ~~über~~ auf Grund der Haager Verwaltungsordnung vorgehen, jedoch diesmal durch Errichtung eines Reichsministeriums. Er bäte nunmehr mich über allgemeine Vorschläge zu sprechen, woraus sich die Aussprache über die Persönlichkeiten anschliessen könnten.

Ich führte dann aus, bei Bewertung der Dinge hätten wir die Wahl, durch unterschiedlose, notwendig harte Behandlung 120 Millionen zu Feinden zu haben, oder durch Aufteilung u. verschiedenartige Wertung die Hälfte davon später als Helfer zu gewinnen. D. h. auf das Praktische angewandt: wenn das Reich notwendig Produkte der Länder brauche, so sollte dies mit Kontingentierung geschehen: dort mehr zu beschlagnahmen, wo die Menschen nicht als Verbündete wertvoll seien, dort weniger, wo dies der Fall wäre. Somit ergebe sich eine Aufteilung in Kommissariate mit verschiedenen Zielsetzungen. Ich glaube, dass hier

656 Zu relevanten Ereignissen der im Tagebuch nicht in chronologischer Abfolge abgedeckten Wochen im Juni und Juli 1941 siehe den Sammeleintrag vom 28. 12. 1941 sowie die Einleitung zu diesem Band. Die Besprechung vom 16. 7. 1941 aus der Sicht Bormanns spiegelt sein »Aktenvermerk« vom 17. 7. 1941 wider; abgedruckt in *Nürnberger Prozess* Bd. 38, S. 86–94 (221-L).

FINNLAND
Helsinki
Leningrad
SCHWEDEN
Stockholm
Tallinn
Novgorod
Estland
Tartu
Pskov
Ostsee
Lettland
Riga
Polock
Vitebsk
Smolensk
Reichskommissariat Ostland
Memel
Memelland
Litauen
Kaunas
Tilsit
Wilna
Mogilëv
Königsberg
Minsk
Danzig
Danzig
Weiß-ruthenien
Ostpreußen
Baranowicze
Białystok
Černigov
Pińsk
Pripjetsümpfe
GROSSDEUTSCHES REICH
Posen
Brest
Warschau
POLEN
Kiew
Lublin
Rowno
Žitomir
Belaja Cer
Generalgouvernement
Reichskommissariat Ukr
Lemberg
Katowice
Krakau
Tarnopol
Vinnica
Distrikt Lemberg
Kamenec-Podol'skij
TSCHECHO-
Protektorat Böhmen und Mähren
Czernowitz
Nord-bukowina
Transnistrie
SLOWAKEI
Bessarabien
Chişinău
Wien
ÖSTER-REICH
Budapest
Cluj
UNGARN
RUMÄNIEN

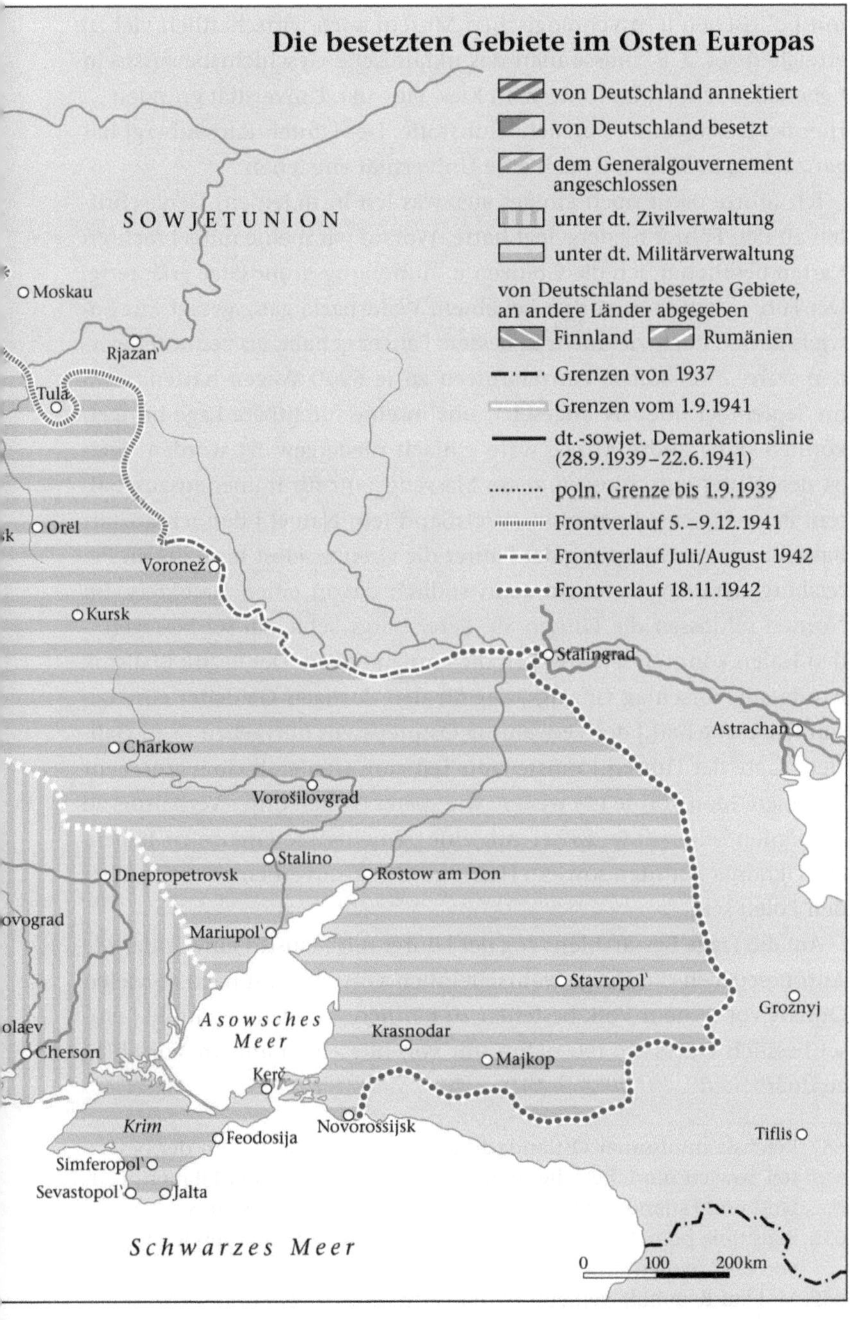
Die besetzten Gebiete im Osten Europas
von Deutschland annektiert
von Deutschland besetzt
dem Generalgouvernement angeschlossen
unter dt. Zivilverwaltung
unter dt. Militärverwaltung
von Deutschland besetzte Gebiete, an andere Länder abgegeben
Finnland
Rumänien
Grenzen von 1937
Grenzen vom 1.9.1941
dt.-sowjet. Demarkationslinie (28.9.1939–22.6.1941)
poln. Grenze bis 1.9.1939
Frontverlauf 5.–9.12.1941
Frontverlauf Juli/August 1942
Frontverlauf 18.11.1942
SOWJETUNION
Moskau
Rjazan'
Tula
Orël
Voronež
Kursk
Stalingrad
Astrachan
Charkow
Vorošilovgrad
Stalino
Dnepropetrovsk
Rostow am Don
Mariupol'
Stavropol'
Groznyj
Asowsches Meer
Krasnodar
Majkop
Cherson
Kerč
Krim
Feodosija
Novorossijsk
Tiflis
Simferopol'
Sevastopol'
Jalta
Schwarzes Meer
0
100
200km

mit politischen u. psychologischen Mitteln auch wirtschaftlich viel zu erreichen sei. Z.B. müsse man das ukrainische Geschichtsbewusstsein heben, das Schrifttum fördern, in Kiew eine ukr. Universität gründen ... Hier fiel Göring ein: er brauche Rohstoffe. Der Führer: R.[osenberg] hat ganz recht, in Kiew soll auch eine Universität entstehen.

Ich führte dann noch einiges aus, was ich in m.[einen] Denkschriften an den Führer niedergelegt hatte. Worauf wir meine mitgebrachten Karten besahen u. ich die Grenzen u. Aufteilungsgrundsätze erläuterte. Der Führer hatte mir vorher bei einem Waldspaziergang gesagt, die Sowjets hätten doch viel mehr u. bessere Panzer gehabt, als vermutet worden wäre. Zwei solche Panzerarmeen zu je 6000 Wagen hätten, etwa im September offensiv angesetzt, uns in eine furchtbare Lage bringen können. Eine andre Armee wäre einfach niedergewalzt worden. Jetzt ist der Führer entschlossen, diese Massengefahr für immer auszuschalten. Beim R[eichs]-Kommissariat Ostland (ein Name[,] den ich anstatt Baltenland vorschlug) zog der Führer die Grenze selbst bis nahe an Petersburg heran.[657] Er führte dann südlich davon einen Halbkreis. Im Norden schlössen die Finnen ab: Petersburgs Schicksal sei besiegelt – den Hafen könnten seinetwegen die Finnen haben. Der Bezirk Bialistok wurde auf Vorschlag Görings, der für den dortigen Gauleiter eine besondere Liebe hat[,] der Verwaltung Ostpreussens übergeben.[658] ~~In~~ Galizien, sagte der Führer[,] müsse zum Teil zum Gen[eral]-Gouvernement kommen. Man könne nie wissen, wie später einmal unser Verhältnis zu Rumänien sein werde. Es sei gut, eine gemeinsame Grenze zu haben. Die Ukrainer könnten sowieso Herrn im Gen-Gouvernement gegenüber den Polen sein.

Auf die Frage Bessarabiens zog der Führer mit Blaustift eine Linie, wie Antonescu sich die Dinge wahrscheinlich vorstelle, um nach so vielen Opfern vor seinem Volk bestehen zu können: Moldau-Rep.[ublik] einschliesslich Odessa.[659] Ich nahm mir vor, hier einen andern Vorschlag auszuarbeiten.

---

657 Reichskommissariat Ostland, dt. Zivilverwaltungsgebiet in der besetzten Sowjetunion, bestehend aus den baltischen Staaten Litauen, Lettland und Estland sowie Teilen des westlichen Weißrusslands.

658 Białystok; poln. Stadt; unter dt. Besatzung mit der umliegenden Region von Ostpreußen verwaltet.

659 Moldau-Republik, gemeint ist Transnistrien.

Mein früher schon niedergelegter Vorschlag, die Krim als deutsches Bollwerk im Schwarzen Meer auszubauen erfuhr eine Erweit[er]ung.[660] Der Führer fragte mich erst nach der Bevölkerung Tauriens.[661] Ich legte die Volkstumskarte vor: da seien ja hauptsächlich Russen u. Deutsche! Es wäre ein Glacis nötig: vielleicht den Dnjepr entlang, dann ostwärts die deutschen Kolonien umfassend u. zum Asowschen Meer zurück.[662] Die Ukrainer bekämen nach meiner Zeichnung ein so riesiges Gebiet, dass sie ruhig einiges uns lassen könnten.

Ich führte weiter den Gedanken einer kaukasischen Foederation aus, wie ich ihn in den Denkschriften behandelt hatte, auch die Konzession in Nord-Kaukasien u. zum Schutz Bakus wurde gebilligt.[663] Ein gutes Wort, »Konzession«, sagte der Führer.

Gegenüber den politischen Zielsetzungen betonte Göring die wirtsch. Notwendigkeiten. Er sah die Dinge unkompliziert. Fortschaffen, was für die d[eutsche] Kriegswirtschaft nötig u. begründet das mit der harten Notwendigkeit. Man hätte auch keine Möglichkeit für entfernte Länder, wegen der Transportschwierigkeiten. Ich verwies noch einmal auf politische Notwendigkeiten. Hier stehen sich zwei Auffassungen gegenüber, die später in Konflikt kommen werden u. es wird beiderseits viel guten Willen brauchen, um eine Koordination zu erreichen. Angesichts der Göringschen Staatssekretäre sehe ich schwarz. Ich sagte G.[öring], mein Vertreter wäre bisher in seinem Führungsstab Ost gewesen. Bei den letzten Besprechungen über Gesellschaftsgründungen sei dieser aber nicht mehr eingeladen worden. G. erhob die Hände: [»]Machen Sie mich bitte nicht für das Bisherige verantwortlich. Ich gründe jetzt einen Generalstab u. dann wird Ihr Vertreter wieder kommen. Ich muss aber das Weisungsrecht haben, um die Kriegswirtschaft in Gang zu halten.[«] – Was ich garnicht bestreiten wolle.

Die Frage kam dann auf die Persönlichkeiten der R[eichs]-Kommissare. Ich begründete zunächst meinen Vorschlag auf Lohse für Ostland. G. brachte die Kandidatur Koch auf. Ich erwiderte, gerade das [sic] Koch

660 »Früher schon niedergelegter« nachträglich eingefügt.

661 Taurien, gemeint ist die Krim.

662 Dnjepr, Fluss durch Russland, die Ukraine und Weißrussland.

663 Baku, Hauptstadt Aserbaidschans; flächengrößte Stadt des Kaukasus; wichtiger Verkehrsknotenpunkt und Erdölhafen.

in Ost-Pr.[eußen] sitze sei kein Grund für, sondern gegen seine Einsetzung. Ostland sei Reichsland, kein verlängertes Ostpreussen.

Als die Wagschale sich für Lohse neigte, trotz Hinweis, er sei etwas bequem geworden, sei schwer krank gewesen, ich würde nicht viel Glück mit ihm haben usw. setzte G. sich mit doppelter Energie für Koch in der Ukraine ein. Ich sagte, ich schlüge Koch nach wie vor für Moskau vor. Koch sei ein plötzlicher Mensch, wechsle oft in der Beurteilung der hier vorliegenden Fragen. Ich befürchte, er würde nach 14 Tagen finden, er verstünde die Probleme besser als ich u. könnte dann gegebene Direktiven nicht voll achten. G.: Order muss er natürlich parieren. Aber er hat Initiative, versteht was von Wirtschaft u. Industrieaufbau.

Für Kaukasien einigen Kampf um Schickedanz. G.: Glauben Sie, dass dieser schmächtige Mensch sich durchsetzen kann? Ich brauche hier einen Wirtschaftler, der die Oelwirtschaft auf die Beine stellt. Ich: Für dieses schwierige Gebiet gehört ein Mann, der ein kluges Urteil hat, man muss ihm einmal auch Exekutivmöglichkeiten geben. Im übrigen könnten Sie ja Neubacher als Oelkommissar gebrauchen.[664] Der Führer: wenn N.[eubacher] viel zu tun hat, kann er sich der komplizierten Probleme vielleicht nicht ganz annehmen. Im übrigen müsse Sch.[ickedanz] gegebenenfalls einen harten Stabsleiter bekommen.

Nachdem ich Vorschläge der S.A. unterbreitet hatte (Kasche, Scheppmann etc.) entschied der Führer salomonisch: Lohse – Ostland, Koch – Ukraine, Kasche – Russland.[665]

Die Besprechung der Erlasse gab noch einiges Hin u. Her. Im wesentlichen waren Lammers Entwürfe den früher geäusserten Gedankengängen des Führers angepasst. Göring: Wirtschaft. Himmler: Polizei [folgt unleserl. Buchstabe oder Zeichen] unmittelbare Befehlsmöglichkeit an die Truppe. Himmlers Vorschlag, die Höheren SS u. Polizei-Führer zu

664 Neubacher, Hermann Josef (1893–1960); österr. Politiker; 1933 NSDAP-Beitritt; 1938–40 Bürgermeister von Wien; seit 1940 Sonderbeauftragter des AA für Wirtschaftsfragen in Südosteuropa; 1945 Inhaftierung; 1946 Auslieferung an Jugoslawien; 1951 Verurteilung zu 20 Jahren Zwangsarbeit; 1952 Haftentlassung.

665 Kasche, Siegfried (1903–1947); 1921 NSDAP-Beitritt; 1926–31 stellvertretender Gauleiter im Gau Ostmark; 1930 MdR; 1941–45 Gesandter in Kroatien; 1947 nach Todesurteil in Jugoslawien gehenkt.

ständigen Vertretern der R[eichs]-Kommissare zu machen, wurde vom Führer auf meine ablehnende Begründung hin gestrichen.[666]

Um 8 waren wir im wesentlichen fertig. Ich hatte eine Riesen-Aufgabe erhalten, wohl die grösste, die das Reich zu vergeben hat, die Sicherung für Jahrhunderte, die Unabhängigkeitmachung Europas von Übersee. Aber die gesamte Vollmacht dafür habe ich nicht erhalten, da G. als Beauftr. f.d. 4-Jahresplan das Recht, ja für einige Zeit das Vorrecht auf wirtschaftl. Eingriffe hat, die, ohne klare Koordination durchgeführt, u.U. die politischen Zielsetzungen gefährden können. Zudem Koch in Kiew, der wichtigsten Stadt, der sich mehr an G. als an mich anlehnen wird. Ich werde hier sehr aufpassen müssen, dass meine Direktiven eingehalten werden.

Im übrigen sagte der Führer: alle Erlasse sind eben Theorie. Wenn sie den Notwendigkeiten nicht entsprechen, müssen sie geändert werden.

Bei der Verabschiedung schüttelte Göring mir die Hand: »Auf gute Zusammenarbeit«.

x

Danach Abendessen beim Führer. Er sprach sich dann sehr lobend über die Finnen u. ihre Tapferkeit aus. Papen bekam seinen Spott. Ausgerechnet er wolle Russland neu christianisieren. (Das gleiche wiederholte der Führer am Tage darauf u. sagte zu mir: Es ist gut, dass Sie der Torhüter des Ostens sind)[.]

Am 18. [richtig: 17.] redaktionelle Besprechung mit Lammers. Rückkehr ins Hauptquartier, wo der Führer Galland u. andre Flieger empfing.[667] Darauf Abendessen, nachher Unterzeichnung der Ernennung von mir.[668] Der Führer stand auf u. schüttelte meine Hand mit seinen Händen. Ich: Ich danke Ihnen für das Vertrauen u. verspreche, alle meine Kräfte für die Lösung der Aufgabe einzusetzen.

Während der Unterredungen fiel mir Keitels ernste Haltung auf. Er musste sich offenbar zusammennehmen, um der Besprechung zu fol-

666 Folgende Passage von »Um 8 waren« bis »des Ostens sind)« mit Markierungen (Bleistift); abgedruckt (mit kleineren Abweichungen) in Kempner, Der Kampf gegen die Kirche, S. 36f.

667 Galland, Adolf (1912–1996); Offizier und Jagdflieger; 1944 Generalleutnant.

668 Siehe Dokument 8 in diesem Band.

gen. Ich fragte später, ob ihm etwas zugestossen sei u. erfuhr, er habe gerade seinen Sohn verloren. Als ich ihm dann mein Beileid aussprach schossen ihm doch wider Willen Tränen in die Augen: »Ja, ich habe meinen Jungen verloren, bei den Panzern. Aber es muss sein, über Gräber vorwärts.«

+

Es kam gerade die Nachricht vom Rücktritt des Kabinetts Konoye.[669] Der Führer machte wieder sarkastische Bemerkungen über das Nachrichtenwesen des AA. Der arme Hewel hat nun alles auszubaden – und manches Mal ist das AA. auch wirklich unschuldig. Als dann das Gespräch auf Japans Absichten auf Niederländisch-Indien kam, brach der Führer einmal los: Das alles brauchten wir nicht, wenn nicht ein von Juden bezahltes Schwein in England regieren würde.

+

Mehrfach betonte der Führer, die Aufgabe im Osten sei nicht Angelegenheit einer Generation, sondern eine Jahrhundertangelegenheit. Es sei jetzt die wichtigste Frage[.]

Im Zusammenhang mit den Kampfhandlungen sprach er immer wieder voller Hochachtung von den Finnen. Dies seien die tapfersten Männer, er sehe sie nicht als Mitläufer, sondern als richtige Bundesgenossen an.

2.8.41

Die letzten Wochen waren Arbeit ohne Ende. Besprechungen mit Vertretern aller Ministerien. Verbreitung versch. Verordnungen. Aufbaufragen meines Ministeriums u. d. R[eichs]-Kommissariate.

Dazu regnete es zunächst von ukrainischen Denkschriften, dann von Protesten über die Einfügung Galiziens ins General-Gouvernement. Dies sei der schwerste Schlag, eine neue Zerreissung, verschütte alle deutschfreundlichen Gefühle usw.

---

669 Konoe, Fumimaro (1891–1945); jap. Politiker; 1937–39 und 1940–41 Premierminister; 1940 Mitunterzeichner des Dreimächtepakts zwischen Deutschland, Italien und Japan.

In Litauen, in Lemberg werden »Regierungen« ausgerufen. Ich veranlasse durch OKW die Abtransportierung dieser vorprellenden Leute, die offenbar »nicht zu spät« kommen wollen. Sie versuchen jetzt mit allen Mitteln den Einsatz des d.[eutschen] Blutes in eine neue »Selbstständigkeit« zu verwandeln. Für die balt. Länder kann das überhaupt nie mehr in Frage kommen. Das einfache Volk fühlt das dort instinktiv überall, die städt. Intelligenz jedoch leidet ~~von~~ noch an grössenwahnsinnigen Vorstellungen. Prof. Spohr machte einen sehr schönen Vergleich: Gräser sind keine Bäume.[670]

Von meinen Vertretern b. OKH u. den 3 Heeresgruppen laufen Berichte ein über Stimmung u. Lage. (Heute hatte [Text oder Seite fehlt] sie beisammen, um politische Richtlinien auszuarbeiten, da die Befehle d. Wehrmacht z. T. unserem Willen zuwiderlaufen. So sind einige schon übereifrig ihre Wehrmachtspfarrer für Einweihung der Kirchen einzusetzen. Hier muss ein Befehl heraus, dass wir damit dienstlich garnichts zu tun haben u. allen Sendboten der Kirchen die Einreise verweigern müssen. Der Vatikan ist gerade eben emsig dabei, seine »Mission« zu organisieren. Er will die Ernte unseres Kampfes einstreichen. Das werde ich ~~aber~~ zu verhindern wissen. Wie man aus Afrika hört, laufen d. Italiener b. Luftangriffen d. Engländer auseinander, – aber sie beten. Die Russen kämpfen u. sterben ohne zu beten. ~~Sel~~ Der Bolschewismus hat die Menschen des Ostens vertiert, verstumpft u. deshalb ist ~~sein~~ ihre Haltung m. d. Haltung des persönlichkeitsbewussten Europäers nicht zu vergleichen. Und trotzdem: einen Trost vermag das Christentum nirgends mehr einer Gesamtheit zu geben, höchstens einigen einzelnen.

Lohse, der neue R[eichs]-K.[ommissar] im Ostland, berichtete über s. Eindrücke. In einer Sitzung mit den entspr. Staatssekretären legte ich die Währungspolitik i. d. R.-K. Ostland fest.[671]

670 Spohr, Edmund Karl (1887–1964); Botaniker; 1939 Leiter der dt. Hochschulhilfe Dorpat; 1941–45 Prof. der Pflanzengeographie und Direktor des Botanischen Gartens in Posen.

671 Vgl. die wesentlich aussagekräftigere Zusammenfassung der Besprechung in Dokument 9. Zur Gewaltpraxis im Besatzungsgebiet und der Rolle von Rosenbergs Zivilverwaltung siehe die Einleitung zu diesem Band.

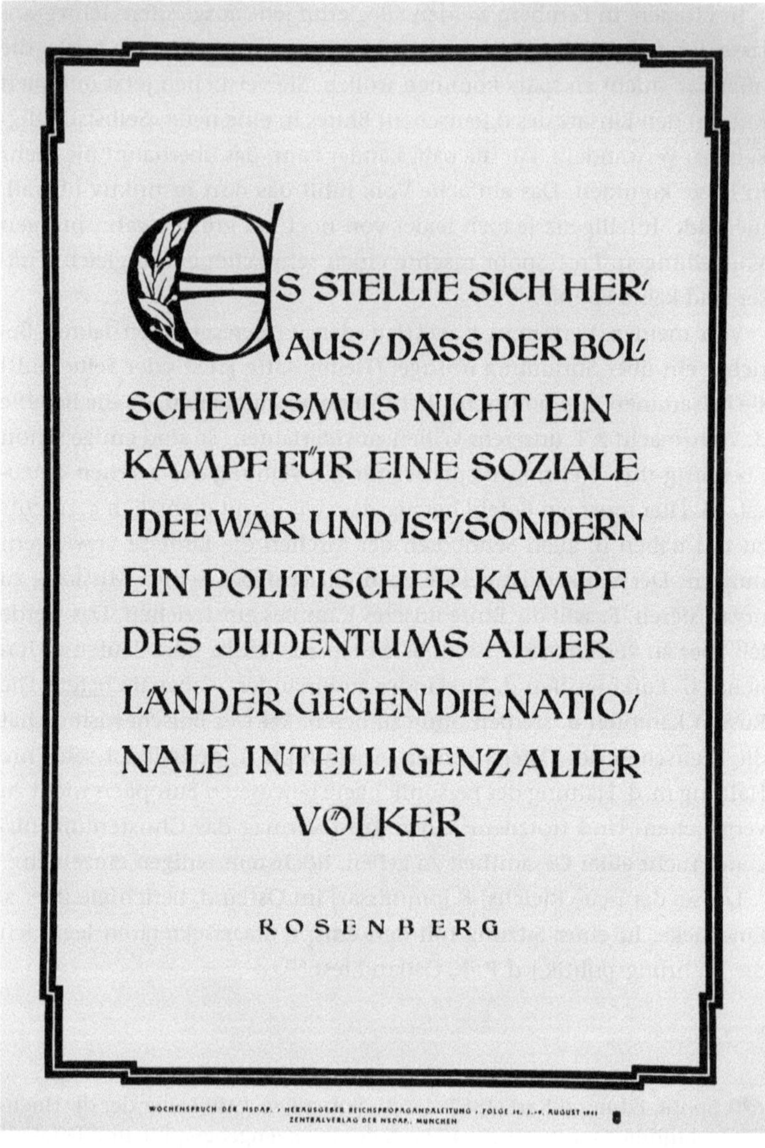

Abb. 4 Wochenspruch der NSDAP vom 3. bis 9. August 1941 mit einem Zitat von Alfred Rosenberg

Seehof 1. 9. 41.

Durch eine Knochenhautentzündung wieder festgehalten, habe ich etwas Zeit, die letzten Wochen zu überschauen. – Sie waren angefüllt mit d. Aufbau meines Ministeriums: Überprüfung der Mitarbeiter, Aufstellung d. Stäbe f. d. Kommissare, Unterredungen m. Lohse über Politik i. Ostland, Durchsicht d. ersten Meldungen über dortige Zustände, Vorbereitung f. d. Ukraine, Instruktion f. Koch, Auseinandersetzungen über Eingriffe Himmlers (der seine alte Sucht nach indirekter Herrschaft m. allen Mitteln durchzusetzen sucht), Ausgleichsverhandlungen m. Göring (Einsicht i. d. Notwendigkeit b. ihm durchaus vorhanden). Dazu eine Reihe von Verordnungen. Etwas schwierig, da m. Ernennung erst veröffentlicht werden soll nach Abschluss bestimmter militärischer Operationen, die R[eichs]-Kommissare aber nach bestimmten Richtlinien handeln müssen u. diese auch zu veröffentlichen haben, ohne dass ich in Erscheinung trete.

Das nächste wichtige, noch gänzlich unentschiedene Problem ist d. Zukunft d. Ukraine. Der Führer ist d. Ansicht, dass wenn ein so grosses Volk sich dauernd unterdrücken lasse, so sei es auch nicht wert, von anderen als selbständig anerkannt zu werden. Schlussfolgerung: es müsse ähnlich behandelt werden wie das russische. Diese mehrfach ausgesprochene Haltung ist durchaus verschieden von der von mir vertretenen u. wie ich annehmen musste, auch vorher von ihm akzeptierten. Die Zuneigung zu Antonescu u. Anerkennung von dessen vorbehaltloser Mithilfe hat wohl nicht wenig mitgewirkt, hier eine Änderung herbeizuführen. Die Rumänen sehen in ihren – ukrainischen – Nachbarn den Feind. Sie wollen also, wie der Bruder von A.[ntonescu] es offen aussprach[,][672] den Kampf gegen die Slawen als Ganzes führen. Die rumänische Losung braucht aber durchaus nicht unsere zu sein, die [wir] das gesamte Problem zu behandeln haben u. die organische Aufteilung d. Raums u. Völker befürworten müssen. D. h. die Anerkennung ukrainischer antimoskowitischer Gedanken u. dadurch Herbeiführung einer freiwilligen Mithelferschaft a. d. Erschliessung ukrainischer Räume. – Voraussetzung aber nach Übernahme Galiziens d[urch] den Generalgouverneur, keine

672 Gemeint ist wahrscheinlich Ion Antonescus vermeintlicher Neffe und enger Vertrauter Mihai Antonescu (1904–1946); seit 1941 stellvertretender rumän. Premierminister und Außenminister.

vollkommene Zerstümmelung des ukr. Raumes. Ich habe gegen d. Wünsche, Odessa d. Rumänen zu geben i. einer Denkschrift an den Führer protestiert. Alle haben diese Haltung befürwortet. Göring hat sich, wie er sagt, drei Mal dabei die Zunge verbrannt. Auf den Wunsch Antonescus wäre der Führer bereit, Odessa, d.h. d. Land zwischen Dnjestr u. Bug d. Rumänen zu geben.[673] A. hat nun selbst auf Odessa verzichtet. Er teilte dem AA. mit, er sei nicht grössenwahnsinnig: Rumänien könne einen so grossen Hafen nicht erhalten. Diese kluge Stellungnahme ist d. Führer dienstlich übergeben worden. – Aber: d. rumänischen Truppen haben Odessa eingeschlossen u. lassen viel Blut i. diesem Kampfe. A. stellt 15 Divisionen. Mit dem Essen kommt d. Appetit. Die Gefahr ist also nicht vorüber. Wenn nach d. Lösung d. Krimfrage kommt (was selbstverständlich ist), so bleibt d. Krim kein grosser Hafen für das riesige Hinterland u.d. Aufbau einer produktiven Politik ist für die Zukunft nahezu illusorisch – trotz aller Erweiterungen nach d. Osten.

Ich habe i. m. Instruktion an Koch alle grundsätzl. Gesichtspunkte zusammengefasst, die mir als f.d. deutsche Politik als zweckmässig erscheinen. Bis auf die augenblicklichen Überlegungen des Führers teilen alle meine Anschauung (vielleicht v. Ribbentrop nicht, der d. Rumänen von d. Ungarn ablenken will?). Die Unterredung b. Führer wird demnächst stattfinden.

x

Eine grosse Trauer hat b. mir die Nachricht vom Tode Urbans ausgelöst. Ich hatte das Gefühl, er würde nicht zurückkommen – hoffte aber doch, ihn im Oktober wieder zum Dienst herausholen zu können. Nun wurde er südlich d. Ilmensees an seiner P.[anzer]A.[bwehr] K.[anone] am 27. 7.[674] schwer verwundet u. starb am gleichen Tag.[675] 11 Jahre hat er mir treu u. redlich geholfen. Sein letzter Brief ist tapfer u. anständig, wie er immer war. Mir will es nicht in den Kopf, dass er mir nie mehr i. Arbeitszimmer gegenübersitzen wird. – Dieser Kampf im Osten hat grosse Lücken in die Partei gerissen – U. es musste wohl auch so sein, da jetzt die n.s. Revolution ihrer weltpolitischen Krönung i. Osten entgegengeführt wird.

673 Gemeint ist das zwischen den Flüssen Dnestr und Bug gelegene Transnistrien; 1941–44 unter rumän. Verwaltung.

674 »Am 27. 7.« nachträglich eingefügt.

675 Ilmensee, russ. See, 200 Kilometer südlich von Leningrad (St. Petersburg).

Der zähe Widerstand d. Sowjetrussen ist Gespräch von uns allen. Als der Führer mich am 2.4. nach d. Auftragserteilung fragte, was die Russen wohl bei einem Zusammenstoss machen würden, sagte ich: ~~um~~ vermutlich etwas ganz anderes, als was ein Europäer sich als logisch denken würde. Darin waren wir uns einig, dass nach einem Widerstand die Panik kommen würde. Nun hat er was andres getan. Die Sowjetrussen kämpfen verbissen, zäh, heimtückisch und sind unvorstellbar grausam gegenüber d[eutschen] Gefangenen u. zivilen Nichtbolschewiken. Sie haben die europäische Schicht abgeworfen u. der mongolische persönlichkeitslose Hass bricht hervor. Verbunden mit dem »Messianischen« Dostojewskis mit bolschewistischen Vorzeichen.[676] Hinzu die Angst: entweder von d. Kommissaren erschossen oder – wie ihnen eingeflösst wurde – von den »Faschisten« zu Tode gefoltert zu werden.

Ein russ. Journalist hat richtig von einem »Sowjet-Patriotismus« gesprochen. Um die Gegner im Lande selbst noch zu gewinnen, suchte Stalin Anschluss an die bisher geschmähte russ. Geschichte. Der Film über Peter d. Gr.[oßen] war das erste Anzeichen, dann kamen die Dramen über Kutusow![677] – Dieses seltsame Gemisch vieler Gefühle hat die Front gegen Europa geschaffen. Umso mehr muss alles getan werden, eine nochmalige Zusammenballung aller Völker u. Rassen zwischen Weichsel u. Wladiwostok für immer zu verhindern. Das sehe ich als eine Hauptaufgabe meiner Ost-Arbeit an.

7.9.41

Am Mondsee habe ich mir durch einen Stoss wieder meine Krankheit: Knochenhautentz.[ündung] i. Fussgelenk zugezogen. Das ist mir aus einem – sentimentalen – Grund sehr unangenehm. Der Führer fliegt nach Reval u. hat mich eingeladen, ihn in meine Heimatstadt zu begleiten. Die Reise geht im Anschluss des Horthy-Besuchs vor sich, bei dem ich auch zugegen sein sollte, was ich aber auch nicht kann.[678]

---

676 Dostojewski, Fjodor Michailowitsch (1821–1881); russ. Schriftsteller.

677 Peter der Große (1672–1725); 1682–1721 russ. Zar; seit 1721 Kaiser. Kutuzov, Mikhail Ilarionovich (1745–1813); Feldmarschall der russ. Armee im Krieg gegen Napoleon.

678 Horthy, Miklós (1868–1957); österr.-ungar. Offizier und Politiker; 1920–44 als Reichsverweser ungar. Staatsoberhaupt; Unterstützer antisemiti-

Koch händigte ich gestern seine Ernennung zum R[eichs]-Kommissar f. d. Ukraine aus u. besprach Einzelheiten d. ab 1.9. für Podolien u. Wolhynien[679], die zuerst übernommen wurden.

Die rumänischen Anforderungen sind doch wieder am Wachsen. Jetzt haben sie die Verwaltung nicht nur zwischen Dnjestr – Bug, sondern wollen auch nordwärts noch was haben. Dies ist von der Wehrmacht bisher glatt abgelehnt worden. In R.[umänien] kämpfen offenbar Vernunft u. Unvernunft einen unentschiedenen Kampf. Antonescu will sich offenbar begrenzen, aber die hohen Blutverluste der Rumänen vor Odessa veranlassen wohl auch ihn, nach Belohnung zu fragen. Die streng völkische Gruppe um die »Poninco Vremii«[680] will nur bis zum Dnestr, dafür aber Transylvanien. Die andern wollen – alles. Es erscheint mir klar, dass auf die Dauer dafür die rumänische Kraft nicht ausreicht. Aber die Konzeption, die Ukrainer zu gewinnen u. gegen Moskau politisch zu mobilisieren, kann durch ein Nachgeben vielleicht gänzlich zerschlagen werden. Der Führer liebt geradezu Antonescu, der sich wirklich soldatisch u. menschlich ausgezeichnet betragen hat. Aber mir scheint, man müsse einmal mehr den Wiener Spruch revidieren u. den Rumänen ihren Teil Transylvaniens wiedergeben u. vielleicht eine Szekler[681] ung. Enklave bilden. Die Ungarn sind grössenwahnsinnig u. dabei faul. Sie haben kein moralisches Recht, Minderheiten zu terrorisieren, haben zudem, trotzdem ihn Deutschland zu ihrer Vergrösserung verholfen hat, und nur D.[eutschland], unsere Volksgenossen skandalöser behandelt als Jugoslawen u. Rumänen.

Die Wiener Sprüche Ribbentrops sind alle unglücklich gewesen u. auch immer revidiert worden: Die Frage d. Karpatho-Ukraine (zugunsten d. Ungarn), der jugoslawische Eintritt in den 3-Mächte-Pakt (der

---

scher Maßnahmen in Ungarn, auch nach dt. Besetzung ab März 1944; Okt. 1944 nach SS-Coup gestürzt; seit 1948 im Exil.

679 Wolhynien, Region in der nordwestlichen Ukraine und als Generalkommissariat Teil des RKU. Zu Rosenbergs Richtlinien für die Reichskommissare siehe Teil I, S. 73 f.

680 Gemeint ist *Porunca Vremii*, antisemitische Zeitschrift der Eisernen Garde.

681 Székler, ungar. Volksgruppe in Nordsiebenbürgen.

am nächsten Tage umgestossen wurde), und die unglückliche rumänisch-ungarische Regelung, die unhaltbar ist.[682]

Die Tätigkeit meines anderen Amtes leidet gewiss durch meine Ost-Arbeit, aber ich vernachlässige sie doch nicht. Denn nach dem Kriege müssen wir den Frieden gewinnen, der die gleichen Gefahren in sich birgt wie die Gründerzeit nach 1871. Nur noch grössere. Ich sprach darüber auf der Schulungstagung im März d.J. u. werde diese vertrauliche Rede jetzt der ganzen Parteiführung zustellen. Die politisch-wirtschaftliche Zentralisation muss durch eine kulturelle De-Zentralisation etwas in ihrer Auswirkung gemildert werden. Sonst haben wir eben einen Staats-Kollektivismus und keinen National-Sozialismus mehr. Ein grosses Reich – und ein in der geistigen Initiative zurückgehendes Volk. Und wir brauchen die geistig-seelische Kraft für die letzte grosse Auseinandersetzung unseres Lebens: für die Überwindung der christl. Konfessionen.

Hier betätigt [sich] Bormann sehr eifrig in Veranlassung von Kloster-Beschlagnahmungen, Unterstützung d. Kirchengesetzgebung i. den neuen Reichsgauen usw. Neuerdings hat er an die Gauleiter ein Rundschreiben über Christentum u. N.S. hinausgehen lassen, das verschiedene Aussagen d. Führers b. Tischgesprächen unstilisiert zusammengestellt. In dieser Form ein unmöglicher Brief, der dem Gegenstand nicht gerecht wird. B.[ormann] ist ein praktischer Mann, aber für Analysen derartiger Fragen nicht formatmässig geeignet. Ich habe ihm das heute etwas verblümt geschrieben u. eine andre Stellungnahme entworfen, damit, da die Geschichte uns über die Schultern schaut, die NSDAP auch nachweisen kann, dass sie ein grosses Problem auch plastisch, allseitig – und gerade deshalb konsequent sieht und zu lösen gewillt ist.

Mit Holzhackermanieren kann man 2000 Jahre europäischer Geschichte nicht überwinden.

682 Folgende Passage von »Die Tätigkeit meines« bis »der christlichen Konfessionen« mit Markierungen (Bleistift); abgedruckt (mit kleineren Abweichungen) in Kempner, Der Kampf gegen die Kirche, S. 37.

12.9.41

Als die Mitteilungen eintrafen, dass Stalin nun auch die noch verbliebenen 400 000 Wolgadeutschen nach Sibirien verschleppen, d.h. morden lassen wird, da ist in uns allen der Hass gegen Moskau erst recht wieder emporgestiegen. Ich gab Anweisung, für eine sehr scharfe Stellungnahme u. sandte sie formuliert an den Führer. Der sie noch verschärfte. Gestern liess ich einen Vorschlag ausarbeiten, durch Rundfunk nach Russland, England u. USA mitteilen zu lassen, dass wenn dieser Massenmord durchgeführt werden sollte, Deutschland die Juden Zentraleuropas dafür büssen lassen würde. Dies mit vollster Berechtigung, da soeben noch der Jude Schertok auf einer Palästinakonferenz erklärt habe, an dem Bündnis zwischen Moskau – London – Washington hätten die Juden besonderen Anteil, da sie stets dafür gearbeitet hätten.[683] – Der Vorschlag liegt eben beim Führer.[684]

Aber: für Stalins Vorgehen trägt nicht allein der Bolschewismus die Verantwortung, sondern das russische Volk. Es hatte von jeher auf die fruchttragende Arbeit der d.[eutschen] Kolonisten voller Neid gesehen. 1914 überfielen die Russen die d. Kolonien im Süden, raubten sie aus, schlugen ihr Vieh. Barclay de Tolly, der 1812 die rettende Strategie durchführte[,] wurde als »Verräter« beschimpft, 1914 ging der Deutschenpogrom durch alle Städte.[685] Der Polizeichef von Moskau feuerte die Meute selbst an, die deutschen Geschäfte zu zerstören (es waren Geschäfte russ. Staatsbürger mit deutschen Namen). Was der Bolschewismus machte, war nur die radikale Fortsetzung dieser Ausbrüche der Minderwertigkeitsinstinkte. Von den 2 ½ Millionen Volksdeutschen sind 1 Million sicher ausgerottet, von den 1 ½ Millionen Wolgadeutschen waren 400000 nachgeblieben. Jetzt gehen auch sie in das sibirische Eis.

---

683 Schertok, Mosche (später Moshe Sharett; 1894–1965); zionist. Politiker; 1933–48 Leiter der Politischen Abteilung der Jewish Agency; 1949–53 israel. Außenminister; 1953–55 Ministerpräsident.

684 Zu Rosenbergs Vorschlag an Hitler zur »Verschickung aller Juden Zentraleuropas« nach Osten siehe Teil I, S. 68–72.

685 Barclay de Tolly, Michael Andreas Graf von (1762–1818); russ. Feldmarschall z.Z. der Napoleonischen Kriege.

Die Gesetze der Geschichte sind hart. Für diese Morde wird eben die russische Nation als ganze bezahlen müssen, umso mehr als sie in einem perversen Gefühl ihre Peiniger nicht von sich gestossen hat, sondern fanatisch verteidigt. Es ist dies ein ganz merkwürdiges Phänomen: dass ~~Zuchthäusler~~ Gefangene ihre Wärter verteidigen gegen die, die sie aus dem Gefängnis befreien wollen. Dieser »Sowjetpatriotismus« ist eben heute und auf lange Russland und das russische Volk; gleich ob die russ. Emigranten dies auch nicht wahr haben wollen. Ich las neulich nach, was ich vor 15 Jahren im »Mythus« niedergeschrieben hatte: das ist die psychologische Deutung, wie sie heute, noch gesteigert, zu Recht besteht.

Aus d. Ostland kommen neue Meldungen: Verschleppung von 150000 Esten, Morde in Dorpat usw.[686]

Heute sind Esten, Letten usw. dankbar, nach einiger Zeit werden sie wohl wieder ihre »eigne Staatlichkeit« wiederverlangen, als ob Deutschland nur dazu da sei, alle 20 Jahre seine Haut für die Gernegross zu Markte zu tragen. Dieses ganze R[eichs]-Kommissariat Ostland muss für immer unter deutschen Schutz als d. Reichsland kommen. Sonst sitzt nach 30 Jahren der Moskowiter in neuer messianischer Verkleidung wieder auf der Ordensburg zu Reval.

14.9.41.

Gestern waren Medem u. Litzmann bei mir.[687] M.[edem] berichtete nunmehr mündlich über seine Arbeit in Semgallen.[688] Zunächst dankte er mir, dass ich ihm eine so schöne Aufgabe gegeben hätte. Sie hätten, blos 5 Mann, Tag u. Nacht gearbeitet. Er habe zu 40000 Menschen gesprochen, er übernachte in keinen Gasthäusern, sondern bei Bauern. Er hat das Volk verkrampft, ausweglos vorgefunden. Nicht nur die Juden

686 Dorpat (Tartu); Stadt im östlichen Estland.

687 Medem, Walter Eberhard Alexander Albert Freiherr von (1887–1945); 1919 Freikorps-Führer im Baltikum; 1933 NSDAP-Beitritt; 1941–44 Gebietskommissar Mitau im GK Lettland. – Litzmann, Karl Sigmund (1893–1945); 1929 NSDAP-Beitritt; seit 1933 MdR; 1933 Mitglied der Obersten SA-Führung, 1934–41 Reichsreiterführer; 1941–44 Generalkommissar Estland.

688 Semgallen (Zemgale), Region in Lettland.

Abb. 5 Vorbereitung einer Massenerschießung von Juden durch Mitglieder einer Einsatzgruppe; Litauen, Juli 1941

verhetzten sie, sie waren selbst gespalten; am Ende. Sie hatten derartiges erlebt, dass das deutsche Heer Erlösung für sie war. Jetzt wo Juden u. Kommunisten ausgemerzt sind, lebt das Volk auf. Die Ernte ist bis zum letzten Halm eingebracht, die Neubestellung durchgeführt. Die Wirte haben ihr Land zurückerhalten. Es sei doch viel deutsches Blut in diesen Wirten drin, viel mehr als M. erwartet habe.

Ich wies auf die Gefahr der Rigaer lett. Intelligenz hin; er warnte auch davor, seine Wirte~~n~~ bäten ihn sie doch vor diesen Typen zu veráááá-schonen, die schon so viel Unheil angerichtet hätten. Ich sagte, die jetzige Stimmung a. d. Lande sei erfreulich, aber die Gefahr bliebe, dass bei Sattheit u. Gefahrlosigkeit die Grösse des d. Bluteinsatzes wieder vergessen werde.

Litzmann hat incognito eine Reise durch Estland gemacht u. liebt sein künftiges Königreich bereits sehr. Die Menschen alle freundlich (bis auf die Dorpater Intelligenz), gutes Blut, peinlichste Sauberkeit. Von den drei balt. Völkern sind die Esten die besten: viel schwedisches u. d.[eutsches] Blut, gemessener als die andern, u. viel zuverlässiger. Ich freue mich, meine Heimatstadt, die bis auf d. Industriebauten unzerstört ist, bald wiederzusehen.

Bei allem muss ich dabei denken, wie sich wohl unsere übrigen Kommissare aufführen werden. Da fürchte ich die vielen Beamten, die bei aller Tüchtigkeit ausserhalb ihres Schemas nicht denken können. Sie kommen unter fremde Völker, regieren haben sie nicht gelernt, nur verwalten. Dazu der »Beamtenton«, wo Takt u. Psychologie notwendig sind. Ich habe mir heute Notizen gemacht, um ihnen allen eindringlich Richtlinien für ihr persönliches und politisches Verhalten mitzugeben. Etwa 1000 sitzen auf Burg Krössinsee und warten auf Einsatz. Einige fluchen, dass sie so lange warten müssen – aber ich musste mich auch auf schnellere Verwendung einrichten.

Sonst: Vortrag über Verhandlungen mit den vielen »obersten Reichsbehörden«, die am neuen Ministerium herumdrücken wollen, wo sie können.

In den nächsten Tagen werde ich hoffentlich wieder gehen können. Dann melde ich mich im Hauptquartier. Da Horthy nicht fliegen darf, unterblieb damals der Führer-Flug nach Reval. Es wäre schön, wenn dieser jetzt nachgeholt werden könnte.

[ohne Datum, handschriftlicher Eintrag »1. X. 41« oberer Seitenrand][689]

Am Abend kam der Führer auf den Prozess gegen den tschech. Ministerpräsidenten Elias zu sprechen.[690] Er kenne diese alte tschechische Sabotagetaktik noch aus der oesterreichischen Zeit. Dort wurde streng »juristisch« vorgegangen, so dass die genaueste »Erfüllung« der §§ eine passive, sehr wirksame Resistenz darstellten. Jetzt glauben die Tschechen, ähnliches mit ihm anfangen zu können. Er müsse aber an das Leben der d. Soldaten denken; die Panzer der Tschech. Fabriken seien

689 Zur Besprechung Rosenbergs mit Hitler am 29.9.1941 siehe Dokument 10 in diesem Band und Bräutigams Niederschriften für den gleichen Tag in Heilmann, Kriegstagebuch, S. 146f.

690 Eliáš, Alois (1890–1942); tschech. Offizier und Politiker; 1939–41 Ministerpräsident des Protektorats Böhmen und Mähren; 1941 aufgrund seiner Kontakte zur tschech. Exilregierung zum Tode verurteilt und nach dem Attentat auf Heydrich erschossen.

merklich schlechter geworden. Eine Erledigung des Elias sei auch eine Warnung an die andern besiegten Völker.[691]

Der Führer verwies dann auf ähnliche Denkungsart unserer Prälaten, die nach alter Zentrumsmanier wieder unverfrorene Reden hielten. Ich erinnerte auch an die Diözesanrundschreiben des Bischofs von Eichstädt. Es scheint, sagte der Führer, dass einige Pfäfflein Kopfschmerzen haben. Davon könne man sie nur befreien, wenn man ihnen den Kopf ~~abtrennen~~ abnehme. Die Herren schienen ihn noch immer nicht zu kennen.

Nach dem Abendessen unterbreitete ich dem Führer die Ernennungsurkunden für einige Generalkomissare i.d. Ukraine u. übergab ihm ~~einige~~ mehrere N[ummern] d. »Weltdienst« und die »Braune Mappe« für die Verwaltung Ostland.[692] Der Führer sagte, es sei an der Zeit für Aufklärung d. engl. u. franz. Kriegsgefangenen über die Judenfrage zu sorgen. Ich solle das einleiten.

Darauf meldete ich mich ab u. er drückte mir warm die Hand.

Als unmittelbares politisches Ergebnis dieser Unterredung ist folgendes festzustellen. Der Plan, ev. eine selbständige Ukraine auszubauen mit den damit verbundenen kulturellen u. staatlichen Konsequenzen ist – im Grundsatz – aufgegeben worden. Der Führer befürchtet – verstärkt durch Ansichten Antonescus u. durch eine Denkschrift, welche die Ukraine als Sammelpunkt eines künftigen allrussischen Widerstands hinstellt – dass wir einen Gegner grossziehen könnten. Hinzu kommt, scheinbar zufällig, der Eindruck, den Berditschew u. Shitomir auf den Führer machten: einen schlechten.[693] Was nicht zu verwundern

691 Folgende Passage von »Der Führer verwies« bis »nicht zu kennen« mit Markierungen (Bleistift); abgedruckt (mit kleineren Abweichungen) in Kempner, Der Kampf gegen die Kirche, S. 37.

692 *Welt-Dienst*; 1933–45 antisemitisches Nachrichtenbüro mit gleichnamiger mehrsprachiger Zeitschrift (Auflage: bis zu 300000); seit 1937 Teil des ARo; 1939 integriert in Rosenbergs »Institut zur Erforschung der Judenfrage«; siehe Brechtken, *Madagaskar für die Juden*, S. 44–53. – Die vom RMfdbO herausgegebene sog. Braune Mappe enthielt Richtlinien für die Zivilverwaltung in den besetzten Ostgebieten. Zur darin vorgesehenen »Behandlung der Judenfrage« siehe die einführenden Bemerkungen in Teil I, S. 71 f.

693 Berditschew (Berdytschiw); ukr. Stadt südwestlich von Kiew. – Shitomir (Schytomyr); Stadt in der nördl. Ukraine.

ist, da dies überwiegend jüdische Städte sind.[694] Diese jetzt erstrebte Lösung – die Ukraine unter d.[eutscher] Verwaltung, dann unter d. Protektorat, hat nun ihre Konsequenzen. Die zum grossen Teil gutwillige Bevölkerung wird wohl zunächst mit ihrer wirtschaftlichen Besserung zufrieden sein. Die beabsichtigte Rückführung vieler Arbeiter aufs Land wird eine Entpolitisierung ermöglichen. Im Lauf der Jahre aber wird die Tatsache d. Abtrennung Galiziens, des Dnjestr – Bug – Raumes (an Rumänien) und Tauriens an uns eine Gegnerschaft hervorrufen können. Bleibt nun die doch noch erhoffte Selbstständigkeit aus, so wird der Hinweis auf grosse Ausweitungsmöglichkeiten im Osten kaum viel Eindruck machen. Passive Resistenz, Attentate sind wahrscheinlich. Ein deutscher Druck kann neuen Gegendruck hervorrufen. Dies erfordert u. U. eine grosse Garnison (womöglich an der Millionengrenze), deren Soldaten Deutschland verlorengehen, wohl aber das Blut der Ukrainer, wie das Leben es nun einmal mit sich bringt, sehr aufbessern könnte. Im übrigen würde dies alles eine Verbrüderung der Ukrainer und Russen erleichtern, d. h. eine gesamtslawische Front schaffen, also das, was ich mit meinem früheren Plan vermeiden wollte.

Nun kann man sagen: diese slawische Front würde aber sowieso entstehen: Gestatte man eine starke Ukraine, so als Kiew mit dem Zentrum u. in gefährlicher Form; im andern Fall aber sei diese eventuelle Front schwach u. unentwickelt. Dann lieber gleich keine höhere Kultur deutscherseits fördern, sondern die eigene Entwicklung d. Ukrainern selbst, d. h. der heutigen Primitivität überlassen.

Gestern suchte ich Göring in Rominten auf u. berichtete kurz über die Unterredung mit dem Führer.[695] Er sagte mir: »Am Tage vor Ihrem Besuch sagte mir der Führer: ›Morgen kommt Rosenberg, es wird eine harte Auseinandersetzung geben![‹]« Ich: Die Frage ist ein Problem des d. Interesses, keine Sentimentalität meinerseits. Ich habe mir seit 20 Jahren überlegt, wie die russische Gefahr von D. abzuhalten sei. Da

694 Zur NS-Politik in beiden Städten siehe Michaela Christ, *Die Dynamik des Tötens. Die Ermordung der Juden von Berditschew, Ukraine 1941–1944*, Frankfurt am Main 2012; Wendy Lower, *Nazi Empire-Building and the Holocaust in Ukraine*, Chapel Hill 2005.

695 Rominten, »Reichsjägerhof« Görings in der Rominter Heide in Ostpreußen.

war neben der Stärkung Finnlands[,] der Abtrennung des Gebiets, das eben R[eichs]-K.[ommissariat] Ostland ist, der Abtretung d[es] Kaukasus auch die Ukrainische Lösung miteinbegriffen – G[öring]: Das verstehe ich sehr gut. Ich weiss auch, dass wir arbeitswillige Menschen brauchen, wir können ja keine in die Ukraine schicken.

Die »harte Auseinandersetzung« ist nicht gekommen, wohl aber die Feststellung verschiedener Beurteilungen der heutigen Phase. Mein vom Führer angenommener Vorschlag lässt noch verschiedene Entwicklungsmöglichkeiten offen, bezweckt aber vor allem Arbeit für Deutschland u. ein Minimum an Krafteinsatz deutscher Kräfte.

Die fruchtbare Erde, die Reichtümer des Bodens u. schliesslich auch der grosse d. Bluteinsatz haben beim Führer eine Änderung der inneren Haltung bewirkt, die Sorge um ganz Europas Versorgung hat ihn veranlasst, die Sicherung der Schätze unter seine unmittelbare Führung zu nehmen. Schliesslich hat er ja die Ukraine erobert u. eine Lösung, der er noch am 16. Juli nicht abgeneigt schien, erscheint ihm heute überholt. Die Schlacht bei Kiew hat er geschlagen gegen alle Ansichten seiner Generalfeldmarschälle.[696]

14.12.41[697]

Die Gespräche von gestern u. heute beim Führer bewegten sich vorwiegend um das Problem des Christentums. Die Tätigkeit des Bischofs von Münster wurde zunächst erwähnt. Mit seinen Reden bestreiten die Engländer seit längerer Zeit den grössten Teil ihrer Propaganda; zu

---

696 Zur Rekonstruierung der Rolle Rosenbergs im Zeitraum Oktober bis Dezember 1941 im Kontext der Judenvernichtung siehe die Einleitung zu diesem Band. Am 14.11. sprach Rosenberg mit Hitler, am nächsten Tag mit Himmler. Dabei ging es um die Kompetenzabgrenzung in den Reichskommissariaten einschließlich der »Behandlung des Judenproblems« (siehe Dokumente 11 und 12), auf das Rosenberg auch drei Tage später in seiner Rede anlässlich der offiziellen Bekanntgabe der RMfdbO-Gründung einging (Dokument 13).

697 Folgende Passage von »Die Gespräche von gestern« bis »(es sind 13 Seiten).« mit Markierungen (Bleistift); abgedruckt (mit kleineren Abweichungen) in Kempner, Der Kampf gegen die Kirche, S. 37 f. Zum Gespräch Rosenberg–Hitler am 14.12.1941 siehe Dokument 14 in diesem Band.

Hunderttausenden werfen sie Flugblätter ab u. verlesen die Angriffe des Grafen Galen in ihren Rundfunksendungen. Der Führer erklärte, die Herren wollten »Märtyrer« sein in der Erwartung einer Ehrenhaft. Der Bischof von Münster aber werde einmal vor die Gewehre kommen. Im übrigen sei eine Morallehre auf die Dauer als Hilfe im völkischen Kämpfen unmöglich, welche die Feindesliebe predige, die linke Backe für den Schlag auf die rechte zu bieten befehle usw[.] Dass man seinen Gott auffresse, sich gar 30 Jahre darüber bekriege, ob man diese Fresserei in der einen oder andern Form vornehmen müsse, könne einen an der ganzen Menschheit geradezu verzweifeln lassen. Einige Generale und auch ein Parteiminister beteuerten, erst als Christ könne man überhaupt tapfer sein, als ob die Germanen, Römer oder Griechen feige gewesen wären. Selbst die Bolschewiken verstünden zu sterben, oft hätten sie angesichts einer Gefangenschaft es vorgezogen, sich eine Kugel in den Kopf zu jagen. Er habe seine SS-Divisionen besucht, da gebe es den christlichen Schwindel nicht, sie seien ruhig und wüssten, was sie zu tun hätten. Welchen Sinn Leben und Welt hätten, würden wir nie ergründen, alle Mikroskope brächten uns die Lösung nicht, erweiterten nur um weniges die Einsichten. Aber wenn es einen Gott gibt, dann haben wir die Pflicht, die uns gegebenen Fähigkeiten zu entwickeln. Man könne dabei irren, aber nicht heucheln ~~od~~ und lügen. Diese christliche Heuchelei ginge jetzt ihrem Ende entgegen, in einem Prozess der Abstossung alles Faulen würde eine Gesundung einsetzen. Wenn die Kirchen sich so für die Idiotenerhaltung einsetzten,[698] so sei er bereit, ihnen alle Blöden als Priester und Anhänger zu überlassen. Wenn wir das Christentum los wären, so könnten die andern Völker das Chr.[istentum] ruhig behalten.

Ich warf ein, immerhin habe Lagarde schon erklärt, er werde seekrank, wenn er das Alte Testament lese. Paulus[699] hätte bewusst die Hafenstädte aufgesucht (Korinth, Thessaloniki), um inmitten dieser Menschen seine Erhebung vorzubereiten. Es sei mir stets unverständlich gewesen, dass H.[ouston] St.[ewart] Chamberlain sich so viel Mühe mit der Ehren-

698 Anspielung auf die Proteste von kirchlicher Seite gegen die »Euthanasie«-Morde.

699 Gemeint ist der Apostel Paulus.

rettung von Paulus gemacht hätte. Führer: Ja, das war Chamberlains Fehler.

Für die Weltanschauung d. Japaner zeigte der Führer viel Sympathie: es sei eine heldische, sich für das Volk aufopfernde Haltung. Ich erwähnte, dass ich soeben einen interessanten Brief eines japanischen Gelehrten über die jap. u. unsere Weltanschauung erhalten hätte.

Heute erfuhren wir, dass Kerrl gestorben war, d.h. jener Parteiminister, den der Führer gestern so sarkastisch apostrophierte. Der Führer sagte, Kerrls Motive seien sicher nur edel gewesen, aber es sei eben ein hoffnungsloser Versuch, NS. und Christentum zu vereinigen. Ich: Schon so viel Mal wollte man die »reine Lehre« retten, diese Experimente sind nun alle gescheitert. Der Führer: Diese Wiederherstellung d. Urchristentums wäre ja das Schlimmste, da seien die Julius II usw.[,] die grosse Künstler förderten, bei aller Gaunerhaftigkeit doch immer noch weniger gefährlich als das Urchristentum. Scherzend: wollen Sie nicht Kerrls Amt übernehmen? Als ich erschrocken abwinkte: Sie haben ja allerdings eben ein andres Amt. Aber dem Innenministerium will ich die Kirchenangelegenheiten nicht übergeben.

Nach meinem Vortrag kamen wir nochmals auf das Christentum zu sprechen. Nach dem Kriege, sagte der Führer, will ich auch dieses Problem entscheidend anfassen. Fortnahme ihrer Erziehung~~swesen~~ Unmündiger. Zu einem Bekenntnis für eine Kirche dürfe man nur Erwachsene auffordern, für die Priesterlaufbahn dürfe sich einer nur nach dem Dienst bei der Wehrmacht entscheiden. Schliesslich: das Christentum ist einst durch menschliche Machtmittel eingeführt worden, er werde gegebenenfalls nicht davor zurückschrecken, ebenfalls Machtmittel anzuwenden.

Ich empfahl dem Führer Burckhardts »Zeit Konstantins des Grossen« zu lesen, wo die Christianisierung für damalige Einsichten schon sehr gut geschildert seien. Die Aufgabe meines kommenden Instituts für indogermanische Geistesgeschichte in München betrachte ich auch darin, der vergehenden biblischen Tradition eine bessere u. noch ältere unterzuschieben: die Ethik d. alten Iraner u. die Weisheit der alten Inder seien schöner als das N.[eue] T.[estament] Wir verabschiedeten uns sehr herzlich. Ich sehe[,] wie den Führer mitten in militärischen Sorgen diese W[elt]-A[nschauungs] Fragen bewegen. Als ich ihm den erwähnten japanischen Brief gab, fing er ihn interessiert zu lesen. Er wurde dann direkt gepackt u. behielt ihn zur eingehenden Durchsicht (es sind 13 Seiten).[700]

28.12.41[701]

In diesen Monaten ist es mir nicht möglich gewesen, ein genaues Tagebuch zu führen, so notwendig dies für mich selbst u. für die Beurteilung der späteren Ost-Politik auch gewesen wäre. Ich habe nur die Niederschriften über meine Unterredungen m. d. Führer u. die Aktennotizen, die ich ihm übersandt habe. Dazu die Instruktionen an Lohse u. Koch. Vor mir liegen nur die Besuchszettel dieser Zeit nebst kurzen Anmerkungen, die ich jetzt kurz zusammenfassen will. An sich vergeht der Tag folgendermassen: am Morgen Pressevortrag u. Besprech[ung] m. d. Leiter der Hauptabt. I (Politik) [Bräutigam], dann kommt Gaul.[eiter] Meyer mit laufenden Angelegenheiten.[702] Dann die Besuche. Am Nachmittag ins Partei-Amt. Am Abend Durchsicht der Akten d. Ministeriums. Aus d. Juni u. Juli-Notizen ergeben sich die ersten Vorbesprechungen über d. Kommissare i. Osten, die estn., lett.u. lith. Vertrauensmänner, Verhandlungen langwieriger Art mit den Obersten R[eichs]-behörden. Diese betrachten das neue Ministerium nur als Durchgangsstation für ihre Wünsche. Es dauerte lange, sie von der führenden Bestimmung des Ost-Min.[isteriums] zu überzeugen. Was aber noch immer nicht gänzlich der Fall ist.

---

700 Zu den mit der Intensivierung des Judenmords zusammenhängenden Ereignissen der zweiten Dezemberhälfte siehe die einführenden Bemerkungen in Teil I, S. 86–90.

701 Unter diesem Datum fragmentarischer Rückblick Rosenbergs auf Ereignisse aus der zweiten Hälfte des Jahres 1941, fast ausschließlich zu seiner Funktion als Ostminister.

702 Bräutigam, Otto (1895–1992); Diplomat; seit 1925 Bekanntschaft mit Rosenberg; 1936 NSDAP-Beitritt; 1940–41 Generalkonsul im sowjet. Batum; seit 1941 beurlaubt vom AA und Abteilungsleiter »Allgemeine Politik« im RMfdbO; seit 1953 wieder im AA (1954 Leiter der Ostabteilung).

Beispiele

2. 7. [1941]	Pressefachmänner nach Riga Besprech[ung] über d. Reichstreuhänder d. russ. Vermögens. Leibbrandt fährt in H.[aupt]Q.[uartier] Instruktionen. Brief an Keitel
3. 7. [1941]	Personalbesprechungen m. Meyer. Malletkes Bericht über die Liquidierung von Juden durch d. Litauer Empf. von O. Gr.F [Obergruppen-Führer] Litzmann, den ich nach Estland schicken will. Empf. von Bauer u. Manderbach, die ich [?] als Haupt-K.[ommissare] vorsehe (Smolensk usw.).[703]
4. 7. [1941]	SS Ob[er]gr[uppen]F.[ührer]Lorenz.[704] Deutsche Volksbetreuung. Ev. Referat i. d. Abt. Politik. Prof. Spohr: Gedanken über Universität Dorpat. Ist eben i. Posen. ~~Sp~~ Über T.[echnische]H.[ochschule] in Riga
5. 7. [1941]	Dr. Braun AA. Bericht über d. jap. Verhältnis. Oshima jetzt für südlichen Vorstoss. Zurückstellung von Konoye, Matsuoka. U.[nter] Staatss[ekretär]. Kundt: Zustände i. Lemberg[705]

703 Bauer, Robert (1898–1958); 1923 Beitritt zu NSDAP und SA; 1933 MdR; 1936–41 Leiter der Ordensburg Sonthofen; 1941–44 Hauptkommissar im RKO. – Manderbach, Richard (1893–1962); 1922 NSDAP-Beitritt; 1933 MdR; versch. Parteifunktionen; seit 1940 Leiter der Ordensburg Vogelsang. – Smolensk, russ. Stadt nahe der weißrussischen Grenze.

704 Lorenz, Werner (1891–1974); 1929 NSDAP-Beitritt; 1934–37 Führer des SS-Oberabschnitts Nord; 1936 SS-Obergruppenführer; seit 1941 Leiter der Volksdeutschen Mittelstelle (seit 1941 SS-Hauptamt); 1948 Verurteilung in Nürnberg zu 20 Jahren Haft; 1955 Entlassung.

705 Wahrscheinlich Braun, Karl-Otto (1910–1988); 1931 NSDAP-Beitritt; 1941–45 Leiter des Ostasienreferats in der Politischen Abt. des AA. – Oshima, Hiroshi (1886–1975); jap. Diplomat; 1937 Militärattaché in Berlin; seit 1940 Botschafter in Deutschland; 1945 Verurteilung zu

7.7. [1941] Cranz: Presse-Aufbau i.d. bes. balt. Gebieten
Dreier: Personel. Zusammensetz. d. Stäbe d. Reichskommissare. Bespr[echung] m. Ohnesorge, Todt etc.
Wittrock: Bericht über Gespräch m. Lohse.[706]
Vorschläge über Riga, Reval etc. Er soll Oberbürgermeister in Riga werden. Schon etwas alt, aber kenntnisreich u. zäh.
Dr. Bang (Posen): Bittet um Einsatz im Osten[707]
Oberst Blau: Bericht militärische Lage[708]
(etwa 2–3 Mal i.d. Woche)

8.8. [sic; 1941] Unterr.[edung] m. Weizsäcker über Wünsche des AA. im Osten.[709] Zurückweisen d. Verlangens, dort irgendwie bestimmend mitzuwirken. Das AA. will unbedingt dort eingeschaltet werden. Ich lasse b.d. Ablehnung derartiger Wünsche an Deutlichkeit nichts zu wünschen übrig. Es käme nur ev. Beratung in rein aussenpol. Fragen in Betracht

---

lebenslanger Haft durch alliiertes Militärtribunal; 1955 Entlassung. – Kundt, Ernst (1897–1947); dt. Politiker; 1940 Unter-Staatssekretär in der Regierung des Generalgouvernements; seit 1941 Gouverneur des Distrikts Radom; 1947 in Prag verurteilt und hingerichtet.

706 Cranz, Carl (1896–unbek.); 1932 NSDAP-Beitritt; 1939 stellvertretender Hauptschriftleiter des *VB*; 1941–43 Pressechef im RMfdbO. – Möglicherweise Dreier, Karl Heinrich (1898–1974); seit 1933 NSDAP-MdR; Landespräsident von Schaumburg-Lippe. – Ohnesorge, Karl Wilhelm (1872–1962); 1920 NSDAP-Beitritt; seit 1933 Staatssekretär im Reichspostministerium; seit 1937 Reichspostminister. – Wittrock, Hugo (1873–1958); dt.-balt. Politiker; 1941–44 Oberbürgermeister von Riga; Gebietskommissar von Riga-Stadt im GK Lettland.

707 Wahrscheinlich Bang, Ferdinand (1884–unbek.); SS-Sturmbannführer; Leiter der Deutschen Umsiedlungs-Treuhand-Gesellschaft in Posen.

708 Möglicherweise Blau, Albrecht (1885–unbek.); 1943 Oberst im OKW; Verfasser von *Propaganda als Waffe und Geistige Kriegsführung* (1935).

709 Weizsäcker, Ernst Freiherr von (1882–1951); dt. Diplomat; 1938–43 Staatssekretär im AA; 1943–45 Botschafter beim Vatikan; 1949 im Nürnberger Wilhelmstraßen-Prozess zu 5 Jahren Haft verurteilt; 1950 entlassen.

Kube, soll als Gen[eral]-K.[ommissar] nach Weissruthenien. Stellt sich vorbehaltlos zur Verfügung. Wird über s. Stab gesprochen.

10.7 [1941] Kuhnert[?]. Soll als Leiter d. Hochbau-Abt. nach Estland. Natus für Landesplanung zu s. Unterstützung[710]

11.7. [1941] Boepple.[711] Will nach d. Osten R[eichs-]M[inister] Lammers. Stimmung i. H.[aupt] Q.[uartier] Reihe von Fragen.

14.7. [1941] Fischböck aus Holland, soll als Gen[eral]-K[ommissar] i. d.O.[sten][712]

So geht es am laufenden Band. Es kommen Renteln, Drechsler – für Litauen u. Lettland –, Girgensohn ständig i. Personalfragen der S.A. Schönleben (Todt) über Autobahnen, Stabf.[ührer] Möckel über Einsatz d. H.J. – Staatssek. Keppler (AA) über d. R[eichs]-Stelle f. Bodenforschung.[713] Dieser hat gute Arbeiten über Oelvorkommen fertiggestellt

710 Möglicherweise Natus, Robert Karl (1890–1950); dt.-balt. Architekt; 1940–42 in der Behörde für Landesplanung in Posen; 1942–44 im GK Estland. – Kuhnert nicht ermittelt.

711 Wahrscheinlich Boepple, Ernst (1887–1950); 1919 DAP-Beitritt; Gründer des »Dt. Volksverlags«, in dem u. a. Rosenbergs *Weltkampf* erschien; 1923 Teilnehmer am »Hitler-Putsch«; 1933–40 Beamter im Bayer. Kultusministerium; 1941–45 Staatssekretär im Generalgouvernement; 1949 Todesurteil durch poln. Gericht; gehenkt.

712 Fischböck, Hans (1895–1967); österr. Politiker; 1940 Wirtschaftskommissar für die Niederlande; 1943 Staatssekretär und Präsident der Industrie- und Handelskammer Wien; 1944 Stellvertreter Kehrls im RMfRuK; SS-Brigadeführer.

713 Renteln, Theodor Adrian von (1887–1946); 1928 NSDAP-Beitritt; seit 1932 MdR; 1935 Präsident des Deutschen Industrie- und Handelstags; Stabsleiter in der DAF; 1941–44 Generalkommissar von Litauen; 1946 Hinrichtung in der Sowjetunion. – Drechsler, Otto Heinrich (1895–1945); 1925 NSDAP-Beitritt; seit 1933 Bürgermeister von Lübeck; 1941–44 Generalkommissar von Lettland. – Girgensohn, Thomas Otto

(östlich Kiew). Spohr: nochmals über Hochschulfragen i. Ostland. Draeger u. Klein:[714] Späterer Einsatz i. Kaukasus.

Koch: Bespr.[echung] als R[eichs]-Kommissar Ukraine. Koch ist ein sehr plötzlicher Mensch. Wirtschaftlich energisch, aber vom Glauben an s. Einzigartigkeit besessen. Er glaubt besonders hohe Politik zu betreiben, sich bald auf Göring, bald auf mich zu stützen, sich sonst aber a.[uf] d.[en] Führer zu berufen. Über psychologische Menschenbehandlung hat er nicht viel nachgedacht u. ist manchmal von bestürzender Primitivität.

Es trifft Dr. Neuscheler aus Moskau ein u. berichtet über die abenteuerliche Fahrt d. Deutschen. Staatss[e]k[retär] Kleinmann: Rücksprache über d. Verhältnis z. Reichsverkehrsministerium. Schmeer: soll als General-K.[ommissar] nach Moskau, Walper: später Kaukasus, hat seine Wünsche.[715]

Jap. Botschafter Oshima überbringt mir das Grosskreuz d. Ordens vom hl. Schatze.

(1898–1973); 1933 SA-Beitritt; 1937–42 Abteilungsleiter Oberste SA-Führung; 1941 SA-Brigadeführer. – Schönleben, Eduard (1897–unbek.); 1933 NSDAP-Beitritt; seit 1934 Leiter der Abt. Reichsautobahnen und Vertrauter von Fritz Todt. – Möckel, Helmut (1903–1945); 1930 NSDAP-Beitritt; seit 1940 Stabsführer der HJ und Stellvertreter des Reichsjugendführers. – Keppler, Wilhelm (1882–1960); seit 1927 Wirtschaftsberater Hitlers; 1936 persönlicher Berater Görings im BVP; 1938–45 Staatssekretär zur besonderen Verwendung im AA; Leiter der Zentralstelle für die wirtschaftspolitischen Organisationen der NSDAP; 1949 im Nürnberger Wilhelmstraßen-Prozess zu 10 Jahren Haft verurteilt; 1951 entlassen.

714 Möglicherweise Klein, Emil (1905–2010); 1920 NSDAP-Beitritt; 1923 Beteiligung am »Hitler-Putsch«; 1934 Hg. der Zeitschrift *Der Aufbruch*; 1943 HJ-Obergebietsführer und Stabsleiter im bayer. Staatsministerium für Unterricht und Kultur.

715 Möglicherweise Neuscheler, Karl (1897–unbek.); 1930 NSDAP-Beitritt; seit 1937 Korrespondent des *VB* und des *Angriffs* in Moskau; 1939 stellvertretender Hauptschriftleiter des Wiener *VB*; 1944 Kreisleiter von Freiburg im Breisgau. – Wahrscheinlich Schmeer, Rudolf (1905–1966); 1923 NSDAP-Beitritt; seit 1930 MdR; 1933 stellvertretender Leiter des Führeramts der DAF und Leiter der Reichsparteitage; 1938 Leiter der Abt. Wirtschaftsorganisation, Judenangelegenheiten im RWM; 1941 Leiter des Aufbaustabs Moskau; 1942–45 im RMfRuK.

Sitzung m. Lohse über Währungs- u. Preisfragen i. Ostland.

4.8.[1941] Kundt berichtet über ein Gespräch m.d. S.S. Gruppenfüh[rer] v.d. Bach, das die Tendenz i.d. S.S. wieder sehr deutlich zeigt:[716] Er, B.[ach][,] würde sich von niemand etwas sagen lassen. »Wenn d. Verwaltung nicht richtig sei, so würde die S.S. nur eine zweite Garnitur Polizei stellen, so dass die Verwaltung doch so tun müsse, wie d. Polizei es wolle.« Zeuge dieser Worte: v. Bülow, pers. Referent von Kundt.

5.8.[1941] SA Brig.[ade]f.[ührer] Girgensohn. Uniformfrage. Ich vertrete d. Auffassung: eine Uniform für alle im Osten eingesetzten. Gegen Lutze, der seine Uniform erhalten möchte.

Oberst Winkler, erste Besprechung über Fragen d. R[eichs]-Treuhand.[717]

Dr. Lammers kommt, um weitere Einzelheiten zu besprechen. Ich habe ihm eine Denkschrift über den Aufbau eines Reichs-Senats geschickt, um die er mich bat. –

Gauleiter Koch: weitere nähere Besprechungen über d. ukrainische Problem.

Obergruppf Lorenz: Volksdeutsche Fragen i. Osten

6.8.[1941] Ley bittet mich, m. Einspruch in Sachen der beabsichtigten 7. Kammer zurückzustellen. Ich lehne ab.

Schmeer: will s.[ein] ev[entuelles]. Kommissariat vergrössert haben: nach Tula hin.[718]

Prof. Reinerth: Frage d. Persönlich-staatlichen Auftrag f. Vorgeschichtsforschung im Osten

---

716 Bach-Zelewski, Erich von dem (1899–1972); 1930 NSDAP-Beitritt; seit 1941 SS-Obergruppenführer und als HSSPF Russland-Mitte mitverantwortlich für die Ermordung sowj. Juden und anderer Zivilisten; seit 1943 Chef der Bandenkampfverbände; 1944 verantwortlich für die Niederschlagung des Warschauer Aufstands; 1945–50 Haft; 1962 zu lebenslanger Haftstrafe verurteilt.

717 Winkler, Max (1875–1961); Finanzverwalter und Politiker; 1937 NSDAP-Beitritt; seit 1939 als Leiter der »Haupttreuhandstelle Ost« verantwortlich für die Verwaltung des eingezogenen poln. und jüd. Vermögens; seit 1941 Reichsbeauftragter für die dt. Filmwirtschaft; 1945–49 interniert.

718 Tula, Stadt in Russland unweit von Moskau.

Dr Todt.

Folgen Unterredungen m. d. Reichsapothekerführer, mit Dr. Heuber (Vertreter d. Generalgouverneurs),[719] Litzmann. Probleme d. Beschaffung u. Ausrüstung des Führerkorps-Ost, was grosse Sorgen macht (Einkauf: Holland, Belgien, Frankreich). Darüber klagt Kube besonders. Unterredung. Backe über Agrarpolitik i. Osten. Die Fragen d. Kolchose u. d. Privateigentums werden eingehend erörtert. Gesandter Neubacher kommt: Fragen späterer Oelproduktion. Präsident Kehrl: Probleme d. Spinnstoffmonopols.[720]

Am 20. 8. [1941] gebe ich eine Anweisung über konfessionelle Feiern b. d. Volksdeutschen im Osten. Die Pfarrer haben nichts eiligeres zu tun, als sich als Vertreter des Reiches b. d. Kolonisten aufzuspielen. Auftrag an Dr. Leibbrandt: Reden vorzubereiten u. gute neue Lieder drucken zu lassen.

Grosskopf (A.A) Einspruch über unseren Entwurf i. d. Kolchosfrage.[721] Er steht a. d. Standpunkt der rein politischen Propaganda: alles Land den Bauern als Privateigentum! Wäre verlockend, aber höchst gefährlich für die Versorgung i. rückwärtigen Heeresgebiet. Darüber gibt es noch mehrfach Unterredungen. Renteln berichtet über Zustände in Litauen. Malletke: Angebote a. d. Schweiz! Ob Siedler usw. erwünscht seien. Diese Frage zunächst noch zurückstellen. Mit Dudzus (18. 9.) eingehende Rücksprache über die Umformung d. ukrain., weissruth., russ. Kirche.[722]

---

719 Heuber, Wilhelm (1898–unbek.); 1930 NSDAP-Beitritt; seit 1933 Präsidiumsmitglied der Akademie für dt. Recht; 1939 Bevollmächtigter des Generalgouverneurs.

720 Kehrl, Hans (1900–1984); Unternehmer; 1933 Präsident der Industrie- und Handelskammer für die Niederlausitz; Gauwirtschaftsberater der NSDAP; nach Kriegsbeginn zuständig für Rohstoff-Ausbeute in den besetzten Gebieten; 1943 Leiter der Planungs- und Rohstoffämter im Rüstungsministerium; Mitglied in zahlreichen Aufsichtsräten; 1949 im Wilhelmstraßen-Prozess zu 15 Jahren Haft verurteilt; 1951 entlassen.

721 Großkopf, Wilhelm (1884–1942); Diplomat; 1935 NSDAP-Beitritt und Leitung des Konsulats Kiew; 1936 Generalkonsul; seit 1938 in verschiedenen Abteilungen im AA tätig, später Leitung des Referats Volksdeutsche Umsiedlung; 1939 Legationsrat.

722 Dudzus, Willi (1908–1983); Kirchenpolitiker; 1940 Regierungsrat; seit 1941 im RMfdbO; danach Kirchenreferent im Warthegau; 1943–45 Militärdienst.

D.[udzus] entwickelt durchaus richtige Ansichten u. hat sich gute Kenntnisse angeeignet. Leider hat diese Unterredung keine praktische Auswirkung in Form gut gefasster konkreter Vorschläge durch D. gehabt. General-L[eutnant] Witting stellt sich vor als Beauftragter f.d. Rohstoffbesorgung i. Osten.[723] Habe ihn noch weitere Mal zur Berichterstattung empfangen. Die Russen haben grosses Talent i. Abbau u. Zerstörung erwiesen. Mit Kasche erste ausführliche Besprechung über ev. R[eichs]-K.[ommissariat] Russland u. dortige Politik.

Mit Schlotterer, Riecke usw. jetzt eingehende Besprechungen über Wirtschaftspolitik i. Osten[.] Daneben grosse Unterhandlungen über Aufbau d. Ministeriums selbst. Dr. Runte erweist sich als sehr aktiv, grosszügig, aber auf das Beamtentum bedacht. Mit Hühnlein Transportfragen erörtert. Differenzen zwischen Gen.[eral] v. Schell auszugleichen, der über die Wagen, H.[ühnlein] über die Menschen verfügt. Bei uns i. Ministerium reiben sich die Kompetenzen knirschend und vernehmlich. Marrenbach berichtet über Einsatz der DAF. Frauenfeld stellt sich vor als kommender Gen[eral] K.[ommissar] für die Krim. Hasensteck berichtet über Arbeit in der Ukraine. Hasselblatt entwickelt kluge Gedanken über Behandlung der Ostvölker. Er wird für viele Fragen nützlich sein können.[724]

---

723 Wahrscheinlich Witting, Walter (1879–1947); Offizier; 1940–41 im OKW-Wehrwirtschafts- und Rüstungsamt.

724 Runte, Ludwig (1896–1958); 1932 NSDAP-Beitritt; 1935–41 Regierungspräsident in Arnsberg; 1941–44 Leiter der Hauptabt. II (Verwaltung) im RMfdbO. – Hühnlein, Adolf (1881–1942); 1923 Teilnehmer am »Hitler-Putsch«; 1927 Chef des SA-Kraftfahrwesens; 1930 Gründung des SA-Motortrupps und NS-Automobilkorps; seit 1933 NSKK-Korpsführer; seit 1939 BVP-Beauftragter des motorisierten Transports. – Schell, Adolf von (1893–1967); Offizier; seit 1938 Generalbevollmächtigter für das Kraftfahrwesen beim BVP; 1939 Urheber des »Schell-Plans« zur Vereinheitlichung der dt. Automobilproduktion im Krieg. – Marrenbach, Otto (1899–1974); 1928 NSDAP-Beitritt; 1938–45 Stabsleiter der DAF; 1942 SS-Brigadeführer. – Frauenfeld, Alfred Eduard (1898–1977); 1929 Beitritt zur österr. NSDAP; ab 1936 MdR und Tätigkeit im AA; 1940–42 diplomatische Tätigkeit im dt. besetzten West- und Südosteuropa; 1942–44 Generalkommissar von Taurien (Krim) im RKU. – Hasensteck: Gemeint ist wahrscheinlich Hasenöhrl, Hans Xaver (1891–1943); 1932 Gründer der NSDAP-Auslandsorganisation in

Am 3. X. [1941] findet grosse Chefbesprechung bei Funk statt: Währungsfrage. Die »Sachverständigen« hatten vor der Aktion für den ganzen Ostraum den R[eichs]-Kreditkassenschein vorgesehen. Ich hatte schon im Mai eine deutsche Rubel-Noten-W.[ährung] für das eigentliche Russland gefordert. Jetzt stand d[as] Ostland zur Debatte. Mark oder Gulden? Höhe d. Währungsdifferenz? Wir verteidigen die Reich-Kredit-Scheine als Übergang zur Mark, was sich auch ziemlich durchsetzte.[725] Funk fiel bei Göring später prompt um, der eine Krisenwährung 2:1 vorschlägt. Praktisch nicht durchführbar. Die Sache liegt auch eben noch auf Eis, das Eingefahrene geht weiter.

Renteln: Besuch über lit. Selbständigkeitsbewegungen. Ich: Im Prinzip keine politischen Gruppierungen. – Dittloff: Bericht aus d. Ukraine. Er hat 8000 klm abgefahren. 50% Ernte, Nachlassen der Arbeitsfreudigkeit. Kein Geld gewünscht, sondern Waren. 30% der Trecker hergestellt. Er wünscht Arbeitsdienst der Jugend, Schulbuchverlag, wie er überhaupt für starke kulturelle Pflege der Ukrainer eintritt gegen die forcierten Kolonialmethoden, die Koch gar zu gern anwenden will. H[au]pt-[mann] K. Bauer[726] berichtet über das zu 80% zerstörte Smolensk.

Frau Scholz-Klinck: Einsatz u. Pflege d[eutscher] Frauen im Osten. Schlotterer: Bericht über Meinungsverschiedenheiten mit 4-Jahresplan, wo Neumann u. Gramsch das neue Ministerium garzu gerne umgehen möchten.[727]

Gen.[eral]K.[ommissar] Schoene berichtet (9. X. [1941]) über seine Arbeit in Podolien, Schwierigkeiten m. d. Wehrmacht. Er ist aber zukunfts-

---

China; 1934 Ministerialrat im RMVP; Gauamtsleiter; seit 1939 im Wirtschaftsstab Ost für Transportfragen zuständig. – Hasselblatt, Werner Richard Karl (1890–1958); dt.-estn. Politiker; 1923–32 Abgeordneter im estnischen Parlament; Vorstand der dt.-balt. Partei; ab 1931 Vorsitz des Verbandes der dt. Volksgruppen in Europa; seit 1932 Mithg. von *Nation und Staat*.

725 Nachträglich verbessert; vorher »den«.

726 Möglicherweise Bauer, Karl (1892–unbek.); 1941–43 Gebietskommissar von Borissow im GK Weißruthenien; 1944 als Mitverschwörer des 20. Juli vom Volksgerichtshof angeklagt.

727 Gramsch, Friedrich (1894–1955); dt. Ministerialbeamter; 1936–45 im BVP, Geschäftsgruppe Devisen; 1938–45 Ministerialdirektor; nach dem Krieg Hauptgeschäftsführer des Dt. Landkreistags.

freudig. Später ist er über die Regiererei von Koch höchst unzufrieden. Oppermann stellt sich vor als Gen.-K. für Nikolajew. Ist fest u. ruhiger Mann, der nicht so leicht zu erschüttern sein wird. Runte erzählt über Konflikt Ostland – Ukr. Es gibt wieder einmal etwas zu schlichten. Mit Reinhardt Besprechung über Verlagswesen u. entspr. Anordnungen.[728] Der rumänische Gesandte ladet ein. Ich spreche Frau Goga nach langer Zeit wieder (10. X. [1941]). Sie nimmt am Frauentag zu Berlin teil. Das Wichtigste: Antonescu will ja eigentlich Transnistrien nicht. Er will es nur als Karte für Umtausch gegen Transylvanien! Frau G.[oga] erzählt einiges noch Unbekannte über den Aufstand der Eisernen Garde. A.[ntonescu] habe wirklich nichts geahnt u. s[ei] mit Fr. Goga Schi fahren gegangen als er d. Mitteilung aus Bukarest erhielt. Man hatte nun seine Energie doch unterschätzt. Er sei ein ganz grosser Soldat, wie eine gespannte Sehne. Ein Streiflicht. Gesandter Neubacher kam mit einem Stellv.[ertreter] d. Führers d Eis.[ernen] Garde zu Antonescu, um ev. Frieden zu machen. Vor dem Eintritt untersuchte ein Soldat den Rumänen befehlsgemäss nach Waffen. Und fand einen geladenen Revolver! Offenbar sollte Antonescu während der Unterredung ermordet werden.

Am 23. X. [1941] Erste Besprechung über d. Plan eines zentralen Planungsstabes für die Gesamterschliessung d. Ostens.

Harder berichtet über neue panturanische Bestrebungen. Nuri Pascha, Bruder von Enver Pascha, ist hier am Werke.[729] Offenbar mit Wissen

---

728 Schoene, Heinrich (1889–1945); 1925 NSDAP-Beitritt; seit 1933 MdR; 1934–42 Polizeipräsident von Königsberg in Ostpreußen; 1941–44 Generalkommissar von Wolhynien-Podolien im RKU. – Oppermann, Ewald (1896–1965); seit 1933 Leiter der Fliegerlandesgruppe I (Ostpreußen) im Dt. Luftsportverband; 1941–44 Generalkommissar von Nikolajew (Mykolajiw/Mykolaiv) im RKU. – Reinhardt, Fritz (1895–1969); 1923 NSDAP-Beitritt; 1929–31 Gauleiter von Oberbayern; 1933–45 Staatssekretär im RFM, zugleich 1934–41 Hauptdienstleiter im Stab des StdF; 1945–49 Haft.

729 Nuri Paşa (1881–1949); türk. Offizier und Geschäftsmann; 1918–38 in Dtld.; danach Betreiber einer Waffen- und Munitionsfabrik bei Istanbul; seit 1941 Kontakte mit Franz von Papen (dt. Botschafter in Ankara) zur dt. Unterstützung des Panturanismus; Beteiligung an der Gründung der Turkestanischen Legion der SS. – Enver Paşa (1881/82–1922); türk. Offizier und Politiker; Mitglied des Komitees

der Türkei. Wieder gefördert vom unglückseligen v. Hentig vom A. A., dessen Bemühungen wir schon mehrfach lahmlegen mussten. Er sollte sogar Gesandter in Kabul werden. Durch eine Denkschrift von mir beim Führer hat dieser diese Ernennung zurückgezogen. In Syrien wollte v. H.[enting] eine Araberfront mit Hilfe der christlichen Libanoner herstellen!

Kasche kommt, SA Obgr. Benecke stellt sich vor.[730] Soll nach [unleserlich] – aber das steht noch in einiger Ferne. Er ist jedoch zukunftsfroh. Wie alle alten N. S., die auf Vorposten in den Osten sollen.

Am 3. XI. [1941] kommt der dänische Minister Larsen.[731] Ob dänischer Einsatz erwünscht sei. Ich bejahe: die Dänen seien ausgezeichnete Ingenieure, Leiter von Molkereien usw. Es soll ein dänischer Ausschuss gebildet werden. – Auf Grund dieses Gespräches habe ich im Einvernehmen mit Renthe-Fink den Vertreter d. Nordischen Gesellschaft in Kopenhagen beauftragt, mit Larsen Fühlung zu nehmen. Alle germanischen Völker sollen im Osten interessiert werden. Zunächst einzeln, später als Siedler. Nicht nach Amerika, in den wilden Osten soll nach d. Krieg die Auswanderung gehen. Dort, wo einst die Goten herrschten.

Die Mitarbeiter von Dr. Leibbrandt berichten über ihre Arbeit: Kriegsgefangenenbetreuung. 28 Kommissionen. Getroffene Auswahl: 1000 Chauffeure, 6000 Landwirte usw. Dann die Kartenzeichnungen: Verwaltungsgrenzen. Die Passtelle [sic] hatte 4000 Anträge zu bearbeiten. Todt, Monopolgesellschaften schreien nach russischen Emigranten. Ich habe bisher noch keinen in den Osten gelassen.

Dr. Bräutigam berichtet (4. XI. [1941]) über Eindruck von Kochs Rede b. d. Offizieren des OKH [Oberkommando des Heeres] u. OKW. K[och] wolle scharfe Kolonialpolitik. Er würde sich von Berlin nichts vorschreiben lassen. Er ginge zum Führer ohne Benehmen mit dem Ministerium. In Berlin sässen nur Ideologen.

---

für Fortschritt und Einheit (»Jungtürken«); 1914–18 als Kriegsminister mitverantwortlich für den Genozid an den Armeniern; 1918 Exil in Berlin; 1920 Mitinitiator eines antisowj. Aufstands in Buchara.

730 Bennecke, Heinrich (1902–1972); 1922 NSDAP-Beitritt; 1934 SA-Gruppenführer und Leiter des SA-Hochschulamtes; 1936 MdR; SA-Obergruppenführer.

731 Larsen, Gunnar (1902–1973); 1940–43 dän. Minister für öffentliche Arbeit.

Als ich K. später darüber zur Rede stellte, leugnete er. Von anderer Seite erfuhr ich genau das gleiche. Der Bramarbasierer ist sich also gleich geblieben. Ich machte d. Führer später eine Andeutung darüber (14. XII. [1941]), u. bat, Koch nur in meiner Gegenwart zu empfangen. Der Führer stimmte sofort zu.

Neumann kommt wegen der Konzession für die Continental-A. G. für alle östlichen Gebiete. Er stellt sich das so vor, dass ich einem Erlass von Göring nur zustimme. Meine Vollmacht auf Rechtsetzung will er immer noch nicht so recht zur Kenntnis nehmen. – (Nachher habe ich das mit Göring geregelt: eine Konzession auf Dauer kann nur von mir geregelt werden. Somit müssen wir beide zeichnen: G.[öring] für die Kriegswirtschaft[,] ich für die spätere Zeit. Die Urkunde liegt in diesem Sinn von mir ~~ab~~gezeichnet bei Göring).

Epp stellt mir die Mitarbeiter des Kolonialpol. Amtes zur Verfügung[732]

Im Killy-Ausschuss geht das Tauziehen um Einstufung u. Besoldung der Ost-Beamten weiter.[733]

Die Karten über Grodno werden vorgelegt.[734]

Min[isterial]-Dir[ektor] Klopfer kommt u. verspricht beste Zusammenarbeit m. d. Partei-Kanzlei.[735]

Gohdes: erklärt sich für Georgien bereit.[736]

---

732 Epp, Franz Xaver Ritter von (1868–1946); 1919 Führer des Freikorps Epp; 1928 NSDAP-Beitritt; 1933 Reichskommissar in Bayern; seit 1934 Leiter des Kolonialpolitischen Amtes der NSDAP.

733 Killy, Leo (1885–1954); 1932 NSDAP-Beitritt; 1933–44 als stellvertretender Staatssekretär in der Reichskanzlei u. a. zuständig für die Koordinierung von Zwangsarbeitsprojekten; im Nov. 1944 als »Mischling 2. Grades« aus dem Staatsdienst entlassen.

734 Grodno (Hrodna), Stadt in Weißrussland; unter dt. Besatzung Teil des Verwaltungsgebiets Białystok.

735 Klopfer, Gerhard (1905–1987); 1933 NSDAP-Beitritt; seit 1935 im StdF/Parteikanzlei; 1942 Staatssekretär und Stellvertreter Bormanns; Teilnehmer der Wannsee-Konferenz; 1944 SS-Gruppenführer.

736 Gohdes, Otto (1896–1945); seit 1933 Reichsschulungsleiter der NSDAP und der DAF; MdR; seit 1936 Kommandant der Ordensburg Krössinsee.

8. [6.?] XI. [1941] Besprechung b. Reichsmarschall über Einsatz d. Kriegsgefangenen u. Sicherung der Rechte der R[eichs]-K.[ommissare] gegenüber d. Monopolgesellschaften.

Gegen das »Protokoll« haben wir energisch protestieren müssen, da die Herrn vom 4-Jahresplan die von ihnen gewünschten »Schlussfolgerungen« als Ergebnis aufzuschreiben wagten. Tendenz: Beschneidung der Finanzhoheit des R[eichs]-Ministers Ost.

Selzner übergebe ich seine Bestallung als Gen[eral]-K[ommissar] für Dnepropetrowsk u. spreche eingehend über s. Aufgaben.[737]

Bundt [unleserlich] bewirbt sich für die Zukunft in Ingermanland u. hat eine lange, recht gut überlegte Denkschrift über den wirtsch[aftlichen] Aufbau niedergelegt.[738]

Dr. Leibbrandt berichtet über die Besuche Tschokajs, des ehem. Führers der Turkestaner, in den Gef.[angenen]-Lagern.[739] 90% seien gegen Russland, sofort bereit, gegen Moskau zu kämpfen. Schulrat Kienzler[740] entwickelt den Plan für die Oberschulen i. Ostland u. das Sch[ul]-wesen i. d. Ukraine. Gen[eral]-Post Kommissar Ritter stellt sich vor. Rücksprache über Zusammenarbeit m. d. R[eichs]-Postministerium.

18. XI. [1941][741] Gen[eral]-Dir.[ektor] Hartmann kommt; werde ihn zum Direktor der Emissionsbank i. d. Ukraine einsetzen.[742]

Litzmann: Gespräch über d. Umbau von Reval. Alte Klage, dass die S. S. schon wieder eingreifen will mit eigenen Plänen. Natürlich für sich. Feststellung, dass sie nur innerhalb d. Gesamtplanung ~~zu~~ bauen dürfe.

Dr. Dittloff klagt (20. XI. [1941]) über d. destruktive Politik Kochs, Verschwendung des bisherigen Vertrauens. Keine klaren Anweisungen.

---

737 Selzner, Claus (1899–1944); 1925 NSDAP-Beitritt; seit 1932 MdR; 1933 stellvertretender Reichsobmann; Organisationsleiter der DAF-Reichsleitung; Leiter der Organisationsabt. der NS-Gemeinschaft »Kraft durch Freude«; 1941–44 Generalkommissar von Dnepropetroswk im RKU.

738 Ingermanland, Region südlich des finn. Meerbusens um Leningrad (St. Petersburg). – Bundt nicht ermittelt.

739 Shokay (Chokai), Mustafa (1890–1941); kasach. Exilpolitiker, der sich für ein unabhängiges Turkestan einsetzte.

740 Vermutlich Kienzlen, Oskar (Lebensdaten unbek.); 1941–43 für das RMfdbO mit der Errichtung von Aufbauschulen im RKO betraut.

741 In dieser Tagebuchaufstellung fehlt der Hinweis auf Rosenbergs Rede am 18. 11. 1941 (siehe Dokument 13 in diesem Band).

742 Ritter und Hartmann nicht ermittelt.

Bürgermeister Kiew ohne Instruktion. Wie stehe es mit landwirtsch. Fachschulen? Ev. kaserniert in Deutschland? Notwendig ein ukr. Buchverlag!

Gen[eral]-L[eutnan]t Witting Bericht über Lage Ukr. Gesandter Wuorimag, früher Berl.[in] jetzt Budapest kommt aus alter Bekanntschaft u. ist sehr gerührt über die grosse Hochschätzung der Finnen.[743]

Schlotterer: Frage der Filmproduktion im Osten wird besprochen.

Gen[eral]-Kon.[sul] Windecker ~~Besu~~ Meldung vor der Abfahrt als Vertreter d. A. A. Riga.[744] – Ausarbeitung einer Denkschrift a. d. Führer über d. türkische Legion. Begründung, dass dies für die Turkvölker allein nicht möglich. Dann müssten auch die Kaukasier eine Legion erhalten.

Diese Denkschrift hat später den Erfolg, dass der Führer Verbände der kaukasischen Völker anordnet.

Brig.[ade]F.[ührer] Freund[t] tritt s. Reise als mein Vertreter b. d. Heeresgruppe Süd an. Nähere Instruktionen. Gauleiter Eigruber bittet um Berücksichtigung s. Vorschläge f. d. Osten.[745]

Kommt ein Bericht über Reise eines Mitarbeiters nach Rowno.[746] Koch nur 8 Tage dagewesen. Viele Jagden durchgeführt u. nicht zu sprechen gewesen.

Schlotterer macht Meldung über die Zustände in Weissruthenien. Schmeer will grösseres Territorium für s. Gen[eral]-K.[ommissariat] haben. Gesandter Saucken meldet sich vom AA.[747] Dienstantritt b. Koch. Ich sage ihm, dass er dort wenig zu tun haben wird. Offenbar hat das AA. noch immer d. Hoffnung in die Gestaltung der Dinge hineinreden

---

743 Wuorimaa, Aaarne Artur (1892–1975); finn. Diplomat; 1928–33 Gesandter in Estland; 1933–39 in Berlin, 1940–44 in Ungarn und Bulgarien.

744 Windecker, Adolf von (1891–1974); 1933 NSDAP-Beitritt; seit 1937 Führer der NSDAP-Landesgruppe Holland; 1938/39 Generalkonsul in Singapur, dann in Bukarest; 1941 Vertreter des AA beim RKO.

745 Eigruber, August (1907–1947); 1922 Beitritt zur »NS-Arbeiterjugend Österreich«; 1928 wg. NSDAP-Mitgliedschaft Inhaftierung; 1936 Gauleiter; 1940 Reichsstatthalter Oberdonau; 1943 SS-Obergruppenführer; im Mauthausen-Prozess 1946 zum Tode verurteilt.

746 Rowno (Riwne); unter dt. Besatzung Dienstsitz des RKU.

747 Saucken, Hans von (1893–1966); 1936 NSDAP-Beitritt; 1937–40 kommissarischer Leiter am Generalkonsulat Hankau und am Konsulat Tsingtau; 1940–45 Konsul in Tsingtau; 1951–58 im Generalkonsulat New York.

zu wollen. Was d. arme S.[aucken] dort in Rowno zu tun bekommen wird, ist mir gänzlich unerfindlich.

Am 9. XII. [1941] habe ich Koch in Bearbeitung. Möglichst schonend, aber klar. Mache ihn auf Nicht-Durchführung versch. Dinge aufmerksam. Er verspricht Loyalität.

Mit Gauleiter Wachtler [Wächtler] längere Unterredung über Schulbücher, Lager d. volksdeutschen Lehrer d. Ostens im Reich. Was er sich erbietet durchzuführen. Er will auch die d[eutschen] Lehrer f.d. Osten auswählen.

General d. Fl.[ieger] Kitzinger berichtet über die Schwierigkeiten: Koch schon 6 Mal m. neuer Vertretung.[748] Keine Soldaten zur Durchführung der Druschaktion. Die Gefangenen sterben an Hunger u. Frost.

Dies alles ist nur ein kl. Querschnitt durch die Arbeit der letzten Monate. Daneben läuft die tägl. Besprechung über Veränderungen, pers[onellen] Aufbau, Klagen, Verhandlungen m. andern Ministerien. Dazu die Arbeit des Partei-Amtes. Hier habe ich 6 Vorträge in m. Schulungshause gehalten, wo Kurse über den Sinn dieses Krieges abgehalten wurden. Dann Besprechungen über m. Einsatzstab, der heute in ganz Europa arbeitet. Aus Frankreich laufen Bibl.[iotheken] u. Kunstwerke ein, dergl. aus Griechenland. Die Athos-Republik ist zum ersten Mal genau erforscht worden m. sehr interessanten Ergebnissen. Sie ist der letzte Niederschlag des orientalischen echten Christentums. Ein mir übergebenes Album klärt sehr auf. 1800 Aufnahmen werden von Prof. Dölger wissensch. verarbeitet werden.[749] In Holland u. Belgien gehen Untersuchungen weiter. Im Osten werden Kiew u.a. Städte überprüft. Prof. Harder gräbt i. Griechenland (Chalkis), Stampfuss auf Kreta.[750] – Lange

748 Kitzinger, Karl (1896–1962); 1934–36 Luftzeugmeister im RLM; 1941–44 Wehrmachtsbefehlshaber Ukraine; danach 1944 Militärbefehlshaber in Frankreich; 1945–47 brit. Kriegsgefangenschaft.

749 Dölger, Franz (1891–1968); Byzantinist; 1931–58 Prof. für Philologie an der Universität München.

750 Harder, Richard (1896–1957); Philologe; 1937 NSDAP-Beitritt; 1930–41 Prof. in Kiel; 1940–44 Hg. der Zeitschrift *Gnomon*; seit 1941 Leiter des »Instituts für Indogermanische Geistesgeschichte« an Rosenbergs »Hoher Schule«; Ausgrabungen finanziert durch ERR; 1943 Gutachter zu den Flugblättern der »Weißen Rose«; seit 1952 Prof. in Münster. – Stampfuß, Rudolf (1904–1978); dt. Prähistoriker; 1933 NSDAP-Beitritt;

Schreibereien m.d. Reichsschatzmeister über Finanzierung der Aussenstellen der Hohen Schule. Viele Rücksprachen mit deren Leitern. Prüfung d. Abzüge f.d. »Weltkampf« – Kommt Vorbereitung der Weltansch.[aulichen] Feierstunden, dann meine Rede am 21. über Paul de Lagarde. Eine Rede auf D.[ietrich] Eckart f.d. 26. Dezember. Rede a.d. Sozialpolitischen Tagung. – Besprechung über Durchführung versch. Kunstausstellungen: (Maler der Front). Lange Unterredungen über die geplante grosse Ausstellung »Souveränität Europas«, die erst im April, dann für den 3. Sept. 1942 vorgesehen ist. Hier soll die Einheit u. Verteidigung unseres Kontinents durch alle Jahrhunderte dargestellt werden. Eine ganz ausserordentlich umfassende u. einmalige Arbeit.

Auswärts habe ich nur ein Mal gesprochen: im Stadion des viel bombardierten Bremen.

Abends dann: Durchsicht mitgebrachter Akten, Aussprachen mit Lohse, 2 Mal auch mit Koch. Abends bei mir: Dorpmüller, Todt, Schwerin usw.[751]

Dieses Jahr war also angefüllt mit Arbeit wie selten. Nach den ersten grossen Schwierigkeiten – kamen andere. Neue Gebiete werden übernommen, Probleme ändern sich, da die Form des Krieges sich geändert hat. Am 24. 12. [1941] erzählt mir ein Offizier aus Reichenaus Stab vieles, was ich ähnlich beurteile u. dem Führer als Aktennotiz über d. Zustand der rückwärtigen Heeresgebiets sende.

Es wird ein harter Winter werden.

---

seit 1940 im ERR, u.a. mit Ausgrabungen beschäftigt; 1941–43 im RMfdbO zuständig für Vor- und Frühgeschichte.

751 Dorpmüller, Julius (1869–1945); Ingenieur und Politiker; 1926–45 Generaldirektor der Dt. Reichsbahn; 1933 Beiratsvorsitzender des Unternehmens Reichsautobahnen; 1937–45 Reichsverkehrsminister; 1941 NSDAP-Beitritt. – Schwerin von Krosigk, Lutz Graf (1887–1977); Finanzpolitiker; 1932–45 Reichsfinanzminister; Mitglied der Akademie für deutsches Recht; Mai 1945 »Leitender Minister« im Kabinett Dönitz; 1949 Verurteilung im Nürnberger Wilhelmstraßen-Prozess zu zehn Jahren Haft; 1951 entlassen.

1942

Berlin, den 14. Juli 1942[752]
R/H.

Vermerk
über Besprechungen im Führer-Hauptquartier in der Zeit
vom 7.–10. Juli 1942.

Am 7. 7. vormittags längere Unterredung mit Dr. Lammers. Er legte mir Entwürfe der AA. über unser gegenseitiges Verhältnis in den Fragen des Ostens vor. Es handelte sich vor allen Dingen um die Arbeit des AA. in kaukasischen Angelegenheiten. Ich schilderte Dr. Lammers die in meinem Brief bereits erwähnten Einzelheiten und erklärte, dass ich hier das AA. nicht für kompetent halte.

Am Nachmittag fand in Gegenwart von Dr. Lammers eine längere Unterredung mit dem Reichsführer SS Heinrich Himmler statt.[753] Es zeigte sich, dass Himmler doch eingesehen hatte, in verschiedenen Verordnungen und in der Form der Vertretung nicht richtig vorgegangen zu sein. Ich führte alle die Einzelheiten an, die sich aus unserer Abmachung vom 19. 11. 41 ergeben hatten, vor allen Dingen die Erlasse vom 16. 1. 42.[754] Ich erklärte es als unmöglich, wenn in dienstlichen Erlassen

752 Maschinengeschriebenes Original (17 S.) in USHMMA RG-71 Acc.2001. 62.14 (als Durchschrift auch in USHMMA RG-71 box 380). Handschr. Anstreichungen (Bleistift) am Textrand. Die Herausgeber haben den Vermerk an dieser Stelle (und nicht im Teil III) aufgenommen, da er in tagebuchartigem Stil geschrieben wurde und hilft, die zeitliche Lücke in den Tagebuchnotizen zwischen Ende 1941 und Okt. 1942 zu überbrücken.

753 Siehe auch Witte u. a., *Dienstkalender*, S. 479.

754 Siehe Dokument 15 in diesem Band sowie USHMMA RG-14.017M (BAB R 6/9).

des Chefs der Deutschen Polizei ein Einvernehmen mit mir behauptet würde, wobei ich nicht einmal einen Entwurf eines solchen Erlasses gesehen hätte. Ferner wäre es nicht angängig, dass der Erlass des Führers, in dem festgelegt wird, dass Verfügungen des Chefs der Deutschen Polizei allgemeiner Art über den Reichsminister Ost zu leiten seien, nicht eingehalten worden ist. Ich wies ferner auf den Religionserlass des Polizeiführers Kiew und auf einen Befehl des Polizeiführers Nikolajew hin, in dem dieser eine sehr bedenkliche Wendung gebraucht habe, wonach das Einvernehmen mit Gebietskommissaren am schnellsten dadurch herzustellen wäre, wenn diese keine Polizei mehr hätten. Himmler sah jetzt die Unmöglichkeit des Fortdauerns eines solchen Zustandes ein und erklärte sich bereit, hier in einer neuen Form das ganze Verhältnis zwischen politischer Führung und Polizei im Osten zu bereinigen. Namentlich wurde vorgesehen die Umarbeitung der Erlasse vom 16. 1. 42. Himmler betonte, dass in jeder Stufe die Polizei der andere Arm des entsprechenden Kommissars sein müsse. Ich sagte, dass darüber schon gesprochen worden sei, dass nunmehr aber auch dieses Bild wirklich zur Anwendung kommen müsse. Himmler verglich darauf das Verhältnis des Gebietskommissars zum Polizeiführer nicht mehr mit dem Verhältnis zwischen Oberbürgermeister und Polizeipräsident, sondern zwischen Landrat und Polizei, wonach der Landrat den Polizeichef bedeute, d. h. dass ihm die Polizei unterstellt sei. Über das Verhältnis zwischen Standortführer und Stadtkommissar bzw. Gebietskommissar erklärte Himmler, dass hier tatsächlich noch ein Loch bestünde. Es wurde ausgemacht, dass Standortführer nur in grossen Städten eingerichtet werden sollen und dass, da sie den entsprechenden Stadt- bzw. Gebietskommissar unterstellt werden müssten, hier noch eine Form zu finden wäre (wegen der vorhandenen Rechte der Standortführer).[755]

Im Laufe des Gesprächs wies ich noch darauf hin, dass es auch nicht möglich sei, dass Himmler auf seinen Besichtigungsreisen Gedanken oder Befehle äussere, die zweifellos politischer Natur seien; denn das wirke sich dann dahin aus, dass die Polizeiführer von sich aus diese Ge-

---

755 Himmlers Konzilianz hielt nicht lange an: Im Oktober ließ er seine Zustimmung zu einem Erlass zur Zuständigkeitsabgrenzung mit dem Ostministerium an Berger weiterleiten mit der Bemerkung, Rosenbergs Ministerium könne ihm ansonsten »den Buckel herunterrutschen« (Brandt an Berger, 9. 10. 1942; BAB NS 19/1704, Bl. 48).

danken in Befehle kleiden und herumschicken. Ich habe dabei namentlich [an] den Befehl des SS- und Polizeiführers in Lettland gedacht, der bei lettischen Behörden auf Grund einer Äusserung Himmlers angefragt hätte, ob die Kinder der Verschleppten eindeutschungsfähig seien oder nicht. Himmler missbilligte das Vorgehen insofern, als Schreiben an lettische Behörden gegangen seien. Ich betonte aber, dass darüber hinaus die Frage, ob eine Eindeutschung stattfinde oder nicht, eine Frage unserer politischen Hoheitsrechte sei. Vor allen Dingen aber könne die Polizei von sich aus hier nicht vorgehen.

Es kam dann zur Sprache das Verhältnis zum Reichskommissar für die Festigung deutschen Volkstums. Dr. Lammers verlas den Erlass des Führers in dieser Angelegenheit in Bezug auf das Generalgouvernement. Ich erklärte, dass ich diesen Erlass kenne, dass wohl aber die staatliche Struktur im Osten eine andere sei als im Generalgouvernement. Ich verwies dann auf den ersten praktischen Versuch in Litauen. Danach sei der Generalkommissar in Kauen[756] der Beauftragte für die durchzuführende Siedlung. Er bilde einen Ansiedlungsstab aus unseren Vertretern und Vertretern des Festigungskommissars. Hier würden alle Fragen besprochen, die hoheitsrechtliche Regelung erfolge durch den Generalkommissar, die praktische Durchführung durch den Generalkommissar als Sonderbeauftragter mit dem Ansiedlungsstab. Himmler führte des längeren aus, dass er in diesen Jahren ja eine grosse praktische Erfahrung gesammelt hätte, dass er sich das so denke: seine Stäbe, mit allen praktischen Vorbereitungen vertraut, könnten eingesetzt werden, und wenn dann ihre Arbeit beendet sei, würden sie in ein anderes Gebiet ziehen, um dort die gleiche Arbeit durchzuführen. Wenn man das nicht durch derartige praktisch vorbereitende Kolonnen täte, würde man nie zu einer schnellen Siedlung kommen. Die Frage, ob und wo zu siedeln sei, wäre eine politische Angelegenheit, die ausschliesslich dem Reichsminister Ost unterstände. Wenn das entschieden sei, müsse dann die praktische Arbeit einsetzen. Er halte meinen allerersten Vorschlag auch heute noch nicht für richtig, denn wenn ich eine Siedlungsabteilung im Ministerium einbaue, könne er ja praktisch gar nichts tun.

756 Kaunas (Kowno), Stadt in Litauen.

Er glaube, auch hier eine andere Form suchen zu müssen. Ich machte darauf den Vorschlag, dass in meinem zentralen Planungsstab neben den anderen Ausschüssen auch noch ein Siedlungsausschuss gegründet werden soll. Himmler schlug als Vorsitzenden Professor Conrad Meyer vor, was ich akzeptierte.[757] Somit wurde Prof. Meyer als von uns gemeinsam zur Leitung des zu gründenden Siedlungsausschusses bestimmt.

Nach dieser Unterredung wurden Generaloberst Daluege und Dr. Leibbrandt hinzugezogen, und Dr. Lammers wurde gebeten, ein Protokolle aufzusetzen.[758]

Am 8.7. vormittags besuchten Dr. Lammers und ich den Reichsaussenminister, um die schwebenden Fragen unseres Verhältnisses zu bereinigen. Um manche Missverständnisse vorwegzunehmen, führte ich aus, dass selbstverständlich alle deutschen Interessen einschliesslich der Interessen der Ostgebiete gegenüber dem Auslande nur vom AA. vertreten werden könnten. Gleicher Weise sei auch die deutsche Aussenhandelspolitik ein Mittel der Aussenpolitik. Falls also das auswärtige Interesse Deutschlands einen Handel irgendwo notwendig erscheinen lasse oder andererseits eine Drosselung wünschenswert sei, so würden sich auch die Wirtschaftsinteressen der Ostgebiete danach zu richten haben. In der praktischen Durchführung jedoch müsse innerdeutsch eine Sicherung dafür gegeben werden, dass die Form des Handels mit den besetzten Ostgebieten und die Durchführung der Probleme der Ostgebiete auch vom Ostminister bestimmt werden. Dies sei auch die Ansicht des Vierjahresplans und des Wirtschaftsministeriums. Ribbentrop führte aus, über das erste könnte überhaupt keine Debatte bestehen. Das AA.

---

757 Meyer (-Hetling), Konrad (1901–1973); 1932 NSDAP-Beitritt; seit 1934 Prof. für Agrarpolitik an der Berliner Universität; 1936 Vizepräsident der Deutschen Forschungsgemeinschaft; seit 1940 Zusammenarbeit mit dem RSHA zur »Germanisierungs«-Planung (»Generalplan Ost«); 1941 SS-Oberführer und Amtsleiter beim RKF; 1956–68 Prof. an der TH Hannover.

758 Daluege, Kurt (1897–1946); 1922 NSDAP-Beitritt; 1933–36 Chef der preuß. Polizei; 1936–45 Chef der Ordnungspolizei; 1942–43 stellvertretender Reichsprotektor für Böhmen und Mähren; 1946 nach Todesurteil in Prag gehenkt.

habe selbstverständlich alle Verhandlungen mit dem Ausland zu führen und niemand anders. Er müsse den Brief von Dr. Ley über den handelspolitischen Ausschuss und den Ostausschuss als unannehmbar bezeichnen und ebenso meine Vorschläge gegenüber den von ihm gemachten Vorschlägen. Auch was die wichtige Frage, nämlich das Verhältnis zum späteren Kaukasus, anbetreffe, da könne er sich in keiner Weise mit meinem Standpunkt einverstanden erklären. Der Führer habe sich noch gar nicht entschieden, ob gegebenenfalls der Kaukasus ein Reichskommissariat wird oder ob dort Freistaaten entstehen würden. Bis dahin müsse er sich durchaus vorbehalten, für den letzteren Fall die Vorbereitungen zu treffen. Ich erwiderte ihm, dass im Prinzip naturgemäss eine souveräne Freiheit der Kaukasusländer nicht in Frage kommen könnte. Der Führer habe bereits einen Militärsbefehlshaber ernannt und für die politische Leitung Persönlichkeiten vorgesehen, und die Vorbereitungen seien auf allen Gebieten wirtschaftlich, organisatorisch, medizinisch usw. voll im Gange. Ausserdem hätten wir durch unsere Kommissionen aus den Gefangenen die besten Elemente herausgesucht, und dadurch hätten wir mit der Wehrmacht gemeinsam die Legion aufzustellen helfen. Der Führer hätte die Form der kaukasischen Propaganda gebilligt, ferner hätte ich dem Führer die Fahnen und Symbole der Turkestaner und Georgier vorgelegt, die jetzt vor der Ausführung begriffen seien. Das AA. hätte aber kaukasische Emigranten aus allen Ländern nach Berlin berufen und offenbar Hoffnungen erweckt, die später nicht eingehalten werden können. Es bieten sich schon Georgier als kommende Regenten an und bitten sogar Deutsche, in ihr Wirtschaftsministerium einzutreten. Ribbentrop erklärte darauf, die Vorwürfe, die wir früher gegenüber dem AA. erhoben hätten, seien ja richtiggestellt worden, ich musste hier unterbrechen und sagte, dass das nicht der Fall sei, denn wenn das AA. betont hätte, es hätte mit uns Fühlung gehalten, dann hätte dies folgendermassen ausgesehen: nachdem wir monatelang die Vorbereitungen durchgeführt hätten, hätte sich das AA. der ganzen Gedanken und anderer Dinge bemächtigt. Auf unsere Frage, was denn eigentlich mit der Versammlung der Emigranten in Berlin sei, hätten wir nur eine ausweichende Antwort erhalten, und eines Tages seien Emigranten sehr bewegter Vergangenheit in feindlichen Ländern Gäste des deutschen Reiches im Hotel Adlon gewesen. Diese hätten dann in Berlin unter ihren Volksgenossen Vorträge gehalten, und nicht das AA. hätte uns darüber unterrichtet, sondern die Emigration. Das AA. hätte bis heute keine Mitteilung gemacht. Es stimme also in keiner Weise, dass das AA. eine Richtigstellung mitgeteilt hätte. Ribbentrop sah sich gezwungen, seiner Ansicht dahin Ausdruck zu geben, dass es gar nicht schade, wenn die Emigration etwas übertriebene Hoffnungen auf Kaukasien hätte, dadurch würde nur eine grössere Freiwilligkeit erreicht. Ich erklärte ihm darauf, dass die Hoffnungen höchstens vorübergehender Natur sein könnten. Wenn diese Emigranten nach Kaukasien kämen, würde dann ein Kampf der Alteingesessenen gegen diese Emigrantencliquen entstehen, und die Folge müsste notwendiger Weise sein, dass die Deutsche Wehrmacht diese Emigranten zu schützen bzw. Unruhen zu unterdrücken hätten. Es sei schon jetzt ein ungeheurer politischer Schaden angerichtet, und ich könnte das Vorgehen des AA. nicht mehr mitmachen. Ribbentrop erklärte sich bereit, dem Botschafter v. d. Schulenburg weitere Schritte zu untersagen.[759] Er schlug vor, dass bis zur Entscheidung des Führers ein Gremium gebildet würde, um die Probleme zu lösen. Ich erklärte mich mit dieser Stopordnung zunächst einverstanden, betonte aber, mir eine Entscheidung des Führers vorzubehalten.

Es entspann sich dann eine weiter ziemlich bewegte Unterhaltung über die Tätigkeit des AA. zu dem ganzen sowjetrussischen Problem. Ribbentrop sagte, das AA. habe das Recht, Flugblätter zur Zersetzung der russischen Räume zu machen. Ich erklärte ihm, ein Flugblatt sei im vergangenen Herbst einmal mit Dr. Leibbrandt abgesprochen worden, später aber nicht mehr, und im übrigen sei es nicht Aufgabe des AA., es sei vielmehr die Arbeit von uns im Einvernehmen mit dem OKW. Die kommende Gestaltung des Ostens hätte das Ostministerium einmal übernommen, und daher müssten auch die vorbereitenden Arbeiten im Einvernehmen mit dem AA. durchgeführt werden. Dies bestritt Ribbentrop durchaus und lehnte meine Formulierung in Bezug auf diese Frage ab. Die Frage blieb also offen.

In der Frage des Ostausschusses drängte mich Ribbentrop, doch meine Zustimmung dazu zu geben, in den zu bildenden Ostausschuss

759 Schulenburg, Friedrich-Werner Graf von der (1875–1944); Diplomat; 1934 NSDAP-Beitritt; 1934–41 Botschafter in Moskau; Befürworter des dt.-sowjet. Nichtangriffspaktes; 1941 Leiter des »Russland-Gremiums« des AA; 1944 Verhaftung und Hinrichtung im Gefolge des Attentats vom 20. Juli.

des AA. meinen Vertreter abzusenden. Ich erklärte ihm alle Schwierigkeiten, worauf er den Gesandten Schnurre hereinbat, der mich ebenfalls von der Richtigkeit dieses Ostausschusses zu überzeugen versuchte.[760] Er sagte, es hätte sich als zweckmässig erwiesen, dass der handelspolitische Ausschuss und die Regierungsausschüsse damit beauftragt würden. Ribbentrop äusserte, er sei schon einverstanden, dass bei manchen wichtigen Delegationen er einen Delegationsführer aus meinem Ministerium bestimmen würde. Ich erklärte mich damit einverstanden, liess mich aber nicht dazu bewegen, ihm meine grundsätzliche Zustimmung zu seinem Ostausschuss zu geben. Ich schlug vor, dass der Gesandte Schnurre mit Dr. Schlotterer gemeinsam den praktischen Weg suchen solle, um einerseits die Souveränität des AA. sicherzustellen, als auch die dringenden Wünsche, die aus dem Osten kommen, berücksichtigen zu können. So verblieb es.

Nach dem Mittag setzte ich mich noch mit Dr. Lammers in seinem Zuge zusammen, wo eine Niederschrift über das Vorhergegangene fertiggestellt wurde. Danach hätte ich gegen die Punkte 1–5 von Ribbentrop bisher keine Widersprüche zu erheben. Die Fragen des Ostauschusses, meiner Betätigung im Osten und das kaukasische Problem wurden also als offen geblieben hingestellt. Am Abend fuhren wir dann wieder in das Hegewaldhaus, wo noch einige Aussprachen mit Daluege und anderen Polizeioffizieren den Tag beschlossen.[761]

Am nächsten Tag [9. 7. 1942] fuhren wir dann zum Führer ins Hauptquartier. Am Vormittag hatte ich eine längere Unterredung mit dem Leiter der Parteikanzlei Bormann. Hier handelte es sich hauptsächlich um mein Verhältnis zu Dr. Ley in der Schulungsfrage; das Verhältnis seiner Dienststelle zum Hauptkulturamt in der Reichspropagandaleitung, zu einigen Personalfragen und der Beförderungsfragen der alten Mitar-

760 Schnurre, Karl (1898–1990); Diplomat; 1935 NSDAP-Beitritt; 1940–44 Gesandter und Leiter »Gruppe Ost« im AA; seit 1944 Leiter der Handelspolit. Abteilung im AA.

761 Hegewaldhaus, Himmlers Hauptquartier; siehe Lower, *Empire-Building*, S. 150–156. Gegenstand der Besprechung dürfte auch die Abstimmung zwischen Ordnungspolizei und Sipo/SD mit Rosenbergs Zivilverwaltung bei der seit Frühjahr wieder intensivierten Ermordung der jüdischen Bevölkerung in der besetzten Sowjetunion gewesen sein; siehe Longerich, *Endlösung*, S. 511 f.; Hilberg, *Vernichtung*, S. 386 ff.

Abb. 6 Besuch Rosenbergs in Kiew 1942. Rechts neben ihm Reichskommissar Erich Koch und Gauleiter Alfred Meyer

beiter im APA. Zum Mittag begrüsste mich~~t~~ der Führer lachend: »Nun, Sie haben ja jetzt Ihr Weltreich bereist.«[762] Ich erzählte ihm von meiner Reise in die Ukraine, vor allen Dingen auch über den Eindruck, den die Bevölkerung der Stadt Kiew gemacht hätte. Ich sei auf ein 60 km entferntes Staatsgut gefahren, um mir dort eine Aufbauarbeit anzusehen. Auf dieser ganzen Strecke seien lange Elendszüge dahingegangen, zerlumpte Menschen mit einem Sack auf dem Rücken, und in primitiven Karren schleppten sie Habseligkeiten ~~auf~~ vom Lande in die Stadt oder von der Stadt aufs Land. Stumpfsinnig gingen sie ihren Weg, nahmen gar keine Notiz von der Autokolonne. Hier zeige sich wohl noch eine 25jährige Nivellierung des menschlichen Instinktes. Kiew liege in seinem Zentrum in Trümmern, die Häuser seien über 50 Jahre nicht gestrichen, überhaupt nicht hergerichtet, auf fast allen Stufen sitze ein altes Weib, das stumpf vor sich hin blicke. Die Stadt selbst, was die neue Architektur der Sowjets betreffe, sei verpflastert mit einigen Riesenbauten.

762 Siehe Dokumente 20 bis 22 in diesem Band.

Diese, sicher mit einem grossen Arbeitseinsatz zusammengefügt, stören das alte Stadtbild sehr, sind im übrigen schlecht gearbeitet und nehmen in der ganzen Uferhöhe den Grössenmesser. Die Stufen, aus einem Mischstein gegossen, sind überall abgetreten und abgebröckelt. Die grossen Kapitele des Parteibaues in Kiew sind aus Gusseisen gemacht, die schon auf eine Entfernung von 30 Meter als voll verrostet erscheinen. Anders als in Kiew stellte sich die Bevölkerung in Dnjepropetrowsk vor. Sie war viel lebendiger, neugieriger, offenbar doch ein anderer Menschenschlag wie in Kiew von der früheren Intelligenz übriggeblieben war. Der Führer hörte aufmerksam diese Ausführungen an und belebte sie mit einigen Zwischenfragen. Dann kam er auf den Aufsatz von Major Cranz zu sprechen, der ihm gar nicht gefallen hätte, weil da ein Absatz drin stände, der vor zu grossem Optimismus warnte in Bezug auf die Versorgung der europäischen Völker.[763] Der Führer sagte, wenn man schon das Ausland am Osten interessiere, so sei es nicht zweckmässig, es gleich so abzuschrecken, indem man derartige Ausführungen auf der ersten Seite des VB. bringt. Am Nachmittag sprach ich mit General Jodl über das AA. und die Kaukasusfrage.[764] Auch er war ziemlich entsetzt über das Vorgehen des AA. – Das Abendessen beim Führer verlief ziemlich kurz. Der Führer war innerlich bewegt über die Erfolge im Nordmeer und über die Tätigkeit unserer U-Boote. Er kam immer wieder auf dieses Ereignis zu sprechen.

Am nächsten Vormittag fuhr ich zum Reichsmarschall. Es handelte sich zunächst um meine Forderung der Verwirklichung einer Zentralstelle für Ostforschung. Nachdem der Reichsmarschall den Vorsitz im Reichsforschungsrat übernommen habe und am 6.7. eine allgemeine Unterredung in Berlin durchgeführt hatte, schlug ich noch einmal den Gedanken einer Ostforschung vor und übergab ihm eine schriftliche Begründung. Meiner Anregung, auch eine Zentrale für weltanschauliche Forschung vorzusehen, konnte er nicht Folge leisten, weil dies

763 Möglicherweise handelt es sich um Carl Cranz, vergleiche zu ihm die Anmerkung 706 auf S. 419.

764 Jodl, Alfred (1890–1946); Offizier; seit 1938 Chef des Wehrmachtführungsamtes (1940 Wehrmachtführungsstab); 1941 an der Formulierung der »Barbarossa-Befehle« beteiligt; 1944 Generaloberst; 1945 Unterzeichner der dt. Kapitulation in Reims; 1946 nach IMT-Todesurteil gehenkt.

ausserhalb der ganzen Planung liege. Er müsse eine Form finden, die die gesamt wehrwirtschaftliche und technische Forschung vorbereite, und er fühle sich nicht kompetent für weltanschauliche Fragen, und das Amt des Vorsitzenden des Reichsforschungsrates sei das erste, was er nach dem Kriege wieder abgeben wolle.

Ich sprach dann über meine Differenzen mit Ribbentrop, und er[765] sagte, ich solle den Führer bitten, Ribbentrop jegliche Betätigung im Osten zu untersagen. Ich erzählte ihm dann einige Streiflichter aus der Ukraine, über die Arbeit und den Stand der Landwirtschaft. Ich streifte dabei kurz gewisse Selbständigkeitsbestrebungen und verwies, ohne einen Namen zu nennen, auf Koch als Vertreter solcher partikularistischer Bestrebungen.

Darauf fuhr ich wieder ins FHQu. zurück, wo in Gegenwart von Dr. Lammers der Vortrag beim Führer stattfand.

Ich gab dem Führer zunächst einen eingehenden Bericht über meine Reisen ins Ostland und in die Ukraine, über die Zustände in der Verwaltung, über den Grad der Einsatzfreudigkeit der verschiedenen Völker, über die Ergebnisse der Woll- und Metallsammlung, über die Fisch- und Holzaktionen in Estland und über die Gestellung der Gespanne in diesen Gebieten. Dann über den Einsatz der Holländer und die Reise von Rost von Tonningens, den der Führer im Unterschied zu Mussert offenbar auch höher schätzte.[766] Ich behandelte dann das Problem der städtischen Intelligenz im Ostland und andere Probleme, die ich in meinem Bericht über die Ostland- und Ukrainereisen näher beschrieben habe. Ich gab dem Führer dann eine detaillierte Schilderung der Persönlichkeiten in den verschiedenen Generalkommissariaten, was ihn sehr zu interessieren schien. Auch schilderte ich ihm einige Schwierigkeiten, die mit den Reichskommissaren vorhanden seien. Ich berichtete ferner von meiner Unterredung mit General v[on] Unruh und über manche

---

765 »Er« nachträglich eingefügt.

766 Rost van Tonningen, Meinoud Marinus (1894–1945); Politiker der niederl. Nationalsozialisten; 1936–40 Leitung der NSB-Parteizeitung *Het Nationale Dagblad*; 1940–41 NSB-Schulungsleiter; danach Gouverneur der niederl. Nationalbank; 1945 Suizid. – Mussert, Anton Adriaan (1894–1946); 1931 Gründer der NSB; nach dt. Besetzung 1940 Gründer der »Nederlandsche SS«; 1943 Kabinettschef unter Reichskommissar Seyß-Inquart; 1945 von niederl. Gericht zum Tode verurteilt.

Schwierigkeiten, die sich aus dieser Aktion ergeben hätten.[767] In Bezug auf Koch äusserte der Führer, dass nach der Entwicklung der Dinge Koch vielleicht nur einmal mit einem Drittel seines beanspruchten Territoriums rechnen könne. Vor allen Dingen müsse von vornherein die Reichsautorität klar begründet sein. Ich brachte in diesem Zusammenhang noch zwei Probleme zur Sprache. Erstens bat ich den Führer, mich zu bevollmächtigen, die Generalkommissare versetzen zu können. Ich führte aus, dass die Gefahr vorliege, dass sie sich zu sehr mit der Bevölkerung anbiedern können, dass in manchen Gebieten z. B. eine dynamische Persönlichkeit in ein unruhiges Gebiet zu setzen wäre, und dass es mir im übrigen überhaupt zweckmässig erschiene, eine solche Versetzung vorzunehmen. Ich schlug deshalb vor, im Prinzip eine solche Versetzung als etwas natürliches hinzustellen. Ich würde vorschlagen, dass der Führer diese Versetzungen nicht selbst vornimmt, sondern dass er dieses Recht auf mich delegiert. Der Führer stimmte zu, und es wurde ausgemacht, dass ich mit Dr. Lammers eine solche Regelung präpariere.

Ich berichtete weiter, dass die Reichskommissare und Generalkommissare immer wieder das Problem eines Stellvertreters aufwürfen. Ich hätte mich gegen eine Stellung eines stellvertretenden Reichskommissars gewandt. Ein solcher könnte nur wirklich eine ganze volle Kraft sein, das würde aber die Stellung der Generalkommissare drücken, die ja ihrerseits wieder aus ältesten Parteigenossen und hohen Rängen zusammengesetzt sind. Es müsste erst irgendeine Form gefunden werden,

---

767 Unruh, Walter Rudolf Moritz von (1877–1956); Offizier; 1941 Generalleutnant; seit 1942 OKW-»Sonderbeauftragter für die Überprüfung des zweckmäßigen Kriegseinsatzes« zur Militärrekrutierung, zunächst im RKO und RKO, später übergreifend (»General Heldenklau«). – Siehe zu den »Schwierigkeiten« die als »Geheime Reichssache« an Bormann (in Abschrift auch an Rosenberg) geschickten Berichte aus dem Stab Unruhs über Inspektionsreisen in die Reichskommissariate Ostland und Ukraine im Jahre 1942, die zu umfangreichen Stellenstreichungen in der Zivilverwaltung und anderen Dienststellen führten und die Zustände im Besatzungsgebiet kommentierten. So findet sich im Bericht Nr. 4 (gez. Hoffmann) vom 26. 5. 1942 scharfe Kritik an Generalkommissar Kube, der nach Aussage von Sipo und SD gerade im Umgang mit Juden »zu weich« sei und zugab, einmal Bonbons an jüdische Kinder verteilt zu haben (USHMMA RG-71 box 71).

vielleicht ein Stabsleiter, der die laufenden Geschäfte mache, ohne dabei der Dienstvorgesetzte der Generalkommissare zu sein. Der Führer ging darauf ein und meinte, solche Bildungen, wie der Reichsprotektor oder Generalgouverneur seien schliesslich Posten, die den Abschluss einer politischen Laufbahn darstellen. Reichsprotektor und Generalgouverneur seien Repräsentanten des Deutschen Reiches, die in ziemlich vorgerücktem Alter dorthin geschickt würden und wohl auch nicht auf die ganze Lebensdauer, sondern auf eine bestimmte Zeitdauer. Nun dürfe aber die Gesamtpolitik in diesen Räumen nicht evtl. persönlicher Temperamentsänderungen des Generalgouverneurs und Reichsprotektors anheim gegeben werden, sondern es müsse hier eine Stabilität der Reichspolitik gegeben sein. Er stelle sich das so vor, dass ein ständiger Staatssekretär sich dort einarbeite, der, zentral eingesetzt, die neue Linie zu sichern habe. Es sei für den Reichsprotektor und Generalgouverneur nicht immer angebracht, selbst die Unterhandlungen zu führen und sich festzulegen, sondern es ist besser, dies dem Staatssekretär zu überlassen. Etwas ähnliches könnte ja wohl auch für die Reichskommissare in Aussicht genommen werden, also eine Kanzlei, die die laufenden Geschäfte führe, wobei der vielleicht [als] Staatssekretär Benannte die Kontinuität dauernd sichere. Ich erklärte dem Führer, dass ich eine solche Entwicklung ja anbahne. Ich würde für den Fall der Durchführung nur vorschlagen, nicht den Begriff eines Staatssekretärs zu gebrauchen, sondern vielleicht den Begriff eines Reichssekretärs beim Reichskommissar und eines Generalsekretärs beim Generalkommissar usw. Der Führer stimmte zu und ich übernahm es, noch gegebene Vorschläge zu unterbreiten.

Ich sagte dem Führer ferner, dass von den Reichskommissaren der Gedanke mehrfach geäussert worden sei, dass die übrigen Reichskommissare, in Norwegen z. B., dem Führer unmittelbar unterständen, im Osten aber dem Minister. Sie selbst ständen ja im Range eines Ministers, so dass der Reichsminister Primus inter paris sein könne und nicht der Vorgesetzte. Der Führer äusserte über diese Haltung seinen Unwillen und fügte hinzu, die Reichskommissare – wie in Norwegen – seien ja nicht vorgesehen als Leiter eines unter deutsche Hoheit kommenden Gebietes wie im Osten, sie hätten daher eine ganz andere Funktion. Ich sagte ferner, ich könnte es bis zu einer gewissen Grenze verstehen, dass am Anfang solche Gedanken gross wurden, und ich hätte ja auch früher für meine Aufgabe eine andere Bezeichnung vorgeschlagen. Ich gestatte mir deshalb, folgendes anzuregen (ich hatte es Dr. Lammers schon vor der Besprechung gesagt), dass zwar das Ministerium als gesetzgebendes und exekutives Organ bestehen bliebe, dass aber ich persönlich eine Rangbezeichnung erhielte, die nach dem Osten gerichtet hier ein eindeutiges Verhältnis zeige. Früher wäre vorgeschlagen, Generalprotektor oder Präsident, das sei aber nicht zweckmässig. Der Name Reichsstatthalter, der an sich passend wäre, hätte aber innenpolitisch einen anderen Begriff erhalten. Ich schlage, falls der Führer sich eine solche Benennung überlegen wolle, den Namen eines Führerstatthalters vor. Ich bat den Führer, diesen Vorschlag gelegentlich zu überprüfen.

Nach Abschluss dieses Vortrages wurde das kaukasisches und gesamtrussische Problem aufgeworfen. Ich bat Dr. Lammers, als Neutraler über meine Unterredung mit Ribbentrop zu berichten und das Protokoll dem Führer vorzulegen. Der Führer liess Dr. Lammers nicht sehr lange Zeit zum Vortrag, nahm sich das Protokoll und erklärte gleich zu Anfang, eine solche Frage der Politik sei überhaupt kein Problem, das zwischen Ribbentrop und mir abgemacht werden könnte, sondern es sei schon von ihm überprüft. § 5 strich er aus und erklärte es für unmöglich, dass sich drei verschiedene Stellen mit dem kaukasischen Problem befassen. Ich führte des längeren aus, dass diese ganze Frage das AA. überhaupt nichts angehe; selbst dann, falls in Kaukasien souveräne Staaten entstehen sollten, hätte das AA. keinerlei Ursache, sich mit den Vorbereitungen zu präparieren. Kaukasien würde von der deutschen Wehrmacht besetzt werden, und erst dann, wenn eine solche Freiheit der Staaten eingeräumt werden sollte, könnte sich das AA. überlegen, welche Gesandten dorthin eingesetzt werden könnten. Bis dahin müsse das AA. die Finger davon lassen. Dr. Lammers brachte noch einmal die Begründung des Reichsaussenministers vor. Ich betonte, dass es gänzlich unmöglich sei, dass das AA., ohne mich zu unterrichten, Emigranten aus aller Welt in Berlin versammle. Diese würden, wenn das so weiter ginge, in das rückwärtige Heeresgebiet kommen, würden Emigrantenregierungen bilden, die von der Bevölkerung abgelehnt würden. Schon jetzt zeigen sich unüberbrückbare Spannungen zwischen der ansässigen Bevölkerung und den Emigranten, die sich als Rechtsnachfolger vergangener Zustände fühlen. Der Name des vom AA. als quasi georgischen Kronprätendenten lancierten Fürsten Bagration, der eine Polin zur Mutter und eine Georgierin zur Frau hätte, würde uns allein schon viele Feinde zuziehen.[768] Ein Führer einer rumänischen Delegation habe einen Mitarbeiter aufgesucht und geäussert, die kaukasische Legion hätte sich 1938 verpflichtet, nur gemeinsam mit der Emigration vorzugehen und einen gemeinsamen kaukasischen Staat zu gründen. Das sei aber das, was wir nicht wollten und daher untragbar. Die Fühlungnahme des AA. bestände darin, mir jedes Mal auf meine Fragen auszuweichen. Ich las dem Führer meine Formulierung vor, die er vorbehaltlos als richtig erklärte. Er gab Dr. Lammers die Anweisung, auf Grund des Vortrages, eine Anordnung des Führers auszuarbeiten. Damit war das ziemlich lange behandelte Problem eindeutig geklärt.

(In diesen Tagen schickte mir dann Dr. Lammers eine Abschrift des Briefes zu, den er Ribbentrop gesandt hatte, die an sachlicher Deutlichkeit nicht zu wünschen übrig liess.)

In der Frage des Ostausschusses unterrichtete ich den Führer über meinen Standpunkt und glaubte, vom Verhalten des Führers annehmen zu können, dass er im Prinzip zustimmte.

Es wurde dann die Krimfrage behandelt. Ich erklärte, dass nach meinem Dafürhalten Gauleiter Frauenfeld seine Vorbereitungen sehr gut und umseitig getroffen hätte. Ich verwies auf seine Denkschrift über die Ansiedlung der Südtiroler.[769] Der Führer gab hierzu seine volle Zustimmung, meinte aber, dass es schade sei, dass die Ansiedlung in ein Gebiet falle, dass von Tataren bewohnt sei. Ich führte aus, dass es auf der Völkerkarte so aussehen müsse. So hätte der russische Zar und der russische Adel stets grosse Besitzungen in der Krim gehabt, vor allen Dingen auch die Weinberge. Diese Gebiete müssen abgetrennt werden von dem tatarischen Eigentum, und wenn man dann die Tataren noch etwas zusammendrücke und die Griechen aussiedelt, so wäre Platz für die Südtiroler in dem Gebirge und den südlichen Tälern vorhanden. Der Führer kam noch einmal auf die Armenier zu sprechen und äusserte, er hätte immer angenommen, dass sie Schieber seien. Offenbar ist hier noch eine

---

768 Vermutlich Bagration (de Mukhrani), Fürst Irakly de (1909–1977); georgischer Adliger; seit dem sowj. Einmarsch im Kaukasus 1921 im europäischen Exil; Aktivist für die Unabhängigkeit Georgiens.

769 Siehe Witte u. a., *Dienstkalender*, S. 481.

alte Vorstellung beim Führer lebendig. Er betone, dass er manches hätte im Laufe der Zeit korrigieren müssen. Ich erklärte dem Führer, dass die armenischen Bauern und kleinen Handwerker seit Jahrhunderten in den Tälern sitzen, sie seien fleissige Leute und arbeitsfreudige Menschen, die vor allen Dingen einen guten Wall zwischen den Türken und Aserbeidshanern bilden.[770] Über die Form des Kaukasus schlug ich vor, hier den Begriff Reichskommisssar nicht zu verwenden, sondern legte dem Führer einige Namen zur Auswahl vor, entweder Protektor oder Reichsschutzherr, wobei z.B. Georgien nicht als Generalbezirk bezeichnet würde, sondern als Land. Der Führer erwähnte den Vorschlag eines kaukasischen Staatenbundes. Ich sagte dem Führer, dass ich anstelle Staatenbund die Bezeichnung kaukasischer Länderbund vorschlage, entsprechend der Bezeichnung Land Georgien, Land Armenien usw. Auch hier stimmte der Führer zu.

Abschliessend erwähnte ich den Wunsch, die Ausstellung in Helsinki noch zu verschieben und übergab dem Führer das Buch »Europa und der Osten«, um dem Führer zu beweisen, dass es sich hier um eine Darstellung des ganzen historischen Kampfes handele. Zunächst bleibt die Ausstellung verschoben bis die Tonnagefrage geregelt ist.

Zum Schluss sprach ich über den Einsatz von Einzelpersönlichkeiten, und mit dieser Unterredung fand der Besuch sein Ende.

Abschliessend kann ich sagen, dass nahezu alle meine Vorschläge genehmigt worden sind, und dass auch die Unterredungen zwischen

---

770 Siehe dazu Rosenbergs 15-seitige Denkschrift »Über die Gestaltung Kaukasiens« vom 27.7.1942 (USHMMA RG-71 box 380), die Hitler am 2.8.1942 vorgelegt wurde. Armenier seien »die ganzen Jahre über mit dem Judentum, mit den Engländern und Amerikanern verknüpft gewesen«, aber »an sich fleissige« Bauern. Gehe es bei der Beherrschung der Ukraine um »die Sicherung der Ernährung Deutschlands und Europas und die Rohstoffversorgung des Kontinents«, so sei die »Aufgabe Kaukasiens [...] vor allem politischer Natur und bedeutet den entscheidenden Ausgriff des von Deutschland geführten Kontinentaleuropas von der kaukasischen Landenge nach dem Vorderen Orient«; »ein Gewinnen mohammedanischer kleiner Völker unter deutscher Verwaltung bedeutet die beste Einwirkungsmöglichkeit über die Grenzen hinaus zu allen Mohammedanern.«

den übrigen Herren einen sehr befriedigenden Verlauf genommen haben.[771]

20.7.42 – R/H. –

7. Okt. [1942][772]

Dr. Leibbrandt legt mir Entwürfe für General-Bezirke vor. – Ein erster Entwurf für meine Instruktion für m. Bevollmächtigten b. d. Oberkommando d. Heeresgruppe A. (Kaukasus) wird durchgesprochen. – Theolog. Fakultät soll aus Dorpat ausgeschieden werden; die Kirchen solle ihre Nachfolge selbst erziehen. 1 Jahre harte Toleranzzeit für Entwicklung eines solchen Instituts, wobei d. Bibliothek b. d. Universität verbleibt.

Vortrag Dr. Runte, Stabsleiter Schmidt über Arbeitsbereich Osten.

9. 10. [1942]

Dr. Runte, Dr. Wilhelmi.[773] – R[eichs]-F.[ührer]S.S. hat erneut das Bestreben, i. d. bes.[etzten] Ost-Gebieten, die Staatsanwaltschaft i. d. Hände d. Polizei überzuführen. Dr. W.[ilhelmi] entwickelt s. ablehnende Stellung: der ganze Rechtsgang müsse unter d. Verwaltungshoheit bleiben. Polizei sei nun einmal i. Osten ein bestimmter Begriff. Richter i. Polizeiuniform würden nie als sachlich empfunden werden. – Vorschlag Himmler wird von mir abgelehnt. – Im Reich will die Polizei Ukrainer auf gleiche Stufe m. Juden u. Zigeuner stellen. Der Justizminister hätte dies bereits

---

771 Am 23.7.1942 unterrichtete Bormann im Auftrag Hitlers in einem als »Geheime Reichssache« klassifizierten Schreiben Rosenberg (mit Abschrift an Lammers) über acht »Grundsätze«, für deren »Beachtung und Durchsetzung« der Ostminister Sorge zu tragen habe. Darin ging es u. a. um die Förderung von Abtreibungen und des Gebrauchs von Verhütungsmitteln, um minimale Gesundheitsmaßnahmen, Bildung und die sonstige bestenfalls rudimentäre Versorgung der Bevölkerung in den besetzten Ostgebieten (abgedruckt in Poliakov und Wulf, *Das Dritte Reich und seine Denker*, S. 517 f.).

772 Am oberen Rand der Seite handschr. (Tinte): »1942«.

773 Wilhelmi, Walter (1902–unbek.); Verwaltungsjurist; 1938 Oberlandesgerichtsrat; seit 1942 Leiter der Justizabt. im RMfdbO; Autor von *Das Recht der besetzten Ostgebiete* (1943).

zugestanden.[774] Es soll erklärt werden, dass wir eine solche Regelung ablehnen, die nur schädliche Folgen haben kann.

Frl. Vasic, die m. Ihrer Tante mich 1923 so selbstlos beherbergt hatten, kommt aus Belgrad. Erzählt über die dortige schwere Lage.[775]

1942
?-Oktober.[776]

Längere Aussprache über Kochs Neugründungen (Schlotterer, Riecke, Barth).[777] Was er täte, sei sehr undurchsichtig. Viele Branchengesellschaften. Eine Revisionsgesellschaft, in d[er] der Geschäftsführer d. Erich-Koch-Stiftung sässe![778]

Es wird festgelegt, Branchengesellschaften abzustoppen, Landesämter ebenfalls. Dagegen d. Treuarbeit i.d. Ukraine einzusetzen u. hier eine Revisionsgesellschaft zu gründen.[779]

---

774 Siehe Diemut Majer, *»Fremdvölkische« im Dritten Reich*, Boppard 1981, S. 626 f.

775 Vasic nicht identifiziert.

776 Tagesdatum fehlt. Da der Eintrag dem vom 12. 10. auf der gleichen Seite vorausgeht, betrifft er das erste Oktoberdrittel, wurde vermutlich aber später – zusammen mit den anderen Einträgen zum letzten Quartal im Jahr 1942 – geschrieben.

777 Barth, Johannes (Lebensdaten unbek.); Forstwirtschaftler; 1941–44 Leiter der Sondergruppe (seit 1942 Chefgruppe) Forst- und Holzwirtschaft im RMfdbO.

778 1933 in Ostpreußen gegründete Stiftung zur »Erziehung, Förderung und Ausbildung von Nationalsozialisten, insbesondere für die Aufgaben Ostpreußens«, als deren alleiniger Vorstand Erich Koch fungierte. Die Stiftung wuchs vor allem im Zweiten Weltkrieg zu einer u. a. durch Raub und Zwangsmaßnahmen expandierenden Unternehmensholding an, die Bereicherung und Korruption im »Dritten Reich« repräsentierte. Vgl. Frank Bajohr, *Parvenüs und Profiteure. Korruption in der NS-Zeit*, Frankfurt am Main 2001.

779 Bezieht sich möglicherweise auf eine geplante Ausdehnung von Funktionen, die in Dtld. seit 1933 die Reichstreuhänder der Arbeit bei der Kontrolle von Beschäftigungsbedingungen und Tarifverträgen wahrnahmen, auf das RKU.

General-Komm.[issar] Drechsler a. Riga. Die leidige Denkmalangelegenheit i. Mitau noch immer nicht erledigt.[780] Ein Beispiel, wie auch in kleineren Dingen vieles in Lettland schleift. D.[rechsler] gibt v. Medem die Schuld, dass dieser den Vollzug nicht gemeldet habe, dadurch hätte sich alles verzögert (M.[edem] hat eine ganze andre Lesart).

12. X. [1942]

Die Propaganda f. d. Arbeitseinsatz wird besprochen (Dr. R.[unte], Zimmermann). Betonung der gesetzlichen Grundlage, die durch m. Verordnung vor einem Jahr bereits gegeben worden ist. Entgegenwirken gegen die willkürlichen Massnahmen d. Arbeitsämter, die möglichst schnell grosse Zahlen angeben wollen, für die pol[itisch]-soz[ialen] Auswirkungen i. d. Ukr. aber kein Verständnis zeigen – oder doch nur dann, wenn sie ein zweites Mal in die gleiche Gegend kommen. Dann finden sie leere Häuser oder Bandengefahr u. rufen nach Polizei. Die Forderung nach 2 Millionen Ostarbeitern ist für das Reich notwendig, für den Osten ist sie der schwerste Schlag gegen die Aufbauarbeit. Ein Bericht des Gebiets-K.[ommissars] in Perwomaisk[781] schildert die vernünftige Art, wie man selbst solche Massnahmen durchführen kann: 90% meldeten sich nach sachlicher Darlegung freiwillig u. fuhren m. Musik vom Bahnhof ab. Umstellt man aber von vornherein Dörfer, so stärkt man nur die alte Angst vor der früheren bolsch.[ewistischen] Deportation u. erschwert im Endeffekt allen die Lage.

Ich empfange eine Journalisten-Abordnung, d. auf unsere Einladung i. d. Ukraine fährt u. spreche zu ihr über die Lage i. Osten u. d. dortige geleistete Arbeit.

Am 13.–15. X. [1942]

Besprechungen über die Vorstellungen d. Finanzministeriums über Ostverwaltung (Brief v. 23. IX.), Verhältnis zur Polizei (eingehende Darlegung Dr. Runtes über bisherige Verhandlungen).

---

780 Mitau (Jelgava); Stadt in Lettland.

781 Perwomaisk (Perwomajsk); Stadt in der Ukraine.

Mit Schickedanz Unterredung über kaukasische Probleme.

Dr. Leibbrandt kommt vom OKW zurück u. berichtet.

16. X. [1942]

Dr. Meyer: Besprechung über d. Erlass Kunstwerke betreffend.

Dr. L.[eibbrandt] weise ich a. d. unmögliche Tournisterschrift über d. Osten hin. Hier haben paar ukr. Schriftsteller ihre Hand im Spiel gehabt, um i. d. Wehrmacht sentimentale Anschauungen zu verbreiten. – Ich hatte 2 Abende zu tun, um sie entsprechend ins sachliche umzustilisieren.

Längere Besprechung über Hafendirektion i. Riga. Selbst solche Sachen gelangen bis zu mir. Aber die sachlichen Divergenzen Wittrock/Drechsler/Lohse werden anders nicht geklärt werden können.

Malletke berichtet über Ausländereinsatz.

20. X. [1942]

Mit Runte lange Beratung über d. Frage der Umorganisation d. Ost-Ministeriums. Mein Ministerium ist allen Ressorts höchst unbequem. Denn plötzlich wird die Omnipotenz fast aller Ressorts in einem Riesenterritorium aufgehoben u. die ganze Fachweisheit einer pol[itischen] Linie eingeordnet, die nicht mehr der Verantwortung d. Reichsressorts untersteht. Das Bestreben geht deshalb von Anfang an dahin, das Ost-M.[inisterium] als Beratungsstelle, sich selbst aber als Regierungsstelle auszubauen. Eine solche Entwicklung wäre das Ende einer durch versch. Sondervollmachten bereits genügend bedrohte Einheit der politischen Führung im Osten. Ich habe deshalb von vornherein, auch bei Heranziehung der Fachvertretungen, doch für eine interne Zusammenfassung der Abt. gesorgt, so dass keine gerade Linie von den Fachressorts bis zu d. Gebiets-K.[ommissariaten] hinunterreichen konnte. Jetzt sollen also 10–12 Ministerialabt. entstehen, die den Ressorts entsprechen! Gut, ich habe gegen 12 Min[isterial]-Direktoren nichts einzuwenden, aber dann müssen auch diese, u. zwar auf höherer Ebene[,] zusammengefasst werden. Meine Forderung zunächst: 2 Staatssekretäre. Man geht, etwas sauer, darauf ein. – Intern habe ich natürlich Personal-Schwierigkeiten, weil einige Haupt-Abt. etwas absinken u. Abt.

emporsteigen – Im Ganzen wird alles noch eingehend zu besprechen sein.

21.X.42

Dr. L.[eibbrandt] berichtet über die Lage d. Ostarbeiter, die z.T. noch immer nicht richtig behandelt werden. – Andererseits häufen sich Simulanten. Sie reiben sich Kalk in die Augen, pinseln ihre Finger mit einem best[immten] Saft, der die Hände dick anschwellen lässt, usw. Das haben sie alles in 20 Jahren i. d. Sowjet-Union gelernt. – An Sauckel soll neuer Vorschlag abgehen, weitere Sprachkenner sollen herangezogen werden. / Besprechung über den Schul-Verlag für ukr. Lesebücher.

Dr. Runte. Frage der Ostland-Bank u. Statut.

Min[isterial]-Dir.[ektor] Riecke. Bericht über s. Ukraine-Reise. Im Don-Bogen hat man eine sehr schlechte landwirtschaftliche Bestellung vorgefunden.[782] Gleich 0! Eine Sowchose z.B. von 32,000 ha. total verwahrlost durch Evakuierung d. Kosaken. Vor unserem Einmarsch waren davon nur 4,000 ha. bestellt, jetzt noch 120 ha! Kein Brennstoff vorhanden. 14 ganze Kühe! – Die Bolschewisten haben offenbar keine Kräfte mehr gehabt, um diese Gebiete zu bestellen. Alles in allem eine nicht erwartete Enttäuschung: die aus dem Flugzeug als Ährenfelder gedeutete Ebene war gelbes Steppengras gewesen ...

22.X.42

Besprechung über Verkleinerung d. Aufbaustäbe R. u. K.[783]

Lohse. Bericht über Reise Weissruthenien. ¾ unter Bandenwirkung. Trotz aller Anforderungen keine genügenden Polizeikräfte. Bombenanschläge: Januar 5, August 536, September 695! Im übrigen: Kube habe fast durchweg gute Mitarbeiter. Schneidige Gebietskommissare, die sich in den gefährdeten Gebieten ausgezeichnet halten. Aber man dürfe doch nicht die Möglichkeit zulassen, dass die Partisanen ein ganzes Gebiets-Kommissariat ausheben mit allem Briefwechsel, Akten usw.! –

---

782 Don-Bogen, Region in der südlichen Ukraine.

783 Abkürzungen nicht exakt zu identifizieren, vermutlich Russland und Kaukasus.

Ich erinnere Lohse an die Denkmal-Angelegenheit, Einmischung d. Waldmanis in Jugendfragen.[784]

Ferner Rücksprache über Ostland-Bank usw. Lohse ist ein ruhiger Mann, aber immer »gegen«. Gegen vieles seiner General-K.[ommissare], gegen fast alle Anregungen von hier. Er tritt dafür ein, dass alles so »seinen ruhigen Gang« geht. Aber dass Gefahren vorgebeugt werden soll, dafür ist er nicht recht zu haben.

Mit Dr. Meyer u. SS. Gruppenführer Berger wird ein Erlass besprochen, die deutsch-ukrainischen Kinder nicht verloren gehen zu lassen.[785] D.[eutsche] Soldaten zeugen eben dort einen Nachwuchs, der sich später leicht gegen uns richten kann. Es wird abgemacht, eine Meldepflicht der d.-ukr. oder d.-russ. Kinder einzuführen u. zunächst d. Gebiets-K.[ommissare] damit zu betrauen. Den Müttern soll eine kl. Unterstützung ausbezahlt werden. Ob u. wann d. Kinder nach D.[eutschland] gebracht werden, soll später besprochen werden.

Gauleiter Frauenfeld berichtet über vorbereitende Arbeiten.[786]

27. X. 42

Dr. Meyer berichtet über Gespräch m. Hadamovsky: Verhältnis zum Prop-Mi[n].[787] Auch hier ist der Appetit gross, die Prop. a. d. Arbeit des Ost-M.[inisteriums] möglichst herauszulösen. Man verspricht Einhal-

---

784 Valdmanis, Alfrēds (1908–1970); lett. Ökonom und Politiker; vor der sowjet. Besatzung 1940 Finanzminister; danach Flucht ins dt. Exil; 1941–43 Generaldirektor für Justiz in der lett. Selbstverwaltung mit guten Beziehungen zu dt. militärischen und zivilen Verwaltungsstellen.

785 Berger, Gottlob (1896–1975); 1931 NSDAP-Beitritt; 1940–45 Chef des SS-Hauptamts; 1942–45 persönlicher Vertreter Himmlers beim RMfdbO; 1944 Chef des Kriegsgefangenenwesens; Kommandeur der Niederschlagung des slowak. Aufstands; SS-Obergruppenführer; 1949 im Nürnberger Wilhelmstraßen-Prozess zu 25 Jahren Haft verurteilt; 1951 entlassen.

786 Gemeint ist Frauenfelds Tätigkeit als Generalkommissar Taurien auf der Krim.

787 Hadamovsky, Eugen (1904–1945); 1930 NSDAP-Beitritt; 1933 Vizepräsident der Reichsrundfunkkammer; 1940–42 Leiter der Rundfunkabt. im RMVP; danach Militärdienst.

tung aller »Richtlinien«, möchte aber s[einen] eigenen Befehlsstrang haben. Etwas, was unmöglich zugegeben werden kann.

Dr. R.[unte] u. Zimmermann. Verhältnis zur Volksd.[eutschen]-Mittelstelle. – Diese hat anerkennenswerter Weise sich nun d. Volksdeutschen i. Osten angenommen. Aber natürlich auch wir. Sie beanspruchen die Führung. Dies wäre zuzugestehen b. fremder Hoheit. Da wir i. d. Ukr. eine deutsche Hoheit haben, geht es nicht an. Die Kleinigkeiten des Aufbaus! – Weitre Besprechung: Zentralstelle für Ostforschung, Ausrüstung Dr. Bräutigams f. Kaukasus. Fall Pastor Walter, Riga.[788]

Schickedanz berichtet über Gründung einer Gesellschaft für Gesundheitswesen für Kaukasien. Schwierigkeiten b. Überwachung des Ausrüstungslagers in Galatz.[789]

Dr. Runte: berichtet über d. Reden Thieracks u. Rothenfelders.[790] – Hafenfrage Riga. – Ausrüstung d. Gebiets-K.[ommissariate]

Minister Thierack macht mir längeren Besuch. Wir sind uns einig darüber, dass die Staatsanwaltschaft nicht der Polizei zugesprochen werden könne; er sagt mir, ich solle solche Anforderung für den Osten durchaus ablehnen. Auch über d. Entwurf d. Sicherheitsverwahrung Asozialer ist er eindeutiger Meinung; sein Protest liege bereits vor. Eine solche Frage könne nicht von der Polizei, dazu noch zentral in Berlin entschieden werden.

Über die Frage d. Rechtsstellung d. Ukrainer i D.[eutschland] gebe ich ihm meine Meinung bekannt: dass man sie nicht m. Zigeunern auf eine Stufe stellen könne.

Wir sprechen dann über w[elt]-a[nschauliche] Zusammenarbeit, wo er m. Unterstützung bittet. Ich erzähle ihm über d. Aufbauarbeit d. Hohen-Schule. Es wäre denkbar, wenn er eine Akademie f. Rechtsforschung gründen u. diese in einer abzusprechenden Form d. Hohen Schule an-

788 Walter nicht identifiziert.

789 Galaţi, Stadt in Rumänien.

790 Thierack, Otto Georg (1889–1946); 1932 NSDAP-Beitritt und Führer des NS-Rechtswahrerbunds; 1935 Vizepräsident des Reichsgerichts; 1939–42 Präsident des Volksgerichtshofes; 1942–45 Reichsminister der Justiz. – Rothenberger, Curt (1896–1959); 1931 (rückdatierter) NSDAP-Beitritt; 1933 Justizsenator in Hamburg; 1942–43 Staatssekretär im Reichsjustizministerium; 1947 Verurteilung im Nürnberger Juristenprozess zu sieben Jahren Haft; 1950 entlassen.

schliessen würde. T.[hierack] ist ausserordentlich angeregt von diesen Plänen. – Ich sage ihm zu, ihn einmal zu mir einzuladen.

Eindruck ein durchaus sachlicher [Text bricht ab]

30.10.42

Dr. Meyer über Berichte v. d. Panzerarmee Schmidt. Wieder taucht das Problem einer »provisorischen russ. Nebenregierung« auf. Ein sehr verständlicher Wunsch d. Front, namentlich im Norden u. Mitte. Eine russ. Nebenregierung ergibt aber sofort die Forderung nach 10 andren. So weit kann man nicht gehen u. ob sich d. Russen mit einer Zusage des Raumes zwischen Moskau – Ural begnügen, muss offen bleiben. – Da ich d. Führer längere Zeit nicht habe vortragen können, ist das Ganze zunächst nicht zu entscheiden. Der Führer hat Koeppen gesagt, er wolle mich sowieso eingehender sprechen. Jedenfalls vor oder gleich nach den Novembergedenktagen in München.

Dr. L.[eibbrandt] Rücksprache über d. Beauftragung d. Vorgeschichtsforschung f. Reinerth u. Harder in d. Ukr. namentlich i.d. Krim (Gotenburg[791], antike Kolonien) – Berichte a. Taschkent sind gekommen.[792] Einige Wolgaumsiedler sind dort angekommen. Wie es den letzten Deutschen dort aber geht ist dadurch nicht klarer geworden.

Später eingehende Rücksprache m. Dr. M[eyer][,] Schickedanz, Jost, Bräutigam über Verwaltungsfragen des Kaukasus.[793] Ich entwickle die Verschiedengestaltigkeit des Landes, die Möglichkeit grösster allg. Freiheiten. Hier könnte man in der Autonomiegewährung weit gehen unter Zugrundelegung der dem Führer am 15.2.42 vorgelegten Parolen. Individuelle Landnutzung, im Kuban:[794] Agrarordnung. Waffenbelassung b.d. Kosaken u. Bergvölkern. Freiste Glaubensbetätigung für d. Mohammedaner. Kulturelle Grosszügigkeit. – Hinweis jedoch, dass ohne

791 Simferopol, Stadt in der Ukraine (Halbinsel Krim) die unter dt. Besatzung in Gotenburg umbenannt werden sollte.

792 Taschkent, Hauptstadt von Usbekistan.

793 Möglicherweise Jost, Heinz (1904–1964); 1928 NSDAP-Beitritt; 1939–42 Chef des Amts VI im RSHA (SD-Ausland); 1942 Chef der Einsatzgruppe A und Befehlshaber der Sipo und des SD Ostland; 1948 im Nürnberger Einsatzgruppenprozess zu lebenslanger Haft verurteilt; 1952 entlassen.

794 Kuban-Gebiet, nordkaukasische Region Russlands.

D.[eutschland] Kaukasien wieder ein Opfer Moskaus werden würde. Die Kaukasier müssten selbst den Wunsch nach der d[eutschen] Schutzmacht aussprechen.

2.11.42

Dr. L.[eibbrandt], Z.[immermann],
Besprechung der vorgesehenen Zeitschrift des Ministeriums. Titel: »Der Neue Osten«, oder »Der Ostraum«. Programm soll vorgelegt werden.

General Niedermeyer, Befehlshaber d. kaukas. Legionen bei Mirgorod,[795] berichtet stolz über seine Tätigkeit. Nichts sei dagewesen, aber er habe jetzt alles aufgebaut. Schwer sei es nur, die Legionen b.d. Stange zu halten angesichts der Dinge, die um sie herum in der Ukr. passierten. Die Frauen heulten, dass ihre Männer usw. zur Arbeit nach D.[eutschland] müssten. Der Gebiets-K.[ommissar] hatte eine Kirche abgerissen, um sein Dienstgebäude herzurichten. Da fragten die Kaukasier: Würden die Versprechungen ihnen gegenüber auch so gehalten werden?

Die Sache m.[it]d.[er] Kirche in Gadiasch[796] war schon untersucht worden. Der Geb.[iets]-K. hatte dienstlich erklärt, sie sei halbzerstört gewesen, er habe nur die herumliegenden Steine verwertet. N.[iedermeyer] sagt aber, er habe die Kirche bis auf Teile des Daches heil gesehen. – Der wilde Osten also auch hier.

Allen auf die Finger sehen ist nicht leicht und manche an sich tüchtige Leute haben kein psychologisches Gefühl. An der Spitze Koch u. sein »Vertreter« Pg. Dargel.[797]

6.11.42.

Dr. L.[eibbrandt] berichtet über Meldungen an das OKW über unmögliche Formen d. Arbeiterwerbung im Osten. Photos von der Front an das F[ührer]H[aupt]Q[uartier] gesandt. – Die Personalien des kauka-

---

795 Mirgorod (Myrhorod); Stadt in der östlichen Ukraine.

796 Gadiasch (Gadych, Hadjatsch); Stadt in der nordöstlichen Ukraine.

797 Dargel, Paul (1903–unbek.); 1930 Kreisleiter und Gauschulungsleiter der NSDAP in Königsberg; seit 1937 MdR; 1941 Regierungspräsident in Zichenau; 1942 ständiger Vertreter des RKU.

sischen Nationalkomitees werden durchgesprochen. – Bericht Schütte aus dem Kaukasus.[798]

Dr. Stegmann, Riga[,] berichtet über Hochschule u. Forschung i. Baltikum.[799] Zur Debatte steht, ob man nicht in Wilna anstelle von Dorpat die künftige Universität auftut. Dorpat ist zerstört, wird kaum die erste Dringlichkeitsstufe für den Aufbau erhalten, in Wilna sind aber alle technischen Möglichkeiten vorhanden. – Ich sträube mich aus Traditionsgründen gegen diese Auffassung. Es muss versucht werden, Dorpat beschleunigt aufzubauen.

Dr. Runte. Wieder längere Aussprache über die Form der wichtigen Treuhandverwaltung. Sie ist eine Klammer, die manches Ausspringende zusammenzuhalten vermag.

Sch.[ickedanz] erzählt von einigen Pannen, die bei d. Betreuung des Lagers in Galatz entstanden waren.

Am 7.–9. [11. 1942] waren wir wieder in München. Gerade, als die Amerikaner i. Nord-Afrika landeten. Der Führer war ausserstande, jetzt viel über den Osten zu sprechen. Laval war im Anmarsch.[800] So verging die Zeit mit einigen dienstlichen Gesprächen.

Am 10. Nachmittags war Koch b. mir [Text bricht ab]

11. u. 12. versch. Unterredungen über allg. Forschungsfragen, Werkdienst i. d. Ukraine u. a.

Vom Innenminister ein Brief, der alle Tendenzen der Ressorts zeigt, eine ausgesprochene Wehmut, dass diese nicht unmittelbar im Osten mitregieren können u. ein Bedauern, dass ich das Prinzip d. Territorialchefs eindeutig vertrete. – Dr. Runte teilt mit, dass das Finanz-M.[iniste-

---

798 Wahrscheinlich Schütte, Ehrenfried (1908–2007); Russlandforscher; seit 1942 Militärdienst im Kaukasus; 13. 10. 1942 Bericht über die positive Haltung der Muslime in Kislowodsk gegenüber Hitler.

799 Stegmann von Pritzwald, Kurt Friedrich (1901–1962); 1937 NSDAP-Beitritt; 1941–44 Hochschulreferent des RKO in Riga; 1943–44 Leiter »Sonderreferat Wissenschaft und Kultur« im RMfdbO; seit 1952 Dozent in Marburg.

800 Laval, Pierre (1883–1945); franz. Politiker; 1931–32, 1935–36, 1940 und 1942–44 Ministerpräsident; als Regierungschef des Vichy-Regimes mitverantwortlich für die Deportation der franz. Juden; 1945 nach Verurteilung und Suizidversuch hingerichtet.

rium] jetzt ev. zwei Staatssekretären zustimme. Also: wozu diese ganze Sträuberei seit einem Jahre?

13.11.42

Die Treuhandleitung stellt sich vor. Ich weise auf einiges Grundsätzliche hin u. überlasse die Herren dann der Aussprache.

Dr. Schlotterer berichtet über eine Sitzung b. Speer. Infolge d. milit[ärischen] Situation u. in Erwartung späterer Luftangriffe müssten Teile d. Industrie nach d. Osten verlagert werden. Dazu eine »Arbeitsgemeinschaft« herstellen. Einsatz v. Sonderausschüssen unter Speer, da Kriegsmassnahme. Leiter: Pleiger![801] – Ich instruiere Schl[otterer] die Hoheitsrechte des Ostens bei der an sich verständlichen Massnahme nachdrücklich zu wahren.

Mit Degenhard über Winterausrüstung d. Ostführerkorps gesprochen.[802] 7000 Winterkombinationen können nach u. nach geliefert werden. Auch m. grosser Mühe, da die Wehrmacht naturgemäss vorging.

17.11.42

Z.[immermann] zeigt Plakate f. Arbeiterwerbung Ost, wo der Gesetzestext abgedruckt ist.

NSKK Ober-Gr.[uppen]F.[ührer] Pröhl stellt sich vor.[803] Er soll die Haupt-Abt. Politik übernehmen. Ritterkreuzträger i. d. Gruppe Cholm.[804] Ich lernte ihn in Riga kennen, als er gänzlich abgekämpft Krankheitsurlaub erhalten hatte. Ein stiller Mensch, der positiven Eindruck macht. Zugleich freut es mich, auch einen Vertreter einer neuen Gliederung

801 Pleiger, Paul (1899–1985); 1932 NSDAP-Beitritt; 1933 Gauwirtschaftsberater in Westfalen; seit 1937 Generaldirektor der »Reichswerke Hermann Göring«; 1941 Vorsitzender der Reichsvereinigung Kohle; 1949 zu 15 Jahren Gefängnis verurteilt; 1951 entlassen; danach Unternehmer.

802 Degenhard, Hugo (1894–unbek.); 1941–45 Leiter der Zentralverwaltung des RMfdbO.

803 Pröhl, Günther (1895–1977); Offizier; 1937 NSKK-Gruppenführer; seit 1941 Kommandeur der Panzer-Jägerabt. 209; 1943 Nachfolger Leibbrandts als Leiter der Hauptabt. I (Politik) im RMfdbO.

804 Im russischen Cholm wurde 1942 erstmals ein größerer dt. Truppenverband von der Roten Armee eingekesselt.

einsetzen zu können. Das sich herausbildende Cliquenwesen in Riga macht mir schon die ganze Zeit Sorgen. Die Lübecker sind stark vertreten u. lieben die Balten nicht, denen sie Vorwürfe über die Vergangenheit machen, als ob sie noch die »Vossische Zeitung« vor sich hätten. Die Balten ärgern sich, dass man von ihnen grossdeutsche Gesinnung fordert, aber jedesmal Unterschiede macht, wenn es um Statistiken geht. Sie glauben auch, dass Drechsler sich geradezu anbiedere u. praktisch Waldmanis die Politik des Generalkommissars mache. – Ein Stück Wahrheit insofern, als D.[rechsler] sicher ein tüchtiger Mensch ist, aber es fehlt ihm die politische Spannung, jede Arroganz entsprechend sofort zurückzuweisen.

Ich weise Pröhl an, sich von aller Kliquenbildung zurückzuhalten u. nur auf persönliches Verdienst zu sehen. Auf sein Urteil bin ich gespannt, wenn ich ihn nach einem Jahr befragen werde.

18.11.42

Dr. L.[eibbrandt] legt mir eine neue Denkschrift von Prof. Oberländer vor.[805] Wieder voller Warnungen über d. schlechte Behandlung d. Ukrainer. Die Kritik an Koch verbreitet sich immer mehr. Im übrigen ist O.[berländer] manches Mal etwas sentimental, was den Wert des politischen Urteils etwas beeinträchtigt.

O.[rganisation]T.[odt] Führer-Besprechung zw[ecks] Ausbau des Weges Bug – Dnjestr. –

L. berichtet über d. Untersuchungsergebnis in Lagern d. Ostarbeiter, die ich ihm benannt hatte. Die Fehlerquellen sollen abgestellt werden.

Scheidt u. Mühlen Rücksprache m. Dargel: Betonung d. Notwendigkeit d. Offenhaltung aller jener wissenschaftlichen Institute, die kriegswichtige Forschungen leisten.[806]

---

805 Oberländer, Theodor (1905–1998); 1923 Teilnahme am »Hitler-Putsch«; 1933 NSDAP-Beitritt; sei 1934 Prof. an versch. dt. Universitäten; 1941–45 am Einsatz nichtdt. Wehrmachtseinheiten (Btl. Nachtigall, Rgt. Bergmann, Wlassow-Armee) zur Destabilisierung der Sowjetunion beteiligt; 1953–60 Bundesminister für Vertriebene.

806 Mühlen, Leo Erwin von zur (1888–1953); Geologe; 1937–42 Dekan der Bergbaufakultät; seit 1942 Vorsitzender der an das RMfdbO angelehnten »Reichszentrale für Ostforschung«; nach 1945 in Sibirien interniert.

Die Legion d. Idel-Uraler möchte neue Embleme haben: mit dem Halbmond.[807] Diesen haben wir bisher eliminiert, da wir den nationalen Kampf unterstützen, jedoch keinen Glaubenskrieg. Es wird darauf hingewiesen, dass dies nur eine ehrwürdige Tradition sei.

Dr. Runte

Ich soll einen Brief an d. Justiz-M.[inister] über Behandlung d. Ostvölker schreiben. Seine alte Anschauung ist zu Fall gebracht, aber er hatte uns nicht dabei beteiligt. Es gilt vorzubauen, dass so etwas nicht wieder passiert. –

Probleme d. Treuhand: die Landwirtschaft will eine eigene T.[reuhand] haben. – Sie erscheint wie immer als ein geschlossener Körper. Es ist nicht einfach, ihr klar zu machen, dass sie eine Abteilung eines neuen entstehenden Organismus ist. Im übrigen aber haben die La[ndwirtschafts]-Führer wirklich eine grosse Arbeit geleistet, von deren Schwierigkeit viele daheim sich keinen Begriff machen.

19.11.42

Dr. Meyer macht d. Vorschlag, ev. zwei Gauleiter, mir unmittelbar unterstellt, als Beauftragte f. Politik u. Verwaltung / und für Wirtschaft dem Führer vorzuschlagen. – Es klingt sehr schön[,] ist von Meyer selbstlos gedacht, aber ich bin skeptisch. Das Berliner Pflaster fordert einen ganzen Mann, der nicht noch Sorgen um seinen Gau hat.

Dr. L.[eibbrandt] bespricht Fragen der Schulung aller für den Osten Einzusetzenden. Ein dringendes Problem, das aus Raum- u. Menschenmangel jetzt nicht zu lösen ist. Krössinsee ist viel zu weit, meine Herren können nicht immer hinfahren, so erzählen manche Vortragende viel ungereimtes Zeug. »Herren«-Komplexe toben sich nach wie vor in Worten aus u. haben schon genug Unfug angerichtet.

S.D.-Führer Jost. Spricht sich sehr negativ über Waldmanis aus.

807 Legion Idel-Ural, von der dt.Wehrmacht 1942 aus Vertretern von Turkvölkern in der Sowjetunion aufgestellte Militäreinheit.

20.11.42[808]

Vorgestern brachte d. Moskauer Sender: R.[osenberg] ist wütend, dass er auf s. Ostreise v. Partisanen beschossen wurde. Er verbarrikadiert sich zu Hause: doppelte Eisenjalousien, verstärkte Wände, getarnte M.[aschinen]G.[ewehre] an allen Fenstern. Reisen tue ich nur mit Dutzenden von Detektiven, trage ein Panzerhemd unter d. Weste usw. Zum Schluss: die Strafe wird doch kommen. D.h. neuer Mordaufruf an die komm.[unistischen] Störer i. Deutschland.

Dabei habe ich überhaupt keine männl. Person jetzt im Hause, bin nie mit S.S. Bewachung gefahren. – Aber die Absichten sind wieder einmal klar ausgesprochen worden ...

Gestern abend 16 Ritterkreuzträger. Spreche zu Ihnen über Sinn d. Dramas, das i.d. Augusttagen 1914 begann. Prachtvolle Jungen, hart, eisern geworden, die m. Mitarbeitern gegenüber äusserten: es seien schon viele R[itter]-Kreuzträger gefallen. Sie könnten sich ausrechnen, dass nach 1 ½ Jahren keiner von ihnen mehr leben würde. In aller Ruhe sprachen das 24-jährige Jungen ...

Von Lohse kam heute d. erwartete beleidigte Brief über S.[809] Dieser hatte dummerboste[?] private Briefe an mich geschrieben über die Zustände im Ostland. Diese sind L.[ohse] in die Hände gekommen, der mit Recht empört ist. Ich hatte S. schon früher gerügt u. hoffte die Sache sei damit erledigt. Jetzt muss S. fort. Die Dummheit u. Geschmacklosigkeit mancher Bekannter kann oft beste Verhältnisse verderben.

21.11.42

Aufbringungsfragen d. Ernte i. Ostland. –

Malletke: Bericht über Ausländereinsatz i. Osten. Es fahren jetzt etwa 100 Holländer wöchentlich ab. In der Ukraine 5 Güter von 25000 Morgen. Im allg. also gute Fortschritte, aber es sei schwer, die NOC von ihren

808 Gesondertes Blatt separat von den unmittelbar aufeinanderfolgenden Einträgen für 19. und 21.11.1942; Eintrag für 20.11. anscheinend nachträglich niedergeschrieben.

809 Name nicht identifiziert.

engen Parteibindungen abzuhalten.[810] Die Basis des NSB ist zu gering. Je mehr wir aber andre interessieren, umso mehr wachsen auch sie in die europäische Neuordnung hinein. – In Belgien noch Schwierigkeiten. Deutsche Stellen seien dort z. T. belgischer als die Belgier. Mr. Gollopin diktiere dort u. deutscherseits sei ihm versprochen worden, ohne seine Zustimmung keine Maschine nach dem Osten zu schaffen![811] – Aus dem Protektorat ist Bata[812] nach dem Ostland, um die Schuhfabrikation in Gang zu bringen. Der Osten braucht 200 Millionen Paar, was über alle Kapazitäten geht.

Es ist ja die allgemeine Klage, dass die d[eutsche] Währung verfällt, wenn Gebrauchsgüter fehlen. Diese sind nicht zu beschaffen. Was aus Italien kommen kann, ist gering; die Selbsthilfe reicht noch lange nicht aus. Hier liegt die ganz grosse Krise für Politik u. Wirtschaft.

Dr. M.[eyer] u. Runte. Aufhebung d. Erlasses von Koch über d. Schliessung praktisch aller Schulen u. Institute. Weil der Gen[eral]-K.[ommissar] in Kiew nicht aufgepasst hat, ist das dortige Medizinische Institut auf über 2000 »Studierende« angeschwollen. Meist Nationalisten aus Lemberg, die ganz was andres taten, als arbeiten. Koch will wieder »starken Mann« spielen[.]

R.[unte] berichtet über Sitzung d. Siedlungsausschusses.

Dr. Conti.[813] reist nach dem Osten. Wird i. d. Arbeitsbereich Osten d. NSDAP eingebaut – Trägt Bedenken gegen die Form d. Krankenversicherung i. d. Ukr. vor. – Die ukr. Ärzte haben sich bei den Ostarbeitern sehr be-

---

810 NOC, Nederlandsche Oost Compagnie; gegr. im Juni 1942 durch Rost van Tonningen unter Beteiligung der Nederlandsche Bank zu dem Zweck, die niederländische Beteiligung an der »Germanisierung« der dt. besetzten Ostgebiete zu fördern.

811 Golopin, Alexandre (1879–1944); belg. Geschäftsmann; 1935 Direktor der Société Général de Belgique; 1940 Mitbegründer eines Komitees zur Koordinierung der belg. Wirtschaft unter dt. Besatzung.

812 Gemeint ist hier der Schuh-Konzern Bata, 1894 durch Tomáš Bat'a (1876–1932) im tschech. Mähren gegründet. Sein Nachfolger Jan Antonin Bat'a wurde nach Beginn der dt. Besetzung verhaftet und wanderte schließlich nach Brasilien aus.

813 Conti, Leonardo (1900–1945); 1927 NSDAP-Beitritt; seit 1939 als Reichsgesundheitsführer, Reichsärzteführer und Staatssekretär im RIM mitverantwortlich für die Ausgrenzung jüd. Ärzte, Häftlingsversuche in KZ und »Euthanasie«-Morde.

währt. – Volksdeutsche Ärzte wollen wir in deutsche Kliniken holen, v. a. Studenten an unsere Universitäten, um dem Nachwuchs aufzuhelfen.

24.11.42

Dr. R.[unte] hat streng vertrauliche Nachricht aus dem A. A. Dieses hatte dem Führer verschwiegen eine Denkschrift über Änderung der Ostpolitik überreicht. Rückt vom sog. »sturen« Kurs ab.

Ich teile Dr. Schlotterer mit, dass Gen[eral]-F.[eld]Marschall Keitel mich am Vorabend angerufen habe: Man brauche noch 8500 Arbeiter für d. Oelschieferwerke i. Norden. Ich hätte ihm gesagt, ich sei ebenso entblösst wie er. Seinerzeit seien auf Sauckels Wunsch 45000 russ. Kriegsgefangene herausgezogen worden mit dem heiligen Versprechen, sie wieder zu ersetzen. Stattdessen kamen grosse neue Forderungen. – Schl.[otterer] meint, die Unterkünfte seien im Norden ungenügend.

Von Koch liegt wieder ein Versuch d. Vorprellens vor: er will die Monopolverordnung veröffentlichen, fragt aber vorsichtshalber doch an. Ich gebe Weisung, ihm d. Veröffentlichung zu verbieten –

Die Frage d. Monopole wird seit langem debattiert. Die Wirtschaft will sie nicht: sie seien Überbleibsel eines liberalen Zeitalters, letzte Zuflucht des liberalen Staates. Heute steuere der Staat die Wirtschaft u. habe praktisch alle Verdienstquellen in der Hand. Die andere Seite sagt: Monopole im primitiven Osten seien die beste Form der Besteuerung. Ich ~~bitt~~ werde den Führer, der sich besonders für das Problem interessiert, den Gesetzesentwurf übersenden.

Schl. klagt erneut über d. Hafenverwaltung in Riga.

In Cherson haben Sauckels Leute d. Arbeiterinnen aus den Baumwollfeldern nach D.[eutschland] abtransportiert.

Im übrigen eine Anzahl ähnlich gelagerter Probleme.

Am 25.11.[1942]

stellt mir der H.J. Führer i. Ost-M.[inisterium] die HJ-Führer und BdM-Führerinnen vor, die im ganzen Osten eingesetzt sind. Ich spreche zu ihnen über die Grösse der unserer dort harrenden Aufgaben u. danke allen für ihren Einsatz. Sie haben auch schon tüchtige Arbeit geleistet, namentlich bei den Volksdeutschen.

30.11.42

Riecke betont, dass die La[814] garnicht daran denken, sich aus der allg. Verwaltung d. Ostens zu lösen. Aber der RKU bedränge den La Führer nur, weil dieser noch auf Berlin höre. RKU will Stab klein halten, dann mit Hilfe unkontrollierbarer wirtsch. Gesellschaften ohne jede Kontrolle regieren. Allg. Zweifel, ob es mit Koch überhaupt noch ginge.

Schlotterer klagt, dass der RKO den Gen-K.[ommissaren] zu freie Hand lasse, eine zentrale Führung bestehe nicht, Raumwirtschaft würde nicht möglich. – Sie sollen nochmals herkommen.

Besprechung d. Pläne d. 4-Jahrespl.[anbehörde] d. Umsiedlung vieler Industrien n[ach] d. Osten. – Speer will jetzt 40000 Arbeiter für das Ostland. Kürzlich noch 100000 aus dem Ostland. Die »zentrale Planung« hat oft gewaltige Sprünge. Der besetzte Osten ist aber nicht voll endloser Reserven.

Runte trägt vor: Monopolfragen.

Am nachmittag m. Präs[ident] d. Archäol[ogischen] Instituts Rücksprache über Forschungen z. Osten. – Stellrecht berichtet über die gut verlaufene Schulungstagung in Magdeburg. Schmidt u. Prof. v.[on] z.[ur] Mühlen a.d. Ukraine zurück. Dort Betonung d. »harten Kurses« – aber doch Zurücknahme unvorsichtiger Erlasse: die Schliessung von Forschungsinstituten, welche f.d. deutsche Forschung äusserst wichtig sind. Z.B. Impfung d. Torfes m. Bakterien, der dadurch sich zusammenzieht u. koksartige Form annimmt, auch geolog. Probleme (S.S. hat a. Dnjepropetrowsk alle Doktorarbeiten über Geol.[ogie] mitgenommen. Sch.[midt] soll nachforschen u. zurückfordern).

S.D. Führer Kiew hat folgende Mitteil[ung] gemacht: Gefangen wurde ein Führer d. NKWD.[815] Er hatte sich unter d. Namen Mantteufel als Volksdeutscher ausgegeben u. überall Eingang gefunden (als Teppichhändler). Durch Verhaftung eines Schwarzfunkers kam man ihm auf die Spur. Als leugnen unnütz war, gab er zu[,] der 3. Führer d. NKWD zu sein. Hatte Befehl auf jeden Fall in Kiew zu bleiben. Erklärte, gegen mich seien während meiner Anwesenheit in der Ukraine 5 Attentate ge-

814 Für die landwirtschaftliche Produktion in den besetzten Ostgebieten zuständige dt. Verwaltungsleiter.

815 Narodny Kommissariat Wnutrennich Del, Volkskommissariat für innere Angelegenheiten; sowjet. Geheimpolizei.

plant gewesen, aus versch. Umdisponierungen seien sie nicht zur Ausführung gelangt. Die Oper hätte man während meines Besuchs hochgehen lassen können, da sie aber zur Hälfte m. Ukrainern gefüllt gewesen wäre, so wäre es unterblieben.

Am
18. 12. 42.

fand bei mir eine Beratung aller Befehlshaber der rückwärtigen Heeresgebiete statt. Nachdem ich durch meine Verbindungsoffiziere schon über d. Anschauungen im allg. unterrichtet worden war, erschien es mir wichtig, alle persönlich zu hören. Es ergab sich eine einheitliche Anschauung der ganzen Wehrmachtvertretung. Anliegend das dem Führer von mir übersandte kurze Protokoll. [fehlt]

Interessant war, dass die Offiziere über eine psychologische Führung sprachen. Diese habe ich bei Koch u. s. Vertretern das ganze Jahr über vermisst. Darüber hinaus haben diese Herren ihre Grossmannssucht nur zu oft ausgesprochen, was sich nach unten vielfach in einer höchst unzweckmässigen u. unpsychologischen Art ausgewirkt hat. Die binnendeutsche Entwöhnung fremde Völker zu behandeln u. der umgekrempelte Untertanenverstand haben wenig schöne Blüten gezeitigt. Alles verträgt ein Volk in Kriegszeiten, blos keine offene Verachtung. Dies glaubten Koch u. Genossen besonders zeigen zu sollen und haben deshalb vieles auf dem Gewissen, was heute als bewusste Gegnerschaft vorhanden ist. – Vieles am sog. »harten Kurs« war auf einen schnellen Sieg abgestimmt, dass man ~~hier~~ jetzt anders rechnen muss, haben manche noch nicht begriffen.

Einmütig waren d. Off.[iziere] in d. Erkenntnis, dass das Russentum der eigentliche Träger d. Widerstandes seien [sic]. Es gelte, sie, die Russen, zu aktiven Bekämpfern Stalins zu machen. General v. Schenckendorf erklärte, seine Russen hätten sich tadellos gehalten und geschlagen[816] – allerdings fragten sie immer dringender: Wofür? Sie seien einsichtig genug, auf frühere Grenzen zu verzichten, aber eine russische

816 Schenckendorff, Max von (1875–1943); Offizier; 1933 NSDAP-Beitritt; 1939 General; 1941–43 als Befehlshaber des Rückwärtigen Heeresgebiets Mitte maßgeblich am Vernichtungskrieg gegen die Zivilbevölkerung in der besetzten Sowjetunion beteiligt.

Heimat wollten sie alle haben. Könne man ihnen eine solche nicht zusichern, so bestünde die unmittelbare Gefahr, dass sie zu den Partisanenbanden übergingen. Das entscheidende Problem besteht also darin: kann man Ukrainer, Kaukasier usw. halten und zugleich den Russen eine Zusicherung volklicher Entwicklung zwischen Moskau u. Ural plus Sibirien zusichern?

Die ganze Aussprache zeigte eines: dass die Haltung, allein »mit starker Hand die Slawen« zu regieren unrichtig gewesen ist. Koch u. s. Vertreter haben hier grösstes Unheil angerichtet. Hart kann man sein, aber gerecht u. fest. Fremden Völkern s. ev. Verachtung zeigen, ist nicht Politik, sondern untertanhafte Grossmannssucht. Es war keine Linie in unsere Politik zu bringen – Koch u. Genossen berufen sich auf den Führer. Im H.[aup]Q.[uartier] galt K.[och] lange als »stark«, während eifrige Leute mich als »schlapp« oder, wie üblich, als »Philosoph« hinzustellen bemüht waren.

Oberstl.[eutnant] v. Altenstaedt vom O.K.H. sagte mir später, er sei bei meinem Vortrag kurz vor dem 22.6.41 dabeigewesen.[817] Ich hätte recht behalten, jetzt müsse man das tun, was ich als richtig hingestellt hatte: die Völker des Ostens aktiv einsetzen. Dies könne aber nur geschehen, wenn man ihnen etwas ihrem Wesen Entsprechendes gebe.

---

817 Schmidt von Altenstadt, Hans-Georg von (1904–1944); Offizier; 1940–43 Chef der Abt. Kriegsverwaltung im OKH; danach Generalstabschef an der ital. Front; 1944 Generalmajor.

1943

Nach dem 12. 1. 43

Der 50. Geburtstag ist, auch wenn man sich das blos Gleichnishafte dieses Tages vor Augen hält, doch ein etwas melancholischer Tag. Bei aller Zurückhaltung angesichts der ernsten Lage im Osten konnte ich ihn doch nicht übergehen, denn schliesslich bin ich ja mit Göring auch schon ein Stück Geschichte der n-s. Revolution geworden. Am frühen Morgen ein HJ u. BdM-Chor zu Hause – Begrüssung im Partei-Amt, im Ministerium. Besuche aller irgendwie führenden Persönlichkeiten. Aber vor allem: rührende Briefe aus allen Kreisen des Volkes. Mancher aus der Partei, dem mein Temperament vielleicht weniger angenehm ist, dachte wohl doch an jetzt bald 24 Jahre ununterbrochenen Kampf und an die alles in allem doch geleistete Arbeit, die von mir als unbedeutend zurückzuweisen Theatralik wäre. – Am meisten ergriffen war ich vom Handschreiben des Führers.[818] Wir beide wissen, wie verschieden wir sind, ihm ist bekannt, dass ich manche Menschen, die er wohl aus Gründen höherer Staatsraison im Vordergrunde wirken lässt, als Schädlinge ansehe. Aber stets hat der Führer mir auch in bestimmten Stunden seine Wertschätzung zum Ausdruck gebracht. Was er mir jetzt sagte, war das Schönste dieses 12. 1. 43. ~~Wenige~~ Nicht nur die sachliche Anerkennung, vor allem die persönliche Wertung.

818 In seinem Schreiben an Rosenberg vom 11.1.1943 würdigte Hitler den Jubilar als »ersten geistigen Mitgestalter der Partei« und als »eine der vornehmsten menschlichen Erscheinungen [...], die mich das Schicksal finden liess«, dankte ihm »für die unentwegte Treue und grosse Loyalität, die Sie meinem Wirken und meiner Person die langen Jahre hindurch entgegengebracht haben«, und überließ ihm eine Dotation in Höhe von 250000 RM »zur Ausgestaltung Ihres persönlichen Lebens« (zit. nach Piper, *Rosenberg*, S. 561 f.). Zur Dotationspraxis im »Dritten Reich« siehe Bajohr, *Parvenüs*.

Ich habe ihm geantwortet, dass ich jetzt wohl aussprechen dürfe, dass ich die ganzen Jahre ihm und s. Werk gegenüber nie in der Treue geschwankt habe u. dass es ~~mir~~ die grösste Ehre meines Lebens gewesen sei, an s. Seite kämpfen zu dürfen.[819]

Am Abend hatte ich 200 Gäste zu einem Eintopf im Saal, wo früher der russische Kaiser, dann der Sowjetbotschafter residierte.[820] Alle alten Gauleiter usw. waren gekommen. Mit einigen sassen wir dann noch im Künstlerhaus bis tief in die Nacht.

19.1.43

Schon vor fast 3 Jahren hatte ich mit Keitel ein Abkommen über die w[elt]-a[nschauliche] Schulung der Wehrmacht.[821] Viel ist daraus nicht geworden, da man doch hoffte, den Krieg schneller zu Ende zu bringen, dann wohl auch aus konfessionellen Widerständen. Die Tornisterschriften sind allerdings über mein Amt gegangen, ich habe versch. Vorträge gehalten usw., aber eine intensive Arbeit kam nicht zustande. Jetzt haben unsere Lehrgänge doch begonnen: zahlreiche in auswärtigen Standorten, 12 in Berlin für Divisions- u. Regimentskommandeure.

---

819 Maschinengeschriebene Abschrift des Briefes von Rosenberg an Hitler, 13.1.1943, USHMMA RG-71 box 380: »Mein Führer! Für Ihr freundliches Gedenken zu meinem 50. Geburtstag gestatte ich mir, Ihnen, mein Führer, meinen ehrerbietigsten Dank zu sagen. Es war für mich die grösste Freude und Ehre meines Lebens, an Ihrer Seite kämpfen zu dürfen. Als ein Unbekannter bin ich in München in kameradschaftlichster Weise aufgenommen worden und habe mich bemüht, durch Arbeit dieses Vertrauens würdig zu sein. Ich darf heute sagen, daß ich in diesen Jahren in der Treue zu Ihnen und zu Ihrem Werk nie geschwankt habe und daß ich nur eines hoffe, in Ihrem Sinne die Aufgaben lösen zu können, die Sie mir übertragen haben. Die Wünsche von mir und allen meinen Mitarbeitern vereinigen sich, Ihnen alle Kraft erhalten zu wissen, um auch den heutigen Entscheidungskampf zum Siege zu führen. Für den freundlichen Gruß an meine Frau danke ich auch in ihrem Namen. Heil mein Führer! In alter Treue [roter Stempel:] gez. A. Rosenberg«.

820 Die ehemalige sowj. Botschaft war seit Sommer 1942 Haupt-Dienstgebäude des RMfdbO, das vorher in der jugosl. Gesandschaft untergebracht war.

821 Siehe Tagebucheintrag vom 2.2.1941.

Die dafür vorgesehenen Redner waren in m. Amt versammelt u. erhielten die Richtlinien. Am Abend sprach ich mit den Generälen u. Obersten vom OKW. Sie waren ausserordentlich mit dem Verlauf zufrieden. – Erzählten von Stalingrad, von den Briefen der dort eingeschlossenen Soldaten. Bewusste Abschiedsbriefe. Keiner, der verzweifelte. Sie sagten, sie wüssten, wofür sie jetzt sterben würden. Sie grüssten ihre Frauen u. Kinder. Ein Offizier: ich hoffe nur noch die Kraft u. Möglichkeit für die letzte Kugel zu haben ... Die Briefe werden solange zurückgehalten, bis die Tragödie zu Ende ist. Eine Heldentat so grossen Ausmasses wie keine andere, eine Erprobung von Front u. Heimat, ein Symbol des geschichtlichen Ernstes, und der Ausgangspunkt des Sieges.

Am 25./26.1.43[822]

die vorbereitete Unterredung m. Himmler in Posen. Ich sagte ihm, dass nach zwei Jahrzehnten N.S. paar R[eichs]-Leiter sich herausgeschält hätten. Sie könnten es sich vor der Geschichte nicht leisten, wenn sie u. ihre Mitarbeiter im Kampf stünden. Die Verschiedenartigkeit der Arbeit sei klar a.d. wichtigsten Gebieten, dort, wo wir zusammen wirkten, müsste eine Loyalität gefunden werden. – H.[immler] betonte das gleiche unter Hinweis auf den W[elt]-A[nschauungs] Kampf nach dem Kriege. Wir beide hätten W.-A. die 20 Jahre nicht gewackelt u. müssten zusammengehen. – Ich betonte, dieser kommende Kampf gegen eine 2000jährige Institution müsse mit grossem Format ausgetragen werden. Kleine Schreier müssten von uns gemeinsam zurückgehalten werden. H. müsse auf staatlichem Gebiet vorgehen, ich müsse w.-a. die Haltung der Bewegung festigen und führen.

Wir kamen dann überein, unsere Mitarbeiter zu Loyalität anzuhalten u. »Erfolge«, die nicht auf diese Weise errungen würden, zurückzuweisen. Ich verwies H. auf die nicht erträgliche »Arbeit« von Prof. Wüst in München gegen die H.[ohe]S.[chule], besonders gegen den Leiter meiner Aussenstelle – H. fragte, ob ich mich dagegen aussprechen

822 Folgende Passage von »die vorbereitete Unterredung« bis »festigen und führen« mit Markierung (Bleistift); abgedruckt (ohne Hervorhebungen und mit kleineren Abweichungen) in Kempner, Der Kampf gegen die Kirche, S. 38.

würde, wenn eine der Ost-Universitäten vom »Ahnenerbe« übernommen würde.[823] Die übrigen Stellen des »A.[hnenerbe]« im Reich würden dann eingezogen werden.

Unter dieser Voraussetzung erhob ich keinen Widerspruch. H.[immler] wollte noch mit Rust sprechen.

Die Rede kam dann auf den Osten. Ich sprach m. Genugtuung aus, dass H. mir Berger als Staatssekretär überlassen werde. Ich hätte ihn als loyal u. tatkräftig befunden, ich hoffe, dass er auch für die Zukunft viel leisten könne. H: Es sei ihm schwergefallen, Berger abzugeben, aber da es kein Vakuum gebe, würde ich jemand andres suchen. Vielleicht Kasche, dann würden wohl neue Reibungen die Folge sein. – Anstelle Heydrichs käme Kaltenbrunner, er würde mir gleich nach s. Ernennung seinen Besuch machen.[824] – H. war plötzlich recht milde Koch gegenüber gestimmt, den er als »Motor« doch schätze, er glaube auch nicht, dass der Führer ihn fallen lassen werde. – Ich hatte nun allerdings an Koch eine Menge auszusetzen. Seine Grossmannssucht sei keine deutsche Politik und habe bereits ausserordentlich geschadet.

Die Unterredung dauerte etwa 3 Stunden. Am nächsten Morgen gab ich H. den Entwurf einer Deklaration für die Ostvölker.[825] Er stimmte zu, war nur Dr. L.[eibbrandt] gegenüber skeptisch, der nicht nüchtern für oder wider eine Sache sei, sondern mit dem Herzen b. d. Ukrainern. Das sei nicht zu empfehlen.

---

823 Wüst, Walther (1901–1993); 1933 NSDAP-, 1936 SS-Beitritt; seit 1937 Präsident, später Kurator der SS-Stiftung Dt. Ahnenerbe; 1941–45 Rektor der Universität München; beteiligt an der Verhaftung der Geschwister Scholl. – »Stiftung Dt. Ahnenerbe«; 1935 gegr. Forschungseinrichtung der SS mit Schwerpunkt Abstammungs- und Germanenkunde.

824 Kaltenbrunner, Ernst (1903–1946); 1930 Beitritt zur österr. NSDAP; 1931 zur SS; seit HSSPF in Wien; seit 1943 Chef des RSHA; 1946 nach IMT-Todesurteil gehenkt.

825 Siehe Rosenbergs Aktennotiz vom 3. 2. 1943; USHMMA RG-14.017 (BAB R 6/6, Bl. 82–85); USHMMA RG-17 box 380.

1.2.43

Dr. L.[eibbrandt]: Besprechungen über Gefangenenkommissionen, Schulfragen im Ostland

Dr. Runte: Brief d. R[eichs]-Finanzministers über Haushaltsfragen[.] Berücksichtigung der Wünsche der Ressorts (Technik), Gefahr der Unmittelbarkeit der R[eichs]-K.[ommissariate] zu diesen Dienststellen. Klare Antwort abfassen. – Mein Hinweis auf eine unmögliche Rede d. Leiters d. Finanzabt. vor d. Wi[rtschafts]-Presse.

General-K.[ommissar] Litzmann, Reval, übergibt eine neue Denkschrift über Stärkung der landeseig[enen] Verwaltung. Befürwortet Minister-Titel u. Abbau der Gebiets- u. Stadtkommissare!

Obergrup[pen]f.[ührer] Berger bittet, von der Durchführung der Umorganisation des Ost-M.[inisteriums] noch abzusehen, bis er die Geschäfte eines Staatssekretärs übernommen habe. Ich schildere ihm das in Aussicht Genommene, was ihm durchaus wichtig erscheint. Er betont, er komme zu mir aus einem persönlichen Treueverhältnis. Er habe dies auch offen Himmler gesagt. Er werde sich ab jetzt als meinen Schildhalter fühlen. Wir verabschieden uns sehr kameradschaftlich.

+

Dr. Stellrecht legt mir Vorschläge über Schulungs-Anordnungen vor. – Bericht eines Offiziers aus Stalingrad: Er gehe an einem Soldaten vorbei, der am M-G. liege. Er solle doch schiessen. Der arme Mann sagt, er schiesse doch die ganze Zeit, und bewegt den Finger in der Luft neben dem M-G. Halluzinationen aus Hunger u. Erschöpfung.

Prof. Reinerth berichtet über d. illegale Fortführung von frühgesch.[ichtlichen] Museen aus Rostow durch das »Ahnenerbe« u. dessen Kommissionen i.d. Ukraine, um aufzukaufen u. Ausgrabungen durchzuführen![826] Wenn H.[immler] diese Methoden jetzt nicht abstellt, gibt es eben keinen Frieden. – Werde ihm eine Notiz durch Berger zustellen lassen.

Das Amt Vorgeschichte hat bisher rund 820 Museen u. Forschungsstellen gesichtet u. geordnet.

826 Rostow, Stadt im südlichen Russland.

2.2.43

Heute besuchte mich General Hellmig, der Kommandeur der Legionen der Ostvölker.[827] Er bedankte sich zunächst für die gute Zusammenarbeit mit dem Ost-M.[inisterium] und kam dann auf die Frage, die alle Soldaten seit Monaten beschäftigt: ob man nicht den Russen usw. eine politische, sie beflügelnde Idee geben könnte. Sie kämpften z.T. ganz ausgezeichnet, z.B. die Turkestaner i. Stalingrad. – Ich erläuterte H.[ellmich] die Schwierigkeiten, den Russen und den anderen Völkern gleichzeitig nationale Freiheiten zu versprechen. Immerhin sei es gut gewesen, dass ich keine zaristischen Emigranten in den Osten gelassen hätte: diese hätten den Gedanken eines integralen Russlands sofort wieder propagiert. Die jetzigen Gefangenen u. Einheimischen wollten wohl vor allem Ruhe, Land u. Heimat haben. Jedoch auch die Generale Wlassow u. Schilenkow, welche den neuen Aufruf verfasst hätten, beschuldigten Stalin darin, er hätte Murmansk und Baku den Engländern verkauft: auch dies ein deutlicher Beweis, wo das Endziel auch für diese Offiziere liege.[828] – Im übrigen wüsste ja General H., dass der Führer bisher ein weitgehendes Versprechen abgelehnt hätte. Ich hätte hier seit langem den Entwurf einer Deklaration liegen. Ich würde sie bei der ersten Möglichkeit dem Führer vorlegen.

x

Am Nachmittag besichtigte ich ~~das~~ ein Sortierungslager meines Einsatzstabes. Es ist erstaunlich, welche Werte a. ganz Europa hier gesichert worden sind. Wertvollste Werke d. Literatur, Manuskripte Diderot,

827 Hellmich, Heinz (1890–1944); Offizier; 1939 Generalmajor; 1942–44 Inspekteur der Osttruppen im OKH.

828 Wlassow, Andrei Andrejewitsch (1901–1946); sowjet. Offizier; 1940 Generalmajor; seit 1942 in dt. Gefangenschaft beteiligt am Aufbau der »Russ. Befreiungsarmee« (Russkaja Oswoboditelnaja Armija, ROA, »Wlassow-Armee«); 1946 nach Todesurteil in Moskau gehenkt. – Schilenkow, Georgij Nikolajewitsch (1910–1946); sowjet. Offizier; Kommissar bei der 24. sowjet. Armee; seit 1941 in dt. Gefangenschaft Chefpropagandist der ROA; 1946 nach Todesurteil in Moskau gehenkt. – Murmansk, Stadt in Russland nördlich des Polarkreises.

Briefe Verdis, Rossinis, Napoleons III. usw.[829] Dazu die ganze jüdische u. jesuitische Hetzliteratur gegen uns.[830] – Eine einmalige geschichtliche Gelegenheit ist hier wirklich ausgewertet worden mit einer lächerlich geringen Zahl von Mitarbeitern.

3.2.43

Dr. Meyer. Probleme d. Preise i. d. Osten. Alte Anordnung des Pr[eis]-Komm.[issars] doch im allg. wiederhergestellt. Pleigers Bedenken zurückgestellt.

Dr. Reischle.[831] L[eu]t.[nant] b. einer Kraftfahr-Einsatzabt. i. Stalino. Berichtet über einen russ. Professor Brostschorkow, den man a. d. Kaukasus mitgenommen habe.[832] Hat d. Anthrazit-Generator erfunden. Eben werden Proben m. Landwirtsch[aftlichen] Schleppern gemacht. Deutscherseits war bisher keine Lösung des Problems gefunden worden.

R.[eischle] verweist auf die Leistung d. Agrarpolitik u. a. das Versagen d. gewerblichen Wirtschaft. Die 35 oder 40 Autotypen sind ein Verhängnis. Motoren werden ausgebaut und nach Belgien zur Reparatur gebracht. Hier hat man den Sonderwünschen zuviel Raum gelassen. Die Russen hätten es viel besser angefangen.

Die rumänischen Truppen a. d. Rückmarsch: einzeln, ohne Waffen, zerlumpt, aber stets treiben sie das geraubte Vieh vor sich her, das wir den Bauern für die allg. Versorgung noch gelassen hatten. Niemand, der es ihnen abnimmt.

---

829 Diderot, Denis (1713–1784); franz. Philosoph. – Verdi, Giuseppe (1813–1901); ital. Komponist. – Rossini, Gioachino (1792–1868); ital. Komponist. – Napoléon Bonaparte, Charles Louis (1808–1873); 1848–52 franz. Staatspräsident; 1852–70 als Napoleon III. franz. Kaiser.

830 Mitte 1943 berichtete Rosenbergs ERR, die Bibliothek des Frankfurter »Instituts zur Erforschung der Judenfrage« umfasse ca. 300000 mehrheitlich in den besetzten Gebieten beschlagnahmte Bände; Bericht abgedruckt in Poliakov und Wulf, *Das Dritte Reich und die Juden*, S. 27–30 (171-PS).

831 Reischle, Hermann (1898–1983); 1931 NSDAP-Beitritt; seit 1933 Leiter des Hauptamtes »Blut und Boden« im Reichsamt für Agrarpolitik; Hg. der Zeitschrift *Die wirtschaftliche Parole*; seit 1940 MdR.

832 Stalino (Donezk), Stadt in der Ukraine, von Okt. 1941 bis Sep. 1943 von dt. Truppen besetzt. – Brostschorkow nicht identifiziert.

Abb. 7/8 Präsentation von Beutegut des Einsatzstabs Reichsleiter Rosenberg in Estland, 2. Februar 1943

Dr. Runte. Entwürfe für Erlasse: Organisation d. Ministeriums, an die R[eichs]-K[ommissare]: ihre Stellung ähnlich den Verteidigungskommissaren.

Erfindung unserer Veterinär-Abt: Leder aus dem Herzbeutel der Rinder. Probe lag bei.

Malletke klagt über das A. A., welches jede Unterhandlung m. d. Dänen hindere.

Vorschlag eines Erlasses über Einsetzung von germ.[manischen] Ausländern in der Zivilverwaltung an unpolitischen Stellen.

26.7.43

Der Staatsstreich ~~dur~~ von Thron u. Altar in Rom gegen Mussolini hat ~~alle~~ die Probleme für alle deutlich aufgeworfen.[833] Mussolini hatte der italienischen Nation Raum u. Brot erkämpfen wollen. Und dabei die Kräfte seines Volkes ganz erheblich überschätzt. Das Abessinien-Abenteuer hatte diese Tatsache etwas verdunkelt, gewisse Vorfälle im Spanien-Krieg aber hatten gezeigt, dass schwerere Belastungen nicht ohne weiteres zu tragen waren (Guadalajara).[834] Gewisse äussere Leidenschaften u. Schaustellungen hatten einige in Deutschland zu stark beeinflusst. Ich hatte, gerade weil ich von der Rassenerkenntnis überzeugt

833 Bezieht sich auf die Entlassung Mussolinis als ital. Regierungschef am 25.7.1943 durch König Victor Emmanuel (1869–1947).

834 Die Schlacht bei Guadalajara im März 1937 war der letzte größere Sieg für die republikanischen Truppen im span. Bürgerkrieg.

bin, die ganze Theatralik nicht höher eingeschätzt, mich überhaupt von der ganzen Pilgerei unserer Führerschaft nach Rom zurückgehalten. Nichtsdestoweniger war das Bündnis mit dem Faschismus richtig, weil nur dadurch der Ring um uns gebrochen werden konnte, der Anschluss der Ostmark wäre sonst auch nicht möglich gewesen. Das alles hatte aber eben Konsequenzen, als Italien 1940 in den Krieg eintrat, um als Erntehelfer im Westen noch zur rechten Zeit zu kommen. Dann die Flucht vom Don, das Mitreissen von Rumänen u. der Ungarn, die nach 20 Minuten Beschiessung davonliefen.[835] Stalingrad, das war die schwerste Zahlung für ital. Hilfe. Auf der Flucht verkauften d. Italiener M-G. für 10 Mark auf dem Markt in Kiew, räuberten ohne Grenzen u. wurden dann nach Hause gebracht. Und als Helden empfangen, anstatt 100 Offiziere zu erschiessen. Dasselbe in Afrika, in Sizilien. Das hat Rommel die Nerven gekostet. In Sizilien – Davonlaufen, Offiziere schlüpften in Zivilkleider u. flüchteten mit Koffern zu den Amerikanern. Die Bevölkerung ergibt sich, wie auch sonst. In Süd-Italien fahren unsere Landser in straffster Ordnung nach Süden – und auf den gleichen Strassen läuft die italienische »Armee« waffenlos nach Norden. Einer geängstigten süditalienischen Bevölkerung könnte man das weiter weniger verargen, dass Mussolini aber nicht die Kraft aufbrachte, feige Kommandeure zu erschiessen, das hat er jetzt zu bezahlen. Die Einzelheiten des Staatsstreichs von Vatikan u. Königtum sind heute bekannt geworden: typisch für überlebtes Fürstentum. Die Kirche der Liebe aber hat heute schon in hasserfüllter Weise durch ihre Presse in Rom geantwortet ... Die Entwicklung wird jetzt dramatisch, die revolutionäre Seite unseres Krieges beginnt erst.

Das lenkt die Gedanken auch auf die innenpolitische Lage bei uns. Gerade in der letzten Woche habe ich ~~zuerst~~ m. Mitarbeitern u. paar anderen Vertrauten darüber gesprochen. Anlässlich eines schwäbischen Protestes gegen das geplante Einheitshaus von Ley kam das Gespräch auf die kollektivistische Seite unserer Entwicklung: Einheits-Haus, Einheits-Geist, immer weitere organisatorische Einengungen, dazu solche Reden unter jedem Niveau wie die von Ley, oder die unmögliche innere Propaganda von Goebbels, der immer nur ein Thema hat: »Ich über

835 Don, Fluss in der Ukraine, Zufluss des Asowschen Meeres.

mich.« (Darüber habe ich Göring einen Brief geschrieben, auch Goebbels selber, für einen andern mehr als deutlich).[836]

Auf allen Schulungs-Tagungen habe ich seit Anfang 1940 über falsches u. richtiges Herrentum gesprochen. Ich führte aus, dass ein 30jähriger Krieg nur Herren u. Knechte hinterlassen hat, Preussen konnte nur durch harte Zucht noch die germanische Substanz retten. Aber Kleinbürgertum der 360 »Staaten«, Raumenge nach biologischer Erholung wirkten als Umweltzucht negativ. Heute sei endlich die Möglichkeit gegeben, die alten echten Instinkte aus grosser Kaiserzeit wieder zu entwickeln. Herrentum ohne protzige Redensarten, ohne falsche Theatralik, Herrentum als Selbstverständlichkeit, als feste grosszügige Haltung. Anbiederungssucht u. Grossspurigkeit kämen beide aus d. gleichen Quelle: dem Untertanengeist. Dies alles werden Ley, Koch u. Goebbels nie begreifen. In der Partei aber hat man es verstanden. Ich bin im letzten ¾ Jahr in 18 Gauen gewesen u. habe meine Wochenenden darangesetzt, um hier alles für Charakterstählung zu tun, was unsere »Propaganda« unfähig ist zu leisten. Meist 2 Reden: eine öffentliche grosse Kundgebung über den Sinn des Krieges, und eine geschlossene Tagung für die Führerschaft des betr. Gaus. Wenn die schon etwas verrufene Schulung wieder Gehalt erhalten hat, dann auch die Arbeit meiner Dienststelle, an der Dr. Stellrecht ein besonderes Verdienst hat.

Hinzu kommen dauernde Lehrgänge in m. Schulungshaus in Dahlem über Kirchenpolitik oder die von mir angesetzten Reichsthemen. Dann die Schulung der Wehrmacht, die jetzt ständig fortschreitet. Ein ebenfalls wichtiges Problem, weil die höhere Führerschaft noch lange keine n.s. Revolutionäre sind~~, z. T. Gegner~~. Hier hilft meine R[eichs]-Lehrgemeinschaft. Über 900 Vorträge sind in kurzer Zeit zu organisieren gewesen.

Ich war also in Nürnberg (A. Hitler-Platz), München (Zirkus Krone), Augsburg (Rathaus-Platz), Dresden (Zwinger), Posen, Stuttgart, Düsseldorf, Münster, Köln (wohl der letzte Redner im Gürzenich),[837] Hagen / Dortmund, Luxemburg, Trier, Weimar, Frankfurt, usw. Dazu Vorträge zu den weltanschaulichen Feierstunden mehrmals in Berlin. Mehrere

836 Siehe Brief Rosenbergs an Göring, 2. 3. 1943 (4 S.); USHMMA RG-71 box 143.

837 Siehe Manuskript (mit handschr. Änderungen Rosenbergs als Teil der geplanten Druckausgabe seiner Kriegsreden) seiner Rede im Kölner Gürzenich, 10. 4. 1943; NARA RG 238 box 120, Bl. 152–166.

Empfänge von Offizieren, einleitende Vorträge zu den Lehrgängen u. Kameradschaftsabenden mit d. Teilnehmern. Nehme ich hinzu die Ost-Arbeit u. tägliche Besprechungen im Partei-Amt, abends Akten-Studium beider Dienststellen, so darf ich wohl sagen, dass ich mit Arbeit bis ganz nach oben zugedeckt gewesen bin. Der Sinn war aber keine Vielgeschäftigkeit, sondern das Bemühen um innere Gestaltung, die Darstellung der Grösse unseres Kampfes, der Hinweis vor allem darauf, dass das Gesetz des Krieges vieles fordere, was heute notwendig sei, aber nicht Staats-Ideal. Es dürfe nicht dahin kommen, dass 200000 Menschen befehlen und 80 Millionen gehorchen. Dafür hätten wir nicht gekämpft. Wir seien gekommen, das d.[eutsche] Volk zu führen, nicht aber, es zu beherrschen. Etwas, was so manche »Organisatoren« nicht verstehen werden. Gerade an der Führung aber fehlt es! Der Führer ist im FHQ. abwesend, er ist mit militärischen u. aussenpol. Fragen überlastet, aus dem Innern kann er nur sehr einseitig unterrichtet werden. Das Unangenehme wird möglichst fern gehalten u. Änderungen will er eben nicht vornehmen. So »führt« denn Dr. G.[oebbels] sich selbst in allen Spiegelbildern vor, lässt Nigger-Musik wie sonst ertönen und echt-plutokratische Unterhaltungsfilme einer weltstädtischen Filmindustrie abrollen. Der Mann kann ja gar nicht anders handeln, denn er ist genau so, wie seine Produkte. Dass hier nichts geändert wird, empfindet die Partei mit Resignation u. alle fragen sich, ob denn der Führer ~~nicht~~ die geradezu physische Ablehnung gegen das levantische Gebahren des Dr. G. nicht fühlt. Muss bei uns denn erst alles Porzellan zerschlagen werden, ehe was geschieht! Warum wird nicht zur rechten Zeit vorgebeugt?!

29.7.43

In Italien melden sich alle einst bankerott gegangenen Politiker wieder. Alle wollen wieder »volle Freiheit« haben, ihre Parteien neugründen, kurz tun, als sei in 20 Jahren nichts geschehen. Die Regierung Badoglio scheint zu bremsen, inwieweit es ihr auf die Dauer gelingen wird, muss dahingestellt bleiben.[838] Schliesslich hat nur Mussolinis Faschis-

838 Badoglio, Pietro (1871–1956); ital. Offizier und Politiker; 1926 Marschall; 1935–36 Kommandant in Ostafrika; 1943–44 Premierminister nach Waffenstillstand mit den Alliierten.

mus Italien einst vor dem Bolschewismus gerettet. Er hat auch durch innerpolitische Reformen den Marxismus weiter zurückgedrängt. Ganz abgesehen davon, ob die Führung im einzelnen immer glücklich gewesen ist, Italien hat alle Ursache, M.[ussolini] dankbar zu sein und die Geschichte wird dies einmal feststellen – auch dann, wenn sie wird aussagen müssen, dass die Muskulatur der Italiener nicht stark genug war, die historischen Aufgaben zu erfüllen. – Farinacci ist mit einem Anzug in D.[eutschland] angekommen. Im FHQ. ist man verständlicherweise schweigsam u. versammelt nur jene, die militärisch u. politisch mit dem neuen Komplex unmittelbar zu tun haben. In Rom betont man die verfassungsmässige Form der Krisis u. ihrer Lösung, da der Faschistische Grossrat sich angeblich mit grosser Mehrheit für eine Machtübergabe ~~für~~ an den König ausgesprochen habe.

Der klerikale Don Sturzo hat aus Florida ein Interview veröffentlicht u. spricht die »Sehnsucht« aus, doch bald in seine sizillianische Heimat zurückkehren zu können.[839] Hass gegen Mussolini versteht sich bei diesem Vorbereiter des Marxismus von selbst.[840] Der Vatikan wühlt eifrig weiter. Sein Sender in spanischer Sprache stellt fest: »Die Herrschaft eines einzigen Mannes lässt sich nicht mit dem Volksempfinden vereinen. Der Papst verurteilt diejenigen, die es wagen, die Geschicke einer ganzen Nation in die Hand eines einzigen Mannes zu legen, der, wie jeder andere Mensch, eine Beute seiner Leidenschaften, Irrtümer und Phantasievorstellungen ist.« Da müssten die Herrn im Vatikan nur noch hinzufügen: noch schlimmer aber ist es, einem Mann, dem Papst, in grössenwahnsinnigster Weise das Recht der Unfehlbarkeit zusprechen zu wollen. Im übrigen kann sich Franco an solchen Worten darüber klar werden, dass mit der Kirche die phalangistische Revolution nicht zum guten Ende geführt werden kann. Einen eigenen spanischen Papst in Toledo, so wie mir Primo de Rivera das sagte, das wäre das einzige mögliche Ziel, um die unheilvolle Einmischung des ewigen Zersetzers allen organischen Wachstums nach und nach ausser Spiel zu setzen.

839 Sturzo, Luigi (1871–1959); ital. Geistlicher und Politiker; 1919 Mitbegründer des Partito Popolare Italiano; 1924–46 Exil.

840 Folgende Passage von »Der Vatikan wühlt« bis »ausser Spiel zu setzen« mit Markierung (Bleistift); abgedruckt (ohne Hervorhebungen und mit kleineren Abweichungen) in Kempner, Der Kampf gegen die Kirche, S. 38.

Die Rüpelrede Roosevelts gegen Mussolini zeigt den ganzen Tiefstand der USA von heute. Sie zeigt aber auch, dass alles getan werden muss, um einmal zurückzuschlagen. Der Fall Mussolini kann u. U. für uns nur eine Stärkung angesichts dieses Entweder/Oder bedeuten. Aber er zwingt auch zur Selbstprüfung. Dass bei uns zuviel reglementiert wird, ist klar; dass z. T. unterdurchschnittliche Leute geistige Zensur betreiben, ist sicher. Soeben habe ich der P.[artei]P.[rüfungs]K.[ommission zum Schutze des nationalsozialistischen Schrifttums] deutlich ihre Schikane gegen Dr. H.[ans] Günther bescheinigt. Dass bei uns die Theatralik überhand genommen hat, sieht jeder, der feste Form und doch Grosszügigkeit anstrebt. Plato hatte mit Recht die Theaterkratie als Zeichen des Verfalls betrachtet.[841] Die Art, wie seit Jahren unsere Filmschauspieler herausgestellt werden, ist ungesund, wenn man dabei vergleicht, wie originale geistige Beiträge behandelt werden. Die Kritik an rückständigen Intellektuellen wurde mit Missachtung deutschen Forschertums überhaupt verbunden. Weil der Führer mehr Freude an Künstlern als an Professoren hat, wurde von unseren staatlichen Stellen hier d. Wissenschaft missachtet. Dass hier eine – auch von mir geförderte – Gegenbewegung im Gange war, hatte auch Dr. G.[oebbels] gewittert und so versuchte er, der hauptsächlich gegen »Intellektuelle« gespöttelt hatte, auch hier noch Anschluss zu suchen u. liess alle Rektoren nach Heidelberg zusammentreiben. Ursprünglich, um auf einer Studentenversammlung (!)[842] Forschern Ritterkreuze des Kr[iegs]-Verdienstkreuzes zu verteilen, als das verhindert wurde, um eine »grundsätzliche« Rede zu halten. Diese gross aufgemachte Rede war an sich inhaltlos wie alle seine sonstigen, enthielt im wesentlichen nur den richtigen Aufruf an die Gelehrten, sich den politischen Erfordernissen der Gegenwart nicht zu entziehen. U. a. sprach er dann wieder, wenn das d[eutsche] Volk wüsste, was es den Forschern a. Erfindungen verdanke, würde es »auf den Knien« (!) diesen Dank aussprechen. Wieder jene radikalen Redensarten. Bildmässig genau so abstossend wie einst seine Wendung, wir würden uns Churchill schon »an die Rockschösse hängen«. Als ob wir Köter ~~werden~~ wären. Im übrigen liess G. sich das Doktordiplom erneuern. Eine unverständliche

841 Mit dem Begriff »Theatrokratie« bezeichnete Platon den Sitten- und Staatsverfall in der Athener Demokratie.

842 »(!)« nachträglich eingefügt.

Massnahme, auch nur gemacht, um sich irgendwie neu in Szene setzen zu können. – Auch das ist Theatrokratie, und zwar umso schlimmer als es sich hier nicht um einen Fach-Schauspieler handelt, sondern um einen Mann, der Minister spielt.

30.7.43

Dr. St.[ellrecht] begann heute wieder das uns allen seit langem bewegende Thema: dass wir keine Regierung haben. Dass der Führer nur das Vordringlichste behandelt – und das allein geht über Menschenkraft – ist klar, dass dabei aber wichtigste Dinge oft nur einseitig vorgetragen werden, sachliche Abstimmungen nicht recht stattfinden können, laufende notwendige Geschäfte nicht erledigt werden können, das Volk eine dauernd feste Führung deshalb vermisst, ist klar. An sich hätte Göring die Möglichkeit, durch den Ministerrat für die Reichsverteidigung das Notwendige zu tun. Er aber war auch meistens in s. Feldquartier, oder vergrösserte die Besprechungen zu grossen Versammlungen. Es sollte bei ihm ein Kern aus Partei u. Staat gebildet werden unter jeweiliger Hinzuziehung d. entspr. Ressorts, wo alles soweit abgestimmt werden kann, dass dem Führer wichtigere Dinge allseitig überlegt vorgetragen werden können. Als Vertreter d. Führers müsste G.[öring] dann in die angegriffenen Gebiete fahren, ab u. zu dann in abgewogener Form zum Volk sprechen. Da dieses Volk in ihm trotz mancher Kritik doch einen Mann sieht, könnte G. noch vieles einholen, was er hat schlittern lassen. Jetzt bilden sich deshalb verschiedene Cliquen, die jeweilig gemeinsame Massnahmen absprechen, Diadochen-artige Gruppen – aber kein Kriegskabinett. – Eben erleideten viele Städte die schlimmsten Verwüstungen, es sterben in der Heimat unter feindl. Bomben mehr Menschen als an der Front, aber sie fühlen sich nicht von der Führung angesprochen, keine leitende Hand ist fühlbar, nur die eigne Mithilfe, die Gauleiter, NSV usw.

Im Osten bittet mich das OKW alles einzuleiten, um eine Evakuierung von rund 25000 Russen zu ermöglichen (aus dem Raum Orel).[843] Das ist eingeleitet worden, eine neue Belastung. Die Waffen SS. ihrerseits will einen Truppenübungsplatz in Lettland. Notwendig, ohne Zweifel, aber

843 Orel (Orjol); Stadt in Russland, südlich von Moskau.

8000 Letten müssen umgesiedelt werden. Ich habe veranlasst, dass die Begründung für diese Aktion vernünftig gemacht wird: zu dem gleichen Zweck werden i. Gau Brandenburg allein 3000 deutsche Bauern ebenfalls umgesiedelt! Also keine »Vertreibung« der Letten, was dort sicher gesagt werden würde.

Empfang Oberstl.[eutnant] v. Burgsdorff, den ev. Vertreter von Lohse.[844] Machte ihm die politische Haltung im Ostland klar, namentlich am Beispiel der Unzulänglichkeit Drechslers dem Waldmanis u. Genossen gegenüber. B.[urgsdorff] schien nicht sehr unterrichtet, aber begriff schnell. Macht einen recht guten Eindruck. Fährt jetzt zu Lohse, um Vorbesprechungen durchzuführen.

SS Oberg[ruppen]f.[ührer] Berger berichtete Dr. St.[ellrecht] über Massnahmen im Nordwesten Italiens ... Auch über bestimmte päpstliche Schritte ... Darüber später, jetzt etwas zu schreiben könnte immer noch unangenehme Pannen zeitigen.

31.7.43.

Dr. Wagner machte mir den Schlussbericht über Winniza.[845] Die neutralen Demokratien sind alle erschüttert gewesen. Es handelte sich hier ja nicht um Erschiessung der Führung eines feindl. Volkes (Katyn), sondern um Ermordung innerhalb des eigenen.[846] Nähere Aussagen der sich jetzt meldenden Zeugen haben die Namen der jüd. Denunziaten [sic] und der jüd. Kommissare feststellen lassen. Aus einer Umgebung von 100 klm. kommen jetzt die weinenden Ukrainerinnen u. versuchen, ihre verschollenen Männer usw. zu identifizieren. Alles kleine Leute: Bauern u. Arbeiter sind es gewesen, die hier einem jüd. Blutrausch zum Opfer gefallen sind. Die ganze europäische Intelligenz

844 Burgsdorff, Curt von (1886–1962); 1933 NSDAP-Beitritt; 1939–42 Vertreter des Staatssekretärs beim Reichsprotektor im Protektorat Böhmen und Mähren; 1943 Gouverneur des Distrikts Krakau im Generalgouvernement.

845 Winnyzja; Stadt in der Ukraine; 1937/38 stalinistische Massaker (mind. 10000 Tote); nach Entdeckung der Massengräber durch dt. Besatzungsinstanzen internat. Propaganda-Kampagne.

846 Katyn, Ort bei Smolensk in Russland; 1940 sowjet. Exekution von ca. 4400 poln. Offizieren als Teil einer umfassenderen Mordaktion.

aber kann – oder könnte – sich sagen, dass wenn D.[eutschland] jetzt nicht den Ostwall Europas bilden würde, Hunderttausende den gleichen Weg in die Massengräber nehmen würden wie die Opfer von Winniza.

4.8.43

Allwörden ist aus Hamburg zurück u. berichtete eingehend über die dortige Lage.[847] Sachlich, da eigentlich Worte fehlen, um das Vorgefallene zu kennzeichnen. Die Haltung der Bevölkerung aber vorbildlich. Ein Ruf: Vergeltung! beherrscht die meisten.

Angesichts dieser Vernichtung der Grossstädte erscheint mir für die Zukunft eine Chance für Wiederentdeckung des Ländlichen gegeben, wie noch nie. Wir müssen diesen Wink des Schicksals verstehen und nie mehr die Bildung ähnlicher Weltstädte zulassen. Ich habe im »Mythus« schon darüber geschrieben, seit 1933 schien aber die Entwicklung gerade den umgekehrten Weg zu gehen. Unsere eigenen Bürgermeister wollten möglichst viel Ortschaften »eingemeinden«, um sich grosszutun. Der NS. war eben trotz aller Betonung des Bäuerlichen eine überwiegend grosstädtische Erscheinung: DAF überwog bei weitem »Blut u. Boden«, KdF ist auf dem Wege einer unerträglichen Kollektivisierung. Auf einer Bauernversammlung habe ich kürzlich erklärt: die Stadt hat das Land unterdrückt, das Bauerntum ist zu schwach, um gegen die Macht der konzentrierten Grossindustrie aufzukommen. Helfen kann hier nur eine andre weltanschaulich-politische Macht: die NSDAP. – Aber diese muss ihre Aufgabe erst richtig <u>sehen</u>. Ich werde mich jedenfalls mit aller Energie dafür einsetzen, dass Weltstädte mit all ihren Hinterhöfen nicht mehr entstehen: die Fliegerwaffe ist der stärkste Druck für diesen Gedanken: die höchstentwickelte Technik zwingt wieder aufs Land, spricht gegen Hochhäuser. Hamburg wird wiedererstehen, schöner als es war, mit 500000 Menschen wird es alle Aufgaben bewältigen, die es durchzuführen hat.

---

847 Bezieht sich auf die Folgen der brit. Luftangriffe auf Hamburg Ende Juli/Anfang Aug. 1943 (»Operation Gomorrha«) mit mehr als 30000 Todesopfern. – Allwörden, Wilhelm von (1892–1955); 1925 NSDAP-Beitritt; 1930 stellvertretender Gauleiter in Hamburg; 1933 Senator in Hamburg; seit 1942 persönl. Referent von RMfdbO-Staatssekretär Meyer; 1943–45 Leiter der Hauptabt. II (Verwaltung).

7.8.43

Im Lauf der Jahre ist neben all' dem Grossen auch viel grauer Alltag gewesen. Menschliche Unzugänglichkeiten, kleinliche Schikane, Missbrauch so manchen Vertrauens usw. Ich habe derlei natürlich auch erlebt, mich aber bemüht, eine gerade Haltung einzunehmen u. meine Mitarbeiter in diesem Sinn zu erziehen. Soeben aber hat es mir einen wirklichen Stich gegeben. Ein scheinbar nicht hervorstechendes Ereignis hat mir gezeigt, wie sehr die alte geschichtliche Form der Hof-Kamarilla auch bei uns sich ganz skrupellos u. mit Erfolg durchzusetzen begonnen hat. Der nach Hess' Abgang ernannte Leiter der Partei-Kanzlei, Bormann, ist ein Mensch mit praktischem Verstand, robust und entschlossen. Eine energische Geschäftsführung für die Partei war also nach Hess' Unfähigkeit sehr zu begrüssen und es begann die Probe, ob B.[ormann] dieser Aufgabe gewachsen war. D.h. ob er gerecht u. unparteiisch dem Führer bei s. täglichen Vortrag das Vorliegende unterbreiten würde. Dass er eine gewisse Personalpolitik begann u. in Fragen etwa der Gauleiter-Nachfolger ihm Sympathische zum Zuge bringen will – ist noch menschlich verständlich. Aber bald zeigte sich etwas ganz anderes. – B. hat während der Kampfzeit weder als Redner noch als Schriftsteller eine Idee verteidigt, geschweige denn selbst solche in die Welt gesetzt. Er hat auch keine Organisation aufgebaut. Er leitete früher die Hilfskasse d. NSDAP, s. Frau ist die Tochter von [Walter] Buch. Er kam zu Hess als Stabsleiter, war oft b. Führer, baute dann – durchaus befähigt als Gutsinspektor – die Gemüseanlagen, Ställe usw a.d. Obersalzberg, die andren dortigen Grossbauten, u. ist sicher dem Führer in manchen praktischen Dingen zur Hand gegangen. Der Führer hatte sich an ihn gewöhnt u. brauchte ihn, wenn er einem R[eichs]-Minister, Gauleiter usw. eine unmittelbare Weisung zugehen lassen wollte.

Nun war Bormann an der Macht, denn niemand, der von ihm Schreiben erhielt, konnte unterscheiden, ob hier persönlicher Befehl des Führers vorlag, oder B.'s Anschauung. Und nun setzten die Komplexe einer solchen Natur wie B. ein: gewisse Männer waren ihm zu gross. Darunter in erster Linie ich. Ein Vorfall wird hier besonders den Anstoss gegeben haben. B. hatte sich aufs Gebiet des Weltanschaulichen ~~Be~~ begeben u. einem Gauleiter den Standpunkt des N.S. zum Christentum mitgeteilt u. dann sich gedrungen gefühlt, diesen Brief auch an die anderen Gauleiter zu verschicken. Mit mir hatte er sich nicht verständigt, wie es selbstverständlich gewesen wäre. Ich hörte nun von diesem Schreiben, ~~das~~ u. ersuchte um seine Übersendung. Ich fand nun eine gänzlich unzulängliche, klobige Arbeit, die mit der Würde der NSDAP unvereinbar war. (Wie ich später erfuhr, war der Verfasser Dr. Krüger i. d. Partei-Kanzlei, wohl aber doch nach einigen sehr konkreten Ausdrücken von B. selbst).[848] Ich teilte B. mit, dass ich die Form nicht für glücklich hielte u. legte ihm einen Entwurf grundsätzlicher Art bei, wie ich mir im Eventualfall eine Aufklärung über das Problem denken würde, fügte aber hinzu, dass ich der Ansicht sei, die Versendung derartiger Arbeiten heute für unzweckmässig zu halten. Der Abstand zwischen beiden Erzeugnissen war auch für B. klar. In einem Gespräch sagte er mir, er habe ja nie gewollt, hier eine grosse Sache zu starten, ich sei selbstverständlich derjenige, der allein diese Probleme formulieren könne usw. Vielleicht meinte er dies im Augenblick ehrlich. – Auf jeden Fall ging aber dann merklich das Bemühen los, mein Partei-Amt anzubohren, die Mitarbeiter der P[artei]-Kanzlei, welche die grosse Arbeit der Dienststelle nicht leugnen konnten, bemühten sich nach Kräften, Aufgaben andren zuzuschanzen, junge Leute, die noch nichts geleistet hatten, begannen gönnerhaft meine Mitarbeiter zu kritisieren usw. In Sachen des Schrifttumsamtes hat dann B. den Führer sicher nicht voll unterrichtet, um mir dieses Amt sacht zu nehmen u. Bouhler zuzuschanzen. Diesem hat er die Arbeit der »Kanzlei der Führers« abgenommen u. wollte ihn jetzt irgendwie beruhigen. Hier kamen dann zwei Briefe, in denen sehr deutlich, angeblich auf Wunsch des Führers, ausgeführt wurde, die Aufgabe im Osten beschäftige mich als Lebensaufgabe voll, deshalb könne ich doch ruhig Bouhler mein Schrifttumsamt überlassen. Dass Bouhlers Amt tot, ideenlos war, wusste B. natürlich genau. Nach ähnlichen Dingen kommt jetzt die Angelegenheit Hugo Wittrock.

Gegen W.[ittrock] hatte sich in Riga eine Gegnerschaft der lübe[ck]'schen Spiessbürger gebildet, die ihre Schwächlichkeit an der Konsequenz des alten Eisenkopfes nur zu deutlich gespürt haben. Zweitens war er ihnen wegen der alten Bekanntschaft mit mir unbequem, da sie

848 Krüger, Kurt (1906–1987); 1925 NSDAP-Beitritt; Organisator der NSDAP und der SA in Danzig; seit 1942 Leiter der Gruppe III D in der Parteikanzlei (Kirchen- und Schulangelegenheiten).

private Unterredungen fürchteten. Lohse war sehr bald gewonnen, da selbst leider noch nicht zum Format eines R[eichs]-K.[ommissars] ausgewachsen (Frage, ob dies überhaupt noch geschehen wird). Nachdem nichts genutzt hat, die Schwäche des Gen[eral]K[ommissars] in Riga u. s[einer] Mitarbeiter immer deutlicher wurde, haben offenbar paar Leute bei der Partei-Kanzlei Beschwerde über den reaktionären Balten geführt, der engstirnig eine überlebte Politik weiterführen wolle. Hinzu einige persönliche Anwürfe. B.[ormann] schrieb mir nun einen Brief, in dem er mir nicht eine Untersuchung anheimstellte, was loyal u. korrekt gewesen wäre, sondern sich mit den Angriffen identifizierte u. den Wunsch aussprach, W. nicht offiziell als Verwaltungsführer einzusetzen. In der Unterredung m. Dr. Lammers u. B. am 24.6. in Berchtesgaden wies ich B. mündlich auf einige mir ohne weiteres bekannte Unrichtigkeiten des Gemeldeten hin. Nun hat B. – wohl durch den S.D. und Leute um Drechsler – sich neue »Informationen« besorgt, eine Liste der von W. herausgezogenen Balten beigelegt (um s. partikularistische Politik zu beweisen), erklärt sich wieder solidarisch u. fügt hinzu, er müsse a.d. Abberufung W. 's bestehen u. habe die <u>begründete</u> Überzeugung, dass gegebenenfalls der Führer auch in diesem Sinn entscheiden würde!

Also primitivste Ungerechtigkeit, ein Beispiel elendester Vorzimmer-Politik. W. hat sich um nichts beworben, <u>ich</u> habe ihn geholt, um einer Anbiederung, die ich kommen sah, ein Gegengewicht gerade in <u>Riga</u> zu geben. Da die Lübecker Clique ihn bei mir nicht erschüttern konnte, weil ihnen <u>sachliche</u> Unzulänglichkeiten W. 's nachzuweisen bisher nicht möglich war, wird jetzt der Versuch über das Vorzimmer des Führers versucht. Mit grösstem Erfolg: B schnappt sofort darauf ein u. fängt also [an] »Material zu sammeln« gegen einen Menschen, den er garnicht kennt. Aber – die Balten sind oben nicht beliebt, sie haben als Nicht-Kollektivisten gegen eine z.T. unmöglich dumme Behandlung einen Standpunkt gerechter Würde vertreten – das liebt man vielfach nicht. Es ist so bequem geworden, zu befehlen, unten zu schikanieren u. jedes Aufbegehren als arrogant und unvölkisch zu bezeichnen. Es ist Sorge getragen worden, dass diese z.T. unglaublichen Vorfälle durch den Ring um den Führer herum nicht durchgekommen sind, in einer Zeit, da es um ganz Grosses geht, habe auch ich bei m. Vortrag solche Einzelheiten nicht vortragen können.

Nun kommt W. Man greift <u>ihn</u> an, meint aber <u>mich</u> dabei: – Erschreckend ist die Unanständigkeit des B., der sich offenbar schon so sicher fühlt, dass sein Vortrag, was er gut befindet, dem Führer zu melden, schon so durchschlagend ist, dass ich garnicht dran komme, sondern einen Führer-Entscheid einfach im Sinne B. 's zugestellt erhalten werde. –

Erfahrungsgemäss wird es einem leichter, wenn man seinen Zorn entladen hat – wenn auch nur schriftlich. – Ich werde nun so vorgehen, dass ich den R[eichs]-K[ommissar] Lohse ersuchen werde, W. nach Berlin zu schicken, um persönlich zu den Vorwürfen Stellung zu nehmen: primitivste Gerechtigkeit ist es, einen Beschuldigten zu hören – dass B dies einfachste Gebot des Anstands garnicht mehr anerkennen will, über ein ehrenvoll gelebtes Menschenleben einfach hinweggeht, das zeigt einen Geisteszustand, den unmöglich zu machen gerade Aufgabe des NS. gewesen ist. Wenn diese Methoden B. 's siegreich sein sollten, dann wäre auch meine Lebensarbeit umsonst gewesen. Ehrenmänner mit Hilfe der durch Tausende Blutopfer erkauften Macht durch Hof-Kamarillen ungehört zu diffamieren u. zu erledigen – das erträgt auf die Dauer die anständige NSDAP u. das anständige d[eutsche] Volk nicht. Weder die Methoden des B., geschweige denn die »Propaganda« des Dr. Goebbels entsprechen der Anständigkeit unseres Denkens u. unseres Kampfes. – Dem Führer dies eben ins Gesicht zu sagen aber ist hoffnungslos – er würde dies als Angriff gegen bewährte Mitarbeiter ansehen, womöglich als Eifersucht eines »Theoretikers« gegen »Männer der Praxis.«

B werde ich mitteilen, dass ich die Vorwürfe genau untersuchen werde. Da Rückfragen möglich seien, solle er mir vertraulich die Stellen benennen, die W. bei ihm angeschuldigt hätten. Vom Ergebnis der Untersuchung würde ich ihn unterrichten. – Das Grundsätzliche, B. 's unzulässige Einmischung in eine meiner Verwaltung allein unterstehende Frage werde ich andeuten, will aber dies mit ihm mündlich besprechen. Falls B. das Unmögliche seines Verhaltens einsehen sollte, würde es mich freuen. Mündlich habe ich ihn schon vielfach überzeugen können – wenigstens für eine Zeitlang. Vielleicht spricht nochmals sein besserer Teil – oder doch die nüchterne Einsicht, dass er sich zu weit vorgewagt hat.

Als Symptom aber ist der Vorfall beschämend. Und da ich eine Witterung für Symptome seit 24 Jahren entwickelt habe, fühle ich die Pflicht, gegen diese schwere Charakter-Erkrankung aufzutreten.

13.8.43

Die Besprechungen über die Durchführungsbestimmungen der Deklaration v. 3.6.43[849] kommen jetzt endlich zu einem Abschluss. Koch, der wo irgend möglich, gegen jede zentrale Weisung opponiert, hatte das Schlagwort aufgebracht, wir wollten ein »ukrainisches Erbhofgesetz« machen, den Ukrainer mehr Land-Eigentum geben, als deutsche Bauern hätten, man dürfe sich rechtlich überhaupt nicht binden u. ähnliches mehr. Herren im F.H.Q., die von der tatsächlichen Lage keine Kenntnis hatten, wurden skeptisch: ich wäre doch politisch unvorsichtig, es ginge nicht an usw. Also, da der Führer eben nur militärische Fragen durcharbeiten kann, ist der Vortrag bei ihm über das Problem hinausgeschoben worden. Nachdem Himmler, Bormann u.a. dann aufgeklärt worden waren, hiess es, »ja wenn es so ist ...«. Wir haben dann eine aufklärende Präambel geschrieben, im übrigen unseren Entwurf beibehalten, den Koch am Montag noch einmal zugeschickt bekommt. Ich bin gespannt, ob er noch einmal a. einem Führer-Entscheid bestehen will. 5 Wochen sind durch dies Gerede verloren gegangen! Die Herbstbestellung steht vor der Tür, sie sollte durch die praktische Durchführung der Deklaration besonders gefördert werden. – Es ist auch in autoritären Staaten nicht leicht, zu Entscheidungen zu kommen. An sich ist es durchaus richtig, möglichst viele an den Vorbesprechungen zu beteiligen: so mancher Gesichtspunkt ergibt sich neu u. einige Einfügungen sind meist die Folge. Aber das ist gut, wenn der Entschluss im Grundsatz bei dem bleibt, der ein Gesetz verantwortet. Die primitivste Art der Betrachtung des Ostens ist trotz 2 Jahren Krieg u. so vieler Erfahrungen noch nicht verschwunden. Die Herausgabe d. Richtlinien d. Behandlung der Ostarbeiter ist nach über einem Jahr in der Form erschienen, wie sie von Anfang an von uns gefordert wurde. Aber Polizei usw. hatten Angst, sich an »Festigkeit u. Härte« etwas zu vergeben, wenn sie nüchterne politische Vernunft sprechen liessen. Das leichtfertige dienstliche Gerede

849 Gemeint ist hier die am 3.6.1943 vom RMfdbO veröffentlichte »Deklaration über das bäuerliche Eigentumsrecht im Osten«, die einheimischen Bauern das Eigentumsrecht für jenes Land zuerkannte, dass ihnen zur Nutzung überlassen worden war. Die Ausführung wurde durch den Reichskommissar Ukraine massiv verzögert.

von 1941 hat immer fortgewirkt. Kochs anfängliche Tiraden sind unten noch lange nicht überwunden. Primitive »Herren« richten noch viel Unheil an, was ich so alle paar Wochen neu erfahren muss.

Richtiges u. falsches Herrentum ist deshalb nach wie vor ein brennendes Thema.

Das Umgekehrte aber ist ebenso falsch. Das OKW W[ehrmacht]Pr[opaganda-Amt] hatte die Wlassow-Offiziere auf Propaganda-Reden nach Brüssel u. Paris geschickt. Dort präsidierten auf ihren Versammlungen die führenden Persönlichkeiten der russ. Emigration. Wohl alles Monarchisten! Also gerade das, was ich bisher[850] verhindern konnte, ist geschehen. Dadurch wird der General Wlassow vor der Roten Armee erst recht kompromittiert. Denn wenn die jetzigen Wlassow-Leute auch gegen Stalin sind, anti-zaristisch sind sie jedenfalls auch. Ich habe an Keitel einen geharnischten Brief geschrieben. Jetzt stellt sich heraus, die Herren im OKW WPr haben die Sache hinter unserem Rücken mit der Anti-Komintern geschoben! Diese sagte, in die Enge getrieben, sie hätte den Reisen zugestimmt mit der Auflage, dass die W.[lassow] Offiziere nicht mit der Emigration zusammentreffen dürften. Als ob das möglich wäre! – Ich habe Lammers davon unterrichtet im Zusammenhang m. d. Versuch von Goebbels, auf die Ost-Politik auf dem Umweg über die Propaganda Einfluss zu nehmen.

Zwischen dem Primitivismus der Koch-Feldwebelnaturen u. dem Fördern unpolitischer Offiziere im OKW. gilt es eine feste Linie durchzusetzen u. durchzuhalten: Förderung der bäuerlichen Instinkte, um durch freiwilligen Arbeitseinsatz das Maximum an Ernte zu erzielen, Ablehnung gross-russischer Programmatik, Ansprechen aller Völker des Ostens, strenge und wirklich gerechte persönliche Behandlung und – was noch nicht klar ist, weil der Führer hier sehr zurückhaltend ist, die Zusammenfassung der HiWis[851] je dem Volkstum entsprechend in propagandistisch aufgemachte »Freiheitsarmeen«. Wie stark sie auch sein mögen, ein~~e~~ ~~Zar~~ Zentrum ist immer ansteckend für die entsprechenden Völker in der Roten Armee. Auf Wlassow hat Stalin z. B. nach längerem Totschweigen doch durch ein wütendes Flugblatt reagiert: W. sei schon

850 »Bisher« nachträglich eingefügt.

851 »Hilfswillige«; unter dt. Besatzung aus der Zivilbevölkerung für militärische und andere Zwecke rekrutierte Personen.

1937 von den Deutschen gekauft gewesen! D.h. der Armee-Führer von 1941 u. »Retter Moskaus«! ~~Er~~ St.[alin] überschätzt jetzt die Rolle, die W. bei uns heute spielt. Ich habe dem OKW WPr sagen lassen, ~~sie~~ es sollte hier zufassen u. eine Gegenantwort verfassen. Je mehr die Geister drüben sich mit dem Gedanken befassen, dass W. kein Verräter, sondern ein Vertreter eines neuen Gedankens ist, umso besser. – Die Eigentums-Deklaration müsste dann nach Festlegung der Richtlinien noch viel intensiver zur Kenntnis hinter d. russ. Front gebracht werden.

14.8.43

Die letzten 14 Tage waren nicht so mit Arbeit ausgefüllt, wie es sonst der Fall gewesen ist. Die Dinge sind im allgemeinen doch so ins Gleis gekommen, dass der Ansturm der Probleme etwas nachgelassen hat. Zwecks Erinnerung einen kl. Querschnitt durch das Behandelte.

Am 2.8. lese ich d. Bericht des Vertreters des AA im Ostland, Ges.[andter] Windecker, an das AA. Spricht sich nach persönlicher Kenntnisnahme positiv für Gen.[eral] Wlassow aus. Zitiert viel Dostojewsky, sonst durchschnittliche Betrachtungen. Windecker will gern selbst aktiv im Osten eingesetzt werden. Bei seinem letzten Besuch bei mir sagte er, im A.A. hatte man damit gerechnet, nach Neurath mich dort als Chef zu sehen. Ich antwortete ihm, dass mich das durchaus gereizt hätte, aber ich sei angesichts der ganzen Lage doch weltanschaulich doch derartig ausgesprochen belastet, dass die Vorsicht einen Verzicht auf mich als geboten hätte erscheinen lassen. Es sei ja jetzt so ganz gut gekommen.

Die Verletzten-Betreuung der HiWis soll von uns übernommen werden. Angesichts des Mangels an Mitarbeitern hat der Führer uns die angeforderten 33 selbst ausdrücklich genehmigt. Diese sollen die Verwundeten aller Ostvölker also entsprechend beobachten, erziehen u. prüfen, ob sie später politisch einsetzbar sind.

St.[aats]S.[ekretär] Muss vom seligen Kirchenministerium ist wieder einmal da – mit der alten Tendenz, die kirchlichen Kreise zu »beruhigen«[.][852] Namentlich durch Papierbewilligung für die Amtsblätter. Er

852 Muhs, Hermann (1894–1962); 1929 NSDAP-Beitritt; 1937–45 Staatssekretär im Reichskirchenministerium.

betont das vorzügliche internationale Echo meiner Weimarer Rede (über Toleranz in Fragen des Unsterblichkeitsglaubens). Regt erneut einen Führer-Erlass an. – Ich erklärte ihm, dass ich gegen jegliche Nadelstichpolitik sei; könne man das Problem nicht als ganzes aufgreifen, dann solle man sich auf die wirklich klaren, polizeilich zu fassenden Fälle beschränken. Im übrigen habe der Vatikan natürlich nur einen Wunsch: dass die Deutschen u. Russen sich gegenseitig bis zur Ohnmacht verbluten, um möglichst gebrochen wieder für die »Mission« reif zu werden. Das gleiche wünschen unsere Herren Kardinäle u. Bischöfe. Ihre Reden sind heute genau so wie 1917/18. Aber man werde ja später darauf zurückkommen. – Im übrigen verwies ich Muss wegen der polizeilich-politischen aktuellen Dinge an Bormann.

Sch.[lotterer] klagt über die zu engen Beziehungen von Mende zu Kedia, einem kaukas. Emigranten.[853] Es wird das kaukas. Problem noch etwas besprochen.

Dann hörte ich mir die Ansprache von Dr. G[oebbels] im Prop.Min an ...

In den nächsten Tagen: Fragen d. Umgestaltung von Halbstadt:[854] Kinkelin entwickelt sehr interessante Einsichten über d[ie] Notwendigkeit eines Führer-Hofes in jedem Dorf. Dieser soll ein Muster sein u. vom Schulzen bewirtschaftet werden. Das sei beste bewährte d.[eutsche] Tradition. Wenn die übrigen 30 – 60 ha erhielten, so müsse der Schulzenhof drei Mal so gross sein.

---

853 Mende, Gerhard von (1904–1963); Russlandforscher; seit 1941 Prof. an der Reichsuniversität Posen; Abteilungsleiter Kaukasus im RMfdbO; nach 1945 Prof. für Russlandkunde an der Universität Hamburg. – Kédia, Michel (1902–1952); georgischer Exilpolitiker; 1921 nach der sowjet. Invasion Georgiens Emigration nach Deutschland und später Frankreich; 1941 Rückkehr nach Deutschland und Engagement im »Georgischen Nationalausschuß«; 1944 Emigration in die Schweiz.

854 Halbstadt, vermutlich heutiges Molotschansk, Stadt in der südlichen Zentralukraine. – Kinkelin, Wilhelm Martin (1896–1990); seit Ende der 1920er Jahre NSDAP-Mitglied; seit 1937 im SS-RuSHA; 1940 SS-Oberführer; 1941–43 Abteilungsleiter für »Volkstum und Siedlung« im RMfdbO; 1943 SS-Brigadeführer.

Schloss Romrod, Hessen. 31.12.43.

Ich verbringe die Weihnachtstage auf Einladung des Gauleiters von Hessen-Nassau[855] in einer alten Wasserburg. Still u. einsam, entspannend ist es gewesen. Aber immer wieder brachte der Rundfunk die harten Nachrichten des furchtbaren Krieges, alleine 2 neue Angriffe auf Berlin.

Was sich in den Häusern u. Kellern unserer bombardierten Städte abgespielt hat u. noch abspielen wird, werden spätere Dramatiker als die furchtbarste Prüfung schildern, die einem Volk auferlegt werden kann. Jahrhundertelang galt die Zerstörung Magdeburgs durch Tilly als eine der grausamsten Taten.[856] Heute ist das ein Tagesverlust. Die ~ 20 d.[eutschen] Grossstädte, die heute schon zum grössten Teil in Trümmern liegen, haben schon paar Hunderttausend Frauen u. Kinder unter sich begraben. Dabei nicht zusammenzubrechen, das ist ein Verdienst der n.s. Bewegung, die Tapferkeit, die heute Tugend der ganzen Nation geworden ist.

Als am 23.11. abends der Angriff kam, verbrachten wir ihn im Unterstand meines zerstörten Hauses. Der Überfall erschien uns ferner, nicht so stark, wie er tatsächlich gewesen war. Nach der Entwarnung: ein ganz brandroter Himmel, aber auch das war früher bei einer Anzahl grosser Brände gewesen. Ich fuhr also von Dahlem mit Frau u. Kind zum Hotel Kaiserhof, wo ich seit Ende August nächtigte. Schon die Hubertusburger Allee zeigte zahlreiche Brände, vor der Königsallee rechts u. links flackernde Häuser. Auf dem Kurfürstendamm zunächst Dunkelheit, dann trat auch hier die brennende Verwüstung zu Tage. Aus der Gedächtniskirche schlug ein Brand, rundum sie herum alles Feuer. Wir riskierten nicht, in die Budapester [Straße] einzubiegen, wo der Zoo flackerte, sondern fuhren die Tauentzienstr. entlang, dann die Nürnberger. Kein Durchkommen: ein Funkenregen und dichter Qualm. Abgebogen in die Kurfürstenstrasse. Kaum noch etwas zu sehen, rempelten mehrfach auf Bürgersteige. Dunkle Menschenmassen unterwegs. Aber: vollkommen ruhig. Als wir hupen mussten, machte man uns wie gewöhnlich Platz.

---

855 Sprenger, Jakob (1884–1945); 1922 NSDAP-Beitritt; 1927 Gauleiter von Hessen-Nassau-Süd; seit 1933 Gauleiter von Hessen-Nassau.

856 Tilly, Johann't Serclaes Graf von (1559–1632); Heerführer der Kath. Liga im Dreißigjährigen Krieg.

Durch irgendeine Strasse ( )[857] langten wir dann bei der Corneliusbrücke an, links u. rechts riesige Flammen und Funkenregen aus brennenden Häuserfackeln. Die Tiergartenstrasse undurchfahrbar: ein wirres Geäst zerfetzter Bäume sperrte den Weg. Auch die Hofjägerallee war zerzaust, doch konnten wir durchkommen. Am grossen Stern brannte ein Omnibus lichterloh. Auf der Charlottenburger Chaussee ein wirres Durcheinander [aus] Tarnvorrichtungen, an paar Stellen Sprenglöcher. Auch hier flutete eine grössere Menschenmenge. Brandenburger Tor: unversehrt. Pariser Botschaft, gleich darauf britische Botschaft in Flammen.

Die alte Reichskanzlei, das Haus des Berliner Kongresses: Dachstuhlbrand. Schliesslich langten wir am Kaiserhof an. Gegenüber ein Kampf um das Verkehrsministerium. Immer wieder leckten die Flammen hoch, immer wieder erhoben sich dicke Wolken als das Wasser hineinfuhr. Von links her blies ein immer stärker werdender Sturm den Russ aus einer nicht sichtbaren Flammenquelle über das Finanzministerium.

Telefonverbindung vom Hotel nicht zu erhalten. Gegen 1 Uhr meldet sich Stellrecht. Verrusst, versengt, im Stahlhelm u. Luftschutzkleidung: meine Parteidiens[t]stelle bis nach unten verbrannt. Aus den getroffenen Nebengebäuden wären immer neue Brandklumpen durch die Fenster geschleudert worden. Aller Einsatz d. Männer u. Frauen hätte nichts geholfen. Die schöne, erst 1940 fertiggewordene Einrichtung für immer dahin. Nur der Keller hatte gehalten. Einiges sei dahin gerettet worden. – Gegenüber ist die Abwehr umsonst gewesen: Rings vom roten Flammenhimmel umgeben, verbrennt jetzt das Verkehrsministerium.

Es kommt ein zweiter Alarm. Ich male mir aus, was sich jetzt auf Berlins Strassen u. in den Kellern abspielen muss. Hunderttausende obdachlos unterwegs, die Keller überfüllt, Mütter, die verzweifelt ihre Kinder noch irgendwie in Sicherheit bringen wollen. Glücklicherweise werden keine Bomben mehr geworfen, es folgt bald die Entwarnung.

Am nächsten Morgen brennt Berlin weiter. Ein Himmel ist nicht zu sehen, dicker Russ umgibt die Häuser u. legt sich als schleimige Schicht auf die Strassen. Ich fahre zu meiner Dienststelle. Eine Ruine. Im rauchenden Schutt liegen die herabgestürzten Panzerschränke. Eingang in den Keller nur durch einen kl. Schacht. Eingekratzt am Eingang aber:

857 Im Orig. freigelassen.

Treffpunkt Goethestr. 11. – Wir fahren hin. Durch die Bismarckstrasse fegt ein Sturm von Russ u. Schmutz. Er setzt sich in die Augen, Sprechen kaum möglich. Die Frauen mit dicken Tüchern überm Gesicht. Auch in der Goethestr. vieles zerstört. Gegenüber brennt noch ein Haus. In den Räumen einige Mitarbeiter. Ich gebe einige Anweisungen u. teile mit, wo ich zu erreichen bin: Ministerium unter den Linden. Dort haben sie die Nacht über gelöscht. Auch hier Dutzende von Brandbomben. Dem tapferen Einsatz aller ist es zu danken, dass das historische Gebäude erhalten geblieben war.

Gegenüber Innenministerium fast weg, nebenbei alles ausgebrannt. Gefahr hatte vor allem durch das rückwärts anschliessende Gebäude des Berliner kath. Bischofs bestanden. Nur mit grösster Mühe u. vielem Pumpen war es möglich gewesen, ein stellenweis [sic] schon beginnendes Übergreifen der Flammen zu verhindern. Der Bischof, seine Mitarbeiter u. Nonnen fanden Schutz im Bunker <u>meines</u> Ministeriums, der seinerzeit vom Sowjetbotschafter gebaut worden war. <u>Geholfen</u> haben von den frommen Leuten nur wenige. Einer an der Pumpe fragte nur immer, ob ein Rückzug wirklich gesichert sei.

Die Fenster waren fast alle kaputt, die Zimmer verschmutzt, aber schon hatte auch das Reinemachen begonnen u. nach Arbeitern, um die Fenster zu vernageln war geschickt worden. – Von den Räumen des Min.[isteriums] in andern Häusern waren 1/3 ausgefallen, darunter auch die Personalkartei verbrannt.

Am nächsten Abend neuer Alarm, erneuter schwerer Angriff u. neue Verwüstungen. Wir sind im Keller der Reichskanzlei. Als wir herauskommen sehen wir eine Flamme im 1. Stock des Kaiserhof: ein Übergreifen von der brennenden Kirche in der ...[858] Strasse aus. Die zugedachte grosse Bombe war auf den neu fertiggestellten Bunker gefallen, hatte einen Trichter gerissen, jedoch hatte die Decke gehalten. – Im Kaiserhof gibt es nicht genug Mannschaft, vor allem keinen Schlauch. Das Feuer frisst jetzt auch vom Dach her. Ich laufe in unsere Zimmer, packe schnell alles Greifbare in einen Handkoffer u. gehe hinunter. An den Teppichen des 1. Stocks züngeln bereits die Flammen. – Bald brennt das ganze Hotel mit allen seinen Werten als einzige Flamme. Wir verbringen die Nacht auf paar Pritschen im Führer-Bunker.

---

858 Im Orig. freigelassen.

Am nächsten Tag fahre ich durch die Tiergartenstr. nach Dahlem: eine halbe Stunde später gehen dort, b. d. H.[ermann] Göringstr. zwei Minen hoch. Wäre ich nur etwas später gefahren, wären wir ausgefallen. Jetzt erst sieht man den Umfang der Zerstörung. Die ganze Tiergartenstr. ein Ruinenfeld, zu beiden Seiten d. Kurfürstendamms Trümmer. – In den nächsten Tagen nehme ich andre Wege. Lützowplatz vernichtet, die ganze Schill- u. Nettelbeckstrasse ein Trümmerhaufen. Begraben u. verbrannt alle Antiquitätshändler. Furchtbare Zerstörungen in der Kurfürstenstrasse, die halbe Bismarckstrasse dahin. 8 Ministerien, 10 Diplomatenhäuser vernichtet, 800000 Obdachlose. – Nach 3 Tagen ist der Schutt von den Strassen. Berlin arbeitet weiter!

Ein weiterer Angriff bringt Bomber auf die Plöner Str. Der Luftdruck zerdrückt Scheiben u. Türen der kl. Wohnung meiner Tanten,[859] wo wir uns am Tage aufhalten. Auch hier also Versuche der Wiederherstellung. – Auf meinem Grundstück, auf dem Eisenträger, Balken usw liegen haben mehrere Brandbomben das ganze Holz in Brand gesetzt, in den Baracken des benachbarten Schulungshauses verbrannten die geretteten Parketteinlagen u. a. wertvollere Material.

Zu Weihnachten lud mich nun G[au]-L.[eiter] Sprenger auf das stille Schloss Romrod. Eine alte Wasserburg a. d. 13. Jahrhundert. Wuchtig – und kalt. Alte Buchenhölzer wärmen es doch. Rundherum schöne Buchen – Föhren – Tannenwälder u. weite Flächen. Einige Tage Erholung tut uns gut. Nachts fliegen Geschwader der Briten manchmal über uns hinweg: zwei Mal wieder nach Berlin.

859 Gemeint sind die Schwestern von Rosenbergs Vater, Cäcilie Rosalie und Lydia Henriette, bei denen er nach dem Tod seiner Mutter aufwuchs; siehe Piper, *Rosenberg*, S. 21 f.

1944

2.5.44

Endlich etwas Ruhe im Sonderzug, um einige Vorgänge nachträglich festzulegen.

Am 17.4. fand die Beerdigung des G[au]-Leiters Wagner-München statt.[860] Auch der Führer war erschienen u. sprach dann zu uns. Er behandelte fast ausschliesslich das Problem der Panzerfestigkeit unserer Divisionen. Diese war 1940 gegeben. Gegenüber dem T34[861] aber nicht. Die neuen Sturmgeschütze hätten sich als das beste erwiesen. Sie würden jetzt in grossen Mengen gebaut. Dann sehe er den Ereignissen ruhig entgegen. Der Osten würde wieder erobert werden. – Über die Luftwaffe wurde nicht gesprochen.

Zum Abendessen bat der Führer mich zu sich. Er fragte inbezug auf die finnischen Meldungen über Dorpat. Ich sagte ihm, was in der Anlage [fehlt] als Bericht aufgesetzt worden ist. Der Führer erklärte, dass es sehr gut sei, dass er das wisse, er könne dann entsprechend antworten.

Das Gespräch kam dann auf Kunstankäufe. Der Führer erzählte, er hätte mehrere schöne Sachen von Fragonard u. Boucher gekauft. Ich sagte, die Sammlungen aus F[rankreich] seien befehlsgemäss z.T. in dem betr. Bergwerk untergebracht, es bestünde aber Gefahr der Feuchtigkeit. Der F[ührer] war besorgt (vor paar Tagen fragte Bormann an, wie es damit stünde). – Über Mussolini war der Führer sichtbar niedergedrückt. Die mit unserem Material gebauten Alpen-Befestigungen hätten

860 Wagner, Adolf (1890–1944); 1923 NSDAP-Beitritt und Teilnahme am »Hitler-Putsch«; seit 1928 Gauleiter der Oberpfalz; seit 1929 auch für Groß-München (später Gau München-Oberbayern); seit 1933 stellvertretender bayer. Ministerpräsident; ab 1942 wegen Schlaganfall nicht mehr politisch tätig.

861 Sowjetischer Panzertyp.

doch M[ussolini] genau bekannt gewesen sein müssen. »Er hat sie selbst angeordnet.« Es sind eingehende Aufnahmen gemacht worden. Riesige Betonmassen, grosse Kraftwerke im Bergmassiv, wie Zauberhöhlen. Aber nicht in Libyen oder Sizilien. – Die Gauleiter Hofer u. Rainer sprechen gleichzeitig über die vollkommene Erledigung des Faschismus u. den bewussten Verrat Mussolinis am Führer.[862] Sie bringen den Besuch M. im Berghof durch Mitteilungen über ihre Massnahmen vor. Es lässt sich denken, dass M. mit allerhand Beschwerden kommt. Ich berichte über eine mir zugeleitete faschistische Denkschrift, die Mussolini als auch heute noch von Logenleuten umringt schildert. Vor allen Dingen Buffarini, der Innenminister.[863] Der Führer glaubt, dass dies sicher weitgehend zutreffe u. äussert, der einzige, der einen guten Eindruck gemacht habe, sei Preciosi.[864] – Die Edda Ciano habe mit frech erpresserischen Briefen versucht, ihren Galeazzo zu retten.[865] Ich war erstaunt, zu erfahren, dass die widerliche Edda nicht die Tochter der Donna Rachele[866] sei, sondern ein aussereheliches Kind einer Jüdin. (Wirklich?) – Die Edda ist ja jetzt in einem Schweizer Kloster u. schreibt wohl ihre teuer zu verkaufenden »Memoiren«. – Der Führer schloss: »Ich habe keinen Verrat geübt.«

---

862 Hofer, Franz (1902–1975); 1931 Beitritt zur österr. NSDAP; seit 1932 Gauleiter von Tirol (später Tirol-Vorarlberg); 1943 RVK der Operationszone »Alpenvorland« einschl. Norditalien. – Rainer, Friedrich (1903–47); 1930 Beitritt zur österr. NSDAP; seit 1938 Gauleiter von Salzburg, später Kärnten; 1943 RVK »Adriatisches Küstenland«; 1945 verhaftet; Zeuge im IMT; 1947 in Jugoslawien zum Tode verurteilt.

863 Buffarini Guidi, Guido (1895–1945); ital. Offizier und Politiker; seit 1923 faschist. Parteifunktionär; 1933–43 Unter-Staatssekretär im Innenministerium; danach Innenminister in Mussolinis Repubblica Sociale Italiana.

864 Preziosi, Giovanni (1881–1945); ital. Politiker; nach Relegation als kath. Priester Parteigänger Mussolinis und Minister; seit 1944 für die Rassengesetzgebung der Repubblica Sociale Italiana mitverantwortlich.

865 Ciano, Edda (1910–1995); Tochter von Benito Mussolini und seiner Ehefrau Rachele Guidi; seit 1930 verheiratet mit dem ital. Außenminister Galeazzo Ciano; 1944 Flucht in die Schweiz mit den Tagebüchern ihres Mannes.

866 Mussolini, Rachele Donna, geb. Guidi (1890–1979), Mutter von Edda, 1915 Eheschließung mit Benito Mussolini; 1945 Flucht in die Schweiz.

Ich berichtete von den Vorbereitungen von dem antijüdischen Kongress.[867]

Die Unterhaltung kam dann auf Städtefragen. Ich verteidigte mit allem Nachdruck den künftigen Abbau der Grosstädte. Es sei falsch, alle grossen industriellen Verwaltungszentralen nach Berlin zu bringen. Umgekehrt dürfe man bei Auflockerung der Städte diese nicht »unmerklich« ins Land übergehen lassen. Dorf u. Stadt hätten beide <u>ihren</u> Stil. Vermischung schade. – Der Führer stimmte zu mit dem Hinweis in Sachsen wüchsen so Städte direkt zusammen. Ganz ohne Hochhäuser käme man aber, etwa bei Krankenhäusern, nicht aus. – Im übrigen hätte Berlin schlechten Boden. Einst wollte er eine neue Reichshauptstadt an der Müritz bauen. Diese hätte aber einen ebenso schlechten Baugrund. –

x

Der Kampf um Sewastopol beendet jetzt die Krimtragödie. Ich muss in diesen Tagen immer wieder an meine Sommerreise [1943] denken. Nach dem letzten Blick a. d. Schwarze Meer von der Passhöhe des Baidar Tores ging es nordwärts in die Hügellandschaft der Hochebene.[868] Raum war hier gleich für mehrere deutsche Dörfer. Über eine schlechte Strasse ging es an Granattrichtern ohne Zahl vorüber, fast alle mit wildem Mohn gefüllt. Dann in das zerschossene Balaklava.[869] Um einen schmalen Golf Fischer- u. Wohnhäuser, durchlöchert, von Granaten zerschmettert. Eine kl. armselige Bevölkerung. Zu Fuss hinauf an der Genueser-Mauer entland zum Eingang des Golfs. Vor uns das Meer unendlich, grün, tiefblau. Ich dachte an Karl Ernst v. Baer, der beim Anblick dieser Bucht sich plötzlich sagte: Das ist doch die Bucht der Lustigonen [?]![870] Und er machte sich dann an die Erforschung der tatsächlichen Unterlagen der »Odyssee«. Diese geistvolle Abhandlung ist heute noch ebenso lesenswert wie sein Essay über das Land Ophir.[871] Hier in Balaklava wa-

867 Siehe Dokument 23 in diesem Band.

868 Baidar, Passhöhe am südlichen Ende der Krim.

869 Balaklava, Siedlung auf der Krim, heute Stadtteil von Sewastopol.

870 Baer, Karl Ernst von (1792–1876); dt.-balt. Forscher; Verfechter einer teleologischen Abstammungslehre. – Lustigonen: Gemeint sind die Laistrygonen, ein mythisches Volk von Riesen aus Homers Odyssee.

871 Land Ophir, mythisches »Gold-Land«, das im Alten Testament erwähnt wird.

ren also einst griechische Seefahrer, Eroberer u. Händler gewesen. Von dem Felsen hatten die Eingeborenen ihre Schiffe mit schweren Blöcken beworfen u. vielfach vernichtet. Scylla u. Charibdis: die Dardanellen, die dreieckige Heliosinsel davor (nicht etwa das mit dem Auge garnicht erfassbare Sizilien).[872]

Auf wenigen Quadratmetern sassen paar Berliner Grenadiere an ihrem M. G. Schon ein Jahr. Jetzt werden sie zurückgezogen worden sein.

Weiter ging es. Über historische Schlachtfelder. Unter einer Mühle erläuterte ein Offizier die Eroberung Sewastopols. Die Entschlüsse einiger Beherzter hätten dessen Schicksal entschieden. Besondere Erwähnung der tatarischen Einheit. Sewastopol: ein einziger Trümmerhaufen.

Nur die Zeugen Altgriechenlands: die Tempelsäulen u. das Museum standen, von unserer Artillerie u. den Fliegern unversehrt erhalten. Für eine versehentliche Beschädigung einer russ. Kirche in der Nähe war der ~~Schu~~ schuldige Flieger bestraft geworden. – Ein alter russ. Gelehrter erläuterte die Funde. Über Jahrtausende ein heiss umkämpfter Platz, diese Bucht von Sewastopol. – 120,000 [Einwohner?] soll sie gehabt haben, 60000 geflohen, 50000 sollen noch tot unter den Trümmern liegen. –

Inkerman! Ein Begriff a. d. Krimkriege wie der Malakov-Hügel.[873] Ein schmales Tal, eingeengt durch hohe senkrechte Kalksteinberge. Der rechte um 8 Meter eingesunken: Zeuge einer menschlichen Tragödie. Hier waren grosse Kavernen in den Fels getrieben worden: für Munitionsdepots, Lazarette, Flüchtlinge aus der Stadt. Als unsere Truppen kamen, drückte ein russ. Offizier (von aussen?) einen Hebel u. der Berg begrub in paar Minuten 6000 Menschen. Sie lagen auch jetzt noch u. wohl für immer unter den z. T. hausgrossen Felsstücken. Von der anderen Seite, ebenfalls mit Kavernen versehen, vergegenwärtigten wir uns diese sowjetische »Staatsraison« und die ganze fremde persönlichkeitslose Seele dieses Ostens.

Dann ging es über Bachtschi-Sarai[874] nach Simferopol. Vor 26 Jahren war ich hier, über das Dorf Albat, [Wort gestrichen, unleserlich] gewe-

872 Scylla und Charibdis, mythische Ungeheuer aus Homers Odyssee.

873 Inkerman, Stadt auf der Krim, 1854 Schlacht von Inkerman zwischen russ., franz. und brit. Truppen. – Auf dem Malakov-Hügel südöstlich von Sewastopol errichtete die russische Armee im Krimkrieg provisorische Befestigungsanlagen.

874 Bachtschissaraj, historischer Herrschaftssitz der Krimtataren.

sen. Alles schien mir verwahrloster. Dort, wo früher die Schmiede u. Schuster ihre Silberarbeiten u. Pantoffel machten, wo bunt gekleidete Tatarinnen auf ihren niedrigen Balkons sassen u. rauchten, wo gleichsam eine Stimmung wie in 1001 Nacht herrschte, war nichts mehr davon zu sehen. Die Läden schmutzig, die Strassen verdreckt. Der »Palast« selber wohl auch verfallen. Vielleicht waren die Augen angesichts dieser Zustände auch etwas kritischer geworden.

Wir flogen dann zurück nach Melitopol.[875] –

Und heute ziehen wieder Sowjettruppen durchs Land u. werden die Tataren wohl noch erheblicher dezimieren als es vorher der Fall war. Diese hatten uns Danktelegramme geschickt für die Genehmigung der Wiedereröffnung ihrer Moscheen. Was man ihnen wohl kaum verzeihen wird.

Schloss Schwarzenau.[876] Pfingsten [28., 29. Mai] 1944.

Nach vielen Reisen bleiben mir stets eine Anzahl von Beobachtungen, die wert sind, in der Erinnerung zu erhalten. Wenn meine Faulheit in Aufzeichnungen nicht wäre, so wäre ich um manches Bild unserer Entwicklung reicher, so aber schwinge ich mich nur selten auf, einiges aufzuzeichnen. Die Möglichkeit des Diktats hat uns faul gemacht für Briefe – Memoiren – diese aber diktiert man nicht. –

Ab 10. 5. Versammlung meiner Gauvertreter u. d. Schul.[ungs]-Beauftragten der Gliederungen a. d. Marienburg bei Würzburg. Reichs-Themen-Verkündung. Text einer Ansprache von mir über R[und]-funk u. Presse. Dann sprach ich zum ersten Mal vor Parteivertretern über meine Bemühungen, eine deutsch–engl. Verständigung zu erzielen. Gut, dass dies einmal angesprochen wurde, da meine kurzen Notizen verbrannt sind. – Die Tagung war durch gehaltvolle Vorträge sehr gelungen.

---

875 Melitopol, Stadt im Süden der Ukraine, unweit des Asowschen Meeres.

876 Schwarzenau, Schloss in der poln. Gemeinde Czerniejewo; nach der Bombenzerstörung ihres Berliner Hauses zeitweiliger Wohnsitz der Familie Rosenberg. – Textstreichungen unter diesem Datum, die aus Rosenbergs Verwendung von teilweise bereits beschriebenem Briefpapier resultieren, sind hier nicht wiedergegeben, da es sich nicht um Tagebucheinträge, sondern um einige Zeilen mit Notizen für eine Rede handelt.

Dann nach Linz. Interner Schul[ungs]-Vortrag über »Haben wir den Bolschewismus richtig gesehen?« – Öffentl. Kundgebung über »Soziale Gerechtigkeit«. Dann kl. Fahrt in den Gau. Nach Eferding, dort wo Krimhilde auf ihrer Fahrt zu Etzel übernächtigt hatte.[877] Dort, wo Stefan Fadinger mit 3000 Bauern von Pappenheim geschlagen u. ermordet worden war.[878] Der Schriftsteller Itzinger schilderte uns, selbst immer noch ergriffen, den Verlauf des Bauernkrieges an der Stelle, wo Gedenksteine an den Untergang der Bauern erinnerten.[879] Dann zum wichtigen Vierkant-Hof, von dem aus vermutlich der Pappenheim seinen Erfolgsbrief geschrieben hatte. Gespräch mit den alten Nazis, die aus ihrer Kampfeszeit berichteten. In Wöllersdorf: sie riefen einen Priester herbei: Dieser kam, hoffnungsgeschwellt, reumütige Sünder zu finden.[880] Da erklärten ihm 80 Mann, sie hätten ihn gebeten, um ihm die Mitteilung zu machen, dass sie aus der Kirche austreten würden. Was er vormerken soll. – Der Bürgermeister von Eferding: eine 82-jährige Frau kommt zu ihm. Sie hätte sich jetzt unterrichtet, mit dieser Gesellschaft wolle sie nicht mehr in der Kirche bleiben. Der Bürgermeister: aber Sie sind doch schon über 80. Antwort: Jawohl, deshalb muss ich mich tummeln. – Bewirtung in alter Gastfreundschaft. Es sind tüchtige gute Menschen, die da wirken. Allmählich lockert sich auch die Stimmung, da sagt Itzinger zu mir: Jetzt ist es der grösste Besuch, den Eferding seit Krimhilde gehabt hat – Ich hatte das Gefühl, er meinte es ehrlich. – Dann noch zwei weitere Besuche, die Söhne in der Wehrmacht, die Knechte auch, dafür auf 1 Deutschen 15 ausländische Arbeiter.

Am Abend in Mondsee. Am nächsten Tag in Schloss Kogl bei meiner Ausweich-Dienststelle Bildende Kunst.[881] Besicht[ig]ung der gros-

877 Eferding, Stadt in Österreich, in der Nähe von Linz. – Krimhild, eine der Hauptfiguren des mittelhochdt. Nibelungenliedes; in zweiter Ehe mit dem Hunnenkönig Etzel verheiratet.

878 Fadinger, Stefan (1585–1626); Führer des österr. Aufstands gegen die bayer. Besatzung. – Pappenheim, Gottfried Heinrich (1594–1632); Heerführer der Kath. Liga im Dreißigjährigen Krieg.

879 Itzinger, Karl (1888–1948); österr. Schriftsteller; nach 1938 SA-Obersturmbannführer und Abteilungsleiter im Reichsnährstand.

880 Wöllersdorf, Gemeinde in Niederösterreich.

881 Kogl, Schloss in der Gemeinde St. Georgen in Oberösterreich; 1943–45 Auslagerungsort des ERR.

sen Karthotek-Arbeiten über den beschlagn[ahmten] jüd. Kunstbesitz in Frankreich. Am nächsten Tag Berlin. Übernachtung im Sonderzug. Vollalarm. Mitten unter Flakschiessen u. Motorenbrummen in Regen u. Dunkelheit den Unterstand suchen. Als wir ankommen, ist der Angriff fast zu Ende. Auch hier alles Glücksache.

Paar Tage Arbeit i. Ministerium, dann nach Westfalen-Nord. Es ist immer erquickend, die festen, unerschütterlichen Westfalen zu sehen. Bei der Fahrt durchs Land geht einem immer das Herz auf: Heimliche Fachwerkhäuser, davor uralte Kastanien, Eichen oder Buchen. Gepflegte Aecker, blonde Kinder. Schule der H.J. in einem alten Schloss. Sauber, guter Holzneubau, schnittige Jungen. Den alten Esel der Schule hatte man einst feierlich im Teich als Clemens August getauft, worüber der gleichnamige Bischof von Münster in einem dienstlichen Schreiben feierlich protestiert hatte. Der alte Esel, der uns vorgeführt wurde war ebenso störrisch, wie er in seiner Jugend gewesen sein soll.

Vortrag in der sehr schön gelegenen Schulungsburg Lübbecke (über Bauerntum u. Grossindustrie, Vorbereitung auf eine künftige Auseinandersetzung. N.S. auf die Seite der Bauern [)] – Ein Besuch bei einem Sattelmacherhof zeigte die schöne westfälische bäuerl. Überlieferung u. Fertigkeit. In dem Brauchtum kommt die alte schöne Liebe zu den Pferden zum Ausdruck: beim Tode des Bauern folgt das gesattelte Pferd dem Sarg u. darf während der Predigt am Grabe Widukinds zur Kirche hineinschauen. –

Grosskundgebung i.d. Oetker-Halle i. Bielefeld. Alter Geist wie zur Kampfzeit. Bielefeld nur stellenweise bombengetroffen. Kameradschaftsabend, der bis früh dauerte. Am nächsten Morgen Eröffnungsrede z. Kunstausstellung i. Bad Oeynhausen. Die Ausstellung überraschend tüchtig, von 80 Künstlern Westfalens, die in Frage kommen, waren 20 gefallen. Besuch Schloss Vahrenholz b. BdM.[882] Gesang, Gymnastik u. Tanz im Freien. Die BdM-Führerin ist ausserordentlich tüchtig, als einzige verheiratet. Mann im Felde. Mittagessen m. Baronin Oeynhausen, alte Bekannte des Führers: 2 Söhne in Russland vermisst.[883] Sie in alter

882 Vahrenholz, Schloss im westfälischen Kalletal.

883 Ehefrau von Adolf von Oeynhausen (1877–1953); Regierungsbeamter; 1933–43 als Regierungspräsident von Minden verantwortlich für die Übergabe der Wewelsburg als »Reichsführerschule« an Himmler; 1941 SS-Brigadeführer.

Haltung. – Nachmittags Besuch b. Landesbauernführer, dann schliesslich Besichtigung b. einer Steinhäger-Fabrik m. obligatem Schnaps. Dann ab nach Holland.

Am Morgen im Haag.[884] R[eichs]-K[ommissar] Seyss-I[nquart] lebt schön in einem grossen Park, Clingendaal [Clingendael] – Fahrt nach Delft. Ein sehr schönes Rathaus, die Räume merklich wirkungsvoll abgewogen, noch immer mit Gemälden behängt, als donnerten nicht allnächtlich die englischen Motoren über Holland dahin. Der Bürgermeister ein Angehöriger des NSB, von den Holländern so gehasst, welche die Zeichen der Zeit nicht verstehen wollen u. noch davon träumen, ausgerechnet die Briten würden ihnen ihre Insulinde [Malaiische Inseln] wieder erobern. – In Rotterdam Schilderung der Aufbaupläne, lehrreiche Hafenrundfahrt. NSB-Bürgermeister machte einen sehr positiven Eindruck. – Mittag in Clingendaal, Nachmittag Rede vor dem N.S. über das Wesen des Humanismus. Dieser in seiner holl. Prägung tritt nur oft hindernd u. beschränkt entgegen, so dass hier eine generelle Wertung dieser einst revolutionären Bewegung notwendig erschien. Zu Abend b. Leiter d. Arbeitsbereiches Niederlande d. NSDAP. Das jetzt oft auftretende Gespräch über die biologische Zukunft des d[eutschen] Volkes. Mitteilung von Eigruber: 25000 Gefallene in Oberdonau haben 8000 Kinder hinterlassen.[885]

In Amsterdam besichtigte ich zuerst meine Dienststelle. Wir haben dort das intern.[ationale] marxist.[ische] Institut beschlagnahmt, das als geistige Kampfzentrale gegen uns gedacht war. Viele Länder hatten ihre »wissenschaftliche« Literatur, aber auch vieles andere geschichtliche Material geliefert. Es fand sich in einem heillosen Durcheinander vor u. seit 3 Jahren wird nun eine Ordnung in die Sachen gebracht. Es ist jetzt als Bibliothek auswertbar u. ist als Forschungsstelle für die gesamte soziale Bewegung Europas eine ganz einzigartige Quelle. Mit meiner sowjet-russischen Bücherei in Ratibor[886] wird der Marxismus einmal an der hohen Schule studiert werden können, wie wohl sonst kaum an andrer Stelle. Meinen Leuten war es natürlich eine Freude, das Ergebnis ihrer Arbeit zeigen zu können. – Dann Besichtigung der M[ö-

884 Gemeint ist Den Haag.

885 Gau Oberdonau, heute Oberösterreich.

886 Ratibor (Racibórz), oberschlesische Stadt im heutigen Polen.

bel]-Aktion. Aus Holland hat meine Dienstelle an deutsche Bombengeschädigte rund 30000 Wohnungen geliefert. Einiges konnte mir noch gezeigt werden, vor allem die Bücherlager, die dabei mitbeschlagnahmt worden waren. Es liegen etwa noch 800 000 nicht durchgesehene Bände herum. Diese wurden fortlaufend aussortiert u. gehen in die Bibl. der N. S., werden den Wehrmachtbüchereien oder den Holländern übergeben.

Am Abend im Konzerthaus Vortrag über »Versuche der Lösungen des europäischen Problems«. Holländische Jugend im Blauhemd neben unserer HJ. Versammlung zur Hälfte auch einheimisch. Ein überraschendes Echo, das zeigte, wie einige energische Kreise d. Niederlande Tritt gefasst haben in eine neue Zeit. – Ich habe als Ostminister besonders die Beteiligung d. Holländer im Osten gefördert u. die Gründung der Niederl. Ost Compagnie ~~f~~ veranlasst. Ihren Präsidenten Rost van Tonningen hatte ich noch vor der Versammlung kurz empfangen. Er fährt demnächst nach Litauen auf die holl. Güter, um mir dann in Berlin Bericht zu erstatten. – Am Abend kameradschaftl[iches] Beisammensein m. allen Angehörigen meiner Dienststelle, dann Rückkehr nach Clingendaal.

Noch am Abend m. Seyss-I.[nquart] längere Unterredung über Krakauer-Kongress,[887] D.[eutsche] Akademie, Holländer i. Osten. Allg. Übereinstimmung, dass d. D.[eutsche]A.[kademie] Forschungen nur über Sprache betreibt, d[eutsche] Kulturfragen im Ausland vertritt, mir aber in den Forschungsfragen des NS nicht ins Gehege kommt. S. I. bat mich, einen Vertreter in den kl. Rat zu entsenden, um gleich bei der Arbeitsplanung miteingeschaltet zu sein. – Am nächsten Morgen machten wir einen längeren Spaziergang u. b. Gespräch über allg. Dinge sind wir uns näher gekommen. Er aus dem jungkatholischen Lager, früher mit vielen Hemmungen, die er jetzt scheinbar alle losgeworden ist. Jedenfalls legt er Wert darauf, dies durch gelegentliche Bemerkungen zu betonen. Besichtigung d. Rittersaal, der Generalstaaten usw. dann Besuch b. Mussert. Ich kenne ihn seit 1941[,] als er mein Gast b. Eröffnung d. Instituts z. Erforsch.[ung der] Judenfrage in Frankfurt war. Er begann sofort ein Gespräch über holländische Nöte, erläuterte s. Auffassung

887 Siehe Dokument 23 in diesem Band.

über die dietsche[888] Frage, bedauerte, dass die Flamen mit den Wallonen gleichgestellt würden, war entrüstet, dass Degrelle im Panzerwagen in Brüssel, der »niederl. Stadt wie Danzig eine deutsche« eingezogen wäre (was er im übrigen gegen Befehl getan hatte).[889] Schliesslich Verhältnis zur Kirche. Diese hatte einem NSB-er das Begräbnis verweigert. Ich: Warum die Aufregung, bei uns fing es genau so an, m. d. Ergebnis, dass anfangs viele von uns früher mit den Fahnen in die Kirchen wollten, jetzt aber diese umsonst darum bitten würden. Wenn das Christentum die noch verbliebene Chance nicht auszunutzen versteht, muss es eben beiseite gelassen werden. Möglichst ohne Bildersturm, aber wir müssen etwas für sie schlimmeres zu tun: sie überflüssig machen. – Mussert betonte seine vollste Übereinstimmung (Vor einiger Zeit las ich eine Rede von ihm, in der es hiess, für Nichtchristen sei kein Platz in der NSB). Mussert, ein langsam sich entwickelnder Ingenieur, hat merkwürdige Wege hinter sich, ist aber ein Spintisierer. u. wie es scheint, im Inneren doch entschlossen unseren Weg zu gehen. Während des Essens begrüsste er mich in einer längeren Rede u. hiess mich willkommen als Nationalsozialist, als weltanschaulicher Vorkämpfer und als europäischen Namen. Betonte u. a., ein Wort meiner gestrigen Rede werde er schon heute abend durch Holland tragen: »Auch die christlichsten Hottentotten werden keine gotischen Dome bauen.« Er sagte, das sei ein alles aufklärendes Bild. Ich: es begreift in sich geistig aber die Ablehnung des grund-christlichen Dogmas.[890] – M.[ussert] war einst bei Pacelli gewesen, als dieser noch Kardinalstaatssekretär war. Dieser hatte ihm kalt erklärt: Nationalsozialismus u. Bolschewismus sind für uns das gleiche. –

888 Mittelniederländisch (NS-Begriffsadaption). »Dietsche Frage« bezeichnet die von den niederländischen Nationalsozialisten propagierte Idee eines groß-niederländischen Reiches, das neben den Niederlanden und dem flämischen Teil Belgiens auch die belgischen und niederländischen Kolonien sowie Südafrika umfassen sollte.

889 Degrelle, Léon (1906–1994); 1930 Gründer der faschistisch beeinflussten Bewegung der belg. Rexisten; 1941–44 als SS-Offizier politischer Führer der Wallonischen Waffen-SS-Legion; 1945 Flucht nach Spanien.

890 »In sich« nachträglich eingefügt.

Mein Nachbar zur Rechten, M.'s Stellvertreter berichtete mir von einem Gespräch m. einem holländischen Jesuiten in Rom. Über den »Mythus« u. die »Dunkelmänner«. Mein Nachbar: Ja, wenn ihr nun kämpft, ist es wahr, was R.[osenberg] sagt, oder nicht? Jesuit: Das ist ja das Dumme, dass R. soviel Richtiges sagt. Offenbar brach in diesem holl. Jesuiten eine dietsche Note durch.

Mussert übergab mir als Erinnerung 16 Bände Darstellung niederl. Kunstwerke u. die d. Übersetzung seiner letzten Aufsätze, in denen er besonders Auszüge aus meiner Prager Rede über »Europäische Geistesfreiheit« zitiert hatte. – Ich würde gern seiner Einladung Folge leisten, die Schönheiten Hollands einmal in Zivil u. zu Fuss kennen zu lernen, nicht im Auto an mir vorüberstreichen lassen.

29. 7. 44. Sonderzug Gotenland

Habe mich für das Wochenende nach Michendorf[891] zurückgezogen u. so etwas Musse, mir einiges über Ereignisse der letzten Zeit zu notieren.

Ergriffen hatte uns alle der Tod von Gen[eral]-O.[berst] Dietl.[892] Noch zwei Tage vor seinem Unglück sah ich ihn in Sondhofen [Sonthofen in Bayern], wo ich vor 200 Generälen einen Vortrag über das deutsch-engl. Verhältnis hielt. Er bedankte sich in Ihrem Namen bei mir in s. alten Herzlichkeit. Nachher bat ich ihn, neben mir zum Essen zu sitzen. In S.[onthofen] ist es üblich, gemischte Reihe zu machen, d. h. ein A[dolf]-H[itler]-Schüler neben einem Pol.[itischen] Leiter oder General. Das hat den Offizieren stets eine grosse Freude gemacht, die frischen geraden Jungen fragten u. erzählten frei darauf los u. erwiesen gute Erfolge der am Anfang befindlichen Erziehungsmethoden. Dietl sah sie lachend an u. sagte: Für die kämpfen wir ja – Ich erzählte ihm, was er ja nicht wissen konnte, die politische Vorgeschichte des Norwegen-Un-

891 Michendorf, Gemeinde südlich von Potsdam; Standort des Sonderzugs »Gotenland« (ehemaliger Salonwagen Marschall Pétains) als Ausweich-Hauptquartier des RMfdbO. Unweit von Michendorf befand sich ein Lager für ukr. Zwangsarbeiter. Siehe auch Tagebucheintrag vom 30. 7. 1944.

892 Dietl, Eduard (1890–1944); 1921 NSDAP-Beitritt; 1940 Kommandierender General des Gebirgskorps in Norwegen; 1942 Generaloberst; starb bei einem Flugzeugabsturz.

ternehmens: dass die alte n.[orwegische] Regierung mit den Franz. u. Engl. praktisch ein Landungsabkommen getroffen hatte u. deren Beauftragte u.a. auch in Narwik [Narvik] gewesen waren, um die Grösse des Querschnitts der Tunnel (Schwere Artillerie usw.) sowie die Tiefen von Narwik festzustellen. Das teilten mir jene mit, welche eine echte patriotische Angst vor einer dann kommenden bolschew. Okkupation hatten. Mit dem Kommandanten von Narwik (Major Sundlo) war dann ausgemacht worden, dass er seinerseits im Sinn des von Q.[uisling] vertretenen grossgermanischen Gedankens seinerseits auf deutsche Soldaten nicht schiessen würde.[893] D.[ietl] war erstaunt, das alles zu hören u. sagte: Er hat auch nicht geschossen. –

D. bedankte sich für die 18 Vorträge, die mein Mitarbeiter Dr. Strobel in Lappland vor seinen Mannschaften gehalten hatte u. lud mich noch einmal ein, ihn u. s. Armee zu besuchen.[894] Wir drückten uns die Hände, er fuhr zum Führer. – S. Beerdigung b. Salzburg war sehr ernst, der Führer sprach ~~tief~~ ausserordentlich[895] bewegt. Zum ersten Mal sah ich ihn tiefgebeugt gehen.

x

Im Osten ununterbrochen Rückzug. Über diese militärische Seite habe ich kein Urteil abzugeben, klar aber ist, dass viele der höheren Offiziere den revolutionären Zug dieses Krieges nicht verstanden haben u. in der alten Routine des rein Technisch-militärischen befangen, mehr auf Form als auf Schwung, Haltung, Mitreissen geben. Viele reaktivierte Reaktionäre haben keinen Dank gefunden, dass sie anstatt weiter Stoffe, Wein und Maschinen zu verkaufen wieder Offiziere werden durften. Viele Generäle, Feldmarschälle! Ihnen passt die neue Richtung nicht. Die N.[ational]S.[ozialistischen]F.[ührungs]O.[ffiziere] ist reichlich spät gekommen. Ich hatte mit Keitel Ende 1940 (9.11.) ein Abkommen über

893 Sundlo, Konrad (1881–1965); norweg. Offizier; seit 1933 Mitglied von Quislings Nasjonal Samling; 1940 Oberst und Kommandant der Stadt Narvik; 1947 von norweg. Gericht zu lebenslanger Haft verurteilt; 1952 entlassen.

894 Wahrscheinlich Strobel, Hans (1911–1944); 1930 NSDAP-Beitritt; 1941–44 Leiter des Amtes »Volkskunde und Feiergestaltung« im ARo.

895 »Ausserordentlich« nachträglich eingefügt.

die w[elt]-a[nschauliche] Schulung der Wehrmacht getroffen, das zunächst nicht recht durchgeführt werden konnte. Als der Krieg sich aber hinzog und immer neue Fragen nach seinem Sinn, nach dem Wollen unserer Feinde gross wurden, begann ein grösseres Interesse bemerkbar zu werden. 1943 ging es recht gut an: organisch Kreis um Kreis. Die Partei-Kanzlei jedoch lehnte Unterstützung durch U[nab]-K[ömmlichkeits]-Stellung von 12 Off.[izieren] ab! Als die Dinge besonders auch mit Hilfe meiner Reichslehrgemeinschaft aktiver wurden begann das Interesse, mir diese Arbeit zu entwinden. Unter dem Vorwand, dass über die w-a Erziehung hinaus Aufgaben bestünden, wurde ein dahin gehender Titel gefunden. An sich hätte ich dagegen nichts einzuwenden gehabt, denn es gibt allerhand Fragen der Menschenführung, politischen Tagesinformation, allg. Truppenbetreuung, die mich dienstlich nichts angehen, aber wie sich jetzt herausstellt, dienten die sachlichen Gründe als Vorwand, auch die Schulung nicht nur praktisch zu steuern, sondern auch ihre geistige Leitung zu beanspruchen. Das liegt in der Tendenz, die die ganze P[artei]-K[anzlei] zu nehmen droht, über die jetzt schon allgemein Klage geführt wird: die Bürokratisierung des Lebens der Bewegung. Junge Referenten, die noch nichts gelernt u. geleistet haben, bereisen R[eichs]-Leitungsdienststellen, lassen sich »berichten« und lernen dadurch erst Dinge kennen, über die sie urteilen sollen. Sie »bearbeiten« dann Probleme, für die Reichsleiter eingesetzt sind u. machen dann, um ihre Daseinsberechtigung nachzuweisen, unnütze Bemerkungen. Heute werden wir darüber hinweggehen, für die Zukunft dämmert hier aber ein Konflikt herauf, da eine Bewegung sich durch Rundschreiben u. kritisierende Fernschreiben nicht leiten lässt. Ich habe Bormann neulich einen deutlichen Brief geschrieben, da er über Dinge eine Kritik äusserte (Hohe Schule), die ihm offenbar so ein unnützer Referent vorgelegt hatte. Was er natürlich gern getan hat[.]

30. 7. 44

Russische Panzerspitzen waren bereits in Mitau! Ein Zeichen, welcher Dammbruch den Sowjet-Truppen b. Witebsk gelungen war.[896] Ob bei der Versorgung des Ost-Heeres Verrat der Führung des Heimatheeres mitgespielt hat, wird die Zukunft lehren. Das Attentat auf den Führer bleibt ein einmaliges geschichtliches Verbrechen. Noch nie hat ein Offizier den Obersten Kriegsherrn feige morden wollen. Olbricht, der sich einst als Adjutant für einen Noske hergegeben hatte, wohl die »Seele« der Verschwörung.[897] Dass ein Feldmarschall, Witzleben, darunter war, erbarmungswürdig.[898] Dieser hatte vom Führer über seine auch durch[899] schwere Krankheit bedingte Pension hinaus angenommen: aus der Privatschatulle 40000 – M.[ark] jährlich. Dann einen Landsitz, Wagen u. Fahrer. Ein konsequenter Reaktionär hätte den Anstand gehabt, das alles abzulehnen, um »in preussischer Einfachheit« zu leben. Diese u. manche andren Erscheinungen zeigen den ganzen Bruch einer Epoche: gegen die Novemberrepublik blieben die Reichswehrgeneräle friedlich, verfassungsmässig, heute gibt es eine Anzahl, die Verbrecher werden wollen. Schmerzlich für alle Helden, besonders auch aus dem Adel, die so tapfer kämpfen wie nur je unter preussischen Königen.

Ich lese soeben die »Anekdoten« von W.[ilhelm] Schäfer.[900] Die Geschichte der »Elisa Ahlefeldt«, der Frau des Majors v. Lützow, trieb mir

---

896 Bezug auf die Kesselschlacht von Witebsk im Nordosten Weißrusslands als Teil der sowjet. »Operation Bagration« im Juli/August 1944, in deren Folge die Wehrmacht-Heeresgruppe Mitte zusammenbrach.

897 Olbricht, Friedrich (1888–1944); 1940 General, Leiter des Wehrersatzamts beim OKW; 1944 wegen Beteiligung am Attentat vom 20. Juli festgenommen und exekutiert. – Noske, Gustav (1868–1946); Politiker; November 1918 Mitglied des Rats der Volksbeauftragten; 1919–20 Reichswehrminister; 1920–33 Oberpräsident der Provinz Hannover; 1944 Inhaftierung im Gefolge des Attentats vom 20. Juli; Befreiung bei Kriegsende.

898 Witzleben, Erwin von (1881–1944); 1936 General; 1941–42 Oberbefehlshaber West; 1944 wegen Beteiligung am Attentat vom 20. Juli festgenommen und exekutiert.

899 »Auch« nachträglich eingefügt.

900 Schäfer, Wilhelm (1868–1952); Schriftsteller; Autor u. a. von *Deutsche Volksseele* (1922).

die Tränen in die Augen.[901] Wie hatten doch die ehrbarsten preussischen Offiziere nach 1806 nach würdevoller Haltung Umschau gehalten. Und wie wirkte das auf stolze Frauen. – Gestern machte ich mit M.[alettke?] einen langen Spaziergang um Michendorf. Eine grössere Anzahl an Ostarbeiterinnen begegnete mir. Sie gingen wie selbstverständlich herum, manche dumpf u. verkniffen, andere breit lachend. Sich vorzustellen, dass dieses Menschentum über uns herfallen könnte, wenn die Ostfront zusammenbräche! – In Moskau aber sitzt ein »Deutsches Freiheitskomitee« unter dem General v. Seydlitz, das unsere Offiziere täglich zum Landesverrat und Meuterei auffordert.[902] Angeblich soll ein General (Bamler) an einem Tage gefangen genommen worden sein u. am gleichen Abend im russ. Rundfunk gegen das Reich gesprochen haben.[903] – Nun haben die Sowjets sicher Giftspritzen, welche Menschen willenlos u. zu jeder Aussage bereit machen, deshalb zögern wir immer wieder, den »deutschen« Stimmen Glauben zu schenken, bis jetzt erhielt die Familie v. Seydlitz u. der anderen die üblichen Unterstützungen ausgezahlt! Die ehrenwerte Frau des Generals v. Daniel wandte sich verzweifelt an Gauleiter Meyer: ihr Mann könne doch kein Verräter sein![904] Und doch spricht alles gegen diesen, denn er steht mit an der Spitze der Aufrufe zum Landesverrat.

x

901 Ahlefeldt, Elisa Davidia Margarethe Gräfin von (1788–1855); dt.-dän. Edelfrau und Gattin von Adolf von Lützow. – Lützow, Ludwig Adolf Freiherr von (1782–1834); preuß. Offizier; vor allem bekannt durch das nach ihm benannte Freikorps, die »Schwarzen Jäger«.

902 Seydlitz-Kurzbach, Walther Kurt von (1888–1976); 1942 General; in sowjet. Gefangenschaft nach Einkesselung bei Stalingrad; 1943 Gründer und Präsident des BDO zur Herbeiführung eines Waffenstillstands; 1944 Reichskriegsgerichts-Todesurteil in absentia und Sippenhaft der Familie; 1950 Todesurteil in Moskau als Kriegsverbrecher, später Strafumwandlung in 25-jährige Haftstrafe; 1955 entlassen.

903 Bamler, Rudolf Karl Johannes (1896–1972); 1942 Kommandeur der 12. Inf.-Div. an der Ostfront; seit 1944 in sowjet. Kriegsgefangenschaft; Anschluss an das NKFD und den BDO; 1950 entlassen.

904 Edler von Daniels, Alexander (1891–1960); 1943 Generalleutnant, in russ. Gefangenschaft Vizepräsident des BDO und des NKFD; 1955 entlassen.

Michendorf 27. 8. 44

Seit dem 20. 7. kreisen die Gedanken aller wohl immer wieder um dieses Ereignis. Selbst wenn man Katarakte für jede Revolution als unvermeidbar ansieht und begreift, dass alte Mächte nicht ohne weiteres abtreten wollen, so ist doch folgendes charakteristisch. Der Adel u. der Offizier sind besonders ausgezeichnet worden allein durch die Tatsache der Wiederaufrichtung der Wehrmacht. Viele Reaktivierte handelten zur Zeit der Novemberrepublik mit Stoffen, Maschinen u. Weinen. Sie stiegen zu Generälen, Feldmarschällen auf. Dem leberkranken Witzleben schenkte der Führer Villa, Fahrer, Sonderapanage neben der Pension. Er nahm alles an – und beteiligte sich an einem Banden-Attentat. Nach nihilistischer Manier russischer Zarenattentäter. Das erste Mal in der deutschen Geschichte erhoben Offiziere, d.h. Ritter, ihre Hand gegen den Obersten Kriegsherrn. Und nicht einmal in der Form, dass einer zur Pistole griff u. sich dann selbst erschoss. Nein, mit einer Heimtücke, deren konfessionell christlich-katholisch, bekenntnistreu-evangelische Voraussetzungen im Prozess selbst immer deutlicher werden. – Ein Oberstleutnant Baron Leonrod beichtet im Dezember 1943 (!) seinem Beichtvater über den geplanten Mord.[905] Dieser beteuert vor Gericht, er hätte die Sache rein »theoretisch« betrachtet. Er hat sie seinem Bischof, nicht dem Reich gemeldet. Der Vatikan weiss also seit einem halben Jahr Bescheid!

Und wartet auf die kath. Attentäter wie den Stauffenberg, der stets ein goldenes Kreuz auf der Brust trug.[906] Leider wurde er vor einer Vernehmung erschossen, so dass über seine Beichtväter nichts weiters zu hören gewesen ist. – Der Stieff schreibt zum Schluss, er melde sich zum Katholizismus, um im Himmel mit seiner – kath. – Frau vereint zu sein![907]

905 Leonrod, Ludwig Baron (1906–1944); Offizier; 1944 Kommandeur einer Aufklärungseinheit; Verhaftung durch die Gestapo und Volksgerichtshof-Todesurteil; in Berlin-Plötzensee exekutiert.

906 Stauffenberg, Claus Schenk Graf von (1907–1944); Offizier; 1943 als Oberstleutnant in Afrika schwer verwundet; 1944 Stabschef des Befehlshabers des Ersatzheeres; nach dem gescheiterten Attentat auf Hitler vom 20. Juli 1944 ermordet.

907 Stieff, Hellmuth (1901–1944); Offizier; 1942 Chef der Organisationsabteilung im OKH; als Mitverschwörer des Attentats vom 20. Juli 1944 festgenommen und vom Volksgerichtshof zum Tode verurteilt.

Was die militärische Sabotage anbetrifft, so treten immer neue Einzelheiten zutage, die das Verbrecherische aufdecken. Die Herren hatten anfangs für die Ostfront-Mitte keine 5 Divisionen, wo jetzt nach dem Zusammenbruch in wenigen Wochen 18 abgesandt werden konnten!

Michendorf 22.10.44.

Gestern zum ersten Mal in meiner Blockhütte in M.[ichendorf] übernachtet. Ein Bild tiefsten Friedens, während die Welt herum tobt, eine kurze Zeit Entspannung. Rundherum feuchter märkischer Wald u. dann unser Barackenlager, jetzt einigermassen fertig. Weiter im Wald der Sonderzug als letzte Ausweiche, die sehr zustatten kommt, da die Wirtschafts-Baracke, kaum fertig, von Brandbomben zerstört worden war.

Die letzte Zeit brachte mich nur paar Mal in die Gaue. Zuerst nach Neustadt [an der Weinstraße], wo der Führer mich beauftragt hatte, die Trauerrede über den verstorbenen Gauleiter Bürckel zu halten.[908] Mit B[ürckel] hat die Bewegung einen schweren Verlust erlitten: ein robuster, innerlich gutherziger und treuer Mensch. Er war für eine wirkliche nationale Revolution mit Doriot gegen Pétain eingetreten u. bei der letzten Reichsleiter- u. Gaul[eiter] Tagung hatte er diesen Gedanken nochmals vorgetragen.[909] Die Dinge nahmen einen anderen Verlauf: ob hier schwere Versäumnisse unsererseits vorliegen, vermag ich nicht zu entscheiden. Die Befürworter einer [französischen] Mobilisation gegen England hätten jedenfalls sicherstellen müssen, dass nicht das alte Offizierkorps beteiligt

---

908 Bürckel, Josef (1895–1944); 1925 NSDAP-Beitritt; 1926 Gauleiter der Pfalz; 1936 Reichskommissar für das Saarland; 1938 Gauleiter und Reichsstatthalter in Wien; 1940–44 Chef der Zivilverwaltung in Lothringen.

909 Doriot, Jacques (1898–1945); franz. Politiker; 1936 Gründer des faschistischen Parti populaire français, Unterstützer Francos im span. Bürgerkrieg; 1941–43 Mitgründer der Légion des volontaires français contre le bolchévisme und Militärdienst an der Ostfront. – Pétain, Henri Philippe (1856–1951); franz. Offizier und Politiker; 1917 Oberbefehlshaber der franz. Armee; 1922–31 Marschall von Frankreich und Generalinspekteur der Armee; 1940–44 autoritärer Staatschef des mit dem Dt. Reich kollaborierenden Vichy-Regimes; 1945 zu lebenslanger Haft verurteilt.

gewesen wäre. Das zu tun wäre schwer gewesen, u. diese Offiziere hätten ihre Waffen am Ende gegen uns gerichtet. 3 Kriege gegen D.[eutschland] in unmittelbarem Gedenken kann man nicht einfach negieren. Aber immerhin: vielleicht wäre eine Armee kleineren Umfanges möglich gewesen, um sie im Osten einzusetzen. Jetzt blieb es bei kleinsten Einheiten.

Am Mittag johlten in Neustadt die Sirenen. Von der Anhöhe d. Befehlsstelle sahen wir den Bombenangriff auf den Flugplatz von N. 3 Kilometer Entfernung: Brandbomben mit Feuerentwicklung, grosse Rauchwolken. Am Abend sprach ich u. hoffe, unseren Kameraden B. gewürdigt zu haben. – Von dort über Heidelberg nach München. Anhalten in Augsburg: am Tage schwerster Angriff gewesen, keine Zugverbindung. In einem Wagen d. Gauleitung fuhren wir um Mitternacht ein. Nymphenburger Str. ein Gewirr von Trümmern u. Drähten. Die Nachbarstrassen ebenfalls zerstört. Mit Umwegen schliesslich ins Hotel. – München: zerfetzt, alles was M.[ünchen] ausmachte zerstört, verstümmelt. Auch ein Bild des heutigen europäischen Wahnsinns. – Unterredung mit Schwarz, der die Entwicklung der Parteiführung genau so wie ich aus seinem guten Instinkt beurteilt.

In Berlin lange Auseinandersetzungen mit unserer Bürokratie der sich aufblähenden Parteikanzlei. Diese wechselnden Referenten, die wenig gelernt haben u. nicht den Wunsch besitzen zu lernen, pochen umsomehr auf ihre »Vollmachten«. Tendenz: mir »natürlich« alle Möglichkeiten, aber Verweigerung des Apparats, d. h. jene Werkzeuge wegzuorganisieren, die mir die Arbeiten überhaupt ermöglichen. Die deutlichen Worte von mir haben die Herren zwar veranlasst, den Bogen nicht zu überspannen, aber das Bestreben ist klar. Schöpferisches Wirken ist also auch bei uns jetzt als Vorwurf zu begreifen. In Vorbereitung meiner Nietzsche-Rede sagte ich meinen Mitarbeitern: die vermotteten Spiessbürger, die N.[ietzsche] einst zur Verzweiflung trieben, sind heute noch ungeschminkt da: auch als Amtsleiter d[er] NSDAP. Ich fügte zum Schluss der Rede darauf bezügliche Anmerkungen hinzu.

Am 14. [Oktober] in Hildesheim. Noch völlig intakt, ein ungewohnter schöner Anblick. Am 15. im Weimarer Nat[ional]-Theater N.-Gedenkstunde. Als ich mit 16 Jahren N. – Zarathustra in die Hand bekam, lehnte ich ihn als theatralisch u. fremd ab. Das hatte mir N. auf lange verleidet, so dass N. auf meine Entwicklung ohne jede Bedeutung blieb.

Erst später habe ich ihn gewürdigt u. seine notwendige Einsamkeit verstanden. Wenn ich heute die Kochs und Bormanns politisch tactieren sehe, dann habe ich ein Gefühl, das dem N. 's ~~ungefähr~~ ähnlich sein muss. Es ist um den Führer ein Mangel an Ernst, ein Bramabarsieren gewesen, das ein Gefühl für den Riesen-Raum im Osten nicht hatte u. sich die Probleme gar nicht wirklich vorstellen wollte. Der Mangel einer folgerichtigen politischen Kriegsführung im Osten liegen heute auch vor Augen jener, die nicht ganz in das Getriebe geschaut haben. Ich habe, da ich beim Führer noch immer keine Möglichkeit eines mündlichen Vortrages hatte, ihm eine schriftliche Fixierung meines Standpunktes u. bestimmte Vorschläge übersandt.

Fast die gesamten Ostgebiete sind dahin. Die Verwaltungs-Abt. d. Ost-Min.[isteriums] werden demnächst abgebaut, eingestellt. Die politische Steuerung der 5 Millionen Ostvölker-Angehörigen verbleibt noch. – Reval, die alte Heimat ist verbrannt, wie vorher Narwa.[910] Litzmann erzählte: als er abfuhr, hörte er unsere Sprengungen der kriegswichtigen Werke, sonst ein Flammenmeer. Alle Symbole auch persönlicher Jugend-Erinnerungen sinken zusammen. – So versinken Aachen, Köln, usw. Die Erprobung hat ein niegesehenes Ausmass angenommen. Die Haltung aber bleibt bewunderungswert. Am 16.10. sprach ich zu 800 Offizieren in Ohrdruf.[911] Über den europäischen Sinn des Krieges. Tiefer Dank der Offiziere, die wieder an die Front gehen.

Michendorf 26.10.44.

Vor ein paar Tagen liess ich mir meine ersten Denkschriften von Anfang April 1941 geben, die ich dem Führer über das Ostproblem zuleitete. Der Eventualfall rückte heran, die Wünsche der Sowjetunion nach Einverleibung der Balt. Länder weiter nach Westen wurden deutlicher. Ein neuer Schlag gegen England konnte angesichts dieser Sachlage nicht riskiert werden: die Auseinandersetzung mit dem Bolschewismus wurde fällig. Der Führer war sehr zuversichtlich: die grösste je dagewesene Panzerarmee wird gegen Osten rollen, sagte er mir. Er war angesichts aller bisherigen Erfolge verständlich, wenn auch Vertrauen zu dem neuen

910 Narva, estnische Stadt am finnischen Meerbusen.
911 Ohrdruf, Stadt in Thüringen.

Unternehmen bestand. Trotzdem hielt mich das Gefühl des grossen Raumes zurück, generelle Pläne aufzuzeichnen. Ich schilderte zunächst die 700-jährige Verbundenheit des Baltikums u. der deutschen Rechtsansprüche auf dieses Land, vermerkte dann aber die zentrale Stärke des Russentums u. trat für die Errichtung eines ukrainischen Staates ein – mit allen Konsequenzen: Förderung ukr. Kultur, Wissenschaft, Einsatz gegen das bolsch. Moskau. Hier stimmte der Führer zu! Die Geschichte des Ostens hätte einen anderen Weg genommen, wenn es bei dieser Konzeption geblieben wäre. Ohne eine feste Ukraine bildeten Kaukasier, Turkestaner usw. nicht eine die russische Kraft ausgleichende Macht. Eine Armee von 1 Million Ukrainern mit Blick auf neues Land im Osten hätte uns vielleicht die Katastrophe von Stalingrad erspart. Statt dessen bewirkte das Bramarbarsieren der Kochs u. Genossen zusammen mit einer Denkschrift, dass plötzlich die künftige »Gefahr« einer Gross-Ukraine an die Wand gemalt wurde mit der Konsequenz, die Ukrainer politisch u. kulturell unentwickelt zu halten. Hinzu kam die lügenhafte Mitteilung, G[e]n[eral]-F.[eld]-Marschall v. Eichhorn sei 1918 von ukrainischen Nationalisten ermordet worden, als Dank für seine gute Behandlung.[912] Man liess inbezug auf mich durchblicken, ich unterliege vielleicht Einflüssen ukr. Emigranten u. vertrete die Reichsmacht nicht so folgerichtig, wie die Herren um das Hauptquartier. Hier hat zweifellos Bormann eine erhebliche Rolle gespielt, anfänglich wohl auch Himmler, der später von seinen S.S.-Führern aus dem Osten aber dann anders beraten worden ist. Jedenfalls zog der Führer seine Zustimmung zu meiner Konzeption zurück; ich glaube, dass ich dies etwas melancholisch dahin vermerkt habe, dass ja er u. nicht ich die Ukraine erobert hätte.

Die Folge war, dass wir in der Ostpolitik überhaupt keine Linie hatten. Auf dem Gebiet der Agrarpolitik konnte ich die Zustimmung des Führers erreichen, auf dem kulturell-politischen tobte sich die Pathologie des Koch-schen Spiessbürgertums aus. – Später musste der gleiche Koch – etwas zugespitzt ausgedrückt – um Ostpreussen Sandgräben schippen gegen die Folgen seiner »Politik«.

---

912 Eichhorn, Hermann von (1848–1918); Offizier; 1917 Generalfeldmarschall; 1918 als Heeresgruppenkommandeur in Kiew bei einem Attentat von einem russ. Sozialrevolutionär getötet.

Jetzt gehen die grössten Kämpfe auf deutschem Boden vor sich. In der Nähe des Führerhauptquartiers – Die Generalität hatte den General Wlassow hervorgestellt, ich befürwortete dies im bestimmten Umfange. Krasse Ablehnung beim Führer, – bei Bormann, bei Himmler. Eine Zeitlang Drohung W.[lassow] zu verhaften. – Heute unter Zwang holt man den 1½ Jahre zurückgestellten Russen. Plötzlich ist die rein grossrussische Linie nicht gefährlich. Nachgeordnete Instanzen treiben die Dinge ohne Kenntnis des Gesamtkomplexes vorwärts – dilettantisch wie nur irgend eine Aktion. Alles mögliche tobt sich in der Ostpolitik aus, kommt zum Führer. Ich habe seit 8 Monaten keine Möglichkeit~~en~~ eines persönlichen Vortrages. Meine Denkschrift liegt da, ob sie dem Führer als ganzes vorgelegt wird, ist zweifelhaft. Bei solchem Lauf der Dinge ist es kein Wunder, dass ein grosses Reich gefährdet wird u. aus Mangel an wohlüberlegter politischer Stabilität ein gefühlsmässiges Hin u. Her an die Stelle fester Führung tritt. Der Binnendeutsche hat kein Organ für den grossen Raum, sondern ergeht sich in beschränkten Urteilen einer Schrebergartenpolitik. Wenn er wenigstens lernen wollte! Die Männer der unteren Verwaltungsinstanz haben es gelernt, als sie praktisch arbeiten mussten nur auf sich allein gestellt. Sie und viele Landwirte lernten Menschenführung und Völkerbehandlung. Weniger schon die General-Kommissare; gar nicht die Reichskommissare. Namentlich Koch, ein Musterbeispiel wildgewordenen Spiessbürgertums in der Weltpolitik, der gut für Schweinezucht in Ostpreussen u. Siedlungsbauten in Zichenau sein mag, ein Unheil des Reiches in der Ostpolitik geworden ist. Nicht weil er ein grosses gegnerisches Format hatte, sondern – und das ist das Erschütternde – dass er als kleiner Bramabarsierer im Hauptquartier wirksamste Unterstützung fand, das wird einmal als Kennzeichen der Beurteilung so mancher Geschehnisse gelten müssen.[913]

Das Problem von echten u. falschen Herrentum taucht also auch hier auf. B.[ormann] hat eine grosse Auszeichnung erfahren u. einen Mann mit Arbeitskraft u. gesundem Menschenverstand hätten wir alle begrüsst. Aber wenn er, der die 20 Jahre über keinen eigenen Gedanken geformt, keine Organisation aufgebaut u. verteidigt hat, nun einen

913 Die zeitliche Zuordnung der nachfolgenden Tagebuchblätter ist unsicher; die Seitensequenz legt die hier gewählte Platzierung nahe.

Richter aus dem Vorzimmer des Führers spielen will, müssen Konflikte entstehen, die ich jedenfalls nur zu gerne vermeiden will. Da aber ausser B. andere R[eichs]-L.[eiter] nur sehr selten zum Führer kommen, ist er zum Durchgang aller Wünsche geworden. Er weiss, was das bedeutet u. sorgt möglichst, dass es so bleibt.

Das falsche Herrentum konnte ich die Jahre über im vollstem »Lichte« bei meinen beiden R[eichs]-Kommissaren bewundern. Zuerst mit Händen greifbar b. Koch, dann auch bei Lohse. Der erste wollte gleich gegen »Berlin«, hatte zwar keine Ahnung vom Osten, glaubte aber seine Meinung, [dass] dort mit Knute u. Brutalität zu regieren der Befehl des Führers sei. K.[och] hat eine praktische Ader um konkrete wirtschaftliche Aufgaben durchzuführen, für Politik nicht die geringste. Früher Pro-Bolschewist, der von der russischen Jugend schwärmte, von der Einheit des ostpreussischen Raumes mit dem russischen das ungereimteste Zeug schrieb (»Aufbau des Ostens« 1934), betitelte er jetzt die Ostvölker als allg. minderweiter [gemeint wahrscheinl. minderwertig] auch in grösseren Versammlungen. Als erster Beamter des Reiches in der Ukraine veröffentlichte er gegen alle Instruktionen am 1.1.44 in der »Ukr.-Zeitung« einen Aufruf, in dem in fettester Schrift vom »geschichtsarmen« Volk der U.[krainer] die Rede war! Etwas Dummeres konnte kaum gesagt werden. Etliche Attentate auf s. Mitarbeiter kommen sicher auf Kosten dieser u.a. Reden u. Taten. Von Lohse hoffte ich, dass er mit s. Behäbigkeit plötzliche Dinge im Ostland verhindern u. als Mann der Ostsee sich dort einarbeiten würde. Auch er ist nicht an der Aufgabe gewachsen. Er wurde faul, bei Kritik erhielt er dann den üblichen Koller, den Spiessbürger erhalten. Etliche Beamte bildeten einen ihn den grossen R[eichs]-K.[ommissar] aufstachelnden Kreis, mit K. wurde enge Verbindung gehalten: die Separation war im Gang. Dabei penetrant und dumm. So wie früher kl. Barone gegen die Herzöge, die Kurfürsten gegen den Kaiser. Also ebenso schlecht wie der andere Gauleiter in Oslo, der von Natur arrogant, dort unausstehlich geworden ist. Alles Leute, in den Grenzen ihrer Knicks oder Hochofenwerke gebrauchbar, neue Horizonte nicht vertragen und dann überschnappen. So was kann nur an kurzen Gummibändern gehalten werden. Das Band nach Rowno u. Riga war zu lang, das Bewusstsein »ganz alter Gauleiter« zu sein zu stark, die sichere Position im Rücken zu stärkend. Bleibt das Ergebnis, dass dort im Grundsatz nur Leute sitzen, die vom Minister abberufen werden können. Sonst ist Verantwortung nicht zu tragen. Über dies Problem entstehen jetzt Denkschriften. ------------

Viele Dinge sind trotz der Raumverringerung durch unsere Hände gegangen. Viele Tausende der Ostjugend als Flakhelfer im Reich, Kinder als Lehrlinge zu Junkers; lett. Denkschriften über ihre Eigenstaatlichkeit; estn. u. lett. verräterische Verschwörungen; 14000 Kosaken mit 4000 Pferden kamen nach 1½ jährigem Fussmarsch in Weissruthenien an – Jetzt sind sie schon wieder weg: wir bringen sie ins Tal von Talgiamento – nach Istrien.[914] Ebenfalls die Kaukasier nach Süd-Kärnten. – Ich empfing die kaukasischen Legionen u. hörte ihre Wünsche nach der Befreiung ihrer Heimat, auf die sie alle hoffen. Registrierung der geflüchteten ukr. Bürgermeister, Rayonchefs, Aerzte, Agronomen usw. Neuerdings der Weissruth[enische] Zentralrat nach Westfalen. Vorbereitung für flüchtende Esten u. Letten, die mit uns zusammengearbeitet haben. Räumungsprobleme des Ostlandes. Abwicklung der zurückgeführten Güter. Personelle Abbaumassnahmen.

In der Partei: Reden in den Gauen, b.d. Wehrmacht; jetzt bei der 1. neuen Division, die nach dem Osten gegangen ist. Durchsicht aller Fahnenabzüge »Idee u. Tat«, »Weltkampf«, »Reichskunde«, »Dramaturgie«, Einsatzstab-Berichte. 5. Büchersammlung: 7 Millionen Bände! Im ganzen 43 Millionen. Eine einmalige Leistung.

Berlin 12.11.44

Am Dienstag wird also der General Wlassow als »Leiter der Befreiungsbewegung der Völker Russlands« unter dem Patronat Himmler in Prag starten. Diese Tatsache hat eine persönliche und sachlich-politische Seite.

Wlassow wurde vom Heer besonders hervorgestellt. Empörung bei »Machterfüllten« im F.H.Q. Angriffe gegen die »politisierenden Generäle«. Ich hatte die nötige Skepsis gegen den Wlassow, da dessen gross-russische Einstellung klar war; an sich natürlich, aber eben mit Vorsicht zu prüfen. Gespräch Dr. Leibbrandt mit W.[lassow] u. Bericht

---

914 Tagliamento, Fluss in Oberitalien, vermutlich ist hier das Tal von Ampezzo und Tolmezzo gemeint; 1944 Teil der Operationszone Adriatisches Küstenland bis zur Befreiung durch Partisanen.

an mich. Hinweis auf viele Völker, gegen die man nicht ungerecht sein dürfe. W. sieht ein. Am 13.5.43 legt er im OKW. W[ehrmacht]Pr.[opaganda-Amt] seinen Verzicht auf Ukraine u. Kaukasus nieder, unter dankbarem Hinweis auf mein Ministerium. Vorher schon hatte mich Dr. Lammers (22.4.43) über ihm zugeleitete Berichte über W's Auftreten in Mogilew unterrichtet.[915] Ich antworte am 24.4.43. ich hätte die guten Meldungen auch erhalten. Die Front stehe einmütig für W's Einschaltung, eine Ansicht, »die im wesentlichen durchaus mit meiner zusammenfällt.« Ich dringe auf einen Vortrag beim Führer, denn diese Frage sei »ebenso kriegswichtig, wie viele andere, die beim Führer zum Vortrag gelangt sind«. Empfang nicht möglich. Am 26.5.43 schicke ich Bormann die W. '-Erklärung u. Vorschlag für Gründung von Nationalkommittes [sic]. – Eine Antwort kommt von Keitel: Ablehnung. / Dazwischen tobt Koch im F.H.Q über Wlassow, harte Behandlung der Ostvölker usw. Sabotiert Eigentumsdeklaration durch unwahre Behauptungen über meine Ausführungsbestimmungen. Weitgehende Förderung dieser Haltung durch Bormann u. Himmler. In einer Rede vor den Reichsleitern u. Gauleitern in Posen erklärt dieser, W. hat erklärt, Russland könne nur durch russische Hände befreit u. gesäubert werden, dies lehne er als Germane ab. Eindeutiger Angriff also gegen Person u. Auffassung W. 's.

Eine Aktivität ist nach dieser Richtung also nicht möglich. Ich bilde mir die Leitstellen für die Ostvölker aus, allmählich sind auch Vertreter der Legionen dabei. – Dann Flakhelferaktion, weissruth[enischer] Handwerkereinsatz, Kosakenrückführung von Don/Kuban über Weissruth. nach Nord-Italien, Lehrgänge in Warschau u. Einsatz der Lagerleiter, Betreuung der Kriegsversehrten der Legionen usw. Eine allmählich gut anlaufende Arbeit für den Fall einer Sinnesänderung des Führers. Im Herbst 1944 Bericht an den Führer darüber, da Empfang die ganze Zeit abgelehnt. Erfahre von der Aktivität der S.S. über W. Empfang W. 's durch R.[eichs]F.[ührer]S.S. Ein Protokoll nicht erhältlich, nur kurze Mitteilung durch Berger, der nur am Schluss der Unterredung teilgenommen hatte. Kröger sagte viel mehr u. ging an die Arbeit für W. 's Manifest.[916] Im Prinzip hätte der Führer zugestimmt! Himmler redigiert das

915 Mogiljow, Stadt im östlichen Weißrussland.

916 Wahrscheinlich Kröger, Erhard (1905–1987); dt.-balt. NS-Politiker; 1939 Leiter der Umsiedlung der dt. Volksgruppe in Lettland; 1941 SS-Oberführer, als Chef des Einsatzkommandos 6 der Einsatzgruppe C an

Manifest. Dann erhalte ich es. Sende an den Führer am 12.10.44 eine Denkschrift über das ganze Vorgehen, Stellungsnahme zu W.'s Manifest u. Vorschläge. Lammers ist nicht im F.H.Q. u. sendet das alles an Bormann zwecks Übergabe. – Beide teilen mit, Ihnen sei nichts davon bekannt, dass ein Manifest W.'s beim Führer liege. Durch Telefonat am 2.11.44 stelle ich fest, dass Bormann meine Denkschrift nicht vorgelegt hat. »Führer bettlägig« gewesen. Auch bis zum 9.11. nicht gelesen.

Unterdes aber W.' lange Denkschrift geprüft u. wie ich am 7.11. amtlich hörte zugestimmt. Dabei erhielt ich noch am ...[917] von Dr. Lammers ein F[ern]S[chreiben]: der Führer habe keine Bedenken, wenn die Ostvölker im d[eutschen] Hoheitsbereich nach meinen Richlinien geführt würden, jedoch keine Versprechungen über ihre politische Zukunft.

In dieser Zeit Einsprüche der Vertretungen aller Nichtrussen, auch der Kosaken. Sie kämpften schon viele Jahre für D.[eutschland] Sie wollten das alles weiter tun, aber nicht unter W.'s Kommando. Darüber ging die bevollmächtigte S.S. zur Tagesordnung über. Meine Grundsätze wurden anerkannt, in der Praxis aber begann der in dieser Form ohne vorherige Absprache mit den anderen sofort seine Arbeit zur Ausschaltung der vom Ost-M.[inisterium] gebildeten nationalen Leitstellen. Steigende Enttäuschung. Wer W.[lassow]'s Manifest unterschrieben hat, weiss ich bis heute noch nicht. Das S.S. Hauptamt wird – ohne meine Kenntnis – alle deutlich angeredet haben, sich zu fügen. Sie werden das vielleicht – machtlos wie sie im Reich heute sind – im Innern aber sich als von D.[eutschland] als betrogen fühlend.

Also: Zuerst Akzeptierung meiner Konzeption vom April 1941: alle Völker einzuspannen, besonders die Ukrainer. Sturm im F.H.Q. dagegen (Koch). Mit ihm Bormann. Dann Ablehnung u. somit Herausbrechen der stärksten nichtrussischen Kraft. Also keine Linie in der Ostpolitik.

Folgt Vorschlag, W.' einzuschalten. Wieder Ablehnung. Seit 17.11.43. bis heute alle Bitten auf Vortrag abgelehnt. Nach Aktivierung durch RFSS. mit voller Fahrt zu Wlassow. Nach 2 Jahren Warten! Damals in Freiheit möglich, heute aus einer Zwangslage. Und die Vorbereitungen dazu: dilettantisch, übereilt. – Die Opfer der anderen wird W. jetzt

---

Judenmorden in der Ukraine beteiligt, 1944–45 Verbindungsmann Himmlers zu Wlassow.

917 Leerstelle im Original.

in das russische Kontobuch schreiben. Wenn die Kaukasier usw. noch kämpfen, ist es ein Wunder. Wenn sie alle versagen, liegt die Schuld an der sprunghaften, dann wieder alles schleifen lassenden Behandlung der Frage. Kein Ernst bei dem Ostproblem.

Über das Schmerzliche u. Empörende der persönlichen Seite, werde ich später schreiben. Die Gefühle sind eben noch zu frisch dazu. Sie sind auch angesichts des Schicksals des Reiches weniger wichtig. Nur das Vorgehen gewisser Herren beim Führer zeigt, wie heute Reichspolitik gemacht wird. Keine Sachlichkeit mehr, keine Stetigkeit und keine Kenntnis, weil man dazu Mühe braucht. Ich kann nur hoffen, dass trotz allem das Reich nicht noch mehr Schaden leidet, als es durch politische Narren wie Koch und beschränkte aber ehrgeizige andere schon gelitten hat. Ich kann jedenfalls begreifen, dass ein Nietzsche in seiner Welt verrückt wurde: er sah alles kommen u. konnte es nicht ändern.

Das Ende: man wird mich für das bisherige Versagen verantwortlich zu machen versuchen. Wie man schon lächelnd sagt, ich könnte die Wlassow Sache nicht steuern, denn das Ost-Min.[isterium] hätte den Ruf, eine Kolonialpolitik gegenüber Russland betrieben zu haben. Das hat man sicher beim Führer gesagt u. kann den Erfolg verbuchen ...

B[er]l.[in]-Dahlem 3.12.44.

Seit gestern bin ich wieder in d. Rheinbabenallee eingezogen.[918] Über ein Jahr hat man mir den Notbau eingerichtet. Etwas her, aber doch ist so etwas wie eine heimliche Atmosphäre gekommen. Im Hotel schlimm, ist auf die Dauer furchtbar, jedenfalls arbeiten kann man da schwer, vor allem, wenn man abends nicht gewöhnt ist, zu schreiben oder sich sonst besonders zu konzentrieren. – Aus den letzten Trümmern meines Hauses waren auch noch Reste meiner Bibliothek herausgefischt worden. Zerrissen, verbeult, noch immer voller Mörtelstücke und Glassplitter. Heute morgen greife ich Rilkes »Briefe aus Muzot« heraus.[919] Welch eine ferne, in manchem aber doch wieder anregende Welt. Rilkes Briefstil ist wohl überlegt – für künftige Leser. Er will alle geistigen

918 Rheinbabenallee, Straße im Berliner Villenviertel Dahlem. Rosenberg ließ dort 1935 in den Hausnummern 22–26 ein Schulungszentrum einrichten und zog 1936 selbst in Nummer 20 ein.

919 Rilke, Rainer Maria (1875–1926); Lyriker.

Fäden von vor 1918 wieder anknüpfen, nirgends feindlich anstossen. Er schreibt an Annette Kolb, lässt ausgerechnet René Schickelé grüssen, lobt Beer-Hoffmann, weiss sich vor Entzücken über Proust nicht zu lassen ...,[920] dann aber folgen schöne, menschlich schöne Seiten, geistige Aussprache mit Menschen. Wie hart, manchmal einseitig hart mussten wir sein, um vielleicht wieder eine Zeit zu schaffen, da Dichter wieder über Kunst, Komposition und Seele einander schreiben können, selbst über manche Grenzen hinweg. Wie viel Zeit seit der Jugend vergangen ist, erlebte ich einem bis ins Innerste 1940 in Paris. Im Mai 1914 wohnte ich einige Wochen in der Nähe des Boulevard Raspail.[921] Ich hatte diese Strasse in Erinnerung als breit, hell und sonnig. 1940 fahre ich im Auto von der Stadtseite hinauf. Ein dunkler Boulevard. Da fiel mir ein, dass in diesen 26 Jahren die Platanen hoch gewachsen waren u. ich in ihrem Schatten dahinfuhr. Da wurde mir bewusst, was ein Vierteljahrhundert ist. Das kl. Künstlercafé La Rotardi, vergrössert, verunstaltet, entartet. Wie manches andere.

Neulich hatten wir in Dresden ein »europäisches Gespräch«. Mit Marcel Déat, dem Rat von Flandern, Wallonen und Holländern.[922] Alle fragten mich, warum der »Mythus« nicht übersetzt worden wäre. Ich antwortete ihnen, dass er für Deutschland geschrieben worden sei, eine ital., spanische u. franz. Übersetzung hätte ich bisher verboten. Was wäre wohl die Folge gewesen: grosse Aufregung der Kirche u. aller anderen Gegner, »wissenschaftliche« »Widerlegungen« und auf der anderen Seite hätte niemand gewagt, den »Mythus« zu verteidigen, weder die

920 Kolb, Annette (1870–1967); Schriftstellerin; seit 1933 Exil; 1945 Rückkehr nach Europa; seit 1961 in München. – Schickelé, René Marie (1883–1940); franz.-elsäss. Schriftsteller; 1911 Chefredakteur der Straßburger *Neuen Zeitung*; in den 1930er Jahren Kritik an totalitären Ideologien. – Beer-Hofmann, Richard (1866–1945); österr. Schriftsteller; seit 1938 Emigration in der Schweiz und in New York; Beeinflussung durch Wiener Impressionismus. – Proust, Marcel (1871–1922); franz. Schriftsteller.

921 Raspail, Boulevard in den Pariser Vierteln Notre-Dame-des-Champs und Montparnasse.

922 Déat, Marcel (1894–1955); franz. Politiker; 1933 Mitbegründer des Parti Socialiste de France; nach Hinwendung zum Faschismus 1941 Gründung des Rassemblement national populaire; 1944 Flucht nach Deutschland; seit 1945 in ital. Kloster.

Faschisten, geschweige denn die Phalange. Wegen einer literarischen Unruhe aber lohne sich dies alles nicht – im übrigen wäre diese auch u. U. aussenpolitisch unerwünscht gewesen. Dagegen hätte ich gegen eine japanische Übertragung nichts einzuwenden gehabt. Diese liegt auch vor. Eine französische sei nach 1940 in Angriff genommen worden, müsse aber auf ihre Richtigkeit genau überprüft werden. So z. B. übersetzte man Fausts Wort »Alleine ich will«, mit »moi seul ...«

Ich fühlte aber plötzlich in diesem Kreise, welche Wirkung vom »Mythus« ausgegangen ist. – Im übrigen: eine merkwürdige Tatsache, dass meines Wissens zum ersten Mal eine französische legale Regierung Schutz im Reiche sucht. Die anderen: grossgermanisch gesinnt. Prof. de Vries (2 Söhne in der Waffen SS) sagte: später muss Holland zum Reich zurück, die einzige Lösung seines Schicksals.[923] Dass die Wallonen das Germanische ebenfalls betonen, ist das Erstaunliche der Entwicklung der letzten Jahre. Hier hat der grosse Krieg und der gemeinsame Kampf in der Waffen SS eine neue Gemeinschaft schmieden helfen, die den Partikularismus hinter sich zu lassen beginnt. Auch in steigendem Masse das Christentum – worüber ich den ganzen Abend befragt wurde.

Vor 300 Offizieren sprach ich in Krössinsee über die 5 Gestaltungsversuche Europas. Ich schilderte auch meine Londoner Reisen, meinen 4-Mächte-Vorschlag in Rom 1932, dann die Ostpolitik, wo die Staatsraison mir allerdings verbot, die Tätigkeit des R[eichs]K.[ommissars] Koch entsprechend zu würdigen, weil dann die Frage gekommen wäre, warum ich ihn denn nicht abberufen hätte ... Ich hoffe, dass die Ausführungen aufklärend gewirkt haben. Am 7. 12. spreche ich vor der Heeresgruppe A. im Osten über das gleiche Thema, wobei es einige garzu einfache Auffassungen bei den Offizieren zu berichtigen gilt.

923 Vries, Jan Pieter de (1890–1964); niederl. Linguist.

III.

Ergänzende Dokumente

Dokument 1

Auszüge aus Alfred Rosenberg, *Die Spur des Juden im Wandel der Zeiten*, München: Deutscher Volks-Verlag, 1920 (Neuauflage Zentralverlag der NSDAP Franz Eher Nachf., 1937; abgedruckt in Alfred Rosenberg, *Schriften und Reden, Bd. 1: Schriften aus den Jahren 1917–1921*, München: Hoheneichen-Verlag, 1944, S. 125–322).

Vorwort[1] (A. Rosenberg, Dez. 1919):

»In unserer bis zum Aberwitz verwirrten Gegenwart weiss wohl so mancher nicht mehr, wo ihm der Kopf steht. Er sieht Bewegungen scheinbar ganz verschiedener Art, sieht das Weltgetriebe förmlich auseinanderfallen und erblickt zuletzt lauter Verzerrtes, Vereinzeltes, Chaos. Der heutige Mensch ist nur zu leicht geneigt, alles Geschehen

1 Vgl. Vorwort der Neuauflage 1937: »Die ›Spur des Juden‹ war meine erste Schrift, 1919 geschrieben, erschien sie 1920. Da später im Kampf die aktuellen Auseinandersetzungen unmittelbares Interesse fanden, wurde sie nach Absatz der Auflage nicht mehr neu verlegt. Heute aber, da alle Fragen bei der Erziehung und Schulung einer tiefgehenden Forschung bedürfen, wird diese vor 18 Jahren verfasste Schrift das ihrige zur Erkenntnis des Juden und seiner Spur im Wandel der Zeiten beitragen, denn sie fusst zum grossen Teil auf jüdischen Quellen, die bis dahin dem Antijudaismus unbekannt waren. Ich habe hier – außer stilistischer Überprüfung – keine Korrekturen vorzunehmen brauchen, da nahezu alles von mir selbst erarbeitet worden ist. In den Schlusskapiteln konnten einige persönliche Angriffe gegen Politiker gemildert, einige Abschnitte geistesgeschichtlicher Art gekürzt werden. So hoffe ich, dass die Neuauflage für die Erkenntnis der Unwandelbarkeit des jüdischen Wesens von Nutzen sein wird. Es hängt für die Zukunft alles davon ab, dass die kommenden Generationen die tiefe Notwendigkeit des Kampfes unserer Zeit begreifen, damit sie nicht müde und schwach werden wie jene, die vor uns waren.« In der Ausgabe von 1944 in *Schriften und Reden* fehlt das Vorwort.

vom Standpunkt des persönlichen Erlebens aus zu beurteilen, was er nicht sieht und nicht hört, abzuleugnen. Ihm ist die Fähigkeit abhanden gekommen, im Vielerlei die Einheit zu erkennen; diese Fähigkeit ist aber heute mehr denn je vonnöten, will man sich nicht ganz im Getümmel verlieren.

Die Gegenwart ist das Kind der Vergangenheit, und die Kräfte, die heute an die Oberfläche kommen, sind natürlich schon lange geheim am Werke gewesen. Kann man ihr Wirken in der Vergangenheit nachweisen, so muß ein helleres Licht auch auf die Gegenwart fallen und ihre Deutung erleichtern. Aus diesem Gesichtspunkt ist vorliegendes Buch entstanden. Es soll der Versuch gemacht werden, im knappsten Rahmen das Wesen der jüdischen Vergangenheit und die Notwendigkeiten des durch den jüdischen Charakter bedingten, sich stets wiederholenden Geschehens vor Augen zu führen. Ich habe demnach auf die Gegenwart, auf eine breite Darstellung des heutigen Wirkens der Juden in Deutschland verzichtet und auch über die Juden der Ententestaaten nur das Wichtigste betont. Auch die älteste Geschichte darzustellen, aufzuzeigen, wie der Jude wurde, mußte ich mir versagen. Ich verweise ein für allemal auf Wellhausen und Chamberlain. Ich zeige somit nur die Wirkungen, die sich aus dem Kontakt des Juden mit dem Europäer in allen Staaten ergaben. [...] Die nötige Sachlichkeit des historischen Teils wird hoffentlich niemand vermissen, doch habe ich mir bei Betrachtung der Gegenwart (wo es nötig war) keine erzwungene Kühle in der Ausdrucksweise auferlegt. Heute gilt es für oder wider das Deutsche Farbe bekennen, soll nicht die Hoffnung auf immer begraben werden, daß das Deutsche Reich wieder endlich einmal nach langer, langer Zeit Deutsch-Land [sic] werden wird, und nicht ein Tummelplatz fremder, jüdischer Machtgelüste bleibt.«

[...]

»10. Der Jude und der Deutsche.

Es ist bei aller Verstandeskälte des jüdischen Wesens wohl zwischen zwei Momenten zu unterscheiden: zwischen rationalen Triebfedern und solchen mehr gefühlsmäßiger Natur. Zu jenen gehört das klare Verfolgen persönlicher wie nationaler Interessen und das Abwägen derselben beim Eingreifen in die Politik der Staaten; zu diesen die oft diese Berechnungen durchbrechende Leidenschaft des Hasses gegen andere Völker.

Nicht immer blieb der Jude, sobald er an Einfluß gewann, der kühle

Geschäftsmann und Politiker; oft riß ihn irgendeine Unersättlichkeit zum Maßlosen hin und hatte schließlich für ihn selbst die bittersten Folgen. Die Aussaugung und der Wucher, weniger gierig betrieben, der weniger hervorgekehrte religiöse und nationale Hochmut, hätten ihm viele Leiden völlig erspart; aber die jüdische Grundidee der Auspowerung aller Völker, wie sie Dostojewsky, Fichte, Goethe und sonstige Großen erkannten, geboren aus der tiefsten Abneigung gegen alles Nichtjüdische, hat aus dem scheinbar kalten Juden letzten Endes immer einen leidenschaftlichen Hasser gemacht. Dieser Haß ist so alt, wie das Judentum selbst und kommt überall, je nach der Richtung, die ihm offensteht, zum Vorschein. Die heutige Zeit ist nun ein Tummelplatz kaum beherrschter jüdischer Leidenschaften, die sich mit einer zielbewußten, von unermeßlich reichen Männern gelenkten Weltpolitik verbunden haben; und hauptsächlich gegen zwei Völker richtet sich der jüdische Haß: gegen das russische und das deutsche.

Mit einem Lächeln kann heute nur noch ein Kind oder Judenpatron über diese immer vorhanden gewesene Tatsache hinweggehen; sie quillt aus allen Blättern des jüdischen Zeitungswaldes und aus dem Munde jüdischer Politiker hallt sie nur verhüllt hervor.

Um gleich ganz tief zu greifen: Kein Volk auf der Welt verachtet so die Mystik, das Ahnen eines in Worte nur schwer zu fassenden Geheimnisses, wie die Juden. Sie sehen das Fehlen eines solchen[2] nun nicht etwa als einen Mangel an, im Gegenteil, als das Zeichen einer hervorragenden Begabung, und rühmen sich, weder Mythologie noch Gleichnisse (die notwendigen Folgen aller Mystik) zu haben. Es braucht auch jeder nur einen Blick in die Geschichte der Religionen zu tun, um das gewahr zu werden. [...] Nun gibt es in Europa wohl keine Nation, welche dem inneren Geheimnis des Menschen so nachgegangen[3] und es so verklärt hatte, wie die deutsche. Sie bildet darum in ihrem tiefsten Wesen den geistigen Gegenpol des Juden; wenn aber jemand glaubt, daß dies auf das Handeln ganz ohne Einfluß bliebe, irrt er gewaltig. Denn was im Tiefsten sich gegenübersteht, Gesetz und Religion, Schema und Phantasie, Dogma und Symbol, das wird sich auch auf der Oberfläche des Lebens als Gegensatz zeigen, unbewußt meist, darum aber nicht

2 »Wertes« hinzugefügt in den Ausgaben von 1937 und 1944.

3 »Ist« hinzugefügt in der Ausgabe von 1944.

minder deutlich. Und wer der russischen Seele etwas nachgegangen ist, der wird[4] aus ihr der deutschen nahverwandte Klänge vernehmen, die zwar fast nie sich zur Synthese durchringen, aber nicht minder gegensätzlich der Anlage des Juden gegenüberstehen. [...]

Das deutsche Volk hat der Jude von jeher gehaßt. Zwar liebt er auch die Franzosen und Angelsachsen durchaus[5] nicht, doch fühlt er sich ihnen viel näher, und geben ihm diese auch weit mehr Anknüpfungspunkte, als der Deutsche.[6] Der eitle und immer oberflächlicher werdende Franzose, der nüchterne und zugleich zum bigotten Aberglauben neigende Angelsachse, die beide immer mehr von ihrer ursprünglichen Rasse abkommen,[7] sind dem Juden weit zugänglichere Charaktere, als es der Deutsche jemals, trotz aller Anbiederungssucht, werden kann. Darum kann man seit ältester Zeit die Beobachtung machen, daß deutsche Juden die bittersten Feinde des deutschen Gedankens sind; und je mehr sie nach ihm haschen und sich von ihm nähren, desto deutlicher tritt der Antagonismus zutage. [...]

Dieser unüberwindliche Gegensatz der Volksseelen ist die Hauptursache des jüdischen Hasses; dessen Betätigung kommt erst in zweiter Linie in Betracht. Die Juden in Rußland hätten nicht das russische Volk, sondern nur den Zarismus hassen dürfen; denn der Russe selbst litt nicht weniger, ja sogar mehr unter dem früheren Regiment, als der Jude; er reichte diesem auch sofort nach der Revolution die Bruderhand. Aber die durch vollständige Skrupellosigkeit zur Macht gelangte Judenregierung in Moskau verfolgt instinktiv und bewußt alles echt Russische und versucht es mit Stumpf und Stiel auszurotten. Ihr Haß triumphiert hemmungslos; aber an der Unersättlichkeit wird sie zugrunde gehen – das ist der Lauf geschichtlicher, durch Volkscharakter begründeter Notwendigkeit.

In Deutschland haben sich die Juden seit langem häuslich einrichten können, verschaffen[8] sich und ihren Genossen durch alle Mittelchen

---

4 »Auch aus ihr tiefere Klänge vernehmen« in der Ausgabe von 1944.

5 »Durchaus« fehlt in der Ausgabe von 1944.

6 » ..., und geben ihm diese auch weit mehr Anknüpfungspunkte, als der Deutsche« fehlt in der Ausgabe von 1944.

7 »,Die beide immer mehr von ihrer ursprünglichen Rasse abkommen«, fehlt in der Ausgabe von 1944.

8 »Verschafften« in der Ausgabe von 1944.

die wärmsten Plätze, was aber nicht hindert, daß kaum ein Tag vergeht, an dem nicht dank der Freiheit der Presse, das Deutsche oder Christliche freche Witze abbekommt, oder daß (im Kriege) die Zersetzung des deutschen Widerstandsgeistes durch Anpreisen der friedfertigen Ententevölker und Anschwärzen des ›deutschen Militarismus‹ eifrigst betrieben wird.

In keinem Lande der Welt hätten in der nationalen Schicksalsstunde Menschen solch eine aufreizende antinationale Sprache führen dürfen, wie es die Juden Cohn und Haase sich im deutschen Reichstage herausnahmen, und zwar ganz schamlos und ungehindert! Besorgt um das Gelingen des Komplotts seiner Rassegenossen in Moskau rief einst (im Sommer 1918) Herr Hugo Haase: ›Wenn die deutsche Regierung etwas gegen die Sowjetregierung unternehmen sollte, so ist es unsere heilige Pflicht, die deutschen Proletarier zur Revolution zu rufen.‹ Diese Worte eines das deutsche Land und seine Interessen skrupellos verratenden Volksverhetzers durften ungestraft verhallen![9]

Andererseits haben die Juden in Polen jederzeit Pogrome zu gewärtigen und zwar nicht von der Regierung geduldete, sondern richtige Volksverfolgungen. Nichtsdestoweniger sorgen jüdische Politiker sich sehr um Polen und wollen es zum Wellenbrecher zwischen Rußland und Deutschland ausbauen helfen. Sie zwingen selbstverständlich die Polen zur Anerkennung der Gleichberechtigung der Juden; wenn das aber auch zugestanden werden muß, so sorgt das Volk durch Selbsthilfe dafür, daß es nicht ganz in jüdische Fesseln gerät.«

[...]

»13. Der Zionismus.

Innerhalb des ganzen Komplexes[10] der internationalen Judenfrage hebt sich nun ein Faktor hervor, der besonders im Laufe des Krieges immer mehr an Bedeutung gewonnen hat, der Zionismus. [...]

Wichtig ist vor allen Dingen, daß im zionistischen Programm die Juden ausdrücklich als Volk bezeichnet werden. Ein solches sind sie nun allerdings[11] immer gewesen, und ein besonders ausgeprägtes dazu; da sie aber zugleich Bürger aller Staaten waren, so fanden sie es für gut, das

9 Der folgende Absatz fehlt in den Ausgaben von 1937 und 1944.
10 »Umfanges« statt »Komplexes« in den Ausgaben von 1937 und 1944.
11 »Allerdings« fehlt in den Ausgaben von 1937 und 1944.

Nationalbewußtsein nicht zu betonen. Denn immer, wenn neue unliebsame Machenschaften entdeckt wurden, verschanzten sie sich hinter dem ›Staatsbürger‹, oder der ›Religionsgemeinde‹ und wiesen die dann unbequeme Zugehörigkeit zur jüdischen Rasse ab. [...]

Mit dieser Feststellung soll gar nicht, wie manche Leute glauben, ein Vorwurf ausgesprochen, sondern lediglich konstatiert werden, daß die Juden als ein Volk einzuschätzen sind, daß sie durch Weltbünde (›Alliance Israélite‹,[12] ›Anglo Jewish Association‹, ›Jewish Congregation Union‹, ›Agudas Jisrael‹) fest verbunden sind, folglich gemeinsame Interessen haben und diese dank den zur Verfügung stehenden großen Mitteln auch durchzusetzen wissen. Um diese Tatsache kommt heute kein halbwegs ehrlicher Mensch mehr herum; aus ihr aber folgt mit unerbittlicher Konsequenz, daß der Jude nicht Staatsbürger sein kann, in keinem Staate. [...]

Soweit ist es mit dem Deutschen Reich und deutscher Würde gekommen, und das Schlimmste ist, daß viele scheinbar ganz wackere Leute das alles gar nicht als so schrecklich empfinden.[13] Aber in anderen Köpfen beginnt allmählich die Erkenntnis zu dämmern, die Martin Luther,[14] der Grund- und Eckstein unseres deutschen und christlichen Wesens, kraftvoll ausgesprochen hat: ›Wisse und zweifle nicht daran, daß du nächst dem Teufel keinen bitteren, giftigeren Feind habest, denn einen Juden.‹«[15]

[...]

»19. Die jüdische Weltherrschaft.

Gar manches Volk ist erobernd aufgetreten, manche Persönlichkeit hat sich zum Herrscher aufgeschwungen. Dieses Streben nach Macht ist durchaus nicht unbedingt zu verdammen, oft sogar eine sittliche

---

12 »›Alliance Israélite Universelle‹« in der Ausgabe von 1944.

13 Vergangenheitsform in den Ausgaben von 1937 und 1944; »so« fehlt.

14 »..., der Grund- und Eckstein unseres deutschen und christlichen Wesens,« fehlt in den Ausgaben von 1937 und 1944.

15 »..., dass du nächst dem Teufel keinen bittreren, giftigeren, heftigeren Feind habest denn einen ... Juden« in der Ausgabe von 1944. Zugefügt zur Ausgabe von 1937 (nicht 1944): »(Und 1936 erhoben sich die Araber gegen die unter Englands Schutz nach Palästina flutenden Juden. Zu ihrem Schutz mußten zehntausende britischer Soldaten mobilisiert werden!)«

Notwendigkeit. Das alte Rom z. B. sah sich inmitten eines Völkermischmasches; um seine Familie, seinen Staat zu schützen, mußte der Römer sich mit einem festen Bollwerk umgeben. Er trug Gesetz, Ordnung und Sitte in die eroberten Gebiete und erst als immer neue Volksstämme Rom überfluteten, als Syrier, Afrikaner, Soldatenkaiser[16] das Heft in die Hand nahmen, da wurde aus berechtigtem Machtwillen zügellose Machtgier, Rom siechte dahin. Auch in Bismarck, in Napoleon lebte ein ungeheurer Machtwille, aber während beim ersten dieser durch eine hohe Idee gebändigt und veredelt wurde, raste beim andern der Wille zur Macht schrankenlos über ganz Europa dahin. Ich kann im Gegensatz zu allen Pazifisten im Machtwillen als solchen kein Verbrechen sehen, ausschlaggebend ist einzig und allein der Charakter des Volkes oder der Persönlichkeit, der dahinter steht. Einmal kann dadurch eine soziale, zivilisatorische, kulturelle Idee verwirklicht werden, das andere Mal sind ausgeplünderte Länder und Völker die Folge einer Machtauswirkung. Überall nun, wo jüdischer Charakter am Werke gewesen ist, sehen wir ihn auch in seiner höchsten Machtentfaltung von einer totalen Unfruchtbarkeit. Nie hat ein Volk eine solche Gier nach Macht gezeigt, wie das jüdische, nicht auf Grund irgendwelcher Leistungen pochend,[17] sondern einfach, weil es sich als das ›auserwählte‹ betrachtete, nie hat ein Volk aber so wenig mit der errungenen Macht anzufangen gewußt, wie wiederum das jüdische. […]

Neben dem starren Geist und der Christusfeindlichkeit[18] geht die selbstverständliche Forderung nach der Herrschaft über andere Völker. Immer kommt sie wieder; sie beruft sich nicht auf Fähigkeit, auf Leistungen, sondern allein auf das Versprechen des Moses und der Propheten. […]

Der Sozialismus, wie Marx ihn als System schuf, ist natürlich nicht allein ein Kampf um wirtschaftliche Fragen, sondern eine Weltanschauung überhaupt. Zwei Momente sind in seiner Lehre zu Marksteinen geworden: der brutale Klassenkampf und der Internationalismus.

16 In den Ausgaben von 1937 und 1944: »entartete Soldatenkaiser«.

17 In den Ausgaben von 1937 und 1944: »nicht auf irgendwelche Leistungen pochend«.

18 Hier zugefügt in den Ausgaben von 1937 und 1944: »(die natürlich von der Feindlichkeit dem germanischen Blut gegenüber noch weit übertroffen wird)«.

Ohne auf die ›bourgeoise‹ Wissenschaft der Völkerkunde einzugehen, wurden alle Menschen aus der Machtvollkommenheit eines Fanatikers für gleich erklärt; was sie scheinbar ungleich mache, seien nur soziale Ungerechtigkeiten, und die religiösen und politischen Kämpfe und Ereignisse entpuppen sich als Klassenkämpfe sozialer Gruppen. Es mag recht interessant sein, die Geschichte einmal aus diesem Gesichtswinkel zu beleuchten und niemand soll natürlich die Wirkungen des sozialen Gefüges unterschätzen, aber charakteristisch ist, daß dieses Gedankenkorn für ein ganzes Leben zum Fundamentaldogma werden konnte. Alles auf ein Prinzip[19] zurückführen und dieses mit Fanatismus durchsetzen, das ist wieder derselbe Geist und Charakter, der allem Denken Indiens und Europas nur das ›Gott ist Gott und wir sind sein Volk‹ entgegenzusetzen hat.

In diesem Dogma müssen wir eine Gefahr für unsere gesamte Kultur erblicken, eine in jede nationale Gemeinschaft geschleuderte Brandfackel: Nicht miteinander soll man versuchen zu arbeiten, sondern gegeneinander. Mag der Interessenkampf eine vorhandene Tatsache sein, so macht es doch einen gewaltigen Unterschied aus, ob das Prinzip der Roheit oder das des gegenseitigen Entgegenkommens überall angerufen wird. Die Denkrichtung gibt den Ausschlag, nicht gelegentliche Ereignisse; und die in die Arbeitermassen getragene Richtung des Denkens war die das gemeinsame Deutsche zersetzende Tendenz. […]«

»20. Konsequenzen.

Ich komme zum Ende. Um die jüdische Gefahr einzuschätzen, mußten wir den Spuren des Juden nachgehen, mußten die Art seines Fühlens, Denkens, Handelns beobachten und das Notwendige, immer Wiederkehrende beleuchten. Nur aus dieser Erkenntnis und dem bewußten Pflegen unseres christlichen und national deutschen Wesens[20] ist es möglich, der Gefahr der Verjudung entgegenzutreten. Früher nahm man, indem man dem Juden die Bürgerrechte entzog, ihm auch die Menschenrechte. Diese beiden Begriffe sollen fortan scharf[21] geschieden

19 In den Ausgaben von 1937 und 1944: »abstraktes Prinzip«.

20 »Christlichen und national deutschen« fehlt in den Ausgaben von 1937 und 1944.

21 »Scharf« fehlt in den Ausgaben von 1937 und 1944.

bleiben. Fichte sagte:[22] ›Menschenrechte müssen sie haben, ob sie gleich uns dieselben nicht zugestehen ... aber ihnen Bürgerrechte zu geben, dazu sehe ich wenigstens kein Mittel als in einer Nacht ihnen allen die Köpfe abzuschneiden und andere aufzusetzen, in denen auch nicht eine jüdische Idee sei. Um uns vor ihnen zu schützen, dazu sehe ich[23] kein anderes Mittel, als ihnen ihr gelobtes Land zu erobern und sie alle dahin zu schicken.‹

Was Fichte unter Menschenrechten verstand, geht aus folgenden Worten hervor: ›So du nur für heute Brot hast, so gib es dem Juden, der neben dir hungert.‹[24] So müssen auch wir denken. Wir müssen dem Juden als Menschen Schutz des Lebens, Gleichheit vor dem Strafrichter, Liebesdienste,[25] wie jedem anderen Menschen gegenüber erweisen, aber wir müssen unser Volkstum gesetzlich schützen, es in seiner Eigenart pflegen und läutern können, ohne daß ein fremder jüdischer, notwendig feindlicher Geist einen Einfluß erlangen darf. Die Ziele sind klar, nun kurz die Mittel. Wirtschaftlich hat der Jude durch den Zins, den Wucher, das Geld, die Macht erlangt. Früher direkt, jetzt durch Banken und Börsengeschäfte. Die Brechung der Zinsknechtschaft,[26] ein so lange nicht gelungenes Mittel, ist heute wieder als Kampfruf erschollen.[27] Gelänge es, dieses auch nur teilweise zu erfüllen, die Axt an den Lebensbaum Judas wäre gelegt.[28] Da mir die Kompetenz fehlt, ein Urteil

22 »Sagt« in den Ausgaben von 1937 und 1944. Zitat aus Johann Gottlieb Fichte, *Beitrag zur Berichtigung der Urtheile des Publicums über die französische Revolution,* 1793. Die Hervorhebungen im Zitat fehlen in der Ausgabe von 1937.

23 »Wieder« zugefügt in der Ausgabe von 1944.

24 »›Wenn du gestern gegessen hast und hungerst wieder, und hast nur auf heute Brot, so gib es dem Juden, der neben dir hungert, wenn er gestern nicht gegessen hat.‹« So in der Ausgabe von 1944.

25 »Gleichheit vor dem Strafrichter, Liebesdienste,« fehlt in den Ausgaben von 1937 und 1944.

26 In den Ausgaben von 1937 und 1944 »Geldknechtschaft« statt »Zinsknechtschaft«.

27 Anmerkung im Original: »Siehe G. Feder: Manifest zur Brechung der Zinsknechtschaft. 1919, besonders aber die Schriften von Dr. Eberle: Die Überwindung der Plutokratie, Die schönere Zukunft.«; fehlt in den Ausgaben von 1937 und 1944.

28 Der folgende Satz fehlt in den Ausgaben von 1937 und 1944.

über die Möglichkeiten abzugeben, so verweise ich auf genannte, heute schon vielerorts besprochene Schriften.

Nationalpolitisch muß bestimmt werden:

1. Die Juden werden als eine in Deutschland lebende Nation anerkannt. Konfession oder Konfessionslosigkeit spielen dabei keine Rolle.[29]
2. Jude ist, dessen Eltern, dessen Vater oder Mutter der Nation nach Jude waren,[30] Jude ist von jetzt ab, der einen jüdischen Ehegatten hat.
3. Die Juden haben nicht das Recht, sich in Wort, Schrift und Tat mit deutscher Politik zu befassen.
4. Die Juden haben nicht das Recht, Staatsämter zu bekleiden und in der Armee weder als Soldaten noch als Offiziere zu dienen. Dafür kommt Arbeitsleistung in Frage.
5. Die Juden haben nicht das Recht, Leiter in staatlichen und kommunalen Kulturanstalten zu sein (Theater, Galerien usw.) und Professoren- und Lehrerstellen an deutschen Schulen und Hochschulen zu bekleiden.
6. Die Juden haben nicht das Recht, in staatlichen oder kommunalen Prüfungs-, Kontroll-, Zensur- usw. Kommissionen mitzuwirken.

   Die Juden haben nicht das Recht, das Deutsche Reich bei wirtschaftlichen Abkommen zu vertreten; sie haben auch nicht das Recht, im Direktorium der Staatsbanken und der kommunalen Kreditinstitutionen vertreten zu sein.
7. Ausländische Juden haben nicht das Recht, sich dauernd in Deutschland anzusiedeln. Aufnahme in den deutschen Staatsverband ist ihnen unter allen Umständen zu versagen.
8. Der Zionismus muß tatkräftig unterstützt werden, um jährlich eine zu bestimmende Zahl deutscher Juden nach Palästina oder überhaupt über die Grenze zu befördern.[31]

---

29 »Dabei« fehlt in den Ausgaben von 1937 und 1944.

30 In den Ausgaben von 1937 und 1944 »sind« anstelle von »waren«.

31 In der Ausgabe von 1937 (nicht 1944) Anmerkung zugefügt: »Siehe hierzu die Nürnberger Gesetze 1935.«

Die Juden haben das Recht:[32]

1. Proportional ihrer Zahl Abgeordnete ins Parlament und zwar nur zwecks Vertretung ihrer nationalen Interessen abzusenden.
2. In den Kommunen proportional ihrer Zahl vertreten zu sein.
3. In allen Berufsarten tätig zu sein.
4. Eigene Universitäten, Akademien und Schulen zu unterhalten.
5. Nach staatlicher Prüfung ihrer Religions- und Sittengesetze ihren Kultus frei auszuüben.

Kulturpolitisch haben die erst dann wirklich deutschen Verwaltungen durch Berufung der bedeutendsten deutschen Künstler darauf zu sehen, daß es nicht mehr möglich ist, solch ein Gift ins Volk zu tragen, wie es heute durch Verleger, Theaterdirektoren, Kinobesitzer geschieht, daß deutsche Meister vorzüglich herangezogen werden.

Das Wichtigste aber, das läßt sich durch kein Dekret erringen: eine christliche Kultur.[33] [...]

An Stelle der altjüdischen Geschichten gilt es endlich einmal die Schätze indogermanischen Denkens zu heben, die Vorbilder, die im Judenspiegel verzerrt wurden. Man erwecke die indischen Schöpfungsmythen, das Einheitslied des Dhirgatamas, die wunderbaren Erzählungen aus den Upanishads,[34] die Sprüche späterer Zeiten. Man erzähle das Weltendrama der Perser, den Kampf des Lichts mit der Finsternis und von dem Siege des Weltheilandes. Man erzähle auch von griechischer und germanischer Weisheit, von Unsterblichkeitsglauben und Natursymbolik. Dann[35] hat man einen Hintergrund für die göttlichste Gestalt, die je auf Erden gewandelt; auf urverwandten Gedanken steht sie als leuchtende Verkörperung alles dessen, was durch alle vergangenen Zeiten arisches Suchen war. Die Geschichte Jesu erzähle man schlicht frei nach den Evangelisten. Die Wunder sind nicht zu betonen, oder als Glaubensnorm aufzuzwingen. Um so mehr Ehrfurcht muß es aber

32 Dieser Satz und die folgenden fünf »Rechte« fehlen in den Ausgaben von 1937 und 1944.

33 In den Ausgaben von 1937 und 1944 »eine deutsche Kultur« statt »eine christliche Kultur«.

34 In der Ausgabe von 1937: »Uzanishads«.

35 Die folgende Textpassage fehlt in den Ausgaben von 1937 und 1944; stattdessen: »Dann kommt die Zeit einer grossen Wiedergeburt; sie ist vielleicht näher, als wir glauben.«

erwecken, wenn alle Menschen, zu denen diese Lichtgestalt kam, sich von aller Mühsal und allem Leiden geheilt glaubten. Die Lehre Christi ist so einfach und groß und liegt doch in wenigen Worten. Seine Moral: ›Verleugne dich selbst und folge mir nach.‹ Seine Religion (zugleich die Metaphysik Indiens und unserer deutschen Mystiker): ›Das Himmelreich ist inwendig in uns.‹ Und der Glaube an die Unsterblichkeit, an die Würde der Persönlichkeit, die Wendung dem Leben zu, um es zu überwinden, dieses alles weit über Indiens Denken hinweggehend und dem Germanen aus der Seele gelebt, dieses sind die Kernpunkte der Persönlichkeit und Lehre Christi, die eben erkannt und in der Seele vieler Menschen wiedergeboren werden. Ehe das nicht allgemein geschieht, hat das allgemeine Christentum und das allgemeine Deutschtum noch nicht seine Prägung erfahren. Aber die Zeit kommt, sie ist vielleicht näher, als wir glauben.

›Tönend wird für Geistesohren,
Schon der neue Tag geboren‹,[36]

der Tag des christlich-germanischen Gedankens.«[37]

---

36 Zitat aus Johann Wolfgang von Goethe, *Faust* Teil 2.

37 In den Ausgaben von 1937 und 1944: »der Tag des germanischen Gedankens« statt »der Tag des christlich-germanischen Gedankens«.

Dokument 2

Auszüge aus Rosenbergs »Vorschlag an den Führer« »Betr. Durchführung eines antibolschewistischen Weltkongresses«, o. D. (Juli/Anfang August 1936);[38] USHMMA RG-68.007M (BAB NS 8/175, Bl. 112–114), reel 49.

»Ich schlage dem Führer vor, alle Vorbereitungen zu treffen, um im Winter ds. Jahres oder am Anfang des kommenden Jahres in Deutschland einen antibolschewistischen Weltkongreß abzuhalten. Die Ereignisse in Spanien, deren Auswirkungen sich in der einen oder anderen Form wohl noch in mehreren Staaten bemerkbar machen werden, haben das bolschewistische Problem, das zu vertuschen man immer versuchte, erneut ins Zentrum nicht nur der theoretischen Politik, sondern des praktischen Handelns gestellt. Es erscheint deshalb notwendig, daß inmitten dieses Weltkonfliktes die nationalsozialistische Bewegung und das Deutsche Reich die Führung ergreifen, um die an sich schon bestehenden Fronten im Sinne des Antibolschewismus zu stärken.

Angesichts der bestehenden Lage ist es notwendig, sich bei dem evtl. dann eingeleiteten Kongreß auf den Antibolschewismus unmittelbar zu beschränken und die Judenfrage, Freimaurerfrage, die nationalsozialistische und faschistische Ideologie nicht unmittelbar in das offizielle Programm hineinzunehmen. Dies aus dem Gesichtspunkt heraus, daß manche Staaten und Völker noch nicht so weit vorgeschritten sind, um die Judenfrage offiziell behandeln zu können. Es muß jedoch den Vertretern der verschiedenen Staaten Freiheit gelassen werden, die Methoden der Bekämpfung der bolschewistischen Bewegung, die ideologischen Ausgangspunkte und Zielsetzungen darzustellen, wie sie in dem einen oder anderen Lande zum Erfolg geführt hätten. Es hat in diesem letzten Jahr verschiedene kleine internationale Zusammenkünfte von

38 Siehe Teil II, Tagebucheintrag vom 12. 8. 1936.

Antisemiten gegeben, die aber meist nur über nicht bedeutende Persönlichkeiten verfügten. Deshalb scheint ein antisemitischer Kongreß heute noch verfrüht, dagegen ist ein antibolschewistischer als Wegbereiter dazu denkbar, wenn die Vorbereitungen sowohl von der Partei als auch vom Staat im Auftrag des Führers geführt werden.

[...] Das Forum eines solchen Kongresses würde über den diplomatischen Wert hinaus eine weltanschauliche Auseinandersetzung in allen Staaten geradezu erzwingen und würde der bolschewistischen Aktivität zum ersten Mal eine wirkliche antibolschewistische gegenüberstellen. Aus der antikommunistischen Einstellung würden sich dann nach und nach wohl auch antisemitische Schlußfolgerungen ergeben, die die Macht des Judentums in seiner Gegenarbeit gegen uns sicher erheblich schwächen könnte [sic].

Ich bitte auf Grund dieser Überlegungen den Führer, meinen Vorschlag in Betracht zu ziehen und bitte, das Einzelne über diesen Vorschlag mündlich vortragen zu dürfen.«

Dokument 3

Auszüge aus Rosenbergs Rede »Müssen weltanschauliche Kämpfe staatliche Feindschaften ergeben?« vor ausländischen Diplomaten und Journalisten am 7.2.1939 laut *Völkischer Beobachter* Münchner Ausgabe, 8.2.1939; auszugsweise abgedruckt in *Nürnberger Prozess* Bd. 41, S. 545–547 (Streicher-8).

»[...] Der Reichsleiter behandelte abschließend in einem großen geschichtlichen Überblick die Entwicklung der Judenfrage seit der Judenemanzipation bis in unsere heutige Gegenwart und betonte, daß für den Nationalsozialismus die Judenfrage in Deutschland erst dann gelöst sein werde, wenn der letzte Jude das Territorium des Deutschen Reiches verlassen habe. Die jüdische Politik kenne keine Grenzen für ihre zerstörende Wirksamkeit. Das habe schließlich der neue Mord in Paris der Welt gezeigt.[39] Die Maßnahmen des Deutschen Reiches zwecks Ausschaltung des Judentums aus dem gesamten deutschen Leben haben nunmehr die noch vorhanden gewesene Hoffnung zerstört, und eine Welthetze aller Juden und der von ihnen Abhängigen ist die Antwort auf diese Selbstverteidigung der deutschen Nation.

Damit ist die Frage einer entscheidenden Auswanderung wieder zu einem weltpolitischen Problem aktuellster Art geworden. Die Konferenz von Evian im Sommer 1938 hatte zwar einen Mammutausschuß gezeugt, der in London ›arbeitet‹, jedoch bisher keinerlei wirklich positive Vorschläge gemacht hat.[40] Wie in vielen Meldungen berichtet, hatten dann auch die sogenannten judenfreundlichen demokratischen

39 Gemeint ist das Attentat Herschel Grynszpans auf Ernst vom Rath, Legationssekretär der deutschen Botschaft in Paris, am 7. November 1938, das den Vorwand für die Novemberpogrome im Reich lieferte.

40 Nach der von US-Präsident Franklin D. Roosevelt angeregten, weitgehend ergebnislosen Konferenz zur internationalen Beratung der Flüchtlingsfrage im französischen Évian (6.–14.7.1938) war ein »In-

Abb. 9 Rosenberg nach seinem Vortrag vor Diplomaten in Berlin am 7. Februar 1939

Staaten zwar Tränen über das ›Judenelend‹ in Deutschland vergossen, aber keinerlei durchgreifende Vorschläge unterbreitet. Einmal wurde Guayana genannt, das andere Mal Alaska, das dritte Mal ein Zipfel von Madagaskar. Im übrigen aber geht eine Tendenz augenblicklich dahin, die künftige Auswanderung der Juden aus Deutschland weiterhin zerstreut auf verschiedene Stellen der Welt zu verteilen, um gleichsam diesen Zufluß der Juden möglichst unbemerkt von den Völkern durchzuführen. Gerade aber diese Pläne veranlassen uns, sie auch vom Standpunkt des Interesses aller europäischen Nationen aus zu betrachten.

---

tergovernmental Committee for Refugees« in London gegründet worden, das bis zum Ausbruch des Weltkriegs angesichts der wenig kompromissbereiten Haltung Deutschlands und der Vorbehalte in anderen Ländern gegen jüdische Masseneinwanderung keine wesentliche Änderung der Auswanderungsproblematik bewirkte; siehe Richard Breitman, Allan J. Lichtman, *FDR and the Jews*, Cambridge 2013.

Ohne auf die Gefahren einer allgemeinen Infiltration einzugehen, sei hier nur die territoriale Seite einer wirklichen Lösung des Problems berührt.

Das kleine Palästina kommt für eine weitschauende Auswanderungspolitik nicht in Frage. Bereits die heutige Zahl der Juden hat zu dem arabischen Freiheitsaufstand geführt und hat gezeigt, daß dank der jüdischen Ansprüche England zu keinem Übereinkommen mit den Arabern kommen kann. Der sogenannte zionistische Staat, der erstrebt wird, hat ja gar nicht zum Ziele, das jüdische Volk in Palästina unterzubringen, sondern nur ein alljüdisches Machtzentrum im nahen Osten zu schaffen. [...]

Da also auch Palästina als eine Lösung für eine wirklich kompakte Siedlung der Judenheit nicht in Frage kommt und eine zerstreute Auswanderung das Problem nicht nur nicht löst, sondern rassisch und politisch Gefahren schlimmster Art für Europa und andere Länder heraufbeschwört, so bleibt eben als einzige Frage zu lösen übrig, ob und welches in sich abgeschlossene große Territorium die Demokratien bereitstellen wollen, um die Juden als Gesamtheit anzusiedeln. Dieses Territorium müßte vorsehen eine Kapazität von rund 15 Millionen Juden. Zu diesem Zweck müßten die jüdischen Millionäre und Milliardäre aus aller Welt etwa dem Büro der Eviankonferenz in London ihre Mittel zur Verfügung stellen, was zweckmäßiger wäre, als sie in politischer Hetze und Wirtschaftsboykott gegen Deutschland und für bolschewistische Propaganda innerhalb der Demokratien einzusetzen.

Welches Territorium dann in Frage kommen könnte, darüber müßten naturgemäß die Besitzer dieser teilweise menschenleeren Gebiete selber entscheiden. Ob sie sich hier für Guayana entschließen oder für Madagaskar, das mag eine Zweckmäßigkeitsüberlegung sein, ein Ergebnis der Besprechungen zwischen England, Frankreich, den Vereinigten Staaten und Holland. Daß Alaska mit seinem herben nordischen Klima für die Juden zu schade wäre, liegt auf der Hand. Es schließt sich dabei unmittelbar an hoffnungsvolle Landstriche Kanadas, darüber hinweg der Vereinigten Staaten und würde somit eine ähnliche rassische Gefahr heraufbeschwören wie eine Ansiedlung auf der englischen Insel oder in Australien.

Da die beiden anderen Vorschläge, Guayana und Madagaskar, bereits amtlich besprochen worden sind, verengt sich also das gesamte Problem nach Ausschaltung unmöglicher Programme auf diese beiden Gebiete.

Wenn die Demokratien nunmehr die Wahrheit ihrer Judenfreundlichkeit unter Beweis stellen wollen, so müßten sie in absehbarer Zeit sich darüber klar werden, welches von diesen Territorien nunmehr als jüdisches Reservat eingerichtet werden soll. [...]«

Dokument 4

Auszüge aus Rosenbergs Artikel »Juden auf Madagaskar«, o.D. (Oktober 1940);[41] USHMMA 1998.A.0104 (CDJC CXLVI Dup. R141), reel 10.

»Nach der Lösung der Judenfrage im Deutschen Reich und den vorläufigen Bestimmungen im Generalgouvernement hat nunmehr im Zuge der weltpolitischen Ereignisse, auch nach den Beschlüssen Italiens, ein Staat nach dem anderen bestimmte Konsequenzen dem Judenproblem gegenüber gezogen.[42] [...] Es besteht wohl kein Zweifel, daß nach und nach alle Staaten Zentral-, West- und Südeuropas gegenüber einer Weltgefahr Konsequenzen ziehen werden, die die Frage einer restlosen Ausscheidung des Judentums aus Europa schon heute brennend werden läßt, nicht nur in theoretischer, sondern in ganz unmittelbar praktischer Beziehung.

Die Frage nicht etwa eines Juden<u>staates</u> – weil es einen solchen nicht geben kann – wohl aber eines Juden<u>reservates</u> ist von uns mehrfach behandelt worden. Da Palästina als zu klein und als zu nahe an Europa gelegen für eine Sammlung der jüdischen Millionen nicht in Frage kommt, waren zwei Stellen des Erdballes in nähere Betrachtung gerückt: Guayana in Südamerika und die Insel Madagaskar. [...] Bedenkt man,

41 Laut Magnus Brechtken, *»Madagaskar für die Juden«. Antisemitische Ideen und politische Praxis 1885–1945*, München 1997, S. 75f., datiert der Artikel vom 30.10.1940 und wurde später vom NS-Propagandisten Hermann Erich Seifert (*Der Jude zwischen den Fronten der Rassen*, Berlin 1942, S. 158f.) als Grundlage für die These benutzt, Rosenberg sei einer der Initiatoren des Plans zur Massenumsiedlung der Juden nach Madagaskar gewesen. Auf S. 1 des 9-seitigen maschinenschriftlichen Texts findet sich die handschriftliche Anmerkung »unveröffentlicht!«.

42 Es folgen Beispiele aus Rumänien, Bulgarien, Ungarn, Frankreich und Norwegen.

daß Madagaskar eine Größe hat, die von Sizilien bis zur Nordsee reicht, dann ergibt sich eine praktische Möglichkeit, viele Millionen Juden in den nächsten Jahrzehnten durch eine Gemeinschaftsanstrengung der ganzen weißen Rasse dort anzusiedeln und unter einer europäischen Staatskontrolle ein jüdisches Reservat bestimmten Umfanges zu errichten.[43] [...]

Bedenkt man diesen Schritt: von einer nahezu unbegrenzten jüdischen Herrschaft in allen Staaten Europas zur radikalen Umkehr, zur Aussiedlung dieser gleichen jüdischen Rasse nach zweitausendjährigem Schmarotzertum auf dem europäischen Kontinent, dann erst kann man an diesem einen Beispiel begreifen, welch eine ungeheure weltanschauliche und politische Revolution heute durch Europa geht. Hier wird man die ganze Größe der nationalsozialistischen Revolution und ihre Bedeutung für die ganze weiße Rasse erst ermessen können, die im Zusammenwirken mit der gleich gerichteten faschistischen Bewegung sich anschickt, ein altes Zeitalter abzuschließen und ein neues zu beginnen. Ein solches Zeitalter wird alle Fragen des Lebens erfassen und die Bedingungen eines neuen Daseins stellen, und inmitten des Gesamtkomplexes liegt die Lösung der Judenfrage als eine mitentscheidende Voraussetzung der Wiedergeburt der Völker Europas mit einbeschlossen.

Und deshalb steht das Problem eines jüdischen Reservates als ein Weltproblem vor allen Staaten, alle Völker werden sich einmal einig werden müssen, wo und in welcher Form hier eine Aussiedlung beginnen könnte. Vor allem hätte sogar die jüdische Hochfinanz in den Staaten, wo ihre Herrschaft noch nicht gebrochen ist, hier helfend ihren eigenen Brüder [sic] beizuspringen, um die naturgemäß vorhandenen menschlichen Schwierigkeiten mit überwinden zu helfen. Die Hochfinanz in Amerika und in England hätte ein lebhaftes Interesse daran für den Fall, daß Madagaskar endgültig als kommendes jüdisches Reservat bestimmt werden sollte, hier schon Siedlungen errichten zu helfen und

---

43 Im Folgenden verweist Rosenberg auf die Wurzeln der Idee in einem »antijüdischen Kongreß« in Budapest 1927. Neben Rosenberg nahmen daran Cuza, der von Rosenberg so genannte »Geheimsekretär« von Papst Pius X., Monsignore Umberto Benigni (1862–1934), und der französische Bürgermeister von Oman teil. Laut Brechtken, *Madagaskar*, S. 76, Anm. 219, fand der Kongress 1925 statt.

mit ihren Milliardengeldern die Plantagen und Städte dieses Judenreservates früher zu errichten, ehe die Juden aus Deutschland, Italien, Frankreich, Polen, Rumänien usw. ihre Reise an den indischen Ozean antreten.«

Dokument 5

Schreiben Rosenbergs an Bormann »Betr.: Frankfurter Tagung. Eröffnung des Instituts zur Erforschung der Judenfrage«, 6. 3. 1941 (2 S., masch. Durchschlag, ohne Unterschrift); USHMMA 1998.A.0104 (CDJC CXLII L3), reel 2.

»Sehr geehrter Parteigenosse Bormann!

Die Vorbereitungen für die Frankfurter Tagung sind soweit gediehen, daß mit einer guten Abwicklung gerechnet werden kann.[44] Auch aus dem Auslande werden wohl jene Gäste eintreffen, die wir vorgesehen haben. Diese ganze Frage ist mit dem Auswärtigen Amt durchgesprochen worden, das durch unsere diplomatischen Vertretungen die entsprechenden Anfragen an die anderen Staaten gerichtet hat.

Ich bitte den Führer, mir die Möglichkeit eines Vortrags zu geben, der diese Fragen behandelt. Da ich auf einer Massenversammlung über das Judenproblem sprechen werde, muß ich wissen, wie weit der Führer die Behandlung dieses Problems genehmigt. Abgesehen von der allgemeinen historischen Darstellung der Entwicklung unseres Kampfes und der grundsätzlichen Notwendigkeit der Lösung des Judenproblems für Deutschland und für ganz Europa stehen zwei Fragen im Vordergrunde:

1. Kann bei Andeutung einer territorialen Übersiedlung die Insel Madagaskar genannt werden in dem Sinne, wie ich es einmal in dem Aufsatz, der Ihnen bekannt ist,[45] getan habe? Dieser Aufsatz war vom Führer im Prinzip genehmigt, aber damals noch auf eine Anzahl von Monaten hinausgeschoben worden.

---

44 Zu den Vorarbeiten zur Eröffnung des »Instituts zur Erforschung der Judenfrage« siehe das Schreiben Rosenbergs an Bormann, 23. 1. 1941; USHMMA 1998.A.0104 (CDJC CXLII L3), reel 2.

45 Siehe Dokument 4.

2. Ist es möglich, die Stellung des Judentums und seine Macht in den Vereinigten Staaten zu behandeln, sowohl unter Wilson als auch in der neueren Entwicklung. Es steht hier so viel authentisches Material zur Verfügung, daß eine solche Rede vor einem größeren Forum sicher eine größere Aufklärung bedeuten würde. Wenn auch eine Polemik unmittelbar mit dem Präsidenten Roosevelt nicht in Frage kommt, so kann doch nicht vermieden werden, ziemlich generell von führenden Persönlichkeiten zu sprechen.

Im Zusammenhang damit wollte ich dem Führer noch Bericht erstatten über die Ergebnisse im Westen und über Rücksprachen, die mit dem OKW geführt worden sind.

Ein Teil der Kunstgegenstände ist, wie der Reichsmarschall dem Führer sicher berichtet hat, in München eingetroffen. Die 26 anderen Waggons werden Anfang der nächsten Woche von Paris an den befohlenen Ort abtransportiert werden. Ich würde dann dem Führer die Durchführung des Auftrages melden können und bitte ihn, das Wichtigste ihm dann persönlich vorführen zu dürfen.

Heil Hitler!«

Dokument 6

Auszüge aus zwei Reden Rosenbergs anlässlich der Eröffnung des »Instituts zur Erforschung der Judenfrage« in Frankfurt am Main, 26./28.3.1941; USHMMA RG-68.013M (BAB NS 15/271), reel 21.

a. »Nationalsozialismus und Wissenschaft«, 26.3.1941 (9 S.)

»[...] Historisch gesehen, wird man einmal den Kampf der Demokratien gegen die Rassenerkenntnis auf die gleiche Stufe stellen, wie den Kampf des Inquisitionszeitalters gegen die erwachende nationale Kultur und das persönliche Selbstbewußtsein der europäischen Völker. [...] Wenn die Judenfrage in Deutschland – und einmal in ganz Europa – gelöst wird, dann könnte nach uns vielleicht eine Generation kommen, die sich nicht mehr Rechenschaft abzulegen vermag, was sich denn eigentlich in diesen Jahrzehnten abgespielt hat. Unsere Enkel könnten vielleicht, befreit vom jüdischen Einfluß, erneut schwärmerischen Ideen verfallen und die Wirksamkeit des jüdischen Volkes inmitten der Europäer nicht mehr so einschätzen, wie wir es heute tun müssen. [...] Die Völkergeschichte ist eben auch, aufmerksam betrachtet, ein riesiges Experiment der Natur, des Schicksals oder der Vorsehung, wie immer man die Bestimmtheit der Ereignisse auch bezeichnen will. Und der Unterschied zwischen den Demokratien und uns liegt eben darin, daß wir die Ergebnisse etwa der Auswirkung des jüdischen Wesens und seiner letzten Periode besonders wirklich beobachten, die Giftigkeit des jüdischen Blutes uns gegenüber im Verlauf einer langen Geschichte streng erfahrungsmäßig festgestellt haben, wie man auch Gifte in gewissen Pflanzen feststellt, und nun nach diesem schmerzhaften Experimentieren an ganzen Volkstümern die Konsequenzen zum Schutz des arteigenen Blutes gezogen haben. Was wir heute untersuchen und mit strenger Wissenschaftlichkeit untersuchen wollen, ist die Zusammensetzung der Kräfte dieses schädlichen Einflusses, die geistigen Vorbedingungen, durch die das fremde Blut und der fremde Geist Einfluß erhalten konnten, die Art und Weise ihrer Bekämpfung und andere Umstände dieses großen Schicksals, das nunmehr vor aller Augen liegt. Und gerade hier findet eben die jüdisch verseuchte demokratische Wissenschaft nicht den Mut, diese Erscheinung des Lebens unabhängig zu prüfen, geschweige denn, daß sie den Mut aufbringen könnte, eine Operation vorzubereiten, die für Deutschland lebensnotwendig war und auch noch für andere Staaten lebensnotwendig werden wird. Der Vorwurf gegen uns wäre, um ein Bild zu gebrauchen, genau der gleiche, den man einem Chirurgen machen wollte, der nach langer Erforschung einer inneren Erkrankung durch einen operativen Eingriff eine lebensgefährdende Geschwulst entfernt. [...]«

b. »Die Judenfrage als Weltproblem«, 28.3.1941 (21 S.)

»Der jetzige Krieg ist ein Weltkampf allergrößten Ausmaßes. Von seinem Ergebnis wird für die Jahrhunderte das Schicksal der Nationen bestimmt werden. [...] Die Nürnberger Gesetze sind weltgeschichtlich revolutionierender Art, und die nationalsozialistische Bewegung hat für heute und immer die Aufgabe, dafür zu sorgen, daß nie und nimmermehr ein 9. November 1918 und nie und nimmer eine auch nur ähnliche Judenherrschaft in Deutschland eingerichtet werden kann. [...] Wir haben sehr wohl gewußt, daß, als wir 1933 die Judenherrschaft in Deutschland brachen, wir uns den abgrundtiefen Haß der Juden in aller Welt zuzogen. Wir haben in unserer Arbeit von diesem Wirken, soweit staatliche Stellen mit ihm in Zusammenhang standen, nicht besonders Notiz genommen. [...] Wir überließen es dem Spiel der Kräfte, immer wachsam und steigernd auf alle Möglichkeiten vorbereitet, hier vielleicht doch noch die anderen Länder einen Ausweg finden zu sehen. Aber wir mußten erleben, daß in allen Hauptstädten der Welt eine neue jüdische Boykott- und Schmutzliteratur gegen uns groß wurde. [...] Das Jahr 1940 wird deshalb in dieser großen völkischen Weltrevolution immer als ein entscheidendes Jahr genannt werden, da die Truppen der Republik Rothschild geschlagen wurden und da die deutschen Armeen heute am Kanal und am Atlantischen Ozean ebenso unverrückbar stehen wie sie den ganzen nordischen Raum unter ihren Schutz und ihre Obhut gestellt haben.

Der Krieg, der von der deutschen Wehrmacht unter dem obersten

Befehl Adolf Hitlers heute geführt wird, ist deshalb ein Krieg einer ungeheuren Umgestaltung. Er überwindet nicht nur die Gedankenwelt der französischen Revolution, sondern tilgt auch unmittelbar alle jene blutmäßig verseuchenden Keime, die vom Judentum und seinen Bastarden nunmehr seit über hundert Jahren hemmungslos sich inmitten der europäischen Völker entwickeln konnten. Die Judenfrage, die als Aufgabe seit 2000 Jahren den Völkern Europas gestellt und nicht gelöst wurde, wird nunmehr durch die nationalsozialistische Revolution für Deutschland und für ganz Europa ihre Lösung finden! Und wenn man fragt, in welcher Form, dann haben wir dazu folgendes zu sagen. Es ist in diesen Jahrzehnten sehr viel von einem Judenstaat als Lösung gesprochen worden, und der Zionismus erscheint manchen harmlosen Leuten vielleicht auch heute noch als ein ehrlicher Versuch, auch jüdischerseits etwas zur Lösung der Judenfrage beizutragen. In Wirklichkeit hat es nie einen jüdischen Staat gegeben und es wird auch nie einen geben. […] Jetzt haben wir, umgekehrt, zu überlegen, wo und wie wir die Juden unterzubringen haben. Das kann, wie gesagt, nicht in einem Judenstaat geschehen, sondern nur in einer Form, die ich jüdisches Reservat nennen will. […] Über die praktische Durchführung und den Ort einer Um- bzw. Aussiedlung ist in diesen Jahren naturgemäß viel gesprochen worden. Es ist nicht notwendig, diese Frage jetzt zu behandeln. Ihre Lösung wird einer künftigen Abmachung vorbehalten bleiben. Bedenkt man jedoch den Schritt von einer nahezu unbegrenzten jüdischen Herrschaft in allen Staaten Europas zu einer solchen radikalen Umkehr, zur Aussiedlung dieser gleichen jüdischen Rasse nach zweitausendjährigem Schmarotzertum auf dem europäischen Kontinent, dann erst kann man an diesem einen Beispiel begreifen, welch eine ungeheure weltanschauliche und politische Revolution heute durch Europa geht. Hier wird man die Größe der nationalsozialistischen Revolution und ihre Bedeutung für die ganze weiße Rasse erst ermessen können, die im Zusammenwirken mit der gleich gerichteten faschistischen Bewegung sich anschickt, ein altes Zeitalter abzuschließen und ein neues zu beginnen. Ein solches Zeitalter wird alle Fragen des Lebens erfassen und die Bedingungen eines neuen Daseins stellen, und inmitten des Gesamtkomplexes liegt die Lösung der Judenfrage als eine mitentscheidende Voraussetzung der Wiedergeburt der Völker Europas einbeschlossen.

So steht die Judenfrage heute einigermaßen klar vor unseren Augen.

Sie ist das Problem einer einfachen nationalen Sauberkeit. Sie bedeutet die Notwendigkeit der Verteidigung arteigener nationaler Überlieferung für alle Völker, die noch auf Kultur und Zukunft Wert legen. [...] Die Gesamtheit dieser Probleme wird gelöst werden. Wir als Nationalsozialisten aber haben auf alle Fragen hier nur eine eindeutige Antwort zu geben: Für Deutschland ist die Judenfrage erst dann gelöst, wenn der letzte Jude den großdeutschen Raum verlassen hat. [...] Da nunmehr Deutschland mit seinem Blut und seinem Volkstum diese Judendiktatur einmal für immer für Europa gebrochen und dafür zu sorgen hat, daß Europa als Ganzes wieder frei wird von dem jüdischen Parasitismus, da dürfen wir, glaube ich, auch für alle Europäer sagen: Für Europa ist die Judenfrage erst dann gelöst, wenn der letzte Jude den europäischen Kontinent verlassen hat.

Es ist dabei ganz gleich, ob ein solches Programm in 5, 10 oder 20 Jahren verwirklicht werden kann. Die Verkehrsverhältnisse unserer Zeit sind, wenn sich alle Völker vereinigen, stark genug, um eine solche Umsiedlung in großem Maße einzuleiten und durchführen zu können. Aber das Problem muß und wird einmal dieser Lösung zugeführt werden, die wir vom ersten Tage unseres Kampfes an gesehen haben – damals als Utopisten verschrien – und heute als strenge Realpolitiker aussprechen. An der Lösung dieser Frage sind alle Nationen interessiert, und wir müssen hier mit aller Leidenschaft erklären: Wir wollen und können es nicht mehr dulden, daß sich die schmierigen Finger der jüdischen Hochfinanz noch einmal in die völkischen Interessen Deutschlands oder anderer Völker Europas hineinmengen. Wir wollen es auch nicht mehr dulden, daß in deutschen Städten und Dörfern anstatt deutscher Kinder Juden- und Negerbastarde herumlaufen. [...] Wir sind des Glaubens, daß dieser große Krieg eben auch eine säubernde biologische Weltrevolution darstellt und daß auch jene Völker, die heute noch gegen uns stehen, am Ende dieses Krieges erkennen werden, daß Deutschlands Sache heute die Sache des ganzen europäischen Kontinents, die Sache der ganzen weißen Rasse, aber auch die Sache aller anderen Kulturrassen auf diesem Erdball ist, die für ein gesichertes arteigenes Kultur- und Staatsleben kämpfen. So erhoffen wir einmal in einer vernünftigen Aufteilung der großen Lebensräume dieses Erdballs für die Völker jenen Frieden, jene Arbeit und Wohlstand, die durch Jahrzehnte durch eine nimmermüde parasitäre Tätigkeit gestört worden sind. So sehen wir heute die Judenfrage als eins der wichtigsten Probleme inmitten der Gesamtpolitik Europas vor uns als ein Problem, das gelöst werden muß und gelöst werden wird, und wir hoffen, ja, wir wissen auch heute schon, daß hinter dieser Säuberung am Ende alle Völker Europas marschieren werden.«

Dokument 7

Auszüge aus vier Richtlinientexten der Dienststelle Rosenberg zur Propaganda- und Pressearbeit betr. Sowjetunion (masch., ohne Unterschrift und Kanzleizeichen, »Dienststelle Rosenberg« eingestempelt), o. D. (Frühjahr 1941)[46]; USHMMA 1998.A0104 (CDJCCXLIV R24), reel 5.

a. »Politische Richtlinien für die Propaganda« (9 S.); »[...] Grundsätzlich ist bei allen Maßnahmen im Auge zu behalten, daß die Bevölkerung im allgemeinen in den Deutschen die Befreier von der jüdisch-bolschewistischen Regierung sieht. Es ist somit ein Kapital vorhanden, das durch geschickte Propagierung der Ziele ausgenutzt werden kann. Die vorhandenen Sympathien dürfen durch ungeschickte Behandlung der Bevölkerung nicht verscherzt werden. [...] Daß die Juden selbstverständlich von uns als Hauptschuldige hingestellt werden, wird sicher von der gesamten Bevölkerung begrüßt werden. Die Judenfrage kann zu einem erheblichen Teil dadurch gelöst werden, daß man der Bevölkerung einige Zeit nach Inbesitznahme des Landes freie Hand läßt. Ebenso werden voraussichtlich die radikalsten bolschewistischen Funktionäre von der Bevölkerung selbst erledigt werden oder sind dann geflohen. In der Propaganda ist zu betonen, daß die Clique im Kreml nichts anderes als eine jüdisch-verbrecherische Despotie ist, die die Völker der Sowjetunion

46 Mit direkter Bezugnahme auf »Geheime Reichssache Nr. 4« siehe den Aktenvermerk »Betr. Sitzung im Aussenpolitischen Amt am 29. Mai [1941] über Ost-Fragen«, der zufolge Alfred Meyer als Vorsitzender die Ernennung Rosenbergs zum Ostminister für den »Eventualfall« (d. h. den deutschen Überfall auf die Sowjetunion) ankündigte (USHMMA RG-71 box 4; PAAA R100928,105193).

ausbeutet. Ihr einziges Ziel ist, sich selbst an der Macht zu erhalten, nicht aber das Wohl der Völker herbeizuführen. [...] Über das politische Programm der zukünftigen Gestaltung darf während des Kampfes nichts gesagt werden, da bei seinem Bekanntwerden die Sympathien für Deutschland bei einem großen Teil des russischen Volkes wesentlich nachlassen dürften.«

b. »Anweisungen für die Presse« (2 S.); »1). Während der Kampfhandlungen gegen die Sowjet-Armee ist weiterhin größte Zurückhaltung in der Behandlung der künftigen politischen und verwaltungsmäßigen Gestaltung der von unseren Truppen genommenen Gebiete zu üben. Das gleiche gilt von wirtschaftspolitischen Betrachtungen über die Bodenschätze und wirtschaftlichen Möglichkeiten in der heutigen Sowjet-Union. Diese Fragen sind einer späteren Erörterung vorbehalten. Einstweilen steht im Vordergrund die Behandlung des Verrats und der Blutschuld des Bolschewismus unter besonderer Betonung der Rolle des Judentums. [...]«

c. »Allgemeine Haltung der Presse« (3 S.); »[...] Im Zusammenhang mit allen Problemen kann jetzt auch wieder die Judenfrage inmitten der bolschewistischen Bewegung aufgenommen werden. Statistisches Material über die Entwicklung in den letzten Jahren wird der Presse ebenfalls von der Dienststelle des Reichsleiters Rosenberg zur Verfügung gestellt werden. [...]«

d. »Geheime Reichssache Nr. 4« (9 S.); »Nachfolgend werden einige wichtige Fragen, zu denen die Sowjetbevölkerung eine Stellungnahme erwartet, erläutert: 1) Befreiung vom Bolschewismus und Judentum. Die Propaganda muß immer wieder betonen, daß das deutsche Heer als Befreier vom Bolschewismus und Judentum kommt und keinerlei Feindseligkeit gegen die Bevölkerung hegt, die im Gegenteil aus Not und Elend zu einem menschenwürdigen Dasein geführt werden soll. Das jüdische Element ist vornehmlich in der Ukraine und Weißruthenien vertreten. Dort also ist die Befreiung vom Judentum und dessen Ausschaltung besonders zu betonen. Weniger im Kaukasus, wo das jüdische Element weniger in Erscheinung tritt und höchstens als ein Volkssplitter von vielen anderen angesehen wird. 2) Kampf gegen Juden und Bolschewiken. Die Bevölkerung ist von uns schonend zu behandeln und nicht jedes kommunistische Parteimitglied von vornherein als Verbrecher zu betrachten.[47] [...] Die wirklichen Bedrücker des Volkes wird das Volk wahrscheinlich selbst erledigen, wie überhaupt anzunehmen ist, daß die Bevölkerung vor allem in der Ukraine, in großem Umfang zu Judenprogromen [sic] und Ermordungen kommunistischer Funktionäre schreiten wird. Mit einem Wort, es dürfte sich empfehlen, die Abrechnung mit den bolschewistisch-jüdischen Unterdrückern in der ersten Zeit der Bevölkerung selbst zu überlassen und sich nach näherer Unterrichtung der übriggebliebenen Unterdrücker anzunehmen. [...]«

47 Am 12.5.1941 wies Jodl vom OKH auf die Diskrepanz zwischen seinem Entwurf zum »Kommissar-Befehl« vom 31.3.1941 – »Politische Hoheitsträger und Leiter (Kommissare) sind zu beseitigen« – und Rosenbergs »Denkschrift 3« hin (wonach »nur hohe und höchste Funktionäre zu erledigen seien, da die staatlichen, kommunalen und wirtschaftlichen Funktionäre für die Verwaltung der besetzten Gebiete unentbehrlich sind«) und schlug vor: »[...] man zieht daher die ganze Aktion am besten als Vergeltung auf.« Abgedruckt in *Nürnberger Prozess* Bd. 26, S. 406–408 (884-PS). Rosenbergs Tagebucheintrag vom 1.5.1941, wonach er am 29.4. eine »eingehende Aussprache« mit Keitel hatte, könnte damit in Zusammenhang stehen; siehe auch Hans-Adolf Jacobsen, Kommissarbefehl und Massenexekutionen sowjetischer Kriegsgefangener, in: Hans Buchheim, Martin Broszat, Hans-Adolf Jacobsen, Helmut Krausnick, *Anatomie des SS-Staates*, ND München 1994, S. 461.

Dokument 8

Auszüge aus »Erlaß des Führers über die Verwaltung der neu besetzten Ostgebiete«, 17.7.1941; USHMMA RG-14.021 (BAB R 43II/686a, Bl. 4–5).[48]

»Um die öffentliche Ordnung und das öffentliche Leben in den neu besetzten Ostgebieten wiederherzustellen und aufrecht zu erhalten, ordne ich an:

§ 1

Sobald und soweit die militärischen Kampfhandlungen in den neu besetzten Ostgebieten beendet sind, geht die Verwaltung dieser Gebiete von den militärischen Dienststellen auf die Dienststellen der Zivilverwaltung über. Die Gebiete, die hiernach in die Zivilverwaltung zu überführen sind, und den Zeitpunkt, in dem dies zu geschehen hat, werde ich jeweils durch besonderen Erlaß bestimmen.

§ 2

Die Zivilverwaltung in den neu besetzten Ostgebieten untersteht, soweit diese Gebiete nicht in die Verwaltung der angrenzenden Gebiete des Reichs oder des Generalgouvernements einbezogen werden, dem ›Reichsminister für die besetzten Ostgebiete‹.[49]

---

48 Abgedruckt in Martin Moll (Hg.), *»Führer-Erlasse« 1939–1945. Edition sämtlicher überlieferter, nicht im Reichsgesetzblatt abgedruckter, von Hitler während des Zweiten Weltkrieges schriftlich erteilter Direktiven aus den Bereichen Staat, Partei, Wirtschaft, Besatzungspolitik und Militärverwaltung,* Stuttgart 1997, S. 186–188.

49 Siehe Landkarte in diesem Band, S. 394 f.

§ 3

Die militärischen Hoheitsrechte und Befugnisse werden in den neu besetzten Ostgebieten von den Wehrmachtsbefehlshabern nach Maßgabe meines Erlasses vom 25. Juni ausgeübt. Die Befugnisse des Beauftragten für den Vierjahresplan in den neu besetzten Ostgebieten sind durch meinen Erlaß vom 29. Juni 1941, diejenigen des Reichsführers-SS und Chefs der Deutschen Polizei durch meinen Erlaß vom 17. Juli 1941 besonders geregelt und werden von den nachstehenden Bestimmungen nicht berührt.[50]

§ 4

Zum Reichsminister für die besetzten Ostgebiete bestelle ich den Reichsleiter Alfred Rosenberg. Er hat seinen Sitz in Berlin.

§ 5

Die dem Reichsminister für die besetzten Ostgebiete unterstehenden Teile der neu besetzten Ostgebiete werden in Reichskommissariate, diese in Generalbezirke und diese wieder in Kreisgebiete eingeteilt. [...] Die näheren Bestimmungen hierüber trifft der Reichsminister für die besetzten Ostgebiete.

[...]

§ 8

Die Rechtsetzung für die ihm unterstehenden neu besetzten Ostgebiete obliegt dem Reichsminister für die besetzten Ostgebiete. Er kann die Befugnis, Recht zu setzen, auf dic Reichskommissare übertragen.

§ 9

Den Reichskommissaren untersteht die gesamte Verwaltung ihres Gebietes im zivilen Bereich. [...]

---

50 Siehe Moll, *»Führer-Erlasse«*, S. 188 ff. Zu diesen Erlassen und den Kompetenzen der einzelnen Institutionen siehe Dieter Pohl, *Die Herrschaft der Wehrmacht. Deutsche Militärbesatzung und einheimische Bevölkerung in der Sowjetunion 1941–1944*, München 2008, S. 70–77.

§ 10

Um die Maßnahmen, die der Reichsminister für die besetzten Ostgebiete oder die Reichskommissare in ihren Gebieten treffen, mit den übergeordneten Gesichtspunkten der Reichsinteressen in Einklang zu bringen, hält der Reichsminister für die besetzten Ostgebiete mit den Obersten Reichsbehörden enge Fühlung. Bei Meinungsverschiedenheiten, die durch unmittelbare Verhandlungen nicht auszuräumen sind, ist meine Entscheidung durch den Reichsminister und Chef der Reichskanzlei einzuholen.

§ 11

Die zur Durchführung und Ergänzung dieses Erlasses erforderlichen Bestimmungen werden vom Reichsminister für die besetzten Ostgebiete im Einvernehmen mit dem Reichsminister und Chef der Reichskanzlei und dem Chef des Oberkommandos der Wehrmacht erlassen.

Führer-Hauptquartier, den 17. Juli 1941

[gez. Adolf Hitler, Wilhelm Keitel als Chef des OKW, Hans Heinrich Lammers als Reichsminister und Chef der Reichskanzlei]«

Dokument 9

Auszüge aus »Protokoll der Besprechung über die politische und wirtschaftliche Lage im Ostland in der Sitzung bei Reichsminister Rosenberg am 1. August 1941«, 5.8.1941 (5 S., masch. Durchschlag); USHMMA RG-14.017M (BAB R 6/300, Bl. 1–5).

»[…] Reichsminister Rosenberg legte dar, daß er sich auf Grund der inzwischen vom Reichskommissar Gauleiter Lohse gesammelten Erfahrungen veranlaßt gesehen habe, diese Sitzung einzuberufen. Sofortige Entscheidungen über die Lösung der Währungsfrage im Reichskommissariat Ostland erscheinen erforderlich. […]

Reichskommissar Lohse gab einen Überblick über die von ihm vorgefundene Lage im Ostland. Politisch sei die Lage bisher weder geklärt noch befriedet. Der Bezirk Wilna werde heute übergeben, so daß die Landeshauptmannschaft Kauen nunmehr in vollem Umfang der Zivilverwaltung unterstehen werde. Die Bevölkerung verhalte sich ruhig und arbeite. Versuche von Regierungsbildungen und Aufstellungen von Militärabteilungen seien bereits vereitelt.[51]

Ein wichtiges Problem sei die Judenfrage. Bisher seien ca. 10.000 Juden durch die litauische Bevölkerung liquidiert worden. Diese Exekution [sic] ging jede Nacht noch weiter. Für die Juden würden Arbeitslager eingerichtet. Auch die jüdischen Frauen sollen zur Mitarbeit herangezogen werden. Über das Schicksal der dreitausend zur Zeit in Gefängnissen befindlichen Bolschewisten werde der Reichsführer SS entscheiden.

Die Bevölkerung in den baltischen Staaten weise von Ostpreußen bis Reval ständig steigende Anteile nordischer Rasse auf. Vom Reichsführer

51 Siehe Christoph Dieckmann, *Deutsche Besatzungspolitik in Litauen 1941–1944*, Göttingen 2011, S. 416–445.

SS werden 10% der Volkskreise zur Eindeutschung als geeignet angesehen, er schließe sich jedoch der Ansicht des Reichsministers an, der einen höheren Prozentsatz annehme.

Nach der Entscheidung des Führers soll die Eindeutschung des Reichskommissariats Ostland das Endziel sein; die Juden sollten restlos aus diesem Gebiet entfernt werden. [...]«

Dokument 10

Auszüge aus Rosenbergs »Vermerk über eine Besprechung beim Führer am 29. September 1941 im Führer-Hauptquartier«, 2. 10. 1941 (11 S., masch. Durchschlag, ohne Unterschrift); USHMMA RG-71 Acc.2001.62.14; auch in USHMMA RG-71 box 380, USHMMA RG-14.017M (BAB R 6/4).[52]

»Anwesend außer dem Führer und mir Reichsminister Dr. Lammers und Reichsleiter Bormann.

Einleitend betonte der Führer, es sei von außerordentlicher Wichtigkeit, daß die ganzen Arbeiten in der Ukraine gut vorwärtsgingen. Ich sagte ihm, welche Meldungen seitens der Landwirtschaft vorlägen: daß zwar ein großer Teil der Ernte eingebracht worden wäre, daß aber die Winterbestellung noch recht schwach sei und daß wir für das nächste Jahr nicht mit einem vollen Ertrag zu rechnen haben. Darauf wurde das gesamte Problem der künftigen Gestaltung der Ukraine angeschnitten. Der Führer sprach von dem wunderbaren Boden, der aber dank der bisherigen primitiven Bewirtschaftung lange nicht das hervorgebracht hätte, was unter deutscher Bewirtschaftung möglich gewesen wäre. Er kam mehrfach darauf zurück, daß wir mit den Erträgnissen und sonstigen Reichtümern sowohl für Deutschland selbst als auch für andere Staaten sorgen müssen. Was die nationale Seite anbeträfe, so habe er neulich eine Denkschrift eines Ukrainers erhalten, in der dieser darauf verwies, daß die Ukrainer sich zwar bewußt als solche fühlten, aber nicht, um sich von Rußland abzutrennen, sondern im Gegenteil, Rußland darzustellen. Eine Großukraine in Verbindung mit Rußland

52 Vgl. die Aufstellung der dokumentierten Besprechungen Rosenbergs mit Hitler zum Thema Ostministerium bei Andreas Zellhuber, *»Unsere Verwaltung treibt einer Katastrophe zu …« Das Reichsministerium für die besetzten Ostgebiete und die deutsche Besatzungsherrschaft in der Sowjetunion 1941–1945*, München 2006, S. 342–344.

bedeute aber eine Gefahr. Was das jetzige Verhalten anbeträfe und den Eindruck, den die Ukrainer machen, lasse verschiedene Ansichten aufkommen. Ich führte aus, daß über die Zweckmäßigkeit der einen oder anderen Lösung gewiß verschiedene Ansichten beständen, es scheine mir jedoch zweifelhaft, ob es richtig sei, etwa die öffentlich verkündeten Parolen aus Rumänien in der gleichen Weise zu übernehmen. Der Bruder von Antonescu habe auf einer Pressekonferenz erklärt, der Sinn dieses Krieges sei der Kampf gegen das Slaventum. Der anwesende bulgarische Presseattaché sei daraufhin mit hochrotem Kopf erregt aufgestanden und hätte das Lokal verlassen. Ich hielte, ganz gleich welche Lösung durchgeführt würde, derartige Proklamationen nicht für richtig und erschwerend in der künftigen Behandlung auch der Ukrainer. [...] Ich hielte es nicht für richtig, eine vorhandene Arbeitswilligkeit durch drakonische Maßnahmen zurückzustoßen, da dadurch nur eine Schwierigkeit für die Verwaltung und die Wehrmacht entständen.

Ich gestattete mir, angesichts dieser Besprechung einige konkrete Vorschläge für die praktische Verwaltung zu machen.

1.) Die Verwaltungsleitung solle keinerlei dienstliche Äußerungen über die nationale Zukunft der Ukrainer machen. Die Fragen, die sich ukrainischerseits naturgemäß dabei einstellen würden, müssen deutscherseits wie folgt beantwortet werden:
   a) Nach den schwierigen Kämpfen müßte erst eine Feststellung der Lage vorgenommen werden, um zu sehen, was 20 Jahre Bolschewismus in der Ukraine angerichtet hätten.
   b) Es sei auf jeden Fall klar, daß die schweren Schäden die Notwendigkeit einer längeren deutschen Verwaltung bedingten, um diese politischen und wirtschaftlichen Schäden allmählich zu heilen.
   c) Eine endgültige Regelung könne nur durch den Führer später getroffen werden, vor allen Dingen auch auf Grund des ukrainischen Verhaltens selber.
2.) Bei Protesten über die an drei Stellen vorgenommenen Abtretungen ukrainischer oder doch als ukrainisch betrachteter Gebiete müßte deutscherseits geantwortet werden:[53]

53 Gemeint sind Teile Galiziens, die als »Distrikt Lemberg« dem Generalgouvernement zugeschlagen wurden, die Krim und das von Rumänien verwaltete Transnistrien.

a) Für diesen Krieg im Osten sei ein ungeheurer Einsatz deutschen Blutes vor sich gegangen. Das deutsche Volk als ganzes hätte in diesen Jahren, um diesen Einsatz zu ermöglichen, viele Entbehrungen auf sich genommen, und es verstände sich von selbst, daß sich dieser große Einsatz nicht noch einmal wiederholen dürfe.

b) Das deutsche auf engem Raum lebende Volk hätte als erstes das Recht auf eine Raumerweiterung, um nicht zu verkümmern. Die Völker des Ostens aber verfügten auf jeden Fall über viel mehr Raum als die mittel- und westeuropäischen Nationen.

c) Im Reichskommissariat Ukraine, das weit über den eigentlichen Siedlungsraum der Ukrainer hinaus reicht, sei eine Siedlung im Norden und Osten im Anschluß an den jetzigen Siedlungsraum ohne weiteres möglich. Wenn Deutschland seine Kolonisten zu Zehntausenden aus den verschiedensten Gegenden heimgeholt habe, so könne auch eine Umsiedlung der Ukrainer nicht als etwas Unerhörtes angesehen werden.

d) Im ganzen gesehen, müßten auch die Ukrainer bereit sein, größere Opfer zu bringen, weil ohne Einsatz des deutschen Blutes sie verloren und vom Bolschewismus vollkommen ausgerottet worden wären.

e) Um für alle Zukunft einen neuen Überfall seitens Moskaus zu verhindern, müsse das Deutsche Reich den Schutz im Osten übernehmen, denn nur dieses Reich sei imstande, für absehbare Zeit einen solchen Schutz zu gewähren.

3.) Angesichts der gesamten Lage der von den Bolschewisten herbeigeführten Zerstörungen, vor allen Dingen auch in Kiew, muß die Verwaltung jedenfalls zunächst auf die Errichtung zentraler höherer Bildungsanstalten verzichten.

Die ukrainische Intelligenz, namentlich im Westen (Lemberg), hat bereits voreilige Proklamationen erlassen, und es besteht unter den jetzigen Verhältnissen kein deutsches Interesse daran, künstlich eine neue Intelligenzschicht zu züchten, die den ruhigen wirtschaftlichen Aufbau der nächsten Jahre durch unbedachte Betätigung stören könnte.

Das Russische, das augenblicklich noch auftritt, müßte nach und nach abgeschafft werden. In der Kirchenfrage müßten alle konfessionellen Verbände gleichberechtigt zugelassen werden, denn auch an einer einzigen starken Kirche, welche die übrigen unterdrückt, kann Deutschland kein Interesse haben. In den gemischt besiedelten Gebieten müßten die Ukrainer über die Russen gesetzt werden. [...]

Die Unterredung kam dann auf das Verhältnis vom Reichsführer SS zur Verwaltung als Chef der Deutschen Polizei und Reichskommissar für die Festigung deutschen Volkstums. Hier sagte der Führer, es sei nun einmal so im Krieg, daß Wehrmacht und Polizei, wenn sie in ein besetztes Gebiet kämen, irgendwelche Fabriken (Kleider-, Schuhfabriken) beschlagnahmen und man müsse die Frage von dem Gesichtspunkt betrachten, daß es wichtig sei, daß die Dinge hier in Betrieb kämen, das übrige würde sich später schon finden. Im übrigen habe Himmler den Steinbruch für Linz mit Gefangenen durchgeführt und die Ziegelsteinfabriken müßten ja riesige Lieferungen bewerkstelligen. Die gewünschten Fabriken im Ostland zusammengenommen würden vermutlich kaum die Größe eines großen Privatbetriebes haben. Ich wies dann auf die Meldung über die geforderten Güter hin. Auch hier empfahl der Führer eine Großzügigkeit.

Ich legte folgenden Protest ein. Es sei für eine Einheit der Verwaltung unmöglich, wenn nach einiger Zeit in ein geschlossenes Gebiet plötzlich eine neue Reichsdienststelle in das ganze Leben autoritativ eingreife. [...] Ich erklärte, ich wolle Himmler loyal entgegenkommen und sei zu jeder sachlichen Abmachung bereit. Ich erhob dann Einspruch gegen das Rundschreiben, nach dem die Volksdeutschen im Wartheland nur mit Genehmigung von Himmler in den Reichskommissariaten des Ostens eingesetzt werden sollten, um sie nach Schluß des Krieges wieder zurückzuholen. Einigkeit bestünde ja darüber, daß eine Umsiedlung nicht in Frage käme, aber einzelne Sachkenner seien notwendig, und da könne man nicht auf eine Genehmigung seitens Himmler warten. Bei den Elsässern und Ostmärkern sei es selbstverständlich gewesen, daß sie in ihre Heimat zurückgingen. Es sei vorgekommen, daß im Wartheland Menschen ihre Höfe, die sie in zwei Jahren mühsam aufgebaut hätten, plötzlich innerhalb von 24 Stunden wieder verlassen mußten. Der Führer äußerte sich in höchster Empörung, er ersuche mich, <u>einen</u> konkreten Fall zu nennen. Ich sagte ihm, ich könnte nicht einen, sondern viele konkrete Fälle anführen. Es wurde abgesprochen, daß eine Unterredung zwischen Himmler und mir in Gegenwart von Dr. Lammers und Bormann stattfinden würde.

Berlin, den 2. 10. 1941

R/P.«

Dokument 11

Auszüge aus Rosenbergs »Vermerk über Vortrag beim Führer im Führer-Hauptquartier am 14. 11. 1941«, 19. 11. 1941 (7 S., masch.); USHMMA RG-71 box 143.[54]

»Einleitend berichtete ich dem Führer über die bisher durchgeführten Arbeiten zum Aufbau des Ministeriums Ost. Zunächst über die Verhandlungen mit den obersten Reichsbehörden, die das Ministerium als eine Durchgangsstelle für ihre Anordnungen betrachten wollten, und als das nicht möglich war, jede ihre eigene Hauptabteilung forderten. Ich hätte auch das abgelehnt, weil es eine unübersichtliche Organisation gezeitigt hätte und hätte aus der Sache heraus nur vier Hauptabteilungen errichtet (Politik, Verwaltung, Wirtschaftspolitik, Technik).

Die Hauptabteilung I hätte vor allen Dingen die Fragen der allgemeinen Politik, der Länder- und Kommissariatspolitik, die Kulturpolitik, Aufklärung und Presse und dann noch die Siedlungspolitik zu bearbeiten. Sie stelle die Karten des Ostens her, hätte in jahrelanger Arbeit die volksdeutschen Siedlungen verzeichnet, was z. B. für die Reise von Obergruppenführer Lorenz von großem Wert gewesen sei, und bearbeite alle Meldungen aus den Reichskommissariaten.[55] Sie übergebe jedem Generalkommissar die statistischen und sonstigen Daten seines Bezirkes,

---

54 Stempel »Geheim!«; als Durchschlag auch in USHMMA RG-71 Acc. 2001.62.14 und USHMMA RG-71 box 380.

55 Lorenz, Werner (1891–1974); 1929 NSDAP-, 1931 SS-Beitritt; 1933 SS-Obergruppenführer; 1934–1937 Führer d. SS-Oberabschnitts Nord; seit 1937 Leiter der Volksdeutschen Mittelstelle (VOMI), die 1941 von Himmler als SS-Hauptamt übernommen wurde; verantwortlich für die Umsiedlung und »Heimführung« Deutschstämmiger sowie für die »Eindeutschung« ausländischer Kinder; 1948 Verurteilung zu 20 Jahren Haft in Nürnberg; entlassen im Frühjahr 1955.

zeichne die inneren Grenzen der Gebietskommissariate und behandle naturgemäß die verschiedenen völkischen Bestrebungen etwa der Letten, Litauer usw. Ferner würden kirchliche Aspirationen beobachtet und dafür gesorgt, daß diese keine gefährlichen Formen annehmen können. Es sei von der Abteilung die ganze Ostraumbücherei[56] herausgegeben und im Zusammenwirken mit der Presse die Zeitungen errichtet worden, zunächst in Riga, dann in Kauen und Wilna, später in Reval usw. Die Abteilung versammle jeden Vormittag die Vertreter der Obersten Reichsbehörden, des OKW. usw. zur Information. Die Abteilung bilde ferner Kriegsgefangenen-Aussonderungs-Kommissionen aus.[57] Bis jetzt bestünden 28 solcher Kommissionen, weitere 25 würden neu errichtet, um die Völker der Ostens nach ihrer völkischen Eigenart zu sondern, entsprechend zu behandeln und einzusetzen. Es seinen [sic] bisher 6.000 Gefangene für den Werkschutz und sonstigen wirtschaftlichen Aufbaudienst abgegeben worden, 1500 besonders geeignete Anwärter zur Schulung als Vertrauensleute, 2000 Berg- und Hüttenfacharbeiter, 1200 Kraftfahrer, Traktoristen, Automechaniker, 700 sonstige Spezialberufe, Ingenieure usw. Diese Kommissionen würden jetzt, da der Führer den Einsatz von Kriegsgefangenen in Deutschland befohlen hätte, weiter arbeiten, um wirklich nur das beste Material in Deutschland abzugeben. Der Führer warf hier ein, daß für die politische Behandlung der französischen und englischen Kriegsgefangenen die Judenfrage erörtert werden müsse, wie er mir schon einmal gesagt hätte.[58] Ich teilte dem Führer mit, daß ich schon bereits [sic] veranlaßt habe, eine Anzahl von

---

56 Bis Mitte September 1941 waren innerhalb der »Ostraumbücherei« zahlreiche Druckschriften publiziert worden, darunter »Das Judentum – Das wahre Gesicht der Sowjets«; siehe USHMMA RG-68.007M reel 49 (BAB NS 8/172, Bl. 137).

57 Zum Ausmaß der Sterblichkeit in den Kriegsgefangenenlagern im zivilverwalteten Gebiet der besetzten Sowjetunion siehe Christian Gerlach, *Kalkulierte Morde. Die deutsche Wirtschafts- und Vernichtungspolitik in Weißrußland 1941 bis 1944*, Hamburg 1999, S. 819f., und Christian Streit, *Keine Kameraden. Die Wehrmacht und die sowjetischen Kriegsgefangenen 1941–1945*, Bonn ND 1997, S. 133f., wonach allein im Reichskommissariat Ostland zwischen Ende November 1941 und Anfang Januar 1942 rund 68000 Gefangene (29,4% der Gesamtzahl und durchschnittlich 2190 pro Tag) umkamen.

58 Siehe Tagebucheintrag vom 1.10.1941.

Aufsätzen auf seinen Wunsch als Propaganda zu verwenden. Ich führte dann noch aus, daß im Zusammenwirken mit dem OKW. die Herstellung von Flugblättern reibungslos vor sich gegangen wäre. [...]

Während diese Arbeiten für den inneren Aufbau des Ministeriums vor sich gingen, würde zugleich die Arbeit nach außen durchgeführt. Rund 1000 Gebietskommissare müßten eingesetzt werden sowie ihre Stäbe und der Polizeischutz. Ich sei so vorgegangen, daß der Personalausschuß die notwendigen Kräfte einberufen und in Krössinsee versammelt hätte. Es kämen Gruppen von 400 bis 600 Mann zusammen, die Vorträge und Literatur erhielten, und zwar werden Vorträge von jenen gehalten, die möglichst gute Kenner des Landes seien und die Gebiete bereits früher bereist hätten. Ferner würden die Ausrüstungen zusammengestellt. Jetzt sei es endlich möglich, daß die Kommissare ihre Karabiner bekämen und ein Sonderzug für die Generalkommissare zur Verfügung stände. – Ich berichtete über die Tagung in Riga, über die Meldungen des Generalkommissars Kube, und ich glaubte sagen zu können, daß sich die Arbeit gut angelassen hätte, und daß die Vertreter im Osten im Bewußtsein ihrer Aufgabe nicht mehr zurückwollten.

Ich meldete dann die Tagung über einen zentralen Planungsstab Ost. Er hätte die Gesamtaufgabe, bestimmte Gebiete zu erschließen. Ich wies auf das Gebiet zwischen Peipus- und Ilmen-See hin. Es bestünde hier die Wahl, dieses Gebiet mit auszuweisenden Elementen zu bevölkern oder es als deutsche Militärkolonie auszubauen. Diese hätte dann die Aufgabe, hier die neue Grenze gegen das Slawentum aufzurichten. Der Führer stimmte der letzten Ansicht zu. Ich erwähnte dann noch die Kanäle, die Besiedlung der Krim u.a., so daß der Führer zustimmte, den Bau von zwei großen konzentrierten Siedlungen einzuleiten, und zwar im Osten des Peipus-Sees und in Taurien, und die Verbindungsstraßen in gemeinsamer Arbeit mit Dr. Todt durchzuführen.[59]

59 Zur Landesplanung im Ostraum siehe auch die Niederschrift über die Chefbesprechung am 30.10.1941 im Ostministerium (USHMMA RG-71 box 380; auch in BAB R 6/102), an der Rosenberg und Todt teilnahmen. Dort sagte Rosenberg in seiner Rede: »Ganz gleich, wie in Zukunft die einzelnen Völkerschaften zu behandeln sind, so liegen heute schon drei große Aufgaben vor uns: die Ausweitung und Sicherung des Reiches, die wirtschaftliche Unabhängigkeit Deutschlands und Europas

Ich fragte darauf, ob der Führer die Instruktionen an den Reichskommissar Koch gelesen habe und ob er zustimme, was der Führer bejahte. – Ich meldete dann, daß das Wort ›Indien‹ im Vergleich mit der Arbeit im Osten gefallen sei, und gestatte mir, eine Denkschrift über Indien zu geben, zugleich das Buch von Alsdorf.[60] [...]

Ich übergab dem Führer einige Entwürfe über Uniformen, die ihm durchaus gefielen, nur sagte er, daß die Sterne statt auf den Achselstücken besser auf den Spiegeln angebracht würden. Gegen die farbigen Aufschläge hatte er keine Einwendungen. – Ich erwähnte ferner, daß ich es wohl verstanden habe, warum die Veröffentlichung meiner Ernennung bisher nicht erwünscht gewesen wäre, es sei aber der Zustand eingetreten, daß der dänische Minister Larsen an mich herangetreten sei, ob ich zustimme, wenn sich ein Komitee zur wirtschaftlichen Zusammenarbeit bilde, ferner hätte ich Einladungen von ausländischen Botschaftern mit meinem neuen Titel bekommen. Der Führer sagte darauf, daß er es jetzt für richtig hielte, die Veröffentlichung vorzunehmen.

Ich sprach dann über die Behandlung der deutschen Sprache, der deutschen Schulen und führte aus, daß ich es für richtig hielte, die deutsche Sprache in den ehem. baltischen Provinzen einzuführen mit dem Ziel, die deutsche Unterrichtssprache später durchzusetzen. Dagegen hielte ich es nicht für richtig, diese Methode in der Ukraine anzuwenden, sondern glaube, daß es genügt, hier eine ukrainische Volksschule ohne Deutsch einzurichten. Für bestimmte Fachkräfte konnte man die Ermöglichung der Erlernung der deutschen Sprache offen lassen. Im übrigen sei es nicht richtig, wenn mehr Slawen in Europa deutsch sprechen als es Deutsche gibt. Der Führer meinte, dann müsse unsere Verwaltung ja ukrainisch lernen, was ich durchaus bejahte. Was nun die Fremdsprachen in den verschiedenen Gebieten beträfe, so erklärte der Führer, daß hier eine Westsprache nicht in Frage käme. Ich schlug vor, daß im Ostland nach der deutschen Sprache für bestimmte Kategorien russisch gelehrt werden solle, weil viele Letten, Litauer usw. später als

---

und die Eindeutschung bestimmter Gebiete und Schaffung eines Siedlungsraumes für 15–20 Millionen Deutsche.«

60 Ludwig Alsdorf, *Indien*, Berlin 1940; siehe Klaus Bruhn, Magdalene Duckwitz, Albrecht Wezler, *Ludwig Alsdorf and Indian Studies*, Delhi 1990.

leitende Persönlichkeiten in diesen östlichen Randgebieten eingesetzt werden könnten.

Der Führer wies auf den Wunsch einer türkischen Legion hin, den ein Gefangener ausgesprochen hätte. Ich berichtete über die neue Aktion des Auswärtigen Amtes, die Turkestaner einer pan-türkischen Propaganda durch den Bruder Enver Paschas zu unterziehen und sprach mich dagegen aus.

Ferner schlug ich dem Führer ein Toleranzedikt vor. Die Kirchen seien sowieso überfüllt, man könne also die Konfessionen und die Sekten gestatten. Das könnte in einer Weise geschehen, daß die verschiedenen Sekten sich in ihrer Kraft aufheben würden. Der Führer stimmte dem zu. Wenn rund um uns Christen lebten, wir aber keine seien, so würde das ein richtiger Zustand sein. Ich sagte, ich würde dem Führer den Entwurf eines solchen Toleranzediktes vorlegen.[61]

Den Postwertzeichen mit dem Führerkopf und dem Aufdruck ›Ostland‹ und ›Ukraine‹ stimmte der Führer zu.

Abschließend berichtete ich dem Führer über fortlaufende Schulungen und über die Ausarbeitung der Richtlinien bezüglich der Feiergestaltung, um die gesamte Partei in Zukunft auf historische Feiertage zu konzentrieren. Es sei beabsichtigt, am 50. Todestag Paul de Lagarde zu gedenken, dann Friedrich des Großen und Beethoven usw. Der Führer nahm meine Ausführungen, wie ich glaubte, mit Befriedigung zur Kenntnis.

Berlin, den 19. 11. 41 R/H. [Unterschrift Rosenberg]«

61 Siehe verschiedene Entwürfe zu einem Erlass betr. Religionsgemeinschaften vom Frühjahr 1942 mit Rosenbergs Anmerkungen in USHMMA RG-71 box 380.

Dokument 12

Auszüge aus Rosenbergs »Vermerk über eine Unterredung mit dem Reichsführer SS am 15. 11. 1941«, 19. 11. 1941 (5 S., masch. Durchschlag, ohne Unterschrift); USHMMA RG-14.017M (BAB R 6/9, Bl. 31–35).

»Die Unterredung fand statt zwischen ½ 3–7 Uhr am 15. 11. 1941 im Quartier des Reichsführers SS.[62] Gegenstand war das allgemeine Verhältnis zwischen Polizei und Reichskommissar für die Festigung deutschen Volkstums einerseits und dem Reichsministerium für die besetzten Ostgebiete bzw. den Reichskommissariaten andererseits. [...] Eine weitere Frage betraf die Behandlung des Judenproblems. Hier betonte Himmler, die Judenfrage sei im Osten im wesentlichen eine polizeiliche Angelegenheit und müsse daher von der Polizei bearbeitet werden. Ich erwiderte darauf, daß das nicht ganz stimme, denn auch die Judenpolitik müsse im Rahmen der Gesamtpolitik behandelt werden, aber ich sei einverstanden, daß die Bearbeiter der Judenfrage bei der Polizei und in der Hauptabteilung Politik in Personalunion ständen. Ich fügte hinzu, daß es sich im Osten um eine allgemeine Völkerführung handele, und daß hier irgendwelche Sonderfragen nicht außerhalb der Verwaltung gestellt würden. Himmler wies darauf hin, daß ja auch der Höhere SS- und Polizeiführer bzw. die anderen SS-Führer Instrumente des Reichskommissars seien, und ich doch die Fragen auch von diesem Gesichtspunkt betrachten solle. Ich sagte ihm, daß das zwar die Person des Höhere SS- und Polizeiführer [sic] beträfe, daß aber, wenn eine

---

62 Zur Unterredung siehe auch die Aktennotiz Himmlers vom 15. 11. 1941 (BAB NS 19/3885, Bl. 19–21); Peter Witte, Michael Wildt, Martina Voigt, Dieter Pohl, Peter Klein, Christian Gerlach, Christoph Dieckmann, Andrej Angrick (Hg.), *Der Dienstkalender Heinrich Himmlers 1941/42*, Hamburg 1999, S. 262.

Gleichartigkeit behauptet würde, auch der Höhere SS- und Polizeiführer Leiter einer Hauptabteilung im Reichskommissariat sein müsse. (Dies würde allerdings auch eine Ernennung durch den Reichsminister Ost bedingen).

Schließlich wurde der Entwurf über eine gemeinsam zu zeichnende Anordnung besprochen, die das Verhältnis zwischen Verwaltung und Polizei regelt. Himmler war im Prinzip durchaus einverstanden, hatte jedoch noch einige Einwendungen, die später von unseren Sachbearbeitern besprochen werden sollten.

Berlin, den 19.11.1941

R/H«

Dokument 13

Auszüge aus »Rede von Reichsminister Rosenberg anläßlich des Presseempfangs am Dienstag, 18. Nov. 1941, 15.30 Uhr, im Sitzungssaal des Reichsministeriums für die besetzten Ostgebiete« (13 S., masch.); USHMMA RG-71 Acc.2001.62.14.[63]

»Meine Herren!

Ich habe Sie heute gleich am ersten Tage meiner nunmehr offiziell werdenden Tätigkeit hergebeten, um Ihnen einige allgemeine Ausführungen über die kommende Arbeit des Reichsministeriums zu machen. [...]

Die Ausführungen, die ich Ihnen machen werde, bitte ich nicht nachzuschreiben und sie überhaupt als vertraulich zu betrachten. Alle Einzelheiten, die den Osten betreffen, kann man heute noch nicht in der Presse behandeln. Es kommt aber darauf an, daß die allgemeine Haltung von uns heute schon einheitlich ist und daß von dieser Haltung aus die Dinge, die man behandeln kann, in der richtigen Färbung gesehen werden.

Ich glaube, es genügt ein Blick auf die Karte, um die historische Aufgabe schon allein räumlich zu ermessen, die dem Deutschen Reich in den kommenden Jahren und Jahrzehnten im Osten bevorsteht. Dieser

---

63 Auf S. 1 roter Stempelaufdruck »Geheim!«, am Ende Paraphe (in Grün) »R«. Auch in USHMMA RG-68.007M (BAB NS 8/71, Bl. 9–21); auszugsweise abgedruckt in Robert Kempner, *SS im Kreuzverhör,* München 1969, S. 228. Am 17. 11. 1941 wies der Reichspressechef darauf hin, dass die Meldung über die Ernennung Rosenbergs zum Ostminister und die Errichtung der Reichskommissariate »keine Prognosen hinsichtlich der Gestaltung dieses Raumes in der Zukunft« enthalten dürfe; der Schwerpunkt der Berichterstattung sei auf den Aspekt der »Ordnung« zu legen (BAK ZSg. 109/27, Bl. 63 f.).

Abb. 10 Rede Rosenbergs am 18. November 1941 auf der Pressekonferenz anlässlich der öffentlichen Präsentation des Reichsministeriums für die besetzten Ostgebiete

große Raum ist nun nicht, wie manche Theorien früher aussprachen, ein einheitlicher völkischer Raum. Im Laufe der letzten Jahrhunderte ist aber eine nationale Macht hier besonders an die Spitze getreten, und zwar die russische. [...]

Das Ziel erscheint uns heute klar: die Verhinderung einer Kräftesammlung, wie wir sie in diesem furchtbaren Kampf 1941 erleben müssen. [...] Eine solche Verhinderung einer Machtzusammenballung, wie sie heute noch besteht, kann aber nur durch eine organische Aufteilung dieses Raumes herbeigeführt werden. [...]

Die organische Aufteilung beginnt praktisch mit der Zivilverwaltung und der Einsetzung von zunächst 2 Reichskommissariaten. Die fernere Entwicklung wird sich bemühen müssen, diese Aufteilung zu einem Auseinanderleben der verschiedenen, bisher machtpolitisch geeinten Völker fortzuentwickeln. Die dritte Notwendigkeit besteht darin, die riesigen Bodenschätze auszuwerten und die militärische und politische Sicherung der Macht im Osten für kommende Zeiten zu gewährleisten.

Die Aufgabe eines Reichsministeriums für den Osten besteht also in dieser verschiedenartigen Behandlung der zahlreichen Völkerschaften dieses Raumes, in der Erkenntnis und Beobachtung der Entwicklungen dieser Nationen und in der zentralen Lenkung der gesamten politischen Führung in diesem Raum. [...]

Es sind zunächst zwei Reichskommissariate gegründet worden. Zunächst das Reichskommissariat Ostland. In diesem Kommissariat sind zusammengefaßt die ehemaligen Länder Estland, Lettland, Litauen und Weißruthenien, und es kommt später noch hinzu ein erheblicher Raum östlich des Peipussees. Wir haben es also hier mit fünf verschiedenen Völkern zu tun. Jedes dieser Völker hat eine verschiedene Mentalität. Jedes hat seine Sprache, jedes hat seine Kultur und seine Überlieferung und auch die konfessionellen Verschiedenheiten – Katholizismus, Protestantismus und russische Orthodoxie – spielen hier als Kräfte eine nicht unerhebliche Rolle. Dieses ganze Gebiet wird ungefähr die Größe von 550 000 Quadratkilometern haben. Es ist also ein Riesenraum, der nahezu der Größe des Deutschen Reiches von 1933 entspricht. [...] Es wird das Bemühen des Reichskommissars im Ostland sein müssen, diese Völker an diesen deutschen Kulturkreis heranzuziehen und ihnen auch die Möglichkeit zu geben, diesen deutschen Kulturkreis zu erschließen und den ganzen Raum in ein immer engeres Verhältnis zum Deutschen Reich zu bringen. [...]

Das zweite Reichskommissariat ist die Ukraine. Die Ukraine ist, weltgeschichtlich gesehen, immer ein Problem des Ostraumes gewesen. [...] Und genau so, wie Dänemark und Norwegen in das britische Wirtschaftsbild eingefügt werden konnten, so erblicken wir gerade hier in der Ukraine die Aufgabe, auch jenen Völkern des Westens einen Einbau in diesen Ostgebieten zu ermöglichen und sie am großen Auf- und Ausbau zu beteiligen. [...] Und dieser heute wilde Osten wird nicht nur die Kornkammer Deutschlands, sondern die Kornkammer für ganz Europa werden. [...]

Was nun die Möglichkeit weiterer Reichskommissariate betrifft, so kann ich naturgemäß heute darüber nicht sprechen. Es versteht sich aber von selbst, daß solche Möglichkeiten auch vorgesehen sind, je nach der militärischen und politischen Lage. [...]

Zugleich ist dieser Osten berufen, eine Frage zu lösen, die den Völkern Europas gestellt ist: das ist die Judenfrage. Im Osten leben noch etwa sechs Millionen Juden, und diese Frage kann nur gelöst werden in einer biologischen Ausmerzung des gesamten Judentums in Europa. Die Judenfrage ist für Deutschland erst gelöst, wenn der letzte Jude das deutsche Territorium verlassen hat, und für Europa, wenn kein Jude mehr bis zum Ural auf dem europäischen Kontinent steht. Das ist die Aufgabe, die das Schicksal uns gestellt hat. Sie können sich vorstellen, daß zur Durchführung dieser Maßnahmen nur Menschen berufen sind, die die Frage als eine historische Aufgabe begreifen, die nicht aus persönlichem Haß handeln, sondern aus dieser sehr nüchtern [sic] politischen und historischen Einsicht. Der 9. November 1918 ist für uns Schicksals- und Entscheidungstag gewesen. Damals hat das Judentum gezeigt, daß es auf die Vernichtung Deutschlands eingestellt war. Daß dies nicht gelang, ist nur dem Führer und der Charakterkraft der deutschen Nation zu verdanken, wir haben deshalb vorzubeugen, daß nicht ein romantisches Geschlecht in Europa die Juden wieder aufnimmt. Und dazu ist es nötig, sie über den Ural zu drängen oder sonst irgendwie zur Ausmerzung zu bringen.

Dieser Riesenraum und diese Aufgabe ist so groß, wie sie dem deutschen Volke seit Jahrhunderten nicht beschieden ist. Und hier möchte ich als Parallele hinweisen auf Indien. Als einige abenteuerliche Engländer der Ostindischen Kompanie ausgingen, Indien zu erobern, da waren es sehr wenige Hunderte oder wenige Tausende, die einige entscheidende Schlachten der Weltgeschichte schlugen, und erst sehr viel später sind die Pfeffersäcke in England dahintergekommen, diese Gebiete mit Opfern zu erhalten. Es hat Jahrzehnte, Jahrhunderte gedauert, bis England sich dieses Gebiet eroberte. Hier im Osten erleben wir das Umgekehrte: Es sind nicht einige wenige Abenteurer, die in diesen Raum vorstoßen, sondern es ist die gesammelte Kraft eines Achtzig-Millionen-Volkes, an der Spitze eine Wehrmacht, wie sie dieses Volk noch nie besaß. Und wir haben hinter dieser Wehrmacht eine politische Macht, die dieses Gebiet nicht nur sichert, sondern festigt in alle Zukunft und den Aufbau mit ganzem Einsatz vornimmt. [...]

Es ist ganz selbstverständlich, daß man über politische Zielsetzungen weder redet noch schreibt. In der heutigen delikaten Lage, in der das Deutsche Reich sich befindet, wäre es äußerst schädlich, wenn diese Dinge öffentlich behandelt würden. Was man darüber sagen kann, hat der Führer in seiner Rede am 9. November angedeutet,[64] und im Rahmen dieser Andeutungen kann sich die allgemeine Presse bewegen. Ich möchte in nächster Zeit in einer Rede vor der Partei etwas näher darauf eingehen. Was wir heute besprechen können, betrifft den Bolschewismus und seine Vernichtung. Daß wir dabei noch eine weitere geschichtliche Aufgabe im Auge haben, das müssen wir gar nicht sagen, das wird sich in der politischen Entwicklung nachher von selbst ergeben.[65] Es ist nur nötig, daß wir begreifen, daß hier nicht ein russisches Volk in einem großen Raum lebt, sondern 50 verschiedene Völker, daß diese Völker um ihre Selbständigkeit gekämpft haben, daß diese Völker ausgeplündert, ausgeraubt und biologisch dezimiert worden sind durch die Bolschewisten – und daß nunmehr eine Neuordnung bevorsteht. Und Deutschland hat sich dieses Recht auf diese Neuordnung erkämpft wie kaum ein Volk sich dieses Recht erstritten hat. Auf diesem Recht werden wir fussen und aus diesem Recht werden sich die Lösungen ergeben.

Ich bitte Sie, wenn Sie irgendwelche Fragen haben, sich an meine Mitarbeiter zu wenden. Ich habe diese so gewählt, daß Sie auf vertrauensvolle Mitarbeit rechnen können. Ich möchte Ihnen nochmals meinen Dank aussprechen und hoffe auf eine gute Zusammenarbeit.«

---

64 Siehe Max Domarus, *Hitler. Reden und Proklamationen 1932–1945*, Teil 2 Bd. 4: 1941–1945, Leonberg 1988, S. 1643–1816.

65 Zu Rosenbergs Rede notierte Fritz Sänger, Korrespondent der Frankfurter Zeitung, »der Blick soll sich abwenden vom Meer und hinwenden zum Lande, dessen Weiten sich bis zum Ural dehnen. Es gibt in diesem Lande noch insgesamt sechs Millionen Juden. Sie müssen biologisch ausgemerzt werden, man kann sie über den Ural setzen oder auf andere Weise ausmerzen.« (Zit. nach Bernward Dörner, *Die Deutschen und der Holocaust. Was niemand wissen wollte, aber jeder wissen konnte,* Berlin 2007, S. 163 f.) Trotz ähnlich drastischer Aufzeichnungen anderer Anwesender (ebd., S. 676, Anm. 270) scheint die Berichterstattung in der dt. Presse über die Rede vergleichsweise gemäßigt im Ton ausgefallen zu sein.

Dokument 14

Alfred Rosenberg, »Vermerk über Unterredung beim Führer am 14. 12. 1941«;[66] abgedruckt in *Nürnberger Prozess* Bd. 27, S. 270–73 (1517-PS).

»Einleitend fragte ich den Führer über meine Rede im Sportpalast und wies auf einige Punkte, die noch einer Rücksprache bedürftig erschienen. Der Führer meinte, die Rede sei ja vor der Kriegserklärung Japans erfolgt, also unter anderen Voraussetzungen, aber auch abgesehen davon seien noch einige Punkte zu überlegen. Es wäre vielleicht nicht zweckmäßig, wenn ich amtlich aussprechen wollte, daß die Gebiete im Osten unter Deutschland verbleiben würden. Ich sagte darauf, daß auch ich mir diesen Punkt vermerkt habe, daß man vielleicht nur sagen könnte, das Ostland würde unter deutschem Schutz verbleiben. Der Führer meinte, nur so weit zu gehen, daß die Gebiete nie mehr unter den Bolschewismus kommen würden und nun von deutscher Seite als gesichert erschienen.

Über die Judenfrage sagte ich, daß die Anmerkungen über die New Yorker Juden vielleicht jetzt nach der Entscheidung etwas geändert werden müßten. Ich stände auf dem Standpunkt, von der Ausrottung des Judentums nicht zu sprechen. Der Führer bejahte diese Haltung und sagte, sie hätten uns den Krieg aufgebürdet und sie hätten die Zerstörung gebracht, es sei kein Wunder, wenn die Folgen sie zuerst träfen.

Ferner sagte der Führer, daß er es nicht für zweckmäßig halte, die anderen Völker jetzt schon zur Mitarbeit aufzufordern, da sie darin für später einen Rechtsanspruch erblicken könnten. Er tue das von Fall zu Fall in Einzelverhandlungen. Ich sagte ihm, daß auch ich mir das aufgeschrieben hätte als Einzelfrage. Ich würde entsprechend dieser Weisung

66 Stempel: »Geheime Reichssache«. Die geplante Rede Rosenbergs im Berliner Sportpalast wurde nicht gehalten.

die entsprechenden Absätze in meiner Rede vorsichtiger redigieren. Daß ich den Asienkonflikt berühre, bejahte der Führer durchaus.

Ich legte dem Führer daraufhin den Entwurf eines religiösen Toleranzediktes vor, dem der Führer nach genauer Überlegung zustimmte. [...]

Auf eine Anfrage der Militärbefehlshaber in den besetzten Ostgebieten über die Heirat von Wehrmachtangehörigen mit Einwohnerinnen dieser Gebiete, sagte der Führer, daß während dieses Krieges keine Heiraten durchgeführt werden dürfen. Nach dem Kriege könne eine Lockerung eintreten entsprechend der politischen Zielsetzungen und blutmäßigen Verwandschaft.

Ich kam dann auf das Verhältnis zum Reichskommissar Koch zu sprechen und sagte dem Führer, daß Koch durch verschiedene Äußerungen bei den Offizieren des OKW. den Eindruck erweckt hätte, als ob er nur unmittelbar Vortrag beim Führer habe und sonst ohne Berlin zu regieren gedenke. Ähnliche Äußerungen, daß <u>er</u> die Politik mache, seien meinen Mitarbeitern gegenüber gefallen und mir habe er auch einmal gesagt, er betrachte sich als koordiniert. Ich habe ihm klargemacht, daß hier ein eindeutiges dienstliches Verhältnis bestünde. Im übrigen hätte ich ihn jetzt gesprochen, und ich hoffe, daß die Klarheit über die Gesamtarbeit sich ergeben würde. Ich habe nur die Bitte, daß der Führer Koch nicht mehr allein empfängt, sondern nur in meiner Gegenwart. Dem stimmte der Führer sofort zu.

Ich berichtete dem Führer dann über den Besuch von General Kitzinger. Dieser teilte mit, daß er mit dem Drusch der Ernte beauftragt worden sei. Zu diesem Zweck hätte man ihm mehrere Divisionen versprochen, diese seien jedoch nicht eingetroffen. Vielmehr hätte man ihm noch weitere Einheiten genommen. Der Führer sagte, er werde veranlassen, daß hier eine Änderung eintrete und ihm Divisionen gegeben würden. Über den Zustand der Gefangenen hätte Kitzinger mitgeteilt, daß auf Grund der Entkräftung in den Lagern in seinem Gebiet täglich etwa 2.500 Gefangene sterben. Sie seien sowieso schon unfähig, gutes Essen zu sich zu nehmen, man müsse damit rechnen, daß nicht mehr viel übrig bleiben.[67] Sonst seien die Arbeitskräfte auf dem Lande genügend groß, das Land zum Teil sogar übervölkert.

67 Vorangegangene zwei Sätze mit rotem Seitenstrich. Siehe auch Rosenbergs Schreiben an OKW-Chef Keitel vom 28.2.1942 (081-PS); abgedruckt in *Nürnberger Prozess* Bd. 25, S. 156–161.

Ich frage den Führer ferner, ob er die Denkschrift über den Einsatz türkischer Legionen durchgesehen hätte,[68] was ich wohl annehme, da das OKW. einen Befehl herausgegeben hätte, daß neben der türkisch-aserbeidschanischen Legion auch noch andere kaukasische Legionen aufgestellt werden würden. Der Führer bejahte die Frage, und ich wies noch einmal auf die Gefahr einer panturanischen Bewegung hin. Ich berichtete ferner von dem Gesuch der Krimtataren aus Konstantinopel und der Bitte, die Gefangenenlager zu besuchen und die Landsleute in Augenschein zu nehmen. Ich sagte dem Führer, daß ich diese Bitte abgelehnt hätte, was er unbedingt bejahte. Das einzige, was man tun könne, sei, die 250 gefangenen Krimtataren mit Rücksicht auf die Türkei auszusondern und sie entsprechend zu behandeln. Im übrigen betonte der Führer noch einmal, daß er die Krim später vollständig gesäubert wünsche. Ich sagte ihm, daß ich mir auch schon den Kopf zerbrochen hätte über die Umbenennung der Städte, und ich dachte, Simferopol in Gotenburg und Sewastopol in Theoderichhafen – dies entsprechend einer Anweisung des Führers selbst – umzubenennen.

Ich legte dem Führer dann einen Vorschlag einer Grenzregulierung zwischen Nikolajew und Transnistrien vor, denn so wie die Dinge liegen, können die Rumänen in alle Werftanlagen hineinschauen; um dieses zu verhindern, bedürfe es nur einer geringfügigen Regulierung. Ich hätte diesen Vorschlag auch schon Generalfeldmarschall Keitel vorgelegt. Der Führer besah sich den Kartenentwurf und stimmte einer solchen Grenzregulierung zu.

Schließlich meldete ich dem Führer, daß ich die Absicht hätte, im Januar nach Riga zu fahren und im nächsten Jahr naturgemäß auch andere Gebiete zu besuchen. Ich bäte den Führer, mir zu gestatten, mir mehrere Wagen für einen Sonderzug zusammenzustellen. Ich hätte bereits in Holland Verhandlungen über Besorgung solcher Wagen in die Wege geleitet. Der Führer fand das selbstverständlich und stimmte meiner Bitte zu.

Daraufhin übergab ich dem Führer einen bereits erwähnten Brief eines japanischen Gelehrten über die japanische und nationalsozia-

68 Siehe Rosenbergs »Meldung für den Führer«, 4.12.1941, mit Anlage »Betrifft: Aufstellung einer Legion aus sowjetischen Kriegsgefangenen der Turkvölker«, 1.12.1941; USHMMA RG-71 box 380.

listische Weltanschauung im Verhältnis zum Christentum, worüber wir noch längere Zeit sprachen. Der Führer nahm die Denkschrift, die ihn sofort sehr fesselte, mit sich.

[Unterschrift:] Rosenberg

Berlin, den 16. Dezember 1941
R/H.«

Dokument 15

Auszüge aus Rosenbergs »Begründung zu der Aufzeichnung über das Verhältnis zwischen dem Reichsminister für die besetzten Ostgebiete und dem Reichsführer SS«, o. D. (Anfang 1942) (5 S., masch. Durchschlag); USHMMA RG-14.017M (BAB R 6/9, Bl. 81–85).

»Als Begründung zu dem Vorschlage der Regelung des Verhältnisses zwischen dem Reichsminister für die besetzten Ostgebiete und dem Reichskommissar für die Festigung deutschen Volkstums verweise ich ganz allgemein auf meine Denkschrift vom 12. Januar 1942[69] und führe noch zur Ergänzung und hinsichtlich der polizeilichen Aufgaben des Reichsführers SS folgende Gesichtspunkte an:

1. Die Einheit der Repräsentanz des Deutschen Reiches in den besetzten Ostgebieten wird vom Reichsminister Ost verkörpert. Dieser Standpunkt ist vom Führer kürzlich noch eindeutig festgelegt und von Reichsminister Dr. Lammers anläßlich einer anderen Angelegenheit dem Reichskommissar Koch gegenüber dienstlich formuliert worden. Ein Vorschlag, der diese Grundlage verneint, ist untragbar und müßte zu inneren Konflikten innerhalb der deutschen Gesamtverwaltung und damit zur Schädigung des deutschen Ansehens von [sic] den Völkern des Ostens führen.

2. Die Polizei führt in den besetzten Ostgebieten nahezu ein völliges Eigenleben. Sie trifft polizeiliche und politische Maßnahmen so, als ob es neben ihr eine politische Verwaltung nicht gebe. Der Dienstweg

69 Gemeint ist Rosenbergs 13-seitige »Grundsätzliche Stellungnahme zum Verhältnis der Verwaltung der besetzten Ostgebiete und dem Reichskommissar für die Festigung deutschen Volkstums« vom 12. 1. 1942 (USHMMA RG-71 box 380), die u. a. ein Übereinkommen zwischen Rosenberg und Himmler zur Gründung einer Abteilung »Deutsche Volkstums- und Siedlungspolitik« beim Ostministerium vorsah.

führt am Reichsminister für die besetzten Ostgebiete sowie den Reichs- und Generalkommissaren vorbei. Eine Abstimmung der Anordnungen des Reichsführers SS mit mir hat bisher noch nicht stattgefunden, da der Reichsführer SS noch in keinem Falle Weisungen an die nachgeordneten Stellen gemäß Ziffer II Satz 2 des Führererlasses über die polizeiliche Sicherung [vom 17. 7. 1941] über mich geleitet hat.

Ich hatte versucht, durch ein nach meiner Ansicht weit über den Führererlass über die polizeiliche Sicherung hinausgehendes Entgegenkommen meinerseits, das in dem abschriftlich beigefügten Erlaß vom 19. November 1941[70] Ausdruck gefunden hat, ein Einvernehmen auf polizeilichem Gebiet herbeizuführen. Der Reichsführer SS hat jedoch später ohne mein Einverständnis in einer Reihe von Kreisgebieten Polizeistandortführer eingesetzt, diesen dadurch, daß er sie den SS- und Polizeiführern bei den Generalkommissaren unmittelbar unterstellt und ihnen auch die gesamte Polizeiverwaltung übertragen hat, eine dem Polizeipräsidenten vergleichbare Stellung verliehen und hiermit den Gebietskommissaren gerade in den wichtigsten Städten die in einem besetzten Gebiet unbedingt erforderlichen Exekutivorgane genommen. Da der Reichsführer SS durch diese Maßnahme die Grundlage des erwähnten gemeinsamen Erlasses verlassen hat, kann auch ich mich zu meinem Bedauern an diesen Erlaß nicht mehr gebunden fühlen. [...]

4. In welcher Form im einzelnen und in welchem Tempo die Sicherung der Reichskommissariate durch die Ausscheidung des Judentums durchzuführen ist, kann nur der politischen Entscheidung der Reichs- und Generalkommissare unterliegen. Selbstverständlich dabei ist, daß die Aussonderung des Judentums als politische [sic] vor allen wirtschaftlichen Überlegungen zu stehen hat, jedoch kriegswirtschaftliche Maßnahmen in den besetzten Ostgebieten zunächst noch berücksichtigt werden müssen. Es ist also die politische Pflicht der deutschen Verwaltung, wie zum Teil schon geschehen, jüdische Handwerker möglichst schon [sic] durch anzulernende Ukrainer, Weißruthenen usw. zu ersetzen. Die Reichs- und Generalkommissare haben somit ein nicht zu bestreitendes Führungs- und Hoheitsrecht, hier nach den Notwendig-

70 »Zuständigkeit der Polizeidienststellen in den neu besetzten Ostgebieten«, 19.11.1941; BAB R6/9, Bl. 79 f. (fehlt hier); siehe Dokument 12.

keiten sowohl der selbstverständlichen Politik gegenüber dem Judentum als auch der Kriegswirtschaft und Landesverwaltung zu bestimmen. Deshalb kann im Prinzip die politische Entscheidung, ob jemand Jude [sic], insbesondere in den Fällen, in denen dies nur nach dem äußeren Erscheinungsbild festzustellen ist, nicht dem Kommandeur der Sicherheitspolizei und des SD, sondern nur dem Generalkommissar obliegen.[71]

Bei Bestellung etwaiger Judenreferenten soll dem Reichsführer SS und Chef der Deutschen Polizei der notwendige Einfluß gewährt werden.«

71 Die Entscheidungskompetenz darüber, wer in den besetzten sowjetischen Gebieten als Jude zu behandeln war, hatte im RKO schon im Sommer 1941 für Streit zwischen Zivilverwaltung und Polizei gesorgt; siehe die Quellen in Benz u. a., *Einsatz*, S. 38–53, und *VEJ* Bd. 7, S. 511–514, 527–531. Siehe auch die Einleitung zu diesem Band sowie Dokumente 16 und 19.

Dokument 16

Auszüge aus Aktenvermerk RMfdbO (HA II) zur Besprechung am 29.1.1942 über die Bestimmung des Begriffs »Jude« in den besetzten Ostgebieten; USHMMA RG-14.017M (BAB R 6/74, Bl. 77–78).[72]

»[...] 2) Gegen die Einführung des besonderen im §2 vorgesehenen Judenbegriffs für die besetzten Ostgebiete wurde von keiner Seite Wi-

---

72 Die Besprechung der Referenten unterschiedlicher Partei- und Regierungsinstanzen war von Georg Leibbrandt, Leiter der Hauptabteilung I im Ostministerium, in der Nachfolge zur Wannsee-Konferenz einberufen worden, um angesichts des Fehlens von Abstammungsurkunden, die die Anwendung der Nürnberger Juden-Definition im Osten unmöglich mache, eine praktikable Begriffsbestimmung festzulegen. Den Vorsitz bei der Besprechung führte Otto Bräutigam; zu den Teilnehmern des Ostministeriums gehörte Rosenbergs Rassereferent Wetzel. Im Einladungsschreiben, dem ein Verordnungsentwurf des Ostministeriums beilag (siehe die folgende Anm.), hieß es weiter: »Im Hinblick auf die heute vorhandene Tendenz, die Rechtsstellung der staatsangehörigen jüdischen Mischlinge 1. Grades grundsätzlich zu verändern, erscheint es angeraten, die jüdischen Mischlinge 1. Grades in den besetzten Ostgebieten den Juden gleichzustellen, wobei für eine derartige Gleichstellung besonders spricht, dass es sich bei den hier in Betracht kommenden jüdischen Mischlingen um Mischlinge von Fremdvölkischen mit Juden handelt.«; Schnellbrief RMfdbO (HA I), 22.1.1942, »betr.: Verordnung über die Bestimmung des Begriffs ›Jude‹ in den besetzten Ostgebieten«; USHMMA RG-14.017M (BAB R 6/74, Bl. 62–63; Hv.i.O.). Ende Dezember 1941 hatte die Abteilung »Gesundheit und Volkspflege« im RKO dem HSSPF in Riga mitgeteilt, dass die »im Lande umherirrenden Zigeuner« wegen Fleckfiebergefahr und als »unzuverlässige Elemente« »in der Behandlung den Juden gleichgestellt« werden sollten; Schreiben vom 24.12.1941 (gez. Lohse) an HSSPF; USHMMA RG-71 box 379.

derspruch laut.[73] Ministerialrat Lösener als Vertreter des Reichsministeriums des Innern erklärte jedoch, er sei von Staatssekretär Stuckart angewiesen, die Frage zur Erörterung zu stellen, ob es nicht zweckmäßig sei, in ganz Europa einen einheitlichen Judenbegriff zu haben.[74] Dazu sei auf das Ergebnis der Staatssekretärbesprechung am 20. Januar 1942 hinzuweisen, nach der die Mischlinge ersten Grades im Reich nur unfruchtbar gemacht werden, aber im Reich verbleiben sollten. Seitens des Reichsinnenministers werde aber zugegeben, daß die Verhältnisse im Osten besonders lägen, so daß hier vielleicht eine Abweichung vom allgemeinen Judenbegriff unumgänglich sei. Amtsgerichtsrat Wetzel erwiderte hierauf, Minister Rosenberg lege persönlich entschiedenen Wert auf die Hereinnahme der Mischlinge ersten Grades in den Judenbegriff des Ostens. Ministerialrat Lösener erklärte abschließend, er sei lediglich angewiesen, die Frage zur Erörterung zu stellen.[75]

---

73 Paragraph 2 des Verordnungsentwurfs (BAB R 6/74, Bl. 66) lautete: »[Abs. 1:] Jude ist, wer sich zur jüdischen Religionsgemeinschaft oder sonst als Jude bekennt oder bekannt hat oder wessen Zugehörigkeit zum Judentum sich aus sonstigen Umständen ergibt. [Abs. 2:] Dem Juden wird gleichgestellt, wer einen Elternteil hat, der Jude im Sinne des Abs. 1 ist. [Abs. 3:] In Zweifelsfällen entscheidet ausschließlich der Gebietskommissar mit allgemein bindender Wirkung.«

74 Lösener, Bernhard (1890–1952); 1930 NSDAP-Beitritt; 1935 Ministerialrat und »Rassereferent« im RMdI; 1937 Mitverfasser eines Kommentars zu den Nürnberger Rassegesetzen; 1950 Regierungsdirektor bei der Oberfinanzdirektion Köln. – Stuckart, Wilhelm (1902–1953); 1922 NSDAP-Beitritt; 1935 Staatssekretär im RMdI, zuständig für Verfassung und Gesetzgebung; Mitverfasser des *Kommentars zur dt. Rassegesetzgebung* (1936); 1942 Teilnahme an der Wannsee-Konferenz; 1949 im Wilhelmstraßen-Prozess zu vier Jahren Haft verurteilt, jedoch vorzeitig entlassen. (Hans-Christian Jasch, *Staatssekretär Wilhelm Stuckart und die Judenpolitik. Der Mythos von der sauberen Verwaltung*, München 2012, S. 330 f.)

75 Laut einer Aufzeichnung der Hauptabteilung I zu dieser Besprechung entgegnete Wetzel auf den Einwand Löseners, »dass infolge der zu erwartenden Lösung der Judenfrage politische Gefahren aus der Gleichstellung jüdischer Mischlinge aus den Ostgebieten nicht zu erwarten seien«.; RMfdbO HA I1 (Schmitz), 30. 1. 1942; USHMMA RG-14.017M (BAB R 6/74, Bl. 82).

3) Zum Schluß erhob der Vertreter der Reichsführers SS Dr. Neifeind Bedenken gegen die Fassung des §2 Absatz 3.[76] Die Zuständigkeit des Gebietskommissars stehe im Widerspruch mit [sic] der Regelung, daß die Judenfrage in die Zuständigkeit der SS- und Polizeidienststellen falle. [...] Da vor den Vertretern der übrigen Ministerien die Frage nicht übermäßig aufgebauscht werden sollte, erklärte sich Generalkonsul Dr. Bräutigam damit einverstanden, daß im §2 Absatz 3 der Generalkommissar für zuständig erklärt werde. Im Ausführungserlaß solle darauf hingewiesen werden, daß intern der SS- und Polizeiführer zuständig sei.

Ich habe nach der Sitzung Generalkonsul Bräutigam darauf hingewiesen, daß es m. E. bedenklich sei, in derartigen Einzelfragen so rasch nachzugeben, da solche Fälle leicht verallgemeinert werden könnten. Generalkonsul Bräutigam stimmte mir zu, erklärte aber, daß er es im Falle der Judenfrage für nicht unerwünscht halte, die Zuständigkeit der SS und Polizeiführung zu betonen. [...][77]«

76 Neifeind, Kurt (1908–1944); 1936 SD; Regierungsrat im RSHA, Referat Gesetzgebung; 1944 Versetzung nach Paris, Todesurteil wegen Versagens, Bewährungsbataillon Dirlewanger.

77 Wegen der anhaltenden Auseinandersetzungen in der Frage der Behandlung jüdischer »Mischlinge« regte Wetzel Mitte Juli 1942 gegenüber den anderen Instanzen an, »hierüber eine Entscheidung des Führers einzuholen«, und fügte, im Namen von Meyer und sicherlich im Sinne Rosenbergs, hinzu: »Ich bin an der Lösung des Problems der jüdischen Mischlinge 1. Grades insofern erheblich interessiert, als für die mir unterstehenden besetzten Ostgebiete ein besonderer Judenbegriff vorgesehen ist, wonach die im Osten befindlichen Mischlinge 1. Grades den Juden gleichgestellt werden.« Da in den Reichskommissariaten diese Personengruppe wegen »fremdvölkischem Blutseinschlag« »rassisch noch unerwünschter« als deutschjüdische Mischlinge, »besonders unzuverlässig und gefährlich« sei, solle sie den »gleichen Massnahmen« wie Juden unterliegen. RMfdbO (Meyer; Sachbearb. Wetzel) an Stuckart u. a., »Betr.: Endlösung der Judenfrage«, 18. 7. 1942; USHMMA RG-14.017 (BAB R 6/74, Bl. 158f.).

Dokument 17

Erlass Hitlers über die Beauftragung Rosenbergs mit der »geistigen Bekämpfung« von »weltanschaulichen Gegnern«, 1. 3. 1942; abgedruckt in *Nürnberger Prozess* Bd. 26, S. 536 (1015k-PS).[78]

»Führererlaß

Juden, Freimaurer und die mit ihnen verbündeten weltanschaulichen Gegner des Nationalsozialismus sind die Urheber des jetzigen gegen das Reich gerichteten Krieges. Die planmäßige geistige Bekämpfung dieser Mächte ist eine kriegsnotwendige Aufgabe.

Ich habe daher den Reichsleiter Alfred Rosenberg beauftragt, diese Aufgabe im Einvernehmen mit dem Chef des Oberkommandos der Wehrmacht durchzuführen. Sein Einsatzstab für die besetzten Gebiete hat das Recht, Bibliotheken, Archive, Logen und sonstige weltanschauliche und kulturelle Einrichtungen aller Art nach entsprechendem Material zu durchforschen und dieses für die weltanschaulichen Aufgaben der NSDAP. und die späteren wissenschaftlichen Forschungsarbeiten der Hohen Schule beschlagnahmen zu lassen. Der gleichen Regelung unterliegen Kulturgüter, die im Besitz oder Eigentum von Juden, herrenlos oder nicht einwandfrei zu klärender Herkunft sind. Die Durchführungsbestimmungen über die Zusammenarbeit mit der Wehrmacht erläßt der Chef des Oberkommandos der Wehrmacht im Einvernehmen mit dem Reichsleiter Rosenberg.

Die notwendigen Maßnahmen innerhalb der in deutscher Verwaltung befindlichen Ostgebiete trifft Reichsleiter Rosenberg in seiner Eigenschaft als Reichsminister für die besetzten Ostgebiete.

[gez.] Adolf Hitler«

78 Siehe auch Moll, *Führer-Erlasse*, S. 237.

Dokument 18

Auszüge aus Rosenbergs Schreiben an Koch »Betrifft: Verhalten der deutschen Behörden und die Stimmung der ukrainischen Bevölkerung«, 10. 3. 1942 (7 S., masch. Durchschlag, ohne Unterschrift); USHMMA RG-71 box 380.[79]

»Die Veröffentlichung der Agrarordnung des Reichsministers für die besetzten Ostgebiete hat in der ganzen Welt einen großen Widerhall gefunden und gibt der deutschen Verwaltung in der Ukraine die Möglichkeit, die Stimmung zu heben und die vielfach gesunkene Arbeitslust zu fördern.[80] Im allgemeinen ist, wie aus Ihrem letzten Bericht und aus anderen Meldungen ersichtlich, trotz des Absinkens der Stimmung die Willigkeit zur Unterstützung der deutschen Behörden noch in großem Maße vorhanden. Nichtsdestoweniger besteht die Tatsache, daß ein starker Rückgang der früheren Einsatzbereitschaft zu verzeichnen ist. Dieser hat verschiedene kriegsbedingte Ursachen: den Krieg selbst, die Notwendigkeit von Requisitionen, die Beobachtung mancher oft nicht

---

79 Bei dem hier abgedruckten, in »Führertype« erstellten Schreiben handelte es sich anscheinend um einen Entwurf für Hitler, der Anfang Mai zustimmte; siehe Rosenbergs »Vermerk über eine Unterredung mit dem Führer im Führer-Hauptquartier am 8. 5. 1942« (1520-PS); abgedruckt in *Nürnberger Prozess* Bd. 27, S. 283–294. Ein identisches Schreiben Rosenbergs an Koch ging als Abschrift am 13. 5. 1942 auch an Lohse; USHMMA 1998.A.0104 (CDJC CXLVa), reel 9. Am 3. 12. 1942 schickte Rosenberg eine ähnliche Aufforderung, »Zurückhaltung« in öffentlichen Äusserungen zu üben und den Eindruck zu vermeiden, »dass Deutschland die Völker des Ostens auf eine Stufe mit Negern stelle«, an »alle Obersten Reichsbehörden«; USHMMA RG-14.017M (BAB R 6/208, Bl. 52 f.).

80 Zur »Neuen Agrarordnung« vom Februar 1942 siehe Zellhuber, *Verwaltung*, S. 289 f.

zu vermeidender Zustände in den Kriegsgefangenenlagern und andere härtere Maßnahmen. Jedoch ist eine weitgehende Unzufriedenheit auch auf das Verhalten verschiedener Dienststellen zurückzuführen, das in seiner psychologischen Auswirkung tiefergehend sein kann als selbst schwere materielle Eingriffe. […]

Grundsätzlich ist dazu folgendes zu sagen. Was immer die deutsche Politik jetzt oder nach dem Krieg zu tun für notwendig erachtet und wie negativ eine Beurteilung eines Volkes oder von Völkern des Ostens auch sein mag, es ist den deutschen Interessen gegenüber unverantwortlich, derartige Gedanken zu äußern, da die Gefahr gegeben ist, daß sie leicht an die Öffentlichkeit gelangen können.

Zunächst ist die Redensart, daß die Ukraine [sic] ein Kolonialvolk seien, das als solches mit der Peitsche wie die Neger behandelt werden solle, durchgesickert bis in die untersten Verwaltungsdienststellen und ist weitesten Kreisen von Ukrainern, wie ich feststellen konnte, bekannt geworden. […] Ich habe Meldung erhalten, daß verschiedene Vertreter der Verwaltung sich tatsächlich mit der Peitsche gezeigt haben und erst auf energische Vorhaltungen ihrer Vorgesetzten davon Abstand genommen haben. In einer Stadt sind bei kleineren Vergehen 20 Ukrainer öffentlich ausgepeitscht worden. An verschiedenen Dienststellen ist es zu mehrfachen Verprügelungen, ohne jedes Urteil, auch von Volksdeutschen gekommen. Das öffentliche Auspeitschen ist angesichts der Auffassung darüber selbst vom Bolschewismus streng verboten gewesen.

Alle derartigen Äußerungen und Vorfälle schaden dem deutschen Ansehen, erschweren im Endergebnis die Sicherung der kriegsnotwendigen Arbeiten und vermindern in steigendem Maße die Arbeitswilligkeit der Bevölkerung. […]

Eine Politik der Völkerführung besteht nicht darin, evtl. harte Notwendigkeiten und abschätzende [sic] Urteile der Führung den Geführten ins Gesicht zu rufen, sondern ganz im Gegenteil, selbst wenn solche Beurteilungen vorliegen sollten, diese auf keinen Fall den regierten Völkern mitzuteilen, sondern sich zu bemühen, durch ein strenges aber gerechtes Regiment, wenn nötig auch durch menschliches Verstehen mancher fremder Gewohnheiten, das Gefühl einer gemeinsamen Arbeit und des Vorteils dieser Arbeit zu erwecken. Diese Stimmung ist besonders während des Krieges nach Kräften zu erhalten.

Das Deutsche Volk hat durch die Siege im Osten eine weltgeschichtliche Chance wie noch nie erhalten und darf diese Möglichkeit nicht verspielen durch unüberlegte Äußerungen, die in den kleinsten Führungsstellen nachgeredet und hinausgerufen werden.

Ein Herrenstandpunkt besteht nicht darin, mit der Peitsche durchs Land zu ziehen und von der Minderwertigkeit der regierten Völker zu reden, sondern äußert sich in einer selbstverständlichen Haltung, in einer, wenn nötig, festen, ja strengen aber gerechten Regierung.

Ich bitte, diesen Erlaß umgehend mit aller Eindringlichkeit allen nachgeordneten Stellen vertraulich zur Kenntnis zu bringen.

Ich mache alle Angehörige des Führerkorps Ost für die Einhaltung der in diesem Erlaß niedergelegten Grundsätze persönlich verantwortlich.«

Dokument 19

Auszüge aus Rosenbergs »Bemerkungen zum Entwurf über die Verordnung über die Bestimmung des Begriffs ›Jude‹ in den besetzten Ostgebieten«;[81] 28.[?].3.1942 (2 S., masch. Durchschlag); USHMMA RG-14.017M (BAB R 6/74, Bl. 104 f.).

»[...] Die polizeiliche Sicherung der Reichskommissariate ist Angelegenheit der SS- und Polizeiführer, somit auch die Ausscheidung des für die Sicherheit des Landes gefährlichen Judentums. In welcher Form im einzelnen und in welchem Tempo diese Sicherung der Reichskommissariate durchzuführen ist, kann jedoch nur unter die politische Entscheidung der Reichskommissare bzw. der Generalkommissare fallen. Selbstverständlich dabei ist, daß hier die Aussonderung des Judentums als politische und biologische Notwendigkeit vor allen wirtschaftlichen Überlegungen zu stehen hat, wobei jedoch kriegswirtschaftliche Maßnahmen in den besetzten Ostgebieten, weil sie zum großen Teil von jüdischen Handwerkern geleistet werden, zunächst noch berücksichtigt werden müssen. Es ist also die politische Pflicht der deutschen Verwaltung, wie zum Teil schon geschehen, aus der Einwohnerschaft stammende Landeseigene in die Lehre zu geben, um möglichst schnell die jüdischen Handwerker durch Ukrainer, Weißruthenen usw. zu ersetzen. Es ist somit ein nicht zu bestreitendes Führungs- und Hoheitsrecht der Reichs- und Generalkommissare, hier nach den Notwendigkeiten sowohl der selbstverständlichen Politik gegenüber dem Judentum als aber auch gegenüber den Notwendigkeiten der Kriegswirtschaft und Landesverwaltung zu bestimmen. [...] Die politische Führung aller dieser Völker des Ostens ist eine ausschließliche Hoheitsaufgabe der Reichskommissare und der ihnen nachgeordneten Stellen und kann nicht

81 Zum relevanten Wortlaut der Verordnung siehe oben Dokument 16.

unmittelbar mit der Judenfrage verknüpft werden. Ebenso wie beim Reichsministerium ein Sachverständiger des Rassenpolitischen Amtes die allgemeinen Rassenfragen und die Beurteilung der Völkerschaften bearbeitet, so hat z.B. der Reichskommissar für das Ostland eine Abteilung für fremde Völkerschaften, und das gleiche ergibt sich für den Reichskommissar für die Ukraine und evtl. andere noch entstehende Reichskommissariate. Die Bearbeitung gerade dieser zum Teil strittiger [sic], zum Teil über den Begriff des Judentums hinausgreifenden Fragen kann im Prinzip nur in einer Abteilung der Reichs- bzw. Generalkommissare vorgenommen werden, d.h. in einer Abteilung für Rassenfragen bzw. Abteilung für fremde Völkerschaften. Es ist dabei durchaus möglich, daß innerhalb dieser Abteilung eine Abteilung speziell für die Judenfrage geschaffen wird (was ja schon einmal mit dem Reichsführer SS durchgesprochen wurde),[82] und daß der Bearbeiter für die spezielle Frage vom Kommandeur der Sicherheitspolizei und des SD beim Reichs- bzw. Generalkommissar benannt und dann vom Reichskommissar bestellt wird. Damit wäre der Aufgabe der Polizei in der Judenfrage vollauf gedient, aber auch den politischen Notwendigkeiten, wie sie sich aus dem Erlaß des Führers [vom 17.7.1941] ergeben, wonach die <u>Gesamt</u>verwaltung eines Reichskommissariats auch dem Reichskommissar untersteht, wäre Rechnung getragen. Im § 2, Punkt 3, muß es deshalb heißen: ›In Zweifelsfällen entscheidet der Generalkommissar mit allgemein bindender Wirkung.‹ Der Erlaß dazu müßte eine Fassung haben, die das Vorstehende berücksichtigt, und im wesentlichen aussagt: ›In der Abteilung für Rassenfragen bzw. für fremde Völkerschaften wird eine Gruppe für die Judenfrage gebildet. Für den Leiter dieser Gruppe benennt der Kommandeur der Sicherheitspolizei und des SD beim Reichs- bzw. Generalkommissar eine Persönlichkeit, die dann von diesen bestellt wird.‹

[handschr.:] gez. Rosenberg«

82 Siehe Dokumente 12 und 15.

Dokument 20

Auszüge aus Rosenbergs Rede vor Angehörigen der Zivilverwaltung in Riga, 16.5.1942 (21 S., masch.); IfZ MA 795, S. 700–720.

»Kameraden!

Als ich vor einigen Tagen dem Führer mitteilte, daß ich beabsichtigte, das Ostland zu besuchen, hat er mich beauftragt, Ihnen allen seinen persönlichen Gruß zu übergeben. Meinerseits möchte ich Ihnen allen zunächst den Dank aussprechen, daß Sie sich dieser schweren Aufgabe hier im Ostland gewidmet haben. Wir wissen, welchen ganzen Blumenstrauß von Problemen Sie hier vorgefunden haben. Probleme, die zum Teil in eine weite geschichtliche Vergangenheit gehen, zum anderen Teil Fragen eines jungen Nationalsozialismus, der sich in den verschiedensten Formen offenbart hat. [...]

Es ist klar, wenn man eine solche Aufgabe von Berlin aus beginnt, daß Schwierigkeiten und Unzulänglichkeiten nahezu selbstverständlich sind. Wir beginnen mit diesem Aufbau im Osten eine neue Epoche in der Geschichte des Deutschen Reiches und einen Aufbau, den man höchstens noch vergleichen kann mit dem Britischen Imperium. Hierzu darf ich folgendes sagen.

Das Außenpolitische Amt der NSDAP., das sich in den letzten Jahren nicht sehr an die Oberfläche begeben hat, hat immerhin einige Dinge in Ruhe begonnen und vorbereitet, über die noch nicht gesprochen werden kann. Es hat sich bemüht, die Probleme des Ostens zu sehen und hat eine Anzahl Mitarbeiter herangezogen, die diese Frage des Ostens persönlich kannten und sich auch immer im Umkreis dieser Probleme bewegt haben. Das war der eigentliche Grundstock, den ich dem Ministerium in Berlin überhaupt zuführen konnte, und das, was jeder zunächst als Aufgabe begreifen mußte, war, daß dieses neu entstehende Ministerium nicht ein Ressortministerium, sondern ein Territorialministerium werden mußte, das Gebiete zu verwalten haben würde, die in ihrer Größe am Ende ein Vielfaches des deutschen Reichsgebietes betragen würden. [...] Die Unzulänglichkeiten, über die Sie geklagt haben, liegen z. T. in sehr nüchternen Dingen. Das Zentrum von Berlin war schon so weit abgerissen, daß ich gezwungen war, mein Ministerium notdürftig in 23 verschiedenen Stellen unterzubringen.[83] Das erschwert naturgemäß den ganzen Betrieb, die Berichterstattung, und bringt es mit sich, daß manche Dinge verlegt und nicht mehr gefunden werden. Die Übernahme von Fachkräften bedarf einer längeren Erziehung. Ob ich nun Menschen aus dem Finanzministerium oder Erziehungsministerium oder Justizministerium übernehme, diese Menschen bringen doch eine bestimmte Vorstellung mit sich, die sich unmittelbar auf ihrem Arbeitsgebiet bewegt. Es ist schwer, nun diesen Fachkräften jene Einsicht in die Notwendigkeiten des Ostens zu geben. Die Auswahl der General- und Gebietskommissare und die Aufgabe, ihre Stäbe zusammenzustellen, war angesichts des Menschenmangels nicht leicht. [...]

Ich glaube aber, sagen zu könne, daß diese Dinge nach und nach in Lauf kommen und auch Sie am Ende so im Osten dastehen werden, wie es der Würde des Deutschen Reiches entspricht. Das Verwaltungsführerkorps soll einmal äußerlich vertreten einen einheitlichen Willen, und die Uniform soll der Ausdruck eines neuen Korpsgeistes darstellen, sie soll sich herausheben als eine Repräsentanz des Deutschen Reiches für eine Jahrhunderte dauernde Aufgabe. Ich bitte, auch diese Dinge nicht allein vom Standpunkt der männlichen Eitelkeit zu sehen, sondern auch als eine Notwendigkeit zu betrachten, die unter den wilden Völkern des Ostens eine Gegebenheit ist. [...]

Ich kann wohl begreifen, daß Sie viele unerfüllte Wünsche nach Berlin gerichtet haben und vielleicht auch weiterhin richten werden. Wir müssen uns aber erst in Berlin durchpauken, und im nationalsozialistischen Kampf geht alles so, wenn man sich ein bestimmtes Bild von seiner Aufgabe gemacht hat, dieses auch verwirklicht werden kann. Ich bitte Sie nur um eines. Wenn Sie Wünsche haben, diese mir durch den Reichskommissar mit aller Deutlichkeit zu übermitteln, und ich bitte Sie, die Kritiken nicht an Untergebene und nicht an Stellen, die außer-

---

83 Zu den Berliner Dienststellen des Ostministeriums siehe Ernst Piper, *Alfred Rosenberg. Hitlers Chefideologe*, München 2005, S. 541.

halb von uns stehen, zu geben. Das ist eine bestimmte Form der Voraussetzung einer Arbeitskameradschaft. Ebenso will ich es halten, wenn ich Klagen habe, diese bei uns selber durchzupauken. [...]

Der Raum im Osten wird einmal nach den verschiedenen Völkern eingeteilt werden müssen. Die Völker aber sind eine Tatsache des Lebens, an die wir anknüpfen können, und der Bolschewismus hat diese Tatsache des Lebens nicht auszurotten vermocht, sondern mußte schlecht oder recht die verschiedenen Völkergruppen im Süden anerkennen, und wo er das nicht tat, sind blutige Kämpfe entstanden. Die Pflege bestimmter völkischer Keime und die Zurückdämmung anderer Keime, das ist werdende Geschichte. Je nachdem die Macht des Deutschen Reiches den einen Keim pflegt, und den anderen verkümmern läßt, wird sich die Geschichte für die kommenden Jahrhunderte gestalten. [...]

Die Aufgabe, die der Reichskommissar hier hat, ist die Aufgabe eines Ministerpräsidenten eines großen Landes. Er hat oben zu regieren, und die übrigen haben Menschen zu führen. Wenn diese Aufgabe so klar gesehen wird, nämlich eine regionale Politik, die einen Riesenraum umfaßt, in allen diesen General- und Gebietskommissariaten zu betreiben, und die Menschen im täglichen Leben zu führen, dann glaube ich, daß sich eine vernünftige Arbeitsteilung herstellen lassen wird zur Befriedigung der deutschen Wünsche, aber auch zu einer vernünftigen klaren Behandlung der Völkerschaften, wie es in der deutschen Kolonialgeschichte immer gewesen ist. Ich glaube, es wird Ihnen allen so gehen, man geht am Anfang mit einem unbekümmerten Wesen an die Probleme heran, das ist ja auch notwendig. Man glaubt am Anfang sehr viel zu wissen, dann kommt ein differenziertes Zuschauen, dann studiert man sehr eifrig Geschichte und wird manchmal nicht klüger davon, und nach 10 Jahren tat man hoffentlich das richtige hinstinktiv [sic]. Das ist, glaube ich, auch der Werdegang, daß der Instinkt manchmal richtig handelt, selbst wenn es nicht so vorgeschrieben ist. [...]

Als die Probleme im Reichskommissariat Ostland akut wurden, habe ich dem Führer gesagt, ich halte es aus Staatsraison für falsch, an politische Stellen einen Volksdeutschen an die Spitze zu setzen, ich schlage deshalb vor, Nationalsozialisten als Reichskommissar, General- und Gebietskommissare einzusetzen. Das ist mit einigen Ausnahmen überall geschehen. Die politische Führung im Ostland untersteht ausschließlich der nationalsozialistischen Kämpferbewegung. [...] Ich erwarte von

Ihnen allen, daß Sie das Format eines Führers besitzen, die Geschichte begreifen und eine neue Geschichte machen. Die heutige Aufgabe ist noch viel größer als damals, als die ersten deutschen Ritter über die Düna gingen. [...] Ich halte es für ein falsches Herrentum, wenn man glaubt, dieses mit der Peitsche vertreten zu müssen. Das ist hier im Ostland wohl weniger geschehen, aber dort, wo es der Fall war, hat es dem deutschen Ansehen ungeheuer geschadet. Ich glaube, daß man fremde Völker, die ja zum Teil gutwillig sind, bei diesen Methoden in keine richtige Fühlung zu uns bringt. Und umgekehrt ist es verkehrt, wenn eine zu kameradschaftliche Anbiederung entsteht. Diese wird auch von jenen Völkern, die man vielleicht an Deutschland heranziehen will, gänzlich falsch begriffen und wird in Anmaßungen umschlagen. Hier werden wir zu lernen haben, die richtige Distanz zu halten, eine Konsequenz in allen Befehlen, eine harte Führung und eine harte Gerechtigkeit. Die Völker des Ostens, die sehr ungerecht behandelt worden sind, sie haben einen Respekt vor Gerechtigkeit, sie verstehen, wenn man einen Dieb aufhängt. [...] Die Repräsentanz des Deutschen Reiches muß tadellos sein und auch das persönliche Leben des einzelnen. Es wird sehr gut sein, wenn manche, die sich irgendwie vergehen, vom Reichskommissar eingesperrt werden ohne Ansehen der Person. Ich habe einzelne harte Gerichtsurteile gelesen, die gerade in Weißruthenien gefällt werden mußten, wo Diebstähle seitens der deutschen Behörden stattgefunden haben. Sie sind zum Tode verurteilt worden, und ich habe hierbei auch keine Gnade walten lassen. Sie haben das Leben verlieren müssen unter der Härte des Gesetzes. Nach und nach muß eben unterschieden werden, wo ein verständliches Organisieren stattfindet oder ein Diebstahl anfängt.

Schließlich weiß ich, wie Sie alle schon an Ihrer Aufgabe hängen und manche Soldaten, sie fluchen über dies[e] gottverlassene Landschaft und trotzdem, glaube ich, daß schon viele vom Ostbazillus verseucht worden sind. Sie haben gespürt, daß es hier eine gewisse Ellbogenfreiheit gibt, daß hier ein Raum vorhanden ist, der geradezu nach deutscher Herrschaft schreit, und deshalb glaube ich, daß wir alle stolz und hoffnungsvoll in die Zukunft schauen dürfen. [...] Das britische Imperium brauchte drei Jahrhunderte um Indien zu gestalten. Ich glaube aber, daß wir schon in 10 Jahren voller Stolz auf die Leistung im Osten zurückblicken können, denn wir haben dort nicht einige Pioniere, sondern die Macht eines ganzen Reiches steht hinter ihnen. Unsere Ziele sind, dem Deutschen Volk wieder Atem- und Lebensraum zu geben, wir hoffen, dem Deutschen Reich die Rohstoffreiheit zu erkämpfen und die Nahrungsfreiheit vor jeder möglichen Seekoalition zu sichern. Die Sicherung des Ostens durch Deutschland erscheint uns auch als Zwang für alle Europäer, mit uns zu gehen und die germanischen Völker in diesem Raum mit ihrem Blut für diese Aufgabe einzusetzen. Das Blut, das in den Holländern fließt, ist bestes germanisches Blut, es soll dieses später auch im Osten eingesetzt werden. Wir hoffen, daß dieses der letzte europäische Krieg ist und damit die Lösung des europäischen Geschickes für immer gefunden wird. [...] An Stelle des deutschen Kaisers ist der Führer aller Deutschen getreten. Aus der tiefsten Tiefe dieser Novembertage von 1918 ist auch der härteste Wille zu der größten Wiedergeburt gekommen. Volk und Reich müssen eine untrennbare Einheit ergeben, und der wilde Osten soll einmal ein Musterland und Vorfeld für das Großdeutsche Reich werden, und Deutschlands Macht soll die Errettung Europas werden.«

Dokument 21

Auszüge aus Rosenbergs Bericht »Besichtigungsreise durch die Ukraine vom 18. Juni bis 26. Juni 1942« (17 S., masch. Orig.); USHMMA RG-71 box 143.

»Dem Besuch des Ostlandes schloß sich dann eine Besichtigungsreise durch die Ukraine an.

Ich fuhr zunächst in meinem Sonderzug nach Rowno. Nach der Meldung des Reichskommissars und Begrüßung der militärischen und sonstigen Abordnungen setzte sich eine Honvedgruppe[84] an die Spitze der Autokolonne, und wir fuhren nach Rowno hinein. Ich war einigermaßen gespannt, diese Stadt zu sehen, von der seit Beginn der Arbeit in der Ukraine ein einziges Wehklagen zu hören war.

Tatsächlich, sie machte einen wirklich niederdrückenden Eindruck. Zum Teil zerschossen, zum Teil schmutzig, die Bevölkerung unappetitlich, und die Unterkünfte unserer Verwaltung mehr als dürftig. Es hat sicher viel Überwindung gekostet, hier einen Winter lang zu arbeiten und ohne Verbindungen mit dem Reich eine Wirksamkeit zu beginnen, die sich schließlich doch über große Räume erstrecken mußte.

Gleich nach meiner Ankunft fand eine Tagung sämtlicher Generalkommissare und einer Anzahl von Gebietskommissaren statt. Koch berichtete in großen Zügen über die bisherige Arbeit, worauf ich in einer längeren Ansprache die Problematik des Ostens entwickelte und vor allen Dingen auf die Psychologie der Führung der slawischen Völker näher einging. Über diesen Punkt hatten sich zwischen dem Reichskommissar Ukraine und meiner Dienststelle ziemlich heftige Debatten entwickelt. Koch hatte einige abfällige Äußerungen des Führers über die Slawen im allgemeinen gehört und glaubte nun sicher zu gehen, diese Äußerung [sic] gleich in praktische Politik übersetzen zu können.

84 Ungarische Armeeeinheit.

Da weder bei ihm noch seinen Mitarbeitern Hehl aus dieser Form der Kolonialmethode gemacht wurde, begann sich diese Art der Menschenbehandlung sehr unangenehm bemerkbar zu machen. Ich bin einmal mit einer eindeutigen Instruktion dazwischen gefahren[85] und habe später eine klare Stellungnahme auch des Führers erwirkt. Daß gegenüber den Völkerschaften des Ostens manchmal eine harte Hand nötig ist, vor allen Dingen aber eine Konsequenz der Befehle, ist eindeutig klar, umgekehrt aber handelt es sich auch um die ganze politische Lage, ein menschlich vernünftiger Einsatz der immerhin bestehenden Freiwilligkeit, namentlich in der ukrainischen Bevölkerung. [...] Nachher besuchten wir das Deutsche Haus, das erste Gebäude, welches von der deutschen Verwaltung errichtet wurde und in dem sich alle Mitarbeiter des Reichskommissars und der anderen Dienststellen zum Essen trafen. Es war tatsächlich das erste etwas anheimelnde Gebäude, und es war hohe Zeit, daß wenigstens ein solcher Treffpunkt in dieser öden, jüdisch-polnisch-ukrainischen Stadt errichtet wurde.[86] [...]

[in Dubno:][87] Die Ukrainer und Ukrainerinnen begrüßten mich in der üblichen Weise mit Salz und Brot, und der Rayonchef hielt eine kleine Ansprache, in der er den Dank der Ukrainer für die Befreiung vom Bolschewismus aussprach, das übliche Thema aller Ansprachen im Osten, die zum Teil ehrlich gemeint, zum andern der Bevölkerung sicher bald langweilig werden.

Am Abend versammelten wir uns wieder im Deutschen Haus, und ich hielt hier die offizielle Antrittsrede zu meinem Besichtigungsbesuch

---

85 Siehe Dokument 18.

86 »Deutsche Häuser« gehörten in Städten des besetzten Ostens zu Fixpunkten im sozialen Alltag der Besatzer, an denen sich »geselliges Beisammensein« mit Pflege des Gruppenzusammenhalts und dem Abfeiern habitueller Gewalt gegen Landeseinwohner mischte; siehe Jürgen Matthäus, Die »Judenfrage« als Schulungsthema von SS und Polizei. »Inneres Erlebnis« und Handlungslegitimation, in: ders., Konrad Kwiet, Jürgen Förster, Richard Breitman, *Ausbildungsziel Judenmord? »Weltanschauliche Erziehung« von SS, Polizei und Waffen-SS im Rahmen der »Endlösung«*, Frankfurt am Main 2003, S. 71–77.

87 Fotos zum Besuch Rosenbergs in Dubno in Klaus-Michael Mallmann, Volker Rieß, Wolfram Pyta (Hg.), *Deutscher Osten 1939–1945. Der Weltanschauungskrieg in Photos und Texten*, Darmstadt 2003, S. 103f. (Lichtbildmappe für Gebietskommissar Brock, 4. 12. 1942).

und gab eine allgemeine historische Wertung der augenblicklichen Ereignisse. Für die Weiterreise hatte mir der Führer ein Flugzeug zur Verfügung gestellt, und so flogen wir am nächsten Morgen von Rowno nach Kiew. Dieser und die kommenden Flüge brachten uns allen ein eindrucksvolles Raumerlebnis, denn nach einigen Waldlandschaften erschien dann, namentlich zwischen Kiew, Dnjeprpetrowsk [sic] und Nikolajew, die unendliche ukrainische Ebene, ausgezeichnet bestellt, und es ist verständlich, wenn so mancher deutsche Soldat, der an diese fruchtbare Erde gefaßt hatte, irgendwie den Gedanken hegen mußte, diese Erde auch für Deutschland eingesetzt zu sehen. [...]

Am Nachmittag sprach ich auch hier in Kiew eindringlich zu den Gebietskommissaren und wies auf Kiew als auf eine nun einmal bestehende historische Stätte hin. Sicher würden auch die Ukrainer später Forderungen anmelden. Zunächst sei es wichtig, zu erkennen, daß der stärkste Feind der Deutschen Nation das Russische Imperium in allen seinen Abarten sei, daß wir alle Kräfte dahin zu mobilisieren hätten, diese Riesengefahr durch Abtrennung der verschiedenen Gebiete unschädlich zu machen und daß somit auch hier alles gefördert werden müsse, um diese zentrale Moskowitergefahr zu beseitigen. Innerhalb des großen Gebietes der Ukraine aber sei es auch hier zweckmäßig, gewisse autonome Bestrebungen in den Generalbezirken zu beobachten und zu fördern, doch nicht bis zur Atomisierung der Konfessionen und Sekten zu gehen. Wir hätten die Aufgabe, im Osten nicht etwa die nationalsozialistische Weltanschauung zu verwirklichen, sondern deutsche Politik zu treiben. [...]

Am Ufer des Dnjepr besuchten wir dann den deutschen Heldenfriedhof, der sehr würdig hergerichtet ist, und es bestand der Plan, hier etwa 50.000 deutsche Soldaten einst zu bestatten, die verstreut in diesem ganzen Riesenraum liegen.

Alles in allem war dieser Besuch in Kiew für mich nach jeder Richtung hin lehrreich, sowohl in der Beurteilung der Persönlichkeiten wie in den Arbeiten, als auch in der Aufnahme der gesamten Atmosphäre, die nach meiner Ansicht jede Stadt irgendwie besitzt, und die sich durch Beobachtung vieler verstreuter Einzelheiten zu einem starken Gesamteindruck verdichten.

Dann ging der Flug nach Dnjeprpetrowsk, dem ehemaligen Jekaterinoslaw, der zaristischen Burg. Hier herrscht jetzt als Generalkommissar

Klaus Selzner. Der Unterschied zwischen dieser Stadt und Kiew war verblüffend. Während in Kiew alles stumpf und uninteressiert dahintrottete, war die Bevölkerung von Dnjeprpetrowsk offenbar viel lebendiger und neugieriger. Wo immer wir in den nächsten Tagen durch die Straßen fuhren, sammelte sich junges und altes Publikum; auf dem Wege nach Kamenzkoie standen die Industriearbeiter und Bauern an den Zäunen und wechselten offenbar lange Reden über den neu erschienenen Reichsminister. Schließlich hatte auch die Verwaltung von Selzner einen zielbewußteren Zug als die Verwaltung von Kiew. Selzner hat es mit gutem Mutterwitz und praktischer Energie verstanden, die Härte der politischen Führung von vornherein außer jeden Zweifel zu stellen, hat es aber gänzlich abgelehnt, ständig mit Drohungen zu regieren. [...] Sonst haben alle unsere Mitarbeiter hier und in anderen Städten sehr schnell verstanden, ein Stück Deutschland inmitten der Wüste aufzubauen. Der Stadtkommissar wohnt im Hause des ehemaligen jüdischen Kommissars von Dnjeprpetrowsk. Dieses Haus soll gänzlich verschmutzt gewesen sein, vom Dache hingen die verrosteten Klingelleitungen herunter, der Garten war ein einziger Schmutzhaufen. Jetzt war alles in Ordnung gebracht, das Haus gestrichen, die Einfassung asphaltiert und für den Gartensand hatte man sich durch zurückkehrende Lastkraftwagen Muscheln vom Asowschen Meer mitbringen lassen. Blumen waren gepflanzt, und die Ukrainer sollen kopfschüttelnd das Entstehen solcher kleiner Paradiese als germanische Kultur bewundert haben. [...]«

Dokument 22

Auszüge aus Rosenbergs Rede vor Mitarbeitern, o. D. (Frühjahr 1943); abgedruckt in *Nürnberger Prozess* Bd. 39, S. 412–425 (170-USSR).[88]

»Meine lieben Parteigenossen und Volksgenossen!

Das Ausmaß, das dieser Krieg, namentlich in dem letzten Jahre, angenommen hat, hat wohl jedem deutschen Volksgenossen erst recht

88 Als Teil des Nürnberger Dokuments 170-USSR geht der Rede das Besprechungsprotokoll einer Sitzung bei Göring zur Ernährungslage vom 6. 8. 1942 voraus, was Léon Poliakov und Joseph Wulf, *Das Dritte Reich und die Juden. Dokumente und Berichte*, ND Wiesbaden 1989, S. 330, zum Anlass nehmen, die Rede auf diesen Tag zu datieren. Zellhuber, *Verwaltung*, S. 241, vermutet Herbst 1942; aufgrund von Rosenbergs Betonung des »totalen Kriegs« scheint Anfang 1943 wahrscheinlicher, nachdem Hitler in einer breit publizierten »Proklamation« am 25. 2. 1943 offen von der Vernichtung der Juden gesprochen hatte (Dörner, *Die Deutschen*, S. 170; siehe auch Frank Bajohr, Dieter Pohl, *Der Holocaust als offenes Geheimnis. Die Deutschen, die NS-Führung und die Alliierten*, München 2006, S. 65–70, 100–106). Schon am 2. 3. 1943 kritisierte Rosenberg in einem Brief an Göring (USHMMA RG-71 box 143) Goebbels' Sportpalast-Rede zum »totalen Krieg«, betonte aber: »Über die Ausführungen gegen Bolschewismus und Judentum bestehen, glaube ich, keine Einwendungen.« In einem Redekonzept zur »Führertagung« am 4. 5. 1943 listete Rosenberg »Reichsthemen« für die Parteipropaganda auf, an erster Stelle »der jüdische Weltparasit«. Dort heißt es u. a.: »Die Judenfrage war immer das politische Petroleum unseres Kampfes. [...] Das bindende Glied aller uns feindlich Gegenüberstehenden ist das Judentum. Wir müssen den Antijudaismus über die ganze Welt tragen. [...] Die Judenemanzipation geschah im Zeichen der Humanität. Es ist eine Tat der Humanität, wenn die Völker den jüdischen Aussatz erledigen.« (»Führertagung 4. 5. 43«, BAB NSDAP Parteikanzlei K0057).

zum vollen Bewußtsein gebracht, das wir wohl in der entscheidendsten Auseinandersetzung der deutschen Geschichte stehen. [...]

Es ist tatsächlich ein totaler Krieg um unseren alten, ehrwürdigen Kontinent ausgebrochen. Und über diese Dinge hinweg ist der Krieg noch in einer anderen Richtung ein totaler: er geht nicht nur um Rohstoffe, er geht nicht nur um Siedlungsland, um Sicherung des Lebensraumes, um die politische und militärische Sicherung des Kontinents, sondern dieser Krieg ist ein Weltanschauungskrieg allergrößten Ausmaßes (Lebhafte Zustimmung). [...]

Man mag darüber denken und urteilen wie man mag, auf jeden Fall ist es eine bestialische Kraft, die sich uns gegenübergestellt hat. Auch dieser Kampf wird einmal bestanden werden, und wenn wir die weiten Räume überblicken, die heute schon von der deutschen Wehrmacht besetzt worden sind, so können wir doch sagen: Trotz vieler Widerstände ist hier ein Raum gesichert worden, der auch in Zukunft groß genug sein wird, um nicht nur Deutschland, sondern darüber hinaus Europa sicherzustellen, und vor jeder kommenden Blockade irgendwelcher Seemächte, die sich noch in Zukunft bilden können, zu schützen.

Hand in Hand damit geht auch die Lösung der Judenfrage vor sich, mit der wir uns vom ersten Tage unseres politischen Daseins an beschäftigt haben. [...] Sie ist nur zu lösen von einer einzigen rigorosen und rücksichtslosen, starken Macht (Stürmische Zustimmung).

Die Judenemanzipation wurde im 18. Jahrhundert unter der Losung der Humanität geführt. Als der Jude diese Humanität zur Losung erhob, hat er dabei nicht nur an die schlechten Geldinstinkte mancher Menschen appelliert, sondern auch an eine sehr anständige Generosität vieler weltfremder Philosophen und die guten Gefühle breiter Volksschichten, die vom Judenproblem in der Geschichte und der Gegenwart nichts wußten. Man hat sich also schwer getäuscht. Anstelle der Humanität hat man den Schmutz in die Völker der Erde ausgegossen. Und nun gehen wir daran, diesen Schmutz einmal auszurotten, und was heute mit der Ausschaltung der Juden aus allen Staaten des europäischen Kontinents geschieht, ist auch eine Humanität, und zwar eine harte, biologische Humanität (Lebhafter Beifall).

Sie bedeutet, daß die Volkskörper wieder sauber, gesund und menschlich gemacht werden (Erneute lebhafte Zustimmung), wie sie es früher waren. Ich habe mir neulich am Abend ein altes Buch von mir vorgenommen, das mir wieder unter die Hände fiel: ›Die November-Köpfe‹,[89] und ich muß sagen, als ich es las, habe ich wieder die alte Wut bekommen, die wir vor 14 Jahren über diese Schweinerei empfanden (Lebhafter Beifall). Es ist ganz gut, wenn Sie heute solche Kampfschriften aus unserer Kampfzeit wieder einmal lesen. Manches ist dem Gedächtnis doch wieder entschwunden, und was die Leute damals sich erfrechten, über Deutschland und die deutsche Geschichte zu schreiben, müssen wir uns immer wieder einprägen, damit wir nicht schwach werden, wenn jetzt die große Säuberung ihren Anfang genommen hat (Starke Zustimmung). Wir dürfen uns nicht damit begnügen, daß die Juden von einem Staat zum anderen geschoben werden, und daß vielleicht hier und da noch ein großes jüdisches Ghetto steckt, sondern unser Ziel kann nur das alte sein: Die Judenfrage in Europa und in Deutschland ist nur dann gelöst, wenn es keinen Juden mehr auf dem europäischen Kontinent gibt (Lebhafter Beifall). […]

Wenn nunmehr das Deutsche Reich in diese Räume [Osteuropas] kommt, sie zwar gewaltig mit seinem Soldatentum ordnet, sie aber doch sehr dünn besetzt in seiner Führungsschicht, die nunmehr heute Gebiete zu verwalten hat, die zweimal so groß sind wie das Deutsche Reich, dann muß diese Führung politisch führen. Man muß sehen, wo man psychologische Ansatzpunkte findet, um mit weniger Kraft das Gleiche zu erreichen, als ob man hundert Polizeibataillone einsetzt. […] Es schadet deshalb auch nichts, wenn der eine oder andere Gebietskommissar zu dem einen oder anderen Ukrainer einmal auch menschlich ist. Er soll bloß nicht kameradschaftlich mit ihnen werden. Das ist die andere Grenze und Schranke, die wir aufrichten müssen. Er kann sehr gut menschlich sein, ihm auf die Schulter klopfen und einen guten Rat geben, auch einmal einer Gemeinschaft von Bauern, die mit dem Erntekranz kommen, eine Flasche Schnaps stiften. Aber er darf sich nicht mit ihnen besaufen, und er soll auch sonst die nötige Distanz halten, die für einen richtigen Herrn im Osten nun einmal notwendig ist. […]

Meine Kameraden! Ich möchte noch betonen – das versteht sich von selbst –, daß diese Gedanken nicht geeignet sind, in Artikeln behandelt oder etwa in öffentlichen Versammlungen erörtert zu werden. Das ist eine Erziehungsfrage, die wir uns selber klar machen müssen, bei

89 Zuerst erschienen 1927 in München.

der wir uns überlegen müssen, was das Klügste in der ganzen Behandlung des Ostens ist: Was spart uns am meisten deutsche Menschen, was bringt uns am besten zu dem gewünschten politischen Erfolg? [...]

Ich weiß, wenn man 1 ½ Millionen Menschen [aus Osteuropa] herbringt, kann man sie nicht wunderbar unterbringen. Daß hier tausende von Menschen schlecht untergebracht sind oder schlecht behandelt werden, ist selbstverständlich. Darüber braucht man sich keine grauen Haare wachsen zu lassen. Es ist aber eine sehr nüchterne Frage – und ich nehme an, Gauleiter Sauckel hat sie schon besprochen oder wird noch darüber sprechen –: Diese Menschen aus dem Osten werden ja nach Deutschland gebracht, um zu arbeiten und eine möglichst große Arbeitsleistung zu erzielen. Das ist eine ganz nüchterne Angelegenheit. Um eine Leistung zu erzielen, darf man sie natürlich nicht zu ¾ erfroren herbringen, 10 Stunden stehenlassen, man muß ihnen vielmehr soviel zu essen geben, daß sie Kraftreserven haben, um das durchzustehen. Unter allen Umständen muß man ihnen das Gefühl geben, daß sie hier in einer großen Aufgabe stehen, daß sie auch ihrem eigenen Volk dienen. Es ist ein psychologisches Führungsmittel, wenn man erklärt: Ihr seid nicht allein dabei. [...]

Der Sinn der germanischen Geschichte hat nunmehr wieder freie Bahn, er hat diesen Osten bekommen, und er führt diesen Krieg mit dem vollen Bewußtsein, daß dieser deutsche Lebensraum, der dort erkämpft worden ist – ganz gleich wie die politische Form einmal vom Führer bestimmt werden mag – niemals mehr den deutschen Händen entrungen werden kann, daß dieser Lebensraum für immer die Sicherung der Ernährung, die Sicherung der Rohstoffe für Deutschland und für Europa darstellt, daß hier die nationalsozialistische Weltanschauung sich erprobt, und daß auch diesem Riesenraum wirklich ein großgermanisches Deutsches Reich entsteht. Und wir alle, meine Kameraden, dürfen, glaube ich, am Ende unseres Lebens sagen: Auch wir sind stolz, dabei gewesen zu sein (Stürmischer Beifall).«

Dokument 23

Auszüge aus Rosenbergs Schreiben an Bormann (mit Anlage) in Vorbereitung eines antijüdischen Kongresses, 16. 6. 1944 (9 S., masch.); USHMMA 1998.A.0104 (CDJC CXLII 354), reel 4.[90]

»Lieber Parteigenosse Bormann!

Auf Grund Ihres Briefes vom 12. d.Mts. bitte ich, dem Führer folgendes zu unterbreiten:

In der ganzen europäischen Geschichte hat es bei der Bekämpfung des Judentums noch keine alle Völker umfassende Kundgebung gegeben. Der weithin vorbereitete Kongreß in Krakau sollte – vom 11. bis 15. Juli – zum ersten Mal nahezu ganz Europa in der Bekämpfung des Judentums einigen. Deutschland, das allein die ganze internationale Hetze zu tragen hatte, würde durch den Kongreß eine weitgehende moralische und politische Unterstützung durch die aktive Teilnahme fast aller europäischer Völker finden. Es haben bisher zugesagt:

<u>Italien:</u> Minister für Volkskultur Mezzasoma,[91]
Staatssekretär a. D. Preziosi,
dazu eine Anzahl Wissenschaftler.

90 Handschriftl. hinzugefügt: »Geheim«.

91 Mezzasoma, Fernando (1907–1945), ital. Journalist und faschistischer Politiker; Leiter der Faschistischen Studentenorganisation; 1943–45 Minister für Volkskultur in der Republik von Saló; 1945 von Partisanen erschossen.

Frankreich: Unterrichtsminister Abel Bonnard;[92]
Staatssekretär bei Laval Paul Marion;[93]
dazu etwa 40 Politiker, Wissenschaftler, Journalisten, älteste antijüdische Vorkämpfer (Drault).[94]

Ungarn: Innenminister von Jarosch,[95]
und eine Anzahl Begleiter.

Holland: Leiter der NSB Mussert.

Arabien: Der Großmufti von Jerusalem.[96]

Irak: Ministerpräsident Gailani[97]

[...] Nach Vorträgen und kurzen Kundgebungen dieser Art sollte dann durch Akklamation eine Resolution über die Judenfrage angenommen werden, die dann in die ganze Welt gefunkt würde. Ich lege einen ersten Rohentwurf einer solchen Resolution bei. [...]

Eine antijüdische Kundgebung aller Völker Europas würde erstens den deutschen Standpunkt als europäischen anerkennen, Deutschland

92 Bonnard, Abel (1883–1968); franz. Autor und Politiker; 1942–44 Minister für Nationalerziehung in der Vichy-Regierung; 1945 Asyl in Spanien unter Franco.

93 Marion, Paul (1899–1954); franz. Journalist und Politiker, ursprünglich Kommunist; 1941–44 Propagandaminister in der Vichy-Regierung; 1948 zu zehn Jahren Gefängnis verurteilt; 1953 Haftentlassung aus gesundheitl. Gründen.

94 Drault, Jean (1866–1951); franz. antisemitischer Journalist und Schriftsteller; Autor des Buches *Histoire de l'antisémitisme* (1941); 1944 verhaftet; 1946 zu sieben Jahren Freiheitsstrafe verurteilt.

95 Jaross, Andor (1896–1946); ungar. Politiker, Generalsekretär der »Ungarischen Nationalpartei« in der Tschechoslowakei; 1940 stellvertretender Vorsitzender der »Partei der Wiedererweckung Ungarns«; nach der Besetzung Ungarns durch Deutschland im März 1944 Innenminister, forcierte die antijüdische Politik; 1945/46 zum Tode verurteilt und hingerichtet.

96 Mohammed Amin al-Husseini.

97 Al-Gailani, Raschid Ali (1892–1965); irakischer Politiker mit stark antibritischer Orientierung; 1933 und 1940/41 Ministerpräsident; im Zusammenhang mit einem gescheiterten Putschversuch war Gailani Anfang Juni 1941 für die Ermordung von etwa 200 irakischen Juden mitverantwortlich; bis Kriegsende im Exil; 1958 nach Putschversuch im Irak Exil im Libanon.

in der ganzen Welt nicht mehr isoliert dastehen lassen und drittens würde die jüdische Klammer bei den uns gegnerischen Völkern vielleicht doch gelockert werden können. Aber selbst wenn das auch nicht eintreten sollte, so blieben Reden und Resolution eines europäischen antijüdischen Kongresses ein historisch denkwürdiges Ereignis, das für die Zukunft immer noch ausgewertet werden kann. Ein Zurückziehen, nachdem die Zusagen aus den meisten Staaten durch amtliche Persönlichkeiten bereits vorliegen, die Einladungen nach Anfrage beim Führer durch ein Gremium von Deutschen, Italienern und Franzosen ergangen und auch einige Reden bereits eingegangen sind, würde nur zu leicht den Eindruck erwecken, als ob Deutschland selbst sich in der Judenfrage zurückziehen wolle. Dies könnte nur als ein Schwächezeugnis aufgefaßt werden.

Falls Krakau [als Veranstaltungsort] gefährdet erscheint, könnte die Tagung ohne weiteres in Zakopane stattfinden. Der künstlerische Teil könnte entsprechend den ernsten militärischen Ereignissen eingeschränkt werden.

Ich bitte den Führer, diese Gesichtspunkte zu berücksichtigen und wäre Ihnen dankbar, wenn Sie mir bestätigen könnten, daß Sie dem Führer meine Bitte vorgetragen haben, diesen Brief im Wortlaut zu lesen.

Heil Hitler!

[Anlage:] Entwurf. 14.6.44

Resolution.

Vertreter aus nahezu allen europäischen Nationen haben sich auf einem Kongreß zur Aussprache über die jüdische Weltgefahr vom 11. bis 15. Juli 1944 in ... zusammengefunden. Nach Prüfung der geschichtlichen Entwicklung und der heute wirksamen Kräfte in der Weltpolitik sind sie einmütig zu folgenden Erkenntnissen gekommen:

Das Judentum ist ein allen Völkern gänzlich fremdes parasitäres Element in der Entwicklung der Menschheit. Die Erkenntnis dieser Tatsache zieht sich durch die Geschichte der Nationen vom ersten Auftreten des Judentums bis zur Gegenwart, und in der Geschichte fast aller Nationen sind Widerstände gegen das Wirken der Juden immer wieder in Erscheinung getreten. [...]

In der Erkenntnis dieser uns alle bedrohenden physischen und moralischen, politischen und militärischen Weltgefahr rufen wir alle Völker auf, ihre Kultur und den europäischen Kontinent, aber auch die Heimat der anderen von Juden bedrohten Völker zu schirmen, um durch Ausmerzung des gesamten Parasitismus die Grundlagen für die Erneuerung der europäischen Kultur und die Voraussetzungen für eine Befriedung der Welt herzustellen. Erst nach der Ausscheidung dieser Krankheitskeime kann an den Aufbau des vielfach zerstörten Lebens gegangen werden. Deshalb sind wir einmütig der Überzeugung, daß die Judenfrage für Europa erst dann gelöst ist, wenn kein Jude mehr auf dem europäischen Kontinent vorhanden ist und wenn die Folgen des jüdischen Wirkens auch geistig und kulturell ausgeschieden sind.

Wir sind ferner der Überzeugung, daß auch die anderer Völker, deren Soldaten heute im Dienst der jüdischen Plutokratie und des jüdischen Bolschewismus ihr Leben lassen, einmal zu der Überzeugung kommen werden, daß sie, belogen und irregeführt, auf der falschen Seite gekämpft haben. Wir wissen, daß schon viele Tausende den wahren Urheber dieses zweiten Weltkriegs erkannt haben, daß namentlich in England und den Vereinigten Staaten viele Männer und Frauen vorhanden sind, die das ganze Unheil begriffen haben. Sie haben gesehen, daß aus dem Blute der geopferten amerikanischen und britischen Soldaten die Juden an ihren Börsen millionenfache Geschäfte gemacht haben und daß in der Umgebung der führenden Staatspersönlichkeiten der Feind Europas, das jüdische Schmarotzertum, heute die Politik dieser Staaten bestimmt. Wir sind der Überzeugung, daß diese Völker einmal sehend werden und das Joch dieser fremden Tyrannei abschütteln. Dann, so glauben wir, braucht diesem zweiten Weltkrieg kein dritter mehr zu folgen, dann wird die biologische und charakterliche Substanz aller schöpferischen Völker wieder den Werken des Friedens dienen können, und durch eine soziale Gerechtigkeit bei allen Völkern werden auch die Voraussetzungen verschwinden, die einstmals zum Eindringen des jüdischen Schmarotzers geführt haben. Europa den Europäern, Amerika den Amerikanern, Ostasien den Ostasiaten, aber niemals den Juden!«

IV.

Anhang

Verzeichnis der ergänzenden Dokumente

1 Auszüge aus Alfred Rosenberg, *Die Spur des Juden im Wandel der Zeiten*, München 1920

2 Auszüge aus Rosenbergs »Vorschlag an den Führer« »Betr. Durchführung eines antibolschewistischen Weltkongresses«, o. D. (Juli/Anfang August 1936)

3 Auszüge aus Rosenbergs Rede »Müssen weltanschauliche Kämpfe staatliche Feindschaften ergeben?« am 7. 2. 1939

4 Auszüge aus Rosenbergs Artikel »Juden auf Madagaskar«, o. D. (Oktober 1940)

5 Schreiben Rosenbergs an Bormann »Betr.: Frankfurter Tagung. Eröffnung des Instituts zur Erforschung der Judenfrage«, 6. 3. 1941

6 Auszüge aus zwei Reden Rosenbergs anlässlich der Eröffnung des »Instituts zur Erforschung der Judenfrage« in Frankfurt am Main, 26./28. 3. 1941

7 Auszüge aus vier Richtlinientexten der Dienststelle Rosenberg zur Propaganda- und Pressearbeit betr. Sowjetunion, vermutlich Frühjahr 1941

8 Auszüge aus »Erlass des Führers über die Verwaltung der neu besetzten Ostgebiete«, 17. 7. 1941

9 Auszüge aus »Protokoll der Besprechung über die politische und wirtschaftliche Lage im Ostland in der Sitzung bei Reichsminister Rosenberg am 1. August 1941«, 5. 8. 1941

10 Auszüge aus Rosenbergs »Vermerk über eine Besprechung beim Führer am 29. September 1941 im Führer-Hauptquartier«, 2. 10. 1941

11 Auszüge aus Rosenbergs »Vermerk über Vortrag beim Führer im Führer-Hauptquartier am 14. 11. 1941«

12 Auszüge aus Rosenbergs »Vermerk über eine Unterredung mit dem Reichsführer SS am 15. 11. 1941«

13 Auszüge aus »Rede von Reichsminister Rosenberg anläßlich des

Presseempfangs am Dienstag, 18. Nov. 1941, 15.30 Uhr, im Sitzungssaal des Reichsministeriums für die besetzten Ostgebiete«

14 Alfred Rosenberg, »Vermerk über Unterredung beim Führer am 14.12.1941«

15 Auszüge aus Rosenbergs »Begründung zu der Aufzeichnung über das Verhältnis zwischen dem Reichsminister für die besetzten Ostgebiete und dem Reichsführer SS«, o.D. (Anfang 1942)

16 Auszüge aus Aktenvermerk RMfdbO (HA II) zur Besprechung am 29.1.1942 über die Bestimmung des Begriffs »Jude« in den besetzten Ostgebieten

17 Erlass Hitlers über die Beauftragung Rosenbergs mit der »geistigen Bekämpfung« von »weltanschaulichen Gegnern«, 1.3.1942

18 Auszüge aus Rosenbergs Schreiben an Koch, »Betrifft: Verhalten der deutschen Behörden und die Stimmung der ukrainischen Bevölkerung«, 10.3.1942

19 Auszüge aus Rosenbergs »Bemerkungen zum Entwurf über die Verordnung über die Bestimmung des Begriffs ›Jude‹ in den besetzten Ostgebieten«, vermutlich 28.3.1942

20 Auszüge aus Rosenbergs Rede vor Angehörigen der Zivilverwaltung in Riga, 16.5.1942

21 Auszüge aus Rosenbergs Bericht »Besichtigungsreise durch die Ukraine vom 18. Juni bis 26. Juni 1942«

22 Auszüge aus Rosenbergs Rede vor Mitarbeitern, o.D. (Frühjahr 1943)

23 Auszüge aus Rosenbergs Schreiben an Bormann in Vorbereitung eines antijüdischen Kongresses, 16.6.1944

Bibliographie[98]

Zeitgenössische Darstellungen

Bayles, William D., Hitler's Mystagogue: Alfred Rosenberg, in: ders., *Caesars in Goose Step,* New York, London 1940 (ND Port Washington 1969), S. 199–221.

Goebbels, Joseph, *Vom Kaiserhof zur Reichskanzlei. Eine historische Darstellung in Tagebuchblättern,* München 1934.

Röhm, Ernst, *Die Geschichte eines Hochverräters,* München 1928.

Rosenberg, Alfred, *An die Dunkelmänner unserer Zeit. Eine Antwort auf die Angriffe gegen den »Mythus des 20. Jahrhunderts«,* München 1935.

Ders., *Der Mythus des 20. Jahrhunderts. Eine Wertung der seelisch-geistigen Gestaltenkämpfe unserer Zeit,* München 1930.

Ders., *Das Parteiprogramm. Wesen, Grundsätze und Ziele der Nationalsozialistischen Deutschen Arbeiterpartei,* München 1922 ff.

Ders., *Der Zukunftsweg einer deutschen Aussenpolitik,* München 1927.

Ders., *Gestaltung der Idee,* München 1936.

Ders., *Letzte Aufzeichnungen. Ideale und Idole der nationalsozialistischen Revolution,* Göttingen 1955.

Ders., *Protestantische Rompilger. Der Verrat an Luther und der Mythus des 20. Jahrhunderts,* München 1937.

Ders., *Schriften und Reden, Bd. 1: Schriften aus den Jahren 1917–1921,* München 1944.

Schickedanz, Arno, *Sozialparasitismus im Völkerleben,* Leipzig 1927.

Strasser, Otto, *Hitler and I,* Boston 1940.

Trotha, Thilo von (Hg.), *Alfred Rosenberg – Kampf um die Macht. Aufsätze von 1921–1932,* München 1937.

98 Für eine Auflistung der signifikanten Publikationen Rosenbergs siehe den bibliographischen Anhang zu Ernst Piper, *Alfred Rosenberg. Hitlers Chefideologe.* München 2005; online [http://www.tnp.ee/download/Alfred%20Rosenberg_649-819.pdf].

Gedruckte Quellen

Beierl, Florian, Othmar Plöckinger, Neue Dokumente zu Hitlers Buch Mein Kampf, *VfZ* 57/2 (2009), S. 261–318.

Benz, Wolfgang, Konrad Kwiet, Jürgen Matthäus (Hg.), *Einsatz im »Reichskommissariat Ostland«. Dokumente zum Völkermord im Baltikum und in Weißrußland 1941–1944,* Berlin 1998.

Billig, Joseph, *Alfred Rosenberg dans l'action idéologique, politique et administrative du Reich hitlérien. Inventaire commenté de la collection de documents conservés au C.D.J.C. provenant des archives du reichsleiter et ministre A. Rosenberg,* Paris 1963.

Domarus, Max, *Hitler. Reden und Proklamationen 1932–1945,* Teil 2 Bd. 4: 1941–1945, Leonberg 1988.

Fröhlich, Elke (Hg.), *Die Tagebücher von Joseph Goebbels,* München 1987 ff.

Goldensohn, Leon (Hg. Robert Gellately), *The Nuremberg Interviews: An American Psychiatrist's Conversations with the Defendants and Witnesses,* New York 2005.

Heiber, Helmut (Hg.), *Hitlers Lagebesprechungen. Die Protokollfragmente seiner militärischen Besprechungen 1942–1945,* Stuttgart 1962.

Heilmann, H.D. (Hg.), Das Kriegstagebuch des Diplomaten Otto Bräutigam, in: *Biedermann und Schreibtischtäter. Materialien zur deutschen Täterbiographie* (Beiträge zur nationalsozialistischen Gesundheits- und Sozialpolitik 4), Berlin 1987, S. 123–187.

Himmler, Katrin, Michael Wildt (Hg.), *Himmler privat. Briefe eines Massenmörders,* München 2014.

Kampe, Norbert, Peter Klein (Hg.), *Die Wannsee-Konferenz am 20. Januar 1942. Dokumente, Forschungsstand, Kontroversen,* Köln 2013.

Kárny, Miroslavý, Jaroslava Milotová, Margita Kárná (Hg.), *Deutsche Politik im »Protektorat Böhmen und Mähren« unter Reinhard Heydrich 1941–1942. Eine Dokumentation,* Berlin 1997.

Kempner, Robert M. W., »Der Führer hat mir einen Kontinent anvertraut.« Aus den geheimen Aufzeichnungen Alfred Rosenbergs zum Überfall auf Rußland, Vorwärts, 2. 7. 1981.

Ders., Der Kampf gegen die Kirche. Aus unveröffentlichten Tagebüchern Alfred Rosenbergs, in: *Der Monat,* Jg. 1, 1949, Nr. 10, S. 26–38.

Ders., »Rosenberg, jetzt ist Ihre große Stunde gekommen«. Aufzeichnungen über Eroberungspläne Hitlers, Frankfurter Rundschau, 22. 6. 1971.

Klein, Peter (Hg.), *Die Einsatzgruppen in der besetzten Sowjetunion 1941/42. Die Tätigkeits- und Lageberichte des Chefs der Sicherheitspolizei und des SD,* Berlin 1997.

Klemperer, Victor, *Ich will Zeugnis ablegen bis zum letzten. Tagebücher,* Berlin 1995.

Mallmann, Klaus-Michael, Andrej Angrick, Jürgen Matthäus, Martin Cüppers

(Hg.), *Dokumente der Einsatzgruppen in der Sowjetunion,* 3 Bde., Darmstadt 2011–2014.

Ders., Volker Rieß, Wolfram Pyta (Hg.), *Deutscher Osten 1939–1945. Der Weltanschauungskrieg in Photos und Texten,* Darmstadt 2003.

Moll, Martin (Hg.), *»Führer-Erlasse« 1939–1945. Edition sämtlicher überlieferter, nicht im Reichsgesetzblatt abgedruckter, von Hitler während des Zweiten Weltkrieges schriftlich erteilter Direktiven aus den Bereichen Staat, Partei, Wirtschaft, Besatzungspolitik und Militärverwaltung,* Stuttgart 1997.

Der Nürnberger Prozess gegen die Hauptkriegsverbrecher vor dem Internationalen Militärgerichtshof, 42 Bde., Nürnberg 1947 ff.

Pätzold, Kurt, Erika Schwarz, *Tagesordnung: Judenmord. Die Wannsee-Konferenz am 20. Januar 1942. Eine Dokumentation zur Organisation der Endlösung,* Berlin 1992.

Poliakov, Léon, Joseph Wulf (Hg.), *Das Dritte Reich und seine Denker. Dokumente und Berichte,* ND Wiesbaden 1989.

Dies., *Das Dritte Reich und die Juden. Dokumente und Berichte,* ND Wiesbaden 1989.

Präg, Werner, Wolfgang Jacobmeyer (Hg.), *Das Diensttagebuch des deutschen Generalgouverneurs in Polen 1939–1945,* Stuttgart 1975.

Seraphim, Hans-Günther (Hg.), *Das politische Tagebuch Alfred Rosenbergs 1934/35 und 1939/40,* Göttingen 1956.

Die Verfolgung und Ermordung der europäischen Juden durch das nationalsozialistische Deutschland 1933–1945, Bd. 7: *Sowjetunion mit annektierten Gebieten I* (bearbeitet von Bert Hoppe und Hildrun Glass), München 2011.

Vogt, Martin (Hg.), Herbst 1941 im »Führerhauptquartier«. Berichte Werner Koeppens an seinen Minister Alfred Rosenberg (Materialien aus dem Bundesarchiv, Heft 10), Koblenz 2002.

Weinberg, Gerhard L. (Hg.), *Hitlers zweites Buch. Ein Dokument aus dem Jahr 1928,* Stuttgart 1961.

Witte, Peter, Michael Wildt, Martina Voigt, Dieter Pohl, Peter Klein, Christian Gerlach, Christoph Dieckmann, Andrej Angrick (Hg.), *Der Dienstkalender Heinrich Himmlers 1941/42,* Hamburg 1999.

Literatur

Aly, Götz, *»Endlösung«. Völkerverschiebung und der Mord an den europäischen Juden,* Frankfurt am Main 1995.

Angrick, Andrej, Peter Klein, *Die »Endlösung« in Riga. Ausbeutung und Vernichtung 1941–1944,* Darmstadt 2006.

Arad, Yitzhak, Alfred Rosenberg and the Final Solution in the Occupied Soviet Territories, *YVS* 13 (1979), S. 263–328.

Bajohr, Frank, Beate Meyer, Joachim Szodrzynski (Hg.), *Bedrohung, Hoffnung, Skepsis. Vier Tagebücher des Jahres 1933,* Göttingen 2013.

Bajohr, Frank, Dieter Pohl, *Der Holocaust als offenes Geheimnis. Die Deutschen, die NS-Führung und die Alliierten,* München 2006.

Bajohr, Frank, *Parvenüs und Profiteure. Korruption in der NS-Zeit,* Frankfurt am Main 2001.

Bärsch, Claus-Ekkehard, *Die politische Religion des Nationalsozialismus. Die religiöse Dimension der NS-Ideologie in den Schriften von Dietrich Eckart, Joseph Goebbels, Alfred Rosenberg und Adolf Hitler,* München 2002.

Bästlein, Klaus, Zur Historiografie des Völkermords an den europäischen Juden am Beispiel des Reichskommissariats Ostland, in: Sebastian Lehmann, Robert Bohn, Uwe Danker (Hg.), *Reichskommissariat Ostland. Tatort und Erinnerungsobjekt,* Paderborn u. a. 2012, S. 303–329.

Baumgärtner, Raimund, *Weltanschauungskampf im Dritten Reich. Die Auseinandersetzung der Kirchen mit Alfred Rosenberg,* Mainz 1977.

Benz, Wolfgang, Marion Neiss (Hg.), *Judenmord in Litauen. Studien und Dokumente,* Berlin 1999.

Bollmus, Reinhard, *Das Amt Rosenberg und seine Gegner. Zum Machtkampf im nationalsozialistischen Herrschaftssystem,* München [2]2006 (Stuttgart [1]1970).

Ders., Alfred Rosenberg – ›Chefideologe‹ des Nationalsozialismus?, in: Ronald Smelser, Rainer Zitelmann (Hg.), *Die braune Elite. 22 biographische Skizzen,* Darmstadt 1989, S. 223–235.

Boog, Horst, Jürgen Förster, Joachim Hoffmann, Ernst Klink, Rolf-Dieter Müller, Gerd R. Ueberschär, *Der Angriff auf die Sowjetunion,* Frankfurt am Main 1991.

Brechtken, Magnus, *»Madagaskar für die Juden«. Antisemitische Idee und politische Praxis 1885–1945,* München 1997.

Breitman, Richard, Allan J. Lichtman, *FDR and the Jews,* Cambridge 2013.

Ders., *The Architect of Genocide. Himmler and the Final Solution,* New York 1991.

Browning, Christopher, mit einem Beitrag von Jürgen Matthäus, *Die Entfesselung der »Endlösung«. Nationalsozialistische Judenpolitik 1939–1942,* München 2003.

Burkard, Dominik, *Häresie und Mythus des 20. Jahrhunderts. Rosenbergs nationalsozialistische Weltanschauung vor dem Tribunal der Römischen Inquisition,* Paderborn u. a. 2005.

Cecil, Robert, *The Myth of the Master Race. Alfred Rosenberg and Nazi Ideology,* London 1972.

Chandler, Albert R., *Rosenberg's Nazi Myth,* New York 1968.

Christ, Michaela, *Die Dynamik des Tötens. Die Ermordung der Juden von Berditschew, Ukraine 1941–1944,* Frankfurt am Main 2012.

Conze, Eckart, Norbert Frei, Peter Hayes, Moshe Zimmermann (Hg.), *Das Amt und die Vergangenheit. Deutsche Diplomaten im Dritten Reich und in der Bundesrepublik,* München 2010.

Cüppers, Martin, *Walther Rauff – in deutschen Diensten. Vom Naziverbrecher zum BND-Spion,* Darmstadt 2013.

Dallin, Alexander, *Deutsche Herrschaft in Russland 1941–1945. Eine Studie über Besatzungspolitik,* Königstein 1958 (Originalausgabe: *German Rule in Russia 1941–1945. A Study of Occupation Policies,* New York 1957).

Danker, Uwe, Die »Zivilverwaltung« des Reichskommissariats Ostland und der Holocaust: Wahrnehmung, Rolle und »Verarbeitung«, in: David Gaunt, Paul A. Levine, Laura Palosuo (Hg.), *Collaboration and Resistance During the Holocaust: Belarus, Estonia, Latvia, Lithuania,* Bern u.a. 2004, S. 45–76.

Dean, Martin, *Collaboration in the Holocaust: Crimes of the Local Police in Belorussia and Ukraine,* 1941–44, New York 2000.

Ders. (Hg.), *The United States Holocaust Memorial Museum Encyclopedia of Camps and Ghettos, 1933–1945,* Bd. 2: *Ghettos in German-Occupied Eastern Europe,* Bloomington 2012.

Dieckmann, Christoph, *Deutsche Besatzungspolitik in Litauen 1941–1944,* 2 Bde., Göttingen 2011.

Ders., Der Krieg und die Ermordung der litauischen Juden, in: Ulrich Herbert (Hg.), *Nationalsozialistische Vernichtungspolitik 1933–1945. Neue Forschungen und Kontroversen,* Frankfurt am Main 1998, S. 292–329.

Dörner, Bernward, *Die Deutschen und der Holocaust. Was niemand wissen wollte, aber jeder wissen konnte,* Berlin 2007.

Eckert, Astrid M., *Kampf um die Akten. Die Westalliierten und die Rückgabe von deutschem Archivgut nach dem Zweiten Weltkrieg,* Stuttgart 2004.

Essner, Claudia, *Die »Nürnberger Gesetze« oder die Verwaltung des Rassenwahns 1933–1945,* Paderborn 2002.

Fest, Joachim C., Alfred Rosenberg. Der vergessene Gefolgsmann, in: ders., *Das Gesicht des Dritten Reiches. Profile einer totalitären Herrschaft,* München 1963, S. 225–240.

Fleischhauer, Ingeborg, *Das Dritte Reich und die Deutschen in der Sowjetunion,* Stuttgart 1983.

Frei, Norbert, *Vergangenheitspolitik. Die Anfänge der Bundesrepublik und die NS-Vergangenheit,* München 1996.

Freyeisen, Astrid, *Shanghai und die Politik des Dritten Reiches,* Würzburg 2000.

Friedlander, Henry, *Der Weg zum NS-Genozid. Von der Euthanasie zur Endlösung,* Berlin 1997.

Friedländer, Saul, *Das Dritte Reich und die Juden,* 2 Bde., München 1998 und 2009.

Garbarini, Alexandra, *Numbered Days. Diaries and the Holocaust,* New Haven 2006.

Garleff, Michael (Hg.), *Deutschbalten, Weimarer Republik und Drittes Reich,* Köln u.a. 2001.

Gerhard, Gesine, Food and Genocide. Nazi Agrarian Politics in the occupied territories of the Soviet Union, in: *Contemporary European History* 18/1 (2009), S. 57–62.

Gerlach, Christian, *Kalkulierte Morde. Die deutsche Wirtschafts- und Vernichtungspolitik in Weißrußland 1941 bis 1944,* Hamburg 1999.

Ders., *Krieg, Ernährung, Völkermord. Forschungen zur deutschen Vernichtungspolitik im Zweiten Weltkrieg,* Hamburg 1998.

Gottwaldt, Alfred, Diana Schulle, *Die Judendeportationen aus dem Deutschen Reich von 1941–1945. Eine kommentierte Chronologie,* Wiesbaden 2005.

Kennedy, Patricia Grimsted, *Reconstructing the record of Nazi cultural plunder: A survey of the dispersed archives of the Einsatzstab Reichsleiter Rosenberg (ERR),* Amsterdam 2011.

Gross, Raphael, *Anständig geblieben. Nationalsozialistische Moral,* Frankfurt am Main 2010.

Hamburger Institut für Sozialforschung (Hg.), *Verbrechen der Wehrmacht. Dimensionen des Vernichtungskrieges, 1941 bis 1944,* Hamburg 2002.

Hanrieder, Wolfram, *Alfred Rosenberg: Race, Religion, State Power,* M. A. Thesis University of Chicago 1959.

Hartmann, Christian, *Wehrmacht im Ostkrieg. Front und militärisches Hinterland 1941–42,* München 2009.

Herbert, Ulrich, *Best. Biographische Studien über Radikalismus, Weltanschauung und Vernunft 1903–1989,* Bonn 1996.

Hilberg, Raul, *Die Vernichtung der europäischen Juden,* 3 Bde., Frankfurt am Main 1990.

Jäckel, Eberhard, *Hitlers Weltanschauung. Entwurf einer Herrschaft,* Tübingen 1969.

Ders., *Hitlers Herrschaft. Vollzug einer Weltanschauung,* Stuttgart 1986.

Jureit, Ulrike, *Das Ordnen von Räumen. Territorium und Lebensraum im 19. und 20. Jahrhundert,* Hamburg 2012.

Kempner, Robert M. W., *Ankläger einer Epoche. Lebenserinnerungen,* Frankfurt am Main 1983.

Ders., *Eichmann und Komplizen,* Zürich 1961.

Ders., *SS im Kreuzverhör. Die Elite, die Europa in Scherben schlug,* Nördlingen 1987.

Kershaw, Ian, *Hitler, the Germans, and the Final Solution,* New Haven, London 2008.

Ders., *Wendepunkte. Schlüsselentscheidungen im Zweiten Weltkrieg 1940/41,* München 2008.

Kreutzer, Heike, *Das Reichskirchenministerium im Gefüge der nationalsozialistischen Herrschaft,* Düsseldorf 2000.

Kroll, Frank-Lothar, Alfred Rosenberg. Der Ideologe als Politiker, in: Michael Garleff (Hg.), *Deutschbalten, Weimarer Republik und Drittes Reich,* Köln u. a. 2001, S. 147–166.

Kruglov, Alexander, Jewish Losses in Ukraine, 1941–1944, in: Ray Brandon,

Wendy Lower (Hg.), *The Shoah in Ukraine: History, Testimony, Memorialization,* Bloomington 2008, S. 272–290.

Kuusisto, Seppo, *Alfred Rosenberg in der nationalsozialistischen Außenpolitik 1933–1939,* Helsinki 1984.

Lang, Serge, Ernst von Schenck, *Portrait eines Menschheitsverbrechers nach den hinterlassenen Memoiren des ehemaligen Reichsministers Alfred Rosenberg,* St. Gallen 1947.

Longerich, Peter, *Heinrich Himmler. Biographie,* München 2008.

Ders., *Politik der Vernichtung. Eine Gesamtdarstellung der nationalsozialistischen Judenvernichtung,* München 1998.

Lower, Wendy, *Nazi Empire-Building and the Holocaust in Ukraine,* Chapel Hill 2005.

Mallmann, Klaus-Michael, Der qualitative Sprung im Vernichtungsprozess: das Massaker von Kamenez-Podolsk Ende August 1941, *Jahrbuch für Antisemitismusforschung* 10 (2001), S. 239–264.

Ders., Jochen Böhler, Jürgen Matthäus, *Einsatzgruppen in Polen. Darstellung und Dokumentation,* Darmstadt 2008.

Matthäus, Jürgen, Das »Unternehmen Barbarossa« und der Beginn der Judenvernichtung, Juni–Dezember 1941, in: Browning, *Entfesselung.*

Ders., Die »Judenfrage« als Schulungsthema von SS und Polizei. »Inneres Erlebnis« und Handlungslegitimation, in: ders., Konrad Kwiet, Jürgen Förster, Richard Breitman, *Ausbildungsziel Judenmord? »Weltanschauliche Erziehung« von SS, Polizei und Waffen-SS im Rahmen der »Endlösung«,* Frankfurt am Main 2003.

Mommsen, Hans, Umvolkungspläne des Nationalsozialismus und der Holocaust, in: Helge Grabitz, Klaus Bästlein, Johannes Tuchel (Hg.), *Die Normalität des Verbrechens,* Berlin 1994, S. 68–84.

Ders., Hitlers Stellung im nationalsozialistischen Herrschaftssystem, in: ders., *Von Weimar nach Auschwitz,* Stuttgart 1999, S. 214–247.

Müller, Rolf-Dieter, *Hitlers Ostkrieg und die deutsche Siedlungspolitik,* Frankfurt am Main 1991.

Mulligan, Timothy, *The Politics of Illusion and Empire. German Occupation Policy in the Soviet Union 1942–1943,* New York u. a. 1988.

Neumann, Boaz, *Die Weltanschauung des Nazismus: Raum, Körper, Sprache,* Göttingen 2010.

Nicholas, Lynn H., *The Rape of Europa. The Fate of Europe's Treasures in the Third Reich and the Second World War,* New York 1994.

Nova, Fritz, *Alfred Rosenberg. Nazi Theorist of the Holocaust,* New York 1986.

Ogorreck, Ralf, *Die Einsatzgruppen und die »Genesis der Endlösung«,* Berlin 1996.

Piper, Ernst, *Alfred Rosenberg. Hitlers Chefideologe,* München 2005.

Ders., Zwischen Unterwerfung und Vernichtung. Die Politik des Reichsministeriums für die besetzten Ostgebiete, in: Sebastian Lehmann, Robert Bohn,

Uwe Danker (Hg.), *Reichskommissariat Ostland. Tatort und Erinnerungsobjekt,* Paderborn u. a. 2012, S. 51–67.

Pohl, Dieter, *Die Herrschaft der Wehrmacht. Deutsche Militärbesatzung und einheimische Bevölkerung in der Sowjetunion 1941–1944,* München 2008.

Ders., *Nationalsozialistische Judenverfolgung in Ostgalizien 1941–1944. Organisation und Durchführung eines staatlichen Massenverbrechens,* München 1997.

Ders., Schauplatz Ukraine: Der Massenmord an den Juden im Militärverwaltungsgebiet und im Reichskommissariat 1941–1943, in: Norbert Frei, Sybille Steinbacher, Bernd Wagner (Hg.), *Ausbeutung, Vernichtung, Öffentlichkeit. Studien zur nationalsozialistischen Verfolgungspolitik,* München 2000, S. 135–173.

Pöppmann, Dirk, Im Schatten Weizsäckers? Auswärtiges Amt und SS im Wilhelmstrassen-Prozess, in: Kim C. Priemel, Alexa Stiller (Hg.), *NMT. Die Nürnberger Militärtribunale zwischen Geschichte, Gerechtigkeit und Rechtschöpfung,* Hamburg 2013, S. 320–352.

Quinkert, Babette, Terror und Propaganda. Die »Ostarbeiteranwerbung« im Generalkommissariat Weißruthenien, *ZfG* 8/1999, S. 700–721.

Reichelt, Katrin, *Lettland unter deutscher Besatzung 1941–1944. Der lettische Anteil am Holocaust,* Berlin 2011.

Reitlinger, Gerald, *Ein Haus auf Sand gebaut. Hitlers Gewaltpolitik in Rußland 1941–1944,* Hamburg 1962 (Originalausgabe: *The House Built on Sand. The Conflicts of German Policy in Russia, 1939–1945,* New York 1960).

Rentrop, Petra, *Tatorte der »Endlösung«. Das Ghetto Minsk und die Vernichtungsstätte von Maly Trostinez,* Berlin 2011.

Roseman, Mark, *Die Wannsee-Konferenz. Wie die NS-Bürokratie den Holocaust organisierte,* Berlin 2002.

Rössler, Mechtild, Sabine Schleiermacher (Hg.), *Der »Generalplan Ost«. Hauptlinien der nationalsozialistischen Planungs- und Vernichtungspolitik,* Berlin 1993.

Rupnow, Dirk, *Judenforschung im Dritten Reich. Wissenschaft zwischen Politik, Propaganda und Ideologie,* Baden-Baden 2011.

Schiefelbein, Dieter, Das »Institut zur Erforschung der Judenfrage Frankfurt am Main«. Antisemitismus als Karrieresprungbrett im NS-Staat, in: Fritz Bauer Institut (Hg.), *»Beseitigung des jüdischen Einflusses …«. Antisemitische Forschung, Eliten und Karrieren im Nationalsozialismus,* Frankfurt am Main 1999, S. 43–71.

Schmaltz, Eric J., Samuel D. Sinner, The Nazi Ethnographic Research of Georg Leibbrandt and Karl Stumpp in Ukraine, and Its North American Legacy, *HGS* 14 (2000), S. 28–64.

Steber, Martina, Bernhard Gotto (Hg.), *Visions of Community in Nazi Germany. Social Engineering and Private Lives,* Oxford 2014.

Streit, Christian, *Keine Kameraden. Die Wehrmacht und die sowjetischen Kriegsgefangenen 1941–1945,* ND Bonn 1997.

Süss, Winfried, *Der »Volkskörper« im Krieg. Gesundheitspolitik, Gesundheitsver-*

hältnisse und Krankenmord im nationalsozialistischen Deutschland 1939–1945, München 2003.

Szabó, Miroslav, Rasse, Orientalismus und Religion im antisemitischen Geschichtsbild Alfred Rosenbergs, in: Werner Bergmann, Ulrich Sieg (Hg.), *Antisemitische Geschichtsbilder*, Essen 2009, S. 211–230.

Weißbecker, Manfred, Alfred Rosenberg. »Die antisemitische Bewegung war nur eine Schutzmaßnahme ...«, in: Kurt Pätzold, Manfred Weißbecker (Hg.), *Stufen zum Galgen. Lebenswege vor den Nürnberger Urteilen*, Leipzig 1999, S. 150–185.

Weiss, Anton-Wendt, *Murder without Hatred: Estonians and the Holocaust*, Syracuse 2009.

Wette, Wolfram, Das Rußlandbild in der NS-Propaganda. Ein Problemaufriß, in: Hans-Erich Volkmann (Hg.), *Das Rußlandbild im Dritten Reich*, Köln u.a. [2]1994, S. 55–78.

Wildt, Michael, *Generation der Unbedingten. Das Führungskorps des Reichssicherheitshauptamtes*, Hamburg 2002.

Wilhelm, Hans-Heinrich, Antisemitismus im Baltikum, in: Helge Grabitz, Klaus Bästlein, Johannes Tuchel (Hg.), *Die Normalität des Verbrechens*, Berlin 1994, S. 85–102.

Zellhuber, Andreas, *»Unsere Verwaltung treibt einer Katastrophe zu ...« Das Reichsministerium für die besetzten Ostgebiete und die deutsche Besatzungsherrschaft in der Sowjetunion 1941–1945*, München 2006.

Abkürzungen

AA	Auswärtiges Amt
Abt.	Abteilung
APA	Außenpolitisches Amt der NSDAP
ARo	Amt Rosenberg
BAB	Bundesarchiv Berlin
BAK	Bundesarchiv Koblenz
BDO	Bund Deutscher Offiziere
BFÜ	Beauftragter des Führers für die Überwachung der gesamten geistigen und weltanschaulichen Schulung der NSDAP
BNSDJ	Bund Nationalsozialistischer Deutscher Juristen
BSB	Bayerische Staatsbibliothek
BUF	British Union of Fascists
BVP	Beauftragter für den Vierjahresplan
CDJC	Centre de Documentation Juive Contemporaine, Paris
DAAD	Deutscher Akademischer Austauschdienst
DAF	Deutsche Arbeitsfront
DC	Deutsche Christen
DEK	Deutsche Evangelische Kirche
DNB	Deutsches Nachrichtenbüro
DNVP	Deutschnationale Volkspartei
DOB	Deutscher Offiziers-Bund
DRbg	Dienststelle Rosenberg
DVLP	Deutsche Vaterlandspartei
DVP	Deutsche Volkspartei
ERR	Einsatzstab Reichsleiter Rosenberg
FHQu	Führer-Hauptquartier
GBA	Generalbevollmächtigter für den Arbeitseinsatz
Gestapo	Geheime Staatspolizei
GK	Generalkommissariat (im RKO oder RKU)
HA	Hauptabteilung
HGS	*Holocaust and Genocide Studies*
HJ	Hitlerjugend
HSSPF	Höhere(r) SS- und Polizeiführer

Hv. i. O.	Hervorhebung im Original
IfZ	Institut für Zeitgeschichte, München–Berlin
IMT	Internationales Militärtribunal, Nürnberg
KdF	Kanzlei des Führers
KfdK	Kampfbund für deutsche Kultur
KPÖ	Kommunistische Partei Österreichs
LANC	Liga zur christlichen nationalen Verteidigung (Rumänien)
MdL	Mitglied des Landtages
MdR	Mitglied des Reichstages
NARA	National Archives and Records Administration, College Park, MD
ND	Nachdruck
NIOD	Nederlands Instituut voor Orloogs-, Holocaust- en Genocidestudies, Amsterdam
NKFD	Nationalkomitee Freies Deutschland
NSB	Nationaal-Socialistische Beweging (Ndl.)
NSBO	Nationalsozialistische Betriebszellenorganisation
NSDÄB	Nationalsozialistischer Deutscher Ärztebund
NSDAP	Nationalsozialistische Deutsche Arbeiterpartei
NSDStB	Nationalsozialistischer Deutscher Studentenbund
NSLB	Nationalsozialistischer Lehrerbund
NSKK	Nationalsozialistisches Kraftfahrerkorps
NSV	Nationalsozialistische Volkswohlfahrt
OCCWC	Office of the Chief of Counsel for War Crimes
OHL	Oberste Heeresleitung
OKH	Oberkommando des Heeres
OKW	Oberkommando der Wehrmacht
OT	Organisation Todt
OUN	Organisation Ukrainischer Nationalisten
OUSCCPAC	Office of U.S. Chief of Counsel for the Prosecution of Axis Criminality
PAAA	Politisches Archiv des Auswärtigen Amts, Berlin
RAD	Reichsarbeitsdienst
RAF	Royal Air Force
RFM	Reichsministerium der Finanzen
RFSS	Reichsführer-SS
RKF	Reichskommissar für die Festigung Deutschen Volkstums
RKO	Reichskommissar für das Ostland; Reichskommissariat Ostland
RKU	Reichskommissar für die Ukraine; Reichskommissariat Ukraine
RLM	Reichsluftfahrtministerium
RMdI	Reichsministerium des Innern

RMfBM	Reichsministerium für Bewaffnung und Munition
RMfdbO	Reichsministerium für die besetzten Ostgebiete
RMfRuK	Reichsministerium für Rüstung und Kriegsproduktion
RMVP	Reichsministerium für Volksaufklärung und Propaganda
ROA	Russische Befreiungsarmee (Wlassow-Armee)
RPA	Rassenpolitisches Amt der NSDAP
RPK	Reichspressekammer
RSchK	Reichsschrifttumskammer
RSHA	Reichssicherheits-Hauptamt
RuSHA	Rasse- und Siedlungshauptamt
RVK	Reichsverteidigungskommissar
RWM	Reichswehrministerium
SA	Sturmabteilung
SD	Sicherheitsdienst der SS
SdP	Sudetendeutsche Partei
Sipo	Sicherheitspolizei
SS	Schutzstaffel
SSPF	SS- und Polizeiführer
StdF	Stellvertreter des Führers
TWC	*Trials of War Criminals Before the Nürnberg Military Tribunals Under Control Council Law No. 10*
USHMM	United States Holocaust Memorial Museum, Washington, DC
USHMMA	USHMM Archives
UVO	Ukrainische Militärische Organisation (ukr.)
VB	Völkischer Beobachter
VEJ	*Die Verfolgung und Ermordung der europäischen Juden durch das nationalsozialistische Deutschland 1933–1945*
VfZ	*Vierteljahrshefte für Zeitgeschichte*
YIVO	Yidisher visnshaftlekher Institut, New York, NY
YVS	*Yad Vashem Studies*
ZfG	*Zeitschrift für Geschichtswissenschaft*
ZSA	Zentrales Staatsarchiv

Abbildungsnachweis

Abb. 1: Bundesarchiv, Bild 146-1969-067-10
Abb. 2/3: USHMMM Photo Archives, Kempner 005 und 009
Abb. 4: Deutsches Historisches Museum, Inventarnr. Do 56/1578.2
Abb. 5: commons.wikimedia.org/wiki:EG_A_Siauliai_Lithuania_July.1941.JPG
Abb. 6: Bundesarchiv, Bild 146-1969-067-01
Abb. 7/8: USHMM Photo Archives, CD 0395, WS 38651
Abb. 9: Bundesarchiv, Bild 183-2006-0717-500
Abb. 10: Bundesarchiv, Bild 183-B05926

Ortsregister

Personenregister

Wegen der nahezu durchgängigen Erwähnung Adolf Hitlers wurde dieser Name hier nicht aufgenommen.